林亚刚教授是我国著名刑法学者和法学教育工作者。1983年起在西北政法学院开始从事刑法教学与研究工作，1998年获武汉大学法学博士学位后留校任教，致力于刑法学的教学研究与人才培养。先后以独著、合著、主编等方式出版著作、教材10余部，并在《法学研究》《中国法学》等刊物上发表高水平学术论文百余篇，在刑法理论界与实务界具有重要影响。

文集以年代为序进行编排，收录了林亚刚教授代表性论文72篇，内容主要涵盖犯罪过失、共同犯罪和罪数等领域。其所著《犯罪过失研究》是国内研究犯罪过失最具代表性的著作之一，文集收录了他的多篇研究犯罪过失的论文，较为全面地反映了他在这一领域的开创性贡献。在共同犯罪与罪数理论领域，林亚刚教授也进行了许多创新性研究，他是国内最早、最为系统研究集合犯的学者之一，成果得到了学界的高度认可。另外，他针对共同正犯的评价标准，提出了不少具有创新而富有建设性的观点。林亚刚教授提携后进，认真指导、帮助校内外博士生与硕士生开展学术研究。文集也收集了多篇其与学生合著的代表性论文，展现了他在培养刑法学人才方面的突出成就。

林亚刚文集

林亚刚 著

武汉大学出版社
WUHAN UNIVERSITY PRESS

图书在版编目(CIP)数据

林亚刚文集/林亚刚著．—武汉：武汉大学出版社，2023.10
ISBN 978-7-307-24041-4

Ⅰ.林…　Ⅱ.林…　Ⅲ.过失(法律)—犯罪—文集　Ⅳ.D914.04-53

中国国家版本馆 CIP 数据核字(2023)第 187392 号

责任编辑:胡　荣　　　责任校对:汪欣怡　　　版式设计:马　佳

出版发行：**武汉大学出版社**　(430072　武昌　珞珈山)
(电子邮箱：cbs22@ whu.edu.cn　网址：www.wdp. com.cn)
印刷:武汉市金港彩印有限公司
开本:787×1092　1/16　印张:39　字数:829 千字　插页:8
版次:2023 年 10 月第 1 版　2023 年 10 月第 1 次印刷
ISBN 978-7-307-24041-4　定价:188. 00 元

与恩师马克昌先生合影

参加刑法年会（重庆）

学生兵卫生员

参加三线隧道建成

在大学宿舍学习

在大学家中学习

与爱人合影

全家福

在武大校园与夫人合影

一家三口

博士学位照

参加学术会议

与学术友人合影

“理律杯”获奖合影

追忆林亚刚教授

2022 年 10 月 21 日，林亚刚教授永远离开了我们。林老师去世后，我们都十分悲伤，当时由于武汉乃至全国还处在防控传染病的特殊时期，无法组织其亲友进行悼念活动。但受林老师的人格魅力感染，他的很多学生还是希望为老师出版一本其生前的文章选集，以此表达对林亚刚教授的恩情和感谢，并传扬老师的学术思想。这种尊师重道的做法发自内心，十分好。为此，赵慧、何荣功以及林亚刚教授在武汉的一干弟子委托我做一个跋，我欣然受命并感谢他们对我的信任。

我和林老师都是马克昌教授的学生，他比我大 19 岁，我们有着亦师亦友的情谊，这份情谊是极其难得和珍贵的。1995 年初冬，在一个偶然的场合，我得以与林老师结识，是年秋他从西安考入武汉大学攻读博士研究生，而我当时还是一个懵懵懂懂、踏上社会时间并不长的高校行政人员。但就是这次相识，开启了我们长达将近 30 年的交往。我后来于 1999 年顺利进入武汉大学攻读刑法学博士学位，毕业之后留在中南财经政法大学从事刑法学教学研究工作，因为学缘之故，我们一直保持着联系。

林老师是一个对学问有着特别眷恋的人。他于西北政法大学毕业后就留校任教。那个年代的高校老师大多是很清贫的。我记得 20 世纪 90 年代初我认识的一对高校老师，因为家里有两个孩子上学，平时只能就着馒头、咸菜或者青菜过日子，80 年代的日子应该更苦吧。所以很多人大学毕业后就走上仕途了，留校从教的差不多都是因为服从组织分配和决定。林老师应该属于自己决意留校吧，因为我从认识他开始，就发现他从不羡慕当官的，因为他对当官的困难有着非同寻常的认识。如果了解他的家庭出身，就明白这倒不是出自羡慕嫉妒恨。他原籍湖北孝感，本姓颜，其父早年因投身革命而改姓林。革命成功后，他的父亲被分配在西安工作，并且是一名高级干部，母亲也是延安抗大时期的学员。所以他选择当老师做学问，是出自他的真心喜欢。他在 1998 年博士毕业的时候，发大财也成为读书人在当时的不错选择，但是，他还是坚守在“象牙塔”的三尺讲台上。唯一明显的变化是，他凭借着自己厚积薄发的理论成果，获得了武汉大学刑法学科的认可并调入武汉大学工作。武汉大学浓厚的学术氛围让他如鱼得水。在武汉大学期间，他全身心投入刑法学教学与科研工作，充分释放了自己对法学教育的爱、对刑法研究的爱。他甘心做刑法文化薪火的传承人，积极承担本科教学工作，在武汉大学法学院人气极高。武汉大学法学院学生中流传一句话，“刑法不听林亚刚，何必武大走一趟”。他教学之余的时间几乎都用于刑法学术研究。他家里收藏了很多刑法书，但因为住房条件有限，他只能将客厅兼做书房。每次去看他，他都在书堆中工作，并且从来没有见他抱怨过，更多的则是谈自己的构思、想法和研究意义。

林老师实在是太热爱刑法理论研究了，以至于他会以一种学术的方式去展示自己对母校西北政法大学、对挚友和老师的感念。我在读博期间有一次和他聊天，突然就谈到了如何选择博士学位论文选题的问题。他的博士论文题目为“犯罪过失研究”，因为当时对过失犯罪立法的研究并不多，这个选题还看不出理论与实践意义。他告诉我之所以选择这个题目，有两种考虑，一是，随着社会发展，犯罪过失研究将越来越重要；二是，当时西北政法大学的贾宇老师的博士论文写的是《犯罪故意研究》，他们都是从西北政法大学到武汉大学师从马克昌教授读博士的，而且从同学到同事，是刑法教学和研究的同事和挚友，他想就“罪过研究”写个姊妹篇的博士论文。

林老师的知识极其渊博。也许因为他眷恋学术研究，尤其是真正的学问，所以他反感那些不务实的学问，甚至对哗众取宠的研究者也不抱好感。为了研究真正的问题，他宁可花较多的时间和精力去做一些刑法研究之外的调查工作。众所周知，刑法是社会“最后的防线”，其调整范围几乎涵盖社会各个领域，其在学术生态链上属于下游学科，所以刑法研究涉及的面很广泛。有些时候，因为对一些领域的社会现象、社会问题不是很懂，以至于这些领域可能成为研究者不敢涉猎的区域。但回避终究不是办法，如何克服这个问题显然是研究者应表明的态度。我有一次就这个问题请教他，他告诉我，对于一些新现象一定要调研，向实务机关的人请教，他还举了一个例子，早些年涉税犯罪立法刚刚出来，为了研究增值税专用发票的相关犯罪，他专门到西安的税务机关进行调研，所以对增值税专用发票犯罪有了较为直观的认识。为此，对于很多新型犯罪，他都力求从对犯罪对象的了解入手，最大可能地把握犯罪危害大小、影响范围，对案件性质的分析遵从刑法教义而绝不固守刑法教条。有一次研讨珍贵动物制品问题，之前我对“珍贵动物制品”的认知仅仅限于纸面，但他介绍了好几种珍贵动物、现存状况，并从医学角度介绍其药用价值，丰富了我对于正规动物制品的认知，改变了我对于涉及珍贵动物制品犯罪成立条件和标准的认识。

林老师还将这份对学术研究的热爱转移到对年轻人的关心和帮助上。他对有意愿学习的学术后进特别乐意帮助。每个人在人生中都会遇到一些困难，也因此会得到一些贵人的帮助，我也一样在不同阶段得到过很多人的帮助，但我对林老师有一种特殊的感情。我和林老师素昧平生，自己本来是一名高校的行政人员，做着虽然辛苦但还算安稳的工作，对于出身农村的我这就足够了。但我却好高骛远想当一名高校教师，后来有因为过往的一些经历（我曾在《犯罪之恶与刑法之美》讲了其中的原因），坚定了自己从事刑法学研究和教育的想法。为此我做了长久的准备。1998 年我到了选择毕业取向的时候。当时家庭条件较差，家人希望我去从政或者早点工作，这与我的初衷不符合。我因为认识林老师，就到武汉大学找到刚刚毕业留校的林老师，他听了我的想法，就强烈建议我读博士，而且特别强调，要读博士，就师从名师，并且不要犹豫，不要三心二意，要把考试相关内容记得滚瓜乱熟。为此，他把自己的考博经验悉数传授给我，这种经验说简单也简单，说不简单也不简单，那就是将考试指定参考的中外刑法学和西方刑法思想史，分解为数百个知识点，对每个知识点准备 1500 字的内容，每天就是背诵、记忆。我严格按照他教我的方法准备，结果还是很理想的。就这样，他帮助我实现了从一名“游击队员”向“职业选手”转型的第一步。读博士之后，他经常邀请我去他家吃饭，改善营养，解决了我的很多实际困难，很多时候还向我们传授马先生为人为学的一些信仰和要求。例如，他告诉我武汉大学刑法学科中期考试很严格，不是走过程，必须将马老师指定精读的书认真读完，而且要背得下来，不能任意发挥，我也按照他说的方法认真读书，结果中期考核就十分顺利，考核结束后，马先生也为我们的表现感到很开心。后来确有少数师弟因为重视不够、准备不充分而延迟考核。在我心底，林老师既是师兄也是老师，所以我在工作上、生活中无论碰到什么问题，都愿意向他诉说和汇报，他也乐意帮助我。我们为此建立了深厚的情谊。

这本文集摘录了老师在西北政法大学、武汉大学工作期间发表的具有代表性的作品共七十二篇，反映了他的工作历程，展示了他立于时代潮头创新刑法理念、刑法理论和实际方法的成就，体现了他在刑法学领域遵从传统却又不固守传统、自成一体具有个人特色的学术风格以及浸润其中的个人品格，这些特色集中鲜明地体现在其《刑法学教义》总册和分册中。需要说明的是，由于时间跨度很大，刑事立法已经发生了巨大变化，一些条文已与当前立法的内容不一致，但为了保持原文的风格，在组织文集时，也未作修订。

林老师虽然离开了这个世界，但是他对人生的信念、对学术的信仰、对法治的信心却已经在我们心中扎根了，这份信仰注定成为我们稳步走好人生每一步路、踏实做好每一份工作、努力写好每篇刑法文章、认真办好每个案件的精神铁律。

童德华

于中南财经政法大学文澴楼教室

目　录

对“明知必然发生而放任发生”的再认识…… 001
犯罪过失新探 …… 007
犯罪概念与特征新论 …… 015
论特别刑法的立法特点及在分则修改中的吸收 …… 023
试论危险分配与信赖原则在犯罪过失中的运用 …… 032
刑法功能的价值评价 …… 042
犯罪过失的理论分类中若干问题的探讨 …… 050
试论德、日刑法中犯罪过失在犯罪论体系中的地位 …… 059
德、日刑法犯罪过失学说介评 …… 066
共同正犯相关问题研究 …… 078
论过失中的违法性意识 …… 086
论期待可能性的若干理论问题 …… 096
我国古代刑法中的犯罪过失概念剖析 …… 105
金融犯罪罪数形态的探讨 …… 111
论共同过失正犯及刑事责任的实现(上)…… 120
论共同过失正犯及刑事责任的实现(下)…… 126
论集合犯 …… 133
论片面共犯的理论基础 …… 144
罚金刑易科制度探析 …… 151
论“共谋”的法律性质及刑事责任…… 159
对象错误与打击错误
——与倪培兴同志商榷 …… 166
片面共同正犯刑事责任的探讨 …… 178
论承继共同正犯的法律性质及刑事责任 …… 186
结果加重犯共同正犯刑事责任的探讨 …… 192
论刑罚适度与人身危险性 …… 201

身份与共同犯罪关系散论 …… 207
犯罪预备与犯意表示、阴谋犯 …… 216
继续犯的若干争议问题探讨 …… 222
主犯若干问题的探讨 …… 229
论犯罪中止的若干争议问题 …… 238
论共同犯罪的若干问题
——以共犯为中心 …… 247
论想象竞合犯的若干问题 …… 258
论吸收犯的若干问题 …… 266
论共犯关系的竞合 …… 277
论结果加重犯的若干争议问题 …… 284
单位犯罪法律适用中的若干问题 …… 293
共同正犯客观行为的理论基础与规范分析 …… 298
犯罪过失相关问题思考 …… 310
自首、立功若干规定的理念及反思 …… 318
为犯罪既遂通说观点的辩护 …… 323
论陷害教唆的可罚性 …… 329
酌定量刑情节若干问题研究 …… 337
行为四分法之初探
——兼反思我国犯罪构成模式 …… 343
反复实施危害行为的成罪及处罚模式探讨 …… 349
关于量刑基准的几个基本问题 …… 358
危害行为若干争议问题研究 …… 366
等价性在不纯正不作为犯罪中理论地位研究 …… 382
社会治理创新视阈下的社区矫正检视 …… 394
不纯正不作为犯等价性考量的具体标准研究 …… 404
正当防卫若干理论问题 …… 414
侵犯商业秘密罪再探 …… 425
论持有、使用假币罪的若干问题 …… 432
论“交通运输肇事后逃逸”和“因逃逸致人死亡”
——兼评《关于审理交通肇事刑事案件具体应用法律若干问题的解释》的若干规定 …… 441
妨害传染病防治罪构成及刑事责任中的若干问题 …… 451
论恐怖主义犯罪的内涵 …… 462

竞技体育中伤害行为的刑法评价 …… 471
析侵犯著作权行为与侵犯著作权罪的衔接 …… 479
论妨害公司、企业管理秩序、侵犯公司、企业利益犯罪的若干共性问题 …… 484
刑法修正案(七)“组织、领导传销罪”的解读 …… 495
论非法组织卖血罪的几个争议问题 …… 503
组织他人偷越国(边)境罪若干问题的探讨 …… 513
运输毒品罪的若干问题研究 …… 521
组织出卖人体器官罪的解析及司法适用研讨 …… 531
论《刑法修正案(八)》对生产、销售有毒、有害食品罪的修订 …… 541
抢劫罪暴力的再考察
——以司法适用为视角 …… 547
论抢劫罪司法认定中的几个疑难问题 …… 557
论徇私枉法罪主观要件及共犯 …… 573
“利益”输送贪污、受贿等职务犯罪的讨论 …… 580
《刑法修正案(九)》对暴恐犯罪修订的司法适用 …… 585
信用证诈骗罪的司法适用 …… 591
组织、领导、参加黑社会性质组织罪的若干问题思考 …… 599
高空抛物、坠物刑事责任的讨论 …… 607

对“明知必然发生而放任发生”的再认识①

我国刑法学界在故意罪过理论中尚有一些问题未取一致看法，“明知危害结果必然发生而放任发生”的应属何种故意，便是其中之一。该问题不仅具有理论价值，对司法实践也具有重要意义。笔者对此略述管见。

一

根据《刑法》第 11 条“明知自己的行为会发生危害社会的结果，并且希望或者放任这种结果发生，因而构成犯罪的，是故意犯罪”的规定，学理上对犯罪故意形式的区分，通说观点采用意识因素和意志因素的双重标准，将明知危害结果必然发生或者可能发生，而持希望心理态度的称为直接故意；将明知危害结果可能发生，而持放任其发生心理态度的称为间接故意。但是，在如何看待明知危害结果必然发生，虽不追求其发生但却有意识地放任其发生的心理态度，刑法学界形成两种截然不同的观点。

通说的观点认为，这属于直接故意。其内部又有两种不同的认识。

其一，认为明知必然发生时虽采取的是放任态度，但因这种放任是无碍于危害结果发生即危害结果是肯定要发生的，从最终结果上看，与明知必然发生而希望发生的情况并无二致，所以仍属直接故意。应该认识的主要理由在于：这放任无碍于危害结果发生。故而，暂且称其为“无碍结果发生说”。

其二，认为明知必然发生并决意实施此种行为，就谈不上放任，只能说是希望危害结果发生。因为放任是以存在两种可能性为前提，只有在存在可能发生与可能不发生的情况下，才谈得上“放任”的心理态度。可见，该认识的主要理由是：认识两种可能性才谈得上有放任心理态度。因而，暂且称这种认识为“意识制约意志说”。

另一种观点则认为，这应属于间接故意。归纳其主要理由：(1)上述认识与法律规定不相符合。《刑法》第 11 第规定的“会发生”的内容是发生的可能性和必然性，这对于希望和放任都无例外是适用的。(2)上述观点在逻辑上犯了同时并用两个标准(认识因素和意

① 本文原载于《法学评论》1995 年第 2 期，系林亚刚教授与贾宇教授合著。

志因素——笔者注)进行分类的错误。(3)上述观点未能科学地反映人的心理活动规律。认识程度对人的意志倾向虽有一定的制约作用，但意志在心理活动中又具有相对的独立性，对危害结果采取何种意志倾向，不取决于认识程度，而取决于对危害结果所抱的情感状态。正是这种好恶倾向而不是认识程度，推动人采取不同的意志行为。明知必然发生，尽管他决意实施行为，也完全可能由于种种原因不希望这个结果发生。所以，以认识程度推论意志倾向是靠不住的。① 显而易见，这些理由归纳起来是说：符合法律规定及心理活动规律。故而，且称其为“法律及心理规律符合说”。比较上述观点各目的论点来看，“无碍结果发生说”与“意识制约意志说”虽然结论相同。但两者实质上有区别。即前者承认这种心理状态的存在，而后者基本上是否定这种心理状态存在的。“法律及心理规律符合说”虽与“无碍结果发生说”的结论不同，但论点中却有一致之处，即都肯定这种心理状态是现实存在的。通过比较不难发现，上述观点主要是从静态的角度对这种心理现象进行论证，因而难以统一认识。既如此，我们不妨从另一角度，将这种心理现象置于心理活动的动态过程中，从探讨其发生的特点着手，尝试统一我们的认识。

二

要从动态过程研究这种心理现象：首先有必要从我国刑法学界关于“放任”的研究已经取得的共识入手。

我国刑法学界认为，放任某种危害结果发生，是行为人为了追求、实现另一目的结果(犯罪或非犯罪的)，所放任发生的危害结果并不在行为人实施(犯罪或非犯罪)行为的直接目的结果的方向上，即行为人是为了追求另一个目的，实现另一个结果(犯罪或非犯罪的)，如果不放任该种危害结果发生，那么，所追求的目的结果难以实现；如果防止该种危害结果发生，同样也难以实现所追求的目的结果，因而，对追求目的结果实现的行为会引起的另一危害结果，采取了放任其发生的态度。这就说明，“任何事情的发生都不是没有自觉的意图，没有预期的目的的”。“就个别人说，他的行动的一切动力，都一定要通过他的头脑，一定要转变为他的愿望的动机，才能使他行动起来……”②所以，人的任何一种具有社会意义的行为，都不是无缘无故实施的。行为人之所以放任某种危害结果的发生，就在于追求实现其目的结果。正因为追求目的结果实现的行为同时也是引起所放任的结果发生的行为，因而，在放任心理态度存在的同时，必然还有另一(犯罪或非犯罪的)心理活动的存在。正因为如此，我们在探讨动态发展中的放任心理时，没有理由脱离这一心

---

① 以上观点参见高铭暄主编：《新中国刑法学研究综述》，河南人民出版社 1986 年版，第 420~422 页。

② 恩格斯：《路德维希·费尔巴哈和德国古典哲学的终结》，人民出版社 1972 年版，第 38、42 页。

理活动，不能无视行为人为追求行为直接目的结果实现的认识和意志活动对放任心理态度有无影响，不能不将其置于视野之内。

由于行为人放任某种危害结果的发生，是为追求行为直接目的结果的实现，因而，任何一种放任危害结果发生的行为，必然是追求行为直接目的结果实现的心理活动与放任另一危害结果发生的心理活动的重叠和交叉。明确这一点的意义在于：

第一，它说明在任何放任危害结果发生的行为中，直接支配行为人实施行为的意志活动，并不是放任的意志，只能是追求某种犯罪或非犯罪目的结果实现的希望的心理态度。

第二，它说明在任何放任危害结果发生的行为中，无论行为人对行为直接目的结果实现，是认识到可能发生还是必须发生，都是在追求其发生的希望心理态度下实施的行为。

第三，它说明在任何放任危害结果发生的行为中，行为人为追求直接目的结果实现，不顾行为会引起的另一危害结果而执意实施预定行为，必是经过动机斗争而获得解决。因为在放任的心理态度下，行为人既不是希望放任的结果发生，又想实施会引起危害结果发生的行为，这种对立的动机冲突，必然使行为人要根据实际需要的轻重缓急迅速作出决定，或引起激烈的思想斗争。而最终，需要实现预定目的结果的动机抑制了与追求目的结果相矛盾、相冲突的思想和行为。即停止实施预定的行为的思想或采取必要措施防止该种危害结果发生的思想和行为：这样理解是合乎事实和情理的，因除此之外，没有其他理由能够说明，行为人为什么在已明知实施追求直接目的结果行为会引起另一危害结果发生的情况下，仍执意实施自己预定的行为。原因就在于为实现行为的直接目的结果。而且，正是这一层心理活动，才是导致行为人之所以采取放任心理态度并决意实施行为的真正心理原因。

由此可知，任何放任心理态度都是以行为人追求行为直接目的结果实现的心理活动为前提，并且与这一心理活动具有某种内在联系。那么，这是一种什么样的联系？其实质又是什么？根据我国学者的共识，如果不放任或者阻止了另一危害结果的发生，那么，所追求的直接目的结果难以实现。这也就是说，不放任或阻止了另一危害结果的发生，所追求的目的结果虽不能说不可能实现，至少可以说他认为实现的可能性极小。所以，为实现直接目的结果甘冒另一危害结果发生的危险实施预定行为，并对这一危害结果的发生持放任心理态度。

既然行为人放任心理态度是以其追求直接目的结果实现的心理活动为前提，并且，所放任发生的结果正是由追求直接目的结果的行为而引起，因而，在其放任心理态度下的明知，就不应以静态的观点去考察，而应当以动态的眼光去看它。具体来说，行为人必须对行为具备使追求目的结果实现的条件是明知；同时也对行为具备引起另一危害结果发生的条件是明知。简言之，行为人所明知的内容中，必须对追求的目的结果与放任发生的危害结果之间具有的某种联系是明知的。从动态看这种重叠和交叉的心理活动应是：既认识到某种目的结果可能或必然发生，在追求其实现(希望)意志支配下实施行为时，又明知自己的行为会导致另一危害结果发生，却对这种危害结果发生持放任态度。所以，无论放任心理态度在何种具体情况下发生，事实上必然是这两种心理活动过程的重叠和交叉。那么，行为人追求的目的结果与放任发生的危害结果之间的联系的实质是什么？行为人应是何种明知？

根据“如果不放任某种危害结果发生，那么，追求的直接目的结果难以实现”的共识，通说观点下的这种动态心理应是：认识到追求的目的结果可能或必然发生，而持希望追求态度，同时明知因追求目的结果实现(至于实际是否实现，不影响认定)而致使另一危害结果可能发生，持放任其发生的心理态度。不难看出，根据通说观点，认为这种内在联系的实质是或然性而不是必然性的。我们不妨借用以往常用的“为猎取猎物而放任他人被击中”和“为杀妻而投毒放任孩子死亡”的例子来看。

其一，实现了所追求的目的结果(击中猎物或妻子被毒死)，并不具有使放任的危害结果(击中他人致其死、伤或孩子被毒死)发生或者不发生的必然性。

其二，追求的目的结果没有实现(未击中猎物或妻子未被毒死)，也不具有使放任的危害结果(击中他人致其死、伤或孩子被毒死)发生或者不发生的必然性。

换言之，所追求实现目的结果的行为无论使目的结果实现与否，都不具有致使所放任发生的危害结果必然发生的规律性。这就是说，当行为人执意实施追求行为直接目的结果的行为时，只能是对所放任发生的另一危害结果，处在不能确定其必然发生状态之中的认识。这就是“意识制约意志说”对两者联系实质的把握。

那么，如果当行为人明知所放任的危害结果是必然发生时，其重叠和交叉的动态心理活动又应是何种明知呢？所谓必然性，是客观事物联系和发展的合乎规律、确定不移的趋势。

在一定条件下的不可避免性和确定性。既如此，该种情形下，行为人必须是对自己所追求的目的结果，无论是可能发生还是必然发生，都不影响所放任的危害结果必然发生的明知。易言之，也就是明知追求目的结果的行为具有使放任的结果确定不移发生的内在根据，无论所追求的目的结果是否完全实现，只要实施会引起这种结果发生的行为，放任的危害结果必然发生。如是，其动态的放任心理活动可有以下两种模式：其一，认识到所追求的目的结果可能发生而持希望追求态度，同时明知因追求目的结果而致使另一危害结果必然发生。持放任其发生的心理态度。

其二，认识到所追求的目的结果必然发生而希望追求态度，同时明知因追求目的结果而致使另一危害结果必然发生，持放任其发生的心理态度。

将上述心理模式进行分析比较，不难发现这两种心理模式难以在“明知必然发生而放任发生”这一命题下得到统一。具体说，在第一种心理状态下，当行为人对所追求的目的结果，尚处于不能确定其一定实现的可能性认识之中时，能否对行为引起的另一危害结果的发生已经具有确定不移必然发生的明知？结论显然是否定的。由于认识前一目的结果的条件同时也是其认识另一危害结果的条件，在同一条件下不可能得出一个可能发生，另一个必然发生的认识。因而，不可能有这种明知。例如，甲为杀乙，企图趁其在爆破现场进行整理收尾工作时提前合闸引爆将其炸死。但合闸前发现丙也在现场，提前合闸引爆乙丙必死无疑，但甲杀乙心切终提前合闸，结果将二人炸死。就本案来说，当其明知乙必然被炸死时，同等条件下理所当然也可以明知丙必然死亡。但如果只是明知乙可能被炸死，也可能炸不死时，在同等条件下就不可能得出丙必然被炸死的认识。否则，这就违背了认识论的基本原理，也背离了其实施行为的初衷，情理上讲不通。

可见，如果我们从动态中对“明知必然发生而放任发生”的心理态度进行剖析后，即可发现这一命题本身事实上不够严谨，因为它仅指在认识到追求目的结果必然发生，又明知另一危害结果必然发生而加以放任这一种心理态度。可见，如果不从动态中予以剖析而肯定这一心理态度，很难说不具有违背心理活动规律之处。

三

由上可知，问题的焦点事实上集中在上述第二种心理态度应以何种故意对待。

对于放任危害结果发生的心理态度，刑法学界共同认为：行为人虽然不是希望危害结果放任，但也并不反对、排斥危害结果发生，对危害结果发生是有意识放任的。不是希望结果发生，是因为追求的目的结果并不是发生的这一危害结果，因而对危害结果的发生，并不是有意识地利用使结果发生的各种条件促使结果发生，否则，是直接故意心理态度；不反对、排斥结果发生，是因为如阻止其发生，会直接影响追求目的结果的实现，所以，主观上就没有防止其不发生的打算，故而也不会凭借条件和采取措施去防止结果发生，否则，则是对于自信的过失。所以，前者是我们将间接故意与直接故意区分开的根据，而后者则是与过于自信过失划分的界限。既不有意识利用各种条件促使危害结果发生(不是追求结果)，也不凭借条件和采取措施去防止结果发生(未表现出确实不希望危害结果发生)，是我们确认行为人主观上是否持有放任心理态度的主要客观依据。

如前所述，所谓必然性，是客观事物发展的合乎规律、确定不移的趋势，是在一定条件下的不可避免性和确定性。这也就是说，事物向现实性的转化虽以必然性为前提，但都是在一定条件下转变为现实性的，没有一定的条件，这种转化是不可能的。然而，在现实社会中这种条件是易变的。由于条件不同或转瞬即逝的变化，其向现实性的转化就可能实现不了。尽管我们说，行为人对危害结果必然发生或可能发生的认识，是对自己行为危害结果之间因果关系及其发展的认识，而且，这一认识只能以行为人自己的主观认识为依据，不能以客观事实为依据。但是，无须赘言，当行为人明知危害结果必然发生时，说明行为人对引起危害结果发生的条件已有充分的认识，即行为人对这种条件已具备使危害结果确定不移必然发生作用的充分认识。(当然，客观上这样条件是否具有这种作用，是另一问题）这样一来，恰恰说明行为人是在有意识地利用这种条件使危害结果发生。这就与在放任心理态度下，行为人不凭借或根本不顾及实际可以利用的条件，促使危害结果发生，而是对其发生持有自觉容忍心理态度的基本理论相矛盾。即使退一步讲，这种有意识利用条件使危害结果发生的，不是希望结果发生而应以间接故意对待，那么，该种情形下的间接故意心理态度应如何与有意识地利用条件促使追求结果发生的直接故意心态相区别？如何与已有定论的，不凭借或根本不顾及可以利用的条件，而使得结果发生的间接故意心态相区别？又有何种根据使人相信行为人的确不是希望危害结果发生呢？显然，这些都是主张属于间接故意心理态度的学者，必须解答的难题。"法律及心理规律符合说"，认为人的认识程度不能决定人的意志倾向，采取何种意志倾向取决于对事物（危害结果）的情感。这只能说是相对正确的。人的意志活动虽具有高度的自主性、能动性，但这种自主性和能动性是建立在对客观事物规律性的认识之上的。恩格斯指出："意志自由只是借助于对事物的认识来作出决定的那种能力。"①行为人所以要实施预定的行为并且不阻止另一危害结果发生的心理原因中，固然有情感体验的作用：使其产生需要实现预定目的结果的动机并抑制了与追求目的结果相矛盾、相冲突的动机。但是，不可否认的是，人的情感体验同样是以对客观事物的认识为基础。认识的程度越高、产生的一定需要与渴求的情感体验越强烈，动机也就越强烈，反之亦然。没有认识程度这一个基础，谈不到会产生可影响意志选择的情感体验。

综上所述，笔者认为，对"明知必然发生而放任发生"的心理态度应以直接故意对待。

① 恩格斯：《反杜林论》，载《马恩选集》（第三卷），人民出版社1972年版，第154页。

犯罪过失新探①

一、犯罪过失的本质属性

犯罪过失是犯罪故意的对称。两者均是指行为人在实施犯罪行为时所持有的一种值得非难的主观心理状态。其本质属性如何？我国学者的研究，主要表现在以下两个层次上。

其一，将犯罪过失纳入整个犯罪系统论中，以马克思主义犯罪学说为理论基础，以犯罪的实质定义为核心，揭示犯罪过失的本质在于行为人对危害社会结果的心理态度，阐释犯罪过失的社会政治内容，并借此与形式主义的犯罪过失定义划清界限。②

其二，将犯罪过失作为一种犯罪的心理状态，以社会历史发展为背景，从刑法理论，特别是从大陆法系刑法理论上曾先后出现过的犯罪过失诸学说为主线，评析犯罪过失心理状态的本质属性。

第一个层次的研究，将犯罪过失纳入整个犯罪论体系中，说明犯罪过失心理状态的社会政治内容，以揭示行为人承担过失责任的主观根据，这与西方学者仅从形式上探讨承担过失责任主观根据相比，是历史性的进步。但是，我们不能以揭示这一层的本质为已足。我们不仅需要指出犯罪过失是行为人对危害社会结果的心理态度，而且需要进一步研究这种“心理态度”的内容是什么。应当说，就犯罪过失的研究来说，“是什么”的层次更为重要。哲学上所谓的本质属性，应是指一事物特有的，区别于他事物的性质和特点。而“对于危害社会结果的心理态度”，并非是犯罪过失所特有的、区别于他事物的本质属性，而是犯罪过失心理状态与犯罪故意心理状态所共有的属性。根据我国《刑法》第12条过失犯罪定义，“应当预见”“没有预见”“已经预见”“轻信能够避免”等表述，行为人缺乏高度的责任心和足够慎重的态度，正是过失犯罪的行为人主观心理态度的核心。在具有犯罪过失心理的场合，行为人实施行为是为了追求另外的某种正当或非正当目的的实现（包括追求某种犯罪目的），并不是为了追求构成该过失犯罪的危害结果。如果行为人在实施行为时，

---

① 本文原载于《检察理论研究》1996年第2期，系林亚刚教授与贾宇教授合著。

② 参见高铭暄主编：《刑法学原理》（第二卷），中国人民大学出版社1993年版，第79页。

具有高度的责任心和足够慎重的态度，就不至于在行为时认识不到可能发生的危害社会的结果；认识到的，也不至于轻信能够避免。所以，缺乏高度的责任心和足够慎重的态度，是犯罪过失主观心理态度的核心。我国《刑法》第12条“应当预见而没有预见”“已经预见但轻信能够避免”的规定，正是立法对这种缺乏高度责任心和足够慎重态度的法律表述，而这一核心的实质如何，才是犯罪过失区别于犯罪故意以及其他非犯罪心理状态的根本属性。

对这一核心的实质的研究，归纳起来，大体上有三种不同的观点。

第一，以评述“无认识说”“不注意说”“避免结果说”为主线，认为犯罪过失的本质不是行为人对犯罪事实或犯罪结果没有认识，也不在于是行为人因违背注意义务而导致犯罪结果发生，而是行为人希望避免犯罪结果，但因违反注意义务或回避违法结果义务。并认为“相对来说，避免结果说较为科学”。① 至于其“较为科学的”理由，并未具体阐释。

第二，认为犯罪过失的核心是违反注意义务。并认为我国《刑法》第12条规定的内容已经隐含着注意义务的要求。而所谓注意义务是指法律法令及社会日常生活所要求的为一定行为或不为一定行为时应当谨慎留心，以避免危害社会结果发生的责任。并指出，我国刑法中所要求的注意义务包括结果预见义务和结果避免义务两项内容。其中，预见义务是前提和关键，违反预见义务，必然导致违反结果避免义务，同时，预见义务并非注意义务的全部，仅履行了预见义务，不进而采取有效措施，避免结果的发生，则违反了结果避免义务，同样构成违反注意义务。②

第三，回避犯罪过失本质属性的提法而提出“犯罪过失的属性”之概念。并认为，犯罪过失具有以下三点属性：首先，犯罪过失是危害内容与心理形式的统一。犯罪过失是不意误犯并事与愿违，也就是说过失行为的结果不在行为人的目的的范围之内，实际结果与行为意志相脱离，并着重讨论了无认识过失的实际心理状态问题。并指出，无意识不是本能的冲动，而是与意识联系着的条件反射现象，是对客观现实的特殊反映，是未被主体意识到的心理活动的总和，是心理活动的必要补充。我国刑法关于犯罪过失的规定，实事求是地承认了犯罪过失心理的客观状态，即通过“没有预见”“轻信能够避免”的表述，指明行为人对“危害社会的结果”的无意识心理，同时又概括出过失心理的不注意特征，即“疏忽大意”“轻信”便是不注意的具体表现，而所谓不注意则是违反预见危害结果的义务和避免危害结果的义务。并总结到，不注意是过失的无意识心理形成的主要原因，也是过失心理的重要特征。其次，犯罪过失是犯罪要件与责任根据的统一。犯罪过失所以成为犯罪的成立要件，是由过失是负刑事责任的主观根据决定的。在社会生活中，法律要求公民有义务维护社会秩序，自觉避免危害社会的结果发生，但行为人违背法律义务，粗心或轻率地导

① 陈兴良：《刑法哲学》，中国政法大学出版社1992年版，第180页。

② 鲍遂献主编：《刑法学研究新视野》，中国人民公安大学出版社1995年版，第212页。

致危害结果，正因为如此，过失才成为犯罪的构成要件和负刑事责任的根据。最后，犯罪过失是主观心理与客观实际的统一。犯罪过失并不是纯粹孤立的主观心理，它不仅以一定的客观事实(危害社会的结果)为内容，而且以危害结果的实际发生为前提。两者的结合，才能表现出犯罪的性质。如果某种过失行为没有造成危害社会的结果，即使有造成危害结果的危险，也只是一般意义上的过失。所以，犯罪过失是反映在危害社会结果上的一种心理态度。[4]

上述各观点对犯罪过失心理本质属性的表述，虽有提法及表述上的差异，然而就其重点而言，则是一致的。换言之，均认为其本质属性在于违反结果预见义务和结果避免义务。其区别在于，第二、三种观点的重点，均明确指出是“不注意”“违反注意义务”，而第一种观点，则否定“不注意”，以“避免结果”予以表述。可见，统一犯罪过失心理状态本质属性的名称，也是一个需要认真研究的问题。

笔者认为，第一种观点将犯罪过失的本质归结为“违反避免危害结果义务”，有两点不足之处。其一，对于疏忽大意过失而言，行为人根本没有预见到危害社会结果的发生，根本无由谈起“避免危害结果”的问题。其二，即使对过于自信过失而言，行为人的主观罪过的核心还在于注意不足、谨慎不够。行为人本应对危害结果给予高度注意，但也注意不够，以致错误地轻信危害社会的结果能够避免。所以，违反避免结果义务是违反注意义务的当然结果，后者不为前者所决定。而且，从注意义务的内容而言，应当说完全可以涵盖结果避免义务，换言之，注意义务完全可以包容“注意预见危害结果”与“注意避免危害结果发生”两项内容。所以，我们赞成第二种观点，主张犯罪过失的本质属性，应为违反注意义务。另外，笔者认为，第三种观点中的个别见解似仍有商榷余地。

论者认为，我国《刑法》第 12 条对过失心理客观状态“没有预见”“轻信能够避免”的表述，指明行为人对“危害社会的结果”的无意识心理。① 笔者理解，在心理学中，所谓意识即是指主体对于客体的能动反映，意识是思维、意志的前提，确切地讲意识到的就是指对客观事物“感到、觉察”到的心理活动。主体感到、觉察到客观事物存在的，是意识到的；没有感到、觉察到的，则是无意识。根据《刑法》第 12 条过失犯罪的规定，就疏忽大意的过失而言，是“应当预见自己的行为可能发生危害社会的结果，因疏忽大意而没有预见”，因而，应当说行为人在疏忽大意过失心理状态下，对“危害社会的结果”是无意识心理。但就过于自信过失的规定来看，是“已经预见而轻信能够避免”，这里已经预见的，当然是指“危害社会的结果”，这也就是说构成过于自信过失，法律要求行为人在实施自己行为时必须是已经“意识”到自己行为具有引起危害社会结果发生的可能性、危险性。没有这种“意识”，谈不到成立过于自信过失的心理。而且，就“轻信能够避免”的意志活动而言，只能是在已经“意识”到危害结果时才可能具有，如果对危害社会的结果是无意识心理，那么，

① 参见姜伟：《犯罪故意与犯罪过失》，群众出版社 1992 年版，第 259 页。

谈不到具有“轻信能够避免”的意志活动。“轻信能够避免”危害社会结果发生的意志活动与“希望”或“放任”的意志活动相比较而言，当然可以将其理解为希望避免危害结果发生的意志，是“不意误犯”使危害结果发生的，但是，这里的“不意误犯”使危害结果发生并不等于对“危害社会结果”是无意识心理状态。因此，将“轻信能够避免”的意志活动理解为对危害社会结果的无意识心理活动是不确切的。

二、犯罪过失中的注意义务

犯罪过失中的注意义务亦可称其为认识义务。我国《刑法》第 12 条包含着对违反注意义务要求的问题，已得到学者们的共识。但注意义务包括哪些方面的内容等尚未取得共识。

(一)注意义务的根据及内容

注意义务系法律上的义务，这已是共识，但注意义务产生的根据是什么，在中外刑法学界颇有争议。国外学者，如日本学者对此多予以概括性的说明，具体解释少，而我国学者则与之相反。目前对注意义务根据的探讨，理论上虽有二分法(包括若干项)、三分法、四分法和五分法之区别，但多属于排列组合的不同，就其实质和内容来看，无大的差别。归纳起来，其根据主要包括以下内容：

(1)法律法令、规章制度规定的注意义务。如各类行政及业务管理法规、行业规章制度等。有些学者，将契约、合同、委托之注意义务，也归纳到这一类中，并认为这种由法律明示的注意义务不但具体、明确，而且容易被人们所理解。① 但也有学者将接受委托或契约所要求的注意义务归入习惯、常理所要求的注意义务中。②

(2)习惯、常理所要求的注意义务。一般认为该类注意义务是根据社会共同生活准则形成的。当从事某项职业或处于某种环境时，行为人的身份、能力及生活或工作常识自然产生某种注意义务。对这类注意义务应当根据一般的观念要求，立足于维护社会关系的必要性和相当性予以合理的判断。③ 也有学者对这一类注意义务具体划分为：职务上或业务上要求的义务、接受委托或契约所要求的注意义务、先行行为产生的注意义务以及普通常识和习惯所要求的注意义务等。④

(3)基于先行行为产生的注意义务。持这种观点的学者，显然认为基于先行行为产生的注意义务的根据不属于习惯、常理所要求的注意义务。这种注意义务一般认为，当由于

---

① 参见姜伟：《犯罪故意与犯罪过失》，群众出版社 1992 年版，第 289 页。
② 鲍遂献主编：《刑法学研究新视野》，中国人民公安大学出版社 1995 年版，第 215 页。
③ 鲍遂献主编：《刑法学研究新视野》，中国人民公安大学出版社 1995 年版，第 215 页。
④ 鲍遂献主编：《刑法学研究新视野》，中国人民公安大学出版社 1995 年版，第 215 页。

自己的行为引起刑法所保护的某种社会关系处于危险状态时，注意义务随之产生，要求行为人为一定行为或不为一定行为，排除或避免危害结果发生。

(4)其他依照常理要求的注意义务。该种注意义务则认为是上述注意义务之外的，在日常生活中出于尊重他人法益应当注意的义务。①

在具有上述认识的基础上，一般还将注意义务分为普通注意义务和特殊注意义务两类：前者一般是指基于日常生活的需要，对社会上具有正常理智的一般人，要求在实施自己行为时具有的注意义务，违反该种注意义务，通常可构成普通过失犯罪；后者是指基于职务、业务活动的性质、效益及其危险性，对从事该种职务、业务活动的人，要求在从事该特定业务、职务活动时必须具有的注意义务，违反该种注意义务，可构成业务上的过失犯罪。

此外，在大陆法系刑法理论上，注意义务分为客观注意义务与主观注意义务两类。②前述之注意义务，即为客观注意义务，是规范评价的内容；主观注意义务实质上即是过失中的注意能力，属意思决定规范。违反客观注意义务，是过失犯的违法要素，即违法性根据；违反主观注意义务，是过失犯的谴责要素，即责任根据。所以前者违反评价规范，后者违反意思决定规范。我国刑法理论中，虽然没有将注意义务划分为客观注意义务与主观注意义务，但实质上对注意义务和注意能力的研究包含着上述内容。③ 这种对注意义务分层次的研究，虽显繁琐却富有启迪，如何借鉴还待进一步研究。

注意义务的内容，目前多数学者仍将其限定在结果预见义务和结果避免义务的范围之内。结果预见义务是要求行为人集中注意力、保持意识紧张，应认识到行为可能产生危害结果的义务。如司机在出车前应注意检查车辆状况，行车中应注意前后车辆及行人等。要求行为人履行结果预见义务的目的，是为避免危害结果的发生。如果行为人对应当履行的结果预见义务没有履行，自然无法避免危害结果发生，属于违反注意义务。结果避免义务则要求行为人在预见到危害结果可能发生的情况下，集中注意力、保持意识紧张并采取有效措施，(以作为或不作为的方式)防止、避免危害结果发生的义务。如行车中发现有老人、儿童横穿公路，即应鸣笛、减速以至停车避让，以避免事故的发生。如果行为人已经认识到结果可能发生，却以不足够之注意力履行避免结果义务最终未能避免危害结果发生的，仍是违反注意义务。当然，如果行为人根本就没有履行结果避免义务，则不属于犯罪过失的范畴，而应是犯罪故意的心理状态了。违反结果预见义务的，属于疏忽大意的过失，违反结果避免义务的，则属于过于自信的过失。

对于结果预见义务与结果避免义务两者间的关系，我们认为，预见结果义务是注意义

① 参见洪福增：《刑事责任之理论》，中国台北刑事杂志社印行 1971 年版，第 292 页。

② [日]木村龟二主编：《刑法学词典》，顾肖荣等译，上海翻译公司 1991 年版，第 281 页。

③ 陈兴良：《刑法哲学》，中国政法大学出版社 1992 年版，第 180 页。

务的前提或首要内容，违反该义务，必然导致违反结果避免义务；结果避免义务则是注意义务的核心，因法律要求履行注意义务的目的就在于要防止危害结果发生。所以，仅履行结果预见义务而不充分履行结果避免义务，则违反结果避免义务，同样构成违反注意义务。

有的学者除具体探讨结果预见义务和结果避免义务的含义外，还进一步研究了结果预见义务的具体内容和结果避免义务的具体形式。①

对于结果预见义务，有的学者认为具体可分为：预见行为性质的义务和预见危害结果的义务两项内容。② 笔者认为，过失中的预见义务，关键在于结果预见义务，而不在于行为性质预见义务。对于疏忽大意过失来说，如果行为人没有结果预见义务，则不论是否存在认识行为性质的义务，均不会导致疏忽大意过失的成立；对于过于自信的过失来说，同样是由于具有预见结果的义务并且已经预见而轻信能够避免，才决定了过于自信过失的成立。不可能出现仅有认识到自己的行为性质的义务即导致过失成立的情况，也不存在虽有结果预见义务而轻信能够避免，但因不具备行为性质的预见义务故不成立过失的情况。当然，结果的预见往往是与行为性质的预见相联系的，我们完全可以把行为人是否具有并履行行为性质预见义务，作为推断行为人是否具有并履行结果预见义务的根据或前提。但行为性质的预见义务不是统领犯罪过失全局的义务，不能取代结果预见义务。在这一点上，主张将预见义务再分为行为性质预见义务和结果预见义务的学者，也有与笔者相同的认识。只是，出于同样的原因，笔者不主张将预见义务再分为行为性质预见义务和结果预见义务，而认为预见义务即等于结果预见义务。

（二）注意义务的履行

行为人在能够履行义务的情况下而不履行或不充分履行注意义务，造成严重的危害结果即构成过失犯罪。因而，不履行或不充分履行注意义务，这种已然的事实，是犯罪过失责任的重要依据。不履行或者不充分履行注意义务，站在社会的立场，它是一种客观事实，而站在行为人立场则是一种主观心理状态。我国学者也将违反注意义务称为“没有注意”③或“不注意”，④ 因而，就犯罪过失的成立来说，行为人是否违反注意义务，是一个必要的判断程序。

我国学者对该问题的研究，主要有三种观点：

其一，从宏观的角度指出，对违反注意义务的判断需要从注意义务和注意能力基础上总结考察。对违反注意义务的判断，不仅应将其置于犯罪构成要件中去考察，而且还必须

① 参见姜伟：《犯罪故意与犯罪过失》，群众出版社 1992 年版，第 287 页。
② 参见姜伟：《犯罪故意与犯罪过失》，群众出版社 1992 年版，第 285 页。
③ 鲍遂献主编：《刑法学研究新视野》，中国人民公安大学出版社 1995 年版，第 21 页。
④ 姜伟：《犯罪故意与犯罪过失》，群众出版社 1992 年版，第 292 页。

站在主观标准的立场，以实事求是的态度，从主客观相结合的角度去考察。首先，在考察标准上，主观标准是决定性的，但同时客观标准并非无用，客观标准可以提供一个考虑问题的基本要求。在考察方法上，主张从主客观相结合的角度，综合分析行为当时的具体条件、行为人的注意义务和注意能力。对于疏忽大意的过失，着重考察的应当是“预见义务”和“预见能力”；对于过于自信的过失，重点应放在“回避义务”与“回避能力”上。①

其二，从微观着眼，具体研究违反注意义务的表现形式和心理原因。违反注意义务的表现形式可归纳为三类，即完全不注意、注意发生转移、不充分注意。前两种的心理原因是疏忽，即粗心大意，忘记了自己应该履行的注意义务；后一种的心理原因是轻率，即掉以轻心，未充分履行注意义务。②

其三，从实质上入手，解释不注意的实质内涵。不注意即指人的心理意识没有指向或集中到一定客体或背离了原来的客体。所以必然以存在对主体目的性活动有意义的特定客体和特定注意要求为基础，同时也必然以行为人本可对该特定客体保持意识紧张和集中为前提。因而，只有在应注意的前提下，未保护必要的意识紧张和集中，才能成立不注意。并具体将不注意的前提划分为：应注意(客观注意可能性)和能注意(主观注意可能性)两部分。应注意，是负有对特定客体保持意识紧张和集中的义务，应从：“应该不应该”的角度来限定不注意的范围。能注意则是主观上履行注意义务，而对行为的危害结果保持必要的意识紧张和集中的能力，因此，必须以具有在具体条件下遵守注意义务的客观可能性为基础。③

上述三种观点，我们理解是对违反注意义务的分层次研究，其意义不同。由于注意与不注意首先是一种心理活动，因而，考察不注意的内涵，是第一个层次的任务，而如何判断是否注意，是下一个层次所要解决的问题。从这一点而言，我们理解，第三种观点是第一个层次的问题，解决的是履行注意义务必须具有保持意识紧张、集中义务的具体含义和要求。具体说，不注意是注意的背反，意识的紧张和集中是对“注意”的阐释，反之，则为不注意。换言之，注意义务的履行，非以意识的紧张和集中不可。因而，意识紧张和集中的义务是注意义务的当然内容。意识的紧张和集中既有意志活动的积极参与，也有其具体内容。对应该预见的危害结果以紧张和集中的意识加以预见，以及对已经预见的危害结果以紧张和集中的意识指导加以避免，就是这里所谓“注意”的具体内涵。反之，则为“不注意”之内涵。如果行为人已经符合注意的意识紧张和集中，但未能预见或未能避免危害结果的，则主观上无犯罪过失之罪过，因此，在积极的意志参与下，具有并保持意识紧张和集中，未能预见或未能避免危害结果的，则主观上无犯罪过失之罪过。详言之，在积极的

---

① 鲍遂献主编：《刑法学研究新视野》，中国人民公安大学出版社 1995 年版，第 222 页。

② 姜伟：《犯罪故意与犯罪过失》，群众出版社 1992 年版，第 293 页。

③ 甘雨沛、杨春洗、张文主编：《犯罪与刑罚新论》，北京大学出版社 1991 年版，第 171~172 页。

意志参与下，具有并保持意识紧张和集中的，即为履行了注意义务，反之，不具有或者未保护意识紧张和集中，即为未履行或未充分履行注意义务，属违反注意义务。至于在具体的案件中如何考察并判断行为人是否履行了义务，笔者认为，在正确理解“注意”与“不注意”的基础上，第一、二种观点都具有一定的现实指导意义。同时，笔者还认为，无论疏忽大意过失还是过于自信过失，作为其核心的不注意，也是在一定意志参与之下(消极的或积极的)，未指向或背离了一定方向、目标，使其意识没有紧张和集中，也就是说，在违反注意义务的情况下，也有一定的客观事物为其注意的内容。因而，实事求是地考察这一内容，对于判断行为人违反注意义务也具有意义。此外，需防止对违反注意义务判断过程简单化的做法，将最终未能预见或未能避免危害结果与违反注意义务之间画等号。具体说，未能预见或未能避免危害结果并不意味着一定是违反了注意义务。行为人是否违反注意义务，关键还在于其意识是否紧张、集中于注意义务所要求注意的具体内容上。

犯罪概念与特征新论①

一、犯罪概念之表述

犯罪概念，是要解决“什么是犯罪”的问题。各国学者以及各国的刑事立法对于犯罪概念的表述多种多样，大致上可以分为形式概念、实质概念及混合概念三类。

犯罪的形式概念，仅从犯罪的法律特征上给犯罪下定义，而不揭示法律何以将该类行为规定为犯罪。总的说来，就是把犯罪定义为违反刑事法律并且应当受到刑罚处罚的行为，犯罪的实质概念，不强调犯罪的法律特征，而试图揭示犯罪现象的本质所在，或者说，是想说明犯罪行为之所以被刑法规定为犯罪的根据和理由。所谓犯罪的混合概念，是笔者对这样一类犯罪概念的指代，它们将犯罪的形式概念和实质概念合而为一，既指出犯罪的法律特征，又指出犯罪的本质特征。这种混合概念首先出现于20世纪30年代末全苏法律科学研究所集体编写的、供法律高等院校使用的《刑法总则》教科书中。在该书(第3版)中，除指出社会危害性这个特征外，还指出了像罪过、应受惩罚性这样一些特征。

我国的犯罪概念受苏联刑法理论与刑事立法影响，采混合概念的主张。《中华人民共和国刑法》(此处为1979年《刑法》)第10条规定：“一切危害国家主权和领土完整、危害无产阶级专政制度，破坏社会主义革命和社会主义建设、破坏社会秩序、侵犯全民所有的财产或者劳动群众集体所有的财产，侵犯公民私人所有的合法财产，侵犯公民的人身权利、民主权利和其他权利，以及其他危害社会的行为，依照法律应当受刑罚处罚的，都是犯罪；但是情节显著轻微危害不大的，不认为是犯罪。”我国大部分学者认为，由于这个概念明确将危害国家主权和领土完整，危害无产阶级专政制度，破坏社会主义革命和社会主义建设的行为规定为犯罪，体现了犯罪的鲜明阶级性；它以概括的方法，揭示了各类犯罪所侵犯的客体，明确了主要打击对象；它明确规定只有行为的社会危害性达到违反刑法，应受刑罚惩罚的程度才是犯罪，从而把相当程度的社会危害性这一犯罪的实质特征，与刑事违法性和应受处罚性这一法律特征结合起来，因此，我国刑法关于犯罪概念的规定，在

① 本文原载于《法商研究》1996年第4期，系林亚刚教授与贾宇教授合著。

其科学性上，不仅资本主义国家刑法无法比拟，就是在社会主义国家刑法中，这个规定也是最完善的。① 根据这一法定犯罪概念，我国刑法理论上通说的犯罪概念是：犯罪是具有一定的社会危害性、刑事违法性并应当受刑罚处罚的行为。②

笔者认为，研究犯罪概念，即"犯罪是什么"的问题，首先需要明确，你站在何种立场，意欲解决何种问题？站在立法者的立场，要在纷纭复杂的社会现象中，界定社会成员的某些行为为犯罪，就要先于刑事法规定，确定将被界定为犯罪的该类行为所具有的共同本质和特性，则所谓犯罪概念，就是对这类行为共同本质和特性的描述。而站在司法者或守法者的立场，要求有可操作的明确标准，来帮助其辨认某些行为是否已经构成犯罪，则所谓犯罪概念，必然不能排斥法律的规定，而仅作所谓本质性的空泛定义。基于这样的出发点来考察，前述犯罪概念中的形式概念、实质概念及混合概念，究竟孰优孰劣，乍看一目了然，其实似是而非，尚需认真探讨。

(1)犯罪的形式概念包含着罪刑法定主义的重大进步价值，对于刑事司法实践有着积极的指导意义，需要予以充分重视。我国以往的刑法研究中，在介绍犯罪的形式概念时，大多注重批判和否定，认为资产阶级的刑法理论和刑事立法采纳形式概念，意在掩盖犯罪的阶级性和刑法的阶级专政功能，而对形式概念的积极意义则强调不足。以历史唯物主义的立场来看，犯罪形式概念的产生及其价值是值得重视的。在前资本主义的奴隶制国家和封建制国家，关于什么是犯罪，根本没有明确的规定。这并不单是一个"认识水平"的问题，而是反映出当时人类文明发展的程度。在奴隶制时代，"罪出一人"，罪刑擅断是普遍的历史事实。到封建制时代，刑法有所发展，罚则渐趋轻缓，但"君权神授、罪出一人"的影响始终如一。特别是在中世纪的欧洲，封建制刑法的罪刑擅断主义表现得尤为突出。

为了把人类从中世纪的黑暗中解救出来，资产阶级的启蒙思想家们著书立说、呼吁呐喊；最终推动了社会进步的车轮，使资产阶级的一系列法制原则逐步得以确立。罪刑法定主义，即"法无明文规定不为罪、法无明文规定不处罚"的原则，开始成为各个国家刑事立法与司法的首要原则。所谓"犯罪即是违反刑法应受刑罚处罚的行为"这一犯罪形式概念，正是罪刑法定主义在立法上的重要体现。也就是说，刑法规定是确认犯罪、适用刑罚的唯一标准，任何缺乏事先法依据的定罪量刑均是与法律相违背的，属于罪刑擅断，应予杜绝。在这个意义上，犯罪的形式概念不仅在当时、而且在现在都具有重大进步意义。

对于刑事司法者以至守法者来说，"犯罪是违反刑法应受刑罚处罚的行为"这样的形式概念是清楚、明了、易于操作的。它告诉司法者和守法者，判定是否犯罪的唯一标准，就是刑法的规定；刑事司法的任务就在于根据刑法规定，来区别罪与非罪，追究依法构成犯罪者的刑事责任；守法者有权利拒绝接受法外定罪和法外量刑。

---

① 参见高铭暄主编：《刑法学原理》(第1卷)，中国人民大学出版社1993年版，第381~382页。

② 参见高铭暄主编：《中国刑法学》，中国人民大学出版社1989年版，第72页。

所以，只要坚持罪刑法定主义的观点，犯罪的形式概念是绝对不可以被忽视甚至被否定的。

(2)犯罪的实质概念是人类对犯罪认识的进步，对于刑事立法有着重要指导意义。但不能以犯罪的实质概念否定犯罪的形式概念，否则极易导致法律虚无主义。

如前所述，犯罪的形式概念说明犯罪是被刑法规定为应受刑罚处罚的行为，这对刑事司法而言是明确的、可遵循的。但对刑事立法者来说，它就远远不能解决问题了。立法者需要创制法律，它要在原先并未被贴上犯罪标签的人类行为中，界定某一部分，作为应受刑罚处罚的犯罪行为，将其规定在刑法中。而这种界定是需要标准的。犯罪的实质概念于是应运而生，关于犯罪是破坏社会安宁的行为、危害国家的行为，以及侵害公益的、侵害法益的、侵犯他人权利的、违背伦理道德的、违背正义和理性的行为等主张纷纷出现。就试图说明刑法为什么将某些行为规定为犯罪而言，实质概念均比形式概念前进了一步、深化了一步。在各种不同的犯罪实质概念中，马克思主义刑法学中的犯罪概念又独树一帜。它揭示了犯罪的阶级实质，认为犯罪是“蔑视社会秩序的最明显最极端的表现”①，是“孤立的个人反对统治关系的斗争”②，因而犯罪之所以成为犯罪，是作为立法者的统治阶级维护其阶级统治的需要。马克思主义法学的犯罪实质概念是深刻而精辟的，与前述的种种犯罪实质概念相比，它更显现出高度的科学性。

但在将马克思主义法学的犯罪实质概念引入刑法理论和刑事立法的历史过程中也出现过一些曲折，这种曲折表现为完全否定犯罪形式概念的法律虚无主义倾向。在 20 世纪 20 年代，这种倾向在苏联刑事立法和刑法理论界相当盛行。例如，1926 年的《苏俄刑法典》规定犯罪是一种威胁苏维埃制度基础或社会主义法律秩序的危害社会行为。这本身已是一个排除形式概念的实质概念，但还有一些学者对之提出批评，曾建议在法律中把犯罪规定为一种阶级危害行为。这种法律虚无主义态度是极其有害的，它必然会将刑事法律制度引入新的罪刑擅断的泥潭，20 世纪 30 年代末期，随着对刑法持虚无主义态度的现象开始得到克服，犯罪的形式概念也开始出现在苏联刑事立法和刑法理论中。可见，正如在批评犯罪的形式概念之不足的同时，需要特别强调其积极价值一样，在高度评价犯罪实质概念的进步意义时，也需要特别注意对其片面强调的消极影响。

(3)犯罪的混合概念把犯罪的形式概念和实质概念合而为一，既揭示了犯罪的本质特征，又揭示了犯罪的法律特征；既回答了“什么是犯罪”的问题，又回答了“为什么它是犯罪”的问题，所以比单独的形式概念或实质概念都有优点。但混合概念在逻辑上是存在缺陷的，并非像一般认为的那么完美无缺。犯罪混合概念的逻辑缺陷，正在于它弄混了两个不同层次上的问题，使得本已清楚的实质概念和形式概念反而都模糊起来。换言之，它无

---

① 《马克思恩格斯全集》(第二卷)，人民出版社 1957 年版，第 416 页。

② 《马克思恩格斯全集》(第三卷)，人民出版社 1960 年版，第 379 页。

论对立法者或司法者来说，都不再是一个科学而明确的概念。试看：“犯罪是具有社会危害性、刑事违法性和应受刑罚惩罚性的行为”，这是一个混合概念。那么存在如下的问题：它是解决立法问题的犯罪概念，还是解决司法问题的犯罪概念？如果要解决立法问题，立法者要到何处去寻找已经具有刑事违法性的行为，然后才把它规定为犯罪？如果要解决司法问题，是否意味着司法者面对某一完全符合犯罪构成全部法定要件的行为时，还要另行考察该行为是否具有社会危害性？如果司法者认为该行为不具备社会危害性，是否可以据此认为该行为不构成犯罪？当我们限定某一概念时，必须首先清楚这一概念的功能是什么，它将在何种领域内适用。很明显，犯罪的混合概念是无法在立法领域内适用的，它不能发挥指导立法的功能。在司法领域内，当然可以这样解释犯罪混合概念，即它不仅告诉司法者某一行为构成犯罪，而且说明了这一行为为何构成犯罪。但从逻辑上讲，概念需要解决的只是“是什么”的问题，“为什么”则是更深一个层次的问题。而且，“为什么”不应该也不能够成为判定“是”与“不是”的标准。否则，就必然会使本已明确的是非标准变得模糊难辨。

申言之，我们的刑事立法和刑法理论，有必要让司法者和守法者都知道为何某些行为被刑法规定为犯罪；但在“什么是犯罪”的问题层次上，首先应当明确“犯罪是刑法规定为应受刑罚处罚的行为”，强调刑事违法性是在司法中确认犯罪的唯一标准。

(4)基于以上认识，笔者认为，犯罪的形式概念和实质概念都具有十分重要的价值，它们应当分别在刑事立法和刑事司法领域中发挥指导性功能；将形式概念和实质概念统为一体的混合概念存在逻辑上的缺陷，欠缺明确性和可操作性；故主张在刑事立法和刑法理论中均采纳并立的形式概念和实质概念。具体表述方法如下：

犯罪有实质与形式两层含义：在立法政策的意义上，犯罪是指应受刑罚惩罚的危害社会的行为；在司法准则的意义上，犯罪是指刑法规定为应受刑罚惩罚的行为。与我国现行《刑法》第10条规定的犯罪概念相比较，笔者所主张的上述犯罪概念表述方法，除将犯罪的实质概念与形式概念分层并立这一特点外，还有两点不同：

其一，没有列举、概括形形色色的危害社会行为，而以“应受刑罚惩罚的社会危害行为”统一指代。其二，取消了“但是情节显著轻微、危害不大的，不认为是犯罪”的“但书”部分。这是因为，对实质概念来说，应规定为犯罪的是达到“应受刑罚惩罚”程度的危害社会的行为，情节显著轻微，危害不大的，其危害性自然未达到应受刑罚惩罚的程度，不会被认为是犯罪；对形式概念来说，犯罪是已被刑法明确规定为应受刑罚惩罚的行为，情节显著轻微、危害不大的，已被刑事立法排除在犯罪范围之外，另立“但书”自然也没有意义。

最后还需要说明，笔者所主张的犯罪概念的成立，系以类推制度的废止与分则条文的具体明确化为前提。如果仍要推行类推制度，当然需要在犯罪概念中为司法者留下自由判断的余地；如果分则条文中仍大量存在“情节严重的”“情节恶劣的”之类不具体、不明确的规定，也需要在犯罪概念中为司法者保留自由解释的空间。笔者所主张的犯罪概念，是以严格的罪刑法定原则为前提而设定的。

二、犯罪特征之论争

在我国刑法理论界，犯罪的混合概念始终居于无争议的大一统地位。以这种“实质概念和形式概念高度统一”的犯罪概念为前提，学者们就犯罪特征问题展开了较为激烈的论争，众说纷纭。若作大的归类，观点可分三种：

（1）三特征说，认为根据我国《刑法》第 10 条的规定，犯罪具有三个基本特征：①犯罪是危害社会的行为，即具有一定的社会危害性，这是犯罪的最基本的、具有决定意义的特征。②犯罪是触犯刑律的行为，即具有刑事违法性，这是犯罪的法律特征。③犯罪是应当受刑罚处罚的行为，即具有应受刑罚惩罚性，这是犯罪概念前两个特征派生出来的法律后果。① 三特征说被国内绝大多数的刑法教材所采纳，所以影响甚广。

（2）四特征说，认为在犯罪概念里，包括有如下四个不容忽视而密切结合的特征：①犯罪行为，首先必须是危害无产阶级专政的国家和制度，破坏社会秩序和公民的各项权利等对社会有危害性的行为。②行为触犯刑事法律，它是犯罪的社会危害性这一本质特征在法律上的集中体现。③犯罪是人的故意或者出于严重的过失行为。④犯罪行为应当承担法律责任中最重的责任即刑事责任。② 四特征说的主张者较少。

（3）二特征说，基本的观点是犯罪具有社会危害性和刑事违法性两个特征。但在具体表述和对这两个特征的理解上，学者间又有意见分歧。①认为《刑法》第 10 条的规定明确指出了犯罪的两个基本特征：第一，犯罪是危害社会的行为，即具有社会危害性；第二，犯罪是触犯刑律的行为，即具有刑事违法性。③ ②认为“社会危害性”不是犯罪的本质特征，因为一般违法行为也有社会危害性，可以说社会危害性是一般违法行为与犯罪共同具有的特征，它不能将犯罪与一般违法行为区别开来；只有行为的严重社会危害性才能说明犯罪的根本特征，才能用以将犯罪与一般违法行为区别开来。所以主张犯罪的两特征是严重的社会危害性和刑事违法性。④ ③认为应受刑罚处罚的社会危害性才是犯罪的本质，这不仅从根本上回答了立法者为什么把某些行为规定为犯罪，而且回答了犯罪行为与其他违法行为的本质区别。同时认为犯罪的法律属性是刑法的禁止性，刑法的禁止性与刑事违法性并无实质区别，只是刑法的禁止性直接表明立法者是禁止犯罪行为的。即主张犯罪的两

① 参见高铭暄主编：《中国刑法学》，中国人民大学出版社 1989 年版，第 66~72 页。
② 参见李光灿主编：《中华人民共和国刑法论》（上），吉林人民出版社 1984 年版，第 108~113 页。
③ 参见何秉松主编：《刑法教科书》，中国法制出版社 1993 年版，第 67~75 页。
④ 参见马克昌：《刑法理论探索》，法律出版社 1995 年版，第 32 页。

特征是应受刑罚惩罚的社会危害性与刑法的禁止性。①

以上各说中，四特征说的不足是比较明显的。它比三特征说增加了犯罪的主观要件，但按我国的刑法理论，犯罪主观要件是包含在刑法规定的犯罪构成要件中的，也就是说，刑事违法性中已经包含有犯罪主观要件，再另立为一个基本特征实无必要。

三特征说本来占有通说地位，但近年来，不少学者对应受刑罚惩罚性能否成立一个独立的特征提出了质疑，否定观点甚为有力，故二特征说大有后来居上之势。

笔者亦持二特征说，但基于犯罪的实质概念和形式概念并立(而非混合)的主张，对犯罪二特征在理解和阐释上与上述几种观点均有同有异，主要看法有：

(1)犯罪有两个基本特征：应受刑罚惩罚的社会危害性和依法应受刑罚惩罚性。前者是犯罪的实质特征，说明犯罪的本质在于达到应受刑罚惩罚程度的社会危害性；后者是犯罪的法律特征，说明在法律意义上，犯罪的认定标准就是被刑法规定为应受刑罚惩罚。依法应受刑罚惩罚性与刑事违法性并无本质区别，而只是对刑事违法性的进一步阐释和明确化。换言之，刑事违法的内容，即在于依法应受刑罚惩罚。

(2)犯罪的两个基本特征系与犯罪的两个并立概念相对应而存在：应受刑罚惩罚的社会危害性是作为实质的犯罪行为——刑事立法前的犯罪行为或称将要被刑事立法所确认的犯罪行为——的核心特征；依法应受刑罚惩罚性是作为已被赋予法律形式的犯罪行为的核心特征。也就是说，当我们说到犯罪具有两个基本特征时，实际上涉及两个层次的犯罪概念——实质的犯罪概念和形式的犯罪概念；而当我们仅站在立法的立场或司法的立场来谈犯罪特征的时候，则只需要强调“应受刑罚惩罚的社会危害性”或“依法应受刑罚惩罚性”之一。

上述观点难免要受到“割裂犯罪的实质特征和法律特征”的批评。笔者需要说明：分别来谈犯罪的实质特征和法律特征，第一，可以避免逻辑上的混乱，第二，有利于犯罪概念及其特征的实际运用。以犯罪的实质特征来指导刑事立法工作，其必要性和明确性是显而易见的，在这个层次，还谈不到依法应受刑罚惩罚性的问题，这一点应当说不会有大的歧义。容易引起争议的是：已经被刑法规定为犯罪的行为，不是同时具备犯罪的实质特征和法律特征吗？难道还存在只具有法律特征而不具有实质特征的犯罪吗？笔者有如下考虑。

第一，被刑法规定为犯罪的行为，应当说已经同时具备了犯罪的实质特征和法律特征。因为立法者只选择具备犯罪实质特征的行为，然后赋予其法律特征。所以从根本上讲，不应当存在只具有法律特征而不具有实质特征的犯罪。

第二，从司法的层面讲，则不必要强调犯罪的实质特征。(1)法律上的犯罪，就是实质上犯罪的定型化，完全具备依法应受刑罚惩罚性，就是以法律的语言说明犯罪已具备其

① 参见张明楷：《犯罪论原理》，武汉大学出版社1991年版，第54页。

实质特征。要求司法者在已查明某行为具备犯罪法律特征的情况下还要查明该行为是否具备犯罪本质特征，无异于叠床架屋。(2)实质概念和形式概念并立的表述方法，足以使司法者、守法者在了解立法精神、明了犯罪本质的前提下，专心致志于执行法律，因此以法律特征作为司法层面判断犯罪的唯一标准，并无“割裂本质与形式”或“愚民政策”之类的嫌疑。

第三，“应受刑罚惩罚”是犯罪的实质概念和形式概念中都不可缺少的要件，但它不能与社会危害性和刑事违法性并立为犯罪基本特征。在犯罪的实质概念中，“应受刑罚惩罚”被用于量化社会危害性的程度，以使犯罪区别于一般违法；在犯罪的形式概念中，“应受刑罚惩罚”是犯罪的法律后果，某种行为由于被刑法规定为应受刑罚惩罚才成为犯罪。

笔者理解，犯罪与刑罚是不可分割的。不应受刑罚惩罚的行为，从本质上讲，其社会危害性尚未达到被确定为犯罪的程度；从法律上讲，这种行为也不应该被规定为犯罪。有些法律条文的表述在这一点上是不够严谨的。例如，1981 年 6 月 10 日全国人大常委会通过的《关于处理逃跑或者重新犯罪的劳改犯和劳教人员的决定》第 2 条第 3 款规定：“劳改期满释放后，有轻微犯罪行为，不够刑事处分的，给予劳动教养处分。”不论轻微与否，不够刑事处分就是未达到应受刑罚惩罚的社会危害程度，在本质上和法律上都不能称之为犯罪。劳动教养是对某些违反治安秩序行为的行政处罚措施，上述规定中的情况，自然只能称为违法行为，而不是犯罪行为。

第四，应受刑罚惩罚的社会危害性是对犯罪本质特征的科学概括。有的学者主张，用“应受刑罚惩罚的社会危害性”来表述犯罪的本质特征，不如用“严重的社会危害性”更能说明问题：因为前者并没有说明行为为什么应受刑罚惩罚，而后者则回答了这一问题。我们的理解有所不同。“应受刑罚惩罚的程度”和“严重的程度”，两者都不能精确地说明犯罪行为的社会危害性，但比较而言，“应受刑罚惩罚的程度”总比“严重的程度”更明确一些。所谓“严重”的相对性要更大一些，而“应受刑罚惩罚”的确定性要更大一些。严重的并不一定就达到了应受刑罚惩罚的程度，而应受刑罚惩罚的则一定已达到严重的程度。刑罚是最严厉的法律制裁手段，当一种行为的社会危害性严重到立法者认为非动用刑罚不可的程度，那么该种行为的社会危害程度应当说已经昭然若揭了。

关于应受刑罚惩罚的社会危害性如何判断，马克昌先生在《刑法理论探索》一书中作了七个方面的概括，笔者表示赞同，不再赘述。

第五，依法应受刑罚惩罚性即刑事违法性，是应受刑罚惩罚的社会危害性的法律表现，是犯罪的法律特征，司法实践中应以这一法律特征为认定犯罪的唯一标准。依法应受刑罚惩罚性，应理解为某一具体行为已被刑法分则条文明确规定为应受一定刑罚惩罚的行为，而不能理解为以总则性的概括规定可以推定的情况。质言之，笔者认为，类推定罪的行为在法律上并没有被明确规定为应受刑罚惩罚，故根本不具备犯罪的法律特征。所谓类推，实际上是刑事违法性的类推，即将判断哪些行为具有应受刑罚惩罚的社会危害性的权力交给司法机关，由司法机关赋予这种行为以刑事违法性，司法机关因而实质地行使了立法权。而这在法理上是绝对不能允许的。从“司法上认定犯罪的唯一标准是行为的依法应受刑罚惩罚性(刑事违法性)”这一观点出发，笔者对类推制度持废止的立场。

论特别刑法的立法特点及在分则修改中的吸收[①]

继1981年《中华人民共和国刑法》(以下简称《刑法》)颁布实行以来，全国人大常委会以“暂行条例”“决定”“补充规定”的方式先后制定了20余个具有独立意义的单行刑事实体法律，对刑法进行了较大幅度的修改、补充。这种单行刑事实体法律，理论界一般称其为“特别刑法”。特别刑法中属于对刑法分则内容进行修改、补充的就达23个之多。其中，除《军职罪暂行条例》之外，其余的22个单行刑事实体法律，基本内容上均属于对刑法分则的修改、补充。其范围涉及除分则第七章妨害婚姻家庭罪之外的各章罪。其内容除创制新的罪与刑之外，对刑法分则原有罪与刑的修改、补充所涉及的条文约有50余条，占刑法分则条文的一半。而且，这还不包括有些先颁布的单行刑事法律的某些条款，被后颁布的单行刑事法律再次修改、补充的情况，这对刑法分则全面修改的工作提出了一个需认真考虑的问题，即在分则的全面修改中应如何对特别刑法的条款进行吸收。本文拟对该问题进行初步的探讨。限于篇幅，本文不涉及《军职罪暂行条例》的修改问题以及对刑法总则内容的修改。

一、特别刑法的主要立法特点

纵观十多年来特别刑法的立法，其总的特点在于特别刑法属于专项性刑事实体法。所谓专项性刑事实体法，包括两层含义：其一，特别刑法是对某一类或某一方面的犯罪，根据实践需要对刑法进行的修改、补充，使某一类或某一方面的犯罪在定罪量刑方面系统化。因而，这一特点决定了特别刑法的效力只及于特定的范围，即只针对特定人、特定事、特定时和在特定地区才适用。其二，特别刑法在适用原则上，效力优于普通刑法，即在普通刑法和特别刑法都可对某种犯罪适用的情况下，应适用特别刑法定罪判刑。

正在进行中的刑法修改，应当全面总结近十多年来特别刑法立法的成就与特点，并在修改后的刑法中予以充分吸收。特别刑法立法的特点，大致可概括为如下几方面：

---

① 本文原载于《中外法学》1997年第1期。

(一)创制新罪、填补刑法空白

创制新罪，是特别刑法的主要内容之一。纵观其立法，除最初的两个《决定》①是对《刑法》规定的几种犯罪的法定刑进行修改、补充外，自1983年《关于严惩严重危害社会治安的犯罪分子的决定》规定“传授犯罪方法罪”为始，特别刑法的立法内容，逐渐以创制新罪为主，填补了刑法的大量空白。所创制的新罪，包括两种情况：

(1)根据实践需要以及罪刑关系的发展，对刑法原规定的犯罪根据一定的标准予以分解，创制新的罪名。例如，对属于假冒商标犯罪行为的伪造，擅自制造或者销售他人注册商标标识的，予以分解，形成新罪名。类似情况，还有对走私罪、拐卖人口罪、投机倒把罪等罪名的分解。

(2)根据近年来实践需要，对刑法立法之初因某种原因并未规定为犯罪的，因其危害性增大，或者因形势发展而新出现需要予以犯罪化的行为，规定为犯罪，创制新的罪名。前者如收买被拐卖、绑架的妇女、儿童罪、传播性病罪等；后者如骗取国家出口退税款罪、保险诈欺罪等。据统计特别刑法所创制的新罪名，目前已达103个。②

(二)创制新的刑罚制度并提高定罪量刑标准化程度

创制新的刑罚制度，是指由特别刑法直接创制的刑罚制度。例如《关于惩治走私罪的补充规定》对单位犯罪首创的适用刑罚的“两罚制”，《关于惩治生产、销售伪劣商品犯罪的决定》第9条第2款规定的对单位犯生产、销售伪劣产品罪适用刑罚的“有条件的双罚制”“比例罚金制”，《关于惩治偷税、抗税犯罪的补充规定》对税务犯罪适用罚金刑的“倍数罚金制”，《关于惩治拐卖、绑架妇女、儿童的犯罪分子的决定》和《关于严禁卖淫嫖娼的决定》所规定的“限额罚金制”等，均属刑罚制度方面的新创造。

在特别刑法的立法中，对定罪量刑标准化程度也有所提高。主要表现如：生产、销售伪劣产品罪，规定“违法所得数额2万元以上不满10万元的，处2年以下有期徒刑或者拘役，可以并处罚金，情节较轻的，可以给予行政处罚；违法所得数额10万元以上不满30万元的，处2年以上7年以下有期徒刑，并处罚金；违法所得数额30万元以上不满100万元的，处7年以上有期徒刑，并处罚金或者没收财产；违法所得数额100万元以上的，处15年有期徒刑或者无期徒刑，并处没收财产”。再如对偷税罪，拐卖妇女、儿童罪，挪用公款罪等的定罪处刑标准，也规定得比较具体。

---

① 即1981年6月10日颁布的《关于处理逃跑或者重新犯罪的劳改犯和劳教人员的决定》和1982年3月8日颁布的《关于严惩严重破坏经济的罪犯的决定》。

② 参见张凤阁主编：《刑法新罪名若干问题研究》，中国人民公安大学出版社1996年版，第525页。

这些量化的标准，或是提供了罪与非罪的界限，或是具体规定了犯罪的行为特征，或是量化了量刑标准，便于司法实际部门掌握和操作。

(三)修改、补充刑法原有犯罪的罪状和法定刑、弥补刑法的缺陷

这主要表现为：

(1)通过修改、补充，扩大或明确了刑法条款的适用范围。例如，刑法中原规定的贪污罪、受贿罪，其主体仅限于国家工作人员和受国家机关、企业、事业单位、人民团体委托从事公务的人员，其客观行为表现也没有具体规定。这种概括抽象的规定，不便于实际部门操作。如主体中是否包括集体经济组织工作人员，具体的行为表现是什么，都不明确。《关于惩治贪污罪贿赂罪的补充规定》不仅明确了各自的主体是“国家工作人员、集体经济组织工作人员或者其他经手、管理公共财物的人员”和“国家工作人员、集体经济组织工作人员或者其他从事公务的人员”，而且，对各自的客观行为表现也明确规定为“利用职务上的便利，侵占、盗窃、骗取或者以其他手段非法占有公共财物”和“利用职务上的便利，索取他人财物的，或者非法收受他人财物为他人谋取利益的”行为是贪污、受贿行为。类似这样的规定，既明确、具体，便于执行，而且适应了打击犯罪的需要，完善了关于这些犯罪的规定。

(2)修改、补充法定刑，使原有犯罪的量刑的标准化程度也得到提高。由于众所周知的原因，在制定刑法时受主客观条件的限制，条文的表述以“宜粗不宜细”为原则。这不仅表现在如前所述对罪状的表述上，同样也表现在对法定刑的设置上。例如，在贪污罪的量刑方面，虽然条文规定了三个罪刑单位，即构成(一般情节的)贪污罪处5年以下有期徒刑或者拘役；数额巨大、情节严重的，处5年以上有期徒刑，情节特别严重的，处无期徒刑或者死刑。这里因没有关于数额巨大、情节严重、情节特别严重的具体标准，如何具体适用所规定的法定刑，便成为实际问题。对此，《关于惩治贪污罪贿赂罪的补充规定》修改了原条文这种抽象概括的适用原则，不仅修改了原法定刑的有关规定，相对提高了法定刑，而且，规定了适用不同档次法定刑的数额标准和从重处罚的条件。

(四)重视财产刑的设置

我国刑法中的财产刑包括没收财产和罚金刑两种。由于财产刑是作为附加刑规定在我国刑法中的，分则的原条文中可判处罚金刑的只有20个条文，可判处没收财产刑的只有24个条文，而且，由于认识观念的影响，在司法实践中财产刑的适用率也相当低。然而，随着我国经济建设政策的重新调整，市场经济体制的进一步建立，各种经济因素在犯罪中呈现出越来越大的比重。特别刑法的立法，重视经济因素在各类犯罪中的反映，认识到财产刑的适用对于贪利性犯罪的惩罚作用。自《关于严惩拐卖、绑架妇女、儿童的犯罪分子的决定》为始，特别刑法的立法，对财产刑，特别是罚金刑的设置，朝着可操作的具体化

方向发展，设置了如前所述的“限额罚金制”“比例罚金制”“倍数罚金制”等，为司法机关具体适用提供了具体标准。而且，这些财产刑的设置，除个别条款规定是“可以并处”外，基本上都采纳“必罚制”。可以说，重视财产刑的设置，除表明了立法者指导思想朝“经济刑罚”的方向发展外，也是特别刑法立法的一个重要特点，对修改刑法分则具有重要意义。

（五）规定某些犯罪的主体可以是单位，突破了刑法理论和刑事立法的传统观念

特别刑法立法的另一个突出的成就，就是明确地规定了单位可以成为一部分犯罪的主体。有关单位能否成为犯罪主体，以及单位主体的犯罪能力等，历来是刑法理论上争论的问题。随着我国经济形势发展，单位为牟取非法经济利益的违法现象日益严重，单位犯罪不仅已成为可能，而且已成为我国的现实问题。特别刑法的立法工作正视现实，从实际出发，自 1988 年 1 月 21 日《关于惩治走私罪的补充规定》颁布，正式在刑事立法上可以确认单位可构成走私罪、逃汇套汇罪。在此之后，至今，已有 13 个“决定”“补充决定”规定了单位可以构成的具体犯罪。而且，从立法上看对单位犯罪的规定，表现出符合我国国情的具体规定。这些较为详细的规定，为司法机关打击单位犯罪，提供了法律依据。

二、特别刑法立法中存在的问题及在分则修改中的取舍

十余年来特别刑法的立法实践、成就正如前述，但毋庸讳言，存在的问题也不少，如：统一规划，作为应急措施，“头痛医头、脚痛医脚”的现象突出，影响到特别刑法之间以及与分则之间的协调；在群众现代法制观念、人权观念等发展不足的压力的影响下，重刑思想突出，罪刑关系失衡；修改、补充中专家参与不足、渠道不通畅；等等。

此次刑法修改中，分则到底应如何取舍特别刑法的罪刑条款，是一个重要的问题，涉及立法思想，也涉及立法技术。我们认为，首先总的指导思想，不应简单地将特别刑法的罪刑条款一并列入修改后的刑法中。具体应遵循以下几个方面原则：

（一）理由充分原则

所谓理由充分，是指对于危害行为的犯罪化，既应做到罪刑法定与罪刑相适应，也应具有充分的犯罪化理由。

罪刑法定原则的精神实质不仅仅在于要求罪与刑的法定化，还要求规定的犯罪与刑罚具有合理根据，要求规定的处罚与该种犯罪的危害程度相均衡。然而，在修改补充中，完全以某一时期某类犯罪发案较多为依据、论证不够充分而仓促予以修改、补充的现象比较突出。如 1982 年和 1983 年的两个《决定》就是比较突出的例子。《关于严惩严重破坏经济的罪犯的决定》第 1 条第 2 项规定，国家工作人员，无论是否司法工作人员，利用职务包庇、窝藏《决定》所列举的 7 种犯罪的犯罪分子，隐瞒、掩饰他们的犯罪事实的，按照《刑

法》第188条徇私舞弊罪的规定处罚。这一规定，有限制地扩大了徇私舞弊罪的主体范围。从整肃经济、打击罪犯，应对国家工作人员从严要求的精神上看，对主体范围的适当扩大还有可取之取。但按照上述规定，如果上述主体利用职务包庇、窝藏的是《决定》列举的7种犯罪之外的其他经济犯罪分子，则不能按照徇私舞弊定罪处罚，只能按照窝藏、包庇罪定罪量刑，这必然导致同样的罪行而在定罪上量刑上的失衡。再如，该《决定》第1条第4项规定，对上述7种经济犯罪人员和犯罪事实知情的直接主管人员或者仅有的知情的工作人员不依法报案和不如实作证的，应比照《刑法》第190条私放罪犯罪定罪处罚，即将“知情不举”规定为犯罪。然而，我国刑法中并没有对知情不举构成犯罪的一般性规定，如果上述人员对比《决定》列举的7种犯罪危害更严重的犯罪人员和犯罪事实知情不举，又应当如何处理呢？像上述规定，我们认为是在缺乏充分论证，没有关于将该种行为规定为犯罪的合理根据的情况下作出的修改、补充。再例如，《关于惩治破坏金融秩序犯罪的决定》将持有、使用伪造货币行为予以犯罪化，也不尽合理。当前我国城乡大部分群众经济收入偏低，“老、少、边、穷”地区甚至还未解决温饱问题，群众经济收入的主要渠道也是合法的。既然国家对通过合法途径误收的伪造货币造成的经济损失也承担任何责任，怎能期待一般公民误收伪币后不故意使用呢？就故意使用的行为而言，这既涉及行为人的法制意识，也涉及其承担意外经济损失的能力。对收入较低阶层的人而言，如果误收的伪造货币数额较大，这种意外经济损失无疑直接影响到其生活，企图以刑法规制所有的违法行为是不现实、不可能的。对某种违法行为是否予以犯罪化，不仅要看该种行为的危害性到底有多大，更应考虑是否必须予以刑罚制裁不可。“刑法的机能绝不是无限的。刑法对于犯罪虽然是一种有力的手段，但不是决定性的手段……刑法不能以所有的违法行为为对象，刑罚也只应该在发现有必要适用的场合才适用”①，该理论被国外学者称为刑事立法的“谦抑性原则”，这种只有当其他法律对法益的保护尚不充分，才考虑予以刑法保护的思想，值得我们在刑法分则修改中借鉴。

（二）刑罚合理化原则

所谓刑罚合理化，是指对于危害性相当的犯罪，应进行综合平衡，在法定刑的力度上应基本相同。

刑法的修改、补充，从某种意义上讲是为了调整法定刑偏低的弊端，这本无可非议。但是将重刑思想作为特别刑法立法的主要指导原则，则存在着忽视罪刑相适应原则而导致的刑罚设置上的不协调的实际问题。具体说，法定刑的设置应体现“慎用死刑”“综合平衡刑罚”“防止不合理刑罚”的观念。

例如，《关于惩治破坏金融秩序犯罪的决定》《关于惩治虚开、伪造和非法出售增值税

---

① ［日］大塚仁：《刑法要论》，成文堂1987年补订版，第3~4页。

专用发票犯罪的决定》，在这方面的问题就比较突出。在这两个《决定》中，可适用死刑的条文分别为6条和3条，占《决定》条文总数的25%和23%；最高刑为10年以上有期徒刑的条文分别为16条和7条，占条文总数的66.5%和54%。其重刑设置的比例，与近年来颁布的"决定""补充决定"相比，严厉程度是少见的。

那么，这样的重刑比例是否恰当呢？以《关于惩治虚开、伪造和非法出售增值税专用发票犯罪的决定》为例。近年来，破坏税收的违法犯罪活动比较严重，其中利用发票管理环节上的疏漏而偷漏税、骗税的案件增多，为此，《决定》将严重违反发票管理的危害行为予以犯罪化是恰当的。但是，显而易见，即使是严重违反发票管理的违法行为，它也不是税务犯罪的"因"，而只是其犯罪活动的手段、方法行为而已，处于中间环节。从危害税收的结果来看，违反发票管理的犯罪行为虽然处在一个重要的环节上，但对于国家税收减少的结果也只是一种可能性，是间接性的。将其与直接造成国家税收减少的税务犯罪相比较而言，后者的社会危害性应当说相对要大一些，至多可以说两者相当。但如果将该《决定》设置的法定最高刑与《关于惩治偷税、抗税犯罪的补充规定》设置的法定最高刑只有7年相比较，则重于后者数"格"，不相适应。为何同是为保护国家税收利益的两个特别刑法，法定刑如此悬殊，理由何在呢？笔者认为，像上述《决定》设置如此严厉的法定刑的合理化理由是不充实的。

(三)明确化原则

所谓明确化，是指分则条文的表述，即罪名、罪状、法定刑应予以明确，不易引起歧义和操作上的困难。

刑法分则条文的结构形成，主要是由具体犯罪的罪名、罪状和法定刑三部分所组成的。因而其明确化，既涉及条文具体内容科学性，也涉及立法技术。在近年来特别刑法的立法中均有值得肯定的成功经验。我们认为，对于明确化，择其重点，主要有以下几方面的要求：

第一，罪名标题明示化。罪名，即犯罪的名称，罪名标题是当今世界各国刑法典普遍采用的立法方式。例如，《日本刑法典》《德国刑法典》《西班牙刑法典》《加拿大刑法典》等。在我国刑法中，其罪名一般是隐含在罪状中，由学者根据罪状的具体表述而予以推定。因而，有学者称其为"隐含罪名"。绝大部分特别刑法的罪名立法，仍然沿袭了刑法的立法模式。然而，采用隐含罪名立法模式的弊端，在理论研究和司法实际工作中日益明显。特别是最高司法机关往往以司法解释方式确定的罪名，也常常与罪状的表述不同。可能影响到法律的严肃性与权威性。例如，《关于严禁卖淫嫖娼的决定》第5条犯罪的罪状为："明知自己患有梅毒、淋病等严重性病卖淫、嫖娼"，理论界据此认为罪名应是"明知患有性病卖淫、嫖娼罪"。但是，1992年12月11日两高的司法解释，却将其定名为"传播性病罪"。显然后者不仅没有正确地反映第5条的内容，而且扩大了治罪的范围。因为，就传播性病而言，除卖淫、嫖娼行为以外，还可能通过多种途径的行为，如通奸、不正当两性关系、夫妻间性行为以及非性行为（如洗澡，误穿他人内衣等）而传播，但《决定》只将能传播的卖淫、嫖娼行为规定为犯罪。此外，该罪名揭示的主观故意内容，是传播性病的故意，而不是《决定》所要求的明知自己有严重性病而故意卖淫、嫖娼，同样扩大了主观罪过的范围。类似对罪发生歧义引起争议的，还有如对《关于惩治拐卖、绑架妇女、儿童的犯罪分子的决定》第 2 条第 3 款、《关于惩治贪污罪贿赂罪的补充规定》第 8 条、《关于惩治偷税、抗税犯罪的补充规定》第 2 条、《关于惩治违反公司法的犯罪的决定》第 10 条等犯罪的罪名。因而，在立法上以标题明示确定罪名，一般地说，可消除这样不必要的争议，同时也是保证罪名规范、统一最有效的途径。

第二，条文表述明确、用语严谨科学化。分则条文是认定犯罪、处罚犯罪的重要法律依据，而条文的主要部分又是罪状，因而条文用语表述明确、严谨科学，不致产生歧义和尽可能涵盖该种犯罪在关的情况，以适应实践需要是科学化的基本要求。但在特别刑法立法中，存在这种问题的却不少。主要表现为两个方面：

一是条文过于“粗疏”引起适用上的困难。例如，《关于严惩拐卖、绑架妇女、儿童的犯罪分子的决定》第 2 条第 3 款“绑架勒索罪”，因采用简单罪状，“以勒索财物为目的绑架他人的”，不能涵盖出于勒索财物为目的，先预谋杀害人质后，谎称绑架而勒索财物的情况，造成实践中对这类案件的定性，以及罪数的争议。对于采用简单罪状的弊端，已有不少学者提出应在刑法修改工作中予以修正的建议。

二是用语、用词方面的不严谨、不科学。例如，上述《规定》第 1 条第 1 款第 4 项“将被拐卖的妇女卖给他人迫使其卖淫的”规定。从文字表述上，既无法确定条文表达的“迫使被拐卖妇女卖淫的”是拐卖的犯罪分子还是收买的犯罪分子，也无法确定是否要求行为人对此应当明知。第 3 条第 2、3、4 款分别规定：收买被拐卖、绑架的妇女强行与其发生性关系，依照刑法关于强奸罪的规定处罚；收买被拐卖、绑架的妇女、儿童，非法剥夺、限制其人身自由或者有伤害、侮辱、虐待等犯罪行为的，依照刑法有关规定处罚；收买被拐卖、绑架的妇女、儿童，并有本条第 2、3 款规定的犯罪行为的，依照刑法关于数罪并罚的规定处罚。在文字表述上，由于第 2、3 款仍使用“收买被拐卖、绑架的妇女”“收买被拐卖、绑架的妇女、儿童”这种限定性用语，完全与构成“收买被拐卖、绑架的妇女、儿童罪”的罪状一样，极易使人认为“收买”行为成为构成强奸罪、虐待罪、伤害罪、非法拘禁罪的构成要件。然而，立法的意图却在于：收买后又实施强奸、拘禁、伤害、虐待等犯罪行为，依照刑法关于数罪并罚的规定处罚。在第 2、3 款前设置限定性用语实无必要。

由于用语不严谨、不科学，也造成了某些罪刑条款违背刑法基本理论的现象。例如，《关于严禁卖淫嫖娼的决定》将“强奸后迫使卖淫”作为强迫他人卖淫罪的“严重情节”之一；《关于严惩拐卖、绑架妇女、儿童的犯罪分子的决定》对“奸淫被拐卖的妇女”进行司法解释后，这里的“奸淫”包括强奸，“妇女”包括幼女。作为拐卖妇女、儿童罪的“严重情节”

之一，这些规定，都将性质恶劣、危害程度严重的强奸行为，作为危害程度相对较小的强迫卖淫、拐卖行为的情节，不仅在理论上使人感到困惑，而且，这种规定很明显是违背罪数理论的。

像上述这样的问题，在特别刑法罪刑条款的取舍中应当引起足够重视。

第三，犯罪情节、量刑情节的可操作化。在我国刑法分则条文中，对于犯罪情节、量刑情节有大量的诸如“情节严重”“情节特别严重”“情节恶劣”“情节特别恶劣”“数额较大”“数额巨大”“数额特别巨大”“后果严重”“后果特别严重”等表述模糊、缺乏可操作性的弹性规定。这种情况与刑法立法时经验不足、受“宜粗不宜细”立法原则的影响有关。但在我国这样一个法制建设还比较薄弱，法制观念、人权观念发展不足的国家，采用这种弹性规定的弊端日益明显。

这种规定由于不具体、伸缩性过大，不仅缺乏可操作性，而且，给司法人员过宽的自由裁量权，在实际中极易造成出入人罪、量刑失当。在特别刑法的罪刑条款中，有一些“决定”“补充规定”在力争避免上述弊端方面已做出了成绩，积累了成功的经验。但是，仍有众多的罪刑条款，在立法时，仍然沿袭了这种立法模式。这种新颁布的特别刑法，在适用上也同样出现了具体操作困难，不易掌握等问题。

要实现可操作化，既要求在立法上尽可能通过列举式明确规定犯罪情节、量刑情节（在此，我们并不是说立法上应一概摒弃前述的立法模式，但根据现在的立法经验、实践的总结，尽可能减少这种立法模式不是做不到的），同时也要求在实践中具有可操作性。例如，《关于惩治偷税、抗税犯罪的补充规定》第 1 条“偷税罪”的定罪量刑情节，采取的是分层次并以偷税数额和偷税数额占应税比例额，以及因偷税受行政处罚次数作为定罪量刑的标准，既符合列举式规定，也符合实践中的可操作性。然而，与此同样具有分层次列举定罪量刑情节的“生产、销售伪劣产品罪”对“违法所得数额”的规定，在实践中则缺乏可操作性。

（四）科学归类原则

所谓科学归类，是指特别刑法的罪刑条款应以我国现行刑法分则以同类客体为犯罪分类依据，对罪刑条款作科学界定、合理划分。

以同类客体为犯罪分类的标准，是我国刑法学界公认的分则体系建立的科学方法。在此前提下，分则修改中亦有分则体系应采取大章制还是小章制之争。而立法起草机关和刑法学界仍倾向于采取小章制。① 然而，无论分则章节体制是采取大章制还是小章制，对于特别刑法所规定的罪刑条款而言，都存在明析其价值取向，确定其同类客体的问题。

从特别刑法罪刑条款的立法特点上看，并不是以犯罪侵犯的客体为主要依据进行创制

① 参见赵秉志、赫兴旺等：《中国刑法修改若干问题研究》，载《法学研究》1996 年第 5 期。

的，而主要是以客观方面某些相同的要件，如对象、行为等进行归纳后对刑法进行补充或修改的。例如《关于禁毒的决定》《关于严惩拐卖、绑架妇女、儿童的犯罪分子的决定》《关于惩治走私、制作、贩卖、传播淫秽物品的犯罪分子的决定》等，是以犯罪对象为主要依据，《关于惩治生产、销售伪劣商品犯罪的决定》《关于严禁卖淫嫖娼的决定》《关于严惩组织、运送他人偷越国(边)境犯罪的补充规定》等，则主要是以客观行为为主要依据的。对于特别刑法罪刑条款的分类归属，从大的方面看，不存在问题。例如，对一些毒品犯罪、淫秽物品犯罪，顺理成章应归于“妨害社会管理秩序罪”章中，税务犯罪，一些金融犯罪，自然应归入“破坏经济秩序罪”章之中。但是，在个别的罪刑条款上，也难免有一些不同的看法。如生产、销售假药罪、生产、销售有毒、有害食品罪，有学者认为应属于“危害公共安全罪”，有的则认为是“破坏经济秩序罪”；绑架勒索罪，因为是由《关于严惩拐卖、绑架妇女、儿童的犯罪分子的决定》所规定的，因而，有学者认为应归入“侵犯公民人身权利罪”章中，有的则认为应属于“侵犯财产罪”章的犯罪。类似于有上述问题的，还有如收买被拐卖、绑架的妇女、儿童罪，走私毒品罪，走私淫秽物品罪等。所以会有种种不同的认识，原因并不在于立法本身，而在于对具体的罪刑条款的价值取向有不同的取舍。

笔者认为，对有争议的罪刑条款以何种价值取向确定其归类、归属，可以考虑以下几点：(1)不是从具体条文上，而是从该项立法的整体上认真研讨立法背景，明确该项立法的宗旨和立法保护利益的侧重点。(2)注意与具有相近似特征犯罪的罪刑条款的相互协调，以利于在实际工作中划清此罪与彼罪的界限。(3)兼顾考虑罪刑条款之间文体的近似或者统一。

在分则修改中对特别刑法罪刑条款的取舍，还有一些问题本文没有涉及，如罪刑条款之间的协调、罪刑条款的补充，刑罚幅度的层次化等，尚待进一步的探讨。

试论危险分配与信赖原则在犯罪过失中的运用[①]

危险分配与信赖原则是大陆法系特别是德、日刑法犯罪过失理论中的重要内容之一，也是其司法实务在处理职务、业务活动的责任事故中确定过失责任及责任程度的重要理论。我国学者对此理论探讨得不多，司法实务中尚未自觉运用这些理论。因此，合理借鉴危险分配与信赖原则既有理论意义也有实践意义。

一、危险分配的概念及理论发展

所谓危险的分配，是德、日刑法理论中以"被允许的危险"和"信赖原则"为理论基础，在"过失犯处罚减轻合理化"口号下提出的理论。其基本含义是指在从事危险的业务或者事务时，参与者应当以相互间的信赖为基础，对于该业务或事务所发生的危险，相互间予以合理的分配，就各自分担的部分予以确切地实施，相互间分担回避危险，使危险减轻或者消除。危险的分配的理论，虽然从客观上说，是对涉及危险业务、事务的当事人应当合理地分担对发生危害结果的危险的注意义务，但其理论的重点，学者认为，并不在于危险预见义务的分担，而在于由此可能实现消除危险。[②]

然而，从刑事责任的分担上，无疑危险的分配要涉及对于危害结果发生的预见、回避义务依据何种原则分配的问题。也就是说，为回避危害结果的发生，应当科以参与者在从事危险业务、事务活动中各自相应的注意义务，如果对一方所要求的注意义务多，则对另一方就应当要求的少，反之亦然。例如，驾驶汽车撞死了行人，就该事故论及有关人员的过失时，就必须考虑驾驶员和行人各自负有什么样的注意义务，是哪一方违反了注意义务。为保障交通安全，应当科以驾驶者和行人各自相应的注意义务，如要求驾驶者的注意义务多，则要求行人的义务就少，相反，要求行人的注意义务多，对驾驶者就应要求的义

---

① 本文原载于《法律科学》1999 年第 3 期。

② ［日］大谷实：《危险的分配与信赖原则》，载藤木英雄：《过失犯——新旧过失论争》，学阳书房 1981 年日文版，第 109 页。

务少。那么，应以什么样的原则合理的分配参与者的注意义务的广狭？从其实践以及理论发展的情况来看，应当说直至目前，仍然没有一个十分明确的原则。通常是基于行为人各自的法律地位，以“社会生活上必要的注意”①为根据，对具体事件具体分析参与者的注意义务的广狭与多少。

在日本处理交通事故的司法实务上，可以明显地看到价值观念和价值评价与危险的分配理论发展的密切关系。在日本，随着社会对汽车作为高速交通工具的不同评价，危险分配的理论发生着明显的变化。

在第二次世界大战前的日本社会，汽车持有的数量少，道路及交通设施也极不完备，道路狭窄，没有行车与行人道的区别，只是在主要路口设置交通信号灯，行人亦不太讲究交通规则。在这种情况下，司法实务中几乎就不承认汽车作为高速交通工具的地位，因而强调对行人安全的保障，在社会观念上并没有什么特别明显的不妥。所以，就科以驾驶者广泛的注意义务，对行人则要求极少的注意义务，给予行人相当的行动自由。当发生事故时，大都会认为是驾驶者的责任。

例如，在日本大正时期，大审院的判决作过如下说明：“汽车的驾驶者在操纵汽车时，应当努力注意警戒道路的前方，防危害于未然，乃是其业务上当然的义务。在汽车行驶中，有人横穿马路，渐渐接近时，只鸣笛、减速尚不够，还应当注意行人的态度、姿势等其他情况，采取随时都得以停车的措施，使用避免急遽危害的方法，留有防危害于未然的余地。”还有判例要求驾驶者暂时停车，待行人通过后再启动行驶。如果驾驶者违反了上述注意义务，就应当构成业务上的过失致死罪。对于科以驾驶者如此广泛的注意义务，从而使汽车不能发挥其作为高速交通工具作用这一点，司法实务中虽然有明确的认识，但却认为：“如果因为驾驶者缺乏上述业务上的注意，使其操纵的汽车冲撞了行人，产生了死亡结果时，就应当构成业务上过失致死罪，即令因此而使具有高速度的汽车丧失其本来的机能，也不能免除其罪责。”

在第二次世界大战结束后的昭和三十年，汽车在日本得到迅速的普及，道路和交通设施也逐渐完备，国民的交通道德意识也逐步加强。以高速发展的经济增长为背景，汽车的社会作用也显著增大，与此相适应，社会民众广泛地认识到汽车必须要能够快速行驶，从而要求行人应当为不妨碍汽车的行驶进行必要的协助。驾驶者的注意义务被缩小而行人的注意义务相应被扩大这种变化，是以昭和三十二年 5 月 10 日福冈高法的判决为开端的。该判例认为在没有人行横道的地方，行人突然跑到汽车的行驶前方，从而相撞，发生死伤时，行人一方违反了注意义务，汽车的驾驶者没有过失。这样一来，关于汽车驾驶者与行人之间的危险的分配，从过去几乎是使驾驶者一方负担，转而把相当的部分转移到行人一

① ［日］大塚仁：《犯罪论的基本问题》，冯军译，中国政法大学出版社 1993 年版，第 235 页。

方，减少了驾驶者所负担的危险。①

适用危险分配理论处理交通事故在日本战前、战后实务中的变化，应当说是符合了社会发展的要求，同时，又考虑到处于对立关系的双方利益的平衡。当然，以危险的分配理论确定参与者各自的注意义务，是要求根据不同的场合和不同的具体情况。例如，在对高速公路上的驾驶者与行人之间的危险的分配就不同于普通公路。因为，作为汽车专用道路的高速公路，本不允许普通行人进入，所以原则上不发生危险的分配，但是，在行人因故而进入的情况下，行人即使不负担百分之百的危险，也要负担保证安全的广泛的注意义务，而驾驶者的注意义务则大大缩小。而在普通公路上，则与此不同，因为在普通公路上，不仅车要行驶，人也要行走，而且原本就是人行走的场所，所以，行人对汽车的高速行驶的必要协助也是有限度的。因此，牺牲汽车速度，应尽可能保障、顾及行人的安全，则成为对驾驶者要求的注意义务。

另外，在日本，危险的分配的适用也并不仅限于交通事故的场合，而在广泛论及处于对立法律地位的人的过失时，都考虑危险的分配问题。然而最终科以行为人怎样的注意义务，则不外乎是根据具体社会的要求。②

二、危险分配与注意义务的分担

在我国刑法理论中，有关危险分配的理论尚未得到充分的重视，但是，这并不意味着实践中完全不运用该理论的合理内核确定行为人注意义务的范围。下列案例，对被告人注意义务范围的确定，应当说是体现了危险分配理论合理内核的实例。

甲是某企业的司机，被派车去机场接来洽谈业务的外商，因通知发车较晚甲恐误接，在市郊便以 80 公里/小时超速行驶，在距事故发生点约十七八米时，突然有两名儿童相互嬉戏追打，从行车前方右侧防护林带跑上公路，甲虽然立即采取了紧急制动、避让等措施，但终因距离较近，未能避免，造成两名儿童一死一伤的严重后果。经查甲驾驶的汽车车况良好、制动灵活。法院认为被告人某甲应当认识到在市郊超速行驶易发生事故，却对此疏忽大意，以致发生严重交通事故，构成交通肇事罪；但两名被害人，居住在公路旁，根据其本能和生活经验，也应当知道在公路上嬉戏具有危险性，未观察来往车辆贸然跑上公路，也是事故发生的重要原因，因此，决定从轻判处被告人有期徒刑 2 年，缓刑 3 年。

本案中，法院在确定被告人注意义务的范围时，并没有明确提出依据的是“危险分配”的理论，但从本案刑事责任的确定来说，无疑包含着这一理论的合理内核。

笔者认为，在我国社会生产、生活日益现代化，科学技术高速发展的今天，许多社会

① ［日］大塚仁：《犯罪论的基本问题》，冯军译，中国政法大学出版社 1993 年版，第 234~237 页。

② ［日］大塚仁：《犯罪论的基本问题》，冯军译，中国政法大学出版社 1993 年版，第 239 页。

发展必需的行为所蕴含的巨大危险性，使得社会发展的需要与保障国民人身生命、健康、财产以及环境安全需要之间产生矛盾，将日益尖锐化。如何合理借鉴国外刑法理论中“危险分配”的理论，是当前我国经济高速发展背景下应当认真考虑的问题。正如有学者指出的那样，对于危险分配的理论，要正确处理保障发展与保卫安全这两者间矛盾，决定于寻找一个适当的结合点，即正确的价值评判。“这种价值取向将对过失犯罪中的危险分配发生重要的和直接的影响。没有正确的价值观念和价值取向必然会迷失方向，导致危险分配的分配失衡和判决的不公正。”①当然，我们借鉴、研究危险分配的理论，不仅仅是为合理、正确地确定注意义务的范围，从而公正地适用法律，也应当是“由此可能实现消除危险”，促进社会的发展。根据危险的分配确认参与者的注意义务的分担，笔者认为有以下几点需要明确：

第一，该种危险必须是“经验性”的。所谓经验性，是指根据社会实践参与者在客观上对危险的发生有预见可能性。经验证实该类活动确实存在着实害发生的危险，才需对参与者的注意义务实行分担。如果，某种危险只是抽象性的无具体实害结果发生的不安感的危险，也就是说参与者在客观上对危险发生不具有实在的预见可能性，则不能以危险分配确认参与者的注意义务。例如，首次的实验性生产作业中发生的严重伤亡事故，如无经验可言，实害发生的可能性尚无法预见，就不宜以危险分配来追究有关人员的过失责任。

第二，实施的行为的危险性，必须是被社会所允许的危险的范围之内。即该类活动虽具有巨大的危险性，应对社会发展有益时，才有适用危险分配确认参与者注意义务的必要。如果行为本身是非法或者是为牟取私利不顾公益和他人利益，就不宜以本意是为促进社会发展的危险分配来确认其注意义务。如，违章携带易燃品上火车，被其他乘客不小心引燃，造成重大伤亡事故，则不能以危险分配来确认其他乘客、司乘人员的注意义务。

第三，应根据危险性的程度合理地确认参与者的注意义务的广狭。例如，在火车与汽车发生相撞的责任事故中，因火车具有更快的速度、更大的惯性和制动后不易立即停止的较大危险性，因而相对于火车司机应承担的注意义务而言，汽车司机应承担范围更广泛一些的注意义务。

第四，应当从消除、减少危险发生的目的出发，依据依赖原则合理地确认参与者的注意义务。例如，行人与汽车司机之间的注意义务，根据危险分配的目的，从行人一方来说应承担遵守交通规则，不妨碍汽车正常行驶为目的的防止危险发生的义务；从司机一方来说，应承担遵守驾驶规则、交通规则，以保障汽车能正常行驶为目的，消除、减少危险发生的注意义务。

此外，如果参与者在参与危险活动中本身对危险的发生不可能采取任何避免措施，则对参与者来说，不能依据危险分配确认其承担了注意义务。例如，对手术中的病人而言，

① 何秉松主编：《刑法教科书》(根据 1997 年刑法修订)，中国法制出版社 1997 年版，第 268 页。

术中失败的责任无论如何病人不能承担。当然如是在手术前，或者手术后有应当由病人承担的注意义务，如不遵照医嘱，由此而引起手术失败，造成医疗事故，病人自应承担违反相应注意义务的责任。该种情况不同于对危险发生不可能采取任何避免措施，而不分担注意义务的原因在于，参与者具有注意能力。

三、信赖原则在过失中的意义

信赖原则，是德、日刑法理论和司法实务中确定过失责任及责任程度的重要理论，也是直接与过失相联系的刑法理论。

所谓信赖原则(der vertrauensgrundsatz)是指当行为人实施某种行为时，如果可以信赖被害人或者第三人能够采取相应的适当行为的场合，由于被害人或者第三人不适当的行为而导致结果发生的，行为人对此不承担过失责任的原则。①

根据以往理论确认过失责任，行为人如有预见危害结果的可能性，则就有预见义务；如预见到危害结果发生的可能性，基于该种预见，就负有避免危害结果的义务。例如，汽车驾驶者在驾驶过程中，必须将行人有不遵守交通法规之可能性时刻置于注意的范围之内，为时刻预防行人的违反交通法规行为，就必须予以十分谨慎的态度，避免危害结果的发生，否则就要承担过失责任。例如，德国旧联邦最高法院在确立信赖原则之前，曾在判例中就驾驶员的注意义务作出过如下说明："汽车驾驶人，因不得期待其他参与交通者皆能采取遵守秩序之正当态度；故常须将'可能有人突自房屋中或人行道上闯入车道'一事，置于念头。仅在'其他的利用道路者之粗心大意，自吾人日常生活经验观之，实非可能'之情况下，始能否定汽车驾驶人之过失。"②这也就是说，认定过失责任之有无，完全是根据客观上发生了危害结果，行为人有无预见可能以及回避结果的可能，均在所不问，甚至，在上述理由中也包含着"只要是驾驶人皆不可能有'依日常生活经验观之，实非可能'之认识"这种不顾事实的错误观念，而推定皆有预见可能、回避可能性。但在采取信赖原则后，根据信赖原则，即可在行为时持相反的态度，以信赖其他参与者能够遵守交通法规为原则而实施自己的行为。

信赖原则的理论渊源，是以"被允许的危险"理论而确认的"危险分配"理论，或者说，"信赖原则"是与"被允许的危险""危险分配原则"互为表里。③。在司法上的实际运用，肇始于德国判例。"信赖原则是在若干先驱判例的基础上逐渐在德国判例中占取稳固地位的，其中突出的体现是1935年12月9日帝国法院的判决(RG ST70—71)。该判决对于电车司

① 参见[日]西原春夫：《交通事故和信赖原则》，成文堂1969年日文版，第14页。

② 洪福增：《刑事责任之理论》，台湾刑事法杂志社1982年版，第359页。

③ 参见[日]藤木英雄：《过失犯——新旧过失论争》，学阳书房1981年日文版，第95页。

机撞倒突然从电车修筑区跳到车轨上的行人一案，认为行为人不构成过失。其理由是，机动车驾驶人没有‘考虑到一切不注意行为’顾虑的必要，只要他有‘对所有事情进行合理考虑而可能预见的不注意行为加以注意’的念头，就是已尽了注意义务。”①从该原则所体现出不要求行为人在行为时考虑到他人应注意的义务，即免除行为人预见他人实施不法行为而避免危害发生的义务，可以说该原则是以“危险的分配”为基础，或者说是“危险分配”一方面的问题。

在该判例实质性采纳信赖原则后，相继得到瑞士、澳大利亚、日本等国的判例以及学术界的承认和支持。该原则诞生之初，主要适用于公路交通机动车事故案件的处理，但在该原则理论逐渐成熟后，已广泛适用于重要工业领域、医疗业、医药业、食品业以及建筑业、铁路交通业等领域内的事故处理。目前，信赖原则已经成为运用新过失理论。在上述危险领域的事故处理中，从行为实行状态上有无错误、失误(行为无价值)，以判断有无违反注意义务，确认过失责任有无以及责任程度的重要标准。

在信赖原则在适用上，其前提条件在于行为人自己首先遵守应当遵守的注意义务。从参与交通的行为而言，是指从事交通事业的人(如驾驶员)与一般的行人，均负有防止危险发生的注意义务(适当分配各自负担之危险的注意义务)，如果没有特别的事由，可信赖其他参与者(其他驾驶员或行人)能够遵守交通法规及交通道德，在参与交通时采取慎重注意的行为。如果参与者(其他驾驶员或行人)采取不适当行为，即使因行为人的行为导致危害结果发生，行为人也不承担过失责任。

在第二次世界大战结束后，日本等国由于社会经济的飞速发展，汽车等现代化交通工具造成重大事故的现象日益突出，为防止和减少事故发生，则必须限制其速度，然而，如果限制其速度，则不能使其发挥出现代化交通工具的作用。根据“被允许的危险”理论，重新认识、评价，确立汽车等现代化交通工具作为高速交通工具地位，成为刑法学术界和司法实务中对信赖原则持赞同态度的思想基础。但是，日本学者认为，在战后的判例中有意识地采取信赖原则否定过失责任之前，事实上在大正时期已经存在这样的判例。而战后有意识采纳信赖原则的判例，最初表现在下级法院的审理中(1955 年 12 月 21 日名古屋高级法院判例)。最高法院第一次正面适用信赖原则否定过失责任的判例，是数年后的 1966 年 6 月 14 日的判决，② 而第一次在认定交通事故中的过失适用信赖原则的，是同年 12 月 20 日的判决。③

---

① ［日］西原春夫主编：《日本刑事法的形成与特色》，李海东等译，中国法律出版社、日本国成文堂联合出版 1997 年版，第 263 页。

② ［日］大塚仁：《犯罪论的基本问题》，冯军译，中国政法大学出版社 1993 年版，第 239～240、240～241 页。

③ ［日］西原春夫主编：《日本刑事法的形成与特色》，李海东等译，中国法律出版社、日本国成文堂联合出版社 1997 年版，第 265 页。

1966年6月14日的判例是：某私营铁路站的乘务员，深夜从到站的电车上让醉酒、昏睡的乘客起来、下车，但没有在以后进行监视，结果该乘客掉入线路，被行驶中的电车压死。对于此案，否定该乘务员业务上过失责任的判决有如下说明："在乘务员使醉客下车的时候，除了是根据该人酩酊前的程度和步行的姿势、态度等其他从外部容易观察的征迹可以判断该人有与电车接触、落在线路中的危险这种特殊情况外，信赖该人会为维护安全、采取必要的行为，是相应地对待乘客就够了。"①

1966年12月20日的判例是：汽车在没有实行交通指挥管理的交叉路口右转弯的过程中，在车道的中央附近熄火，再次发动后以约五公里的时速(行人步行的速度)行驶时，从右侧方行驶的摩托车想从该汽车前方超过，结果相撞，致使摩托车的乘客负伤。② 于本案，否定汽车驾驶者过失责任的判决理由是："在本案中，对于汽车驾驶者来说，如果不存在特别的情况，他就可以信赖从右侧方向驶来的其他车辆会遵守交通法规、为避免与自己的车相冲突而采取适当的行动，根据这种信赖进行驾驶就可以了。对于认识右侧一方的安全，预见像本案中被害人的车辆一样，竟敢于违反交通法规，突至自己车辆前方的(其他)车辆，据此防止事故发生于未然，不属于(行为人)业务上的注意义务。"③在此之后，日本最高法院又多次作出适用信赖原则的判决，使这一原则逐渐在审判、检察和警察实践中被确立起来。

可以看出，信赖原则设立的出发点，在于调和公众生命、健康、财产安全与社会生活、建设中发挥现代化工业事业作用之间的矛盾，缩小过失成立的范围。虽然上述判例中适用信赖原则，均排除了行为人的过失责任。但从适用目的的实质上看，与其说适用信赖原则为排除行为人的过失责任，倒不如说是运用信赖原则确认与事故发生有因果关系的行为人的行为有无过失责任以及责任的分担。这才是信赖原则的实质意义。这正如将信赖原则首先介绍给日本刑法学界、司法界的学者西原春夫所说的，并非是偶然使用信赖原则否定过失犯的成立，与以前认定过失相比，从有意识地采用信赖原则，在确实缩小了过失成立范围这一点上，是有划时代意义的。④

当然，还应当看到信赖原则从分担过失责任的基本思想出发，基于社会活动中行为人相互间的责任心以及社会连带感，在彼此能够信赖的范围内，实施的一定行为即使导致结果发生，也不承担过失责任。这就为刑法理论上抽象的"被允许的危险""危险分配"理论，

---

① [日]大塚仁：《犯罪论的基本问题》，冯军译，中国政法大学出版社1993年版，第239~240、240~241页。

② [日]大塚仁：《犯罪论的基本问题》，冯军译，中国政法大学出版社1993年版，第239~241页。

③ [日]中山敬一：《信赖原则》，载中山研一、西原春夫、藤木英雄、宫泽浩一主编：《现代刑法讲座》(第3卷)，成文堂1982年日文版，第80页。

④ [日]中山敬一：《信赖原则》，载中山研一、西原春夫、藤木英雄、宫泽浩一主编：《现代刑法讲座》(第3卷)，成文堂1982年日文版，第80页。

提供了一个可供操作的具体化标准。

所以，该理论对于我们认定违反注意义务和注意能力等问题是有借鉴意义的。

四、犯罪过失中信赖原则的适用

日本学者对于适用信赖原则处理交通运输业中的事故的探讨较多，在适用要件上，提出了以下见解：第一，适用的主观要件。首先，必须存在着对其他交通参与者对于遵守交通法规以及交通惯例、交通道德的现实信赖；其次，这种信赖符合社会生活中相当性要求。第二，适用的客观要件。必须存在着信赖其他交通参与者根据交通法规采取适当行动的具体状况。具体来说，客观上有以下情况不适用信赖原则：(1)在容易预见被害人具有违反交通秩序的行为的场合；(2)因被害人是幼儿、老人、身体残疾者、醉酒者，不能期待其采取遵守交通秩序行为的场合；(3)幼儿园、小学校门前，道路有雪等事故发生危险性高的场所，以及从周围的状况看不能期待采取适当行为的场合。具有上述客观情况的，排除信赖原则的适用。①

我国学者对信赖原则的探讨，主要集中在有关交通事故中如何适用信赖原则。例如，姜伟博士对此提出了五类不适用信赖原则的情况：(1)行为人自己违反注意义务，不能以相信其他人会遵守注意义务为条件避免危害结果；(2)已发现对方有反常行为时，不能盲目相信对方会履行注意义务；(3)因某种客观条件的限制，他人违反注意义务的可能性较大时，不适用信赖原则；(4)发现对方是幼儿、老人、盲人或其他残疾人而且无保护人陪同时，不适用信赖原则；(5)对方的违反注意义务行为即将造成危害结果，行为人有时间及能力避免危害结果的，不适用信赖原则。相对于德、日等国在交通事故处理中广泛适用信赖原则，他认为，在现有条件下，还不能赞同把信赖原则完全适用于我国的交通运输业。因为与发达国家相比，无论在交通工具、交通设施以及国民交通意识等方面，均不具备信赖的前提。② 这种看法是有一定道理的。

从我国目前交通运输业的发展来看，笔者认为，在具备下列条件的情况下，对交通事故的处理，可以考虑适用信赖原则确定过失责任以及责任的分担：(1)存在使汽车高速度并且顺利行驶的必要性，例如，在高速公路上行驶。如果无此必要，如在通过行人密集的街道时，就不能以适用信赖原则为由高速行驶。(2)交通设施以及交通环境状况良好。如交通环境状况达不到能够使汽车高速并且顺利行驶的客观条件，也不存在适用信赖原则的问题。(3)遵守交通规则、交通道德教育普及。若无此种普及性教育，也不存在适用信赖原则的问题。当然，信赖原则的适用首先以行为人自身遵守规章制度、交通法规为必要的

① [日]藤木英雄：《过失犯——新旧过失论争》，学阳书房1981年日文版，第96~98页。

② 姜伟：《犯罪故意与犯罪过失》，群众出版社1992年版，第381~383页。

前提。这一点的重要意义在于：第一，自己违反注意义务，意味着失去期待他人会采取适当行为的根据；第二，因自己违反注意义务的行为，可能诱发他人的错误反映，也想违反注意义务；第三，不能以信赖他人会采取慎重的、适当的行为而允许自己不注意，这一点是不言而喻的。我国有学者认为，信赖原则“是基于人们的相互信任心、共同责任心以及‘社会的连带感’而产生的，贯穿于人类社会正常生活的一切活动之中”。① 笔者认为，上述观点对信赖原则产生的思想基础的分析，无疑有正确的一面，但如主张信赖原则贯穿于社会生活的一切活动之中，则失之过宽。事实上，在德、日刑法理论以及司法实务中，不仅在适用信赖原则上有一定范围的限制，而且在适用上要求有客观上应具备的条件。换言之，也就是“适用信赖原则，需要具备对他人采取适切的态度予以信赖的许多条件”。② 从司法实务上看，笔者认为，有些事故完全不存在需要以信赖原则确定有无过失责任的问题。例如，狩猎中发现猎物附近有人，轻信自己的枪法，贸然开枪射击，因这种不注意而过失致人重伤、过失致人死亡的案件，没有必要以行为人能否信赖被害人注意不移动，来确认行为人的过失责任。因此，只有在某些特定的生活领域内的事故，才有必要考虑适用信赖原则确认过失责任以及责任分担的问题。

对于在交通领域外扩大信赖原则的适用领域以及适用和原则，日本学者进行了较深入的探讨，很值得我们借鉴。

他们认为，信赖原则能够适用于多数人为实现一定的目的，有组织性地分担协助，共同实行有危险性作业的领域。然而，这里所谓的信赖原则，并非针对被害人而言，而是针对分担共同作业的第三者的信赖，即所谓的分业原则(prizip der arbeitseilung)。这就是从个人信赖模式向多数人或者有组织性模式的扩大化。例如，对于企业犯罪、公害犯罪，不仅仅是要考虑业务的直接承担者的责任，是否有必要将过失责任扩大至处于监督者地位和上层领导者地位的人呢？在这里，对界定合理的责任应如何考察问题，学者提出了以下几点。第一，这里预先确立各人分担的业务，存在着为保障提高共同作业的效率的信赖这一点，与道路交通不同。第二，业务分担者之间，存在指挥命令或者监督关系的场合，命令者或者监督者负有何种程度的责任，在能证明存在着对他人的行为负有监督的注意义务的范围内，存在着有可能排除信赖原则的适用。第三，通常，在客观上已经确定损害发生已经迫近，而他人尚未实行的行为已经不再是问题的全部，对此种状况能够适用信赖原则这一点，与道路交通不同。③

笔者认为，以信赖原则确认有无过失责任以及责任的分担，并非在任何过失案件中都

---

① 侯国云：《过失犯罪论》，人民出版社1993年版，第234页。

② ［日］西原春夫主编：《日本刑事法的形成与特色》，李海东等译，中国法律出版社、日本国成文堂联合出版1997年版，第264页。

③ ［日］中山敬一：《信赖原则》，载中山研一、西原春夫、藤木英雄、宫泽浩一主编：《现代刑法讲座》(第3卷)，成文堂1982年日文版，第86~87页。

需要适用。从德日两国关于信赖原则的判例分析，可考虑以适用信赖原则确认有无过失责任及其责任分担的领域，除交通运输业务以外，其他领域，在适用上应当符合下列几点要求：第一，信赖原则一般只适用于公认的，对社会发展有不可缺少的巨大作用和利益，但又具有危险性的领域内的事故处理时，确认有无过失责任以及责任分担。第二，信赖原则一般只适用于在多人协力为某一目的，且有一定组织性、并在合理分担各自应当注意危险义务的领域内的事故处理时，确认有无过失责任以及责任分担。第三，信赖原则一般只适用于在有具体明确的规章制度、法律、法规调整的领域内的事故处理时，确认有无过失责任以及责任分担。第四，信赖原则一般只适用于在客观上有信赖被害人或者第三人能够采取相应的适当行为条件的领域内的事故处理时，确认有无过失责任以及责任分担。例如，工矿企业的事故、建筑企业的事故、医药事故、医疗事故以及日常社会活动、生活中符合第三、四点要求的事故。

此外，在行为人有违章行为的情况下，是否适用信赖原则，是值得研究的。笔者认为，在一般情况下，由于行为人自身实行的是违章行为且自己已经认识到的情况下，已丧失了可以使他人信赖自己的基础，因而，也没有理由期待他人能够遵守共同的准则或规则行事。但是，这并非绝对不存在适用信赖原则的可能性。笔者认为，以下情况可以考虑适用信赖原则：(1)违章行为不是事故发生的原因；(2)违章行为并不具有使危害结果发生的危险性增大的可能性。

刑法功能的价值评价[①]

刑法功能是指刑法可能发挥的积极作用，属于纯理性的范畴。其实际作用和追求必须要通过现行刑法典表现出来。我国新刑法的制定与过去条文相比有很大变动，同时也给新刑法功能的价值追求带来深层次的影响。因为“保护功能和保障功能是从刑法价值意义上说的刑法功能”，所以“刑法改革必须看成是重新安排刑罚权力的策略”。那么我们该如何评价新刑法对其功能的价值追求，尤其是在对其评价褒贬不一的情况下我们该持何种态度?

肯定性评价认为新法从保护功能向保障功能转变符合历史发展潮流，质疑性评价之一是认为新法与刑法形式合理性有很大差距，自身存在不少矛盾和冲突；而另一质疑性评价则认为新法的运行环境与中国现实状况不相符合，不能达到控制犯罪的需求，反而与刑法保护功能的追求格格不入。有鉴于此，本文试图对新刑法功能的价值问题作出探讨，分析价值冲突，从理论与实践的结合上探索刑法功能的价值选择。

一、刑法功能的价值评价

英国哲学博士 W. D. 拉蒙特认为：“价值判断不是关于事物及其性质的判断，而似乎是关于事物的存在、保持和消亡的判断。换句话说，在价值判断的内容中对照的是某种‘目标’。它表示的是这样一种形态，即判断者意欲促使某物存在、维持其存在或让其死亡或毁灭的意向。”那么，用上述价值评判的观点去审视我国新刑法功能的价值追求，意欲在新法中促使某物存在、维持其存在或让其死亡的意向，当然就是刑法的保护功能和保障功能。然后，通过对二者的价值追求最终实现刑法的公正报应和功利目的。

刑法规范对一切侵犯或危害国家、社会、个人利益的行为都规定了相应的刑罚方法。该刑罚方法的规定体现刑法对国家、社会和个人权利的保护作用。该作用就是刑法保护功能的直接追求。为适应时代的需要，有效行使刑法的保护功能，新法从以下几方面进行了有力度的改革：

---

① 本文原载于《中国刑事法杂志》1999 年第 3 期，系林亚刚教授与傅学良博士合著。

(1)加强对社会治安的刑法保护功能。治安犯罪主要分布在危害公共安全罪，侵犯公民人身权利、民主权利罪，侵犯财产罪，妨害社会管理秩序罪等各章中。其中上述后两章犯罪更是占有较高比例。因此，侵犯财产罪的犯罪构成为现行刑法的主要改革目标。如对盗窃罪，新刑法典为普通盗窃罪规定了三级加重的构成要件。除了普通盗窃罪，还增设了以盗窃电信服务为对象的盗窃罪。对诈骗犯罪，为其规定了三个等级的构成要件和法定刑，使其控制范围较原来诈骗罪更为广泛。现行刑法更是对大量妨害社会管理秩序的治安犯罪作了具体规定，范围涉及公共秩序、司法活动、国(边)境处理、文物管理、社会风俗等诸方面。此外，黑社会性质组织犯罪、危害公共卫生罪和破坏环境资源罪等 20 多种新罪名的增设，使刑事控制网更加严密，在一定程度上加强了刑法对社会管理秩序的保护功能。

(2)强调刑法对经济改革保驾护航的功能。在 1979 年刑法中，规定经济犯罪的条文只有 20 来个。并且罪状模糊、法定刑偏低、罪种过少，立法缺陷非常明显。致使国家以经济为中心开展工作以后，以前未曾预料到的各种经济犯罪纷纷出现，并呈现一发不可收拾的局面。立法者只能以惩治各种犯罪的决定来保护经济改革，但在各种单行刑法之间存在不协调和相互矛盾之处，给司法带来极大的不便，新刑法的修订将旧刑法中适合现实情况的条文予以保留，一些过于笼统的条文加以分解，此外还吸纳各种决定中的罪名、增设了新罪名，将经济犯罪的规定系统化为单一的法典化形式。这些工作是加强刑法保护功能的表现，将会满足在社会主义市场经济条件下控制犯罪的需求。如同业经营罪、内幕交易罪、侵犯商业秘密罪、广告诈骗罪、串通投标罪等 20 余种在旧刑法中未曾出现过的罪名，对它们已经在当代经济建设中起着重要作用。

(3)强调刑法保护功能的连续性。我国刑法历来主张先实践后立法，只有在积累了比较成熟的实践经验的基础上，再将危害行为确定为犯罪行为。这样刑法对一些犯罪行为只能是加以认识之后，才能采取控制犯罪的立法措施，刑事保护就会出现一段时期的断层。但是新刑法避免了这种立法方法的单一化倾向，要求既打击现实性的犯罪，又在充分认识犯罪发展趋势的基础上，预先规定许多已经显现或即将出现的危害行为为犯罪行为，从而保证刑法保护功能能够处在不断的发展过程中，如走私核材料罪、洗钱罪、侵犯商业秘密罪等在新刑法制定以前还未在我国有所发现的犯罪。尤其是走私核材料罪目前仅在西方国家和苏联东欧地区出现，个案数量也极为有限，对国际社会安全危害极大。① 但考虑到随着核技术的发展和核材料的推广，这样的犯罪在我国出现也不是没有可能，因此将其规定入我国刑法中符合刑法保护功能的要求。此外，洗钱罪虽在我国没有典型的犯罪，但随着贩毒犯罪的扩大，与之相联系的洗钱罪必然产生。因此，也将其规定入刑法典中。分析现实状况，预测未来的危害行为，注重刑法保护功能的连续性，这样才能有助于社

① 参见储怀植、梁根林：《刑法分则修改的价值取向》，载《中国法学》1997 年第 2 期。

会的稳定。

刑法保障功能是在罪刑法定原则的基础上衍生出的刑法功能。实质上是对国家刑罚权的制约，防止因刑罚权的滥用而侵犯人权。刑法之所以具有保障功能，首先因为刑法作为一种契约而言，对犯罪人适用刑罚是保护社会契约的需要，但同时保证犯罪人不法外受刑也是契约的需要；其次，任何人都潜在地存在成为犯罪人的可能性，对已经成为犯罪人的保障作用，同时也可以说是对社会所有人的人权保护。正因为如此，在刑法改革中加大刑法的保障功能已成为世界的潮流，我国也从时代的要求出发，把刑法的保障功能放在重要位置。其价值主要表现为以下几方面：

(1)确立刑法基本原则加强权利保障。刑法的基本原则作为立法和司法相结合的行为准则，只有通过法律的明文规定，赋予其法律强制力，才能达到保障权利的功能。首先新刑法规定罪刑法定原则。该原则在公民自由和国家刑罚权之间划出一条明确的界限。类推制度被废除，刑法所调整的范围开始明确，公民对自己的行为可以预测其后果。这样，我国从过去强调刑法的社会保护机能向刑法的人权保障机能倾斜。① 其次，新刑法规定刑法的平等适用原则。该原则主要强调定罪的平等和量刑的平等两个方面，定罪的平等强调司法机关定罪时只考虑犯罪行为及其社会危害性大小，绝不会因犯罪人经济状况、出身不同而侵犯其应有权利。量刑平等是指对犯罪分子适用刑罚的时候，不能因人的身份不同在刑罚适用和裁量的标准上出现不同。最后，新刑法规定了罪刑相适应原则。该原则强调犯罪分子所犯罪行和其承担的刑事责任相适应。这就强调刑罚既要与已然犯罪的社会危害性相适应，又与未然的犯罪的可能性大小相适应，不允许对并不严重的犯罪施加比严重的犯罪更为严厉的刑罚。

(2)减少刑法的弹性规定，加强刑法的保障功能。1979 年刑法为了追求刑法保护功能，不适当地对多数条文采用弹性规定，如数额较大、情节严重、情节恶劣、情节较轻等术语。这样的弹性规定很容易导致刑事司法的随意性，不利于保障被告人的合法权益。于是立法机关为便于弹性规定在实际中适用，便要求司法机关根据自己的司法解释定罪判案，形成立法权限的侵犯。二者相互混淆，违背了现代法治国家的体现保障功能的刑法制约原则。新刑法典则从刑法保障功能的角度出发，取消刑事立法上的模糊用语，完善了绝大部分犯罪的构成要件。前者主要体现在：对国家工作人员明确了具体范围，明确规定已满 14 周岁未满 16 周岁的人犯哪些罪应负刑事责任，取消了刑法中的一些宣言式的用语，等等。后者主要体现在：①取消了投机倒把罪和流氓罪两个“口袋罪”，将投机倒把罪分解为若干生产、销售伪劣产品方面的犯罪和破坏金融秩序方面的犯罪，增设了其他性质相同的罪名，将流氓罪分解为侮辱、猥亵妇女罪、聚众淫乱罪、聚众斗殴罪和寻衅滋事罪四种。②明确具体地描述犯罪构成要件。如抢劫罪中情节特别严重的情形以列举式的方式加

① 参见陈兴良：《刑法疏议》，中国人民公安大学出版社 1997 年版，第 33 页。

以明确规定，大多数的经济犯罪和妨害社会管理秩序罪也尽可能做了比较详细具体的规定。③明确地对犯罪中的一些概念加以阐释，如将假药、毒品、淫秽物品等外涵较大的刑法术语明确其范围。

(3)对具体犯罪规定了具体的刑罚标准。这里刑罚标准也就是我们通常说的法定刑幅度。法定刑幅度主要根据犯罪的社会危害性大小确定，社会危害性较大的犯罪相应法定刑幅度也会很大，以体现较重犯罪处较重刑罚，较轻犯罪处较轻刑罚。这样被告人的权利就可以受到保障，避免了犯罪人虽然犯较轻犯罪，由于没有合理的刑罚标准而不得不适应较重的法定刑，造成犯罪人权利保障的破坏。为解决这一问题，新刑法典主要从两个方面加以规定。首先，将一些犯罪的刑罚标准降低，如过失致人死亡罪的上限标准调整到 7 年有期徒刑，主要为了同过失危害公共安全之犯罪的法定刑相协调。① 这样避免社会危害性较小的犯罪，反而处罚较重，犯罪人权利相对而言遭受侵犯。其次，有些犯罪规定较大幅度的法定刑标准，同时将其分解为若干具体标准，这样有利于司法机关正确掌握，避免对犯罪人的权利侵犯。

二、价值冲突与价值选择

前文已述，对新法的质疑主要来自两个方面：一是基于刑法的形式合理性的追求与发现的新法规定不尽如人意、自身矛盾的价值冲突；二是基于中国的现实状况，认为刑法的修改会因背离实际而事与愿违，达不到兼顾保护功能和保障功能的价值目标。这两方面的质疑，反映了两种价值冲突：一是因为刑法形式合理性要求“虽以牺牲个别合理为代价，但能够建立一种可以预测行为后果的社会秩序”②，而新法有些规定却与这种应然要求相冲突；二是法律所实施的现实条件和新法规定相冲突。很显然，分析这些冲突，有助于在贯彻和改善新法过程中选取我们的价值取向。

法律价值取向发生冲突，当然也包括刑法功能价值取向发生冲突。主要因为评价刑法功能的主体是多元的，对刑法功能评价的社会也存在层次性，尤其是刑法功能的取向反映着刑罚权在社会和个人之间分配的不同比例，那么，这种价值冲突的发生更是合乎情理的。正如美国综合法理学派代表人物博登海默在论述法律是秩序与正义的综合体时清楚地看到了这种冲突：一个法律制度若要恰当地完成其职能，就不能不力求实现正义，而且还需致力于创造秩序。这一论断可能会受到质疑，因为一仆不能同侍二主。当这二主所追求的是截然不同的目标，发布的是互不一致的命令，而且几乎每从事一定的行为他们就发现

① 参见王作富主编：《中国刑法的修改与补充》，中国检察出版社 1997 年版，第 172 页。

② 参见陈兴良、周光权：《困惑中的超越与超越中的困惑》，载陈兴良主编：《刑事法评论》1998 年第 2 卷，中国政法大学出版社 1998 年版，第 23 页。

其目的相左时，这种质疑便可能是正确的。①

(一)新法与刑法形式合理性存在的冲突

(1)刑法的明确性要求并未在分则中贯彻到底。正如前文已述，刑法的明确性有助于司法和执法的正当进行，刑法不明确，在执行中难免会有不同理解，这就容易造成错判。虽然刑法经过修改后其明确性大大增强，但是刑法分则中仍然出现让人有多种理解的不明确现象。如类似“情节严重”“情节恶劣”等众多未加以量化的词语。《刑法》第120条以及第294条中的“恐怖组织”“黑社会性质组织”如何加以认定刑法也并未予以明确其内涵。这样，执法者不同，对刑法条文的理解也会有所不同，就可能就会出现侵犯人权的现象。“虽然说把一部刑法制定得像美国学者要求的那样让普通人都能读懂并理解有一定的难度，但我们不应放弃刑法明确性的要求。”②

(2)刑事立法不平等出现在新法中。司法的平等要以立法的平等为前提。立法出现不平等时，社会上受不公平对待的人就会出现，那么这就体现刑法的保障功能没有得到充分实现，如《刑法》第383条规定，个人贪污数额在5000元以上不满5万元的，处1年以上7年以下有期徒刑；情节严重的，处7年以上10年以下有期徒刑。个人贪污数额在5000元以上不满1万元，犯罪后有悔改表现、积极退赃的，可以减轻处罚或者免予刑事处罚，由其单位或者上级主管机关给予行政处分。刑法既然对于渎职性的财产犯罪规定了退赃可以从轻处罚，那么对于其他纯正的财产犯罪也应适用同样的规定，如盗窃、抢夺、诈骗、业务侵占等犯罪。但是在刑法中并没有作出类似规定，这可以说相对而言侵犯了部分犯罪人的权利。此外，对于上述法两种犯罪起刑点的规定，刑法中也存在不公平现象。盗窃罪与贪污罪的表现形式无疑是极为相似的，但是二者的起刑点却截然不同。这就说明刑法的保障功能在对象的运用上没有采取公正的态度。

(3)新刑法在贯彻客观主义的立场同时仍然存在商榷之处。刑法的保障机能和客观主义始终是相辅相成之物；刑法的权利保障机能呼唤客观主义的诞生；客观主义反过来进一步对权利实施保障。③ 正因为如此，修订后的刑法在犯罪论部分很大程度贯彻客观主义，这正是基于刑法权力保障功能的要求。但是新刑法关于预备犯的处罚却与刑法保障功能不相符合，因为惩罚预备犯主要考虑的是其个人的犯罪倾向和防卫社会的需要。但在我国惩罚预备犯依然是很普遍的现象，这就对刑法保护功能过于强调，而忽视了刑法的保障功能。此外，现行刑法对工具不能犯未遂的处罚也是强调惩罚为主，这也是以强调主观主义

① 转引自张正德：《刑事诉讼法价值评析》，载《中国法学》1997年第6期。

② 参见陈兴良：《从政治刑法到市民刑法》，载陈兴良主编：《刑事法评论》1997年第1卷，中国政法大学出版社1997年版，第44页。

③ 参见陈兴良、周光权：《困惑中的超越与超越中的困惑》，载陈兴良主编：《刑事法评论》1998年第2卷，中国政法大学出版社1998年版，第44~45页。

精神为立场的处罚现象，但实际上行为人并没有对客观现实造成危害，惩治的则仅仅是犯罪人的人身危险性，违背了刑事责任的基础应是客观、主观相统一的原则。

(4)法律规范不完整，缺乏违反实体法的后果规定。众所周知，作为法现象细胞的法律规范须具备三个要素，即条件、模式、后果，这样才能形成对社会关系有力度的调整。作为刑法规范而言，违反每一刑法规范必须都有相应的结果规定，司法机关才可以依法而行。若无具体规定，则可能为司法机关随意动用国家刑罚权开启方便之门。如《刑法》第100条规定，依法受过刑事处罚的人，在入伍、就业的时候，应当如实向有关单位报告自己曾受过刑事处罚，不得隐瞒。这一规范明显不具有完整性，而只有条件和模式，缺少结果的制定。司法机关应该作出何种处罚，当事人不知晓自己也不知晓，刑法的保障功能没有得到充分发挥。

(5)就目前刑法规定经济犯罪情况而言，刑法所调整的社会关系过于广泛，将一些本来属于行政法所调整的法律关系也引入刑法调整范围。刑法保护功能太过于强大，弱化了刑法的保障功能。

(二)新法与其实施环境存在矛盾

新法强调刑法保障功能，但其保护功能是否能够满足现实环境的要求呢？在新法颁布以后，许多人对该法提出了质疑。其主要理由在于：自20世纪80年代初起，国家提出工作重点向经济方向转移的口号后，经济发展使社会充满活力。但与此同时，经济犯罪也急剧上升，甚至出现失控，虽然开展了几次严打斗争，但是经济犯罪率仍居高不下。有学者提出“社会转型期间，一般说来，违法犯罪总会激增”。① 正因为如此，国家也连续制定了几个打击、惩治经济犯罪的决定。但就目前现实情况而言，社会还未完全转型，各种形形色色的犯罪还会出现，而现在单纯为追求刑法保障功能规定罪刑法定原则，将刑法分则的犯罪构成明确化，就势必会放纵一批新兴的犯罪分子，不利于刑法发挥其本身具有的保护功能。据《法制日报》载：国家又要制定惩治经济犯罪的决定，作为并列于刑法典的单行刑法。这也说明质疑者的担心不是没有道理的。

那么上述两方面的矛盾是否会构成对刑法功能价值目标的冲击？现实的矛盾和新法的规范内含的冲突是否会导致法律本身的异化？对此不能简单地用是或否来作出回答。

笔者认为，观念是现实的反映。我国过去之所以仅讲刑法保护功能而不提刑法保障功能，实际上反映了中央集权政治和计划经济体制下，国家利益和社会利益被过分强调，而个人利益被压抑、被轻视的社会现实。但随着经济的发展，国家政治民主化程度的提高，人们的主体权利意识被唤醒并逐步发育成熟，主体意识开始要求主体被当作主体而不是作为客体看待。上述转变也必然会带来刑法功能的转变。但任何事物的发展完善都需要一个

① 参见苏力：《法治及其本土资源》，中国政法大学出版社1997年版，第112页。

过程，经济、文化、政治制度的发展也是如此。相应地刑法保护功能以及刑法保障功能的转变也应是如此转变。正因为社会的现实形势仍然很严峻，所以新刑法典也只能强调以刑法保护功能优先，然后才能是刑法保障功能。因此新刑法在大大强化保障功能的时候，仍然优先强调的是刑法保护功能。只有清醒地认识到刑法功能这一正确价值序位的排列，我们才能认清冲突，把握法律精神，正确地进行法律解释。

为什么新法加大刑法条文明确性的同时又未对一些术语界定范围？为什么详细规定一些犯罪的具体表现而又同时并存笼统的规定？为什么一方面规定罪刑法定原则，另一方面又进行“小口袋”罪式的规定？① 如此等等。这些均不是立法者的疏忽，也不是对现实的迁就，而是在基于刑法保护功能优先而保障功能其次的导向下所作出的选择。把一些刑事法中的权力交给法官去追求实质上的真实，允许法官对不明确术语根据现实作出自己的理解，允许法官根据各种各样的社会现象去定罪判刑，把握刑法的实质精神而不是将弹性规定绝对化，使法官成为宣布法律的嘴。当然，上述做法同时受到刑法保障功能的制约。这样就既坚持与世界刑法功能的发展方向相一致，又与过去刑法功能的要求相联系。如果单纯为了追求刑法的形式合理性而放弃原来刑法功能的追求，那么结果将会成为灾难性的。前文已述及，刑法功能的准则是保护与保障。刑法保障功能直接服务于人权，刑法保护功能则直接服务于控制犯罪，两者既有矛盾，又相辅相成，是对立的统一。为了刑法保护，必须层层设防，甚至最后不惜以笼统规定和类推来惩治犯罪；而这样的一些规定则可能导致弱化刑法保障功能，那么破坏人权的现象会大大发生。但如果为仅仅强调保障功能而单纯将一些犯罪现象规定下来，则很可能因法律不能满足现实的需要而放纵犯罪，就既会否定保护功能，又会否定保障功能。所以刑法功能价值目标的设定必须是一个观念性的运动过程，同时必须与现实实践融为一体才能够满足刑法功能价值追求。

三、结论

综上所述，笔者对于刑法功能的价值观点是“兼顾保护功能与保障功能，在协调平衡的前提下，价值序列的排列应该是刑法保护功能优先”。有人可能提出能不能实现二者的均衡，即刑法保护功能与刑法保障功能的追求上不分序位。我们认为，均衡只是一种理想，对于我国所要求的刑法功能而言，尽管需要强化刑法保障功能的力度，但是却不能改变刑法保护功能的优先的地位。无论就刑法的双方面功能的价值追求而言，还是作为其他事物而言，在现实生活中必须有价值序列的排列。那么在转轨时期，中国则需要刑法保护功能的优先排列。

人性的弱点决定：任何有利于人民的规定，都必然被真正的犯罪分子滥用，而任何专

① 非法经营罪是一明证。

注于追求国家保护的规定则可能被司法机关加以滥用。所以立法者必须在二者之间作出选择，在有倾斜度的前提下找到一个结合点，而任何一种选择，都必然以牺牲另一方权利为代价。我国刑法功能的价值追求则在于刑法保护功能的优先。认识把握这一点就有助于我们理解刑法功能追求中出现的矛盾，在基于现实的基础上找到行之有效的结合点。

犯罪过失的理论分类中若干问题的探讨①

一、普通过失与业务过失

以行为人违反的注意义务种类的不同，过失可分为普通过失和业务过失。所谓普通过失，是指行为人在日常生活、社会交往中，违反基于日常生活、交往需要所要求的注意义务，造成危害事实的过失心理态度。这里所说的注意义务，也称为一般注意义务，是国家为维护正常社会生活秩序的需要，对社会上一般人在从事日常生活、社会交往中提出的注意义务。该种注意义务，适用于所有的主体，只要是达到法定责任年龄、具有刑事责任能力的自然人，在日常的生活以及社会交往中，都负有这种注意义务。违反这种注意义务而造成违法结果的，即为普通过失。

普通过失犯罪的范围，从刑法的具体规定来说，主要集中在刑法分则第二章危害公共安全罪章的部分犯罪和第四章侵犯公民人身权利、民主权利罪章中的部分过失犯罪。如失火罪、过失决水罪、过失爆炸罪、过失投毒罪、过失致人死亡罪、过失致人重伤罪等。至于违反哪一种一般注意义务可构成普通过失犯罪，由于日常生活、交往活动的范围极其广泛，实难确定。从法律的角度而言，可以说除了业务活动中应当遵守的注意义务之外的注意义务，皆为一般注意义务。

所谓业务过失是指行为人在业务活动过程中，违反基于业务活动需要所要求的注意义务，造成危害事实的过失心理态度。这里所说的注意义务，也称为特别注意义务，是国家为维护社会正常的生活秩序、生产秩序以及发展的需要，对从事某些特别业务活动的人，提出的特别注意义务。这种注意义务，只适用于从事某些特别业务活动的特殊主体，该种主体只要进行有关的业务活动，就负有该种特别的注意义务。违反这种特别注意义务而造成违法结果的，即为业务过失。

业务过失的范围，从刑法的具体规定来说，主要集中在刑法分则第二章危害公共安全的部分犯罪和第六章妨害社会管理秩序罪以及第七章危害国防利益罪和第九章渎职罪、第

① 本文原载于《法学评论》1999 年第 3 期。

十章军人违反职责罪章中的个别过失犯罪。例如，交通肇事罪、重大责任事故罪、工程重大安全事故罪以及教育设施重大安全事故罪、消防责任事故罪、医疗事故罪和为他人提供书号出版淫秽书刊罪、重大环境污染事故罪等。业务活动中所负有的注意义务，通常由国家法律、法规，或行业、职业的规章制度等予以规定。

在刑法理论上，通常认为业务过失的危害程度大于普通过失，这不仅是因为注意义务的性质有别，更重要的是在现代科学技术条件下，在生产和生活日益现代化的活动中具有的危险源越来越多、危险性也越来越大，而从事这些业务活动，因违反注意义务造成的损害后果，往往是普通过失无法相比的。主张对业务过失处罚应重于普通过失的要求，在刑法理论上也越来越多地得到赞同，至于理论上主张对业务过失从重处罚的根据，学者的见解也不尽一致。有“特别业务说”“警戒说”“违法性说”“特别注意能力说”等，虽然在理论上对此问题尚无统一的见解，但在不少国家及地区的刑法典中，业已采纳了对业务过失处罚重于普通过失的立法。

我国在刑法典修订前，对于业务过失犯罪法定刑的规定明显低于普通过失犯罪的法定刑，对这种不尽合理的处罚原则，随着我国社会不断发展和实际情况的不断变化，越来越引起学者的关注，要求在刑法修订时，修改这一不合理处罚原则的见解，也随着认识的不断提高而达成共识。这一符合现代化社会发展需要的理论，在修订后的现行刑法典中已经得到了体现。

在业务过失中，值得探讨的是如何界定构成业务过失犯罪的所谓“业务”，这是确定过失是否为“业务过失”的先决条件。在刑法上，学者对于业务内涵的理解不尽一致。主要有狭义说、广义说和限制说三种见解。狭义说主张，所谓业务，是行为人基于社会生活上的需要所从事的某项合法职业，并在其业务活动权限范围内所实行的行为。① 广义说认为，所谓业务是行为人基于社会生活中的地位，而经常、反复执行的同种类事务就是业务活动。至于是主业务还是从业务在所不问。② 限制说则主张，所谓业务，是指在社会生活中具有较大危险性，并且持续、反复从事的活动。③

在上述见解中，狭义说将业务只限定在合法的范围内，失之过窄，例如，未领取驾驶执照而从事交通运输活动的，不能说其不是业务活动；而广义说将不同于一般生活活动的都包含在业务之内，例如，作家的写作，不能说不是业务，但包含在刑法中显然不当。所以，广义说又失之过宽。我国有学者指出：“并不是社会上的一切业务活动都可以构成业务过失的犯罪。事实上，只有那些具有危险性的业务活动才具有刑法意义。”“所以，刑法意义上的业务不仅是一种社会性的业务活动，而且是一种危害性的业务活动。”④笔者认为

① 参见顾肖荣：《我国刑法中业务过失犯罪的特征》，载《法学》1986 年第 4 期。

② 参见［日］香川达夫：《刑法讲义》（总论），成文堂 1980 年日文版，第 220~221 页。

③ 参见［日］藤木英雄：《过失犯的理论》，有信堂 1969 年日文版，第 125 页。

④ 姜伟：《犯罪故意与犯罪过失》，群众出版社 1992 年版，第 316 页。

上述观点合理地界定了刑法上的业务与社会一般观念上业务的界限，因而是正确的。

二、重过失与轻过失

重过失与轻过失的区别，在我国刑法理论中运用得不很普遍，而且根据什么标准来区分过失的轻重，理论上也颇有争议。历来有不同认识，主要有两种见解：

第一，主观说，认为重大过失应依行为人违反注意义务的程度来考察，如尽轻微注意即可预见防止的，则为重过失。例如，台湾学者洪福增认为："仅以轻微的注意，即可容易地预见结果之发生，且可回避结果于未然，而尽其注意之义务，然由于懈怠而未予注意或预见，以致发生结果，而违反注意义务，即系犯重大过失。"①第二，客观说，即主张过失的程度应考察行为人的外部行动，在一般情况下如认为有必要给予较重制裁的过失为重大过失。例如，美国学者哈特认为："如果所要采取的预防措施是非常简单的，譬如连一个身体和精神力量十分脆弱的人都能轻易采取的措施，那么，过失就是严重的。所以，在前面谈到的那个工人的案件中，如果他在往下扔石板之前没有瞭望或查看，那就是严重的过失。"②还有的学者干脆否定违反注意义务的心态有程度差别。如英国学者 J. W. 塞西尔·特纳认为："当过失一词用于表示一种心理状态的时候，它实在没有未注意的程度问题，因为过失意味着在某人的心理上完全缺乏特定的思想，即空虚。而空虚是没有程度差别的。"③

在日本刑法学界，小野清一郎主张，有认识过失比无认识过失严重，所以，有认识过失在多数情况下为重大过失。藤木英雄则认为，重大过失与业务上的过失是同样的，两者以基本相同的思想作为立脚点较为恰当。即应以行为的违法性和在社会中的重要性着眼，与一般过失相比，理解为应给予特别重处罚的为重大过失。并认为，在立法上，业务上的过失与重过失，统一考虑为重过失更为妥当。④ 日本学者置过失的不同分类为区分的标准，前者可以归入主观说，而后者则应当是客观说。

我国刑法学界，多数人主张是根据行为人违反注意义务的程度，区别过失的程度重大与否。认为重过失就是指违反注意义务程度严重的过失。相反，则为轻过失。⑤ 但也有学者主张应采取综合标准，即既看违反注意义务的程度，也要兼顾行为及危害结果，如认识对象的复杂程度、行为的激烈程度、危害结果的严重程度等。⑥

笔者认为，对于该问题，首先应当确定上述标准在适用上的基点。比较上述不同的标

① 洪福增：《刑事责任之理论》，台湾刑事法杂志社 1982 年版，第 333~334 页。
② [美]H. C. A·哈特：《惩罚与责任》，王勇等译，华夏出版社 1989 年版，第 142 页。
③ [英]J. W. 塞西尔·特纳：《肯尼刑法原理》，王国庆等译，华夏出版社 1989 年版，第 43 页。
④ [日]藤木英雄：《过失犯的理论》，有信堂 1969 年日文版，第 137、142 页。
⑤ 姜伟：《犯罪故意与犯罪过失》，群众出版社 1992 年版，第 131 页。
⑥ 刘生荣：《犯罪构成原理》，法律出版社 1997 年版，第 216~217 页。

准，可以发现，在主观标准中，主张以有无认识为标准，只能是在不同过失罪过形式之间进行的横向比较，例如，无认识过失致人死亡与有认识过失致人死亡的比较，而不能在同一罪过形式的过失中进行比较。而客观说中主张应考察行为人的外部行动，在一般情况下如认为有必要给予较重制裁的过失为重大过失的见解，事实上并非是纯客观的，而是立足在对综合因素进行考察。而主观标准中主张根据行为人违反注意义务程度的见解，具有单一可比性，是既可以在不同过失罪过形式之间进行横向比较，又可在同一过失形式之间进行纵向比较，例如，除可进行上述的比较外，还可以在同是无认识过失致人死亡或同是有认识过失致人死亡之间进行比较。

主观说中以对危害结果有无认识和客观说中是否应给予较重处罚这两个标准都是不恰当的。首先，前一标准，只能是在不同过失罪过形式之间进行的横向比较，而不能在同一罪过形式的过失中进行比较，因而是不科学的。此外，其不恰当之处，正如有学者所指出的，这在刑事政策上无疑鼓励行为人不要去认识危害结果发生的可能性。这种观点在实践中也是有害的，有认识过失，如行动极为小心谨慎，违反注意义务的程度轻，也可能为轻过失，无认识过失，如严重不注意，违反注意义务程度高，也可能为重过失。① 所以，如果行为是相当慎重地进行，即使是有认识的过失，也不能说因为对结果的发生有认识而当然认为是重过失。是否对危害结果有认识，不存在绝对的恶性程度的差别。② 其次，客观说中将是否应给予较重的处罚作为标准，事实上是一个没有明确标准的“标准”。因为是否给予较重处罚所依据的事实可能是多种多样，可以是因违反注意义务的程度严重，也可以是因违反的注意义务本身的重要性，还可以是因造成的后果特别严重，当然，也可以是因为行为人动机恶劣、卑鄙，等等。例如，在上述哈特的观点中，事实上仍具有是否尽轻微注意即可预见防止的内容。所以，由于上述这些事实既可能被单独作为应给予较重处罚的依据，也可能是被综合在一起而作为应给予较重处罚的依据，这实际上等于没有标准，因而是不可取的。

主观说中以违反注意义务的程度为标准的见解是可取的，该标准既可适用于同种过失罪过形式，又可适用于不同种过失罪过形式，而且依据的事实因具有同一性而具有可比性。具体说，从行为人的注意能力出发，比较容易预见、并且能够避免违法结果的，行为人没有预见或者避免，表明行为人不负责任的程度比较高，这种过失，则为重过失。相反，较难预见或者避免违法结果，行为人因不注意履行义务没有认识到或者避免，则为轻过失。

三、危险过失与实害过失

根据立法上对过失违反注意义务造成危害的事实所要求的具体形态，过失可分为危险

① 胡鹰：《过失犯罪研究》，中国政法大学出版社 1995 年版，第 111 页。

② 马克昌主编：《犯罪通论》，武汉大学出版社 1999 年版，第 336 页。

过失与实害过失。实害过失即是指因违反注意义务造成现实危害事实的过失心理态度。如过失致人死亡等，由于对此不存在异议，因此不予赘述。

所谓危险过失，是指因违反注意义务，造成可能发生实害结果危险状态的过失心理态度。从构成犯罪必须具备对刑法所保护的社会关系造成侵害的事实而言，造成可能发生实害结果发生的危险状态，理论上被称为“危险结果”。危险状态，理论上可分为两类，一是抽象的危险状态。该种危险状态，法律对其所应包括的具体危险内容，不作特别的限制。行为只要在特定条件下针对特定对象实行，法律便可认定有危险状态存在。造成抽象危险状态的，称之为“抽象危险犯”。二是具体的危险状态。该种危险状态，法律不仅要求危险状态的具体内容，也要求危险所达到的程度，只有符合法律所要求的，才视为危险状态存在。所以，对这种具体危险状态，行为在特定条件下或针对特定对象实行，是否能够引起法律所要求的危险状态，需根据具体情况分析判断，造成具体危险状态的，称之为“具体危险犯”。

在立法例中，这两类过失危险犯均有规定。前者如《德意志联邦共和国刑法典》第315条(侵害公路交通安全)b(4)规定：“犯第1款之罪，过失造成危险的，处3年以下自由刑或罚金。”所规定之危险，即为第315条(1)所规定的“危及他人身体、生命或贵重物品的”安全。至于具体是何种危险，并没有明确规定，这就属于抽象的危险犯。后者如，第310条a(1)规定：“因吸烟、使用明火，或未充分注意，将正在燃烧或余烬未熄的物品丢弃，或以其他方法致下列场所产生火灾危险的……”第310条a(2)规定：“过失造成火灾危险的，处……”因这里明确规定的危险，是“火灾危险”，因此，属于具体危险犯。过失危险犯的这两种类型，在我国刑法典中均有规定。例如，构成第124条第2款过失损坏广播电视设施、公用电信设施罪，从第1款对故意构成犯罪的结果规定是抽象的“危害公共安全”来说，第2款过失的“危险结果”的状态，是抽象的危险。而第330条第1款规定的妨害传染病防治罪，规定“引起甲类传染病传播或者有传播危险”，这里明确要求的是“传播危险”，所以其“危险结果”的状态，是具体的危险。

在理论上，对于具体危险犯中存在犯罪过失争议不多，而对于抽象危险犯中是否存在犯罪过失则有不同看法。例如，我国台湾学者蔡墩铭认为：“对于危险有无认识每为区别认识过失与不认识过失之特征，而前所谓危险之认识厥指具体危险之认识，而非抽象之认识，自不待言。”①当然，从立法例上看，有些国家的刑法典中的过失危险犯就只规定了具体的危险犯。例如，《俄罗斯联邦刑法典》第215条违反原子能工程安全规则罪、第217条违反有爆炸危险工程中的安全规则罪，要求“可能引起人员死亡或周围环境的放射性污染”和“可能造成人员死亡或其他严重后果”，就属于该种情况。我国学者中，有明确主张刑法

① 蔡墩铭：《刑法基本理论研究》，台湾汉林出版社1980年版，第212~213页；转引自鲜铁可：《新刑法中的危险犯》，中国检察出版社1998年版，第112~113页。

中的过失危险犯包括这两种类型的见解。①

笔者认为，无论是具体的危险状态还是抽象的危险状态，从刑法的意义上讲，都具有以下特点：第一，可预测性。即危险状态具有在事后具体确认和衡量实害结果的可能范围和程度的可预测性。所以，危险状态是具有物质性内容的。第二，实害结果发生的现实可能性。即客观实害结果的发生，是危险状态发展的必然趋势。所以，这种可能性是一种现实的可能性。第三，客观性。即危险状态所具有的这种现实危险性，是一种客观存在，并以一定的形式的客观事实表现出来，不以人的意志为转移。根据危险状态所具有的这些特点，在违反注意义务的情况下抽象危险犯和具体危险犯，均可存在犯罪过失。过于自信过失，由于对危害可能发生的认识是一种超前认识，即对事物发展趋势和规律有所知觉的概然性认识，自然，由危险状态发展为实害结果的可能性，正是其已经预见的内容。而在疏忽大意过失的情况下，应当对危险状态发展的必然趋势是实害结果可能发生的预见，也正是行为人所负有的注意义务的内容。因此，无论是抽象危险犯和具体危险犯，均可存在犯罪过失。

四、监督过失

监督过失，在我国刑法犯罪过失研究中尚属较少探讨的一个问题，事实上，国外学者对监督过失问题的关注，也是在 20 世纪 60 年代末期。② 在以往企业中发生的重大事故，具体说，例如公害事故、医疗事故、爆炸事故、航空事故等，由于是多人的行为构成，各人的行为之间又有着有机的联系，要确定过失责任，一般只是从现场直接作业人员中查明违反注意义务之人，并由此向上逆推，查明管理者、监督者有无违反注意义务的过失责任。但通常是因“地位越高，离现场越远，越没有责任”，而免除上层领导者、监督者过失责任。为防止这种不合理现象，日本等国的学者提出了“监督过失”的理论。

所谓监督过失，有广狭两义。广义的监督过失，是指处于监督地位者的过失责任。其范围主要涉及灾害性责任事故、企业事故中负有监督、领导业务活动的人业务过失。狭义的监督过失，与“管理过失”相区别。例如，在企业事故中，对于部下的失误行为不进行指导、安全教育而致人死亡的经营者的过失责任是“监督过失”，与此不同，如果事故是因管理者对人事、设备调配，或者规章制度等不完备，例如，不进行防火训练致使员工在火灾中死亡的经营者的过失责任，是“管理过失”。目前在理论上，称“监督过失”时，通常是指“管理、监督过失。”③

---

① 鲜铁可：《新刑法中的危险犯》，中国检察出版社 1998 年版，第 94、112 页。

② ［日］林干人：《监督过失》，载《刑法杂志》第 34 卷第 1 号，有斐阁 1995 年日文版，第 59 页。

③ ［日］内藤谦：《刑法总论讲义》（下），有斐阁 1991 年日文版，第 1172~1173 页。

监督过失可适用于两种情况：一是未能使从业人员充分注意的直接上级，可因“懈怠监督责任”而适用监督过失追究过失责任；二是基于事故对社会安全体系的影响，对企业的高级领导可追究“组织、营运制度”上的监督过失责任。不过，由于监督者的过失是介于直接过失者的过失行为之间，即发生所谓的“过失竞合”；违反监督义务虽是由于对被监督者的过失行为没有注意防止，但监督者的过失与结果的联系只是间接性的，而不是直接性的。所以，日本学者认为，监督者的过失与一般的过失相比，在论以过失责任时有着特殊的问题。

第一，监督者的注意义务。由于危害结果的发生并非由监督者的行为直接引起，因此，监督者的预见义务并非是对结果发生可能性的预见，而是对因自己的行为与被监督者的过失行为引起结果发生的两行为之间的可能性的预见。结果回避义务，也不是对最终发生的结果的回避义务，而是对与结果发生直接联系着的被监督者过失行为的防止义务。

第二，监督者的过失标准。对此问题，日本刑法学界有不同的见解。采取以结果预见可能性为过失核心的观点认为，监督者的过失标准应采取“具体预见可能性说”。认为如果不能确认监督者违反能够预见从业者、被监督者具体的不适当的行动的注意义务，则不能追究监督者的过失责任，三井诚就持有该种见解。而藤木英雄、板仓宏等人主张的“危惧感说”，主张预见可能性不以对具体的因果过程那样的可能性的预见为必要，只要有不无视任何事情都绝对没有危险的危惧感或者不能肯定说不会发生某种有害结果的不安感就可以了。① 第三种观点主张适用信赖原则。认为是否具有对被监督者不实行那种过失行为信赖的相当性，应站在监督者的立场来判断信赖的相当性，以此设定监督责任的界限。即在企业活动中，信赖被监督者实施适当的行为，在社会上具有相当性的场合，根据信赖原则并没有具体的监督上的注意义务，该被监督者违背信赖，偶尔的不适当行为即使导致危害发生，也不能追究监督者的过失责任。西原春夫、米田泰邦等人持该种见解。② 从日本司法实务上看，例如，对“森永奶粉砷中毒事件”的判决，虽然高松高级法院依据信赖原则对制造科长和厂长认定有罪，但仍然采取的是根据监督者监督义务的具体权限，区别了制造科长和厂长的责任。

在我国刑法理论上，虽然并没有明确提出“监督过失”的问题，但并非司法实务中对处于监督者、领导者地位的人不追究过失责任。因为，根据我国刑法的有关规定，“监督过失”责任的问题，实质上就是指领导责任问题。具体说，当从业人员的过失行为导致严重的结果发生时，处于监督、领导、管理地位的人员是否应负刑事责任？如何负刑事责任？按照我国刑法的规定处于该种地位的主体，通常规定的是“直接负责的主管人员”。即只有当直接负责的主管人员由于未履行或未正确履行其监督、领导、管理职责，导致下属从业

① 参见［日］藤木英雄：《过失犯——新旧过失论争》，学阳书房 1981 年日文版，第 33~65 页。

② 参见［日］阿部纯二主编：《刑法Ⅰ（总论）》，日本评论社 1987 年日文版，第 80~81 页。

人员实施了不适当的行为，从而导致结果发生时，才产生监督过失责任问题。例如，1994年12月8日新疆克拉玛依市新疆石油管理局总工会文化艺术中心友谊馆，举办迎接新疆维吾尔自治区“两基”（基本普及九年义务教育、基本扫除青壮年文盲）评估验收团的文艺汇报演出中，因舞台纱幕被光柱灯烤燃，造成特大火灾致使323人死亡、132人受伤，直接经济损失3800余万元一案，共有14人因严重违反规章制度，严重不负责任或严重官僚主义，玩忽职守，不履行或不正确履行其职责，对火灾的发生以及抢救不力负有直接责任。14名被告中，共有11名对事故发生负有直接责任的领导人被依法追究刑事责任。例如，身为友谊馆副主任的被告人阿不来提·卡德尔，平时未组织工作人员学习有关安全管理规定，疏于消防安全教育和管理，没有制定有关安全方面的规章制度，使馆内工作人员职责不明，缺乏安全意识。对馆内存在的各种安全隐患未进行有效的整改，严重违反消防和安全管理规定。起火后未疏散场内人员，构成重大责任事故罪；友谊馆主任蔡兆锋，不重视安全工作，未对职工进行安全教育和制定应急防范措施，对馆内存在的安全隐患不加整改，工作严重不负责，构成玩忽职守罪；身为克拉玛依市主管文教工作的副市长，兼评估验收团领导小组组长的被告人赵秀兰，对组织学生汇报演出没有向有关部门和人员提出安全要求，当舞台起火后没有正确履行法定职责和特定的组织指挥职责，指挥疏散不力，构成玩忽职守罪等。① 在该案中，应当说上述领导者的过失罪过的认定，同样采纳的是“监督过失”的理论，只是我国刑法学界尚未将类似的判例的原理上升为理论而已。

在我国刑法中有关过失犯罪的条文中，有些明文规定了“直接负责的主管人员”，表明该种犯罪中在确认过失责任时，应同时考虑追究领导者、管理者的刑事责任。例如，《刑法》第330条妨害传染病防治罪。但是，有些条文只是规定“直接责任人员”，而未规定“直接负责的主管人员”，如《刑法》第139条消防责任事故罪、第138条教育设施重大安全事故罪。还有些条文对上述两种主体都没有明文规定，例如，第131条重大飞行事故罪、第132条铁路运营安全事故罪、第133条交通肇事罪等。那么，是否可以说条文中没有涉及“直接负责的主管人员”的过失犯罪，就不存在“监督过失”的问题？笔者认为，从原则上讲，只要是涉及业务过失犯罪的，都存在应当考虑“监督过失”的问题，例如，重大飞行事故罪、铁路运营安全事故罪、消防责任事故罪，条文中虽然对犯罪主体没有明文规定“直接负责的主管人员”，但并不意味着在确认过失责任时不应考虑处于监督、领导、管理地位之人员有无过失责任的问题。例如，被监督者已提出火灾事故隐患，而主管负责人员违背监督、领导职责，不予理睬而发生事故的，则应当追究主管负责人员的消防责任事故罪的刑事责任。

适用“监督过失”理论确认处于领导、监督地位者有无过失罪过，笔者认为主要是两

① 参见中国高级法官培训中心、中国人民大学法学院编：《中国审判案例要览》（1996年刑事审判卷），中国人民大学出版社1997年版，第211~224页。

点：一是合理界定对事故发生负有领导、监督职责的领导者、监督者的范围。由于在现代化的企业中，监督关系复杂，且向细密化方向发展，要在与事故发生的范围内确认有关监督者的过失责任，无论在理论上还是实践中都具有相当难度。因此，合理界定领导、监督者的范围，是确认监督过失的前提。二是合理地运用信赖原则的理论，确认监督者、领导者有无过失责任。彼此信赖，是有组织的社会活动存在的基础，否则，社会就不可能有正常的秩序。但鉴于该类事故并非是负有监督职责者的行为直接引起，因此，在被监督者违背信赖，且监督者并无失察的情况下，应当否定监督者的行为与危害结果间具有直接因果关系，不能追究监督者的过失责任。只有在依法确认监督者违反注意义务懈怠监督职责，行为确为结果发生的诸种直接原因之一，才能追究过失责任。

试论德、日刑法中犯罪过失在犯罪论体系中的地位①

在德、日刑法理论上，犯罪过失虽被认为是同故意地位相同的犯罪心理、主观要素，是值得非难的主观心理态度，但在犯罪论体系中的地位，却经历了一个相当复杂的演变过程。考察德、日刑法理论上犯罪过失在犯罪论体系上的地位，对于深化我国刑法中犯罪过失的理论研究是有益的。要考察德、日刑法中犯罪过失在犯罪论体系中的地位，则有必要概括了解德、日刑法中关于犯罪成立的一般学说。

一、犯罪成立要件的一般学说

德、日刑法中犯罪成立要件的学说，是针对形式上的犯罪而言。② 该学说是 18 世纪初期，由德国刑法学家贝林格(Beling)提出构成要件系统理论，由后继的刑法学家 M. E. 迈耶(Max Emst Mager)、麦兹格(Ed-mund Mezger)等人奠定的。

无行为则无犯罪。行为是犯罪的上位概念，然而行为具备什么样的条件才是犯罪，在德、日刑法理论上存在着三分法、四分法和五分法的区别。三分法认为，犯罪是具备符合构成要件符合性、违法性、有责性的行为。四分法则是在三分法的基础上增加应受惩罚性③，或者将行为这一上位概念直接作为犯罪成立的条件之一。④ 五分法则是在四分法上又加上缺乏阻却有责或阻却违法事由。⑤ 目前在德、日刑法理论上，三分法居于通说的地位。根据三分法，犯罪成立的要件有：

---

① 本文原载于《国家检察官学院学报》2000 年第 1 期。

② 在德、日刑法理论中有形式意义犯学和实质意义犯学之分。前者是指刑事法律所规定的可罚行为，即对有必要现实加以处罚的行为，按照一定的类型规定在刑罚法规中，成为法律上的可罚行为；后者则是指由于侵吞或可能侵犯法益而违反法秩序，应当受到社会非难被施加于某种强制措施的行为。可见，前者是刑法学意义上的犯罪，后者则是刑事法学，主要是犯罪学意义上的犯罪。参见马克昌主编：《刑法学全书》，上海科学技术文献出版社 1993 年版，第 609 页。

③ 甘雨沛、何鹏：《外国刑法学(上册)》，北京大学出版社 1984 年版，第 256 页。

④ [日]木村龟二主编：《刑法学词典》，顾肖荣等译，上海翻译出版公司 1991 年版，第 99 页。

⑤ 甘雨沛、何鹏：《外国刑法学(上册)》，北京大学出版社 1984 年版，第 256 页。

（1）构成要件符合性。即犯罪必须是符合刑法各条以及其他刑罚法规所规定的构成要件的行为。例如要成立“杀人罪”，行为就必须符合“杀人的”构成要件（犯罪类型），过失致人死亡的行为，因不符合“杀人的”构成要件，自然不可能符合杀人罪。不符合构成要件的行为，无论应受何种谴责，也不属于犯罪。因此，构成要件符合性，是犯罪成立的第一个要件，也可以说是成立犯罪的前提。

（2）违法性。即犯罪必须是具有违法性的行为。虽然通常符合构成要件的行为，可以说是违法的，但也有符合构成要件的行为存在不违法的情形。例如因正当防卫而杀人的，虽符合杀人的构成要件却不违法（违法性阻却事由），这种行为就不能成立犯罪。所以，违法性是犯罪成立必需的第二个要件。

（3）有责性。符合构成要件的违法行为要能够成立犯罪，最终需要确认行为人对其行为有责任。如果行为人是缺乏责任能力的精神病患者、幼儿等，不可能对他的行为予以责难时，就要以不存在责任的前提为理由，否定其行为成立犯罪（责任阻却事由），所以，有责性是犯罪成立必需的第三个要件。

具体的行为，具备上述三个要件时，犯罪才能成立，从而产生国家的刑罚权。在上述犯罪成立要件中，理论体系上，作为犯罪成立第一要件的构成要件符合性，一般被认为是对违法性和有责性行为事实的法律定型，从而赋予它早于违法性和有责性的独立地位。如果行为不符合构成要件，也就不存在对其行为进行违法性和有责性的判断。而对于符合构成要件性的行为，只要不具有违法阻却事由和责任阻却事由，原则上可以推定违法性和有责性的存在。可见，在理论体系上，德、日刑法对行为的评价有三重：第一，是否符合构成要件的评价。这是法律的、抽象的评价。第二，是否具有违法性的评价，这是对行为本身的评价。由于这种评价是将行为与行为人大体上分离开以后的评价，所以他们认为也可以说是社会的、抽象的评价。第三，应否承担责任的评价。这是将行为作为“行为人的行为”的具体评价。至此，才完成刑法对行为成立犯罪的全部评价。不过，按照犯罪的构成要件是违法、有责行为事实的法律定型的一般理解，构成要件自然应具有规范的及主观的要素。他们认为，在构成要件中居核心地位的，是行为的客观方面、事实的记叙方面；而在违法性中，则是规范的评价；在责任性中，则是以行为的主观方面构成中心对象。① 有关犯罪过失在犯罪论体系中的地位，也正是在上述通说三分法犯罪成立要件的基础上展开的。

二、犯罪过失地位的考察

在德、日刑法理论中，现代意义上的过失理论的基础，是18世纪中期至19世纪初，

① ［日］小野清一郎：《犯罪构成要件理论》，中国人民公安大学出版社1991年版，第21～22、28页。

由被称为“近代刑法学之父”的德国刑法学家费尔巴哈(Feuerbach)奠定的。

从刑事法的发展历史来看，西方的奴隶制、封建制刑法，包括欧洲大陆各国的刑法，均不及中国刑法发达，其刑法的发展进度，也不及中国同期的刑法。在刑法史中，近代以前由于盛行结果责任和团体责任，即使在其刑法中有处罚过失犯的规定，过失的理论仍尚无存在的余地。例如，古罗马时期的《努玛法律》中规定：“如果某人因不慎而杀死一个人，他应当在民众会议上向死者的宗亲属献上一只公绵羊。”①但在文献中并没有何为“不慎”的解释与说明。大陆法系各国刑法中犯罪过失理论的萌芽以及基础的确立，是随着资产阶级启蒙运动的结束，自由主义在刑法理论中占据优势之后才实现的。

过失，虽然被认为是与故意相同的犯罪心理、主观要素，是值得非难的主观心理态度，但是，在社会近代化之前，由于社会生活、活动中经济及技术尚不发达，机械化程度尚不充分，作为社会现象的过失犯的重要性，无论从量的角度，即发生的频度，还是从质的角度，即事实关系的复杂性，都未得到充分的考虑。自然，有关过失的理论也不及对故意那样受到重视。刑法以处罚故意为原则，以处罚过失为例外，成为一项被公认的原则。这一认识反映在刑法基础理论的研究上，则表现为对犯罪故意的研究较为深入，对犯罪过失的研究很薄弱，甚至被放在陪衬的地位。这一现象，正如德国刑法学家宾丁格(Binding)指出的那样：“过失犯的理论仿佛非亲生子一样被遗忘在犯罪论的一角。”②

在大陆法系刑法理论中，自贝林格的犯罪构成要件的系统理论形成后，犯罪过失同犯罪故意虽然共同成为犯罪的主观心理要素，然而，依照古典学派的理论，过失与故意只专属责任论的范畴。在犯罪论体系上，过失犯虽然也同样存在着构成要件符合性、违法性问题，但过失犯同故意犯在构成要件符合性、违法方面是共通的，故意、过失的区别仅在于与客观要素(构成要件符合性、违法性)对应的主观、心理态度的不同，③ 也即过失的地位仅属责任性问题，与行为的构成要件符合性、违法性无关。所以过失同故意相同，只是责任要件或者说是责任形式之一。

在“违法是客观、外部的，责任是主观、内部的”传统命题下，行为只要引起对被保护法益侵害的结果或者危险，根据当时的理论，就认为行为具备了构成要件的符合性、违法性。只是在责任阶段才有必要区别故意或者过失，并根据不同的心理态度论以责任。例如，以过失伤害致死为例，行为人过失的成立，以某种行为与结果之间具有因果关系为具备构成要件符合性的事实根据；其违法性则表现为行为引起所保护的人的生命法益被侵害；再根据行为人的心理状态而论以过失的有无，在能够确认过失的情况下，才具备责任的根据。过失之所以应予以非难，是行为人具有对行为结果能够认识并且要求其认识，并

① [意]朱塞佩·格罗索：《罗马法史》，黄风译，中国政法大学出版社1994年版，第128页。
② [日]藤木英雄：《过失犯——新旧过失论争》(前言)，学阳书房1981年日文版，第1页。
③ [日]藤木英雄：《过失犯——新旧过失论争》(前言)，学阳书房1981年日文版，第12页。

由于不注意欠缺对犯罪事实认识的心理态度。① 也就是说，在传统理论中，过失的违法性是对行为的客观要素的判断，求其实质则在于侵害法益之结果，亦即对侵害法益之结果为无价值判断。至于其意思内容为故意或过失，则属责任要素。“这实际上就是以行为人的行为与结果的发生是否具有因果关系，以及行为人对犯罪事实的发生是否认识、预见来确定过失犯的成立。”②

19 世纪末 20 世纪初，随着社会物质文明进步而带来了过失犯罪在质与量上的变化，以及在犯罪论体系中，由于责任论从心理责任论向规范责任论转变，过失理论也在犯罪论体系中发生了巨大的变化。德国的刑法学者首先意识到过失不仅仅是责任论的问题，不能无视过失犯的违法性因素，甚至在构成要件符合性阶段也必须加以讨论。

最初，想在违法领域里把握过失违法性问题的是 G. L. 拉德布洛赫(Radbruch)、希伯尔(Hippel)等德国学者，他们从彻底的心理责任理论出发，主张作为过失规范要素的注意义务与不作为犯的作为义务相同，是违法性所依据的要素。由于其理论的基础依据的是彻底的心理责任论，“异论味道太浓，而没有得到广泛的支持”。③ 随着规范责任论取代心理责任论而成为占据统治地位的理论，过失违法性的见解不再受到学术界的关心。随后，明确提出过失存在违法性问题的是埃克斯纳(Exner)、卡尔·伊格斯(Karl Engisch)等学者。他们从所谓的“被允许的危险”的法理出发，主张行为人预见到产生的结果，或者在可能预见的状态下实施了危险行为，只要在当时的情况下能遵守社会所要求的相当注意，就可以不追究行为人的过失责任。其免责的依据认为是，不能仅注意到否定非难可能性、否定责任，而应当否定违法性。然而，上述理论虽然涉及过失的违法性问题，但从被允许的危险的理论所提出的见解，仅停留在探讨遵守注意义务构成阻却违法事由这一消极方面，对于过失论的体系并没有真正触动。④

对过失的违法性作正面论述，并将其与过失论体系联系在一起，以至于影响到犯罪论体系进一步组成的，是以德国刑法学家威尔泽尔(Welzel)为中心所提出的“目的行为论”。目的行为论是以行为的目的性作为行为本质的一种行为理论，它否定自然主义的因果行为论单纯将因果性作为行为本质的观点。威尔泽尔认为：“行为是为实现一定目的的意思活动，目的性是行为的本质，该目的性以实现犯罪的事实为内容，或者以刑法上非重要事实的实现为内容。行为可分为故意行为和非故意行为两类，两者本质结构不同，分属不同的体系。故意，目的性是故意行为的本质要素，属于构成要件，与此相反，过失构成对非故意行为的违法性判断。在非故意行为中，违法性不仅仅是以引起法益被侵害为根据，该法

① [日]藤木英雄：《过失犯——新旧过失论争》(前言)，学阳书房 1981 年日文版，第 8 页。

② 陆飚、胡鹰：《试论过失犯理论的变迁与发展》，载《法学评论》1995 年第 1 期。

③ [日]大塚仁：《犯罪论的基本问题》，冯军译，中国政法大学出版社 1993 年版，第 230 页。

④ [日]木村龟二主编：《刑法学词典》，顾肖荣等译，上海翻译出版公司 1991 年版，第 277~278 页。

益被侵害的态样，即没有遵守为回避引起法益侵害所要求的注意。这一点是作为违法性要素被要求着。”①

威尔泽尔的见解在战后得到许多学者的支持，其观点在昭和初年传入日本后，得到不破武夫等学者的支持。战后，井上正治、木村龟二、福田平等学者，也采取了目的行为论的立场。②

根据目的行为论的见解，因主观要素作为行为的本质要素，则主观要素自然应归于构成要件或违法性领域内，特别是主张故意行为与过失行为在结构上也存在差异，具有完全不同的体系地位，因此而产生了对过失需考虑特有的构成要件符合性和违法性的问题。对过失而言，同样是基于意识行为，虽发生了行为人无法预期的结果，但违反了为避免发生结果应采取适当措施为内容的注意义务。这样一来，也就在犯罪论的体系构成上体现出过失的违法性问题。也就是说，过失违反客观注意义务，影响到行为违法性的有无及程度。过失是由于所实施的不适当的错误行为致使结果发生，然而，其脱离社会相当性要求的程度，应在违法性阶段来认识、区别。所以过失的违法性并非单纯侵害法益的结果，并应求之于行为违反客观的注意，即实行行为的不适当性，应评价为无价值。

三、犯罪过失地位的评价

不难看出犯罪过失在犯罪论体系结构中的地位变化，其根本的原因在于社会生产、生活领域日益现代化、机械化、复杂化而带来的过失犯罪自身的变化。而传统的过失理论，难于正确解释和解决在现代化条件下仅从心理态度上对行为人归责的理由。针对过失犯罪变化，理论上必须重新解释对过失可以归责的前提，这既是社会发展的需要，也是刑法理论自身发展的要求。

从德、日刑法理论上过失结构及地位的变化可以看出，问题的焦点可以说集中在“应在哪一个阶段判断过失”上。根据德、日刑法目前通说的观点，犯罪过失是在违法性和有责性阶段来考察的，当行为人存在违反由法律所命令的客观注意义务，实施了违反这种注意义务的行为时，就判断为具备违法性方面的过失。

在传统理论中，只要符合构成要件的行为引起对法益侵害的结果，则必定具有违法性。“过失犯违法性的本质是发生(法益被侵害的)结果，对该种具体结果具有预见可能性时，则具有责任(结果无价值)。”③随着理论的发展，从行为本身是否具有违反规范性角度把握过失的违法性，已成为目前理论上的通说。“违反结果回避义务，即有错误的行为是

① [日]藤木英雄:《过失犯——新旧过失论争》(前言)，学阳书房1981年日文版，第1页。

② 不破武夫被誉为将“违反注意义务系违法性要素”介绍入日本刑法理论的先驱者。参见[日]松宫孝明:《刑事过失论之研究》，成文堂1989年日文版，第209页。

③ [日]内藤谦:《刑法总论讲义》(下)，有斐阁1991年日文版，第1105页。

违法要素(或构成要件要素)的核心，……过失犯违法性的实质与其说是发生结果，不如说是(脱离社会生活基准所要求的)违反回避结果义务的有错误的行为(行为无价值)。”①一般来说，只要不存在阻却违法的事由，则在一定程度上可以推定责任过失的存在。但显然推定责任过失存在并不等于说已经具有过失的责任，“为确定过失犯的有责性，具有注意能力和期待可能性是必需的。是否具有结果回避义务，与结果预见义务或者说结果的预见可能性不必要求是一致的……因此，即使具有结果的预见可能性，而不具有结果回避义务，也存在否定过失犯成立的情况(例如适用信赖原则的场合)”。② 也就是说，还需考察、判断是否存在阻却责任的事由，需要把责任过失作为一个独立的要素来判断，以确定过失责任的有无以及责任的轻重。

可见，在德、日刑法上犯罪成立要件的构成要件符合性、违法性、有责性的属性要求，“并非单个地独立存在，而是以犯罪成立这样一个整体概念为依据的体系上的分析概念，是相互有机结合在一起而存在的”。③ 换言之，德、日刑法中关于犯罪成立要件的理论以及犯罪过失在犯罪论体系结构中地位的理论，是用以判断犯罪是否成立和犯罪过失是否存在及其程度的判断过程或者说是一种思维方法，是有借鉴意义的。

此外，值得注意的是，在德、日刑法理论中尽管在违法性阶段把握过失违法性的理论得到迅速地普及，但在理论上对承认构成要件过失这种观念却是相当谨慎的。表现之一即违法性意识问题只是在有关故意责任中论及。有关过失的违法性意识或违法性意识可能性问题，在其规范责任的理论上也并没有真正得到承认和贯彻。只是在最近，日本刑法学界提出了过失犯在有认识过失上也能存在违法性意识，在无认识过失上存在违法性意识可能性的问题。④ 例如，日本学者木村龟二在刑法理论体系上就把故意纳入构成要件之中，把过失仍然只限于违法性论中。⑤ 之所以如此，原因就在于作为违法判断要素的注意义务(即规范评价标准)通常在刑法上没有明示，一般是法官根据具体的事态来确定。这正是德、日学者将过失犯的构成要件称为“开放的构成要件”的原因。⑥ 出于对罪刑法定原则的考虑，要“把这种规范性质很强的东西理解为类型性的构成要件的要素，难免犹豫不决”。⑦ 但过失应当首先在构成要件该当性阶段把握的思想，已得到不少学者的支持。例如，大塚仁就指出：“只要采取构成要件符合性、违法性、责任这种顺次考虑构成犯罪各

① ［日］内藤谦：《刑法总论讲义》(下)，有斐阁 1991 年日文版，第 1106 页。

② ［日］内藤谦：《刑法总论讲义》(下)，有斐阁 1991 年日文版，第 1107 页。

③ 贾宇：《犯罪故意研究》，武汉大学博士学位论文 1995 年，第 35 页。

④ ［日］福田平、大塚仁：《日本刑法总论讲义》，李乔、文石等译，辽宁人民出版社 1986 年版，第 125 页。

⑤ ［日］木村龟二：《刑法总论》(增补版)，有斐阁 1984 年版，第 204 页。

⑥ ［日］中山研一、西原春夫、藤木英雄、宫泽浩一：《现代刑法讲座》(第三卷)，成文堂 1982 年日文版，第 54~55 页。

⑦ ［日］大塚仁：《犯罪论的基本问题》，冯军译，中国政法大学出版社 1993 年版，第 230 页。

要素的犯罪论体系，关于过失犯也就应当首先在构成要件符合性的阶段考虑构成要件性过失的有无问题，此乃理论上的必然。”①

值得指出的是，姜伟博士认为，大陆法系的刑法理论把犯罪过失分为三部分，即构成要件符合性的过失、违法性的过失与责任的过失。这样一来，过失不仅是责任的条件，也是构成要件的条件，还是违法的条件，这便把过失心理一分为三。并认为，这种肢解犯罪过失的统一心理过程的见解是不合适的，而且对认定犯罪过失也是有弊无利的。②

笔者认为，这种评价是不够客观的，至少可以说这种认识并没有真正理解德、日刑法犯罪论体系采用构成要件符合性、违法性、有责性的意义。如前所述，德、日刑法理论上关于犯罪过失的结构及其理论，是用以判断犯罪是否成立和犯罪过失是否存在及其程度的判断过程或者说是一种思维方法。正如日本学者大塚仁所说的：“把犯罪成立要件三分为构成要件符合性、违法性、责任并对它们进行重叠性考察的立场，不外乎是想顺次改变观点以认识、判断某行为是否具有犯罪性。”其判断、思维过程尽管具有一定的复杂性，而且在学说上也存在各种不同的见解，还存在理论上对构成要件的过失的认识是不够彻底的问题，一定程度上确实会影响到司法操作，但是，这种分层次考察，不仅有助于分析行为人违反法规范规定的注意义务的过程，以确认违反的程度，而且，有助于说明过失责任的程度。这正是它的价值所在，我们所要借鉴的，正是其思维方法中的合理内涵，而不应采取简单否定的态度。客观地说，这种“顺次改变观点认识、判断某行为是否具有犯罪性”的认识、思考方法，正是值得我们借鉴的地方。

① [日]大塚仁：《犯罪论的基本问题》，冯军译，中国政法大学出版社1993年版，第231页。
② [日]大塚仁：《犯罪论的基本问题》，冯军译，中国政法大学出版社1993年版，第243页。

德、日刑法犯罪过失学说介评①

犯罪过失是行为人对自己的过失行为承担刑事责任的主观基础。那么，它是以什么样的价值决定了社会对行为人主观的可责难性呢？或者说这种心理状态为何被评价为犯罪心理，即其本质属性如何？在刑法理论上，学说、认识不尽一致，我国刑法学界对此也探讨得不多，鉴于此，笔者拟对该问题略述管见。

一、近现代西方国家刑法中犯罪过失的学说

近代西方国家刑法中过失犯罪的立法，起源于古罗马法的规定与精神，但有关犯罪过失的概念，直至中世纪后期才产生于意大利注释法学中。与中国奴隶社会、封建社会刑法对罪过的规定相比，由于西方国家的统治者不同于我国古代统治者侧重于通过伦理规范来指导人们的行为，而是侧重于通过刑罚的惩罚作用来维护社会秩序，因此，其刑法显得较为落后和野蛮。对西方近代过失犯罪的刑事立法影响最深的，还是近代启蒙思想家的有关论述和思想。新兴资产阶级启蒙思想家，对司实行罪刑擅断和滥罚无辜进行了猛烈的抨击，提出了"无罪过者无责任"的口号。② 意大利刑事古典学派的代表人物贝卡利亚(Beccaria)，关于重视主观罪过，避免客观归罪的思想；德国刑法学家费尔巴哈(Feuerbach)，关于将过失作为行为有责性要素，主张无责任则无刑罚的思想，对近代西方国家过失犯罪的立法产生了直接的指导作用，并成为大陆法系国家过失犯罪刑事立法的理论基础。

(一)关于犯罪过失的本质

犯罪过失是对应于犯罪故意而存在的概念，但这并不是说犯罪过失的概念只是从属于犯罪故意概念而存在。然而，不可否认，犯罪过失的概念逐渐走向成熟，则是与犯罪故意

① 本文原载于《法商研究》2000 年第 4 期。

② 胡鹰：《过失犯罪研究》，中国政法大学出版社 1995 年版，第 15 页。

的研究有着最直接、最密切的联系。换言之，“过失，以不存在故意时才能成为探讨的问题”,① 所以，对犯罪过失的认识过程，是在相对于犯罪故意的认识过程中产生的。我国学者，通常依照刑法史上对犯罪过失认识的发展进程，将理论上对犯罪过失本质的认识归纳为三种学说，即无认识说、不注意说以及避免结果说。

(1)无认识说是反映古代刑法制度发展过程中，人类对事物早期朴素、直观观察、思考的思维方式及刑法思想。西方罗马法时期，认为“过失犯之处罚，在于行为人疏忽未认识行为之违法性，或由于行为人之错误，致未认识其行为之结果，凡此均可因有所需要之注意而得以避免”。② 大陆法系国家，12 世纪后，在侵权责任的主观要素上，由于深受罗马法的影响，将刑事责任的主观要素也分为故意、过失两种，但对于两者的界限，最初也就是以对事实有无认识来区别的。凡是行为人明知行为将损害他人利益而为之，即为故意；对应加以注意的事情，怠于注意而为之，则为过失。正是从这种与故意区别中，可以说无认识说是从对犯罪故意的认识说中派生出来的。这种过失的认识的学说直到中世纪还有着广泛的影响。例如当时的日耳曼法，“也和其他许多国家早期法律一样，在犯罪和民事侵权行为之间没有明显的界线”。③ 因此，在针对犯罪而言，仍遵循“对于责任来说，是否认识结果，具有重要意义”。④

在刑法发展史上，从“最初，既不分别行为的结果和偶然现象，也不问犯人对于犯罪事实有无认识，只知按行为及行为后继起的现象来衡量犯人的责任”,⑤ 到考察行为人对犯罪事实有无认识来区别责任度，这是一个巨大的历史进步。正如有学者指出的，无认识说是立法者向犯罪过失理论化迈出的第一步，是人类对犯罪过失的第一次概括，反映了早期的法律文明。⑥

但无认识说所存在的缺陷，也正如学者们指出的那样，或者可将无法预见结果的意外事件纳入过失，或者可将虽认识到结果，但自信可以避免结果发生的自信过失视为故意。这显然都是不正确的。

(2)不注意说是学者们在检讨无认识说缺陷后提出的关于过失本质的学说。其核心在于，认为犯罪过失是因行为人由于不注意而欠缺对犯罪事实(以及违法性)的认识，以致发生结果。此说将违反注意义务中要求对危害结果发生的预见置于过失的核心，即认为没有注意，是过失成立的根本原因。不注意说目前在刑法理论上仍是一种有相当影响的学说。

---

① [日]团藤重光主编:《注释刑法》(总则)，有斐阁 1981 年日文版，第 380 页。

② 转引自胡鹰:《过失犯罪研究》，中国政法大学出版社 1995 年版，第 61 页。

③ 储槐植:《美国刑法》(第二版)，北京大学出版社 1996 年版，第 82 页。

④ [日]真锅毅:《现代刑事责任论序说》，法律文化出版社 1983 年版，第 35 页；转引自姜伟:《犯罪故意与犯罪过失》，第 245 页。

⑤ 蔡枢衡:《中国刑法史》，广西人民出版社 1983 年版，第 185 页。

⑥ 参见姜伟:《犯罪故意与犯罪过失》，群众出版社 1992 年版，第 247 页。

不注意说又可分为两种见解：一是只强调对危害结果没有认识。例如，木村龟二认为："过失是虽对犯罪事实没有认识，但对该事实应该认识并且有认识的可能的场合，即由于不注意对犯罪事实没有认识。"牧野英一认为："过失是因欠缺注意而对事实没有认识。"①二是强调对违法性以及犯罪事实二种因素欠缺认识。例如，小野清一郎认为："所谓过失，乃指欠缺犯罪事实之认识及容认以及违法之认识；同时，如行为者加以相当的注意，或可由于认识构成犯罪事实，并意识行为之违法性，而不为其行为之情形而言。"②宫本英修则认为："过失是由于违法性的不注意没有预见到犯罪事实，而且是在不具有违法意识的情况下的意思。"泷川幸辰认为："行为人虽然不具有对符合构成要件的事实以及该种反条理性的意识，但从该具体事实的发生来说有认识的可能，因而，即使能期待以合法行为取代违法行为，但最终实施违法行为的场合，即成立刑法上的过失责任。"③

在英美刑法中，也有学者持不注意说的观点。例如，奥斯汀(Austin)、克拉克(Clark)分别在1875年和1880年分析了过失的基本含义，认为：①犯人虽知道有害结果发生的可能性，却由于不充分注意并对结果否定的场合；②对有害结果的发生应当认识却没有认识，实施行为则必然发生此种结果的场合；③对有害结果的发生应当认识却欠缺认识，为此而懈怠应当实施的行为的场合，均为过失。④

在上述见解中，无论是否主张过失同时欠缺违法性认识，都是将未认识事实视为成立过失的核心，而所谓对事实没有认识则是因为不注意。对事实没有认识，也并非对一切事实没认识，因一部分事实可能知而不知，以致对全部事实没有认识的，也属于没有认识。⑤ 当然，在解释论上，不注意说认为过失是包括有认识过失和无认识过失两种形式的。不注意说，从揭示过失的原因上说，较无认识说有可取之处，但同时，也存在不完善之处。一是仅仅注意了过失的认识因素，忽视与意志因素的有机联系，易将放任结果发生的间接故意包括在过失之中；二是将未认识违法性作为过失的内容，与自信过失的情况也不完全符合。因为在自信过失中完全可以存在对违法性有认识的情况。

(3)避免结果说。认为过失是违反预见结果的注意义务或结果避免义务，导致结果发生的情况。避免结果说将过失的核心置于违反避免结果发生的注意义务上。例如，德国学者贝林格(Beling)认为："所谓过失，是行为者在意思决定过程中，对法秩序所要求必须履行的'认识到结果的发生是由于自己的违法行为而必须阻止自己实行违法行为义务'的懈怠，没有形成应当阻止危害结果发生的行为意思。"⑥

① 转引自[日]藤木英雄：《过失犯的理论》，有信堂1969年日文版，第19页。
② 洪福增：《刑事责任之理论》，台湾刑事法杂志社1982年版，第262~263页。
③ 转引自[日]藤木英雄：《过失犯的理论》，有信堂1969年日文版，第19页。
④ 洪福增：《刑事责任之理论》，台湾刑事法杂志社1982年版，第264页。
⑤ 高仰止：《刑法总则之理论与实用》，台湾五南图书出版公司1986年版，第261页。
⑥ 转引自[日]藤木英雄：《过失犯的理论》，有信堂1969年日文版，第17页。

日本学者井上正治则更明确地指出："所谓过失，指行为人虽可能认识并预见发生结果之可能性，且必须认识并预见此可能性避免结果，但未予认识并预见以致发生结果之情形。"①团藤重光认为："过失……在与行为人人格相联系来考虑的阶段，首先是行为违反了客观的注意义务——对结果发生的客观性注意义务和回避义务。"②

在英美国家，判例、学说上亦有持该种观点的。如认为："过失犯，特别是过失致死罪的构成要件，须以犯罪人负有防止被害人死亡的注意义务，而没有履行这一义务和引起被害人死亡为必要。"③这里虽然是就过失致死罪的构成要件而论，但也明示了行为人违反避免结果发生的注意义务的核心内容。

总之，上述见解的重点，都将未能避免结果发生而违反注意义务置于过失的核心。但可以看出避免结果说仍然是以不注意为形式，事实上只不过是不注意说的进一步发展而已。由于避免结果说从规范评价的角度揭示了过失心理的实质-违反注意义务，同时，又从注意义务的内容上，划清了与放任的故意以及意外事件、不可抗力的界限，具有合理性，因而，目前是西方刑法理论上的主导学说。虽然如此，但因结果避免说仍是以"不注意说"为其基本形式，而且"不注意说"仍然有相当大的影响，所以，即使主张这种或那种见解的学者，在解决具体问题时，仍然有在观点上相互借鉴的现象。所以，其理论上虽然对犯罪过失本质的认识还有分歧，但总的看法仍是一致的，即认为过失是行为人欠缺意识紧张，以致对构成犯罪的事实没有认识、预见，或者没有认容犯罪事实发生的心理态度。

(二)关于犯罪过失的责任根据

在大陆法系刑法理论中，自贝林格的犯罪构成要件的系统理论形成后，犯罪过失同犯罪故意虽然共同成为犯罪的主观心理要素，然而，依照传统的理论，过失与故意只专属责任论的范畴，只在责任论中占据一席之地。那么，对过失进行非难的实质根据是什么？从理论发展的轨迹来说，在近代刑法理论中，责任论虽是由道义责任论和社会责任论这两个相对立的学说之争为起点而展开，而且，其中有关责任的本质中又涉及对责任的基础、责任的内容要素见解不同而形成的行为责任论、性格责任论、人格责任论；心理责任论与规范责任论之争，④ 但具体到关于过失的责任根据，其学说主要是心理事实说和规范违反说。以上述两种不同责任根据而建立起的过失责任理论，被德、日学者称为新、旧过失理论。

---

① 转引自洪福增：《刑事责任之理论》，台湾刑事法杂志社 1982 年版，第 263 页。

② [日]团藤重光：《刑法纲要总论》，创文社 1979 年改定日文版，第 309 页。

③ 转引自[日]藤木英雄：《过失犯的理论》，有信堂 1969 年日文版，第 18 页。

④ [日]福田平、大塚仁：《日本刑法总论讲义》，李乔、文石、周世铮译，辽宁人民出版社 1986 年版，第 111~114 页。

1. 心理事实说与旧过失理论

心理事实说，是刑事古典学派道义责任论的核心内容。道义责任论视责任的归责基础在于人的自由意思之中，以人具有意思自由为道义非难的前提，认为犯罪是人基于自由意思的产物。所谓自由意思，是指人具有选择实施现行行为或者其他行为的可能性。① 基于这种自由意思活动而实施犯罪就能够给以道义、伦理的非难，使作为报应的刑罚正当化。由于该理论主张在能够确认故意、过失心理状态或者心理事实时能够给予责任非难，所以也称为心理责任论。②

心理事实说以哲学上的自由意志作为理论基础，从行为与行为人之间的心理关系来解释责任的实质，认为刑事责任的实质在于行为人的心理事实。对过失非难的实质根据在于行为人不注意的心理事实。从心理强制说立场出发，认为刑事责任的根据并不只是积极的恶的要素。其中又有两种代表性的观点。费尔巴哈(Feuerhach)认为，过失虽然不是出于行为人的意图而引起对权利的侵害，但过失中包含着积极的恶的要素。发生对权利的侵害无论出于何种原因，由于对国家来说都不是件好事，所以全体国民不仅负有不直接意欲违法结果的义务，而且，负有不得违反自己意图，应以一切作为或者不作为避免招致有害结果的义务。知道这个一般义务而违反时，就是过失。斯鸠贝尔(Stubel)则认为，过失虽不具有使结果发生的意图，但是行为中具有使结果发生的危险性，在知道而实施行为的情况下的这种故意，就是处罚的依据。③ 即他认为，过失也是故意的一种类型，所不同的是，故意对于具体的侵害具有明确的认识和意欲，过失则是虽然对具体法益的侵害及其可能性有认识但也没有中止其危害和行为。在这一意义上，对暴露出有侵害法益的危险而决意侵害则被认为是故意。然而，由于其能够说明“决意侵害”的只限于有认识的过失，关于无认识过失，就不能完全说明对于结果的恶意，使其理论不能自圆其说。为此，斯鸠贝尔解释为，对于无认识过失的处罚，不是基于责任的处罚，而是基于防止被害的政策性的处罚。但这样解释明显使无认识过失的处罚依据成为只具有行政上取缔的需要，而无归责的主观根据。不仅如此，由于费尔巴哈(Feuerbach)、斯鸠贝尔(Stubel)等人认为过失与故意相同因具有积极的意思态度而应受到处罚，视过失与故意具有相同的心理要素，也使过失中的有认识过失脱离了过失的范畴。为弥补费尔巴哈等人观点的不足，与费尔巴哈同时代的学者克莱茵(Kohler)，提出了过失为消极的恶意的观点。他认为，为使某种行为成为可罚起见，必须具有值得非难的意思，对此，未必以积极的意思为必要，仅以消极的意思就可以了。即根据他的观点，恶的意思为两种：其一，狭义的恶的意思，即故意，是实现违法的

① 马克昌主编：《刑法学全书》，上海科学技术文献出版社 1993 年版，第 631 页。

② [日]大谷实：《刑事责任论的展望》，成文堂 1983 年日文版，第 7~8 页。

③ [日]大谷实：《刑事责任论的展望》，成文堂 1983 年日文版，第 7~8 页。

结果或者不实现被命令的结果的意思决定，是积极的恶的意思。其二，广义的恶的意思，即系过失，是欠缺所谓为回避违法结果之必要的努力以及欠缺为紧张注意的所谓良好的故意，是消极的恶的意思。① 由此可见，克莱茵的这种消极的恶的意思，在心理事实上表现为欠缺必要的意思紧张和集中，对具有预克莱茵视过失为消极的恶的观点，成为新过失理论产生之前过失理论的核心理论，在当时被大陆法系国家的刑法理论广泛接受，该理论相对于其后产生的过失理论而言，由于以心理事实为过失非难实质，在理论上被称为“旧过失论”。因旧过失论以过失责任的本质在于行为人具有不注意的心理事实，因而，对过失本质的认识也同样以具有不注意的心理事实为基点。例如，德国学者贝林格(Beling)认为：“所谓过失，是行为者在意思决定过程中，对法秩序所要求必须履行的‘认识到结果的发生是由于自己的违法行为而必须阻止自己实行违法行为义务’的懈怠，没有形成应当阻止危害结果发生的行为意思。”麦兹格(Mezger)则认为：“过失的行为人，侵害了法秩序对他所规定的注意义务，是如果注意就能预见到结果发生之人。”②

上述过失概念对过失本质以及归责根据的认识，用一句话来概括，就是指由于不注意，即缺乏意识的集中与紧张，在心不在焉的心理状态下，对于可能预见的结果没能预见，由此产生漫不经心的危害而应负过失的责任。旧过失论建立在如下体系，即行为人主观上违反了预见危害结果的注意义务，过失为责任要素或形式，纯属主观范畴，与成立过失犯罪的构成要件符合性和违法性无关。在旧过失论中，对过失的非难可能性以注意能力的存在为前提条件，由于预见可能性是对具体性的结果发生的预见，因此，在具体结果的发生能够预见的场合，对该种结果要求是应当预见的。所以，作为过失核心的所谓违反结果预见义务就是注意义务的内容。如果有预见可能性，注意力集中就应该对该种结果有预见。对此尽管由于没有预见未能回避结果，也认为应具有过失的非难可能性。预见可能性的违法结果的不注意，对法秩序的不关心，是过失犯负刑事责任的实质根据。

20世纪初，在责任论从心理责任论向规范责任论转移的过程中，旧过失论的缺陷以及将过失只视为责任要素的理论，受到德、日学者的批评，即认为责任的根据不仅仅是对行为人造成结果的心理关系的非难，而是对反规范违法行为的非难可能性。所以，过失不单纯是心理概念，应包括所谓违反注意义务之规范要素。由此而形成了以规范违反说为核心理论的新的过失理论。

2. 规范违反说与新过失、新·新过失理论

规范违反说为资产阶级学者从古典学派立场出发，以规范责任论为指导而形成的学说。规范责任论认为，责任的本质属性是从规范的角度对事实加以非难的可能性，即行为

---

① ［日］藤木英雄：《过失犯的理论》，有信堂1969年日文版，第17页。
② ［日］藤木英雄：《过失犯的理论》，有信堂1969年日文版，第16、17页。

人违反了关于不应该作出违法行为决意的法律上意思决定的规范要求，应为违反规范和义务规范，而决定实施违法行为的责任。① 而所谓规范，是指人类社会为共同生活而应遵守的准则。这种共同生活准则经由国家确认制定为法律。因而，规范一方面不仅具有客观的社会评价功能，另一方面又成为社会全体成员必须共同遵守的义务。人的行为是否合法，就应以此为标准。正因为作为评价标准的规范，是依据社会伦理道德、习惯、文化、传统以及社会的善良风俗等而形成，因而使法律规范也具有了伦理道德的底蕴。由此而言，规范责任论与道义责任论有着一脉相承的关系。区别在于：道义责任论的理论建立在人具有绝对的意思自由的基础上，而规范责任论则以人只具有相对的意思自由。也就是说，规范的评价功能以及对社会成员的约束力，只能以行为人的心理状态能够了解规范的意义，并且在实施行为时有遵守(法)规范的可能性，才能予以非难。

因此，依据规范责任论的理论，“为科以责任的非难，单纯依据具有责任能力和故意、过失的心理要素是不充分的，更进一步说，只应在具体的情况下由于能够期待其他适法行为才能够予以非难”。② 所以，“责任的结构除心理事实外，还应包括规范评价和期待可能性两方面内容……规范评价是指对法律规范有遵守的义务，行为人违反义务而实施违法行为，是应受责难的客观基础；期待可能性是指行为人实施行为时，期待其实施合法行为的可能性，这是应受责难的主观基础。因此，只有行为人违反遵守法律规范的义务，在具有避免实施违法行为可能性的情况下，作出相反的意思决定而实施了违法行为，这才具备了应受责难的充足条件”。③ 根据规范责任论，过失与故意相同，均是中性、无色的心理事实，只有从法规范的意义上予以评价，才能呈现出应受非难、谴责的责任。所以，“规范责任论不是否定心理要素，而是对其加以肯定和保留。并从心理事实出发，在规范评价上寻求刑事责任的根据。因此，规范责任论是结合了主观归责条件——心理要素和客观归责条件——规范要素，并以期待可能性为必备要件的刑事责任理论”。④ 就过失而言进行非难的实质，根据在于行为人违反了“法期待行为者能服从其命令要求”⑤的具有社会相当性的注意义务规范。德国学者歌德·休密特(Gold Schmidt)认为，过失的责任由二重规范要素而形成，作为第一的规范要素，是对注意义务即结果预见义务的违反。作为第二的规范要素，表现为对意思决定义务的违反。过失责任非难的根据，应当是第二种要素。⑥ 即违反作为第一的规范要素，是违法性评价的根据；违反作为第二的规范要素，则是对行为人谴责的根据。也就是说即便对行为人作出违反注意义务的规范评价，也不能说已具备受谴

① 马克昌主编：《刑法学全书》，上海科学技术文献出版社 1993 年版，第 631 页。
② ［日］大谷实：《刑事责任的展望》，成文堂 1983 年日文版，第 7~8 页。
③ 马克昌主编：《刑法学全书》，上海科学技术文献出版社 1993 年版，第 631~632 页。
④ 张文等著：《刑事责任要义》，北京大学出版社 1997 年版，第 40 页。
⑤ 洪福增：《刑事责任之理论》，台湾刑事法杂志社 1982 年版，第 25 页。
⑥ ［日］藤木英雄：《过失犯的理论》，有信堂 1969 年日文版，第 23 页。

责的根据，只有在认为行为人违反意思决定规范，即具备注意能力的情况下，不注意时，才应受到责难。日本学者藤木英雄对此指出："注意义务能够理解为一般的认识、预见义务，不过，过失犯中最重要的是没有回避该结果，没有采取为回避结果的手段。"还认为："对结果的认识、预见，结果的回避是一个统一的过程。"①据此，过失责任的根据在于行为人违反结果避免义务，其义务虽然包括认识、预见义务，但其核心是不避免结果的发生，即不为避免结果发生而采取适当的手段。正如日本学者木村龟二所说："注意义务的本质，应强调认识、预见义务，以及为避免结果发生而为必要之外部行为。"②所以，只有在预见基础上为避免结果发生而实施必要的外部行为，才能免予过失责任。由此，注意义务的中心，由结果预见义务转而为结果避免义务。过失犯罪的责任理论亦从"结果无价值"转而为"行为无价值"上。这种以避免结果为注意义务核心的过失理论，被称为"新过失论"。

新过失理论是以过失犯罪的形势变化为背景，以规范责任论为理论基础，以被允许的危险的理论和信赖原则理论为前提，以期待可能性理论为理论核心。而其主干，是将过失作为违法要素来把握的行为类型。所谓的行为类型即是将过失中的错误——违反避免结果的注意义务作为违法性问题，即以是否符合行为的定型性（符合构成要件）以及实质的违法性的要素的内容来把握。这样一来，违反注意义务的本身就包含着具有构成要件符合性、违法性的属性，过失也就从单纯的有责任性范畴转移到构成要件符合性与违法性的范畴中来。具体说它包含以下两点内容：第一，就行为人来说，对该种危害的发生，应确认其是否有错误，即基于行为人当时所处的状态，明确能否满足要求最低限度的行为标准。③ 进一步说，如果有错误，行为人具有不错误行动的能力且是否能够确定如果集中注意力可能实施无错误的行为。在对此能肯定的场合，则能对行为人追究过失责任。第二，行为人虽然能够实施无错误的行动但却实施了它，未能避免结果。在这一点上才存在责任、非难可能性的问题。然而，即使确认行为人外部有错误行为（客观上符合违法类型），但行为人不可能实施无错误的行为（不具有期待可能性），对此有错误的行为因不具有非难可能性，而不能论以刑事上的过失责任。这里如果注意能力、无错误行为的能力原本就欠缺，应当考虑为不具有发挥注意能力的条件。该种情况下，行为人的行为是过失而且是违法的，但从责任而言，也不能论以犯罪。④ 新过失论目前成为德、日法中的通说。可以看出，能否确认行为人的行为有错误，即违反客观注意义务，是构成要件符合性或违法性问题，而非责任问题。新过失论中，并不仅是根据发生一定的危害结果方面论以构成要件符合性以及违法性的。由于行为是引起危害的原因，从这一点来看，是否符合法的标准，是作为行为的

① ［日］藤木英雄：《过失犯的理论》，有信堂1969年日文版，第23~24页。

② 转引自陈朴生：《刑法专题研究》，三民书局1988年版，第309页。

③ 这里的行为标准，即是指为使结果不发生，所应当履行的最低限度的避免结果发生的行动基准。

④ ［日］藤木英雄：《过失犯——新旧过失论争》，学阳书房1981年日文版，第24~25页。

定型性以及实质的违法性来把握的东西，在发生危害的场合，如就行为人的行为而言，没有引起该种危害的错误，则该种行为就应评价为合法，不存在过失犯的类型性。因此，只有使危害发生有错误的行动才有过失行为，否则，无论发生何种危害，对行为人来说都不是违法行为，自然也就不存在过失的责任问题。

二十世纪六七十年代，日本社会进入经济高速发展时期，公害现象成为日益严重的社会问题。以 1974 年日本最高法院对“森永奶粉砷中毒事件”一案的判决为契机，以藤木英雄为主要代表的日本刑法学者，提出了过失理论中颇有争议的“危惧感”说，亦称为新·新过失论。

新·新过失论是在新过失论的基础上发展起来的过失理论，具体说，是日本学者藤木英雄以德国学者卡尔·伊格斯(Karl·Engisch)注意义务的第三点内容，即情报收集义务为蓝本，进行必要的补充后提出的过失理论。新过失论的避免结果的注意义务，是以行为人有具体结果的预见可能性为前提的，如不是有具体的预见，就不能要求行为人为避免结果的发生采取必要的措施。即使发生危害，也不能令行为人负过失责任。然而，随着高新科技广泛地运用于生产领域，虽然一方面对社会创造出巨大的物质利益，但另一方面也对社会及公众带来极大的危险，往往会危及社会和公众安全。但对于这种巨大的危险，企业及其有关人员一般并没有具体结果的预见可能性，如危害到社会及公众，由于没有具体结果的预见可能性而不能追究过失责任，对于社会安全的维护、公众健康的保障有所不利。卡尔·伊格斯在这一时期提出了所谓的“防备未知的危险的义务”的理论。基于此，藤木英雄对新过失论进行了必要的修正。他评价说，卡尔·伊格斯的“作为防备未知的危险的义务，是具有极其重要的现代意义的义务”。① 并认为：“所谓在有可能预见的情况下其预见的对象，是对发生的具体危害的预见可能性，不一定是必需的。在对具体危害有可能预见的场合，对行为人而言，令其对预见的结果采取必要的避免措施是理所当然的，不过，即使在结果的具体发生不可能预见的场合，例如业务上的过失致死伤罪，该种行为的实施对人的生命、身体健康会带来某种危害的一般性不安感。只要具有为确保安全特别慎重的注意态度，就此实施行为就会有危惧感、不安感的情况下，对行为人而言，应积极探索未知的危险，或者为了避免与未知的危险遭遇的可能性，尽可能避免采取冒险行动，要求留意谨慎行动是理所当然的。并且像采取了这种谨慎注意态度，在不知不觉中避免了危险的情况很多。如按上述所言，在面临未知危险的场合中，应令其承担探知危险或者作为该种危险征表事实的义务，或负有特意地避免冒险、尽量慎重行动避免结果的义务。如负担这种义务有避免的可能，对具体的危害即使该种具体内容因行为当时是不可能预见的，也认为行为人有错误，令其负过失责任是合理的。这就意味着，预见可能性即使因行为当时对具体内容是不可能预见的，如确认行为人有错误，则使追究过失责任成为可能。因此，预见可能

① ［日］藤木英雄：《过失犯——新旧过失论争》，学阳书房 1981 年日文版，第 31 页。

性如果是对具体的结果有预见，论以过失理所当然，但也未必要求具体性预见，对危险发生有危惧感就可以了。”①

新·新过失论的理论，在日本刑法学界引起很大的争议，大谷实、大塚仁、三井诚等学者对此持有鲜明的反对意见。例如，三井诚认为，以危惧感作为预见可能性的内容，使人具有再现运用结果责任的担忧。② 而且，“危惧感”并不是一个对社会心理明确定义的概念，将茫然不安的心理状态作为预见可能性的内容，使预见可能性明显地被抽象化，徒具形式。不客气地说，如以现代社会为前提，很难想象没有危惧感的事情。在现代化社会中，开发、应用科学技术具有巨大的破坏力，会对公众生活带来威胁。在这种情况下，对尚未认识到的危险要求预先采用排除措施，应当说是令其承担了严格的责任。从处罚过失的机能、效力来考虑，不能否认这样做接近了英美法中的严格责任或绝对责任。③ 大塚仁认为：“如果作为注意义务内容的结果预见可能性只需要危惧感的程度就够了的话，就会过于扩大过失犯的成立范围，有时与客观责任没有大的差别……所以，我认为，在论及担当着最尖端的科学技术者的过失责任时，需要存在如果充分活用了既知的学问、技术的成果就能够预见危险的状况，不能认为仅仅存在危惧感就够了。”④

二、西方刑法犯罪过失学说的评价

在德、日刑法的过失论中，可以看出旧过失论与新过失论（含新·新过失论）两种理论在思考方法上的差别：第一，从形式上看，可以说表现在过失在犯罪论体系上地位的不同。旧过失论将过失视为责任要素，是与故意并列的责任种类或者责任形式。与此相反，新过失论则视过失是主要的违法性要素，或者既是责任要素也是违法性要素。第二，从实质上看，作为认定过失基础的注意义务的内容不同。旧过失论以结果预见义务为注意义务的内容。与此相反，新过失论将结果回避义务视为独立的，或者与结果预见义务共同视为注意义务的内容。当然，从理论上说，形式和实质两方面的问题，是有相互不可分割的联系的。但无论是旧过失论、新过失论以及新·新过失论，对于作为心理要素的过失心理状态，无论持有的在犯罪论体系上以及实质内容上的看法有何不同，但对责任的本质是对行为人人格的非难这一点，认识基本上是一致的。换言之，作为其人格态度的，引起损害发生的行为人的意思形成过程是否值得非难，均最终是集中到过失

① ［日］藤木英雄：《过失犯——新旧过失论争》，学阳书房1981年日文版，第33~34页。

② 根据新过失论行为无价值的理论，过失犯不只是以结果论责任，同样存在着行为犯、危险犯的形态。

③ ［日］三井诚：《预见可能性》，载藤木英雄：《过失犯——新旧过失论争》，学阳书房1981年日文版，第144~147页。

④ ［日］大塚仁：《犯罪论的基本问题》，冯军译，中国政法大学出版社1993年版，第245~246页。

责任有无问题的这一点上。

旧过失论以过失责任非难的根据在于行为人具有的不注意的心理事实，以违反结果预见义务为过失的本质，以发生法益被损害的结果作为违法及有责的评价标准，强调结果无价值。该种过失理论，一方面，在产业大革命前的农业社会用于处理单纯的灾害事故，并没有显现出特别的不足，然而，在高度发达的现代社会中，特别是由于科学技术广泛地使用在社会生产和生活中，用该理论处理所发生的灾害事故，则变得极不充分。因为在现代社会中，众多的不可缺少的活动所涉及的危害性一般都能被认识，如果因此而发生损害，均在预见可能性的范围之内，行为人当然要被追究过失责任。另一方面，在尖端科学技术领域里，因具有巨大危险性的机械、装置等，危险发生的经验由于不能从生活经验中积累和学习，这样一来，结果就是不可能预见的，因而一概不能被追究过失责任。这两点结论显然都是不合适的。

新过失论以规范责任论为理论基础，强调从行为无价值的角度探求过失犯的违法性及其责任根据，以期待可能性为可归责的前提及根据，以违反结果回避义务的不注意为过失的本质。当然，其学者中，也有对新过失论持批判观点的。如平野龙一就认为，如果以“慎重的行动远离危险的发生”的先行行为作为过失的本质，则不作为的要件与过失的要件就混淆在一起了，又将回到旧的客观主义的结果主义上。还认为，新过失论无视结果的发生或者行为的危险性是过失犯的实体，如果脱离这一基准而予以处罚，也将处罚“不采取合理行为者”，而造成无限制的处罚，违反罪刑法定主义。① 此种见解，从有些国家刑法对过失犯罪规定有行为犯、危险犯来说虽然有一定道理，然而从新过失论立论的出发点并非对“不采取合理行为者”而论以过失责任，是为解决过失的违法性问题，因此他的这种评价是不够客观的。新过失论之所以将过失评价标准由心理事实的不注意，转变为违反规范的不注意，是为现代工业化社会里合理地限定过失刑事责任范围提供理论依据的客观需要。在现代工业化社会中，科学技术的发展与运用本身就蕴含着侵害社会、公众法益的危险性，如果仍然以不注意的心理事实作为归责的根据，则无异于要取消这样的行为，然而，这显然是不现实的。新过失论采取折中的办法，在不否定心理事实仍属于归责要素的前提下，主张由法律、法令以及各种规章制度来限定危险发生的程度，应是在社会所能忍受的范围内(被允许的危险)，并以此作为违法性评价标准。只有行为人由于不注意而违反该种规范，即为社会所不容许的违反注意义务才具有可归责的前提。应当说其责任范围的界定是合适的。从这一点而言，无疑是较旧过失论具有巨大的进步性。而且，新过失理论较之于旧过失论不仅更科学合理，同时又拓宽过失理论的范围。

新·新过失论是以新过失论理论为基础，对新过失论的预见可能性的内容予以部分的

① ［日］中山研一、西原春夫、藤木英雄、宫泽浩一主编：《现代刑法讲座》第三卷，成文堂 1982 年日文版，第 55 页。

修正。随着企业组织日益扩大、社会生产日益现代化，因组织活动失误而发生的灾害事故，严重威胁公众生命、健康。新·新过失论主张根据行为人在企业中处于监督、领导地位，确定其避免结果义务，其出发点无疑是有积极意义的。但是，应当看到新·新过失论的不足是十分明显的。第一，该理论虽然仍建构在新过失论的基础上，但由于将具体的预见可能性转变为抽象、笼统的“危惧感”，而形成与新过失论不完全相同的过失理论，有脱离其基础之嫌。第二，该理论只适用于处理公害事件中行为人的过失罪责，因而有很大的局限性。第三，违背因具有“危惧感”而负有的注意义务，即可论以过失罪责，过于严厉，无疑会对从事该类活动的人员以沉重的思想负担和心理压力。从根本上讲，将对科学技术的发展形成严重的阻碍与不良影响。第四，虽然新·新过失论为解决现代工业化社会中的公害事件，采取了较为灵活的策略，其出发点和方法论中均有可取之处。但新·新过失论归责的主观基础，将具体的预见可能性转变为抽象、笼统的“危惧感”，存在着如何理解这种被抽象化的预见可能性，以及该种预见可能性与不能认为有过失责任的无结果预见可能性之间区别的界线，包括该种预见可能性的程度和内容的问题。这不仅是理论上的难题，而且在实践中也很难防止过失责任范围的扩大化。

应指出的是，德、日学者就过失的责任根据及过失本质的学说虽然是从不同的角度、依据不同的理论提出了一些有益的见解，对于我们不无启迪和借鉴作用，但从根本上讲，由于世界观及方法论的不同，在我们看来，还不同程度地存在一些问题。例如，心理事实说揭示出犯罪过失是一种心理事实，固然是正确的，但将归责原因仅限于这种心理事实，是只注重主观根据而对客观根据重视不足；规范违反说，正确地解决了归责的前提以及过失的违法性问题，但却在强调客观根据上对主观根据有所忽略；至于“危惧感说”更存在极易导致过失责任扩大化的倾向。这是我们在借鉴其理论时必须注意到的。

共同正犯相关问题研究①

共同犯罪是一种复杂的犯罪形态。对共同实施犯罪实行行为的，理论上称为“共同正犯”。但在司法实践中，由于共同犯罪的复杂性，实行犯与非实行犯的确认有时很难分清，这直接影响到行为人刑事责任的轻重，因此，探讨共同犯罪中的共同实行犯，具有理论和实践的意义。

一、共同正犯的立法及学说

我国刑法关于共同犯罪的规定，将共同犯罪人分为主犯、从犯、胁从犯和教唆犯，并没有共同正犯的明文规定，但是，由于理论上实行犯即正犯，共同实行犯即共同正犯，司法实践中也存在对共同实行犯认定主、从以确定刑罚，而且，我国刑法理论也使用“正犯”一词，如“间接正犯”,② 因此，这里我们仍然使用共同正犯的概念，并借鉴国外刑法理论中关于共同正犯的有关理论。

1810 年法国刑法颁布后，其继承资产阶级大革命的成果，维持形式上的刑罚平等、贯彻罪刑法定原则等富有人道主义色彩特点，成为众多国家修订本国刑法的模式。这一时期的刑法，尤其重视对犯罪现象的原因与结果之间因果关系的研究，而共同正犯正是因为共同的行为成为共同犯罪的原因，因而，成为学者以及立法关注的重点。这一时期共同正犯的立法例，呈现出客观主义理论的特点，其直接渊源被认为是古代日耳曼《加罗林法典》第 177 条的规定：“明知系犯罪行为，而帮助犯罪行为者；则无论用何方式，均应受刑事处分，其处分按行为者之刑减轻之。”③该规定表明，共同犯罪人中只要帮助正犯实施犯罪的，均按照正犯对待，只是处罚较实行的正犯为轻。采取客观主义观念的，多在法典中明文规定了共同正犯，其立法模式基本上似强调只要“参与”共同“加工”犯罪的，为共同正

---

① 本文原载于《法律科学》2000 年第 2 期。

② 马克昌：《犯罪通论》，武汉大学出版社 1991 年版，第 479 页；高铭暄、马克昌主编：《刑法学》(上册)，中国法制出版社 1999 年版，第 290 页。

③ 许鹏飞：《比较刑法纲要》，商务印书馆 1936 年版，第 139 页。

犯。近代刑法关于共同正犯的立法，资料表明最早的是1871年德国刑法第47条。① 如1889年意大利刑法第63条规定，共同实施或为直接之帮助行为为重点共犯或共同正犯，仅予犯人以精神上或物质上之帮助行为，为次要共犯或称从犯。② 1880年日本刑法第104条、1860年印度刑法第34条等，也均有共同正犯的明文规定。

19世纪末20世纪初，由于社会犯罪现象的激增，因果关系的客观主义刑法理论因不适应变化的社会犯罪现象而渐渐被冷落，主观主义的刑法理论逐渐发达。由于主观主义强调犯罪之人个人的主观犯意，认为无论是正犯、从犯、教唆犯，莫不是犯罪之人固有的意思，是其独立的犯罪，而非从属于他人，因此，关于共同犯罪表现在立法上，是有些国家刑法取消了对共同正犯的明文规定，如1932年波兰刑法、1937年瑞士刑法等。即使在立法上没有取消共同正犯明文规定的，也对共同正犯的规定进行修订，减少其中客观主义较浓重的内容，以迎合主观主义理论。例如，根据《葡萄牙刑法》第19条规定，所谓共同正犯为：(1)直接实施犯罪行为者；(2)以暴力恐吓越权强制他人为犯罪行为者；(3)以契约赠与承诺命令请求或其他欺骗之方法使他人为犯罪行为者；(4)直接帮助犯罪之预备行为或便利其进行反之则犯罪不致进行者。③ 上述规定，很明显强调的是行为人有自己的实施犯罪行为的意思，或者以自己的利益为前提，有犯罪之决意为共同正犯的主观主义观念。再如日本旧刑法对共同正犯规定为："二人以上实行犯罪者皆为正犯，各科其刑。"而在1907年刑法修订后，刑法第60条将共同正犯的立法修改为："二人以上共同实行犯罪的，皆为正犯。"但是，根据"实行"之意，将参与犯罪谋议而由他人实行犯罪的人以正犯处罚又缺乏依据。为此，1974年在改正刑法草案中，又补充了规定："二人以上谋议实行犯罪，共谋中的某人基于共同的意思而实行犯罪的，其他共谋人也是正犯。"虽然这一草案并未获得通过，但其内容的主观主义理论色彩是非常明显的。

《联邦德国刑法典》第25条第(2)项规定："数人共同实施犯罪的，均依正犯论处。"其"共同实施"之意仍似在于包括共同实行的共同正犯和共谋共同正犯。1930年《意大利刑法》第110条也有相似的规定。

我国台湾"刑法"第28条规定："二人以上共同实施犯罪之行为者，皆为正犯。"在立法例上，仍属于客观主义的立场，能否包括"共谋共同正犯"，在其学者间也存在不同认识。④

从理论意义上看，正犯的概念是相对于共犯而言的，如何区别正犯与共犯，理论上有多种学说。择其主要方面，有以因果关系为基础的主观说和客观说；以构成要件为根据的

① 马克昌主编：《刑法学全书》，上海科学技术文献出版社1993年版，第657页。

② 许鹏飞：《比较刑法纲要》，商务印书馆1936年版，第145页。

③ 许鹏飞：《比较刑法纲要》，商务印书馆1936年版，第147页。

④ 蔡墩铭：《刑法基本理论研究》，汉林出版社1980年版，第284页。

限制正犯概念说和扩张正犯概念说；以目的行为论的区别说和综合主观与客观要素的主观说。① 然而，具体到共同正犯的问题上，刑法理论上目前还存在两方面的问题：一是共同正犯是正犯的种类还是共犯的一种；二是共同正犯与从犯、教唆犯应如何区别。现予以简要分析。

共同正犯是正犯的种类还是共犯的一种？在国外学者中存在着两种不同认识。一种观点认为，共同正犯是正犯的一种而非共犯。如日本学者木村龟二认为："刑法上规定的'共同正犯''教唆犯''从犯'，虽然说是'广义的共犯'，但是，正确的理解应当说共同正犯是正犯的共同，即正犯的一种，因为与在正犯相对应的'共犯'的场合，应当理解为只有教唆犯和从犯这种狭义的共犯。"②德国学者富兰克（Frank）也持该种观点。我国台湾学者中也有持相同观点的，如："共同正犯无论从现行刑法条文之解释，抑或是就其本质而言，绝非单纯之共犯，而应属于正犯。"③

另一种观点认为，共同正犯是共犯的一种而非正犯的种类。例如，日本学者西原春夫认为："共同正犯是共犯，因为多数学说论述了对共同正犯适用单独正犯的理论不能完全贯彻始终，是无视共同正犯的共同性的缘故。的确，虽然刑法第60条对共同正犯作为'正犯'规定，但是，如果共同正犯的可罚性可以单独正犯的理论完全予以说明，第60条最终成为提示性的规定，更何况，这样理解，现行刑法规定的作为'皆'为'正犯'的理由最终是不存在的。"④日本学者正田满三郎也认为："共同正犯是具有最完全的行为结合形态的共犯形式。行为人为犯罪计划的实现，具有相互间的援助关系，不是一方利用、另一方被利用的关系，如果说结合，是全体共犯者的结合。"⑤德国学者毕克迈耶也持相同的观点。

在我国大陆刑法学界，对共同正犯共识为共犯的种类，并无不同的认识。如认为：二人以上共同实施犯罪行为，称为共同实行行为……在刑法理论上共同实行犯又称为共同正犯，是指二人以上共同直接参与实施犯罪行为的犯罪分子。⑥ 笔者赞同这种认识，事物的属性在于其本质特征，共同正犯是正犯的一种还是共犯的种类，关键还在于对这种类型的犯罪的处罚应当依据正犯还是共犯。我们认为，共同正犯虽然具有实行犯的特征，但是，共同正犯的共犯性是其主要方面，对它的认定和处罚的依据，应当是共同犯罪的原理和规定。理由是：第一，虽然正犯的行为是犯罪构成客观要件的行为，同时刑法分则法定刑是以实行行为为依据的，但是这并不意味着对共同正犯的处罚都是依据单独实行犯，因为刑法分则的法定刑并不都是依据单独实行犯设置的，有的犯罪，其犯罪构成的客观要件就是

---

① 马克昌主编：《刑法学全书》，上海科学技术文献出版社1993年版，第652~653页。
② ［日］木村龟二：《刑法总论》，有斐阁1984年版，第373~373页。
③ 陈子平：《共犯处罚根据论》，三民书局1992年版，第6页。
④ ［日］西原春夫：《犯罪实行行为论》，成文堂1998年版，第315页。
⑤ ［日］正田满三郎：《刑法体系总论》，良书普及会1979年版，第150页。
⑥ 陈兴良：《共同犯罪论》，中国社会科学出版社1992年版，第92页。

共同实行行为，例如，必要共同犯罪形式中的聚众性共同犯罪、对行性共同犯罪等，其法定刑的设置很显然并不是依据单独实行犯的行为。第二，如果说共同正犯是正犯而非共犯，那么，在处罚时也存在对共同正犯的刑罚个别化的问题，而这种个别化，离开共同犯罪的一般理论是根本不可能实现的。我们并不否定共同正犯具有正犯的属性，但是，共同正犯是“共同”的犯罪行为，不是单独实行犯实行行为的相加，而是各个参与实行犯罪实行行为的有机整体，这正是“共同”之含义。

共同正犯与从犯、教唆犯应如何区别，实际上是共同正犯的成立范围问题，理论上也有不同的学说，择其主要的争论：一是犯罪共同说。认为二人以上对客观上特定的犯罪有预见，并对共同实施有认识而实施的犯罪，为共同正犯。具体说只要二人以上协力加工于同一犯罪事实的，即为共同正犯。这是客观主义的理论，其中以原因说最为有力。即以对结果发生为原因者，是共同正犯，为条件者是从犯、教唆犯。二是行为共同说。认为二人以上实施共同的行为，即使达成各自预期的犯罪，也为共同正犯。这是主观主义的理论。即以犯罪为个人主观恶性的表现，成为共同犯罪应以行为本身是否共同为条件，所以，即使实行的犯罪行为不同，但在同一共同目的之内，也可以成立共同正犯。三是意思主体共同说。为日本学者所主张，认为共同正犯是有共同目的的数人为一体而实施犯罪的情形。这也是主观主义的理论。即如二人以上协意由一人实行犯罪行为的，未参与犯罪实行的人，也视为共同正犯。也就是说，共同行为，不必全部参与犯罪的实行行为，仅参与谋议而未分担实行行为，对参与谋议视为实行的分担，为共同正犯。

我们认为，以上三说对于理解共同正犯具有不同的意义，但各有其不足之处。犯罪共同说在共犯一罪的基础上阐述共同正犯，排除了有责行为人和无责行为人之间也可以成立共同正犯和承认间接正犯是可取的，但因认为共同犯罪是共犯一罪，因此各行为人之间即使具有犯意联络，共犯数罪不能成立共同犯罪，这就缩小了共同正犯的范围。而且，犯罪也并不都以结果的发生为要件。行为共同说以共同实施行为为立论的根据，这就排除了事后共同正犯，是可取的，但认为只要具有共同行为，即使不是出于共同犯罪的故意的行为人之间也可以成立共同正犯，这就扩大了共同正犯的范围。意思主体共同说以谋议作为共同犯罪成立的前提(即相互的意思联络)，不以参与者必须分担实施实行行为区别正犯与非正犯，有一定的合理成分，但却强调以主观谋议作为共同正犯成立的主观要件，排除了事前没有通谋的共同犯罪可以存在共同正犯的可能性，同样会不适当地缩小共同正犯的范围。而且，只根据共谋不能反映出各个共谋者行为的社会危害性，给予各个共谋者恰当的处罚。例如，按照共谋之意，可以把共谋者中只提供精神帮助的行为的共谋者作为正犯处理，这无疑又扩大了共同正犯的范围。

综上所述，以上三说虽然立论根据不同，叙述内容有异，但是都以割裂共同正犯的主观和客观之间的内在联系为特点。我们认为，在共同正犯的问题上，应该坚持主观和客观的统一。因此，共同正犯是主观上的共同实行犯罪的故意和客观上共同实施的犯罪构成客观方面的行为的统一。

二、共同正犯的主观要件和行为形态

如前所述，共同正犯是主观上的共同实行犯罪的故意和客观上共同实施的犯罪构成客观方面的行为的统一。如何理解共同实行犯罪的故意，简述如下。

在刑法理论上虽然对共同正犯的成立范围有不同的学说和认识，但是，即使强调客观行为的犯罪共同说，也并不否定共同正犯成立要求的主观条件。在理论上多数人认为，共同正犯的成立，不以各个行为人必须事前有共谋或谋议，但是，如果各个行为人已经在事前谋议共同实行，即使其中有人没有在犯罪现场，而由他人实施实行行为的，没有在犯罪现场的，也成立共同正犯。也就是说，在此应当对共同正犯的共同故意与共同正犯的谋议有所区别。概括地说，共同正犯有谋议，固然说明正犯之间具有共同故意，但这只是共同正犯之间具有共同故意的一种情况，而共同故意则是指共同犯罪人之间必须具有必要的共同犯罪的意思联络。因此，因共谋而形成的共同故意与共同正犯所具有的必需的共同犯罪的意思联络有所不同。因共谋而形成的共同故意，具有超越各个行为个人的意思形成共同意思之特性；共同正犯的共同故意，强调的则是共同犯罪的行为人相互之间为共同实施犯罪实行行为的个人意思，而这种个人的意思具有当然包含在共同意思之中的特点。作为共同正犯成立的主观条件而言，只要具有这种共同故意为以足，不以事前有谋议为必要。

共同正犯的行为，一般是指共同直接实施具体犯罪构成客观方面的实行行为。其实行行为，根据不同的标准可有多种划分，择其主要方面：

1. 依是否实施实行行为为标准，可划分为共谋的共同实行行为和实行的共同行为

(1)共谋的共同实行行为，即“共谋的共同正犯”的行为，是指“二人以上就共同犯罪的实行进行谋议，确定担当实行行为者，在担当实行行为的一部分人实施实行行为的情况下，没有担当实行行为只是单纯参与谋议的人，也承担共同正犯责任的情况”。① 共谋共同正犯是日本刑法共同正犯特有的概念。判例持肯定的态度，采取的是“部分行为全体责任的原则”，理论界则对此存在肯定与否定的两种观点。② 无疑在共谋者中的一部分人实施犯罪的情况下，其共同的故意在着手实行行为前即已形成，属于事前通谋的共同犯罪的情形之一。如前所述，如果各个行为人已经在事前有谋议共同实施实行行为，即使其中没有在犯罪现场的，也成立共同犯罪，然而，其中哪些行为是共同正犯的行为？我们认为，

---

① ［日］藤木英雄、板仓宏：《刑法的论争点》，有斐阁1987年版，第133页。

② ［日］藤木英雄、板仓宏：《刑法的论争点》，有斐阁1987年版，第133~134页。

共谋共同实行行为作为一个动态的概念，可包括两种情况：一是共谋共同实行者均参与实施实行行为；二是共谋共同实行者中有人因故没有在犯罪现场，或者虽然在犯罪现场但由他人实施实行行为的。对于后者而言，根据笔者前述的观点，我们认为，没有参与实行行为的，并不当然都成立共同正犯的行为，关键在于对“共同谋议”的实体内容是否明确，对于主谋者按其分担，即使其没有直接去实施实行行为，也应当视为共同正犯的行为，如果共谋者中只提供帮助行为，或者只是单纯引起他人实施犯罪的犯意的教唆的，则不成立共同正犯。因为，共谋共同正犯，应限于共谋共同实施实行行为的共谋者。

(2)实行的共同行为，是指所有的共同犯罪的参与者，各自都实现构成要件的一部或者全部的情况。在国外刑法理论及刑法的规定上，所谓的共同正犯，通常指的就是这种共同正犯。该种共同正犯的实行行为，我们认为，无论其事前有无谋议，实行过程中有无分工，都不影响其成立，所以，可以是事前通谋形式的共同犯罪，也可以是事前无通谋形式的共同犯罪。

2. 依是否有原始实行行为，可划分为偶然共同的实行行为和继承的共同实行行为

(1)偶然的共同实行行为，是指在他人着手实行行为的成立之际，基于共同实行的故意参与实施犯罪实行的情况。属于事前无通谋的共同犯罪的情形之一。在该种情况下，参与实施犯罪的共同正犯之间不存在实行上的分工。但是，我们认为，以下两种情况不属于偶然的共同正犯实行行为，一是如果先后实施犯罪的人之间并没有共同实施的犯意联络，只是偶然先后同时犯罪的，应当属于同时犯，既非共同犯罪，当然就不属于偶然的共同正犯。二是如果参与者实施的犯罪行为只是对先实施实行行为提供帮助行为，而且行为人之间并没有共同犯罪的犯意联络，提供帮助者应为片面共犯，是帮助的从犯非偶然的共同正犯。①

(2)继承的共同实行行为，也称为相续的共同实行行为，即“继承的共同正犯”的行为，是指他人在一定的意思支配下，率先着手实施一定的实行行为一部分，在结果发生前，后续者基于共同实行故意参加共同实行，由二人以上继续共同将犯罪行为实行到底，或者由后续者完成犯罪的情况。对继承的共犯正犯，国外刑法理论认为，后续的行为人与前行为人不存在共同实行的意思时，当然不成立继承的共犯正犯。② 尚有争论的是后续的行为人是否只对于参与后的行为承担共同实行的责任，或者对参与前他人的行为也承担共

① 在日本刑法理论中，片面共犯的问题也涉及是否成立片面共同正犯的争论，判例和通说持否定的态度，认为，“部分行为全体责任的原则”的根据在于“意思的相互联络”和“共同犯罪行为的认识”，所以，不承认片面共同正犯，参见[日]藤木英雄、板仓宏:《刑法的论争点》，有斐阁 1987 年版，第 136 页。

② 马克昌主编:《刑法学全书》，上海科学技术文献出版社 1993 年版，第 658 页。

同实行的责任？

对此有两种观点，一是认为："原则上应当只对参与后的行为承担责任，因为他只知道率先实行者的意思，在利用已经成立的事实完成犯罪的情况，不能说对全体行为承担责任。"①日本学者牧野英一、团藤重光等持有相同的观点，这是行为共同说的主张。另一种观点认为："就后行为者而言，了解先行为者的意思，而且，因为是利用已经成立的事实，无论对先行为者还是后参与的行为者，就行为的整体而言存在着共同故意。因此，对两种行为应当理解为全体成立共同正犯是妥当的。"②此为犯罪共同说的主张，德国学者富兰克持相同的看法，日本的判例也持此种观点。

我们认为，继承的共同实行行为在我国实践中，也是非常普遍的一种共同犯罪的现象，从共同犯罪成立条件的一般意义上说，共同正犯的行为必须是主观方面和客观方面的有机统一体，主观上应当具有共同实行的意思、客观上应当具有共同实行的事实，两者同时具备。而在相继实施行为的情况下，关键在于后续的行为人是否能够认识率先实行侵害行为者的意思？如果说结论是否定的，则以共同正犯认定是不正确的。如果后行为者只是单纯对先行为者的行为事实有了解，利用已经成立的某种事实，实行自己的犯罪，同样不是继承的共同实行行为。例如，甲先实施伤害行为，致使乙失血昏迷，丙借此盗窃乙的财产，甲、丙二人并不具有共同实行的意思联络，不是共同实行的行为。因此，我们认为，在先行为者的确实施的是某种犯罪，且后行为者对此有共同实行的意思而参与共同实行的，应当成立继承的共同正犯。

与此相关联的问题是，率先实行侵害行为的，对超出其故意范围的结果是否应当承担共同正犯的责任？我们认为，对此应当具体分析。如果率先实行的侵害行为，是一般的侵害行为，并不具有犯罪的故意，只是后参与者具有犯罪的故意，同样是后参与者利用已经成立的某种事实，实施自己的犯罪，全案应当以单独犯罪处罚，不是相续共同正犯的行为，即不能追究率先实行侵害行为人共同犯罪的刑事责任；后参与者的行为超出其犯罪故意范围的，按照共同犯罪中的实行过限情况来处理。

3. 以实行行为有无分工为标准，可划分为并进的共同实行行为和分担的共同实行行为

(1)并进的共同实行行为，是指各个共同行为人实施犯罪时，各个行为人的行为都具备犯罪构成客观方面实行行为的情况。并进的共同实行行为，有学者认为可包括两种情况：一是共同针对同一对象的共同实行行为；二是分别针对不同对象的共同实行行为。前者如出于共同故意，二人以上对同一对象共同同时实施伤害行为，后者如二人以上出于共

① ［日］阿部纯二：《刑法Ⅰ(总论)》，日本评论社1987年版，第153页。
② ［日］木村龟二：《刑法总论》，有斐阁1984年版，第408页。

同故意，对两个不同对象分别实施杀人行为。① 这种并进的实行行为，我们认为无论各个行为人之间是否在行为前有共谋，均不影响共同正犯的成立。

（2）分担的共同实行行为，是指各个共同行为人着手实施犯罪时，在实行行为内部有分工，各人的实行行为相互配合相互利用，共同形成某一犯罪客观方面实行行为的情况，分担的共同实行行为具有以下特点：①参与共同犯罪的各个行为人，不以实施某种具体犯罪客观方面作为构成要件的全部实行行为为必要，这是共同正犯与单独正犯的区别。②参与犯罪的各个行为人的实行行为，应形成某一具体犯罪客观方面的实行行为，对行为人超出共同故意范围以外实施的行为，不成立共同正犯。这是共同实行行为与共同犯罪中实行过限的区别。③无论各个行为人之间是否在行为前有共谋，均不影响共同正犯的成立。

① 陈兴良：《共同犯罪论》，中国社会科学出版社 1992 年版，第 93 页。

论过失中的违法性意识[1]

过失以违反法的注意义务为核心要素，然而，对于过失的成立，其规范评价中是否以行为人对违反法的注意义务有意识，或者说有意识的可能性为条件，在理论上有不同的学说。深入探讨这一问题在理论和实践中都是有意义的。

一、违法性意识概说

所谓违法性意识(Rechtswidrige Bedeutung)，亦称为违法性认识，是指行为人意识(认识)到自己的行为是违法的，在法律上是不被允许的。不具备违法性意识或违法性意识可能性对刑事责任的影响，各国及地区的刑法中则有不同的规定。大体上有以下几种模式：

第一种是法律明文规定对法律的不知或误解不影响刑事责任。例如，《意大利刑法》第5条规定："不得因不知法律而免除刑事责任。"《加拿大刑法》第19条规定："不得因不知法律而宥恕其犯罪。"此外，《土耳其刑法》第44条、美国亚利桑那等州的刑法也有相同的规定。

第二种是法律明文规定对法律的不知或误解在一定条件下可以减轻、免除刑罚，或者必须免除处罚。例如，《德国刑法典》第17条规定："行为人于行为之际，欠缺为违法行为之认识，且此认识错误系不可避免者，其行为无责任。如系可以避免者，得依第49条第1项减轻其刑。"《日本刑法》第38条第3项："不得因不知法律而认为没有犯罪的故意。但根据情节可以减轻刑罚。"此外，《奥地利刑法》第9条、《葡萄牙刑法》第17条、《挪威刑法》第57条、《西班牙刑法》第6条a项3号、《美国模范刑法》2.04条3项等，也有相同或类似的规定。我国在刑法的立法过程中也曾有人主张采纳该种模式。如《刑法草案》第22稿曾对此规定："对于不知法律而犯罪的，不能免除刑事责任；但是根据情节，可以从轻或者减轻处罚。"

第三种是在刑法典中不设置有关对法律的不知或误解的规定，而由刑法学说以及判例来解决。例如，英国、瑞典、俄罗斯等国。采用该种模式的刑法典，多在有关故意犯罪、

---

① 本文原载于《中国法学》2000年第2期。

过失犯罪的条款中明文规定了认识、预见“危害结果”为罪过的条件。由于对这种危害性认识、预见与违法性意识有着密切的联系，因而为学说、判例在解决违法性意识问题时留下了较大的自由空间。我国现行刑法即采用该种模式。

可见，在各国或地区刑法中欠缺违法性意识或违法性意识可能性，有些为非罪，既不是故意犯罪，也不是过失犯罪，行为人不负刑事责任；而有些欠缺违法性意识或违法性意识可能性，则不阻却故意，不免除故意犯罪的刑事责任(如日本)；有些在具备一定条件时可以或应当减轻或免除刑事责任。

当然，各国及地区刑法在解决该问题时也并非没有变化，例如，《意大利刑法》是采用第二种模式的，但在1988年3月18日，意大利宪法法院在作出的正式判决中解释说：“对刑事法律的无知不构成免罪的理由，但是，当这种无知是不可避免的除外。”①也有些国家在最近进行的刑法修改活动中，有提案建议设置法律的不知或错误可以免除责任的规定。② 例如，日本刑法预备草案将该项内容修订为：因不知道自己的行为为法律所不允许而实施了行为的人，如有充分理由的，不予处罚。再如，原法国刑法及判例一直遵循“任何人都不被认为不知道法律”，判例曾作出：违法行为人不知道其行为违法当罚，“不能成为辩护理由”的判决，援用不知道法律“对犯罪意图并无影响”。但在1994年3月1日生效的新《法国刑法典》第122-3条规定则有改变：“能证明自己系由于其无力避免的对法律的某种误解，认为可以合法完成其行为的人，不负刑事责任。”③

二、违法性意识的学说及评价

在规范评价中，对于犯罪过失是否需要违法性意识或者违法意识可能性的评价内容，在中外刑法理论中均有不同的认识。

德国刑法学家费尔巴哈(Feuerbach)将犯罪的本质视为对权利的侵害，将故意解释为以决定违法为目的，认为过失虽然不是出于行为人的意图而引起对权利的侵害，但过失中包含着积极的恶的要素。发生对权利的侵害无论出于何种原因，由于对国家来说都不是件好事，全体国民不仅负有不直接意欲违法结果的义务，而且，负有不得违反自己意图，应以一切作为或者不作为避免招致有害结果的义务。知道这个一般义务而违反时，就是过失。④

可见，违法性意识既不是指对刑法法规本身的意识，也不是指对行为具有可罚性的意识，而是对自己行为在法律上不被允许的意识。至此，由行为人自由意志决定的违法性意

① 参见马克昌主编：《犯罪通论》，武汉大学出版社1991年版，第349页。

② 参见[日]松原久利：《违法性的错误和刑法修改》，载《同志社法学》第41卷1号，第39页。

③ 《法国刑法典》，罗结珍译，中国人民公安大学出版社1995年版，第9页。

④ 参见[日]大谷实：《刑事责任论的展望》，成文堂1983年日文版，第7~8页。

识成为罪过的核心内容。此后，违法性意识，即违反意识决定规范，为规范责任论所采纳，普遍视为责任的本质要素的内容。

心理责任论把责任视为行为人对行为的心理关系，从纯心理事实的角度来把握，而忽视对构成犯罪事实的规范认识，因而被评价为在结构上有缺陷。把违法的意识或违法意识可能性作为责在要素提出的，是规范责任论。根据规范责任论的见解，法律规范分为评价规范和意思决定规范，认为违法性是违反评价规范，与主观的意思或责任能力无关。但对违法行为既要负责任，则违法性当然地应以责任的存在为前提。规范责任论在从非难或非难可能性中寻求责任根据时，强调作为责任要素必须有违法性意识或者违法性意识可能性。但这里所谓的违法性意识或者违法性意识可能性并不是指单纯的心理事实，而同时是指作为抑制犯罪意思决定的规范意识，即应在其形成过程中考虑到反对动机的形成。所以，违法性意识或违法性意识可能性是规范的责任要素。如行为人对行为的违法性缺乏意识的可能性，就不能对此加以非难。作为德、日刑法理论中的通说，规范责任论被视为克服了心理责任论在结构上的缺陷。

尽管在理论上广泛接受了规范责任论，但违法性意识是否为(责任要素的)罪过所必需的要素，仍然是长期争论的问题。在威尔泽尔(Welzel)目的行为论的影响下，故意、过失被视为主观违法性要素，进而被看作构成要件的故意、过失。但在刑法理论上，有关过失责任中违法性意识或违法性意识可能性的问题，并没有得到真正的重视，表现之一即违法性意识问题只是在有关故意的责任中论及。所以事实上，有关过失的违法性意识或违法性意识可能性问题，在其规范责任的理论上也并没有真正得到承认和贯彻。只是在最近，日本刑法学界提出了过失犯在有认识过失上也能存在违法性意识，在无认识过失上存在违法性意识可能性的问题。①

从理论研究的发展脉络上看，违法性意识的有无，是直接与故意责任的成立是否以违法性意识为必要紧密联系在一起的，同时也涉及故意与过失的重要界限，因此，笔者以有关故意中违法性意识的学说中所涉及的故意与过失的区别，探讨有关过失中的违法性意识问题。

刑法理论上，是否具有违法性意识，直接涉及是否成立故意的责任以及故意与过失的区别问题。理论上主要有以下几种学说：

其一，违法性意识不要说。根据心理责任论的观点，故意和过失的区别是对构成要件的事实有无认识，并认为故意中违法性认识是不必要的，所以，如因不注意而对法律在认识上有错误时，不具有违法性意识，不是过失而是故意的一种，不阻却故意的成立。违法性意识不要说曾在刑法理论上占据通说的地位，但目前主张者几近于无。在日本刑法学

① 参见[日]福田平、大塚仁：《日本刑法总论讲义》，李乔、文石等译，辽宁人民出版社1986年版，第125页。

界，有不少学者改为“必要说”①。

其二，违法性意识必要说，也称为严格故意说。该说是从道义责任论和人格责任论的角度，强调作为故意的要件对符合构成要件的事实和违法的认识都是必要的。因为，有违法性意识就意味着行为时存在着阻止行为人行为动机的反对动机，当行为人突破这个反对动机而决意实施行为时，才产生对严重责任进行非难的根据。因此，由于不注意而没有认识违法性时，即有法律错误阻却故意，如果对法律上的错误存在过失，又有处罚相应过失的法律规定，就成立过失犯。

违法性意识必要说的理论根据有二：一是道义责任论。如小野清一郎认为：“故意，作为道义责任的一形态，其本质特点不在于对犯罪事实的认识，而在于否定了通过对犯罪事实的认识而产生的抑制感情，即在于竟以违法的意识实施行为。过失作为道义的责任，也与违法性的意识相关联。过失通常被认为是由于不注意而没有认识犯罪事实，但是，更确实地说，过失是应该意识行为的违法而没有意识。这样考虑，可以明确道义责任是以违法的意识为枢轴而回转的。”②

二是人格责任论。例如大塚仁认为：“作为区别故意犯和过失犯的标准，有必要考虑行为人行为当时是否具有违法性的意识，故意犯表明的是行为人想犯罪、趋向犯罪的积极的人格态度，过失犯则是以行为人不注意而陷入犯罪这种消极的人格态度为基础的。两种犯罪中这种行为人人格态度的差异，仅从是否表象(即感知、觉察)、认容犯罪事实而行为的一面来区别是不充分的，而且只考察行为人是否基于犯罪事实的表象、认容就存在违法性认识的可能性也不足够。为了能够说明行为人具有相当于故意犯的积极的人格态度从而予以非难，要以行为人对犯罪事实的表象、认容为基础，进而查明行为人行为时是否意识到自己行为的违法性。”③

其三，违法性意识可能说，也称为限制故意说。该说是日本刑法学者团藤重光以人格责任论为理论根据提出的。违法性意识可能说仍是以规范责任论为理论基础，即认为如果认识到犯罪事实，就会产生违法性意识，从而形成反对动机，对虽形成反对动机却实施违法行为的人，就可予以故意的责任非难。对此，则应当从行为人的人格态度的反规范性中寻求责任的根据，认为故意和过失的区别不仅在于对符合构成要件事实有无认识，还在于故意中必须有违法的意识或者至少有意识的可能性。违法意识的可能性，是说虽然没有违法意识，但如加以必要的注意，这种认识可能产生，则就成立故意。而如果没有该种可能性，也就不具有非难的根据。例如，团藤重光指出，故意的责任根据“不是意识到规范并

① 参见冯军：《刑事责任论》，法律出版社 1996 年版，第 212 页。

② 转引自冯军：《刑事责任论》，法律出版社 1996 年版，第 213 页。

③ [日]大塚仁、福田平：《对谈刑法总论》(下)，有斐阁 1988 年日文版，第 57~59 页；转引自冯军：《刑事责任论》，法律出版社 1996 年版，第 214 页。

想违反它的意思，而是人格态度的直接反规范性”。① 根据此说，即便对法律有错误认识，没有违法性意识但有意识可能性的，也是故意的一种。

其四，责任说。责任说是目的行为论者的主张，认为应将故意、过失视为主观违法要素，在构成要件中是构成要件的主观要素，属于构成要件符合性问题，而违法性的意识或意识可能性是为使责难言之有据的责任要素。两者应当有严格的区别，由此，在对符合构成要件事实有认识，虽然没有违法性认识，但若加以必要的注意即可产生违法性意识可能性的情况下，则为故意。作为其结论，自然，对法律即使有错误认识，也没有过失存在的余地。

其五，自然犯、刑事犯与法定犯或行政犯区别说。主张在自然犯或刑事犯中不须有违法性的意识，而在法定犯或行政犯中必须有违法性的意识。至于本应对违法性有意识或意识可能性，因为过失而没有认识的情况，理论上被称为“法律过失”。“法律过失”这一概念通常是在与“事实过失”相对的这一概念中论及。所谓事实过失，即指对符合构成要件的事实，以及行为、结果的违法性，由于不注意而没有认识，而具有过失的情况。所谓“法律过失”，则是指对符合构成要件的事实有认识，但对自己行为的违法性，由于不注意而没有认识，有过失的情况。② 对于“法律过失”，应视为故意还是过失，理论上也有不同的认识。日本一些学者认为对“法律过失”在可责难性方面应重于“事实过失”，但因在法律上没有处罚“法律过失”的规定，为不使行为人逃避惩罚，对“法律过失”应视为有违法性意识，应以故意论。该种见解，也被称为“法律过失准故意说”。但显而易见，上述的见解，完全是站在国家权威主义以及法律工具论的立场所作出的结论。相反，植松正则认为对“法律过失”应与“事实过失”作同一处理。他指出：“对于虽认识事实，但未留意违法性之人，亦同样的当然不追问其故意之责任。若以由于过失而欠缺认识违法性之人，因其已认识事实，如稍加注意，则可立即意识违法性，然竟不注意而未意识违法性，故应较一般的过失受更强烈的非难，而谓为应与故意同视者，则此种见解，即犯有重大的错误。盖因未认识事实之情形，较诸虽曾认识事实，但未意识违法性之情形，其不注意之程度，更为重大，而更值得受强大的非难之故也。”从过失的程度上看，不能说这种见解没有一定的合理性。

不难看出，根据严格故意说，如果行为人欠缺违法性意识，就会阻却故意，而可能成立过失；在自然犯、刑事犯与法定犯或行政犯区别说中，也只有植松正等人的见解，将“法律过失”作为过失对待。而根据限制故意说或者责任说，只要有违法性意识的可能性，就不影响故意责任的成立，而不可能成立过失。在违法性意识不要说中，则更没有因不具

① ［日］团藤重光：《刑法纲要总论》，创文社 1979 年改定日文版，第 293 页。

② 参见［日］木村龟二主编：《刑法学词典》，顾肖荣等译，上海翻译出版公司 1991 年版，第 289 页。

有违法性意识而成立过失的余地。

毋庸置疑，过失罪过的成立是否要求有无违法性意识，或者违法性意识可能性，不仅是一个理论问题，同时也是实践中的现实问题。在过失本身的违法性意识问题上，违法性意识可能说或者责任说和违法性意识不要说的理论似乎走进了一条死胡同，他们或者表达出在过失中不必考虑违法性意识问题，或者表达出似乎是过失的违法性意识有着与故意完全不同的违法性意识问题的思想。但显而易见，前一假定是不成立的；从违法性意识均是指“对自己行为在法律上不被允许”的意识来说，也不能说过失的违法性意识与故意的违法性意识是完全不同的问题，因此，后一假定也难以成立。

我国大陆学者中，目前明确主张罪过中以违法性意识为必要的学者是少数。至于过失的违法性意识或违法性意识可能性问题，我国刑法学界尚未开展较深入的探讨，只是个别学者指出应当重视这一问题，明确提出了犯罪过失中违法性认识的问题，指出：“对犯罪过失来说，违法性意识也是应当要求的，当然在具体表现形式上不同于犯罪故意。”①对违法性无认识而应成立过失解释为：“……对于违法性应当认识而没有认识，属于疏忽大意的过失。而根据法律规定，疏忽大意的过失是预见到自己的行为可能发生危害结果，由于对于违法性没有认识而致使对自己的行为可能造成危害结果疏于认识，显然符合疏忽大意的过失的特征。”②这里虽仍是从社会危害性与违法性相一致通说立场出发，但毕竟就过失的违法性意识问题展开了讨论。还有学者将过失的违法性意识问题与过失的程度，即过失的刑事责任联系在一起予以讨论。③ 这些见解均已说明犯罪过失中违法性意识问题也已经引起我国学者的注意。目前对于过失罪过中是否以行为人违法性意识为构成要素的探讨，通常也是在关于故意罪过的问题中有所涉及，虽然与国外学者立论的理论根据不同，但从结论上看有相似之处。

笔者认为，对过失罪过的成立，以违法性意识或意识可能性为条件，应当是罪刑法定原则的基本精神。因此，赞同“违法性认识必要说”。对于过失的成立，同样应以违法性意识或者意识的可能性为要件。“违法性认识必要说”在精神实质上是符合罪刑法定原则和刑事责任实质以及刑法理论的。

首先，根据立法上对过失犯罪成立以结果发生为必要要件的规定，我们认为过失中的违法性意识或意识可能性，具体说是应当意识到或已经意识到由于违反法律上的注意义务而可能发生严重违法结果的意识。这一点，在我国刑法分则具体过失犯罪的规定中，特别是业务过失犯罪，条文多已明文规定了以违法性意识即违反注意义务的意识为过失成立的必备要素。例如，《刑法》第 134 条重大责任事故罪、第 135 条重大劳动安全事故罪、第

① 陈兴良：《论主观恶性中的规范评价》，载《法学研究》1991 年第 6 期。
② 陈兴良：《刑法哲学》，中国政法大学出版社 1997 年修订版，第 196 页。
③ 参见姜伟：《犯罪故意与犯罪过失》，群众出版社 1992 年版，第 385 页。

137 条工程重大安全事故罪、第 330 条妨害传染病防治罪等，均规定了诸如“违反规章制度”“违反国家规定”“违反传染病防治法的规定”等违反注意义务的情况，对这些规定，有的明文规定了必须具有违反规定的意识。如重大责任事故罪中“强令工人违章冒险作业”，表明对违反注意义务必须是“明知”的心态，重大劳动安全事故罪中“经有关部门或者单位职工提出后，对事故隐患仍不采取措施”，妨害传染病防治罪中“拒绝按照卫生防疫机构的卫生要求，对……进行消毒处理”等，也表明对违反注意义务的过失心态中必须具备违法性意识因素。具体来说，在确认行为人的过失心理态度时，依照法律规定，必须首先考虑行为人是否具备应当意识到或者已经意识到违反注意义务而可能引起严重违法结果的意识，有的甚至必须是已经“明确”意识到，才能依法确认对所发生的严重结果是应当预见而没有预见，或者轻信能够避免的过失心理态度。如不首先考虑行为人的违法意识问题，显而易见是不符合具体犯罪构成要件的规定。对业务过失罪过如此，对普通过失罪过的成立来说也应当以违法意识可能性为前提。

而且，从我国刑法关于过失犯罪的规定看，“应当预见”“轻信能够避免”的评价的前提是一种法律评价，而并非仅仅是事实评价。在行为人“已经预见危害结果可能发生”的情况下，固然，行为人也可能已经认识到自己行为的违法性，也就是说行为人具有违法性意识。根据社会危害性与违法性相一致的见解，两者之间可以说是相统一的。但是，在“应当预见”却没有认识到的情况下，虽然行为人是应当预见的，但现实是行为人确实没有预见到。也就是说，在其心理状态中并不存在所谓对“结果的社会危害性的认识”，自然，从认识社会危害性也就认识违法性的见解来看，理应得出该种情况下行为人对违法性也没有认识。那么，这种既没有认识到危害性，也没有认识到违法性的心理，之所以将其仍评价为犯罪过失心理态度的依据，并不仅仅在于行为人没有认识到危害结果可能发生的事实依据，而在于违反了法律所要求具备的“应当预见”的法的意识，不具备这种意识则是因具有意识可能性而应当受到责难的。同理，在“已经预见到危害结果可能发生”的情况下，评价其没有履行或没有正确履行回避结果的义务，由于“轻信能够避免”而成立过失，同样是以已经具备违法性意识评价为前提，才使对其“已经认识结果的社会危害性”的事实评价有根据。显而易见，如果对过失心理违法性意识评价这一前提缺乏应有的认识，则会使对危害性评价本身也失去依据。理论上也无法正确地解释“注意义务”的性质及其在认定过失中的作用。

其次，从刑事责任的实质上看，刑罚是以责任为前提条件的。从责任的含义上讲就是对行为人予以非难的可能性，而其主观的内在根据，在于人具有相对的意志自由，即具有自由地进行有责性行为的自我决定权，因而有能力决定服从法律或者不服从法律。而在人进行有责性的自我决定中，能够决定服从法律不实施违法行为的前提条件，在于能够认识到合法与不法，当行为人认识到所实施的行为是不法时，其行为就是有责性的行为。如果不能识别合法与不法时，也就缺乏不法的意识。在此种情况下，因主观意识中缺乏对不可避免的违法结果的认识，也就缺乏对其行为是有责性非难的主观根据。所以，既然法律赋予行为人自由地进行有责性自我决定权，也就应当要求行为人在具有分辨合法与不法的意识和意识的可能性，而决定不法的有责性选择中来非难行为人。因此，“违法性认识是刑事责任的一般要素，在一切场合，只要论及犯罪的成立问题，就无例外地要求行为人具有违法性认识(过失犯的场合，要求有违法性认识的可能性)。只有在违法性认识支配下实施的违反规范的行为，才能看成是人对规范的违反。只有在能看成人对规范的违反时，才能对人进行道义上的谴责和非难，才能追究人真正意义上的刑事责任，这乃是责任刑法的根本原则”。①

据此，如果行为人因不注意既没有认识事实也没有认识违法性的情况下，不以故意论，无疑是正确的。由于不注意而没有认识违法性时，可成立过失，是作为一种不具有确定性的结论，这其中包含着需要在此时区别过失与非过失的合理内涵。具体来说，在无认识过失中，行为人应当具备违反预见注意义务的意识可能性；有认识的过失中，行为人已经具备意识或者应意识违反注意义务可能性。如果以行为人“应当预见”“已经预见”结果的社会危害性而论以违法和责任，这无疑说凡在是主观上能够认识或者已经认识到结果发生的情况，也就可以评价为主观上具有违法意识和具有责任。显然，在社会实践中如以“应当预见”和“已经预见”结果的社会危害性时，就可以评价为违法，甚至有责任，则相当一部分正常的社会行为，将会被法律所禁止，就像驾驶汽车这样的行为也应是法律所不能允许的。这一结论，显然任何人都不会赞同。

三、过失罪过违法性意识的确认

既然笔者主张违法性意识应当作为犯罪过失中成立的条件，那么，就存在一个对行为人违法性意识确认的理解问题。

从刑法上所规定的具体过失犯罪，均是违反了法所要求的在从事社会活动中应当遵守的注意义务，而注意义务通常是由一定的规章制度、行政法律法规、契约、合同等所规定的来看，视过失犯为“行政犯”“法定犯”是有一定的合理性的。如是，从这一意义上说，“自然犯、刑事犯与法定犯或行政犯区别说”中，包含着理解、认识过失违法性意识的合理的内容。

所谓自然犯与法定犯的概念，来自自然法思想，按照日本学者的观点，所谓自然犯，是不依赖于法规的行为，其本身具有反道义性、反社会性，而这一特性是作为国民的一般意识所决定的。所谓法定犯，其行为本身不具有反道义性、反社会性，而是因为根据法规规定违反了禁止命令，所以才具有反道义性、反社会性。而所谓刑事犯、行政犯的概念，

---

① 冯军：《刑事责任论》，法律出版社 1996 年版，第 227 页。

前者相当于自然犯，后者相当于法定犯。这主要是德国学者的观点。① 当然，自然犯、刑事犯与法定犯或行政犯这种划分方法是否科学，在德、日刑法理论上也有不同的认识，还有待进一步讨论，但应当看到，就过失的违法性意识这一问题上，这种划分有其应值得充分肯定的见解。

首先，违反从事社会生活、活动中一般意义上的注意义务，从社会一般观念上就可被评价为犯罪的。诸如“过失致人重伤”“过失致人死亡”以及“失火”“过失决水”“过失爆炸”“过失投毒”等犯罪，可以说与自然犯罪有着密切的关系，立法本身的规定中，也常常表达出人类的自然情感。人们根据自己的良知、道德，甚至习俗，常常就能够明确地判断出刑法中具有这些禁令。对违反社会生活、活动中一般意义上的注意义务，造成违法结果是否具有违法性意识，从这一角度来说，判断并不存在大的困难。行为人认识到客观事实，却没有意识到行为是违法性的，这在今日的社会生活中，几乎是不可能的事。除非行为人确实存在着使其不可能认识违法性的原因。因此，对这类过失犯罪的，从行为人对事实具有认识或有认识的可能性上就可以推定存在着违法性意识或意识可能性。

其次，对违反从事特别的职务、业务活动的注意义务的有些过失犯罪，例如，“重大责任事故”“工程重大安全事故”“教育设施重大安全事故”“消防责任事故”“医疗事故”“为他人提供书号出版淫秽书刊”等犯罪，的确具有是由家属视具体情况，根据刑事政策取缔的需要而规定，人们并非仅凭自己的自然情感、良知，即从社会一般观念上即可认识到是犯罪的特点。如这次刑法修订增加的“教育设施重大安全事故罪”“消防责任事故罪”“工程重大安全事故罪”“医疗事故罪”等，就明显地具有这种特点。不像上述过失犯罪那样能够明显地看出对客观事实认识，一般情况下即可具有对违法性有认识这种联系。特别在行政刑法领域，行为人对客观事实有认识而未意识到违法性的，并非鲜见。这就应当根据具体情况分析行为人是否具有违法性意识或意识可能性。但即使对于这类过失犯罪确定行为人的违法性意识来说，一般情况下，仍然能够根据行为人对客观事实的认识而推定具有违法性意识或者违法性意识可能性。即只要行为人应当预见的违法结果发生的可能性，或者已经预见到违法结果发生的可能性，就可以推定行为人具有违背注意义务的违法性认识可能性。除非行为人提出确实的证据，证明自己没有可能认识到自己行为的违法性质。如属于后者，则不能追究行为人的过失责任。正如有学者指出的：决不能认为我国刑法采取了“不得因不知法律而免除刑事责任”的原则。根据主客观一致原则，如果某人不知道，而且显然没有可能认识到自己的行为是违法的，因而也不可能认识到它的社会危害性时，应该认为是无认识，那就意味着欠缺意识因素，就不能认为他有罪过，也就不能认为他构成犯罪。②

所以，笔者认为，违法性意识或者违法性意识的可能性应当是过失的规范评价要素之

① ［日］木村龟二主编：《刑法学词典》，顾肖荣等译，上海翻译出版公司1991年版，第73~74页。

② 参见朱华荣：《略论刑法中的罪过》，载《刑法学专论》，北京大学出版社1989年版，第65~66页。

一，缺乏对行为违法性的意识或意识的可能性的评价，就不存在过失的犯罪心理。具体说，违法性意识的可能性是一切犯罪过失心理的共同特征，也是确认犯罪过失成立的前提条件，而有无违法性意识，在过失领域，则是区别有认识的过失和无认识的过失的界限之。

此外，对过失成立要求违法性意识或意识可能性，也不存在导致“鼓励人们不学法”“使犯罪之人有借口逃避法律制裁”这种效果。这是因为，从现实社会实践活动中看，只要行为人从事的社会活动，具有有章可循的规章制度、合同、契约、法律法规以及承诺实行的注意义务等，那么，违背这种注意义务可能发生的违法结果，负有注意义务的行为人一般均应有正确的判断，违背这种注意义务，在没有特别理由的情况下，行为人以没有意识到违法性作为辩解的理由是不充分的。但如果确实存在不能归咎于行为人认识其违法性的原因，那么，自然不应得出其违背注意义务的结论，行为人主观上不具有过失的罪过。

至于影响及阻碍行为人具备违法性意识可能性的自身可能因素。主要可包括：年龄，如是否达到法定应对过失犯罪负刑事责任的年龄；受教育程度，如是否文盲，或是只接受过初等教育；从事某项业务或活动的经验和时间长短，如是否接受过业务或职业培训，或者有过其他类似的经验、业务的熟悉程度及经验等；社会阅历，如是否从偏远地区初到城镇从业；行为时的精神状况，如是否患有精神病或曾患有精神病、精神发育状况，是否饮酒等；身体状况，如是否正在患病等。上述主体自身存在的各种情况，有可能阻碍其具备违法性意识。如果某种自身因素不足以影响及阻碍其违法性意识的可能性，即使其不具有现实的违法性意识，也不影响过失罪过的成立。反之，则不应以过失犯罪论处。例如，将小孩委托于患有精神发育不全的成年人照看而发生伤亡的事件，患有精神发育不全的成年人，就存在完全意识不到所承诺的注意义务的实质意义的可能性。如果证据证明了这一点，就说明该人主观上不具有违法性意识的可能性，即便他能够认识伤、亡的实质意义，也不能以过失致人重伤罪或者过失致人死亡罪予以处罚。

当然，某些客观因素也可能影响及阻碍行为人具备违法性意识可能性。如行业及业务活动保障安全的规章、制度是否健全、具有可行性；法律、法规颁行的时期及宣传的程度；国家法律与地方性立法存在不协调的影响；国家机关懈怠法律、法规宣传；法律、法规的传播媒体发生的错误造成误导；执法的偏差的影响以及法律宣传机关在宣传中发生的错误；法律工作者在阐释法律中发生的错误造成误导以及其他客观人为的情况等。对此也应当实事求是地予以分析。如这样的客观因素也因此而使行为人不可能具备违法性意识或者违法性意识可能性，也应当实事求是地予以认定。

论期待可能性的若干理论问题[①]

一、期待可能性概说

(一)期待可能性的含义、学说及理论体系上的地位

期待可能性的理论，发端于19世纪90年代末的德国莱比锡法院的著名的判例“癖马脱缰案”的判决理由。[②] 根据判决理由(马车夫受到失业的威胁，而不负刑事责任)，以德国学者弗兰克(Reinhard Frank)的《论刑事责任的构成》一文的论述为起点，[③] 哥德休密特(James Goldschmidt)、弗洛登塔尔(Berthoid Freudenthal)、施密德(Eberhard Schmidt)、麦兹格(Mezger)、弗尔蒂(Foltin)等人相继论著，使期待可能性理论最终成为规范责任论的核心理论。

其基本含义是指，在行为人面临违法行为之际，是否尚有期待其为其他合法行为的可能性，如无此可能性，则对行为人不能予以责任的非难而追究其责任。换言之，就是依照

---

① 本文原载于《中国刑事法杂志》2000年第2期。

② “癖马脱缰案”的基本案情如下：被告人系驭者，自1895年以来受雇驾驭双轮马车。该套车中的一匹马素有以马尾绕缰并用力以尾压低缰绳的刁癖，故称癖马。被告人和雇主都深知该马有以上缺点，被告人曾要求雇主更换这匹马，而雇主不仅不答应，反而以解雇相威胁。被告人不得不仍驾驭该癖马。1897年7月19日，当被告人驾车上街之际，该马癖性发作，将尾绕缰用力下压，被告人虽极力拉缰制御，但均无效，马遂惊驰，将一行人撞倒，致其骨折。检察官以上述事实，对被告人以过失伤害罪提起公诉。原审法院宣告被告人无罪，检察官以判决不当为由，向德意志法院提出控诉。但是帝国法院审理后(1898年3月23日判决)，认为控诉无理，维持原判。帝国法院维持原判的理由是：确定被告人之违反义务过失责任，不能仅凭被告曾认识驾驭癖马可能伤及行人，而同时必须考虑能否期待被告不顾自己失去职业而拒绝驾驭癖马。此种期待，对于本案中的被告人来说事实上是不可能的，因此本案被告人不能承担过失伤害行人的责任。

③ 也有学者认为期待可能性理论的首倡者是德国学者迈耶(M. E. Mayer)。参见侯国云：《过失犯罪论》，人民出版社1996年版，第258页。但由于迈耶只是提出非难可能性，并没有涉及形成期待可能性的正常状况(附随状况)，而是由弗兰克提出这一点，所以，大多数学者及有关的文献认为系统论述期待可能性的首倡者是德国学者弗兰克。

行为当时的情况可期待其为合法行为时，始得予以责任非难的理论。当行为人有责任能力，有主观上的故意或过失，更具有违法性认识的可能性，但如果行为是出于迫不得已，不能期待不为此种违法行为时，也无法对行为人予以责任的非难。由此可知，有无期待可能性，为责任非难的界限。根据“癖马脱缰案”的判决理由逐渐形成的期待可能性理论，在20世纪昭和初年传入日本，首先在日本的大审院时期的判例中得到一定程度的确认，在第二次世界大战结束后，日本高等法院和下级法院刑事审判中，对于数起因超法规欠缺期待可能性阻却责任的案件宣判无罪，标志着司法和刑法理论上全面接受期待可能性理论。①

期待可能性理论体系上大体完成于施密德(Eberhard Schmidt)，而将期待可能性与责任关系予以系统论述的是弗尔蒂(Foltin)。

施密德认为，法规范具有两种作用：(1)判断某一行为是否合法的评价规范作用，此为客观的价值判断；(2)命令行为必须决定采取合法态度不得采取违法态度的命令规范作用，此为责任判断规范。故仅能依据其命令而为意思决定之人，如果违反期待而决意实施违法行为时，才发生责任问题，所以，期待可能性是责任的规范要素。② 弗尔蒂(Foltin)对期待可能性与责任的关系问题给予了明确论述。他认为，人对法的规定(禁止、命令)具有遵守的义务，违反此义务的行为是违法行为。有避免违法可能性而竟实施了违法行为就会受违反义务的非难。这种非难是责任的本质。如行为时违反义务的违法行为是出于不可能避免、不可能期待时，对行为人不能归责。这样一来，合法行为的期待可能性是应受非难的责任界限，期待不可能则无责任。③

在期待可能性理论逐渐形成后，对不具有期待可能性的行为，不能处以刑罚，诸种观点都是一致的，但是，为什么不能处以刑罚的问题，日益成为学者们关注的焦点。主要采纳的是责任阻却事由说。

该说主张，当外部的事实符合一般常规的情况下，是能够期待行为人决意实施合法行为的，尽管能够期待决意实施恰当的义务，行为人却决意实施违法行为时，对违反意思决定规范的行为人予以非难是可能的。与此相反，当外部的事情是非常规的情况下，决意实施合法行为成为不可能，不能予以责任非难，责任被阻却。但是，该种学说虽然在阻却责任上的这一点是一致的，但其理由却不相同。换言之，即对期待可能性的问题在理论体系上处于何种地位的认识不同。主要有三种学说，一是认为期待可能性只是故意、过失的要素说，该说为德国学者弗洛登塔尔(Berthoid Freudenthal)所主张；二是期待可能性是与责任能力、故意、过失并列的独立的责任要素说，该说为德国学者弗兰克(Rein-hard Frank)所主张；三是不具有期待可能性是阻却责任的原因说，该说为德国的通说。

---

① [日]内藤谦：《刑法总论讲义》(下)，有斐阁1991年日文版，第1185页。

② 高仰止：《刑法总则的理论与适用》，五南图书出版公司1986年版，第287页。

③ 何鹏、甘雨沛：《外国刑法学》(上册)，北京大学出版社1984年版，第344页。

除责任阻却事由说外，从期待可能性理论产生后德国学者对不具有期待可能性阻却责任的观点看，主要还有以下三种学说：

(1)事实宽恕事由说。由德国学者考夫曼(Kaufmann)所首倡。认为期待可能性虽然在责任论的领域讨论，此时，作为一种纯粹的关系的“非难可能性”实体性的“责任”是一种计量性的“非难”，与各个概念的区别在于，非难的可能性意味着只限于存在非难的诸种要件(诸前提)，与实际上应当给予的是非难以及非难的轻重没有任何关系。他认为，作为无价值的非难可能性，在确认其构成的要素——义务的认识可能性，以及根据所认识的义务形成意思的能力充足的场合等存在与否成为一种概念。像具有这样的非难可能性的场合，首先成为问题的非难的程度。责任的非难，在具体的案件中是实践性的，即立法者或者法院在判决依据的事实上，也不是不能增加任何轻微的事实的。像这样的能够被宽恕场合，尽管存在非难可能性，可是理应不能够加以非难。

(2)应当责难性阻却说。① 这是德国学者马拉赫(Maurach)所倡导的，他认为，归责可能性是应当责难性以及责任的上位概念，这就是说，行为人实施符合构成违法要件的行为，通常也并非是评价为无价值的非难的判断。责任的非难，受刑法影响的未必是全部的行为人，只能是针对被期待实施符合规范的行为的行为人。不过，因为对于有应当责难性必须具有责任，意味着负担，所以，当客观的情况应当不妨碍一定动机的形成的情况下，从行为人必须具有的责任看，能够肯定存在行为的应当责难性。这样的应当责难性，如果是从一般人有可能依法被推定，则就脱离了行为人的基础。对这样的责任判断，由于责任在本质上高于应当责难性，责任应当包含非难，这种应当责难性存在的基础就超出了单纯的否定对平均性诸要求的基础，成为对具体行为人期待可能性的诸要求不相适应的非难判断的责任基础。因此，他认为，期待可能性问题从行为领域向行为人领域发生转移，期待(不)可能性的问题，根据法律规制的方法予以规范化、类型化的，是与个别化非难判断不同的，即如紧急避险的行为的问题，不是对个人的非难，是对行为人不具有一般人相应行动的一般化的评价，由此，被法律承认的紧急状态存在的情况下，正确的是对应当责难性的阻却，对无责任能力人的紧急状态，能够援用的是阻却应当责难性。

(3)规制性原理说。这是德国学者黑克尔(Henkel)所倡导的。他认为，期待可能性与期待不可能性作为规范的责任要素中一对相对的概念理解，是理论研究的归纳。根据通说，期待可能性是刑法上作为责任论概念的要素的理解是正确的。但是，期待可能性出现了在适用领域评价过小而其机能过大的现象。这一概念在立法以及司法上都具有作为辅助手段的特点，民法、行政法、警察法、国际法等领域都在使用，因此，期待可能性理论应

---

① (Tatverantwortung)日语译为“答责性”，但是该词在汉语中没有相应的词，也与我们的“刑事责任”的含义不完全相同，其含义我们理解可以包括应受谴责性和应受惩罚性，但是，由于期待可能性的德、日刑法理论是在责任领域内讨论期待可能性问题，而责任论的中心含义是“非难可能性”，其中包括责任能力、故意、过失、期待可能性。因此，我们将“答责性”译为“应当责难性”。

当成为所有法的领域中的规制原理。但该原理本身并不能揭示判决的内容，只不过在个案中提示了决定明了正当性和法的义务不明确界限之途径。因此，期待可能性并不具有价值的内容和价值的标准，因为它完全没有价值，所以，对个案不具有规范性和构成上的机能。他认为，期待可能性是责任的要素，从以往超法规阻却责任事由看，其思想不只是忽略确定责任中的不法内容。而且，由于只是有限确认其思想作为阻却刑罚的规范的地位，而过大地评价其意义，因此，应当确认期待可能性作为规制原理的机能的界限。H. 迈耶也持有与黑克尔相同的观点。①

（二）期待可能性理论学说的评价

当然由于德、日刑法理论对犯罪的成立主要采纳的是构成要件符合性、违法性、有责性统一的理论体系，虽然在理论上也认为犯罪构成的符合性意味着存在违法性和有责性，一般可以认定犯的成立。但犯罪构成要件的符合性只是与违法性、有责性相并立的犯罪成立的一个条件，在特殊情况下，即在存在违法性阻却事由或责任阻却事由的情况下，还是不能够认定具有构成要件符合性的行为成立犯罪，因而构成要件符合性不能最终决定某一行为是否成立犯罪，最终解决是否应负刑事责任的问题。从这一点说，期待可能性问题在其犯罪论体系中定位于责任论中，解决是否应负刑事责任的问题，应当说是恰当的。

期待可能性理论在产生的初期就受到一些学者的批判，认为其偏重于犯罪人的立场，轻视国家利益，使司法弱化、刑法功能减低等。但是，期待可能性却在论证中逐渐显示出其符合人类理性的一面，并在大陆法系的刑法理论中逐渐成为重要责任理论。其合理性在于：第一，法律规范是国民行为的义务规范，违反义务规范产生责任的负担，基于义务规范才能期待国民遵守法律规范实施合法行为。第二，根据规范责任论，人具有相对的意志自由，在正常情况下如果选择违法行为，其意志的主观恶性应当受到谴责，但是，在处于非正常情况下，不能期待行为人不选择违法行为时，如果追究责任则根本上是与人情相悖，违背刑法的人道原则。第三，期待可能性符合刑法的谦抑原则和刑罚的教育、预防目的，即期待可能性理论使对缺乏期待可能性的人免予刑事追究，抑制国家刑罚权的扩张，防止对无期待可能性的人的刑事追究，造成其与社会的对立；反之有期待可能性的，刑罚的不可避免，才能使其在刑罚的威慑、教育等作用下改过自新、复归社会。

至于缺乏期待可能性的刑事责任问题，从其理论观点看，是为解决在精神受到强制状态但具有意志自由的情况下（马车夫受到失业的威胁）能否成为阻却刑事责任事由，从其体系定位看不能不说是有合理之处。但是，其他的各种学说中，同样不能说没有这一合理内容。例如，事实宽恕事由说中，认为期待可能性对于责任“量”并没有影响的认识；应当责

① ［日］西原春夫、藤木英雄、宫泽浩一等主编：《现代刑法讲座》第二卷，成文堂 1982 年日文版，第 240~245 页。

难性阻却说中，认为应根据法律规制的方法将期待可能性问题予以规范化、类型化，实际上紧急避险、正当防卫、执行命令等行为阻却责任的规定，正是这一主张的体现；规制性原理说中，期待可能性原理本身并不能揭示判决的内容，只不过在个案中提示了决定明了正当性和法的义务不明确界限之途径，期待可能性应当是全体法秩序中具有重要意义的规制原理的见解，都是值得肯定的。

二、期待可能性有关问题

在德、日刑法理论中期待可能性是规范责任论的核心理论。实务中，缺乏期待可能性是阻却责任或者减轻责任的事由。①

规范责任论逐渐取代心理责任论而成为责任论的核心理论，期待可能性在体系中的地位问题成为德、日学者争论的焦点。主要有三种学说：第一种学说认为，期待可能性是故意、过失的构成要素说。该说为德国学者弗洛登塔尔所主张，认为缺乏期待可能性时，主观的罪过本身就会被阻却。日本学者小野清一郎、团藤重光等也支持该说。第二种学说认为，期待可能性是与责任能力、故意、过失并列的独立的责任要素说。缺乏期待可能性时，罪过仍然存在，只是阻却责任。德国学者弗兰克、日本学者福田平、大塚仁等主张该说。第三种学说认为，缺乏期待可能性是阻却责任的事由。即责任能力和罪过为责任的原则要素，所以，有责任能力和罪过时，可以推定有期待可能性，缺乏期待可能性只是在例外的情况下，推定缺乏期待可能性。日本学者佐伯千仞、吉川经夫等支持该学说，佐伯千仞认为："责任能力和故意、过失这种过去被认为是责任要素的东西，与期待可能性的要件在逻辑上绝不是单纯并列于同一平面上的，两者毋宁是处在前提和从前提引出的结论的关系上。法律允许进行'相应的推定'，即行为人既然是责任能力者、具有故意或过失，那么，就可以说能够期待他实施合法行为(即他是有责的)。也就是说，责任能力和故意或过失合在一起构成一个责任的原则型，这个原则型的充足就相应地推定期待可能性的存在。然而，这到底仅仅只是相应的推定，如果存在例外的特殊情况，就自然可以打破这种推定。"②

可见，在上述三学说中，前两种学说是将行为人具有期待可能性视为积极的责任要素，而后一种学说则是将不具有期待可能性视为消极的责任要素。应当如何评价期待可能

① 德、日刑法理论认为，在无认识情况下而缺乏期待可能性，例如，过剩防卫、过剩避险情况下，为"法律上的阻却或者减轻责任事由"；而在实体法没有规定的情况下，缺乏期待可能性，例如，下级受制于上级而执行违法命令，下级不能抗拒，则为"超法规阻却责任事由"。见[日]吉川经夫：《改订刑法总论》，法律文化社 1974 年日文版，第 205~207 页。

② [日]佐伯千仞：《刑法中期待可能的思想》，有斐阁 1985 年日文版，第 347 页；转引自冯军：《刑事责任论》，法律出版社 1996 年版，第 253 页。

性在责任论中的地位，的确是一个艰深的课题。从具有故意或者过失罪过一般而言就具有被期待的可能性来说，期待可能性可理解为是一个关于责任的积极要素，因为它涉及的问题是责任的有无和责任的大小。但是，又不可否认一般而言具有期待可能性的确是被推定而具有消极的含义。不过，正因为客观的行为环境条件不同，行为人个人的具体状态不同，是否具有期待可能性，显然并不能因为主观上已经认识到违法和危害结果，或者有认识的可能性而确认一定具有期待可能性。换言之，即使说具有刑事责任能力、对危害结果事实和违法性具有认识或者有认识的可能性，也不能说就具有期待可能性。所以，从德、日学者的观点看，根据其犯罪成立条件的理论中责任性之含义，将期待可能性理解为与责任能力、故意或者过失一样独立发挥作用的要素，即第二种学说是比较恰当的。

然而，根据我国刑法理论，在主观与客观相统一的犯罪构成要件体系下，我们采用期待可能性理论，应当如何看待其在犯罪理论及责任论中的地位和作用？有三种不同的看法，第一种观点认为，“我国刑法中的故意、过失本身便是心理事实与规范评价的统一，已经完全体现了期待可能性思想。主张将期待可能性引进我国犯罪主观要件中加以完善罪过的观点是完全不足取的。”①第二种观点则将期待可能性理论置于罪过的理论中加以研究，不具有期待可能性阻却罪过而无责任。② 第三种观点将期待可能性理论放在刑事责任理论中加以研究，作为归责的第四个要素。③

我国刑法采取的是主观与客观相统一的犯罪构成体系，具备犯罪构成的行为，也就能成立犯罪。就以过失犯罪为例，如何评价其过失罪过与责任？根据我国刑法理论，是将行为人的事实过失与对过失的违法性评价以及责任性的评价统一为一个整体，即只需对行为人的主观心理事实作出评价，就可以对违法性以及责任作出规范评价。这一规范评价体系，从某种意义上说，避免了德、日刑法仅从构成要件符合性、违法性方面评价时，不能区分过失与意外事件、不可抗力，而需要在责任阶段重复评价的现象。问题在于这种根据心理事实评价可以对违法性以及责任作出规范评价的理论是否科学。

如果仅以此为由而否定对过失的违法性评价的价值以及过失责任评价的意义，不能不说是理论上的缺陷。笔者认为，具体事件中的行为人“应当预见而没有预见”和“已经预见却轻信能够避免”的违法评价，是依照行为人自身的具体能力可以认为是违反了法律、法规的“注意义务”的判断。对此，是需要确定行为人在行为时，确实能够遵守法律、法规的“注意义务”却没有遵守的情况存在。这不仅涉及行为人的注意能力问题，而且涉及期待可能性问题。如果以行为人“应当预见”“已经预见”结果的社会危害性的心理事实而论以违法和责任，这无疑说凡是在主观上能够认识或者已经认识到结果发生的情况，也就可以评

① 李立众、刘代华：《期待可能性理论研究》，载《中外法学》1999 年第 1 期。

② 陈兴良、曲新久：《案例刑法教程》(上卷)，中国政法大学出版社 1994 年版，第 171 页。

③ 冯军：《刑事责任论》，法律出版社 1996 年版，第 234 页。

价为主观上具有违法性意识和具有责任。显然，这在理论上有不能自圆其说之处，因为“应当预见”表明的含义，是事实上“没有预见”，怎能认为有违法性意识？而且，依此说法，在社会实践中如有“应当预见”和“已经预见”结果的社会危害性时，就可以评价为违法，甚至有责任，则相当一部分正常的社会行为，将会被法律所禁止，就像驾驶汽车这样的行为也应是法律禁止之列。这显然任何人都不会赞同。这就是说，无论从理论上或者实践角度讲，与违法性评价欠缺直接联系的是对责任性的评价不足。现实中，不仅存在行为人的注意能力低于普通人的情况，而且也存在虽具有预见可能性或已经预见到危险发生的可能性，甚至对违法性有认识，但却因某种不能归责于行为人的具体原因没有预见或无法防止的情况，即不具有期待可能性的情况。对此虽然我们可以说，这种情况理论上和实践中应当评价为不具备犯罪构成要件，不构成犯罪或者应当减轻处罚。但是，作为评价不具备犯罪构成要件——不具有主观罪过或者应当减轻处罚的原因是不具有责任，或者责任轻，而不具有责任或者责任轻的根本理由则可以是期待可能性问题，换言之，期待可能性就是能否归责于行为人，或者责任是否为轻的最重要理由，而这一点才是决定犯罪构成能否成立和责任轻重的原因。

由于具有期待可能性同样是以存在遵守义务的可能性为前提条件，如果行为时存在使行为人不可能遵守义务的情况，违反义务是不能成立的，责任应当被阻却；如果行为时存在部分使行为人不可能遵守义务的情况，则刑事责任应当减轻，这正是期待可能性的意义所在，而这一点却是我国刑法理论在罪过问题和责任理论上没有阐明和明确要求的内容。也正因为如此，即使我国刑法中规定了减弱刑事责任能力、紧急避险等，由于没有从理论上阐明紧急避险等之所以不负刑事责任——不具有主观罪过或者减弱刑事责任能力的根本理由，司法人员通常也不会从这一方面去考虑是否存在阻却或者减轻责任的事由，而这又恰恰是易造成误判的原因。因此，笔者不能赞同“我国刑法中的故意、过失本身便是心理事实与规范评价的统一，已经完全体现了期待可能性思想”的认识。

如前所述，笔者对我国刑法理论中主观罪过只需对心理事实作出规范评价，即可得出违法性以及责任性评价的统一结论提出了质疑。但是，从具备犯罪构成要件成立犯罪才具有责任而言，责任似也没有独立的地位与意义，我们认为责任理论虽然与犯罪构成有着不可分割的联系，但它是相对独立、自成体系的理论，而期待可能性理论既是其理论的重要组成部分，同时也是犯罪构成主观要件理论的重要组成部分。虽然我国的犯罪构成体系与德、日刑法理论犯罪成立条件的体系不同，但是，在确认是否具备犯罪构成要件而具有刑事责任及责任程度的阶段上，与德、日刑法的要求本质上并没有区别。因此，笔者赞同将期待可能性理论在责任理论中加以研究的观点。从缺乏期待可能性阻却责任及其程度应当是积极性因素的角度理解，我认为，可以从两个方面考虑期待可能性问题。第一，在确认责任阶段，缺乏期待可能性阻却责任，即否定犯罪构成的成立。在此，应当主要考虑是否存在法律规定的不负刑事责任的各种情况，例如，刑事责任年龄、刑事责任能力、紧急避险、被"强令违章冒险作业"等。第二，在确认责任程度阶段，缺乏期待可能性阻却责任程度，即否定完全责任的成立。在此，应当主要考虑是否存在"超法规阻却责任事由"的各种情况，例如，被强迫开违章车船、生活所迫从事不得从事的职业或者业务等。当然，这其中有些情况可能不易具体归纳为哪一类型的阻却责任或者责任程度的事由，例如，胁从犯可以说是存在法律规定的缺乏期待可能性，但是，根据刑法规定不能免责；也可以说是因受到精神强迫的具体内容、性质等等不同，具有"超法规阻却责任事由"，虽然不能免责但可以从轻、从宽处理。

有学者认为："德、日等国刑法中的期待可能性理论与我国传统的刑法理论也有不相符合甚至大相径庭之处。"并举例认为，德国刑法学者基于期待可能性理论，皆以心理受强制为阻却责任之事由。以此理由，仓库守卫人员在抢劫犯以生命安全相威胁下，打开仓库让抢劫犯抢走财物，就不负刑事责任，因为在此种情形下，不能期待仓库守卫员不顾自己的生命安全而去与抢劫犯作斗争，即缺乏期待仓库守卫员实行合法行为的可能性，因而应阻却责任。显然，这套理论在我国是行不通的。按照我国传统的刑法理论，该仓库守卫员尽管受到生命安全之威胁，但他的身体并未受到强制，他仍然有决定打开仓库或不打开仓库的自由，他在意志自由情况下毅然决定打开仓库，让抢劫犯抢走财物，他主观上就是有罪过的，应承担刑事责任。除非该仓库守卫员身体受到强制时(被抢劫犯捆绑起来)，然后劫犯自己打开库门，抢走财物，才可阻却刑事责任。①

笔者认为，就此例来看，有无期待可能性与阻却责任或者减轻责任是两个不同层次的问题。有无期待可能性讨论在受到精神强制、选择合法行为的意志受到挫折的情况下，是否还能够期待仓库守卫员不顾自己的生命而去阻止抢劫犯罪的问题，其评价的根据并不在于法律的规定，而是一般性道德规范及个人主观意志。当选择合法行为的意志受到挫折，行为人个人对本人生命与他人财产价值的评价，在此种情况下，能否期待其选择不实施违法行为的可能性。生命应当是一切价值判断的基础，无论任何人处于与行为人相同的境地，舍弃违法行为再无他法时，期待行为人牺牲较大的利益甚至自己的生命去遵守法律，阻止抢劫犯罪，有无这种可能性？换言之，即人身和财产相比孰轻孰重以及如何评价两者的问题。阻却责任或者减轻责任则是根据现行法律的规定，确认其是否应当承担刑事责任、承担何种程度的刑事责任问题。当然，这其中还包含着整个社会以及法律规定对生命与财产价值的评价以及评价的标准问题。就期待可能性与阻却责任或者减轻责任的关系而言，前者可以是后者的立法的根据；而后者只能是前者的法律体现，前者不为后者所决定。如果社会的评价是生命应当重于财产，那么，就产生国家法律是否应当对违法行为人予以救助，这就必然存在有无期待可能性的问题。就我国法律而言，结论应当是肯定的。详言之，作为胁从犯，虽然不阻却仓库守卫员应承担的刑事责任，但是，并不意味着就能

① 侯国云:《过失犯罪论》，人民出版社 1996 年版，第 262~263 页。

够期待仓库守卫员不可以(或者应该不)考虑自己的生命安全而去阻止抢劫犯罪，怎能认为该种情况下不具有期待可能性问题?

当然，我们并不否认即使有些行为人选择了违法行为，是出于自我保护的脆弱人性，但是，却存在着不可能得到国家、社会、民众宽恕的情况。例如，在监狱中服刑的犯人因为自由受到限制或被剥夺，为了获得自由而从监狱中逃脱；抢劫犯为阻止被揭露而杀害被害人等，就不能以不可能期待该人不实施追求自由的行为或者逃避惩罚为由而否定其应受谴责性。因为其具有的情况并不是一种具体的非常规的情况，而是一般的、常规的，因而具有期待可能性是不言而喻的。“但是，如果该人在监狱中服刑时，经常受到虐待或者生命安全受到重大威胁却得不到保护，那么，当他从监狱逃脱时，就能够以不可能期待该人不实施保护自己的行为由而否定其脱逃行为的应受谴责性，犯人经常被虐待或者生命安全受到重大威胁却得不到保护的情况具有具体的非常规的性质。”①

① 冯军：《刑事责任论》，法律出版社1996年版，第235页。

我国古代刑法中的犯罪过失概念剖析[①]

一、源考

在法的发展历史上，犯罪过失是对应于犯罪故意而存在的概念。古代历史文献中，“谋”“故”“不识”“过失”“误”“遗忘”等表示犯罪之人主观心理状态的法律术语，直至清末制定《大清新刑律》之前，始终只是作为区分刑事责任程度的情节，而不是区分刑事责任有无的主观要件。然而，其中有关罪过的记载，据史学家的考证，是与“刑”的记载几乎同时出现的。

记载“过失”这一法律术语最早文献，目前有不同的认识。蔡枢衡认为，在现存文献中，最早的是《周礼·秋官·司刺》的“三宥”制度。即“一宥曰不识，再宥曰过失，三宥曰遗忘”之说②。第二种观点则认为，有关“过失”记载最早的史料，是《尚书·舜典》的“眚灾肆赦，怙终贼刑”之说，注云：“眚，过；灾，害；肆，缓；贼，杀也。过而有害，当缓赦之；怙奸自终，当刑杀之。”③清代学者沈家本在其《历代刑法考》中考证说：“疏：‘《春秋》言肆眚者皆为缓纵过失之人。是肆为缓也，眚为过也。过而有害，虽具状合罪，而原心非故如此者，当缓赦之；小则恕之，大则宥之’”④。第三种观点认为，《周礼》中的“三宥”制度并不是后世刑法中过失的渊源，而是臣僚因公犯罪、误失、遗忘的渊源。并认为，首次提出过失概念的，是西晋张斐《律注表》提出的“不意误犯谓之过失”。根据《唐律》中对臣僚犯罪分别规定不识、过失、遗忘的刑事责任推定，“三宥”制度在西周时期只适用于断卿大夫狱讼的邦法，而不适用于处理庶民狱讼案件。

笔者认为，《尚书》所载历史是从唐尧时代起，虽然书出自西周，但距唐尧时代较近，而且，虽因孔子删书，断自唐尧，也不能排除儒家托古改制，神化尧舜事迹。此前之史，

---

① 本文原载于《武汉大学学报(人文社会科学版)》2000 年第 3 期。

② 蔡枢衡：《中国刑法史》，广西人民出版社 1983 年版，第 198 页。

③ 周密：《中国刑法史》，群众出版社 1985 年版，第 41 页。

④ 沈家本：《历代刑法考》，中华书局 1985 年版，第 212 页。

诚如“因史不足，殊难考其究竟”①，但古文献中“眚”是指“过失”“过错”却是不争的记载。至少说明在西周时期对无犯意而危害社会的行为已有认识。

蔡枢衡对西周“三宥”制度考证后指出：“从制度成熟的程度看，绝非创始于周代，而是承自商代甚至夏代的。当然，也绝不像是后人伪造的。”②《尚书·舜典》记载：“象以典刑，流宥五刑……眚灾肆赦，怙终贼刑。”《尚书·大禹谟》中也有“宥过无大，刑故无小”的记载。这些记载的真伪后世虽然有异议，但从西周时期奴隶制刑法中关于罪过具有比较完整的规定来看，应当说，并非完全没有史实根据。据《周礼·秋官·司刺》的记载谓：“司刺掌三刺、三宥、三赦之法，以赞司寇听狱讼。壹刺曰讯群臣，再刺曰讯群吏，三刺曰讯万民。壹宥曰不识，再宥曰过失，三宥曰遗忘。壹赦曰幼弱，再赦曰老旄，三赦曰蠢愚。以此三法求民情，断民中，而施上服下服之罪，然后刑杀。”该记载虽然说符合宁汉林、魏克家二位之“其时八议八成之法，三宥三赦之制，胥纳之于礼中”③。不是具有普遍意义的刑法制度，但“不识”“过失”“遗忘”无论是否专指臣僚因公犯罪，不可否认它包含着现代刑法意义上的“过失”之含义。所以，我认为，记载“过失”心理态度最早的文献，应在西周时期。张斐《律注表》提出的“不意误犯谓之过失”应当看作是对古人“眚”“不识”“误”“过失”“遗忘”等表示无犯罪动机心理的进一步区分和阐释，不宜视为首次提出的过失的概念。

二、变迁与评价

在我国古代文献记载中，关于“过失”的刑法思想和刑事政策起源很早。在西周时期，奴隶主对于适用刑罚要考虑“故”和“失”的思想，这也表明“三宥”制度中确立的重罚故意犯，轻罚非故意犯的刑法思想和刑事政策在西周时期得到进一步确立。而且，事实上也为后世各朝代的统治者所继承。

所谓“三宥”制度，“一宥曰不识，再宥曰过失，三宥曰遗忘”。“不识”，郑司农注释为：“不识，谓愚民无所识则宥之。”这里的“愚民无所识”，似应解释为精神正常但不知法令如何规定之人。按照我国古代的传统说法，将不知法令之人解释为“愚民”是比较恰当的。但这样一来，“不识”应为“法律错误”，与现代意义上的过失联系不紧密。郑玄则将“不识”注释为：“识，审也。”则不识也就是不审之意。郑玄并举例：“不审，若今仇雠当报甲，见乙，诚以为甲而杀之者。”所举之例，为现代刑法学上的“对象错误”，严格地说也不属于过失犯罪的范畴，至多是过失与故意罪过有竞合而已。蔡枢衡认为：“识是知识，

① 宁汉林、魏克家：《中国刑法简史》，中国检察出版社 1997 年版，第 117 页。

② 蔡枢衡：《中国刑法史》，广西人民出版社 1983 年版，第 198 页。

③ 蔡枢衡：《中国刑法史》，广西人民出版社 1983 年版，第 186 页。

亦即有辨别。不识就是行为人在行为时对自己成为犯罪的行为，危害的对象或结果，全不了解或了解不够。”①从这一解释来看，“不识”而宥的，既包括“法律错误”的内容，也包括“疏忽”以及“对象错误”的内容。

“过失”，《说文解字》谓：“失，纵也。”《广雅·释诂》三注：“过，误也。”郑玄对此注释为：“过失，若举刃欲斩而轶中人者。”郑玄虽对此并无进一步解释，但在《周礼·地官·调人》对“过而杀伤人者，以民成之”的注释中说：“过，无本意也。”这表明不是出于本意而杀伤人的，是过失。晋代律学家张斐在《律注表》中列举了20多种法律概念，其中指出：“其知而犯之，谓之故，意以为然谓之失……无变斩击谓之贼，不意误犯谓之过失。”②这里张斐将“失”与“故”相对，将“不意误犯，谓之过失”与“无变斩击，谓之贼”并列，表明“失”与“过失”应存在一定的区别。其“失”的含义中明显包括现代意义上“事实错误”的内容。但对于“过失”郑玄和张斐都突出了强调“无本意”“不意”，表明“过失”是主观上不具有犯罪的意图，是因没有认识到结果而犯罪的，蔡枢衡也认为“过失”是“认识不符合实际，实际发生的事实出乎自己的意料”③。所以，“过失”理解为“无意识而犯罪”的“无认识过失”是确切的。但也有学者认为《周礼》中的“过失”，按现代刑法理论，应属于“过于自信过失”④。该见解还值得商榷。

对于张斐在“过失”的注释中连用“不意”与“误犯”，清代学者沈家本评析说：“张斐《律注表》：‘不意误犯谓之过失。’又云：‘过失似贼，戏似斗，斗而杀伤旁人，又似误。’其‘不意’二字，即本诸康正之非本意，而又加‘误犯’二字，于是二者又混合难分。”⑤对此，有学者认为：“张斐所称的‘误’，与郑玄为《周礼·地官·司救》注中所称‘误以行伤人’的‘误’是一个意思，即过误行为。‘不意误犯’，即是非出自本意的过误行为。这里并不存在什么混合难分的问题。”⑥

对于张斐“意以为然谓之失”，有学者认为是张斐总结晋代以前的历史经验，制作了刑法上的错误概念，区分了故犯罪与误犯罪的界限，是刑法发展史上的进步。⑦ 也就是说，这是对“三宥”之制“不识”含义的进一步阐述。但也有学者认为，这里更强调的是主观上已具有一定认识，轻信结果可以避免，类似“有认识过失”⑧。日本学者西田一太郎认为，“意以为然谓之失”与“不意误犯谓之过失”二者有区别。前者强调的是“想当然”，这其中包含着“错误”的情况而有别于后者的“过失”。“失”是张斐为与“过失”相区别而专门创造

① 蔡枢衡：《中国刑法史》，广西人民出版社1983年版，第186页。
② 高潮、马建石：《中国历代刑法志注释》，吉林人民出版社1994年版，第92页。
③ 蔡枢衡：《中国刑法史》，广西人民出版社1983年版，第186页。
④ 侯国云：《过失犯罪论》，人民出版社1993年版，第68页。
⑤ 沈家本：《历代刑法考》，中华书局1985年版，第2122页。
⑥ 张晋藩：《中国刑法史新论》，人民法院出版社1992年版，第317页。
⑦ 宁汉林、魏克家：《中国刑法简史》，中国检察出版社1997年版，第119页。
⑧ 张晋藩：《中国刑法史新论》，人民法院出版社1992年版，第314页。

的用语，为表示一般意义上的过失行为并使之与“故”相对。“失”包括轻罪的“过失”也包括“错误”，以“误”作“失”的同义语，而与“过失”相区别①。对于上述不同认识，联系《唐律》，特别是唐代以后宋、元、明、清的刑律，只将因过失而杀伤人运用“过失”一语，并逐渐以“过”“误”等取代张斐的“意以为然谓之失”之意，来表示广义上的过失行为，我认为后一种见解更贴近“意以为然谓之失”的原意。

《唐律》是我国封建制刑法的集大成者，其《名例律》中虽并没有规定犯罪故意与犯罪过失的专条，但在具体罪中多有规定。在《唐律》中，非故意犯罪的规定有以下几个特点：第一，法典趋于严整化，有关法律上和事实上认识错误的规定，大体上已与“过失”的心态有所区别。例如，《名例律》记载：“本应重而犯时不知者，依凡论；本应轻者，听从本。”即本应为重而犯时误以为轻，是对法律有认识错误，则依凡论；相反的情况下，则依法律规定处罚。《诈伪律》记载：“诸诈教诱人使犯法，犯者不知而犯之。”疏议曰：“鄙俚之人，不闲法式，奸诈之辈，故相教诱，或教盗人财物，或教越度关津之类。犯者不知有罪，教令者故相坠陷，故注云‘犯者不知而犯之。’”显见对法律的认识错误采取“不知法不赦”，即使不知行为违法，仍要依法处断。再如，对象认识错误“数人共谋杀甲，夜中匆遽，乃误杀乙者，科以故杀罪”的规定，与现代刑法对象错误的处断原则有相似之处。可以说，有关认识错误的规定，发展至唐代已相当成熟，宋、元、明、清各代的刑律，基本上沿用，没有大的发展。

第二，表述非故意心理的立法例与用语进一步明确化、定型化。根据《唐律》中的规定，非故意心理态度，称之为“失”“误”“过失”“不觉”“备虑不谨”等。但“过失”用语，只限定于过失杀伤人的场合，对于毁坏器物、杀伤牲畜等方面的过失行为，则不用“过失”一语，而多以“误”表示。“失”则用以概括官吏公务方面的过失行为，“误”则作为“过失”中的一种，对官吏和庶民都适用。“不觉”“备虑不谨”等，则是用于某种具体过失行为。这样的立法体例与刑事政策，宋、元、明、清各代的律典相沿，基本上未变化。例如，《明律》对于过失杀伤的注释为：“初无害人之意而偶致杀、伤人者。”《清律》戏杀、误杀、过失杀伤人条：“若过失杀伤人者，较戏杀愈轻，各准斗杀、伤罪，依律收赎，给付其被杀伤之家。”类似的规定，几乎与《唐律》的规定相同。

第三，非故意心理的法律注释进一步具体化、明确化。东汉之后，对律的注解盛行，律家蜂起。到晋代时这种风气更盛，各派并列，观点学说极不一致。《南齐书·孔稚圭传》中有张斐与杜予“同注一章，而生杀相殊”之说②。唐代学者长孙无忌等，在总结前朝，特别是在总结汉律、晋律的立法、司法以及法律经验的基础上，对《唐律》中的注释更为具体、明确。例如，对《斗讼律》过失杀伤人条的“过失”注释为：“谓耳目所不及，思虑所不

① ［日］西田太一郎：《中国刑法史研究》，北京大学出版社1985年版，第111页。
② ［日］西田太一郎：《中国刑法史研究》，北京大学出版社1985年版，第116页。

到；共举重物，力所不制；若乘高履危足跌及因击禽兽，以致杀伤之属，皆是。”疏议注云：“谓耳目所不及，假有投砖瓦及弹射，耳不闻人声，目不见人出，而致杀伤；其思虑所不到者，谓本是幽僻之所，其处不应有人，投瓦及石，误有杀伤；或共举重物，而力所不制，或共升高险，而足蹉跌；或因击禽兽，而误杀伤人者；如此之类，皆为‘过失’。称‘之属’者，谓若共捕盗贼，误杀伤旁人之类，皆是。”①这也就是说，当未能充分注意，缺乏谨慎而发生的杀伤人的，为“过失”。强调“过失”的无本意、无认识因素的特点，与现代刑法上“无认识过失”相类似。当然，在上述注释中，也包含显然应属不可抗力的情况，以过失论，实属强人所难。但应当承认，《唐律》不仅继承了“眚灾肆赦”“宥过无大、刑故无小”的刑事政策和刑法思想，而且有所发展，特别是对律条的注释，基本上为后世各代刑法所沿袭。如关于过失杀伤人的注释，《明律》《清律》几乎与《唐律疏议》所作的注释没有什么差别。

在我国古代刑法中，用于表示无犯罪意图的用语除上述几种外，还曾使用“不端”“弗知”“过”“误”或“过误”等，比较混乱。

“不端”“弗知”是秦代刑法中与作为故意的“端”相对的概念。在睡虎地出土的秦墓竹简《法律问答》中，“不审”是作为“不端”的注释的。据“审”为“识”之意，“不端”显然是包括“法律错误”“事实错误”在内的广义上的非故意心理。但《秦律》中区分故意和非故意的“端”与“不端”，何故未被后世刑法所继承，因史料缺乏，难以考证。“过”的含义，与“误”相同，《广雅·释诂》三：“过，误也。”“误”“过误”作为刑法用语，在汉代已经固定下来。如“法令有故误。传命之谬，于事为误。误者，其文则轻。”东汉王充在《论衡·答佞》中说：“故曰：刑故无小，宥过无大……故贼加增，过误减损。”其“过”“误”都是在与“故”相对的意义上使用。不过蔡枢衡认为，汉代将不识、遗忘、和误认对象，概括为“误”，是汉代人误解《尚书·大禹谟》中“宥过无大，刑故无小”两句文义的结果。值得注意的是，从唐代起，在正式的律文中，“误”用以概括广义上的过失行为，排斥使用“过”“过误”的用语。

“误”，从其使用的规范角度考察，是指应知而误犯的情况，也就是本应集中注意力而且能够这样做，但却没有能实施导致正确结果的行为。由此，“误”更强调的是在认识上的错误，以及认识与行为之间的误差。例如，《唐律·斗讼律》：“诸斗殴而误杀伤傍人者，以斗杀伤论，至死者减一等。”疏议：“‘斗殴而误杀伤傍人者’，……或死或伤者，以斗杀伤论。不从过失者，以其原有害心，故各依斗法。”②《既库律》：“诸故杀官私牛马，徒一年。……其误杀伤者不坐，但偿其减价。”疏议：“误杀伤者，谓目所不见，心所不意，或

① 长孙无忌：《唐律疏议》，中华书局1983年版，第426页。

② 长孙无忌：《唐律疏议》，中华书局1983年版，第422页。

非系放畜产之所而误杀伤，或欲杀猛兽而杀伤畜产者。”①可见，“误杀伤傍人”有“打击错误”或“对象错误”之义，不以“过失论”是因为原就有杀伤之意。而“误杀伤畜产”的注文，虽与“过失杀伤人”的注文几乎没有什么区别，之所以不为“过失”，也因对象不同。对此蔡枢衡总结为：“过失与误的区别，似在：误是关于对象的认识或不认识，不符实际；过失则是指关于行为的认识或不认识，与实际不符。”②

清政府在汲取西方资产阶级国家立法经验的基础上，于 1910 年 10 月 25 日颁布了《大清新刑律》。该刑典除了在失火罪中使用“失”之外，对其余的过失犯罪均直接使用了“过失”这一法律术语，并使过失心态成为区分刑事责任有无的主观要件。《大清新刑律》虽然未及实施就随清政府的倒台而成为一纸空文，但立法上“过失”的规定标志着“过失”的法律术语完成了从古代到现代意义上的重大变革。

从我国古代刑法中有关记载无犯罪意图的犯罪来看，我们可以得到以下认识：

第一，古文献所载有关无犯罪意图的“不识”“过失”“误”“遗忘”“失”“误”等法律术语，并非仅指现代刑法意义上的过失情况，有关的注释表明其中包含着现代刑法意义上的“法律认识错误”“事实认识错误”“不可抗力”，反映了古代刑法对无犯罪意图犯罪罪过内涵及外延在认识上的概括性。

第二，从最初笼统表述无犯罪意图的“眚”，到包含着法律认识错误、事实认识错误的“过失”“遗忘”“不识”，以至到唐代以后有区别使用包括法律认识错误和事实认识错误的“过”“失”“误”“过失”，这表明了在我国古代刑法中，犯罪过失概念的内涵和外延的逐步明确化、具体化。

第三，我国古代刑法中表述无犯罪意图过失的概念，主要在于“无认识过失”，强调对事实或结果“无本意”。如张斐和郑玄的注释都突出了强调“无本意”“不意”，为“过失”，长孙无忌在注释“过失杀伤人”也为“耳目所不及，思虑所不到”。将对事实等有认识的“有认识过失”排斥在过失罪过之外，反映了在认识上的局限性。

第四，我国古代刑法中对非故意罪过而构成犯罪的，侧重于通过伦理规范来指导人们的行为，以预防和减少犯罪。对“过失”“宥过无大”的刑事政策和刑法思想，在《唐律》中得到明确体现，《名例律》前言中说：“德礼为政教之本，刑罚为政教之用。”这表现出适用刑罚只是作为一种辅助性手段的特点。

① 长孙无忌：《唐律疏议》，中华书局 1983 年版，第 283 页。

② 蔡枢衡：《中国刑法史》，广西人民出版社 1983 年版，第 187 页。

金融犯罪罪数形态的探讨[①]

所谓罪数，是指行为人的危害行为构成犯罪的单、复。[②] 金融犯罪的罪数是指行为人危害金融管理秩序行为构成犯罪的单、复。我国刑法理论通行的观点是根据实质的犯罪构成的个数区别犯罪的单、复。在金融犯罪中，法律明文规定构成数罪需要并罚的，只有现行《刑法》第 198 条第 2 款保险诈骗罪规定的，投保人、被保险人故意造成财产损失的保险事故，骗取保险金的；投保人、受益人故意造成被保险人死亡、伤残或者疾病，骗取保险金的，应当数罪并罚。当然，如果行为人的行为构成不同的金融犯罪，且数罪之间不具有不应当并罚的关系时，自然应当并罚。

在行为人的行为构成不同的金融犯罪时，属于异种数罪的金融犯罪；构成同种金融犯罪时，属于同种数罪。根据我国刑法的理论，异种数罪与同种数罪都存在并罚与否的问题，笔者认为，罪数形态问题既涉及罪的单、复问题，也涉及并罚与否的问题，但是，在这两个问题中罪的单、复问题是首要问题，它是解决是否并罚的前提。因此，这里笔者探讨的主要是金融犯罪的单、复，而其中主要是涉及非数罪而不需要并罚的问题。

一、想象竞合犯

想象竞合犯，是指一行为触犯数罪名的犯罪。具体来说，客观上只实施了一个行为，主观上只基于一次犯意的发动，侵害数个对象(客体)，触犯数个罪名。例如，非法获取证券交易内幕信息的人，与他人串通，以事先约定的时间、价格和方式相互进行证券交易，操纵证券交易价格的，其一行为既触犯现行《刑法》第 180 条泄露内幕信息罪，又触犯现行《刑法》第 182 条操纵证券交易价格罪，为想象竞合犯。

从想象竞合犯的成立条件上看，是形式上的数罪，即外观上的数罪，但因只有一个行为，与实质的数罪不同，因此，在裁判上是以重罪处罚。想象竞合犯的一行为是基于一次犯意的发动，但并不是说行为人主观上只有一个罪过，而是说犯意是一次产生的。事实

---

① 本文原载于《法商研究》2000 年第 4 期。

② 参见马克昌主编：《犯罪通论》，武汉大学出版社 1999 年修订版，第 608 页。

上，想象竞合犯的主要罪过的个数，往往是复合形式即双重罪过。例如，基于投毒的故意实施的投毒行为，同一投毒行为过失地造成另一对象的死亡。其行为虽然只有一个，但是，其主观罪过则为双重的，既有故意也有过失，在定罪上发生罪过的竞合。该种基于一次发动的犯意而实施的一个行为，可以是基于故意的罪过，也可以是基于过失的罪过。但是，根据我国刑法对金融犯罪的规定，我们认为，金融犯罪中可以由过失构成犯罪的非法出具金融票证罪，对违法票据承兑、付款、保证罪，不发生想象竞合犯的问题。在故意的金融犯罪中，除上述所说的犯罪以外，可以构成想象竞合犯的，如证券交易所、证券公司的从业人员，证券业协会或者证券管理部门的工作人员，故意提供编造的虚假信息并且传播，诱骗投资者买卖证券，扰乱证券交易市场，造成严重后果的行为，也是想象竞合犯，其行为既触犯现行《刑法》第 181 条第 1 款编造并传播证券交易虚假信息罪，又触犯第 2 款诱骗投资者买卖证券罪。

二、结果加重犯

结果加重犯，是指实施基本犯罪构成要件的行为，但发生了法律规定的重结果，刑法对此规定了较重刑罚的犯罪。其基本的条件是在基本犯罪构成上，只实施一个行为，触犯的是一个罪名，基本犯罪必须是结果犯并且是故意犯罪；在加重结果构成上，对重结果的发生必须具有罪过，实施基本犯罪的行为必须与重结果之间具有因果关系，刑法规定了两个以上的罪刑单位，并且，较重的罪刑单位是依附于基本犯罪的罪刑单位而存在，即离开基本罪刑单位，加重的犯罪构成不能存在。结果加重犯虽然是发生了较为严重的结果，但是因为只有一个犯罪行为，因此，结果加重犯属于实质上的一罪。在金融犯罪中，是否具有结果加重犯，理论上还有不同的认识，有学者持肯定的观点。① 笔者认为，根据结果加重犯的基本特征和成立条件，破坏金融管理秩序的犯罪中不具有属于结果加重犯的犯罪。为说明观点，有必要根据结果加重犯的基本特征来分析。根据其概念，结果加重犯的条件有：

（1）基本犯罪必须是结果犯并且是故意犯罪。如果基本犯罪是过失犯罪的，不包括在内。同时，笔者认为如果行为人对加重的结果具有的是过失心理态度的，则结果加重犯的基本犯罪的主观方面，不包括间接故意的犯罪。因为主观上属于间接故意犯罪的，对发生的基本结果也好，加重结果也好，都是在其认识之中，不存在对重结果另有罪过的问题。当然，也有学者认为结果加重犯，基本犯罪可以是故意的也可以是过失的。② 该问题还值得进一步讨论，但是从我国刑法的规定而言，笔者认为我国刑法中的结果加重犯的基本犯

① 参见舒慧明主编：《中国金融刑法学》，中国人民公安大学出版社 1997 年版，第 125 页。
② 参见舒慧明主编：《中国金融刑法学》，中国人民公安大学出版社 1997 年版，第 125 页。

罪不包括过失犯罪的情况。

(2)行为人对重结果的发生必须具有罪过。即主观上除对基本犯罪有罪过外，还必须对加重的结果有罪过，在主观上是复杂罪过形式，至于对重结果的罪过形式，笔者认为有的犯罪只能是过失，而有的犯罪可以是过失，也可以是间接故意。

(3)实施基本犯罪的行为必须与重结果之间具有因果关系。即重结果必须是由基本犯罪的实行行为所造成的。

(4)刑法规定了两个以上的罪刑单位。并且，较重的罪刑单位是依附于基本犯罪的罪刑单位而存在的，即离开基本罪刑单位，加重的犯罪构成不能存在。理论上有学者认为，结果加重犯的基本犯罪的罪刑单位与结果加重的罪刑单位是相互独立的。① 笔者认为，这种认识不正确因为结果加重犯的加重结果，是在基本犯罪构成要件的基础上发生的，任何一个结果加重犯，都是相同的。“相互独立”是说各自是可以独立成立犯罪的，但没有基本的犯罪构成的结果，重结果与什么比较是较重的？既然是相比较才能说有重结果的存在，怎能认为两者是相互独立的？

根据上述结果加重犯的基本特点，可以看出，主张金融犯罪中存在结果加重犯的意见，主要是因为在不少法条中对犯罪的规定除了有一个与结果加重犯相同的基本构成以外，似乎还存在着相同的例如“数额较大”“数额巨大”加重构成的法定刑。如有学者认为：“在金融犯罪中、犯罪结果往往以数额的形式表现出来。例如贪污罪、受贿罪、挪用公款罪等，无不表现出一定的数额。又如新修订《刑法》第172条规定的持有、使用伪造的货币罪，如果持有、使用伪造的货币数额较大的(指一般的、基本的犯罪构成)、处……，如果持有、使用伪造的货币数额特别巨大，处……，这条规定中，数额巨大的持有、使用伪造的货币罪和数额特别巨大的持有、使用伪造的货币罪，就是结果加重犯。在金融犯罪中，以数额为构成要件的规定很多，结果往往以数额的形式表现出来。所以，有的也将以数额为构成要件的犯罪称为数额犯；以数额为加重构成要件的，称为数额加重犯。但是，笔者认为，数额是犯罪结果的一种表现形式，所以，将之纳入结果加重犯加以论述。”②那么，这种规定能否认为是结果加重犯的犯罪构成？

问题关键显然是在对加重结果的理解。如前所述，结果加重犯的加重结果、相对于基本犯罪构成而言，在客观上具有因果性和依附性，没有基本的犯罪，就没有加重结果存在的可能性，同时，加重的结果也是与基本犯罪构成的结果性质不同，例如，故意伤害致人死亡，是因为伤害结果而致使死亡结果发生的，伤害的结果与死亡的结果就是性质不同的两种结果，而且，这样的两种结果是能够明确予以区别的。那么，“数额较大”与“数额巨大”以及“数额特别巨大”的结果相比较是否具有上述特点？首先，它们的性质是同一的，

① 参见舒慧明主编：《中国金融刑法学》，中国人民公安大学出版社1997年版，第123页。
② 参见舒慧明主编：《中国金融刑法学》，中国人民公安大学出版社1997年版，第123页。

区别仅仅在于是“较大”“巨大”还是“特别巨大”；其次，当发生的是“数额巨大”或者“数额特别巨大”的结果时，就不可能存在另一个“数额较大”的结果，即(一个)行为只能发生一个“数额较大”或者“数额巨大”“数额特别巨大”的结果，它们是不可能并存的。所以，“数额较大”或者“数额巨大”“数额特别巨大”的结果，都只是该种犯罪客观方面作为结果的要件，不是结果加重犯的加重结果。

三、集合犯

集合犯是指行为人具有实施不定次数的同种犯罪行为营利的犯意倾向，但即使实施了数个同种犯罪行为，刑法规定还是作为一罪论处的犯罪。集合犯在我国刑法理论上探讨不多。有学者指出：“刑法上的常业犯、常习犯、惯犯、惯行犯、职业犯、营业犯等可以包括在集合犯中，它们都是集合犯的具体形式……故集合犯是学理上的一个总称，它概括因惯习倾向、反复实施同种行为的各种具体形式的犯罪。”①所以，在我国刑法理论上，以往是以对惯犯的研究取代了对集合犯的研究的。考虑到现行刑法取消了惯犯的规定，而在刑法理论上，常业犯、常习犯、惯犯、职业犯、营业犯等包括在集合犯中，因此，刑法中集合犯的法律规定应当纳入研究的视野。根据集合犯的概念，其基本条件是：

(1)主观上行为人具有以实施不定次数的同种犯罪行为营利的犯意倾向。所谓“犯意倾向”，即是指行为人不是意图实施一次犯罪行为，而是预定连续实施不定次数的同种犯罪行为来营利。

(2)客观上通常实施了数个同种的犯罪行为。所谓“通常”，是指刑法是将行为人可能实施数个同种犯罪行为的这一情形，规定为集合犯的客观构成要件，而实践中行为人一般也是实施了数个同种犯罪行为的(至于构成集合犯是否以必须实施数个同种犯罪行为为必要要件，容后论述)。所谓“同种犯罪行为”，是指其数个行为的法律性质是相同的。如数个伪造货币行为，数个出售、购买、运输假币行为；数个持有、使用假币行为；数个伪造、变造金融票证行为、数个集资诈骗行为等。集合犯虽然是行为人意图实施不定次数的同种犯罪行为，并且通常也是实施了数个同种的犯罪行为，但仍然只构成一罪。由此，集合犯的数个同种的犯罪行为，必须触犯的是同一个罪名。

(3)必须是刑法将可能实施的数个同种犯罪行为规定为一罪。即集合犯是法律规定的一罪。即“所谓‘集合犯’，因为构成要件本身预定同种行为的反复，所以被反复的同种行为无例外地予以包括，被作为一罪评价”②。需要注意的是，刑法只是将可能实施的数个同种犯罪行为规定为一罪的，所以，数个相同的犯罪行为是法律将其评价为一罪，规定在

① 参见马克昌主编：《犯罪通论》，武汉大学出版社1999年修订版，第608、661页。

② ［日］中山研一：《刑法总论》，日本成文堂1989年版，第527页。

刑法中的，并不是因为事实上实施了数个相同的犯罪行为，在裁判时作为一罪来评价，这正是集合犯与连续犯区别的界限之一。所以，集合犯与具体实施的行为次数并没有必然的联系，是法定的一罪。就我国刑法对集合犯的规定而言，除常业犯(赌博罪)以外，不能说行为人的一次危害行为构成犯罪的，不是集合犯。例如，高利转贷如果一次行为达到犯罪的程度，构成一罪；10次高利转贷行为，也只构成一罪。因为行为触犯的就是集合犯的条文。

集合犯分为几种，理论上还有不同的认识。当前在日本刑法理论中主要是两种意见：一是分为常习犯和营业犯两种；① 二是分为常习犯、营业犯和职业犯三种。② 所谓常习犯，也称为惯行犯，是指以一定的行为作为常习的犯罪，如常习赌博罪；所谓营业犯，是指为了营利目的反复实施一定的行为为业的犯罪，如贩卖淫秽书刊罪；所谓职业犯，是指作为构成要件要素的，是不以营利为目的，反复实施一定的行为为业的犯罪，如非医师的违反禁止医业，构成未经准许医业罪。集合犯分为三类是理论界多数学者的观点。我国台湾地区有学者也将集合犯分为三种，但是，没有使用“常习犯”“营业犯”，而是以“常业犯”替“常习犯”，“营利犯”替“营业犯”，保留“职业犯”，但在解释上基本从日本学者。③

从我国现行刑法的规定来看，现行刑法已经删除了有关“以常习性”构成犯罪的规定，如“以走私、投机倒把为常业的”“惯窃、惯骗”和“一贯……制造、贩卖、运输前款毒品的”，仅保留了“以赌博为业的”即常业犯的规定，但常业犯显然与日本刑法中的赌博罪在构成要件上要求“常习赌博的”，必须是行为已为常习的不同。因此，还不能认为我国刑法的集合犯可划分出“常习犯”一类。但是常业犯则包括在集合犯的概念中。

同时，在笔者看来，我国刑法中也并没有类似日本刑法的职业犯的规定。刑法中规定可以反复实施一定的行为，并以此为业的犯罪行为，事实上通常是以营利为行为目的，如非法行医罪，如果不以营利为目的的医疗行为，例如甲出于同情用自己的偏方为邻居乙治疗，致使乙死亡，只能构成过失致人死亡罪，而不是非法行医罪。所以，以某种行为反复实施为营业的犯罪，区别仅在于法律是否将“营利目的”作为犯罪的构成要件，而不存在主观上是否出于营利目的的问题。事实上行为人是以某种行为反复实施为营业，但要从主观上是否具有营利的目的来区别营业犯和职业犯，这种差别是无法准确掌握和区别两者的。因此，笔者认为在我国刑法的集合犯中，不具有也无必要划分出职业犯的类型。

对此，有必要具体分析我国刑法集合犯的两种情况：第一，有的集合犯可能多次实施相同的犯罪行为，但即使只实施一次行为，也可构成犯罪的，属于营业犯的集合犯。第二，有的集合犯，只实施一次行为尚不足以构成犯罪，从犯罪成立的条件看，要求行为的

---

① 参见[日]前田雅英：《刑法总讲义》，东京大学出版会1990年版，第465页。
② 参见[日]木村龟二主编：《体系刑法事典》，青林书院新社1981年版，第322页。
③ 参见郭君助：《案例刑法总论》，台海三民书局股份有限公司1988年版，第566页。

反复实施才构成犯罪的，属于常业犯的集合犯。

从金融犯罪的具体情况看，由于属于常业犯的集合犯是现行《刑法》第303条规定的赌博罪中的一种，所以，金融犯罪在集合犯中，只有属于营业犯的集合犯，即通常以营利为目的，意图反复实施一定的行为为业的犯罪。其特征是：(1)行为人主观上通常出于营利目的，意图实施多次同种犯罪行为。所谓“通常”是说实践中行为人一般是出于营利的目的而反复实施同种犯罪行为，但是，并不排除在某些情况下，行为人的一次或者数次行为不是出于营利目的的可能性。虽然如此，也不影响集合犯的成立。所谓“营利目的”，是指行为人实施该种行为主观上是为了获取利润，但构成犯罪不以行为人实际获取利润为条件，只要出于营利目的即可。这是其主观条件。(2)行为人反复实施一定的行为并以此为业，但即使只实施一次行为，也可构成犯罪；实施了数个同种行为，仍然只能构成一罪。这里所说的行为，必须是符合构成要件，能够独立构成犯罪的行为，如果数次举动(行为)而实现的是一个犯罪构成的，是接续犯非集合犯中的营业犯。这是其客观条件。

我国刑法中以营利为目的的破坏社会经济秩序的犯罪、危害社会秩序的犯罪以及规定“多次”实施同一犯罪行为为罪状内容，或者从重处罚情节的，均属之。前者如现行《刑法》第175条高利转贷罪的规定，后者如现行《刑法》第182条操纵证券交易价格罪的规定。除上述犯罪以外，笔者认为，现行《刑法》第176条非法吸收公众存款罪、第190条逃汇罪、第191条洗钱罪等为集合犯。

四、连续犯

连续犯是指出于同一故意，连续实施数个同一性质的独立的犯罪行为，触犯同一罪名的犯罪。对于连续犯，我国刑法总则关于追诉时效中有规定。其基本条件是，有连续实施同一个犯罪的故意倾向；连续实施了数个可以独立构成犯罪的行为；触犯同一个罪名。

金融犯罪中的多数犯罪，都存在可由行为人连续实施同一个犯罪行为的可能性，例如，伪造货币罪、变造货币罪、编造并传播证券交易虚假信息罪、诱骗投资者买卖证券罪、集资诈骗罪、贷款诈骗罪、票据诈骗罪、金融凭证诈骗罪、信用证诈骗罪、信用卡诈骗罪、有价证券诈骗罪、保险诈骗罪、全国人大常委会《关于惩治骗购外汇、逃汇和非法买卖外汇犯罪的决定》第1条规定的骗汇罪等。

对成立连续犯来说，笔者认为主要在于两点：一是必须是数个独立成罪行为；二是数个行为之间要求必须具有连续性。如果数个行为只成立刑法上犯罪构成的一个行为的，这就不是连续犯，而是接续犯；如果数个行为不具有连续性，则可成立集合犯而非连续犯。

根据我国刑法理论，连续犯属于裁判上的一罪，其当然的结论是不实行数罪并罚，而是以一罪从重论处。不过，也有学者主张，如果法定刑比较轻，不并罚不能体现罪责刑相适应原则的，应当考虑并罚。这种意见是可以考虑的。

从数个同种行为构成一罪来看，集合犯与连续犯相近似，两者相似之处在于：(1)都具有连续实施同种犯罪行为的意思倾向。(2)数个同种行为触犯的是同一罪名。根本的区别是：(1)集合犯是刑法规定同种的数行为为一罪，所以是法定的一罪；而连续犯，连续实施的同种数行为均独立构成犯罪，是数罪而只是作为一罪处理，所以是裁判上的一罪。(2)集合犯的数个犯罪行为之间，在时间上可以有间隔，即在行为与行为之间，不要求有连续性；而连续犯的数个犯罪行为之间表现为必须具有连续性，行为与行为在时间上不能间隔得过久。

五、吸收犯

吸收犯是指数个不同的犯罪行为，依照通常观念或者法条的内容，其中的一行为当然被其他行为所吸收，只成立吸收行为的犯罪。① 其基本特征是：事实上实施了数个不同的犯罪行为；数行为独立成罪且触犯不同罪名；数个犯罪行为之间存在吸收关系。

是否具有吸收关系，是认定是否吸收犯的关键，虽然在此问题上理论界还有不同的认识，但是多数学者认为吸收关系是根据通常的观念或者法条的内容，一罪足以吸收另一罪而形成的。根据通常的观念即根据犯罪的性质，一罪为他罪当然实行的方法或当然发生的结果，② “前行为可能是后行为发展所经过的阶段，或者后行为是前行为发展的当然结果”；③ 根据法条的内容即一罪的犯罪构成的行为为他罪所当然包括。

在破坏金融管理秩序的犯罪中，犯罪行为之间也可能存在吸收关系，成立吸收犯。例如，现行《刑法》第197条有价证券诈骗罪的规定。如果行为人自己伪造、变造国库券或者国家发行的其他有价证券，然后又利用其进行诈骗活动的，两行为之间具有吸收关系，其诈骗的使用行为当然吸收其伪造、变造的行为。再如现行《刑法》第194条票据诈骗罪，如果行为人自己伪造、变造金融票据进行诈骗活动的，属于吸收犯。此外，如现行《刑法》第170条伪造货币罪与第171条运输假币罪；第170条伪造货币罪与第172条持有、使用假币罪等，也可成立吸收犯。

目前在刑法理论上，由于吸收犯与牵连犯具有诸如罪与罪之间吸收的相似之处，所以，有人主张取消牵连犯的概念，或者认为牵连犯往往都是吸收犯。笔者理解，牵连犯与吸收犯的确都存在着罪与罪之间吸收的现象，但是，这是两种不同的犯罪形态，如果说两个以上的犯罪行为之间依据通常的观念或法条内容，一罪本质上当然地包括另一犯罪行为，那么，就没有必要将其按照牵连犯来解释。进一步说，即便可以说有的牵连犯是吸收

① 参见马克昌主编：《犯罪通论》，武汉大学出版社1999年修订版，第664页。
② 参见马克昌主编：《犯罪通论》，武汉大学出版社1999年修订版，第667页。
③ 高铭暄主编：《中国刑法学》，中国人民大学出版社1989年版，第224页。

犯，但是，不能讲有牵连关系的就是有吸收关系都成立吸收犯，因为，有的牵连关系不能解释为吸收关系，反过来讲，有的吸收关系也不能说是牵连关系。例如，用盗窃的手枪杀害被害人的，盗窃手枪的行为与杀害被害人的行为之间就具有牵连关系，但是，这并不成立吸收犯，因为盗窃手枪的前行为并不是杀人的后行为发展所经过的阶段，杀人行为也不是盗窃手枪的前行为发展的当然结果；又根据两种犯罪刑法条文的内容，盗窃枪支罪的行为也不为杀人罪所当然包括。所以，实践中是以数罪认定实行并罚的。对属于吸收犯的金融犯罪，以一罪论处不实行并罚。

六、牵连犯

牵连犯是指犯一罪，其方法行为或者结果行为触犯其他罪名的犯罪。根据我国刑法理论，牵连犯只能是主观上基于故意的犯罪，过失犯罪不发生牵连犯的问题。具体来说，牵连犯是主观上的犯罪意图只有一个，即意图犯一罪，但客观上实施的方法行为或者结果行为，又触犯到其他不同的罪名，两个以上的行为彼此不属于同一个犯罪构成，且都能够独立成罪；行为人的目的行为与其方法行为或者结果行为之间具有牵连关系。

金融犯罪，属于智能性犯罪，通常行为人要使用一定的金融工具或者借助于一定的方法、使用一定的手段，而这些方法行为或者手段行为如果刑法将其独立地规定为犯罪时，使用这些方法、手段，则可能成立牵连犯。根据刑法的规定分析，金融犯罪中多数的犯罪都可能成立牵连犯。

其成立牵连犯的情况大体上有两种；第一，金融犯罪与金融犯罪之间发生牵连关系。例如，自己伪造、变造国家有价证券后，又使用伪造、变造的国家有价证券进行诈骗活动的。第二，金融犯罪与金融犯罪以外的犯罪之间发生牵连关系。例如，自己伪造、变造国家机关公文、证件、印章或者伪造公司、企业、事业单位、人民团体印章后，又实施擅自设立金融机构的行为的。但是，需要指出的是，刑法中一些犯罪实施的方法、手段行为虽然与其目的行为之间具有牵连关系，如果刑法明文规定数罪并罚的，则不能按照牵连犯的原则处理。例如前述的现行《刑法》第 198 条第 2 款保险诈骗罪规定：“有前款第 4 项、第 5 项所列行为，同时构成其他犯罪的，依照数罪并罚的规定处罚。”投保人、受益人故意造成被保险人死亡、伤残或者疾病的行为，与其骗取保险金行为之间就具有牵连关系，但依法应当实行数罪并罚。至于两个以上的行为之间是否存在牵连关系，理论上虽然还有不同的认识，但笔者主张还应当以主客观统一的原则来解决。

对于牵连犯，我国刑法并没有明文规定，但刑法理论研究的比较多。对牵连犯不实行并罚，而是从一重罪从重处罚，即选择触犯罪名中的一个相对比较重的罪名定罪处罚，同时将所触犯的其他罪名，作为从重的情节考虑。

七、继续犯

继续犯是指已经实现犯罪既遂的行为，在一个相当的时间内持续侵害同一的或相同客体的犯罪。其基本特征是：只实施一个犯罪行为并已既遂；在一个相当的时间内持续侵害同一的或相同客体；在犯罪既遂后犯罪行为与行为的不法状态在继续之中。

继续犯的显著特点，就是在犯罪既遂后犯罪行为与行为的不法状态在继续之中，持续侵害同一的或相同客体。就破坏金融管理秩序的犯罪而言，具有继续犯特征的犯罪，笔者认为主要是现行《刑法》第 172 条持有假币罪，第 174 条擅自设立金融机构罪，第 176 条非法吸收公众存款罪，第 186 条违法向关系人发放贷款罪、违法发放贷款罪，第 187 条用客户资金非法拆借、发放贷款罪等。上述犯罪的共同特点都在于犯罪行为一旦实施后，符合法律规定的要件，犯罪就是既遂，但是，在既遂后犯罪行为仍然处于没有间断的继续之中，持续侵害金融管理秩序，其行为与行为所造成的不法状态仍在继续之中。例如，只要未经中国人民银行批准，实施擅自设立商业银行或者其他金融机构的行为，构成犯罪既遂，在未被依法取缔前的一定时间内，其犯罪行为和行为造成的不法状态仍在持续侵害金融管理秩序。

对于继续犯，我国刑法在追诉时效中有明文规定。根据刑法理论，对继续犯不实行数罪并罚，按照所触犯的罪名以一罪论处。

论共同过失正犯及刑事责任的实现(上)①

一、共同过失正犯概说

所谓共同过失，是指二人以上基于各自的过失心理状态，共同造成某种符合构成要件违法结果的犯罪心理状态。共同过失，是基于共同故意犯罪的责任而产生对共同过失犯罪责任的思考，是共同罪过的形式之一。社会中的犯罪现象，有出于共同故意的犯罪，也有出于共同过失的犯罪，虽然我国刑法中，只对共同故意犯罪的刑事责任有规定，但是，这并不是否定有共同过失犯罪的现象，只是对这种共同过失犯罪的情况，我国刑法不视为共同犯罪予以处罚罢了。

共同过失犯罪的主观心理状态即共同过失，是客观存在的罪过状态的形式，基于共同过失是否应当负共同犯罪的责任(成立共同犯罪)，是刑法理论上一直争论的问题之一。共同过失的问题，包括过失共同正犯、过失教唆犯、过失帮助犯等。② 其中过失共同正犯，是共同过失问题中的核心问题。我国学者对共同过失的研究也主要是这一点。

1. 共同正犯的立法例

1810 年法国刑法颁布后，其继承资产阶级大革命的成果，维持形式上的刑罚平等、贯彻罪刑法定原则等富有人道主义色彩特点，成为众多国家修订本国刑法的模式。在这一时期的刑法，尤其重视对犯罪现象的原因与结果之间因果关系的研究，而共同正犯正是因为共同的行为成为共同犯罪的原因，因而，成为学者以及立法关注的重点。这一时期共同正犯的立法例，呈现出客观主义理论的特点，其直接渊源被认为是古代日耳曼《加罗林纳法典》第 177 条的规定："明知系犯罪行为，而帮助犯罪行为者；则无论用何方式，均应受刑事处分，其处分按行为者之刑减轻之。"③该规定表明，共同犯罪人中只要帮助正犯实施犯

---

① 本文原载于《江西公安专科学校学报》2001 年第 2 期。

② [日]青柳文雄、中谷瑾子、宫泽浩一：《刑法事典》(日文版)，立花书房 1951 年版，第 117 页。

③ 许鹏飞：《比较刑法纲要》，商务印书馆 1936 年版，第 139 页。

罪的，均按照正犯对待，只是处罚较实行的正犯为轻，采取客观主义观念的，多在法典中明文规定了共同正犯，其立法模式基本上都似强调只要参与共同“加功”犯罪的，为共同正犯。

近代刑法关于共同正犯的立法，资料表明最早的是1871年德国刑法第47条。① 如1889年意大利刑法第63条规定，共同实施或为直接之帮助行为为重要共犯或共同正犯，仅予犯人以精神上或物质上之帮助行为，为次要共犯或称从犯。② 1880年《日本刑法》第104条、1860年《印度刑法》第34条等，也均有共同正犯的明文规定。

19世纪末20世纪初，由于社会犯罪现象的激增，因果关系的客观主义刑法理论，因不适应变化的社会犯罪现象而渐渐被冷落，主观主义的刑法理论逐渐发达。由于主观主义强调犯罪之人个人的主观犯意，认为无论是正犯、从犯、教唆犯，莫不是犯罪之人固有的意思，是其独立的犯罪，而非从属于他人，因此，关于共同犯罪表现在立法上，是有些国家刑法取消了对共同正犯的明文规定，如1947年《波兰刑法》、1937年《瑞士刑法》等。即使在立法上没有取消共同正犯明文规定的，也对共同正犯的规定进行修订，减少其中客观主义较浓重的内容，以迎合主观主义理论。例如，根据《葡萄牙刑法》第19条规定，所谓共同正犯为：(1)直接实施犯罪行为者；(2)以暴力恐吓越权强制他人为犯罪行为者；(3)以契约赠与承诺命令请求或其他欺骗之方法使他人为犯罪行为者；(4)直接帮助犯罪之预备行为或便利其进行反之则犯罪不致进行者。③ 上述规定，很明显强调的是行为人有自己的实施犯罪行为的意思，或者以自己的利益为前提，有犯罪之决意为共同正犯的主观主义观念。再如日本旧刑法对共同正犯规定为：“二人以上实现犯罪者皆为正犯，各科其刑。”而在1907年刑法修订后，其第60条将共同正犯的立法修改为：“二人以上共同实行犯罪的，皆为正犯。”但是，根据实行之意，将参与犯罪谋议而由他人实行犯罪的人以正犯处罚又缺乏依据。为此，1974年在改正刑法草案中，又补充了“二人以上谋议实行犯罪，共谋中的某人基于共同的意思而实行犯罪的，其他共谋人也是正犯”。虽然这一草案并未获得通过，但其内容的主观主义理论色彩是非常明显的。

《联邦德国刑法典》第25条第(2)项规定：“数人共同实施犯罪的，均依正犯论处。”虽然立法上属于客观性的，但其共同实施之意仍似在于包括共同实行的共同正犯。但是，是否包括过失共同正犯，法条中并没有明确说明。1930年《意大利刑法》第110条虽然也有相似的规定，但是，第113条规定：“数人协力为过失犯罪时，各科以规定之刑。”却表明过失共同犯罪的成立。我国台湾“刑法”第28条规定：“二人以上共同实施犯罪之行为者，皆为正犯。”在立法例上，仍属于客观主义的立场。

---

① 马克昌等主编：《刑法学全书》，上海科学技术文献出版社1993年版，第657页。
② 许鹏飞：《比较刑法纲要》，商务印书馆1936年版，第145页。
③ 许鹏飞：《比较刑法纲要》，商务印书馆1936年版，第147页。

所以，从世界各国关于共同犯罪的立法例看，对共同犯罪的立法主要有以下几种模式：

(1)明确规定共同犯罪是以二人以上共同故意构成，排除过失犯罪成立共同犯罪的可能性。例如我国《刑法》第25条的规定："共同犯罪是指二人以上共同故意犯罪。二人以上共同过失犯罪，不以共同犯罪论处；应当负刑事责任的，按照他们所犯的罪分别处罚。"

(2)只是规定二人以上共同实行犯罪的是共同正犯，至于正犯是否包括过失共同正犯，则由判例与学说去解释。例如《联邦德国刑法》第25条、《日本刑法》第60条、我国台湾现行《刑法》第28条的规定。

(3)规定数人协力过失犯罪的，成立共犯，各科规定之刑，例如《意大利刑法》第113条的规定。

(4)明确规定二人以上共同过失实行犯罪的是过失共同正犯，例如我国1928年《中华民国刑法》第47条规定，二人以上于过失犯有共同过失者，皆为过失正犯。"

2. 理论以及判例的态度

由于刑法规定的不同，学者们对共同正犯成立的范围长期以来都存在不同的看法。而共同过失是否可以成立共同过失正犯，实质上涉及的也是共同正犯的成立范围问题。理论上虽然有不同的观点，但择其主要的争论，主要源于对共同犯罪中(故意)共同正犯的理论的不同。概括起来，一是行为共同说。认为二人以上实施共同的行为，即使达成各自预期的犯罪，也为共同正犯。这是主观主义的理论。即以犯罪为个人主观恶性的表现，成立共同犯罪应以行为本身是否共同为条件，所以，即使实行的犯罪行为不同，但在同一共同目的之内，也可以成立共同正犯。二是犯罪共同说。认为二人以上对客观上特定的犯罪有预见，并对共同实施有认识而实施的犯罪，为共同正犯。具体说只要二人以上协力加工于同一犯罪事实的，即为共同正犯。这是客观主义的理论，其中以原因说最为有力。即以对结果发生为原因者是共同正犯，为条件者是从犯、教唆犯。三是意思主体共同说。为日本学者所主张，认为共同正犯是有共同目的的数人为一体而实施犯罪的情形。这也是主观主义的理论。即如二人以上协意由一人实行犯罪行为的，未参与犯罪实行的人，也视为共同正犯。也就是说，共同行为，不必全部参与犯罪的实行行为，仅参与谋议而未分担实行行为，对参与谋议者的评价，视为实行的分担，为共同正犯。

基于上述不同学说，过失犯能否成立共犯的问题，有肯定说与否定说两种对立的观点。

(1)肯定说。为行为共同说(主观说)的学者所主张。根据行为共同说，共同正犯是"共同实行行为"，是以行为的共同为限，从共同者没有必要是对同一构成要件有故意来考虑，应肯定过失犯的共同正犯。① 所以，共同正犯只要主观上有自然的共同意思为已足，

---

① [日]青柳文雄、中谷瑾子、宫泽浩一：《刑法事典》(日文版)，立花书房1951年版，第120页。

不必都具有共同犯罪的意思，或同一之犯意，因而也就无须具有共同故意之必要。凡二人以上具有共同行为，不论其为故意行为或过失行为，其中有过失者，无论是共同过失，或一方有过失，都不妨碍共同正犯的成立。在立法上，采主观说观点肯定过失共同犯罪的也有所反映。例如，前述《意大利刑法典》第113条规定，我国1928年《中华民国刑法》第47条的规定。

当然，在日本学者中，也有认为在逻辑上不能承认因过失构成教唆、帮助犯，而主张只限于过失共同正犯才能成立的观点。如平野龙一教授。

(2)否定说。为犯罪共同说(客观说)的学者所主张。根据犯罪共同说，共同正犯是指共同实行特定的犯罪行为，所以，作为共同正犯的主观要件是共同加工的意识(共同实行的意思)，是对特定的同一犯罪的实行，由于应当考虑为共同的故意。所以，过失犯的共同正犯应否定。① 犯罪共同说强调须有共同实行特定的犯罪的意思，因而，必须有对构成要件的结果有认识、容认等故意的共同为必要，所以，共犯以故意犯为限且仅于故意范围内成立。无故意的过失犯，即便对共同所为的自然行为有意思联络，有共同认识却无发生意思联络的可能，所以，不成立任何形式的共犯。而且，从过失犯的主观看，如以有认识部分为意思联络的根据，则无意识之部分如何？就论以过失共同正犯，并非正当，所以，刑法关于只共犯的规定对过失犯无适用余地。

但是，台湾学者郭君勋指出：也有少数犯罪共同说的学者认为过失共同正犯能够成立。“在过失犯，行为之意思非不可共同，且过失并非无意识，虽认识犯罪事实，而不容认其发生时亦有可能。因此，在认识之限度内，意思之共同，亦有可能，即可采认过失之共同正犯。”②例如，日本学者福田平教授就认为，既然存在着所谓违反客观注意义务的危险的实行行为，而在对此具有共同的意思并对该事实能够认识的情况下，是能够肯定过失共同正犯的存在。③

根据共同意思主体说，显然也是对过失共同正犯持否定的态度。因共同犯罪被认为是由共同意思主体所进行的活动，即二人以上的行为人，不仅应有共同的目的，且须由其中一人在共同意思下，着手实行才可谓共同意思主体的活动。而过失犯既然没有共同目的，自然也就没有在共同意思下实行犯罪的情形，理所当然不存在过失的共同正犯。

在日本刑法理论界，多采取客观说，并据此否定过失共同正犯，主要有大场茂马、小野清一郎、团藤重光、木村龟二等学者。例如，团藤重光教授认为：“过失行为，其主观方面从有意识部分和无意识的部分看，无意识是占据主要方面，有意识部分绝不是过失行为本质性的东西。仅以有意识的部分的意思联络而论以过失共同正犯的成立，不能不说是

① [日]青柳文雄、中谷瑾子、宫泽浩一：《刑法事典》(日文版)，立花书房1951年版，第113页。
② 郭君勋：《案例刑法总论》，台湾三民书局股份有限公司1988年版，第495页。
③ [日]西田典之：《过失的共犯》，载《法学教室》(日文版)1992年第2期。

脱离了过失本质的议论。姑且，即使过失共同正犯纯粹是理论上的，现行法是否对此有确认的精神更需要检讨。如后述的教唆犯、帮助犯，由于过失的教唆、帮助，对过失犯的教唆、帮助，现行法明确持否定态度。这与过失共同正犯的问题并没有什么不同，恐怕应当说现行法对基于过失的共同正犯也持有相同的否定趣旨吧。”①

当然持否定过失共同正犯存在的，也并不是否定有这种犯罪现象，而是主张对共同过失分别认定，各别处罚才能不违背刑罚的个人责任的原理。例如，大塚仁教授就认为，对这种现象即所谓的相时犯的情形，应当依照同时犯之例处断。②

德国学者，多认为根据 1871 年刑法典第 47 条规定的共同正犯，必须具备主观之意思，即共同正犯必以故意犯为限，而否定过失共同正犯的成立。

虽然对于是否成立过失共同正犯的理论观点纷纭，但是，从实务的角度看，却不完全一致，如日本法院在实际运用上的态度就有变化。在第二次世界大战前，采取否定说。例如，大审院明治四十四年 3 月 16 日判决(刑录 17 卷第 280 页)，谓：“粮据判决之第二个事实，因被告的共同过失行为致人于死，此种过失犯仍不适用总则有关共犯之规定，故原判决论处被告过失致死罪，而未载引刑法第 60 条(按即共同正犯之规定)，自甚恰当。”大正三年 12 月 14 日判决(刑录 28 卷 2627 页)谓：“因二人以上共同过失致他人于死伤，并非共同正犯。”大正十一年 10 月 23 日判决(评论 11 卷第 31 期刑事第 400 页)谓：“因过失犯并不认其有共犯关系，故由自己及他人而为过失伤害之共同原因，其他共同者所造成之伤害应负责任而为共同过失者，但因其过失而致他人受伤者，则不问被害者是否有共同过失，其行为人仍应就其各自之责任负责。”③

而“二战”结束后既有采取否定说的判例，又有采取肯定说的判例。如日本最高法院昭和二十八年 1 月 23 日判决(刑集第 7 卷第 1 期第 30 页)谓：“被告二人在其共同经营之饮食店，因过失而将含有法定分量以外之‘甲醇’之食品贩卖予客人，此情形，可认二人对于该等食品有意思之联络而予贩卖，故可成立有毒饮食物品取缔令第 4 条第 1 项后段之罪之共同正犯。”名古屋高等法院昭和三十一年 10 月 23 日判决(裁判特报第 3 卷第 21 期第 1007 页)谓：“原判决认被告二人为厨师使用火炭煮饭，则其对于其工作场所之炭火如过热则有熏焦其下部床板而有起火之危险应有认识……如对此种情形不予详细注意，进而意思联络而不采预防措置即行返家，亦即未尽防止结果发生之义务……以此点认为被告二人成立共犯关系，至属相当，故原判决适用刑法第 60 条亦至正当，所谓适用法条错误之论旨，显无理由。”京都地方法院昭和四十年 5 月 10 日判决(下级法院刑集第 7 卷第 5 期第 855 页)谓：“二人制之岔路控制器，被告二人为其执行之人，怠于为列车接近之注意义务，因过

① [日]团藤重光：《刑法纲要(总论)》(日文版)，创文社 1987 年版，第 367 页。
② [日]福田平、大塚仁：《刑法总论》，有斐阁 1979 年版，第 369~382 页。
③ 廖正豪：《过失犯论》，台湾三民书局 1993 年版，第 150~151 页。

失未将遮断机闭锁，以致发生车辆碰撞，致人于死时，即成立业务上过失致死罪之共同正犯。”名古屋高等法院昭和六十一年9月30日判决(高刑集第39卷第4期第371页)谓：“(1)被告二人对于本案之熔接作业……在同一机器，同一场所……为同一目的交互焊接，并相互监督，故成为一体之运作；(2)……被告二人未为预防之措施，……先置用水，……共同造成本案熔接作业中之实质的危险行为一……”故系共同义务之共同危险，而应负过失共同正犯之责任。特别是最后的这一判例，由于是在同一场所从事相同的作业，虽然不能确认是由谁的焊接作业行为而引起火灾发生，但二被告没有采取遮蔽措施，都违反了怠于履行作业终了后监视、确认无火灾危险的注意义务。该案虽因过失与火灾发生的因果关系证据不充分而撤销原判决，但最初认定为过失共同正犯，指出违反共同注意义务这一点引人注目。确认为过失共同正犯是因为，按规定必须采取遮蔽措施并对此轮流实行监视，在焊接终了浇水，确信不会有着火的危险的意思联络，所以，实施的是一个具有实质性危险的行为，违反共同注意义务。①

不过，相反的判决也同样存在，如广岛高等法院昭和三十二年7月20日判决(裁判特报第4卷追录第696页)谓：“因数医生共同医疗，而过失致生死亡之结果者，仅为过失行为之竞合，并不成立共同正犯。”秋田地方法院昭和四十年3月31日判决(下级刑集第7卷第3期第536页)谓：“工人三人于屋顶更换苇板之际，因不经意抽烟烧毁房屋，该施工工人仅具有偶然在同一时间、场所、同时抽烟之关系而已，不得认其具有失火罪之意思联络而成立共同正犯。”当然，就上述案例而言，虽然同样不清楚是由哪一人的烟蒂引起火灾，而且就吸烟来说不能说是共同行为，所以，不足以认定为过失共同正犯，但对工长仍以违反监督义务之理由，判决构成重大失火罪正犯。②

我国台湾学者对于过失共同正犯，大多采取否定之见解，即认刑法有关共同正犯之规定，应仅适用于故意犯罪之情形而已。过失犯因欠缺故意，无意思联络之可能，故不成立共同正犯。③ 当然也有少数学者肯定过失共同正犯。(未完待续)

---

① [日]西田典之：《过失的共犯》，载《法学教室》(日文版)1992年第2期。

② [日]西田典之：《过失的共犯》，载《法学教室》(日文版)1992年第2期。

③ 洪福增：《刑法之理论与实践》，刑事法杂志社1988年版，第322页。

论共同过失正犯及刑事责任的实现(下)[①]

二、共同过失犯罪的范围与要件

我国刑法学界根据现行《刑法》第25条规定："共同犯罪是指二人以上共同故意犯罪"，第2款规定："二人以上共同过失犯罪，不以共同犯罪论处；应当负刑事责任的，按照他们所犯的罪分别处罚"。通说的观点认为，共同犯罪主观方面必须具有"共同的犯罪故意"。如果共同的犯罪者为犯罪过失，或者一方为过失者不构成共同犯罪。其理论上根据主要是，共同过失者之间没有、也不可能形成共同犯罪的意思联络，当然也就不存在实际的分工、协作关系，只是出于巧合才共同造成了某一危害结果。所以对过失的共同犯罪没有必要作为共同犯罪认定和处理。② 可以说，我国大陆学者囿于现行刑法对共同犯罪的规定，对共同过失犯罪持否定看法。③ 但是有少数学者，基于社会实践中共同过失犯罪的现象，涉及刑事责任确定中的困难，对此持有积极肯定的认识。例如认为："在司法实践中，由二人以上的过失行为所构成的共同犯罪是屡见不鲜的，而且司法人员也不可避免地要根据每个行为人的过失行为对危害结果所起的作用来解决他们的刑事责任问题。这说明，共同过失犯罪是一个客观存在的社会现象，不承认它是不切合实际的，也是不明智的。事实上，我国刑法已经承认了'共同过失犯罪'这一概念，刑法第25条第2款关于'二人以上共同过失犯罪……'的规定就是一个证明。只不过我国刑法对共同过失犯罪不以传统的共同犯罪(即共同故意犯罪)论处罢了。"④也有学者认为共同过失犯罪现象的存在，但不能成立共同犯罪。姜伟博士认为："共同过失犯是客观存在的一种犯罪形态，是不可否认的，也是不容回避的。"但是鉴于刑法的规定，认为这意味着共同过失犯适用独立责任的原则，即每个人只对自己的行为负责，不对他人的行为负责，只对共同造成的危害结果负部分责任，即与其过失行为的作用相适应的责任，并不是对整个危害结果负完全责任，这种共同

---

① 本文原载于《江西公安专科学校学报》2001年第3期。

② 姜伟：《犯罪故意与犯罪过失》，群众出版社1992年版，第137页。

③ 陈兴良：《共同犯罪论》，中国社会科学出版社1992年版，第236页。

④ 侯国云：《过失犯罪论》，人民出版社1999年版，第137页。

过失犯的责任原则有别于共同故意犯及单独过失犯。① 可见共同过失犯罪的问题在我国学者中也有不同的看法。

我国刑法关于共同犯罪的规定，是借鉴世界各国关于共同犯罪规定后得出的结论。上述的理论根据，就共同过失的主观特点而言，不能说不正确，但是，虽然各过失行为人不存在故意共同犯罪中那种意思联络，却存在对注意义务共同违反的事实，存在着对应当共同履行的注意义务共同懈怠的共同心理态度。从共同过失犯罪这种犯罪现象看，正是这种共同心理态度助长了各过失行为人主观上的不注意、违反注意义务，才导致结果的发生。因此，将共同过失造成结果发生视为一种巧合，是不够确切的。正是因为共同过失犯罪具备各过失行为人违反共同注意义务的共同行为，具备各过失行为人共同过失的主观心理态度，所以，对共同过失犯罪的行为人以共同犯罪认定和处罚，不违背主客观相统一的刑事责任原则。所以，对否定说笔者认为：

第一，基于刑法的规定而否定共同过失犯罪现象是不恰当的。因为这种社会现象并不是以法律是否规定而决定其存在与否。从现实的司法实践中看，有相当一部分过失犯罪的案件，都是由数人的共同过失造成的，特别是从事生产作业中的责任事故、职务业务活动中的责任事故等。例如，1994 年 12 月 8 日新疆克拉玛依市新疆石油管理局总工会文化艺术中心友谊馆，举办迎接新疆维吾尔自治区“两基”(基本普及九年义务教育、基本扫除青壮年文盲)评估验收团的文艺汇报演出中，因舞台纱幕被光柱灯烤燃，造成特大火灾，致使克拉玛依市区 7 所中学、8 所小学的 284 名学生、17 名教师、22 名有关方面的工作人员共 323 人死亡，受伤者 132 人，直接经济损失 3800 余万元一案。事故的责任者和负责人中共有 14 人因严重违反规章制度，严重不负责任或严重官僚主义，玩忽职守，不履行或不正确履行其职责，对火灾的发生以及抢救不力负有直接责任。14 名被告中，共有 11 名对事故发生负有直接责任的领导人被依法追究刑事责任。② 这事实上就是共同过失犯罪。

第二，对这种犯罪现象如果不能作为共同犯罪，也势必使有些案件得不到妥当处理。如前述新疆克拉玛依市的特大火灾案件，如果说依照各个行为人的行为对同一事实负责，每一个犯罪嫌疑人都可认为自己的行为不是事故发生的原因。而且，从事实上说，的确也不能说就是因某一个人的行为造成事故，而是因共同过失的原因。因此，只能是共同对这一事故承担责任。

第三，从刑事责任的角度讲，以各个行为人的行为单独各自追究，不仅增加举证的难度，而且，难以正确确定各自的刑事责任，甚至有加重其各自的责任之虞。例如，甲、乙二人共同作业过程中都没有履行自己的注意义务，结果造成丙、丁二人的死亡。如果不能

① 姜伟:《犯罪形态通论》，法律出版社 1994 年版，第 221~222 页。

② 中国高级法官培训中心、中国人民大学法学院编:《中国审判案例要揽(年刑事审判卷)》，中国人民大学出版社 1997 年版，第 211~224 页。

确定究竟是甲还是乙的行为是造成丙、丁死亡的原因；如果查清只有甲、乙二人违反注意义务的共同行为是造成丙、丁死亡的原因，根据共同过失犯罪分别处罚原则，如果对甲、乙二人分别追究各自的刑事责任，在前一种情况下，甲、乙都不会真正地认罪；后一种情况下，分别追究，则甲需对丙、丁二人的死亡负责；乙也应当分别对内、丁二人的死亡负责，即“甲一人的行为造成丙、丁二人死亡”，“乙一人的行为造成丙、丁二人死亡”。同一事实是二次被用于诉讼的事实与责任的根据。如果从诉讼的效果说，甲、乙二人事实上是对“四人”的死亡负担了责任。

第四，从刑事政策的需要看，在现代社会，随着科学技术的发达，专一业性强、危险性人的工作越来越多，加之从业人员的个人素质并不能迅速适应工作上的要求，导致各种责任事故频频发生，致使过失犯罪在刑事犯罪案件中所占的比例增大。以过失共同犯罪案件处理，一方面有利加强工作人员之间的协作，赋予各工作人员互相监督的义务；另一方面以这种互相监督义务为基础，当工作人员的过失行为共同导致严重结果时，追究其过失共同犯罪的刑事责任，也是遏制过失犯罪的重要举措。

当然，从防止对过失犯罪处罚扩大化考虑，笔者虽然赞同共同过失犯罪的观点，但认为共同过失犯罪的范围，宜限定在过失共同正犯，即共同过失实行犯的范围。至于过失帮助、过失教唆，我认为均不成立共同过失的情况。

共同过失正犯，是二个以上的行为人负有防止违法结果发生的共同注意义务，由于共同的过失行为，以致结果发生的情形。共同过失正犯，成立过失共同犯罪，应具备以下条件：

第一，二人以上的行为人负有防止违法结果发生的共同注意义务。须负有防止危害结果发生的共同注意义务，这是共同过失犯罪成立的核心要件。这种共同的注意义务，从理论上如何界定以防止对其的扩大化，有的日本学者提出“一方对他方的行为必须一直注意的场合”(平野龙一)，或者各行为人对其他共同者的行为相互间具有应当一直慎重予以关注的场合(内田谦)，或者共同行为人仅对自己的行为的注意是不够的，对其他同伴的行为也应当顾及(大塚仁)等。这不能说没有道理，但是，显然都是从注意义务横(监督义务)的方向对共同注意义务的界定，从共同的含义上说，并不全面。笔者认为，共同注意义务，需要从纵、横两个方面予以界定。具体说，是指各行为人不仅负有防止自己行为产生违法结果的注意义务，而且负有督促其他的活动有关，负有相同注意义务的人，注意防止发生违法结果的义务。换言之，这种共同注意义务，从“共同”的含义讲，是相互注意的、相互协作、相互关注的注意义务。如果从纵、横两方面承担注意义务并各自担负自己的注意义务，即可自觉地防止其他共同者的过失而发生违法结果。

至于共同的注意义务，需要审判人员根据各个行为人的具体情况来认定。从注意义务的“共同”而言，一般地，只有各行为人在法律上处于平等的地位，注意义务才可能是共同的。例如，作业的指挥人员与具体作业人员，虽然对防止违法结果的发生都负有注意义务，但由于作业指挥人员所处的法律地位不同，所以，所负的注意义务的具体内容与具体作业人员不同，因而不属于“共同注意义务”，但同是作业指挥人员或者具体作业人员，其注意义务则是共同的。不过，处于监督地位的行为人不履行监督注意义务的不作为，我认为可以与从业者的不履行或者不正确履行注意义务的行为构成过失共同正犯。

第二，二人以上的行为人都具有违反共同注意义务的共同行为。导致违法结果发生的共同行为，是指在共同过失犯罪中，各个行为人都不仅自己没有履行注意义务，防止结果的发生，也没有履行督促共同行为的其他人防止结果的发生的注意义务。正是由于各行为人共同的作为或不作为，导致了违法结果的发生。但是，作为共同的行为而言，如果分别考察，各行为人的行为只是发生结果的条件，那么，还不能认为是共同的不注意行为，只有全体行为人的行为，是发生违法结果的原因，才能够确认是共同的过失行为，在各个行为人之间存在违反共同注意的共同行为。至于共同行为的形式是否一致，并不影响共同行为的成立。共同过失行为，是共同过失犯罪成立的客观基础。如果由于各个行为人的过失与结果的因果关系不易调查清楚而作为不以共同犯罪处罚的理由，是一种不合理的回避，值得考虑。

如前所述，共同过失行为应该被限定为共同实行行为。即只有在直接参与实施造成结果的行为人之间才能成立共同过失的犯罪。过失的教唆行为或过失的帮助行为不应当包括在共同过失犯罪的共同行为的内容之中。当然，理论上也有学者认为过失犯除共同正犯外，主张也可成立过失教唆犯与过失帮助犯。① 但从刑事政策的角度看，超出过失共同正犯的范围，容易造成对过失犯罪处罚的扩大化，是不妥当的。

第三，二人以上的行为人在违反共同注意义务上具有共同过失心理状态。在主观方面，共同过失犯罪中不具有共同故意犯罪那样的“意思联络”，但在过失共同犯罪中，各行为人在违反共同注意义务上存在共同心理。即各行为人都没有履行注意义务，而且，正是因为各行为人都没有加以注意，才相互助长了对方的不注意，产生了不注意的共同心理。各行为人都是在相互不注意的共同心理状态下，不履行或者不正确履行共同注意义务。换言之，共同过失犯罪的各行为人在心理上存在着互助、互动关系的事实。这是共同过失犯罪成立的主观基础，至于各个行为人的过失的罪过形式是否一致，不影响对共同过失的认定。

必须同时全面具备上述三个要件，才能成立共同过失正犯。

三、共同过失正犯的刑事责任

对于如何确定共同过失者的刑事责任，我国司法实践中有一个不成文的原则，即直接

---

① ［日］木村亀二：《刑法总论》(日文版)，有斐阁 1984 年版，第 201~205 页。

责任原则。即在诸过失行为中，将刑事责任限定在直接责任者的范围，尽可能缩小对过失犯的处罚范围。这一不成文的原则，无论在预防犯罪还是缩小打击面上，都有重要的意义。笔者认为，实践中的这一原则实质上就是解决共同过失正犯的刑事责任问题的原则。

然而，如何确定“直接责任者”？对共同过失，应当根据各个行为人的过失程度以及过失行为与违法结果发生的原因力的大小，决定其各自的刑事责任。即过失的程度越大，责任越重；对结果发生作用的原因力越大，责任越重。

具体说，涉及该问题主要有两点：一是各行为人的过失程度；二是各行为人的过失行为对结果发生原因力的大小。

所谓过失的程度，是指违反注意义务的程度，即根据反映行为人违反注意义务的主观恶性，应对自己的过失行为承担刑事责任的程度，属于对过失的规范评价。

从规范评价的角度看，对过失程度涉及行为人的违法性意识、可能性、期待可能性等问题，但从考察过失程度的意义上说，关键是行为人违反注意义务的情况，即违法性程度。我国学者对违反注意义务程度的探讨，主张：(1)行为的动机与起因。例如，认为工作一贯认真、负责的护士A，因受人侮辱而精神沮丧，以致打错针而致患者死亡，与一贯工作不负责任的B，因通宵打麻将而致精神恍惚，导致同样的结果相比，前者的过失程度要轻于后者。(2)介入的其他因素的影响。认为，实践中纯粹因行为人的过失而引进危害结果的并不多见，往往是因介入因素与行为人的行为共同起作用才引起危害结果发生(例如，因被害人自己的过失行为的介入，而造成死亡结果该种情况下，德、日刑法理论上被称为“过失相杀”)，介入因素的介入，常意味着对危害结果的预见和避免难度加大。介入因素越复杂，行为人注意的难度越大，因此，过失的程度必然受到影响。如介入因素使行为人完全无法预见或避免结果发生，则行为人无过失罪过。①

还有学者从考察行为人为预见或避免危害结果所付出的注意力的强度，探讨注意义务的可履行程度的问题。即从行为人发挥自身主观能动性的积极与消极的程度，考察行为人违反注意义务的程度。发挥自身主观能动性越大，则违反注意义务的程度越低；反之，则越高。此外，还主张从行为人的违法意识、过失的动机与原因力方面考察过失的程度。②

对上述见解，归纳起来，一是考察注意义务的要求程度。即注意义务的要求与违反注意义务的程度为正比例。具体来说，依据行为人所从事的活动、业务及实施的行为，注意义务要求程度高，则违反注意义务的过失程度就高(重)；反之，则低(轻)。二是考察注意义务的可履行程度。即注意义务可履行的程度与违反注意义务的程度为反比例。具体来说，越容易履行注意义务，违反之，则违反注意义务的程度越高(重)；反之，则低(轻)。三是考察违反注意义务的程度。即履行部分注意义务与完全没有履行相比，前者违反注意

① 胡鹰：《过失犯罪研究》，中国政法大学出版社1995年版，第108~110页。

② 姜伟：《犯罪故意与犯罪过失》，群众出版社1992年版，第384~387页。

义务的程度弱，后者违反注意义务的程度则强。

上述见解应予以充分肯定，但我认为，有需要补充之处上述的考察原则，或者说考察方法。在综合考察时，对于处理一般的过失犯罪以及业务过失犯罪，在评价行为人违反注意义务的程度时无疑是充分的。但是，论者均没有指出应以何种原则、方法界定注意义务对行为人履行注意义务要求的程度，特别是在共同过失的情况下，基于这种考虑，笔者认为还可综合考虑两个方面：

第一，以行为对于社会发展的需要的程度决定对履行注意义务的要求程度。例如，在高新科学技术领域，许多科学技术的开发和应用，会带来对社会、环境以及生命、健康的危险。这种具有探索性质的行为在实施过程中，有些尚无现成的经验可供借鉴，有些也没有系统、完善的规章、制度，缺乏可供在实行过程中遵循的注意义务。因此，对于行为人所承担的注意义务，应依照社会发展需要的程度，考察要求行为人履行注意义务的程度。具体说，对社会发展愈有益，则对行为人履行注意义务要求的程度应当越低。

第二，以行为人实行行为的危险程度和应当投入的精力的程度决定对履行注意义务的要求程度。相对来说，实行行为的危险程度越高，投入的精力越大，对行为人履行注意义务的要求应当越低。例如，在普通公路上驾驶汽车与在高速公路上驾驶汽车、驾驶普通列车与驾驶高速列车相比，后者的危险性以及投入的精力都高于前者。因此，同样是造成严重的交通事故，驾驶者履行的注意义务，对后者的要求应当低于前者。

所谓过失行为对结果发生原因力的大小，即要求从行为对于结果发生的原因力查找直接责任者。即是指查明过失行为是否使结果发生具有原因力的行为。从共同过失责任的角度讲，即在众多行为中必须确定：(1)过失的实行行为。即实施违反注意义务的作为与不作为行为；(2)能够直接导致违法结果的行为。根据确认过失犯罪的理论，只要过失行为是致使结果发生具有原因力则足以，是不以受害者或者第二者没有过错或过失为条件，因此，对确认共同过失罪过来说，这一原则同样是适用的。

例如，李某一日开车途中遇到徒弟张某，张某上车后请求李某让自己开一会儿(张某尚未取得驾驶证)。李某虽知张某驾驶经验不足，但碍于情面遂将车交张某驾驶，并疏于指导和关注。不久，一行人违章穿越街道，张某因经验不足，刹车不及时将行人碾压致死。就本案来说，行人的违章行为，与死亡结果的发生并非无关，但是，即使如此，也不影响张某的违章(未取得驾驶资格)行为对死亡结果发生是具有原因力的行为。从李某与张某的共同过失与结果发生的关系看，张某的过失行为无疑是对死亡结果发生最具原因力的行为，构成交通肇事罪当属无疑，但李某的行为是否为结果发生原因力的行为？有人或许认为李某的行为并不是造成行人死亡的直接原因，因为事实是由张某驾车撞死行人的，所以，李某的行为只是张某肇事的条件。我认为这种认为只有直接因果联系才确认是直接责任者的认识是不正确的，至少是不全面的。原因在于，李某让尚未取得驾驶资格、且经验不足的张某驾驶，又疏于指导，没有对张某给予适当指示并照章交代驾驶之必需的注意事项。其违背注意义务的不作为行为，本身就包含着造成严重事故的现实可能性。因此，李某的行为对行人死亡结果的发生，也是具有原因力的行为。

那么，应当如何确认行为对于结果的发生是否具有原因力？对于个人的过失行为在确认时，是以行为人是否违反注意义务，作为考察是否具有原因力的原则标准，这一点，对共同过失行为的原因力也同样适用。只不过要求从各个行为对注意义务违反的有机联系上看，是否存在共同的注意义务。就本案来说，李某违反驾驶规章，将车交给无驾驶经验的张某驾驶，且疏于指导；张某违反不得驾驶的规章。从违反共同注意义务的有机联系上看，李某与张某有共同过失行为，是对共同注意义务——避免结果发生义务的违反而形成的一个整体。所以，不能仅仅从行为与结果是否有直接因果联系上确定直接责任的范围。在共同过失案件中，即使行为与结果的联系是间接的，也可能是直接责任者。

至于对共同过失犯罪者应当如何确定各自的刑事责任，笔者认为，从过失为“共同”的意义上说，其刑事责任应当以共同犯罪的原则处罚，而不应当适用分别处罚的原则。

由此，应当将共同过失犯罪的与基于各自的过失而同时犯罪的“同时犯”加以区别。区别的主要点在于，过失的同时犯，各个行为人之间的注意义务彼此是各自独立的，不存在共同的注意义务，过失的行为与行为之间不具有内在的联系。因此，对过失的同时犯，应当适用各自处罚的原则，而不以共同犯罪的原则处罚。

论集合犯[1]

一、集合犯的概念

我国刑法理论过去多注意研究惯犯，而对集合犯则少人问津。考虑到修订的刑法取消了惯犯的规定，而在刑法理论上，常业犯、常习犯、惯犯、职业犯、营业犯等包括在集合犯中，因此，刑法中集合犯的法律规定应当纳入研究的视野。但讨论集合犯，有必要首先考察和借鉴海外刑法理论中集合犯理论的论述。

在海外(主要是大陆法系国家如德国、日本等)的刑法理论中有集合犯的概念。其理论主要在两个方面涉及集合犯：一是在必要共同犯罪形式中。如日本学者认为："所谓集合犯罪，是指犯罪的实行以多数人的协力为必要的共犯的形式之一，要求多数人的协力向同一目的(方向)集中的犯罪。"[2]二是在罪数形态理论中。如，"集合犯，是指构成要件在性质上，预定有数个同种行为反复实施的情况，但即使数个行为反复实施，全部被包括在一罪中"[3]。"集合犯是构成要件本身预想有数个同种类的行为。例如常习犯的场合，常习赌博者即使实施数次赌博行为，只能构成常习赌博(第186条第1款)一罪。又营业犯的场合，即使反复实施未经准许的医业行为，仍不过是成立未经准许医业罪一罪。"[4]德国刑法理论中也是在此意义上使用这一概念。如李斯特说："属于法学上行为单数概念的还有所谓的集合犯。它是指出于一个犯罪故意而实施数个行为、科处一个刑罚的犯罪。"[5]受德、日刑法理论的影响，我国台湾理论界对集合犯也有相同认识。例如，"集合犯为必要的共犯之一种。即集合多数人，以同一目的而为共同行为之犯罪"[6]；"刑法分则中集合某种有

---

① 本文原载于《法学研究》2001年第3期。

② ［日］犯罪学研究会编：《犯罪学辞典》，成文堂1982年版，第248页。

③ ［日］齐藤信宰：《刑法讲义(总论)》，成文堂1991年版，第397页。

④ ［日］前田雅英：《刑法总论讲义》，东京大学出版会1996年版，第537页。

⑤ ［德］弗兰茨·冯·李斯特：《德国刑法教科书》，徐久生译，法律出版社2000年版，第391页。

⑥ 何孝元主编：《法律学》，载《云五社会科学大辞典》，台湾商务印书馆1971年版，第349页。

惯常性之行为，认为成立特殊一罪者，学理上谓之集合犯。”①

显然，上述两种对集合犯的界定，认识问题的角度不同，前者是指“人”的聚合，后者则是“行为”的积聚，以至于得出完全不同的概念。诚如日本学者指出的：“集合犯罪一词，也是必要共犯的一种，用于指集合的犯罪或者集团的犯罪，不过这完全是另一种意思了。”②那么，集合犯在犯罪论中应当在共同犯罪中还是罪数形态中去研究呢。我们认为，集合犯的概念虽然涉及共同犯罪，也涉及罪数形态，但是，从研究集合犯刑事责任的角度看，罪数形态是问题的主要方面，在此探讨集合犯比较适宜。

首先，在刑法理论上，为区别共同犯罪中的集合犯与罪数形态中的集合犯，日本学者将前者称为“众合犯”，后者称为“集聚犯”，③ 但是绝大多数的文献是在罪数形态的理论中使用集合犯这一概念，而在共同犯罪中主要使用“众合犯”这一概念，已成为通行的研究做法。其次，在共同形式的犯罪中涉及人的“聚合”的“集合犯”时，“共同”之意本身是明确的，不存在是“集合”而非“共同”的问题。换言之，在理解共同犯罪中的“集合”时，可以是指“许多分散的人或物聚在一起”。④ 说明在此“集合”一词本意具有“共同”含义。但是，就我国刑法的规定，结合共同犯罪的理论，即使符合“集合”之条件，但未必都构成共同犯罪。例如，我国刑法以首要分子为构成要件的犯罪，其犯罪构成又是以行为的共同形式为犯罪处理必要要件的，但是，当法律规定只处罚首要分子而不处罚参与者，则只能说是“集合犯”但不是共同犯罪。所以，集合犯概念的原本意义是解决行为与罪的单复问题，诚如李斯特所说：“……使用了集合犯之概念，部分地作为构成刑罚事由的情况，使轻微之犯罪不予处罚，部分作为相对于较轻处罚的轻微犯罪的加重处罚事由。”⑤

在日本刑法理论界，罪数形态涉及集合犯时，通常是在广义的“包括的一罪”中予以讨论。但是，“‘包括的一罪’并不是成文法的概念，而是通过判例逐渐形成的。由于这个原因，究竟什么是包括的一罪，它包括哪些罪数形态，在他们学者中间说法不一。台湾学术界受此影响，情形亦大体一致”。⑥ 但是，这并不影响我们对其理论中合理内容的借鉴。

我国大陆刑法理论界，虽然对集合犯研究得不多，但从学者对集合犯的探讨来看，主要有三种观点。第一种观点对集合犯基本上持否定的看法，认为大陆法系的理论因对集合犯的范围、种类看法不一，所以，集合犯理论尚欠系统和成熟，为避免集合犯理论的弊

---

① 韩忠谟：《刑法原理》，台湾雨利美术印刷有限公司 1981 年版，第 382 页。

② ［日］木村龟二主编：《体系刑法事典》，青林书院新社 1981 年版，第 322 页。

③ ［日］青柳文雄、中谷瑾子、宫泽浩一编：《刑法事典》，立花书房 1981 年版，第 133 页；木村龟二主编：《体系刑法事典》，青林书院新社 1981 年版，第 322 页；板仓宏：《新订刑法总论》，劲草书房 1998 年版，第 358 页等。

④ 《现代汉语词典》，商务印书馆 1993 年版，第 526 页。

⑤ ［德］弗兰茨·冯·李斯特：《德国刑法教科书》，徐久生译，法律出版社 2000 年版，第 391 页。

⑥ 吴振兴：《罪数形态论》，中国检察出版社 1996 年版，第 208 页。

端，在罪数形态理论中，作为罪数研究对象的不应是集合犯，而是惯犯。① 第二种观点认为，可以适当借鉴集合犯的观念以解决实践中不能以惯犯论处的情况，认为："行为人多次实施犯罪的，属于惯犯，作为一罪处理。如果行为人只实施了二、三次犯罪，不符合惯犯特征的，如何处理？作为一罪，缺乏理论根据；作为数罪，显失公平。因为同种性质的犯罪，多次实施的为惯犯，是一罪，实施次数少反而成为数罪，明显不合理。② 这说明，如果仅仅讨论惯犯的问题，不足以解决这些犯罪的全部问题，起码遗留了一些难以解决的问题。所以，我们主张援用集合犯的概念解决这些问题。只要行为人基于特定的犯罪目的，实施犯罪的，无论实施多少次犯罪行为，都视为一罪。行为人实施一次犯罪的，是一罪；行为人实施多次犯罪行为的，也是一罪，无非从重或者加重处罚。"③第三种观点则持肯定的认识，认为以往刑法中对惯犯的规定，就是对集合犯的规定，只不过我国理论界对此以惯犯来研究罢了。④

笔者认为，第二种和第三种观点均有可取之处。理由是：

(1)从刑法理论发展的需要看，认为因理论上对集合犯存在的不同观点多，尚不成熟，因而不必借鉴大陆法系集合犯理论的认识是不正确的，因为严格地说，不存在没有争论的理论，正是因为有不同的观点的争论，才使理论得到发展。对于惯犯，我国刑法修订前因尚有若干罪名，需要对惯犯进行研究。但是，在理论上惯犯就是集合犯的一种，这是共识。正如有学者指出的："刑法上的常业犯、常习犯、惯犯、惯行犯、职业犯、营业犯等可以包括在集合犯中，它们都是集合犯的具体形式……故集合犯是学理上的一个总称，它概括因惯习倾向、反复实施同种行为的各种具体形式的犯罪。"⑤所以，既然刑法理论上存在着集合犯的理论，就有必要对其予以研究。

(2)从惯犯在实践中的适用看，由于惯犯在刑法中只有法定少数的几种，涉及面狭窄，同时，事实上存在着对不符合惯犯、连续犯特征的数个犯罪行为，作为一罪处理，缺乏理论根据；作为数罪显失公平的问题。在刑法修订后，现行刑法已经删除了"以走私、投机倒把为常业的""惯窃、惯骗"和"一贯……制造、贩卖、运输前款毒品的"规定，仅保留了"以赌博为业的"即常业犯的规定，而常业犯包括在集合犯的概念中，故可以说我国刑法已删除了对惯犯的规定。

(3)从现行刑法的具体规定看，大量规定的是属于集合犯的犯罪，例如，《刑法》第140~148 条规定的生产、销售伪劣商品罪，第 333 条第 1 款规定的非法组织卖血罪，第

① 吴振兴：《罪数形态论》，中国检察出版社 1996 年版，第 209 页。

② 笔者认为，惯犯在刑法修订前只有几个罪名，事实上并非所有的实施数个行为，都存在需要根据惯犯特征来认定的问题。

③ 姜伟：《犯罪形态通论》，法律出版社 1994 年版，第 345 页。

④ 马克昌主编：《犯罪通论》，武汉大学出版社 1999 年修订版，第 661 页。

⑤ 马克昌主编：《犯罪通论》，武汉大学出版社 1999 年修订版，第 661 页。

336条规定的非法行医罪等，均具有集合犯的特征，而非惯犯。正是根据这种情况，笔者认为，应当对集合犯予以探讨，作为营业犯的只是集合犯中的一种。

关于集合犯的概念，在借鉴的前提下，我国刑法学界目前有三种表述：一是认为，“所谓集合犯，是指反复实施同种犯罪行为，或者虽然只实施一次，但确有反复意图，因而概括地评价为一罪”。① 第二种则表述为，“集合犯是指行为人基于特定的犯罪目的，反复实施同种性质危害行为的犯罪形态”。② 第三种认为，“集合犯是指以一定的意思倾向，反复实施同种犯罪行为，依法律特别规定，成立一罪的犯罪”。③

上述三种对集合犯概念的表述，共同表明集合犯具有下特点：第一，行为人客观上反复实施同种行为；第二，主观上具有反复实施同种行为的意思；第三，只成立一罪。区别在于：第一种表述，强调虽然只实施一次，但确有反复实施意图，同样是集合犯，而第二、三种表述并没有说明集合犯的这一特点。我们认为，所谓集合犯，是指行为人具有实施不定次数的同种犯罪行为营利的犯意倾向，但即使实施了数个同种犯罪行为，刑法规定仍作为一罪论处的犯罪形态。

二、集合犯的要件

根据上述对集合犯的界定，笔者认为集合犯应符合以下几个要件：

(1)集合犯是行为人具有以实施不定次数的同种犯罪行为营利的犯意倾向。所谓以实施不定次数的犯罪行为营利的“犯意倾向”，即行为人不是意图实施一次犯罪行为，而是预定连续实施不定次数的同种犯罪行为来营利。例如《刑法》第336条规定的非法行医罪，行为人就是意图实施不定次数的非法行医行为。这是集合犯的主观方面的特征。因此，集合犯在主观上，表现为对实施的数个相同的犯罪行为具有连续实施的犯意倾向。所谓“连续实施的犯意倾向”，包括两层含意，一是指犯罪故意产生于一次而非数次，如果是数次产生数个相同的犯罪故意，则不成立集合犯，在这一点上，与连续犯犯罪故意是相同的；二是指犯意是连续的意思，即在犯罪着手时就预定连续实施。如果在预定之外又产生的故意，即使故意的内容是同一的，也不成立集合犯，可能为同种数罪。

(2)集合犯通常实施了数个同种的犯罪行为。我们认为，所谓“通常”，是指刑法是将行为人可能实施数个同种犯罪行为的这一情形，规定为集合犯的客观构成要件，而实践中行为人一般也是实施了数个同种犯罪行为的(至于构成集合犯是否以必须实施数个同种犯罪行为为必要要件，容后论述)。所谓“同种犯罪行为”，是指其数个行为的法律性质是相

① 吴振兴：《罪数形态论》，中国检察出版社1996年版，第208页。
② 姜伟：《犯罪形态通论》，法律出版社1994年版，第341页。
③ 马克昌主编：《犯罪通论》，武汉大学出版社1999年修订版，第661页。

同的。如数个生产、销售伪劣商品的行为；数个走私普通货物、物品的行为；数个非法组织卖血的行为，数个非法行医的行为等。集合犯虽然是行为人意图实施不定次数的同种犯罪行为，并且通常也是实施了数个同种的犯罪行为，如非法行医罪，虽多次非法行医，但仍然只构成非法行医一罪。由此，集合犯的数个同种犯罪行为，必须触犯的是同一个罪名。

所谓“同一个罪名”，包括单一罪名，也包括选择性罪名。例如，非法行医罪，还包括犯罪未完成形态的修正罪名，以及属于共犯的修正的罪名。需要说明的是，选择性罪名虽然犯罪的名称不同，是排列性的，但是，只要犯罪构成同一的数个行为，也属于触犯同一罪名。例如，甲实施了五次生产假药的行为，其行为的法律性质相同，只构成一个生产假药罪；如果第五次的行为是未遂，触犯的也是同一个生产假药罪名。再如，甲、乙二人共同生产、销售假药，甲生产，乙销售，但是乙在销售中被抓获，属于犯罪未遂，也同样属于触犯同一个生产、销售假药罪名的集合犯。如果法律是将不同构成的犯罪规定在一个条文中，例如，《刑法》第 114 条规定的放火罪、决水罪、爆炸罪、投毒罪则不属于同一罪名。

(3)集合犯必须是刑法将可能实施的数个同种犯罪行为规定为一罪，即集合犯是法律规定的一罪。这就是说，“所谓‘集合犯’，因为构成要件本身预定同种行为的反复，所以被反复的同种行为无例外地予以包括，被作为一罪评价”。① 正因为刑法是将可能实施的数个同种行为规定为一罪，所以行为人实施了数个同种行为，仍然只能构成一罪。但是，需要注意的是，刑法只是将可能实施的数个同种犯罪行为规定为一罪的，即“构成要件在性质上，预定有数个同种行为反复实施”。② 那么，集合犯是否以行为人必须已经实施数个同种犯罪行为为成立条件？有学者对此持肯定的看法，认为“集合犯的客观特征在于行为人具有多次实施犯罪的性质。犯罪次数的多少并不是集合犯的必要条件，但凡是集合犯，行为人都可能多次实施犯罪。例如营利犯，行为人的一次危害行为构成犯罪的，原则上不是集合犯，即没有集合的必要，如果行为人实施两次以上的危害行为，就是集合犯”。③

笔者认为，这种认识还值得商榷。集合犯是法定的一罪，这就是说集合犯构成要件性质上，本身预定的是同种行为的反复，数个相同的犯罪行为是法律将其评价为一罪，规定在刑法中的，并不是因为事实上实施了数个相同的犯罪行为，在处断时作为一罪来评价，这正是集合犯与连续犯区别的界限之一。正如日本学者久礼田一喜所说：“集合犯也是特别性的法律上的一罪而实质上的数罪，集合犯表现出其特有的主观意思倾向，因而较连续

① ［日］中山研一：《刑法总论》，成文堂 1989 年版，第 527 页。
② ［日］齐藤信宰：《刑法讲义（总论）》，成文堂 1991 年版，第 397 页。
③ 姜伟：《犯罪形态通论》，法律出版社 1994 年版，第 345 页。

犯具有更深更强的反社会性。”①所以，集合犯与实施的行为次数并没有必然的联系。因而，笔者同意“犯罪次数的多少并不是集合犯的必要条件”的认识，但是，正是基于相同的理由，笔者认为集合犯是法定的一罪。就我国刑法对集合犯的规定而言，除常业犯(赌博罪)以外，不能说行为人的一次危害行为构成犯罪的，不是集合犯。例如，生产、销售伪劣商品罪，生产销售伪劣商品的一次行为达到销售金额5万元以上，构成生产、销售伪劣商品一罪；生产、销售伪劣商品的10次行为，达到销售金额50万元以上，也只构成生产、销售伪劣商品一罪。因为行为触犯的就是集合犯的条文。上述学者的观点，是将集合犯作为处断时的一罪来看待，这显然与集合犯的理论不相符合。

因此，笔者认为有必要具体分析我国刑法中集合犯的两种情况：第一，根据我国刑法的规定，有的集合犯可能多次实施相同的犯罪行为，但即使只实施一次行为，也可构成犯罪的，同样属于集合犯。如前述虽然只实施一次非法行医行为，但却造成就诊人死亡的，也同样构成非法行医罪，属于集合犯。第二，根据我国刑法的规定，有的集合犯，只实施一次行为尚不足以构成犯罪，从犯罪成立的条件看，要求行为的反复实施才构成犯罪。如《刑法》第303条规定，“……以赌博为业的”构成的赌博罪。如果偶尔赌博，不是以赌博为业的，则不构成犯罪；以赌博为业，数十次赌博，也只构成一罪。

三、集合犯的种类

集合犯分为几种，刑法理论上还有不同的认识。当前在日本刑法理论中大体有三种意见。一是分为常习犯和营业犯两种；② 二是分为常习犯、营业犯和职业犯三种；③ 三是认为，除上述通行的三种类型外，结合犯也是集合犯的种类之一。④ 所谓常习犯，也称为惯行犯，是指以一定的行为作为常习的犯罪，如常习赌博罪；所谓营业犯，是作为构成要件的，是为了营利目的反复实施一定的行为为业的犯罪，如贩卖淫秽书刊罪；所谓职业犯，是指作为构成要件要素的，是不以营利为目的，反复实施一定的行为为业的犯罪，如非医师的违反禁止医业，构成未经准许医业罪。⑤ 分为三类是其理论界多数学者的观点。例如在德国刑法理论上，对于集合犯的分类就如上述第二种分类，李斯特将集合犯分为职业犯、常习犯、习惯犯。⑥ 当然，从日本刑法向德国刑法学习的角度看，可以说日本学者的主要观点是从德国学者而来的。我国台湾有学者也将集合犯分为三种，但是，没有使用

① [日]久礼田一喜：《日本刑法总论》，严松堂1925年版，第428页。
② [日]前田雅英：《刑法总论讲义》，东京大学出版会1996年版，第465页。
③ [日]木村龟二主编：《体系刑法事典》，青林书院新社1981年版，第322页。
④ [日]青柳文雄、中谷瑾子、宫泽浩一编：《刑法事典》，立花书房1981年版，第133页。
⑤ [日]板仓宏：《新订刑法总论》，劲草书房1998年版，第358页以下。
⑥ [日]弗兰茨·冯·李斯特：《德国刑法教科书》，徐久生译，法律出版社2000年版，第392页。

“常习犯”“营业犯”，而是以“常业犯”替“常习犯”“营利犯”替“营业犯”，保留“职业犯”，但在解释上基本从日本学者。① 在上述分类中，可以看出我国原刑法规定的惯犯，是包括在集合犯的概念之中的。但从我国现行刑法的规定来看，已经删除了有关“以常习性”构成犯罪的规定，如赌博罪规定的是“……聚众赌博，开设赌场或者以赌博为业的”，显然与日本刑法中的赌博罪在构成要件上要求“常习赌博的”，必须是行为已为常习的不同。因此，还不能认为我国刑法的集合犯可划分出“常习犯”一类。而且，在笔者看来，我国刑法中也并没有类似德、日刑法中的职业犯的规定。刑法中所规定可以反复实施一定的行为，并以此为业的犯罪行为，事实上通常是以营利为行为目的，如非法行医罪，如果不以营利目的医疗行为。例如，甲出于同情用自己的偏方为邻居乙治疗，致使乙死亡，只能构成过失致人死亡罪，而不是非法行医罪。所以，以某种行为反复实施为营业的犯罪，区别仅在于法律是否将“营利目的”作为犯罪的构成要件，而不存在主观上是否出于营利的目的的问题。而且，事实上行为人是以某种行为反复实施为营业，但要从主观上是否具有营利的目的来区别营业犯和职业犯，这种差别是无法准确掌握和区别两者的。因此，笔者认为我国刑法的集合犯中，不具有也无必要划分出职业犯的类型。结合我国现行刑法的规定，笔者参考前一分类，对集合犯分为如下两种：

第一种为常业犯，指以一定的行为为常业的犯罪。就我国刑法的规定而言，属于常业犯的集合犯是第 303 条规定的赌博罪一种。详言之，其构成要件是：(1)行为人主观上出于营利目的，意图实施多次同种犯罪行为。“营利目的”，是指行为人实施该种行为主观上是为了获取钱财，但构成犯罪不以行为人实际获取钱财为条件，只要出于营利目的即可。这是其主观条件。(2)法律规定以反复实施同种犯罪行为为构成犯罪的必要要件。换言之，对这种犯罪来说，只实施一次行为，犯罪还不能成立，只有反复实施同种犯罪行为，才能构成该罪。这是其客观要件。所以，根据《刑法》第 303 条的规定，“……以赌博为业的”构成赌博罪的，如果偶尔赌博，不是以赌博为业的，则不构成犯罪；以赌博为业，数十次赌博，也只构成一罪。

第二种为营业犯，指通常以营利为目的，意图反复实施一定的行为为业的犯罪。其构成要件是：(1)行为人主观上通常出于营利目的，意图实施多次同种犯罪行为。所谓“通常”是说实践中行为人一般是出于营利的目的而反复实施同种犯罪行为，但是，并不排除在某些情况下，行为人的一次或者数次行为不是出于营利目的的可能性。虽然如此，也不影响集合犯的成立。所谓“营利目的”，是指行为人实施该种行为主观上是为了获取利润，但构成犯罪不以行为人实际获取利润为条件，只要出于营利目的即可。这是其主观条件。(2)行为人反复实施一定的行为并以此为业，但即使只实施一次行为，也可构成犯罪；实施了数个同种行为，仍然只能构成一罪。这里所说的行为，必须是符合构成要件，能够独

① 郭君勋：《案例刑法总论》，台湾三民书局 1988 年版，第 566 页。

立构成犯罪的行为，如果数次举动（行为）而实现的是一个犯罪构成的，是接续犯非集合犯中的营业犯。这是其客观条件。

可见营业犯与常业犯的区别在于：对常业犯来说，实施一次某种行为，不构成犯罪；必须反复实施同种行为，才构成犯罪。而对营业犯来说，实施一次某种犯罪行为，可能构成犯罪；反复实施同种犯罪行为，仍然构成该种犯罪一罪。属于营业犯的集合犯，在我国刑法中比较多，大体上刑法中以营利为目的的破坏社会经济秩序的犯罪、危害社会秩序的犯罪以及在罪状中规定“多次”实施同一犯罪行为为从重处罚情节的，均属之。前者如《刑法》第 363 条第 1 款规定的制作、复制、出版、贩卖、传播淫秽物品牟利罪，以牟利为目的，虽然只是实施制作、复制、出版、贩卖、传播一次淫秽物品的行为也可能构成犯罪，但即使多次制作、复制、出版、贩卖、传播淫秽物品，仍只构成一罪。后者如，《刑法》第 318 条第 1 款第 2 项组织他人偷越国（边）境罪，“多次组织他人偷越国（边）境”的规定，也属于集合犯。

四、集合犯与相似犯罪形态的区别以及处断原则

从数个同种行为构成一罪来看，集合犯与连续犯相近似，两者相似之处在于：其一，都具有连续实施同种犯罪行为的意思倾向。其二，数个同种行为触犯的是同一罪名。但两者存在根本区别：其一，集合犯是刑法规定同种的数行为为一罪，所以是法定的一罪；而连续犯，连续实施的同种数行为均独立构成犯罪，是数罪而只是作为一罪处理，所以是处断的一罪。其二，集合犯的数个犯罪行为之间，在时间上可以有间隔，即在行为与行为之间，不要求有连续性；而连续犯的数个犯罪行为之间表现为必须具有连续性，行为与行为在时间上不能间隔得过久。

从犯罪在时间上可能存在一定的过程来看，集合犯又与继续犯相近似，两者相似之处在于：集合犯实施了数个同种的犯罪行为侵害的是一个客体，继续犯持续危害的也是一个客体。但两者也存在明显区别：其一，继续犯是一行为处于不间断的持续之中，它是一行为，所以是实质的一罪；而集合犯可以是由数个同种的犯罪行为组成，并且行为之间可以存在时间的间隔，数个犯罪行为因法律性质相同，在总体上被法律评价为一罪，所以是法定的一罪。其二，继续犯是在犯罪既遂后，犯罪状态并未终了而仍在继续中；① 而集合犯的数个犯罪行为在既遂后并不存在犯罪状态的继续。

从集合犯可具有数个犯罪行为来看，集合犯与吸收犯相近似，两者相似之处在于：其一，集合犯与吸收犯，均是在着手行为之前具有连续实施数个犯罪行为的意思倾向。其二，集合犯与吸收犯的数个犯罪行为之间，在时间上可以有间隔，即在行为与行为之间，

① 马克昌主编：《犯罪通论》，武汉大学出版社 1999 年修订版，第 622 页。

不要求有连续性。两者的主要区别在于：第一，集合犯的数个犯罪行为，必须是法律性质相同的数个犯罪行为；而吸收犯的数个犯罪行为，必须是不同的犯罪行为。第二，集合犯的数个犯罪行为之间，不存在吸收关系，而是数行为在总体上被法律评价为一罪，所以是法定的一罪；而吸收犯的数个行为均独立构成犯罪，存在着一行为吸收其他行为的吸收关系，数行为本质是数罪只因吸收关系而作为一罪处理，即成立吸收行为一罪，所以是处断的一罪。

根据笔者的理解，集合犯是法定的一罪，刑法分则条文设有明文规定，对集合犯，不论行为人实施多少次行为，都只能根据刑法的规定以一罪论处，不实行数罪并罚。即只需要按照刑法分则条文规定的刑罚予以处罚即可。但是，这仅就判决确定前的一般情况而言，但在司法实践中，具体适用时往往存在数行为危害轻重不等，或者在对某一行为或某一部分行为已经作出判决的情况下，又发现漏掉相同行为没有予以审判认定的情况，对此应当如何适用法律。

笔者认为，对于前者来说在有罪判决确定前，实施行为次数的多寡，数行为危害程度不等，并不影响行为人所犯一罪的成立，次数是量刑的重要情节。即如李斯特所言，作为“相对于较轻处罚的轻微犯罪的加重处罚事由”。而且，根据刑法的规定在具体的犯罪中，次数有时是决定刑罚的法定情节，如《刑法》第 318 条组织他人偷越国(边)境罪，“多次组织他人偷越国(边)境”的“多次”的规定。即使在法律没有明确以行为次数为法定量刑情节的情况下，行为的次数，也应当作为酌定的情节来考虑。

对于后者而言，应当如何处理，是值得研究的。众所周知刑法上有禁止重复评价的原则。然而，对于这种情况是否应当属于禁止重复评价的范畴。在日本刑法学界对此种情况通说观点认为，对集合犯需要根据《刑事诉讼法》第 337 条规定，实行“一事不二理”的原则，“在集合犯的场合，构成集合犯的一部分有罪判决确定后，此前的其他的同种行为即使被发觉，受一事不二理效力的影响，如果决定免予起诉，就是确定一事不二理效力范围的时间。① 这里决定免予起诉”显然是指未经审判的行为危害轻于已经审判的行为。

上述处断原则的探讨，是在属于大陆法系的日本刑法理论的主张，那么，英美法系的刑法理论如何呢？英美法系由于属于判例法，可以说，在其理论中并没有“集合犯”的概念。但是，没有集合犯的概念，② 并不等于其不具有集合犯这种犯罪的形态。以美国刑法为例，“罪数(一罪与数罪区分)的标准，既不是采行为说，也不是采结果说；既不是采犯意说，也不是采构成要件说。或许可称作“法定”说，即行为或者结果符合几项法律规定便构成几个罪。这是美国刑法罪数概念的基本原则。即使是“同一行为构成两个以上罪的，

---

① [日]青柳文雄、中谷瑾子、宫泽浩一编：《刑法事典》，立花书房 1981 年版，第 133 页。

② 储槐植教授认为美国刑法和理论中也没有想象竞合犯和牵连犯的概念。参见储槐植：《美国刑法》，北京大学出版社 1996 年版，第 152 页。

对各罪均应追诉，这是美国刑法不同于大陆法系刑法的一项原则。这个原则显示了美国刑法的严厉性”。“一个被告人在一次打斗中伤了几个人，可定几项伤害罪；开一枪打死打伤各一人，构成杀人和伤害两项罪；某人殴打并威逼一妇女令其跟随到他家，进而实施了性行为，这一行为过程（同一行为）构成了三项罪，即殴打罪、绑架罪和强奸罪。”①

然而，具体在数次行为触犯同一罪名（类似集合犯）的情况下，又当如何处罚？虽然英美法系与大陆法系都具有遵循禁止重复评价的原则，但是，在何种情况下禁止重复评价的标准是否有别？例如《美国模范刑法典》第1.08条对同一罪禁止双重追诉规定：“追诉如与以前所为之追诉，属于同一罚条而又基于同一事实者，倘有下列情形之一时，因曾经追诉应予以禁止。”②其限制追诉的情况有：对以前的追诉知道已有无罪宣告时；对以前的追诉确定后轻于前一判决，而且认定其有罪所依据的必要事实与法律上判断互相排斥时；对于以前之追诉已认定为有罪时；对于以前之追诉不当被终止时。换言之，在美国刑法中，只要不具有依法被认定属于同一事实的前行为已经被法庭经过正式判决有罪或者无罪，或者因为追诉不当被终止的情形，则所犯的数行为，均应当被认定为数罪而实行并罚。根据这样的原则，对数次实施相同的行为采取绝对并科，而判处百年或者千年徒刑，也就不足为奇了。“一般说来，当代美国刑事立法和司法中的并合罪，主要是吸收犯，而且并合罪基本上只存在于罪质相同，仅仅程度有差异的数罪之间。所以，美国刑法（立法和司法）中并合罪的范围远远小于大陆法系刑法中的并合罪。”③因此，像美国刑法中的数行为即使触犯同一罪名，尚未经过审判一律需要实行数罪并罚，这样的追诉和并罚原则与大陆法系不同，也与我国刑法的规定以及刑法理论不同，因而是无法为我们在处理集合犯时所借鉴。

就《美国模范刑法典》中禁止重复评价看，其前提在于对前一行为已经作出有罪或无罪的判决。从具体内容看，《美国模范刑法典》与日本刑法理论的主张有相同之处，例如，对以前的追诉确定后轻于前一判决，不能就同一事实再次予以重复评价，即认为属于“同一事实”。但是，我国刑法理论中并未有将判决宣告前后相同的数行为触犯同一罪名的情况都视为“同一事实”的主张。例如，前行为被宣告有罪，而未经审判的行为的危害明显重于已经审判行为的情况，一般是不宜视为属于“同一事实”的。但是，当未经审判的相同行为的危害明显轻于已经审判的行为，是否可以借鉴日本与《美国模范刑法典》中视为“同一事实”的情况，适用“一事不二理”的原则，不再重复评价。笔者认为，禁止重复评价的原则对于集合犯的这种情况的处理是有借鉴意义的，即根据我国刑法规定，对集合犯在有罪判决确定后发觉的同种犯罪行为，原则上只能根据《刑法》第70条的规定，作为“判决宣告以

① 储槐植教授认为美国刑法和理论中也没有想象竞合犯和牵连犯的概念。参见储槐植：《美国刑法》，北京大学出版社1996年版，第152页。

② 《各国刑法汇编》（下），司法通讯社1980年版，第1895页以下。

③ 储槐植教授认为美国刑法和理论中也没有想象竞合犯和牵连犯的概念。参见储槐植：《美国刑法》，北京大学出版社1996年版，第153页。

后，刑罚执行完毕以前，发现被判刑的犯罪分子在判决宣告以前还有其他罪没有判决的”的漏罪看待，决定是否实行并罚，而不能否定已经确定的有罪判决实行数罪并罚，否则，就是对禁止重复评价原则的违反。如果尚未处理的行为的危害明显轻于已经判决有罪的行为，或者，前行为已经被宣告无罪的，则司法机关不应当就发觉的相同事实再次提起诉讼或者审判，否则，同样是对禁止重复评价原则的违反。

论片面共犯的理论基础①

一、片面共犯的理论论争

片面共犯②是指共同行为人的一方有与他人共同实施犯罪的意思，并协力于他人的犯罪行为，但他人却不知道其给与协力，因而缺乏共同犯罪故意的情况。③ 对于片面共犯，中外刑法理论界一直存在争议，争议的焦点关键在于“如何理解共同犯罪的主观联系”。④ 共同犯罪⑤的成立有两种学说：一种为犯罪共同说，一种为行为共同说。⑥ 犯罪共同说认为，成立共同犯罪，除有共同的犯罪行为之外，必须要有共同的犯罪意思联络，否则不发生共犯关系。行为共同说认为，共犯关系的发生，仅以双方的共同行为即可，至于其意思如何，则在所不问。主张片面共犯的学者(亦称积极说)认为，“共犯之观念，不以双方的故意为必要，共犯者一方，虽无与他人共同之认识，而他之一方，有此共同之认识时，仅此一方可生共犯关系。易言之，得认有一方的共犯也”。否定片面共犯的学者(亦称消极说)认为，共犯关系之发生“以实施犯罪前，共犯者间须有共通之故意，若事前无互相加功之认识时，各成立单独犯，而不发生共犯关系也”。⑦ 因而主观联系的界定决定片面共犯的成立与否。

---

① 本文原载于《法学评论》2001 年第 5 期，系林亚刚教授与其博士研究生赵慧合著。

② 有学者亦称为片面合意的共同犯罪和单向共犯。参见李敏：《论片面合意的共同犯罪》，载《政法论坛》1986 年第 3 期，第 38 页。

③ 马克昌主编：《犯罪通论》，武汉大学出版社 1999 年版，第 514 页。

④ 陈兴良：《共同犯罪论》，中国社会科学出版社 1992 年版，第 115 页。

⑤ 共同犯罪的罪过在刑法界存在争议，由于篇幅限制，本文依我国刑法学界的通说即承认故意的共同犯罪出发来论述片面共犯。

⑥ 牧野英一称犯罪合一说和行为合一说，见[日]义岛楼夫译：《刑法学说汇纂》，法学编辑社 1913 年版，第 122~123 页；韩忠谟先生亦称客观说与主观说，参见韩忠谟：《刑法原理》，雨利美术印刷有限公司 1981 年年增订 14 版，第 262、263 页。

⑦ 郗朝俊：《刑法原理》，商务出版社 1930 年版，第 260 页。因而主观联系的界定决定片面共犯的成立与否。

在日本刑法学界，主张片面共犯的学者认为，“盖共同加功的意思属于犯人心理的事项，其相互交换或共犯者的双方有此交换，不过是外界的事项。故予辈认为，作为共犯的主观要件的此意思，在此片面的场合，尚可成立，在这种场合，对于有此意思的一方，生片面的效果”。① 否定片面共犯的学者认为，“共犯以共犯间的意志联络为要件……所谓片面的共犯，由于欠缺共犯成立的重要条件，著者认为应该完全否定它”。② 对于这两种观点，有学者提出不同看法，这也是日本刑法学界的通说，即否定片面共同正犯而肯定片面从犯的存在。③

在美国，存在与片面共犯相对的概念，即潜在同谋犯(potential accompolice)。潜在同谋犯的规则在于“只要帮助者认识到他在帮助他人实施犯罪，这种被帮助人不知情的犯罪帮助者”④构成犯罪。共同犯罪所谓的共同犯罪意图仅指犯罪意图的相同性质，而不要求彼此知道，只要有一方共犯知道自己在与他人共同加功于犯罪行为即可。如此，“潜在同谋犯规则并不违反共同犯罪要求共同意图这个原则，只不过是一种特殊形式的共同犯罪意图”。⑤ 英国刑法在一定范围内也肯定片面共犯的存在，根据《1972 年刑事审判法》，在“促成”的情况下可构成片面共犯。由此可见，虽然各国在片面共犯问题上存在不同的争议，但承认片面共犯为共同犯罪的一种形态已为世界各国所共识。

二、片面共犯存在的理论基础

在我国刑法学界，对于片面共犯，学者们存在不同看法：有人否定片面共犯概念，认为不存在片面的共同犯罪。⑥ 有人认为应肯定片面的共同犯罪，但对其存在范围存在争议。⑦ 对于片面共犯的存在范围，我们将设专题进行讨论，故在此不再赘述。共同犯罪是共同的犯罪行为和共同的犯罪主观联系的结合，不管是犯罪共同说还是行为共同说都没有否认这一点，只不过其各自强调的主观联系有所差异。

---

① [日]牧野英一：《日本刑法》，第 395 页；转引自马克昌、罗平：《论共同犯罪的概念和要件》，载《政法论坛》1985 年第 4 期，第 5 页。

② [日]植松正：《再订刑法概论(总论)》，第 381 页；转引自马克昌主编：《犯罪通论》，武汉大学出版社 1999 年版，第 515 页。

③ 参见[日]大塚仁：《犯罪的基本问题》，冯军译，中国政法大学出版社 1993 年版，第 262~266 页。

④ 储槐植：《美国刑法》(第二版)，北京大学出版社 1996 年版，第 159 页。

⑤ 储槐植：《美国刑法》(第二版)，北京大学出版社 1996 年版，第 159 页。

⑥ 蒲全方：《“片面共犯”应予否定》，载《法学与实践》1986 年第 6 期，第 35~36 页；何秉松：《犯罪构成系统论》，中国法制出版社 1995 年版，第 363~365 页；张明楷：《刑法学》(上)，法律出版社 1998 年版，第 281~282 页。

⑦ 姜伟：《犯罪形态通论》，法制出版社 1994 年版，第 246 页。

犯罪共同说所强调的共同犯罪故意，是一种“强势”的主观联系。它不仅要求共犯人对于共同犯罪行为的性质、结果及其法律意义有概括的认识，而且要求这种认识必须是相互的、沟通的。有学者主张，片面共犯由于欠缺共同犯罪意思的完全沟通，因而不具备“共同犯罪的实质特征，暗中教唆、帮助他人犯罪的现象可能存在，但将其作为共同犯罪处理存在许多问题，不能圆满解决其刑事责任问题，或许将其视为间接正犯还妥当一些”。① 在此问题上，论者实际上是自相矛盾的。既然肯定了暗中教唆、帮助的犯罪现实，为什么不能在理论上肯定片面共犯的存在呢？“正犯行为，依其系亲自实施，抑系利用他人之手，而有其为直接正犯和间接正犯之分”，② 这说明对于间接正犯的性质，尽管根据缩限的正犯概念和扩张的正犯概念而有别，但现代大多数国家都将其作为正犯的一种形式而纳入各国刑法典中，如《德国刑法典》第25条规定，自己实施犯罪，或通过他人实施犯罪的，以正犯论处。对于教唆行为与帮助行为，大多数国家都将两者加以区别，教唆犯作为正犯处理或处以正犯相同的刑罚，而对于帮助行为则处以从犯之刑罚或比照正犯予以减等处罚。③ 关于正犯与从犯的分野，有“客观主义、主观主义和折衷中主义”④三种见解。学者多采第三种学说，即正犯以服务自己利益的目的，实施符合刑法分则犯罪构成要件或犯罪构成要件以外的行为，而从犯则以加功他人利益的意思，实施符合刑法分则构成要件以外的行为。如果说把这种暗中教唆行为作为间接正犯处理还持之有据的话，那么把帮助行为作为间接正犯处理则混淆了正犯与狭义从犯的区别，是客观主义刑法的简单回归，也是违背罪行相适应这个法治原则的。

另外，利用他人的行为不是间接正犯的本质特征，共同犯罪之所以存在，就是因为各个共犯人之间行为的相互补充而形成的一种犯罪形态。也就是说，不仅共同正犯之间，而且正犯与教唆犯、从犯以及从属犯之间都存在这种利用关系。仅仅因为帮助犯、教唆犯和实行犯存在共犯间的普遍利用关系而把帮助犯和教唆犯纳入间接正犯范畴，从而否定帮助犯与教唆犯的独立性的观点是没有理论依据的。

行为共同说所要求的犯罪故意相比而言是一种“弱势”的主观联系。它只要求共同行为人对于共同的犯罪行为有认识即可，而不要求这种联系的相互性，更有极端学者否定共犯之间的罪过而主张共同的行为即可构成共同犯罪。这种极端做法一方面否定了刑法学的基本理论，另一方面造成了共同犯罪理论本身的混乱，其荒谬性是不言而明的。行为共同说所要求的主观联系的“弱势性”并没有否定其主观联系的必然性，这种特定的主观联系正是

① 张明楷：《刑法学》（上），法律出版社1998年版，第282页。

② 陈朴生：《刑法专题研究》，海天印刷厂有限公司1988年第4版，第418页。

③ 《德国刑法典》第26、27条；《瑞士刑法典》第24、25条；《日本刑法典》第61、63条；《澳门刑法典》第25、26条；《意大利刑法典》第110、115条；《法国刑法典》第121-6、121-7条（意大利和法国对共同犯罪人实行同等原则，意大利对帮助犯没有专门规定）。

④ 郗朝俊：《刑法原理》，商务出版社1930年版，第288、289页。

片面共犯独特性之所在，也是片面共犯存在的根本价值。实际上，犯罪共同说和行为共同说分别是完全共犯和片面共犯的理论基石，这也是两种理论的生命力之所在。

任何理论的产生本身都不是目的，都是为一定的价值构造服务的。这不是庸俗工具论的翻版，正是事物本质的科学说明。共同犯罪理论也是一样，产生的逻辑基础在于共同犯罪现象的出现及其刑事责任的分担。共同犯罪理论是随着实践的发展而趋于成熟的，片面共犯事实的客观存在是片面共犯理论发展的逻辑前提，也是片面共犯理论发展的契机。另外，片面共犯本身并不背离共同犯罪的理论基点即所谓共同主观罪过与共同的行为。既然片面共犯的一方有共同犯罪的意思，又有与他人的共同犯罪行为。作为犯罪人，他认识到“自己不是孤独地犯罪，而是在与他人一起共同犯罪”，并且他的行为实际上处于与共犯人相互联系之中，为什么不具备共犯的构成要件呢？任何事物之所以存在，是由于其有独立的价值——特殊性，对于片面共犯也是如此，为什么我们非要用完整的共犯形态来限定它呢？片面共犯就是片面共犯，不是完全共犯，否则其存在又有多少价值呢？至于有学者认为肯定片面共犯会导致罚不当罪①也是没有道理的，有共同犯罪故意和行为的人构成片面共犯，其他人则按其行为作出规范评价，这不正是罪刑相适应吗？在论者所举的那个案例中，在乙实施了构成要件的杀人行为时，即使乙原有帮助甲的片面故意，但当其实施构成要件的杀人行为时，其意志转换是十分明朗的。论者此时还认定乙乃是以帮助的故意实施的帮助杀人行为实际上是一个误解。乙实施了构成要件的行为还仅是帮助行为吗？如果认定乙以帮助的故意实施了构成要件的杀人行为，因而认定其为甲的杀人帮助行为的话，则是对于乙的主观罪过的断章取义和臆断。因而不是片面共犯理论导致罚不当罪，而是不采用片面共犯理论会导致罪刑不相适应。

三、片面共犯的成立条件

如上所说，犯罪共同说和行为共同说分别是完全共同犯罪以及片面共犯的理论基础，共同犯罪可以根据共犯间主观联系程度的不同而分为普通共犯和片面共犯两种犯罪类型。② 对于完全共同犯罪的主观联系不仅要求犯罪人之间存在合意，而且必须是相互的，也就是说，各个共同犯罪人之间不仅对自己的行为及其性质、法律后果有认识，而且对其他犯罪人的行为有概括的认识，而对片面共犯的主观联系则不以合意和相互联络为条件。由此，笔者认为，片面共犯只存在于片面从犯中，因为在共同正犯中，共同正犯以相互利用的意思，相互补充、连接而实施犯罪行为，“为了具有共同犯罪的意思联络，必须相互

① 蒲全方：《“片面共犯”应予否定》，载《法学与实践》1986年第6期，第36页。

② 高仰止：《刑法总则之理论与实用》，文汇印刷厂有限公司1986年版，第392页。

知道对方犯罪的情况，不知犯罪之情的，不能认为有共同犯罪的意思"。① 因此，在存在片面合意的情况下，实行犯因为不具有共同犯罪的主观意思，所以不可能有共同正犯的产生。

对于教唆犯，笔者认为，教唆犯的本质在于教唆没有犯意的人产生犯罪决意，进而使他人基于此种决意而实施犯罪行为，之所以在刑法理论上把教唆犯称为造意犯，其意义就在于此。既然"教唆犯必须使本无犯意之人产生犯罪之决意，教唆者与被教唆者之间，若无意思之交通，即失却教唆之本意，故所谓片面之共犯云者又何不可想象"。② 因此成立教唆犯的也不可能存在片面共犯的问题。

帮助犯在共同犯罪中是加功于正犯，在刑法理论上从犯的帮助意思是否以正犯知道为必要，虽然理论上有不同认识，但是正犯不知道从犯的帮助也不影响从犯的成立，是多数学者的主张。如日本著名的刑法学家大塚仁就认为，"作为从犯的要件，不是像共同正犯中的'共同实行'那样，仅仅是'帮助正犯'就够了，这里'帮助'一词本身没有要求与正犯者意思联络的旨趣"。③ 笔者认为，大塚仁先生对于从犯意思的论述是十分精辟的。事实上，不仅现实生活中存在大量的片面从犯的事实，而且在世界上大多数国家或地区如日本、泰国以及我国台湾地区司法实务中都承认片面从犯的存在。在我国尽管学者们对片面共犯的成立范围存在争议，但在司法实践中片面从犯的存在却是不争的事实。

对于片面从犯的成立要件，笔者认为应从如下几个方面进行把握：

(1)必须有正犯的实行行为。共犯独立性说和共犯从属性说对于从犯的本质有着截然不同的理解。共犯从属性认为，从犯的犯罪性以及可罚性来自对于正犯的犯罪性和可罚性的借用。正如贝林格在其早期著作《犯罪论》中所说，"所谓从属的共犯，如果缺乏'正犯'，就完全难于构成。只是对一个'犯罪'能够作为共犯而加功，对不是犯罪的行为，是不能作为共犯而加功的"。④ 德国学者麦耶(M. E. Mayer)从论证共犯从属的程度出发，提出了四种不同的共犯从属形式，即最小限度从属形式、限制从属形式、极端从属形式以及夸张从属形式，并根据从犯从属的程度来对其行为的犯罪性进行认定。

共犯独立说认为，任何犯罪都是犯罪行为人反社会性以及其主观恶性的表现，共犯并不从属于正犯而存在。正如德国著名刑法学者宾丁(Binding)认为，"共犯对于正犯是独立的犯罪，共犯的可罚性对于正犯是独立的，共犯之所以被处罚，不是因为他人实施了可罚的行为，而是因为行为者自身实施了犯罪。共犯从属性的童话必须抛弃"。⑤

笔者认为，尽管任何犯罪都是一定行为人主观恶性的体现，但不可否认的是，在共同

① 马克昌：《关于共犯的比较研究》，载《刑法论丛》第3卷，第325页。

② 韩忠谟：《刑法原理》，雨利美术印刷有限公司1981年版，第289页。

③ 转引自马克昌：《关于共犯的比较研究》，载《刑法论丛》第3卷，第357页。

④ 转引自马克昌：《关于共犯的比较研究》，载《刑法论丛》第3卷，第312页。

⑤ 转引自马克昌：《关于共犯的比较研究》，载《刑法论丛》第3卷，第315~316页。

犯罪中正犯是整个犯罪的中心，因为在犯罪构成中，只有实行行为才是犯罪论的核心。正是因为正犯的实行行为，才直接导致对国家所保护的法益的侵害或威胁，而从犯只是加功于正犯的行为，对犯罪法益以及对象所造成的影响只是间接的，有时侵害的后果甚至是无形的。从犯若没有一定的正犯行为作为依托，那么从犯本身就失去了存在的基础。

在共同犯罪，没有从犯不影响共同犯罪的成立，但如果没有正犯的行为，则所谓的共同犯罪无成立的余地。正是由此而言，笔者认为，从犯在成立上以及处罚上应当从属于正犯，但值得注意的是，这种从属性本身并没有抹杀从犯自身仍然具有独立的价值。

如何理解实行行为的性质，根据麦耶对共犯从属性的论述，笔者认为，实行行为并不一定是达到可罚程度的犯罪行为，即只要形式上符合具体犯罪的构成要件即可。也就是说，只要共犯人主观上认为正犯实施的是符合犯罪构成要件的行为，而且事实上正犯的行为符合犯罪构成要件，即使由于“正犯”自身精神或生理缺陷或者其他原因具有使行为正当化的事由或免除刑罚的事由，不影响片面共犯的成立。

此处的实行行为应与预备行为相区别，即正犯已经着手实施符合犯罪构成要件的行为。对于正犯尚处于预备阶段或犯罪实施前的行为，即使此时有共犯的片面加功，由于从犯本身社会危害性小，加之正犯本身可罚性不强，因此不作为犯罪处理，即不成立片面从犯。

如果被帮助者本无犯罪意思，在行为人帮助之后产生犯罪意图，则对于帮助者而言应属于事实错误，应当成立教唆犯，不属于片面共犯。至于被帮助者以后的犯罪行为应与帮助者无关。

对于一般违法行为，由于正犯本身不构成犯罪，因此，片面共犯在此情况下应按法律错误进行处理，不构成片面共犯。

(2)必须有共同犯罪的意思。但对这种共同意思必须结合完全共犯进行理解，换言之，对于片面共犯的主观方面的要件，必须相对于完全共犯要求共同犯罪人之间对于犯罪的意思是相互的，彼此间有概括的联络意思而言，片面共犯要求实行帮助行为者即所谓片面共犯有共同犯罪的意思，至于正犯是否认识到行为人的加功行为，不影响片面共犯的成立。这种认识表现为，行为人知道自己在帮助他人犯罪而不是自己实施实行行为、对于正犯的犯罪行为以及其性质、法律后果有基本的认识，以及由于自己的加功而使正犯的行为易于实行。至于片面共犯的主观意思，根据各国刑法的规定而有不同的内涵，我国由于只承认共同故意犯罪，因此片面共犯人的主观方面只能是故意，既可以是直接故意，也可以是间接故意，即片面共犯人通过自己的加功行为而希望或放任正犯的实行行为实现构成要件的结果。

(3)必须有帮助行为。这种帮助行为必须与正犯的实现行为有直接影响，即帮助行为与正犯的意思必须一致。① 也就是说，帮助行为有利于正犯实行行为的完成。如果片面帮

① 高仰止：《刑法总则之理论与实用》，文汇印刷厂有限公司1986年版，第417页。

助犯的帮助行为无利于正犯行为的实施，那么两者之间的行为不存在共同犯罪中的利用关系，自无共犯可言，应分别就行为人的行为而进行规范评价。片面共犯的帮助行为既可以是无形的，也可以为有形的帮助；既可以作为的方式实施，也可以不作为的方式实施；既可以在事中进行，也可以先于或与实行行为同时实施，只要这种行为对正犯实施犯罪产生积极作用，就应当构成犯罪。

综上所述，共同犯罪依共同犯罪人主观联系的程度不同可以分为完全的共同犯罪和片面的共同犯罪。对于完全共同犯罪，其主观要件必须是相互联系和沟通的；而对于片面共犯的主观罪过则不以相互沟通为必要，只要片面共同犯罪人认识到自己在与他人共同犯罪，他人不知道片面共犯的加功行为不影响其共犯性质的行为的成立。鉴于大陆法系国家刑法理论对片面共犯理论的研究较深入以及我国司法实践中同样存在片面共犯的现实，笔者认为，我国刑法学界应重视片面共犯的研究，同时在刑事立法过程中有必要肯定片面共犯，在打击共同犯罪和在对共同犯罪案件的认定中贯彻罪刑相适应原则。

罚金刑易科制度探析[①]

一

在当代社会，刑事政策已出现轻缓化的主流趋向。与此相应，在刑罚结构上，自由刑一统天下的局面正在被打破，西方各国(尤其是欧洲国家)已经逐渐进入了自由刑与财产刑并驾齐驱的时代，其中以《法国刑法典》和《德国刑法典》为典型代表。就我国而言，于1997年颁布的新刑法更是扩大了罚金刑的适用范围。据统计，1979年刑法中涉及罚金刑的法条20多个，仅占全部刑法分则条文(不包括军职罪)的19.4%，而新刑法中涉及罚金刑的罪名有162个，约占全部罪名的39%，变化之大可见一斑。这种变化在某种程度上也反映出刑罚的适当宽缓、合理、有效的立法思想，揭示出我国刑罚改革的方向与目标。但是，良好的初衷并不一定带来理想的效果。随着新刑法的付诸实施，罚金刑适用率的确大为提高，但因为其自身威慑力、强制力不够等原因，出现了诸如判而不缴、比例失衡等一系列问题。以某市两级法院为例，截至1998年3月底，共判处罚金的案件619件已生效，已经执行结案的仅248件，结案率40.06%。[②] 其实，放眼世界，罚金刑难以执行始终困扰着各国司法当局，尤其是适用率高的国家。索夫特里的调查材料表明：在受过三次或三次以上处罚的被告中，有46%的人是没有缴纳罚金的，而在初次犯罪的人中，只有11%是没有缴纳罚金的。同时，在被判处100英镑或100英镑以上的人中，有55%是在一年半后一直没有全部付清的。[③]

实践中，罚金刑的执行难主要表现为判而不缴、钱款难以收归国库。究其原因，不外是两种情况：或者因家贫、无固定收入、遭遇重大灾祸而确实无能力缴纳；或者行为人虽有能力缴纳但不愿为之，而采取隐瞒财产、转移收入、抽逃资金、挥霍一空等恶劣手段，对抗司法。

---

① 本文原载于《法制与社会发展》2002年第1期，系林亚刚教授与其博士研究生周娅合著。

② 朱旭伟：《罚金执行难的成因和对策》，载《现代法学》1998年第4期。

③ 转引自孙力：《罚金刑研究》，中国人民公安大学出版社1995年版，第163页。

针对实践中罚金刑的执行难问题，各国纷纷寻求相应对策，如采取日额罚金制、罚金缓刑制、分期缴纳制等。当今世界，许多国家如德国、意大利、澳大利亚、英国、美国等均在其刑法中还规定有罚金刑易科制度。遗憾的是，尽管该制度已为实践证明是一种积极有效的救济措施，却一直为我国理论界与实务界否认。最高人民法院就曾明确批复不得将罚金刑易科自由刑适用；樊凤林教授也提出："对于期满而不缴纳罚金的，无论理由正当与否，都不能用其他刑罚种类替代，尤其不能改判监禁。"①然而近年来，另一种呼声渐渐抬头——越来越多的人对罚金易科制度提出了肯定意见。本文拟通过对各国易科制度的比较研究，找出其中积极合理，尤其在我国现实情况下值得借鉴之处。

二

各国实践证明，罚金刑易科制度是针对执行难问题的一个行之有效的解决方案。综观各国、各地区法律，均表现为在考虑了其他处理手段后，对那些罚金缴纳不能者处以其他替代措施，如易科劳役、易科自由刑，或以自由劳动偿付。有的国家将罚金缴纳区分为无支付能力与故意不缴两种情况。如《俄罗斯联邦刑事执行法》第32条第2款规定："如果被判刑人没有可能一次交清罚金，法院可以根据被判刑人的请求和司法执行员的意见书规定延期交纳和分期交纳。"而《俄罗斯联邦刑法典》第46条第5款则规定：在被判刑人恶意逃避支付罚金时，可以用强制性工作、劳动改造或扣押与所处罚金数额相当的财产代替罚金。当然，也有不作详细区分而统一表述的，如《日本刑法典》第18条第1、2款规定："不能缴清罚金的人，应在一日以上两年以下的期间内，扣留于劳役场。不能缴清科料的人，应在一日以上三十日以下的期间内，扣留于劳役场。"

笔者认为，那种对犯罪人的不同行为心态给予不同处遇的立法例较为合理。对于那些超过判决期限，有支付能力而恶意逃避缴纳者，易科自由刑制度将是一种既具公正性又不失高效的措施。

对易科制度的最大质疑在于其公平性。从表面上看，易科制度必然造成同罪异罚的现象，产生只有穷人才进监狱的司法不公现象——这本质上是"以钱赎刑"。笔者认为，这首先是一个刑罚观的问题。钱款一旦被定位为"罚金"，就已不是一般意义上的金钱了，而是作为刑罚而存在。罚金刑与自由刑共同作为刑罚家族的成员，其本质是相同的，都体现出了立法者对某种犯罪行为的否定性评价，并欲通过适用刑罚而恢复社会秩序，惩罚与教育改造犯罪人。"以钱赎刑"的本义是犯罪人在被判处一定自由刑之后，向有关当局交纳一定数额金钱，避免实际服刑，也就是用钱赎"自由刑"。此处的金钱并不具有刑罚性质；"赎"实则为一般意义上的用金钱赎买，绝非本文所讨论的"易科"。如果我们将罚金易科

① 樊凤林主编：《刑罚通论》，中国人民公安大学出版社1994年版，第542页。

为不剥夺自由的劳动改造或保安处分等措施(详见后文)，也许就没有人会提出“以钱赎刑”的质疑了。判处严厉的剥夺自由刑是一种刑罚，判处相对处于轻刑地位的罚金刑也是一种刑罚。易科制度所进行的只是“以刑换刑”的措施而已。而且，笔者所主张的易科自由刑仅仅是针对那些有支付能力而恶意逃避缴纳的犯罪人，所以付诸实践后不会出现“富人不进监狱，只有穷人才进监狱”的裁判不公现象。相反，如果对这种人只是单纯地进行强制缴纳或随时追缴，最终结果很可能是司法机关对其无可奈何。

其次，有论者称人的自由与金钱并非等价关系，不能互换。看待这一问题必须有正确的价值观。哲学上的价值是主体需要与客体对此种需要的满足这样一种相互关系。只要客体能满足主体的需要，对主体的发展具有肯定作用，就是有价值的。金钱本身并没有什么特殊倾向，更非什么罪恶的东西：它只是一种利益关系，一定的价值体现，体现了法律对某种行为处以何种程度(可被量化)的惩罚，自由刑亦然。针对一个犯罪行为，若干日期的徒刑和若干金额的罚金刑均能使刑事责任得以实现。二者在刑罚的目的与功能上具有等效性。现代刑罚中易科就表现为各种刑罚方法按一定规则相互转换。即使从价值理念说，也不能断言自由的价值必然重于金钱，这完全取决于人对金钱或自由的需要。在不少财产犯罪中，犯罪人宁可被判长期监禁也不愿交出藏匿的金钱。在其眼中，金钱的价值显然重于自由。法律所能做到的，仅是为二者找寻一恰当的交换尺度。易科制度正是遵循了这一原理。否定论者的另一重要论据是，罚金刑在很大程度上是为避免短期自由刑的弊端，而作为其替代刑在20世纪才逐步扩大适用的，现又实行易科自由刑制度，有违其初衷。笔者认为，作为易科制度的适用对象，犯罪人的恶意逃避行为是有社会危害性及主观恶性的。判处罚金刑后，金钱作为一笔固定的款额，其所有权已从个人转移至国家。犯罪人的恶意逃避行为，实质是对国家财产权的一种侵占，类似于侵害行为，有一定社会危害性，主观恶性也极为严重。易科自由刑是对这种侵占行为的否定，此自由刑非彼自由刑！它只是一种新的替代处分，作为替代刑或压力刑，其最终目的在于促使罚金刑的有效执行。这里没有产生重复评价或数罪并罚的问题。

也有论者称，我国刑法规定“拒不执行判决、裁定罪”，已够全面，不必再将易科制度立法化。但笔者认为，我国《刑法》第313条规定的“拒不执行判决、裁定罪”，针对的是“对人民法院的判决、裁定有能力执行而拒不执行，情节严重”的行为。不能认为易科制度立法化后会与该罪发生重合。首先，该罪的成立条件要求“情节严重”，但何种程度才算情节严重，实践中难以掌握，有的行为是达不到这一程度的。而且，如果以该罪论，则要另外启动一个新的诉讼程序：另行侦查、起诉、审判至执行，很大程度上这是没有效率的行为，远远违背了诉讼经济的原则。笔者认为，除此以外，二者还有根本不同的立法思想，这是问题关键。“拒不执行判决、裁定罪”重在对这种行为进行惩罚(因其情节已经十分严重)，易科制度虽然也对这种行为持否定态度，但其本义不在于惩罚，不是为了剥夺犯罪人的自由，而是为了保障罚金刑的执行，也就是说“易科”是作为罚金刑的压力刑或替代刑而存在。如《澳门刑法》第 47 条第 2 款规定：“被判刑者得随时缴纳全部或部分被科之罚金，以避免执行全部或部分上款所指之监禁。”罚金刑属轻刑范畴，仅仅是剥夺犯罪人一定数额的金钱且与其人身相脱离，而执行起来又需要犯罪人的配合。这种种不利原因使罚金刑执行困难。如果对犯罪人仅实行自由劳动偿付，或易科劳役等较轻缓的替代措施，就难以形成一定的压力差，罚金刑仍难以执行，其甚至可能为选择替代措施而故意规避罚金刑。易科制度是将相对较为严厉的自由刑作为一种具有威慑力量的压力刑而存在。如果犯罪人选择恶意逃避，那么这种威慑将变为现实。《日本刑法典》第 18 条第 3 款规定：“宣告罚金或者科料时，应同时确定并宣告不能缴清罚金或科料时扣留于劳役场的期间。”这种明确的立法例将使行为人在选择恶意逃避罚金刑时承受一定的心理压力。经过利弊权衡，在失去金钱与自由之间更多地选择前者，从而完成其作压力刑的使命。

在那些没有如期缴纳罚金的人中，有一部分是确无支付能力者。他们或者家庭贫困，无固定的职业和收入，或者遭遇了重大天灾人祸使得缴纳罚金确实有困难。此刻，如对其易科自由刑，也难以真正落实罚金缴纳，反而有失公平。各国刑法中也有对这种情况适用易科的立法例，主要是采用易科劳役或易科训诫的替代措施；或者采用自由劳动偿付的特别执行方式。此外，还有一些相似的措施，如不剥夺自由的劳动改造、社区劳动、公益劳动。可以看出，所有这些措施都强调“劳动”。如《瑞士刑法》第 49 条规定：“可以允许被判刑人以公益劳动，尤其是为国家或社区劳动替代罚金刑。”《澳门刑法》第 46 条也有类似规定。

笔者认为，以劳动偿付的出发点较为科学合理。对于确实无力缴纳罚金的犯罪人，易科劳动既可以避免使罚金刑落空，又能在开放的劳动环境中使罪犯得到教育和改造。劳动本是有价值的，劳动报酬与罚金同有金钱性，而不剥夺自由的措施又与罚金刑的非监禁性相同，故可相互折抵。虽然有人提出公平性的问题，认为这使穷人受苦役。但实际上，因其没有什么主观恶性，劳动这种替代处遇也不会过重。作为法律精神的平等是一种相对意义下的平等。绝对的平等是不存在的。易科制度对于经济状况不同的人来说，确是不平等的事实，但我们不能仅从对象的主观感受性来看问题，必须将其放在特定的社会背景下分析。这不平等并不是由刑罚本身所产生的，刑罚不可能消灭在社会上本来就存在的各种不平等现象。① 而劳动是任何有劳动能力者所应能为的行为，其价值又能用金钱来衡量，故是一种有效的制度。

三

一如前文所述，我国的罚金刑执行状况不容乐观。这首先应从立法上寻找原因。新刑

① 姜国旺、王晨：《罚金刑：困境与出路》，载《人民司法》1999 年第 7 期。

法虽然加大了罚金刑的适用力度，却未赋之以完善的配套执行措施。我国法律中只规定有分期、强制、随时、酌情减免这几种缴纳制度，实践中无论是针对恶意逃避交纳者还是针对无力支付者，均收效甚微。罚金刑“空判”问题日益严重。就我国现实情况而言，对于那些恶意逃避追缴的犯罪人，法律只规定了强制缴纳和随时追缴制度。但时下商品经济发达，财产收入多元化，公民的财产状况较为隐秘，司法机关难以掌握，因而实务中强制措施难以真正施行。随时追缴是新刑法针对过去实践中出现的问题所规定的一种新的缴纳措施，即在判处的罚金不能全部缴纳的情况下，人民法院在任何时候发现被执行人有可供执行的财产，应随时对其追缴。随时追缴制度存在着若干缺陷。首先，所谓“随时”，意即没有时间限制。这样一来，有些犯罪人宁可一生贫困，也不愿意累积财富，因为这笔金钱最终将交给国家充抵所欠罚金。这对社会财富的积累，民事关系的流转，都极为不利。其次，在主刑执行期满后，正当劳动所得所积累的财富，如被人民法院强行取走，无疑会挫伤犯罪人通过合法劳动重新开始生活的积极性。这对犯罪人的再社会化而言，是极为不利的，亦不人道。再次，法律并未规定随时追缴制度的具体实行措施。由谁负责追缴，对犯罪人的哪些财产可以进行追缴，怎样追缴，这些问题均无明确规定，不具有可操作性。并且，随时追缴制度把查明犯罪人经济状况的义务加诸法官身上，也加重了法院的工作负担。这一切无疑将使罚金刑的惩罚与教育功能严重削弱。

在被判处罚金刑的犯罪人中，有部分是确无支付能力者。因为我国法律明确规定罚金刑裁量中必须考虑的只有犯罪情节，不要求考虑犯罪人的经济承受能力。又因为刑事诉讼中没有财产状况申报与调查制度，诉讼财产保全制度，所以当据以执行的数额远远超过犯罪人的经济承受能力，显然无执行可能性时，只好允许犯罪人分期缴纳，或者采取酌情减免的制度。实践中分期缴纳的意义不大。而罚金减免制度虽然是刑罚人道化的体现，但是其法律依据并不充分。刑罚一旦确定就应该严格执行，只有当行为人确实存在重大悔改表现时才可以考虑减免。这是刑罚目的的当然要求。而被告人并非有何悔改表现，只是因为无能力缴纳而减免罚金，这对有支付能力且按期缴纳者是一种不公平。而且，这种制度实际是将发生在犯罪人身上的不利转嫁到了国家身上，实践中容易助长执行拖拉现象，缺乏“有效性”。

因为立法的粗疏，司法实践中也出现了种种无奈之举。比如在审理案件时，根据被告人的犯罪事实、家庭经济状况和法律规定，拟定罚金的具体数额，促使被告人家属先将罚金如数缴纳，再开庭判决；或者在判决之前先对被告人的家庭经济状况进行了解，如认为其无力缴纳罚金，则以适当加重自由刑充抵罚金刑。此外，由于法律并无行刑时效的规定，在很多判决书中无具体的时间限制，致使罚金刑缴纳遥遥无期。这些所谓的“变通措施”均严重违反了程序法，也使国家的刑罚秩序失去了平衡。罚金刑执行难问题确实有损法律的严肃性、统一性，但如果采取违法方法解决，必将对法律造成更大损害。

笔者认为，如果采用罚金刑易科制度，实践中的种种问题都能很好解决。不过，罚金刑易科制度是否真能实现初衷，还取决于具体的易科措施。各国的立法例因为罚金立法方式的不同对易科方法又有不同规定，具体分三种情况。实行日额罚金制的，直接在罚金日数与监禁时间之间进行折算。如《澳门刑法》第 47 条规定：不自愿缴纳或在强制下仍不缴纳非以劳动代替之罚金者，即使所犯之罪不可处以徒刑，仍须服监禁，而监禁时间减为罚金时间之 2/3。第二种情况是直接在法条中规定罚金金额与监禁时间的量化平衡点。如《瑞士刑法》第 49 条第 3 款规定："在转处之情况，30 瑞士法郎相当于 1 日拘役。"那些未实行日额罚金制也未明确规定易科办法的国家，只能赋予法官自由裁量权，由其在判决时作具体规定。具体易科措施除方式外，还包括具体期限。实行日额罚金制的国家，易科时无须进一步折算，但通常都规定了允许易科的最大或最小期限。如《澳门刑法》规定监禁时间减为罚金时间的 2/3，但不适用于徒刑为 1 个月的情况。《德国刑法》规定：以自由刑代替罚金，最低为 1 日；最高限在拘役情况下为一周，在监禁刑和重惩役的情况下为 1 年。其他多数国家也做了类似规定。

我国并无日额罚金刑制度，而是存在着普通罚金制、倍比罚金制、无限额罚金制，据此判处的罚金数额也不等。最高人民法院在《关于适用财产刑若干问题的规定》(2000 年 11 月 5 日通过)中指出：刑法没有明确规定罚金数额的标准的，罚金刑的最低数额不能少于 1 千元。这样，实践中罚金刑的数额标准将在 1000 元至无限额之间变动。该数额标准跨度较大，不宜一刀切。考虑到实践中的具体情况，笔者认为，易科制度的具体内容可以作如下规定：欠缴罚金 1 千元至 5 千元的应易科为拘役；欠缴罚金 5 千元至 2 万元的，应易科为 6 个月有期徒刑；欠缴罚金 2 万元以上的，应易科为一年有期徒刑。

对另一类罚金缴纳不能者——确实无支付能力的人——笔者认为，对其易科公益劳动较为合理。在各国的立法例中，多易科为劳役或自由劳动。但是，因为实践中没有相应完善的配套措施，其实际执行效果并不理想。如台湾"刑法"规定将易科劳役者与易科自由刑者分别执行，但实际上由于执行机构的场所有限，除上述监狱外，服劳役者也只能从事些简单的劳务，其劳务不但不具有教育效果，而且也无经济价值。更由于易服劳役者与服自由刑者共处同一狱舍，共同参与劳务，服劳役即无异于服短期自由刑，这显然与设立罚金刑易科的本意有违。采取自由劳动偿付方式的国家，如瑞士，从 1945 年到 1972 年有四件适用了这一方法，但结果有三件仍然靠支付罚金来了结。现代社会中的大多数国家，包括我国均不具备推行该方法的条件。因为这一制度是将犯罪人交给雇佣人组织劳动，然后由雇佣人将劳动工资一部分直接交给政府以抵偿罚金。然而由于我国有较高的失业率(尤其以大中城市居高)，在就业无保障的情况下，社会难以为犯罪人提供这样的劳动机会，更难以设置一个专门的自由劳动场所。同时，我国也不宜考虑易科劳役，因为我国原本就存在拘役这种短期的剥夺自由刑，其内容就是就近进行劳动改造，并且发给劳动报酬，服刑期间允许回家。而且我国的任何一项自由刑都当然地包括劳动改造的内容，易科后的劳役刑会与原先既存的刑罚措施发生内容上的混淆，不利于法律的完整统一。而如欲采取自由劳动的方式变通执行原所判处的罚金刑，则的确很不现实。因此，我国应引进易科公益劳动的概念。任何社会对公益劳动都有需求。它首先是一种劳动，那么必然要创造一定价值，但对劳动者来说，又是无偿的，那么其创造的价值就自然收归了国库。这种劳动是为公共利益而作的，具有经济效益的同时更具有较大的社会效益。犯罪人在劳动中也得到了改造。如意大利法律将替代性劳动定义为“在国家、大区、省、市或护理、教育以及民事、环境、森林保护单位、组织、实体中实施的，有利于集体的无报酬活动”。① 那么究竟应如何限定公益劳动的范围，以及劳动的时间，地点及劳动中的待遇问题，应依具体情况酌情裁量。这方面《澳门刑法》的规定较为具体全面，很值得借鉴。其指出：法院得命令被判刑人在本地区、其他公法人或法院认为对社会有利之私人实体之场所、工场或活动中作日计劳动，劳动时间须在36小时至380小时范围内定出，并得在工作日、星期六、星期日及假日履行之，但遵照每日正常工作时数。日计劳动履行时间可因医疗、家庭、职业、社会或其他方面之严重原因而暂时中止，但刑罚之执行时间不得因此而超逾18个月。在对我国具体的易科公益劳动制度进行立法时，应结合各地的具体情况，一般来说，公共卫生、修路、植树等劳动都是可行的，也不会产生什么社会问题。行为人不交纳罚金，是出于客观原因，没有主观恶性，公益劳动因而不是作为压力刑而存在，无须过重。劳动的时间和劳动中的待遇均可参照当地工作制度的一般标准而确定。如每日工作8小时、允许周末休息、存在正常请假事由。易科所处的劳动时间，应以三年至半年为宜。

必须指出，仅仅将罚金刑易科制度立法化是不够的，还必须建立一系列完善的配套措施，如储蓄实名制、财产申报制度、财产状况附卷移送制度等。这些制度使得犯罪人的财产状况清楚明了，而不会加重法院的调查负担。以上制度的真正实行，可以使司法机关对犯罪人的财产状况有所了解。在现行的司法程序中司法机关往往对被告人的基本情况较为重视，会记录在案，但对其他方面尤其是其财产状况则往往忽略。在公安机关或检察机关所建立的卷宗里表现尤其严重，这种做法在罚金刑适用率较低的早期并无不妥。但在现阶段，随着罚金刑的适用范围的扩大，公民个人的财产状况日趋复杂，司法机关有必要对被告人的财产状况作为个人基本情况之一记录在案，以便于法院判决罚金刑时参酌或者作为补充调查时的一个基本线索。这种由先行机关向后继机关提供被告人资力材料的规定，在外国立法中亦有体现。如《丹麦刑法典》第51条第2款规定：“罚金之总额，应于犯罪性质及第80条所规定条件之可能范围内酌量犯人之资力定之，决定此种资力所必要之材料应依案件大小所定之范围由检察处供给于法院。”

---

① ［意］杜里奥·帕多瓦尼：《意大利刑法原理》，陈忠林译，法律出版社1998年版，第373页。

结　语

当代社会罚金刑执行难已逐步成为一个世界性问题，我国的刑事立法尤显相对薄弱。为了维护法律的尊严，有效执行既定的判决，笔者更应该从积极方面寻求解决良策。如果引入罚金刑易科制度，对不缴纳罚金者区别原因给予不同的替代措施，将是解决问题的有效途径之一。笔者建议有关部门正确看待罚金刑易科制度的内涵、外延与法律精神，早日将其立法化。

论“共谋”的法律性质及刑事责任[①]

共谋，又可称为通谋，是指两个以上行为人就实行特定犯罪而进行的同谋和合意。在大陆法系刑法的共犯理论中，共谋的理论问题始终是一个争论的热点问题；而在司法实务中，共谋也是一种比较常见的共同犯罪行为。共谋犯罪的现象在司法实务中表现形式多种多样，其中有的为共谋共行，即行为人参与共谋之后继而又都参加了共同实行行为，在这种情形下，共谋行为应当被后实施的实行行为所吸收，失去了独立评价的意义，在实践中较易认定，争论不大。而在刑法理论和实践中存在较大意见分歧的是共谋而未参与实行行为的情况。具体而言，一种是行为人共谋之后都未实行犯罪，另一种是共谋之后仅有一部分人实施了犯罪的实行行为。由于理论上对此类共谋行为的法律性质存在不同看法，导致实践中对此类案件认定存在差异，这直接影响到行为人刑事责任的轻重。因此，对这一问题的讨论具有理论和实践意义。本文在考察和借鉴有关国家和地区刑法理论的基础上，立足于我国的犯罪构成理论和司法实践，对共谋的法律性质及刑事责任略抒管见。

一、海外关于共谋行为的立法体例和法律性质的理论论争

共同犯罪是一种复杂的犯罪形态，在刑法理论上，根据共同故意的形成时间，就有事前通谋的共同犯罪和事中通谋的共同犯罪的分类。所谓事前通谋的共同犯罪，是指各共犯者在着手实行犯罪以前就已经形成共同故意的共同犯罪。② 共谋的共同犯罪就是其典型的表现形式之一。但是，关于共谋的法律性质，在立法体例上，世界各国不尽一致；在刑法理论上，也存在争议。归纳起来，主要有以下情形：

(一)英美法系相关国家和地区的立法体例

在英美法系国家和有关地区，犯罪共谋(conspiracy)在普通法上是一种不完整的犯罪，最初见于14世纪的判例中，主要适用于叛逆罪，到17世纪扩大了犯罪共谋的范围，即除

① 本文原载于《浙江社会科学》2002年第3期，系林亚刚教授与其博士研究生何荣功合著。

② 高铭暄、马克昌主编：《刑法学》(上)，中国法制出版社1999年版，第297~298页。

叛逆罪外，还适用于其他一些重罪。① 在近现代英美法系国家和地区的刑法中，犯罪共谋仍然是不完整罪的表现形式之一，一般在刑法总则中将其规定为一种独立的犯罪，即“共谋罪”。如美国法律协会1962年《模范刑法典》第5章第3条第1款规定，所谓共谋，是指以促进或助长实质犯罪[注：在英美法上，实质犯罪又称主要犯罪，以与从属犯罪(未遂、教唆和共谋)相对应。]之实行为目的，为该当于下列行为之一者，即与他人犯该罪之共谋罪：(1)行为人与他人同意由全体或一部分人实行构成该犯罪或其未遂罪或教唆罪之行为者；(2)于他人计划或实行该犯罪或其未遂罪或教唆罪之际，同意对之予以援助者。除此之外，该条第2~7款还分别对共谋关系的范围、以复数犯罪为目的之共谋以及对共谋罪的合并与管辖等作了详细的规定。而在英国刑事法中，共谋罪则包括两类，即制定法上的共谋罪和普通法上的共谋罪。前者是由《刑法草案》第1条第1、2款规定的，而后者则包括共谋欺诈、共谋败坏公德、妨害风化等。② 我国香港地区刑法，继承英美法系的传统，在立法上也采取此种体例。不过在香港刑法中，共谋罪又称串谋罪，一般在预行罪行中加以规定。根据规定，串谋罪是指二人或二人以上协议作出非法行为。协议各方在以下情况犯串谋罪：(1)为了共同的犯罪或非法目的而行事；(2)各方在一定时间参与串谋，但不需要在同一时间参与；(3)各方明知起码有另一方参与串谋；(4)各方明知在协议各自作出的非法行为之外有或将有一个共同的犯罪计划，但仍然加入该计划。③ 在这些国家，除立法的规定外，其理论上对于“共谋”法律性质的探讨比较少。

(二)大陆法系相关国家和地区的立法体例及理论论争

大陆法系国家和有关地区，在共谋的问题上，其立法例大体上可具体分为两种模式。其一，刑法典对于共谋的法律性质已作出明确的规定，如我国澳门地区刑法典第25条规定：“与某人或某些人通过协议参与或共同直接参与事实之实行者，均以正犯处罚之。”在这种体例下，只要行为人参与了共同犯罪协议，即使没有亲自参与实施犯罪实行行为，也以共同正犯论处，其实质上是将“共谋”或“协议”扩张视为犯罪客观方面的实行行为，因而各共谋者均构成共同正犯。其二，刑法典总则对于正犯或共同正犯的构成要件作出明确之规定，但对共谋的法律性质却不作实定法的限制，或者仅在分则中就重大犯罪设置个别性处罚规定。如《德国刑法典》第25条规定：“自己实施犯罪，或通过他人实施犯罪的，依正犯论处；数人共同实施犯罪的，均依正犯论处(共同正犯)。”再如《日本刑法》总则第60条在规定共同正犯一般成立条件的同时，在分则第78条、第88条以及第93条分别规定了内乱阴谋罪、外患阴谋罪和私战阴谋罪。此外，意大利、法国和我国台湾地区等也大多

① 储槐植：《美国刑法》，北京大学出版社1996年版，第148页。
② [英]J. C. 史密斯、B. 霍根：《英国刑法》，法律出版社2000年版，第309页。
③ 赵秉志主编：《香港刑法纲要》，北京大学出版社1996年版，第36~37页。

采取这种立法体例。

后者，由于立法上没有对共谋的法律性质作出法律的规定或解释，因而，在理论上对其性质存在不同的认识。而争论的焦点主要集中在共谋是否具有共同正犯的法律性质这一问题上。易言之，就是二人以上共谋实行某种犯罪行为，当只有一部分人基于共同的意思实行了犯罪，没有直接实行刑法分则规定的犯罪实行行为的共谋者与实行犯罪实行行为者，是否构成共同正犯的问题。有的学者认为，既然是共同正犯，就至少要求各行为人实施了一部分实行行为，若承认共谋共同正犯，就是承认没有实施实行行为的人也是共同正犯；而有的主张，若参与共谋即使未亲自实施实行行为，仍成立共同正犯。上述不同认识究其根源，在于对共同正犯的共同是指“犯意”的共同，还是“行为”的共同存有不同的认识。

犯罪共同说认为，“共犯是两个以上有刑事责任能力的人对同一法益实施犯罪的侵害，所谓‘共同’就是以犯同一罪的意思，对同一犯罪事实的加功”。① 共同正犯的成立，在客观上必须有共同实施犯罪实行行为的事实，仅参与共谋而未分担实行行为者，不能成立共同正犯。行为共同说则主张：“犯罪是行为人反社会人格的征表，共犯中的“共同”关系，不是二人以上共犯一罪的关系，而是共同表现恶性的关系，共犯应理解为二人以上基于共同行为而各自实现自己的犯意。”②“共同正犯成立在客观上尚须有共同之行为，而此‘共同行为’必系在共同意思成立后之行为，始属相当，共同谋议系共同意思成立前之行为，非兹此所谓‘共同行为’，故亦不认为有所谓共谋共同正犯。”③而共同意思主体说则强调，二人以上由于共同的犯罪意思而结为同心一体，共同正犯成立之客观要件，无须全体共同者均有分担实行行为的客观事实，只要共同意思体其中之一人实施了实行行为，即可视为全体实行，因此仅参与共谋而未亲自实施实行行为者，自当成立共同正犯。除此之外，肯定共谋共同正犯的理论还有“目的的行为支配说”“间接正犯类似说”“优越支配共同正犯说”等。④ 而在日本的司法实务界，则普遍采纳共同意思主体说，并广泛用于处理集团犯罪、智能型犯罪等幕后操作者刑事责任的案件，他们大都承认共谋共同正犯的观念。

（三）上述立法体例及学说的评价

在英美法系国家和有关地区，共谋作为一种犯罪行为，具有以下特点：（1）它是一种不完整罪。不完整罪是英美法的一个特有概念，又称“从属”犯罪，所谓不完整罪包括未

① 马克昌：《关于共犯的比较研究》，载高铭暄、赵秉志主编：《刑法论丛》第 3 卷，法律出版社 1999 年版，第 307~308 页。

② 马克昌：《关于共犯的比较研究》，载高铭暄、赵秉志主编：《刑法论丛》第 3 卷，法律出版社 1999 年版，第 307、308 页。

③ 洪福增：《刑法判例研究》，台湾汉林出版社 1983 年版，第 67 页。

④ 参见张明楷：《外国刑法纲要》，清华大学出版社 1999 年版，第 309~311 页。

遂、教唆、共谋三种情况。在英美法系理论中惩罚“犯罪共谋”等不完整罪的目的在于把主要的危险犯罪扼杀在萌芽状态，以加强社会安全的防卫；(2)其适用对象一般与“主要犯罪”相联系，在英美法上，所谓“主要犯罪”是指那些使用严重危害社会的方法威胁或侵害人身、财产安全以及公共机构运转的犯罪。① 较之于普通犯罪，刑法对主要犯罪之所以予以提前介入，并规定为独立的犯罪，体现了现代刑法的预防功能和主动性。尽管在刑法适用过程中，对于共谋罪构成要件的认定存在滥用的潜在危险，但是从防卫社会、加强社会安全以及打击共同犯罪的角度来看，仍然被评价为具有一定的合理性，在某种意义上也是说是英美实用主义在刑法上的体现。

而大陆法系国家和有关地区，特别是德日刑法，其理论上之所以要承认共谋共同正犯的观念，并对实行行为作扩张解释，同样与其刑事立法的思想相关。众所周知，在这些国家和地区，从刑法处罚的范围来看，一般仅限于既遂犯和部分未遂犯，而对于预备行为，刑法一般没有处罚的规定。但是，随着社会的发展，特别是在共同犯罪中，共谋以及其他一些犯罪预备行为本身已经表现出了极大的社会危害性和人身危险性。如果刑法对此无所作为，理论上对此仍然墨守成规予以限制性解释，将不利于防卫社会。其次，从刑法对共同犯罪人的分类看，大多是以行为人在共同犯罪活动中的分工为标准而进行的，一般将共同犯罪人分为实行犯、教唆犯和帮助犯。这种分类法，一方面能够较为充分地反映共同犯罪人在共同犯罪活动中所从事的活动，易于定罪；另一方面也可以限制法官滥用自由裁量权。但是，它却不能够明确地显示出共同犯罪人在共同犯罪中所起的作用之大小，也不可能充分地反映犯罪行为对社会危害程度的轻重。在这种分类法中，对实行行为的认定，如果严格地贯彻犯罪共同说的主张，要求实行行为必须是实施了部分或全部犯罪构成客观要件的行为，这就忽视共同犯罪人在共同犯罪中所起作用之大小。如此，实践中对于共谋共同犯罪、事前存在分工的共同犯罪，以及有组织的共同犯罪而言，极易导致共犯处罚范围的缩小共犯处罚轻重的失衡，这不仅有违罪责刑相适应原则，也不利于控制犯罪、防卫社会。因为此种必要，学者们倡导主观主义共犯论或共同意思主体论，以扩张共同正犯的成立范围，从而设计出共谋共同正犯的概念，具有合理性。

但是，将共谋而未直接实施实行行为的人以共同正犯认定并处罚，虽然是社会实践发展的需要，但它毕竟是对共同正犯概念的扩张，因此对共谋共同正犯的承认必须严格限定在一定的范围之内。具体而言，在仅参与共谋而未直接实施犯罪的实行行为时，共谋行为本身是否具有实行行为的性质，关键在于考察“共谋”的内容与实效。即对参与共谋而未直接实施实行行为的性质认定，主要应当从共谋而未实施实行行为是否具有相当于自身实施实行行为的效力、其在共同犯罪中的地位、利益之间的关系等方面考察。没有参与实行行

① ［美］迈克尔·D. 贝勒斯：《法律的原则——一个规范的分析》，张文显等译，中国大百科全书出版社1996年版，第360页。

为的，并非当然都成立共同正犯的行为，关键在于参与者对“共同谋议”的实体内容是否明确，对于主谋者按其分担，即使没有直接去实施实行行为，也应当视为共同正犯的行为，如果共谋者中只提供帮助行为，或者只是单纯引起他人实施犯罪的犯意教唆的，则不成立共谋共同正犯。①

二、我国刑法中对共谋行为法律性质的认识及刑事责任的实现

我国刑法对共同犯罪人的分类采用四分法，即分为主犯、从犯、胁从犯和教唆犯。这种分类法主要是以共同犯罪人在共同犯罪中所起的作用为标准，同时兼采共同犯罪人的分工情况；而在刑法理论上，也存在以分工为标准而对共同犯罪人加以区分的情况。我国刑法对共同犯罪人所作的这种法定分类法，同大陆法系有关国家和地区的刑法相比，具有一定的优越性，但这种分类法本身并不能合理解决共谋的法律性质问题。在我国刑法理论和实践中，对共谋法律性质的认识也素有争议，如有的认为，“共谋而未参与实行的，不构成共同犯罪。理由是：这种情况下，未参与者与参与实行者只有共同的犯罪故意而没有共同的犯罪行为，既然没有共同的犯罪行为，当然不能成立共同犯罪”；② 而有的主张，“共谋是共同犯罪行为，参与共谋即使未实行也构成共同犯罪。因为共同犯罪行为包括犯罪的预备行为和实行行为，而犯罪的预备和犯罪的实行是两个紧密相连的阶梯，共谋属于犯罪的预备行为”。③ 还有的认为，共谋而未参与实行，行为人仍具有共同犯罪行为，构成共同犯罪，但不能仅承担预备罪的刑事责任……但论者对共谋共同正犯的观念，仍然持否定立场。④

犯罪构成是认定某一行为是否构成犯罪以及构成何种形式犯罪的基本依据，因此，对共谋法律性质的认识也必须从我国犯罪构成的一般理论入手。据此，我们认为，前述观点都是值得商榷的，就第一种见解而言，本质上是将单纯的共谋视为犯罪预备和预备前的行为，因而排除在共同犯罪行为之外，这虽然与大陆法系不处罚犯罪预备的刑事立法思想相同，但并不符合我国刑事立法思想和刑法理论及现行刑法的规定。首先，从我国刑事立法的历史上看，我国刑法处罚犯罪预备行为是一贯的思想；其次，从刑法理论分析，共谋已不同于共同犯意表示，最低限度内已经是一种共同的犯罪预备行为，执意将共同的犯罪预

① 林亚刚：《共同正犯相关问题研究》，载《法律科学》2000 年第 2 期；林亚刚：《共谋共同正犯研究》，载《法学评论》2001 年第 4 期。

② 高铭暄主编：《刑法学》，法律出版社 1982 年版，第 190 页。

③ 邓定一：《共谋而未实行，不构成共同犯罪吗？》，载《法学》1984 年第 6 期。类似的观点，还可参见：马克昌、吕继贵、杨春洗主编：《刑法学全书》，上海科学技术文献出版社 1993 年版，第 149 页；王作富主编：《中国刑法适用》，中国人民公安大学出版社 1987 年版，第 172 页。

④ 阴建峰、周加海主编：《共同犯罪适用中疑难问题研究》，吉林人民出版社 2001 年版，第 18~20 页。

备行为排除在共同犯罪行为之外，显然是不科学的；再次，从我国的刑事立法看，无论是1979年刑法还是现行刑法，都规定了有关共谋成立共同犯罪的情况，如1979年《刑法》第162规定，对窝藏或者作假证明包庇犯罪分子，若在“事前通谋的，以共同犯罪论处”。而现行《刑法》第156条、第310条也分别规定了在事前有通谋的情况下构成走私罪和窝藏、包庇罪的共犯。第二种观点以犯罪构成为基础，并将共谋行为认定为一种共同犯罪的预备行为，在一定程度上认识到了共谋行为的社会危害性，但却忽视了共谋行为性质的多元特征，失之片面。而第三种主张却“混淆了两个不同问题，即‘共谋’而未实行者的‘共犯’法律性质与‘共谋’而未实行者的刑事责任”。“就‘共谋’而未参与实行行为的法律性质而言，如前所述，正是是否成立共同正犯，承担共同正犯刑事责任的问题。而对此无论是持肯定或者否定的观点，都涉及共同犯罪人完成或者未完成犯罪，应承担相应刑事责任的问题，而并非是属于共同正犯或者不属于共同正犯，来决定是否应当按照完成犯罪的程度承担刑事责任。论者在这里显然将不同层面上的两个问题混为一谈。”①

笔者认为，由于共谋行为在不同的共同犯罪中所处的地位和作用不尽相同，对法益侵害的原因力也存在差异，因而，对其性质的认定必须以客观事实为根据，具体情况具体分析。根据我国刑法的相关规定，有关共谋行为的法律性质，可以存在以下几种情况：

其一，共谋实行法定的某种轻微的犯罪，后来自动放弃犯罪实行，由于整个案件情节轻微，危害不大，如根据我国《刑法》第13条“但书”的规定，不认为是犯罪的，共同犯罪当然也无从成立。

其二，在有组织犯罪或犯罪集团中，行为人与他人实施共谋，且共谋的内容是组织、领导、策划犯罪的分工或具体实施，如负责组建犯罪集团、网罗犯罪集团成员、制订犯罪计划等。尽管共谋者并不一定实施犯罪的实行行为，但是，正是因为共谋行为的存在，才使犯罪集团各成员的协调一致，使异心别体成为同心一体，从而使犯罪目的更易得逞。对于这种行为，具体看可有两种情况：(1)刑法总则已将其规定为犯罪的组织、策划等行为，因而不再是一般的犯罪实行行为，实行者应当认定为主犯。我国《刑法》第26条第3款规定：“对组织、领导犯罪集团的首要分子，按照集团所犯的全部罪行处罚。”(2)刑法分则中对某些具体犯罪规定了组织、策划等行为的，则属于该种具体犯罪的实行行为，不再属于犯罪的非实行行为。其刑事责任，应当根据行为人在共同犯罪中作用之大小，分别以主犯、从犯或胁从犯论处。

其三，在一般的共同犯罪中，二人以上共谋实行某种犯罪行为，且共谋内容明确，当只有一部分人基于共同的意思实行了犯罪，没有直接实行犯罪实行行为的共谋者，尽管没有直接实施犯罪的实行行为，但是与实行行为相比较，共谋行为在实现对法益的侵害上具有同等的效力，未直接实行者也应当认定为实行犯，并承担实行犯的刑事责任。依照我国

① 参见林亚刚：《共谋共同正犯研究》，载《法学评论》2001年第4期。

刑法的规定，根据行为人在共同犯罪中作用之大小，分别承担主犯、从犯和胁从犯的刑事责任。

其四，在共同犯罪中，若行为人共谋之后由于意志以外的原因都未实施具体犯罪的实行行为，而刑法又未对其作特殊规定，实质上是共同犯罪中的犯罪预备，根据刑法的规定应当以共同犯罪的预备予以处罚。

其五，在间接正犯(注：间接正犯本身不是共同犯罪，但从行为主体是多数这一点来看，两者具有相同之处，为了较全面地理解行为的性质，故将其放于此处加以论述。)的情形下，一般认为，由于被利用者一般不具有作为共同犯罪评价的意义，实际上等于行为人利用工具亲自实施犯罪，此种场合下，即使是两人实施了共谋，而有其中一人实施犯罪实行行为，对其也应以单独正犯论处。

再有，提意犯罪后的共谋行为人能否成为教唆犯，也值得关注。这涉及共谋行为与教唆行为的区别。笔者认为，一般情况下，共谋犯罪是行为人均出于自己的犯罪意思发动而共同谋议，教唆犯则是使原本无犯罪意思之人产生犯罪意思进而实施犯罪行为。所以，共谋行为与教唆行为的区分，关键在于考察共谋行为人是否均系原有犯罪意思。从刑法理论上分析，如果均系原有犯罪意思者的共谋，则不存在有教唆性质的可能性；提意犯罪后又实施共谋行为的，如果其提意犯罪的行为具有教唆的性质，而其共谋行为又应当评价为实行行为的，则根据吸收犯的理论，应当以实行行为吸收非实行行为。所以，在该种情况下其法律性质不宜再认定教唆行为。

对象错误与打击错误[①]

——与倪培兴同志商榷

一、对象错误与打击错误的区别

拜读《中国刑事法杂志》2001 年第 4 期倪培兴同志《对象错误条件下犯罪既遂的认定问题研究——对一例故意杀人案的定性分析》一文(以下简称：倪文)，颇有收获，但也感到文中对于对象错误与打击错误混淆，使得对问题的探讨含混不清。为说明问题，兹将该案例照录如下：

> 吴某之妻徐某与本单位同事黄某从 1994 年开始有不正当两性关系。被吴某发现后，徐、黄二人保证今后不再往来。2000 年 10 月 15 日凌晨 3 时许，吴从徐口中得知，徐、黄近期又有往来，十分恼怒，当即逼徐一起到黄某家中“讲清楚”，徐只得顺从，吴遂携带自制匕首一把，与徐一起于凌晨 4 时许至黄某寓所。刚进门，徐即提醒黄：“吴身上带有刀。”尔后，黄坐在床上，吴、徐斜对着站在床边，相距三四十厘米，吴要徐、黄二人将事情说清，黄否认近期与徐又有往来，徐则沉默不语。吴见状打了徐一巴掌，并拔出随身携带的匕首，(对着黄)说：“戳死你”，便持匕首向黄刺去，徐迅速上前阻挡，被吴刺中胸部，吴见徐捂住胸，流血不止，慌忙将徐进医院抢救。当日凌晨 4 时 40 分，徐经抢救无效死亡。

那么，所举案例属于对象错误还是打击错误？倪文认为属于对象错误。

所谓对象错误(objektsirrtum or error in objecto)，或称客体错误,[②] 是指行为人意图侵害甲对象，因对象在认识上发生错误，视乙为甲而实际侵害乙对象的情况。“认识之犯

---

① 本文原载于《中国刑事法杂志》2002 年第 3 期，系林亚刚教授与其博士研究生赵慧合著。

② 在大陆法系刑法理论中，所谓的客体错误与我国刑法理论中的客体错误并不是同一个概念，其所指的客体错误，与我国刑法理论中的对象错误是同一含义。

罪之事实与发生之犯罪不符，而其不符之原因在于对犯罪客体之属性认识有误者”，① 即行为人对行为对象的同一性发生了认识错误。② 对于对象错误，刑法理论一般是从以下几个方面进行把握：(1)行为人主观上有犯罪的意思，并且有明确具体的侵害目标；(2)行为客观上侵害了另一对象，但行为人并不是因为改变自己的犯罪意图；(3)未能对预定的对象造成侵害，是由于行为人主观对于对象认识错误所致。③ 从法理上分析，在对象错误的情况下，行为人主观上可以同时具有数个罪过，即对实际被侵害的对象，其行为仍然认为是故意的，但同时在法律有规定过失犯罪的情况下，因错误所致而可以存在过失，对于意图侵害的对象而言，仍然是具有故意的，只不过转移到实际被侵害的对象上。刑法理论上，通说一般根据对象错误与构成要件的关系，将对象错误分为同一构成要件内的对象认识错误和不同构成要件的对象认识错误。④ 对于不同构成要件内的错误，由于错误对象与目标对象不处于同一个层次，行为人不可能对其形成认识，因而，此种构成客观要件错误，作为排除行为故意的根据。⑤ 在同一构成要件内的对象错误中，行为人在实施犯罪前甚至在犯罪结果发生后，行为人知道客观事实前，其对自己所要侵害的对象是有确信的，并且这种确信在事实上与客观事实之间不具有一致性，但在结果发生的情况下，并不妨碍行为人认为自己是完成了犯罪行为，也就是说，行为人在实施行为时并没有认为自己所认识的对象是错误的。所以，在同一构成要件内的对象错误的情况下，行为人主观罪过仍然是故意的，不影响犯罪故意的成立。

所谓打击错误(aberratio ictus)，或称行为失误、行为误差或者行为偏差。是指“认识之犯罪事实与发生之犯罪事实不相符合，而其不符原因，由于行为之实施有错误者”。⑥ 如行为人故意侵害甲对象，由于客观条件的限制，使行为发生偏离以致侵害乙对象，所侵害的对象并非行为人所意图侵害对象的情形。根据打击错误与构成要件的关系，通说也把其分为同一构成要件内的打击错误和不同构成要件内的打击错误。在打击错误中，行为人对于自己要意图侵害的对象是有正确认识，之所以行为发生偏离，发生行为人所没有预见到的结果，不是由于对对象有错误认识，而是基于“行为错误”。⑦ 也就是说，导致该种结果的发生不是出于行为人的本意，而是在实施行为过程中，对这种结果的发生行为人既没有去预见，也没有采取避免措施。但是，成立打击错误行为人主观上必须是数罪过，即对于实际侵害对象，必须具有过失的罪过。值得注意的是，对于该结果，行为人从一开始就

① 韩忠谟：《刑法原理》，雨利美术印刷有限公司 1981 年版，第 227 页。
② 李海东：《刑法原理入门》(犯罪论基础)，法律出版社 1998 年版，第 66 页。
③ 马克昌等主编：《刑法学全书》，上海科学技术出版社 1996 年版，第 642 页。
④ 马克昌主编：《犯罪通论》，武汉大学出版社 1999 年版，第 379 页。
⑤ 李海东：《刑法原理入门》(犯罪论基础)，法律出版社 1998 年版，第 66 页。
⑥ 韩忠谟：《刑法原理》，雨利美术印刷有限公司 1981 年版，第 225 页。
⑦ 李海东：《刑法原理入门》(犯罪论基础)，法律出版社 1998 年版，第 67 页。

必须连放任的故意也不存在。① 否则，这种错误就不是打击错误，行为人对结果就要承担故意犯罪的责任。但在打击错误的情况下，否定行为人对于实际结果的故意责任甚至无责任，却不否定行为人对于自己所预定侵害对象具有犯罪未遂的责任。② 打击错误一般具有以下特征：(1)只能出于一个行为。所谓“一个行为”是基于故意罪过对意图侵害的对象实施侵害行为，而不包括过失行为。(2)主观上必须同时具有数个不同罪过。所谓“数个不同罪过”，是指异质的数个罪过，即犯罪故意和犯罪过失。(3)实际侵害的对象与意图侵害的对象不一致，即实际侵害的对象既不是行为人意图侵害的，也不是侵害行为所指向的。换言之，行为是同时侵犯数个不同对象，包括意图侵害的对象和实际侵害的对象，也可理解为行为指向的对象和行为实际侵害的对象。(4)对实际侵害的对象，行为人主观上既不持有希望的心理态度，也未持有放任的心理态度，但必须具有过失。换言之，如果对实际发生的结果有故意的因素，说明结果发生不违背其本意，则不发生打击错误的问题。(5)一行为必须同时触犯数个不同罪名。所谓“数个不同罪名”，是指在数个罪名之中，包括不同种的数罪名，如故意杀人未遂与过失致人死亡。如果犯罪性质相同而不同形态的罪名(如故意杀人未遂与故意杀人既遂)，则不属于打击错误。③

虽然对象错误和打击错误都是行为人实际认识的结果与客观发生的结果的不一致，但打击错误不属于刑法理论中事实认识错误的范畴。由于这两种错误从形式上说，很容易相混淆，因此有必要把两者加以区别。事实上，在德、日等大陆法系国家，两者的区别被认为是不言而喻的，所以，很少有学者对两者从理论上加以详尽的探讨。④

打击错误与对象错误有相似之处：两者被侵害的对象，都不是行为人意图侵害的。但两者的法律意义不同。打击错误，是行为实施中行为的实际指向发生误差，以致发生侵害的并非意图侵害的对象；而对象错误则完全是行为人认识错误选错了对象，以致被侵害的并非意图所侵害的，但行为指向是正确的。打击错误，是由客观原因所造成的，对意图侵害的对象本身并无错误认识，而对象错误是由行为人本人的主观上对事实的认识错误原因所造成的是对侵害对象本身有错误认识。具体而言：

(1)错误的内容不同。对象的错误属于行为人对对象的同一性发生的错误认识，也就是说，行为人在着手实施行为时，这种错误一直存在。正是由于这种错误认识，决定了行

① [日]木村龟二主编：《体系刑法事典》，青林书院1981年日文版，第209~210页；[日]野村稔：《刑法总论》，全理其、何力译，法律出版社2001年版，第206~207页。在其著作中，作者只是通过定义和事例来表达两者的区别。

② 在我国，由于所有的未遂都要承担责任，因此在这种情况下，如果行为人对于该实际结果存在过失，行为人都要承担故意未遂和过失责任的想象竞合。

③ 林亚刚：《犯罪过失研究》，武汉大学出版社2000年版，第270~271页。

④ [日]木村龟二主编：《体系刑法事典》，青林书院1981年日文版，第209~210页；[日]野村稔：《刑法总论》，全理其、何力译，法律出版社2001年版，第206~207页。

为从一开始就不可能对预定的对象产生侵害。而在打击错误中，错误的内容是行为错误。即行为人在实施行为前，对自己所要侵害的对象有明确和正确的认识，只是由于其他客观因素的存在，才使行为人的行为产生偏离，出现行为人没有预见到的结果。如果没有其他因素的产生，行为是能够完成对特定对象的侵害的。(2)错误的性质不同。在对象错误中，发生的结果是行为人所追求的结果，行为人的错误只涉及所认识的行为对象的同一性。而在打击错误的情况下，其特征是事实与行为人的想象发生了双重偏离：首先是打击未中其预想的目标，其次，打击行为误击(偶然地)行为人未预见的一人或物。① (3)对罪过的影响不同。对象错误中,② 犯罪结果的发生不违背行为人的本意；而在打击错误中，由于行为人对该结果的发生没有预见到，也没有采取措施防止，是否定该结果的，正因为如此，才能因此而否定故意的成立。正如日本刑法学者庄子邦雄教授所说：在对象错误中，从行为到结果发生的过程，不存在行为人的认识和事实之间的不一致，而仅仅存在所发生的事实与认识到的事实不同这一点，所以不如说行为人的故意已达到近乎被实现的程度。然而，在打击错误中，行为者的故意得到实现的程度，不像对象错误那样单纯。如果将两者加以比较，打击错误认为从行为人失手时就产生了认识和事实的不一致，对于所实施的行为本身，难以认定故意和行为，也可以说故意实现的程度较低。③ (4)罪过的形式不完全相同。从具有罪过的意义上说，在对象错误的情况下，行为人对于错误侵害的对象，可以是(间接)故意的心理，也可以是过失的心理；而打击错误，行为人对于错误打击的对象，只能是过失心理，如果行为人对对象已经认识到有可能错误地侵害，放任侵害发生仍然实施行为的，应为对象错误而非打击错误。

在倪文中，吴某在实施犯罪前，对自己所要的侵害的对象即黄某是有明确认识的，即吴某在着手前以及实施过程中，对自己意图侵害的对象不存在错误认识。也就是并没有将徐某误认为是黄某。可以说吴某在犯罪前以及实施过程中，没有杀徐某的故意，即使连间接故意都没有，所以应否定吴某有杀徐某的故意。之所以吴某没有杀死黄某，而杀死了其本意中没有预见的徐某，不是由于其对犯罪对象的同一性有错误认识，而是由于徐某突然上前阻拦的事实。而对徐某的阻拦行为，吴某是没有预见到的。对于这一点，事实上倪文也是赞同的，即认为：“发生吴某的主观意图与行为结果不相符合的原因并非吴某的主观认识，而是徐某舍身阻拦这个吴某意志以外的原因。这种认识显然不是认识错误，而是非

① ［德］汉斯·海因里希·耶赛克：《德国刑法教科书》，徐久生译，中国法制出版社 2001 年版，第 376 页。

② 笔者这里所说的对象错误仅限于同一构成要件内的错误，对于不同构成要件内的对象错误，我们在前文已做了具体论述。

③ ［日］木村龟二主编：《体系刑法事典》，青林书院 1981 年日文版，第 217 页。

认识原因导致的客观事实上的对象错误”。[1] 也就是说，对于这两种错误，倪文还是认识到有区别的，但之所以认为属于对象错误，是由于其认为两者没有区别的必要，即“两者的法律性质是相同的”。[2] 但从上述对于对象错误和打击错误的分析看，两者之间有着本质区别，本案应为打击错误而非对象错误。

二、对象错误和打击错误处罚的理论与实践[3]

关于同一构成要件内的错误如何处理，在理论上存在诸多争议，有具体符合说、法定符合说以及动机说，有抽象符合说和“具体的违法性补充说”。

(1)具体符合说。主张行为人认识的事实，如果没有与现实发生的事实具体地一致，则不成立故意，只能成立过失与未遂的竞合。如果严格依照此说，则对象错误和打击错误都应否定故意的成立。在理论上，该说只适用于打击错误而不适用对象错误。至于其原因，目前没有一个很好的解释，只是为了避免明显的不合理而限制其适用。因此，根据此说，对象错误成立既遂，而打击错误则成立未遂与过失的想象竞合犯。在我国台湾地区，司法实践中对于打击错误多采用此说。在日本，其判例最初采用此说，后转向法定符合说。

(2)法定符合说。主张只要行为人所认识的事实，与现实发生的事实在构成要件概念的范围内相符合或者存在构成要件相重合时，就应肯定故意的成立。也就是说，行为人所认识的事实与现实所发生的事实，如果属于法定的同一罪质，则不问其是对象错误或打击错误，均应以故意论处。即对于法定符合说而言，两个错误的认定是一致的，行为人都要对结果承担故意犯罪既遂的责任。法定符合说是日本学界的通说，并被该国判例所采用。我国台湾地区，司法实践中对于对象错误，多采用此说。

(3)动机说。该说重视行为人的动机，并认为如果行为人已经预见或者认识到现实所要发生的事实而不会采取该犯罪行为时，由于该错误系重要的错误，因此应阻却故意的成立；反过来，如果行为人已经预见或者认识到现实所要发生的事实而仍然实施犯罪行为时，则其错误系非重要的错误，不阻却故意的成立。由此，除了因果关系的错误外，对象错误和打击错误因是重要的错误，故阻却故意。

(4)抽象符合说。主张行为人所认识的事实与实际发生的事实，虽然并非具体的一致

① 倪培兴：《对象错误条件下犯罪既遂的认定问题研究——对一例故意杀人案的定性分析》，载《中国刑事法杂志》2001年第4期。

② 倪培兴：《对象错误条件下犯罪既遂的认定问题研究——对一例故意杀人案的定性分析》，载《中国刑事法杂志》2001年第4期。

③ 为了与本文讨论的案件有关以及限于篇幅，笔者在此仅介绍关于同一构成要件的对象错误和打击错误的理论和实践。

但只要抽象地相符合，就应当以故意罪认定。该说认为，犯罪就是表现犯罪人的主观恶性，对象错误和打击错误都表明了犯罪人的主观恶性，只要行为人实施了犯罪行为，就说明行为人具有主观恶性或反社会性，应在故意的范围内追究行为人的责任，构成故意罪的既遂。

(5)具体的违法性补充说。该学说日本学野村稔主张，他把故意作为犯罪的实现意思来理解，而且把故意以及故意客体(对象)与方法的具体形态的所为计划也作为行为要素来理解，即作为主观的违法要素来考虑行为的法益侵害的危险性。从这一立场出发，所为计划中指向被作为具体攻击目标的对象时，可以肯定行为以及实行行为的危险性。这一点在对象错误与打击错误中的法益侵害的危险性是有根本区别的。因而在打击错误的场合，行为本身的违法性与发生的结果的违法性无法相联结。而在对象错误的场合，在对应行为本身的违法性的限度内，将发生的结果的违法性进行量的抽象化，并将其单独分开，然后将其与行为本身的违法性相联结，这样可以肯定既遂犯的违法性。即在打击错误的场合，应否定故意，成立未遂与过失的想象竞合犯；而在对象错误的情况下，应肯定故意既遂犯的成立。

在德国，在理论和司法实践中占主流的观点是，对于同一构成要件内的对象错误，行为人只是“动机错误而不是客观要件错误”,① 故不影响故意的成立。只有当被搞错的行为对象不处于同一层次，该错误才具有构成要件的意义而阻却故意。对于打击错误，由于只是行为失误，因此不阻却行为人对原来犯罪对象的故意，只是以未遂处理，对于事实上发生的结果，如果行为有过失，要承担过失的责任，从而构成想象竞合犯。②

笔者认为，抽象符合说和动机说主要从行为人的主观方面出发来寻求处罚的根据，被认为是不妥的。对于抽象说而言，行为人只要具有犯罪的意思，客观上存在一定的行为，就应追究行为人的法律责任，而不问这种结果的发生是否与行为人的意志有关，是否符合构成要件理论，如其认为，以杀甲的意思，结果由于是失误而把兽杀死，应以故意杀人罪既遂和过失毁损进行想象竞合处理，如果过失毁损不为罪，则仅以杀人罪既遂论。很显然，这是一种主观责任理论，其结论与行为人的主观心态相悖，因而是不合理的。动机说认为，应以行为人知道真实情况下的态度作为区别重要的错误和非重要的错误，但这种重要与非重要的错误的标准本身含义模糊。另外，这种判断事实上是一种事后判断，怎么能以事后的事实来判断行为人实施行为之前的行为人的主观认识？况且，即使可以这种事后判断作为标准，又怎么判断行为人在知道事实后行为人会不会再进行一定的行为呢？所以，这种判断只能是一种人为的、主观性的判断。

---

① 李海东：《刑法原理入门(犯罪论基础)》，法律出版社 1998 年版，第 66 页。

② [德]汉斯·海因里希·耶赛克：《德国刑法教科书》，徐久生译，中国法制出版社 2001 年版，第 373~377 页。

具体的违法性补充说强调要注重行为与发生结果之间的联结性，避免把不属于行为人意志的犯罪结果归咎于行为人具有合理性。但主张从主观的违法要素来考虑行为的法益侵害的危险性，并要将行为和结果的违法性作抽象性的理解，实际上又与抽象符合说的结论殊途同归。这种联系表现在对于对象错误的处理上，如认为以杀狗而对其开枪，而实际上是人的场合，由于实施了器物损害的行为，并因此而致人死亡，在对此结果予以承认的基础上(从具体的危险性立场出发，必须要求一般人也认为是狗)，对其行为与结果作出违法性评价，并作出量的抽象化。由于承认其补充关系，所以肯定器物损害罪的既遂的违法性，对以上认定事实承认适用器物损害罪的既遂(过失致死罪)。① 因此，其在某种程度上而言也是一种主观归罪，故不可取。

具体的符合说和法定的符合说在对于对象错误的处理上是没有争议的，争议的焦点就是打击错误。具体的符合说认为打击错误是重要的错误，应当承认过失罪成立与故意犯罪的既遂，依想象竞合犯进行处理。法定符合说则主张，打击错误并没有导致构成要件的不一致，应肯定犯罪既遂的成立。我们认为，法定符合说是根据相当因果关系来进行立论的，即只要在相当因果关系范围内，就是构成要件的符合或重合，就应肯定犯罪既遂的成立。但该说忽视了一个重要的前提，那就是根据其理论，因果关系或者构成要件的成立，本身必须以行为人能够认识到的事实为前提。如果行为人不能认识到该事实，也就没有相当因果关系甚至构成要件的符合，就应该否定故意的成立。也就是说，如果根据法定符合说的理论，认为认识事实和客观事实是否在构成要件概念范围内取得的一致，是与对因果关系的认识和预见无关的，那就会和法定符合说所立论的因果关系错误说相矛盾，在把握故意的概念时也会产生矛盾。② 如果强调并承认这一点，则法定符合说也应否定打击错误中故意既遂的成立。具体符合说强调行为人的主观意志与客观结果必须联结，即对于一定的结果的发生，只有行为人具有罪过的情况下，该结果才能归咎于犯罪人。至于针对法定符合说所认为的“具体符合说脱离了构成要件的观点”，笔者认为是不符合实际情况的。事实上，笔者谈构成要件也只是强调行为与结果之间的因果联系，同时对于该结果，行为人具有对其主观上的可非难性，并不要求行为人的一切方面与犯罪事实相一致。事实上也不可能一致。而且从构成要件本身也只是具有犯罪定型作用，对于这种定型作用，当然只要求犯罪主要方面即构成要件的要素相一致罢了。因此，具体符合说也有构成要件的定型作用，只不过有些学者对其存在误解而已。倪文在分析案件的犯罪客体后，得出了这样的认识：“这种危害结果的性质只需与犯罪的‘主观要件’的性质相一致，抑或必须与犯罪的‘主观方面’完全符合？作为我国刑事责任归责原则的主客观一致原则是指犯罪的主客观要

① [日]野村稔：《刑法总论》，全理其、何力译，法律出版社2001年版，第216~217页。

② [日]木村龟二主编：《体系刑法事典》，青林书院1981年日文版，第218页。

件相一致，抑或必须是犯罪的主客观‘方面’的诸因素完全一致？”①其实，倪文的这种担心是没有必要的也是多余的，“犯罪构成要件必须反映行为的社会危害性以及程度，能否反映行为的社会危害性及其程度是衡量某一事实特征能否成为犯罪构成要件的客观标准”。②可见，具体符合说与强调本应强调行为人对结果的意思责任的法定符合说，其实在基本观点上是一致的，只不过是表述不同而已。我国对于同一构成要件的打击错误的处理，大多数在理论上主张也是法定符合说。③ 笔者认为，这种法定符合说存在刚才所分析的弊端，即把不属于行为人行为意图的犯罪事实归咎于行为人，不符合我国刑法所倡导的主客观统一原则。至于具体的不足，笔者将在下一部分进行具体论述。根据以上的分析，笔者认为，强调构成要件的具体符合说或者强调行为人对于结果的认识因素的法定符合说是解决同一构成要件内错误的正确学说，因此，对于本案的一审判决吴某为故意杀人罪和过失致人死亡罪的想象竞合，应择一重罪即故意杀人罪(未遂)进行处罚可以认为也是合理的。

三、对象错误与打击错误的罪过分析与刑事责任的分担

罪过是犯罪人对于自己行为引起危害结果的一种心理态度。罪过原则或者意思责任在刑法中的确立是刑法走向近代化的标志。我国刑法也确立了意思在责任中的重要意义，但采取主客观相统一原则，强调罪过是行为人负刑事责任的主观基础。《刑法》第 15 条、第 16 条规定，行为人对于自身行为所引起的结果必须要有故意和过失的心理态度，对于不是行为人主观罪过引起的意外事件和不可抗力事件，行为人不承担责任。确立这项原则的意义在于，行为人实施危害行为时必须要有主观罪过，即行为必须是在故意或过失的心理态度下实施的。通常学者在自己观点中都强调主客观相统一的，如倪文中也强调要坚持主客相统一原则，并称是根据此原则来批评“抽象符合说不符合我国的犯罪构成理论的基本原理和主客观一致的刑事责任归责原则”的。④

但是对于本案，倪文一方面认为对于徐某的阻拦事实“并非吴某的主观认识，而是徐某舍身阻拦这个吴某意志以外的原因”，⑤ 即“根据本案案情，吴某主观意志上的侵害对象只是黄某，徐某压根就不是吴某的犯罪对象，就吴的认识可能性而言，徐的舍身阻拦充其

① 倪培兴：《对象错误条件下犯罪既遂的认定问题研究——对一例故意杀人案的定性分析》，载《中国刑事法杂志》2001 年第 4 期。

② 陈兴良：《刑法适用总论》(上卷)，法律出版社 1999 年版，第 130 页。

③ 马克昌主编：《犯罪通论》，武汉大学出版社 1999 年版，第 382 页。

④ 倪培兴：《对象错误条件下犯罪既遂的认定问题研究——对一例故意杀人案的定性分析》，载《中国刑事法杂志》2001 年第 4 期。

⑤ 倪培兴：《对象错误条件下犯罪既遂的认定问题研究——对一例故意杀人案的定性分析》，载《中国刑事法杂志》2001 年第 4 期。

量只是一种可能的事实”。① 一方面又认为，“吴是否明知或应当预见徐会舍身阻拦”的事实与本案的定性毫不相干。② 这是不是相矛盾了？既然在本案中，吴某的行为意图是要杀黄某而不是徐某或包括徐某，那就是说，吴某只对针对黄某的杀人行为具有罪过，对于实际杀死徐某的行为，吴某在主观上是没有故意罪过的。对徐某的死亡如果没有过失，就连过失责任都不能承担。既然吴某针对黄某的杀人行为由于打击错误而没有对黄某造成伤害，当然对于黄某的杀人行为只能承担杀人未遂的责任。由于徐某当时也在现场，对于自己行为的失误可能性，吴某在主观上应该有一定的认识，但由于其的疏忽大意或者是过于自信(到底是哪一种过失，有待于具体案件事实的分析)而使徐某死亡的事实得以发生，对徐某的死亡，吴某应承担过失致人死亡的责任。两者构成想象竞合，从一重处断。倪文认为吴某构成杀人既遂，那么，吴某对谁的杀人行为构成杀人既遂呢？如果认为对徐某的行为构成杀人既遂，但倪文也认为，吴某对于徐某的死亡是不可预见的原因，行为人主观方面没有罪过，实际上吴某没有对徐某的死亡承担刑事责任的主观基础。如果认为吴某应对黄某的行为承担杀人罪的既遂责任，对此杀人行为，吴某确实有承担刑事责任的主观基础，即吴某一开始就有杀黄某的意思。但是，黄某并没有因为吴某的犯罪行为而死亡，要求吴某对黄某承担杀人既遂的刑事责任却又缺乏客观基础。因此，从主客观统一原则来看，无论对黄某还是徐某，吴某都不能承担杀人既遂罪的刑事责任。显而易见，无论对象错误还是打击错误(在故意犯罪的范围内)，行为人主观上对于行为的实施都必须出于一个故意罪过，但正因为发生的都不是行为人意图侵害的对象。所以，对于实际受到侵害的错误对象，理论上通说认为行为人主观上仍然是有罪过的。区别在于对象错误对于实际被侵害的对象，主观上可以说故意，也可以是过失；而打击错误只能是过失而不能是故意。因此，这两种情况下都存在罪过的“竞合”问题。只不过对象错误的罪过竞合既可以是两个以上故意罪过的竞合，也可以是故意罪过与过失罪过的竞合，而打击错误下的罪过竞合，只能是故意罪过与过失罪过的竞合。

四、实施一个行为能否构成想象竞合犯

之所以提出这个问题，是因为想象竞合犯属于观念上的数罪，当然只能由一个行为才能构成了，如果有数行为，就是实质数罪，也就谈不上想象竞合犯了。但由于倪文对于这个基本问题提出了疑问，如他认为“实施一个犯罪行为不可能同时触犯故意杀人罪和过失

---

① 倪培兴：《对象错误条件下犯罪既遂的认定问题研究——对一例故意杀人案的定性分析》，载《中国刑事法杂志》2001 年第 4 期。

② 倪培兴：《对象错误条件下犯罪既遂的认定问题研究——对一例故意杀人案的定性分析》，载《中国刑事法杂志》2001 年第 4 期。

致人死亡罪",[1] 按照他的意思，一个同一构成要件内的错误行为，由于不可能同触犯主观要件分别为故意和过失的两个罪名，当然没有想象竞合犯存在的余地了。倪文认为："构成想象竞合犯所触犯的两个罪名就只能是行为要件相同或可以兼容而客体要件不同的两罪名",[2] 这是值得商榷的。想象竞合犯是由于行为人只实施了一个行为(既可以是过失又可以是故意的行为)而触犯数个罪名的场合。它不仅可以在相同行为要件和客体要件中存在，而在不同的行为要件和客体要件中也能存在。前者如同一构成要件内的错误中，甲想杀乙，误把丙作为乙而杀死的场合；甲想要偷乙的摩托车因为认识错误而把丙的偷走的场合。两者行为要件和客体要件相同，对于他们成立想象竞合犯应该没有争议的后者如不同构成要件内的错误中，甲把乙误认为野兽而加以射击导致其死亡的场合(如果甲对乙的死亡具有过失)或者甲欲枪杀乙，因为枪法不精，不中乙而毁乙所有物的场合，都能有想象竞合犯的成立。因此，倪文实际上人为地缩小了想象竞合犯的存在范围，是对想象竞合犯的误解。实际上倪文之所以对想象竞合犯作这样的理解，也是为了证明他自己的观点，即"实施一个犯罪行为不可能同时触犯故意杀人罪和过失致人死亡罪"。

到底一个行为能否同时构成故意杀人罪和过失致人死亡罪呢？由于倪文是从犯罪客体和主观方面这两方面着手进行论证的，笔者也从此两个方面与倪文进行讨论。倪文认为"犯罪客体应当被具体地界定为刑法所保障的而被犯罪行为所侵害的一切法或法的关系"，并且由于"法或法的关系乃是一种意志社会关系，是一种规范有意识行为的社会关系，因而只有有意识的或'故意的'行为才可能违法"。[3] 由此得出两个结论：

首先，犯罪客体乃是被犯罪行为所故意或直接侵害违反的法规范，比如说，交通肇事罪中，其犯罪客体就是交通运输管理法规，在过失案件中，就是违反了"X"法。但倪文自己也承认，他是赞同通说的，[4] 并且他认为犯罪客体就是"取得法的关系形式的社会关系"。笔者认为，法规范和社会关系是有区别的，而且事实上倪文也认为，故意杀人罪的犯罪客体就是人的生命权。这里，使人不解的是：一方面说犯罪客体是法规范，另一方面又说犯罪客体是法律所保护的社会关系。那么，两者在哪一个层面上是相统一的？不管是法律所保护的社会关系还是"取得了法的关系形式的社会关系"，但毕竟还是社会关系，社

---

① 倪培兴：《对象错误条件下犯罪既遂的认定问题研究——对一例故意杀人案的定性分析》，载《中国刑事法杂志》2001年第4期。

② 倪培兴：《对象错误条件下犯罪既遂的认定问题研究——对一例故意杀人案的定性分析》，载《中国刑事法杂志》2001年第4期。

③ 倪培兴：《对象错误条件下犯罪既遂的认定问题研究——对一例故意杀人案的定性分析》，载《中国刑事法杂志》2001年第4期。如果按照他的观点，只有故意的行为才有犯罪客体，过失的行为则没有犯罪客体，也就没有违法性可言了。对此认识的不正确性笔者不准备进行深入论述，而是根据他的基本点出发，来进行讨论。

④ 倪培兴：《对象错误条件下犯罪既遂的认定问题研究——对一例故意杀人案的定性分析》，载《中国刑事法杂志》2001年第4期。

会关系和法规范不同应是显而易见的吧！

即使对于这一点笔者不深入探讨，按照倪文的意思，在过失犯罪中，故意违法的“X”法才是该罪的犯罪客体，打个比方说，在过失致人死亡中，人的生命权不是该犯罪的犯罪客体，而是“X”法。也就是说，对于该罪中他人的死亡，行为人应当是没有意识的，① 那么按照倪文主张的主客观相一致原则，既然行为人对该结果没有罪过，当然不能要求行为人承担致人死亡的责任。在本案件中，他认为，“吴某主观上的侵害对象只是黄某，徐某压根就不是吴某的犯罪对象，就吴某的认识可能性而言，徐某的舍生阻拦充其量只是一种可能发生的事实”。也就是说，对于本罪来说，吴某的犯罪客体就是黄某的生命权（因为吴某只对他才有侵害的意思），吴某根本就没有侵害徐某的生命权的意思，那么对于徐某的死亡由于吴某没有剥夺其生命权的犯罪意图，当然不能追究吴某的责任了。对于这样结论，按照倪文的观点应当是赞同的，但倪文却是否定的，主张吴某承担杀人既遂的法律责任。使笔者又一次不解了。另外，他还认为，故意杀人罪与过失致人死亡罪的犯罪客体有本质区别②，既然两个犯罪的犯罪客体都是人的生命权，其本质区别又是什么呢？

其次，倪文认为由于“故意犯罪的违法构成是：行为故意违反 A 法——A 法益被侵害。而过失犯罪的违法构成是：行为故意违反 X 法——过失违反 A 法——A 法益被侵害”。由此，他认为：“一个犯罪行为不可能同时触犯故意杀人罪过失致人死亡罪两罪名”，其根据就在于：从犯罪构成的原理上讲，一切过失犯罪都只能以故意违反“X”法为违法性要件或客体要件，而作为过失犯罪客体要件的被故意违反的“X”法排斥一切作为故意犯罪客体要件的“A”法，否则会陷入逻辑上的自相矛盾。③ 笔者认为，如果倪文的表述（当然要排斥对犯罪客体的理解）放在行为人对一个对象的侵害上，具有正确性。例如，行为人要对乙实施杀害，当然行为人不可能对乙既有杀害的故意，又有杀害的过失心理态度了。最多也就是概括的故意。在一个犯罪对象上，当然要排斥两个不同罪过的存在，这是刑法学界基础理论没有人会提出疑问。但在数个犯罪对象时，虽然行为人对于每一个犯罪对象只有一个罪过，或故意或过失。但并不是说，行为人对于多个犯罪对象只能有一个故意或过失的罪过。例如在本案件中，吴某对于黄某当然只能有故意的罪过心理了，对于徐某也只能（如笔者前面所说）存在一定的过失而不可能同时存在故意（这一点，倪文也是赞同的），如此而言，对于吴某的一个行为，发生了黄某的故意杀人未遂和徐某的过失致人死亡罪的

① 因为倪文认为，只有犯罪客体才是犯罪行为有意识侵害的，既然人的生命权不是犯罪客体，当然行为人对其就没有意识。

② 倪培兴：《对象错误条件下犯罪既遂的认定问题研究——对一例故意杀人案的定性分析》，载《中国刑事法杂志》2001 年第 4 期。

③ 倪培兴：《对象错误条件下犯罪既遂的认定问题研究——对一例故意杀人案的定性分析》，载《中国刑事法杂志》2001 年第 4 期。

想象竞合，当然要通过想象竞合犯的原则从一重处断了。因此，倪文的观点不但没有否定，反而是肯定了实施一个行为能够同时触犯两个主观罪过不同的罪名，从而构成想象竞合犯。

综上所述，笔者认为倪文的某些观点是不能让人赞同的。

片面共同正犯刑事责任的探讨[①]

在大陆法系有关国家和地区的刑法理论上，正犯又称实行犯，是指直接实施犯罪构成客观要件行为或者利用他人作为工具实行犯罪行为的人。[②] 共同正犯即为共同的实行犯，而对片面共同正犯一般认为，是指参与同一犯罪的实行行为人中，一方认识到自己是和他方共同实施犯罪的实行行为，他方却缺乏这种认识而参与犯罪的情况。根据我国刑法的规定，共同犯罪人可以分为主犯、从犯、胁从犯和教唆犯，立法上并没有共同正犯的相关规定，但在我国刑法理论上，也经常使用正犯一词。不过，关于共同正犯的法律性质的理解中，是否可成立单方面的共同正犯，理论上却一直存在争议。理论前提不同往往导致实践中对此类案件认定存在差异。因此，对这一问题的讨论具有理论和实践意义。本文在借鉴大陆法系特别是德日刑法理论的基础上，对片面共同正犯的法律性质和刑事责任略抒管见。

一、片面共同正犯的理论分野

在刑法理论上，共同实施犯罪实行行为的是共同正犯，但共同正犯属于共犯还是正犯的范畴，一直存在争议而没有定论。我们这里对于共同正犯的理解，采取为共犯的观点。[③] 一般而言，共同正犯是主观上共同实行犯罪的故意和客观共同实施犯罪构成客观要件行为的有机统一。所以，除共谋共同正犯的情况外，[④] 作为其要件，必须存在着主观上的共同实行意思和客观上的共同实行行为的事实。当共同行为人中只有一部分人具有共同实行的意思，而其他人缺乏这种共同实行意思时，具有共同实行意思的人，在德日刑法理论中被称为片面共同正犯。在片面共犯参与犯罪的情况下，通说认为对于不知情的他人不

① 本文原载于《郑州大学学报(哲学社会科学版)》2002 年第 4 期，系林亚刚教授与其博士研究生何荣功合著。

② 参见马克昌、杨春洗、吕继贵主编：《刑法学全书》，上海科学技术文献出版社 1993 年版，第 652 页。

③ 参见林亚刚：《共同正犯相关问题研究》，载《法律科学》2000 年第 2 期。

④ 参见林亚刚：《共谋共同正犯问题研究》，载《法学评论》2001 年第 4 期。

构成共同犯罪，仅就自己的行为负刑事责任，对此结论的异议不大。但是，对于主观上单方面具有意思联络参与犯罪，即具有共同实行意思之人是否生共同犯罪的效果，能否成立单方面的共同犯罪，在理论上一直存在争论。在大陆法系国家和地区，特别是德日刑法理论，由于对共犯的本质存在不同的认识，其结论也各异。

持主观主义刑法理论的行为共同说认为："犯罪是犯人恶性的表现，共犯中的'共同'关系，不是二人以上共犯一罪的关系，而是共同表现恶性的关系。所以，共犯应理解为二人以上基于共同行为而各自实现自己的犯罪。"①行为共同说对共同正犯的成立只要求有客观上的共同实行行为，不要求各共犯人主观上存在相互的意识联络，因此，他们大都肯定片面共同正犯。② 日本学者牧野英一、宫本英修、佐伯千仞、植田重正、齐藤金作等就持此种认识。如宫本英修教授认为："共同正犯的性质，本来就是一方的即独立的，此点与教唆犯、从犯的场合并无异。因而，即使在各共同人之间存在相互了解的情形下，法律上也不过认为是一方性的共同正犯在事实上的同时交错、进行。"③

持客观主义刑法理论的犯罪共同说主张："共犯是两个以上有刑事责任能力的人对同法益实施犯罪的侵害，所谓'共同'，就是以犯同一罪的意思，对同一犯罪事实的加功。"④就共同正犯而言，刑法之所以要设立关于共同正犯的特别处罚规定，是考虑到共同正犯中的各行为人以相互利用、补充的方式实现犯罪，因而各行为人都应承担全部责任。但在片面共同正犯的场合，各行为人之间不具有相互利用、补充其他行为人的意思，故片面共同正犯的观念应该予以否定。日本学者小野清一郎、团藤重光、大塚仁、福田平、西原春夫、前田雅英、齐藤诚二等则持此种观点。如大塚仁教授认为："共同正犯者只限于那些相互利用对方的行为以补充自己行为的不足、以实现犯罪的人。……在共同者之间只片面认识的情况下，因为处在不能充分利用对方的行为状况，对其也追究作为共同正犯的责任就是失当的。"⑤我国台湾地区学者陈朴生、韩忠谟、周治平、蔡墩铭等教授也都否认片面共同正犯的存在。如蔡墩铭教授指出："……实例与学者之见解相同，不承认片面共同正犯或一方共同正犯之存在，如：共犯之成立，除共同实施犯罪行为者外，就其他人之行为负共犯之责任者，以有意思联络为要件，若事实并未合谋，实施行为之际又系出于行为者

① 参见马克昌：《关于共犯的比较研究》，载高铭暄、赵秉志主编：《刑法论丛》(第三卷)，法律出版社 1999 年版，第 308 页。

② 因为也有持行为共同说的学者否认片面共同正犯的成立，如木村龟二。参见张明楷：《外国刑法纲要》，清华大学出版社 1999 年版，第 305 页。

③ 转引自[日]大塚仁：《犯罪论的基本问题》，冯军译，中国政法大学出版社 1993 年版，第 263 页。

④ 参见马克昌、杨春洗、吕继贵主编：《刑法学全书》，上海科学技术文献出版社 1993 年版，第 307 页。

⑤ 转引自[日]大塚仁：《犯罪论的基本问题》，冯军译，中国政法大学出版社 1993 年版，第 265 页。

独立之意思，即不负共犯之责。”①

而同是主观主义刑法理论的共同意思主体说，则把共犯解释为一种特殊的社会心理现象的共同意思主体的活动，因此，在主观方面，所谓二人以上的共同，是二人以上的有责任能力者在意思联络下成为一体，为了意思联络，要有对共同犯罪行为的认识和相互利用他方的行为，全体成员协力而实施犯罪的意思。因此片面共同正犯自当无存在的余地。

笔者认为，从社会实践中看，具有片面共同犯罪的意思参与犯罪，是一种客观存在的社会现象，对于这种犯罪现象是否需要以共同犯罪认定和处理，不仅仅是理论上如何解释的问题，而且是刑事立法今后是否对此应当有所评价的问题。从这一角度而言，否定实践中确实存在单方面具有意识联络参与犯罪的情况下，存在片面共犯的可能性(当然也是排斥片面共同正犯存在)，是值得商榷的。因此，笔者赞同肯定说的主张。犯罪共同说严格地限制共同正犯的成立范围，虽然有利于刑法对人权保障机能的实现，但是，它忽视了片面共同正犯区别于单独犯的主客观特征(下文详述)，特别是将共同正犯的成立，仅仅限制在行为双方存在相互意识联络的前提下，缩小了共同正犯的成立范围。正如日本著名刑法学家牧野英一所说：“共同加功的意思属于犯人心理的事项，其互相交换或共犯者的双方有此交换，不外是外界的事项。所以我们认为，作为共犯的主观要件的这种意思，即使在片面的场合也可成立。在该场合，对于有这种意思的一方，产生共犯的效果。”②

不过，行为共同说虽然肯定片面共同正犯，但是，就其理论基础而言，它是主观主义刑法理论的产物，其主张的犯罪是个人主观恶性的表现，成立共同犯罪应以行为本身是否共同为条件，所以，即使实行的犯罪行为不同，但在同一共同目的之内，也可以成立共同正犯的观点，如将其理论贯彻到底，也存在不适当地扩大了共同正犯成立范围之虞。具体到上述宫本教授的观点而言，由于它以刑法上的因果关系为出发点展开对片面共同正犯的论述，但正如大塚仁教授所评价的那样：“不能只根据对结果的因果关系的有无来论及犯罪的成立已是定说，认为因果关系是共同正犯成立的契机，这在今日的刑法学上是不能接受的。因果关系的存在当然是犯罪的重要因素，但是，作为共同正犯成立的条件，在它之前，首先需要存在二人以上者的共同实行，对于这一点，宫本博士没有给予积极说明。”③

根据我国刑法关于共同犯罪的规定，学者们对于共同犯罪的认识，坚持主客观相统一的原则，认为共同犯罪是主观上共同犯罪故意和客观上共同犯罪行为的辩证统一，因此，具体到共同正犯，其成立也认为必须是主观上共同实行犯罪的故意，与客观上共同实施刑法分则规定的犯罪构成客观要件行为的统一。在此前提下，具体到能否成立片面共同正

① 蔡墩铭：《刑法总论争议问题研究》，台湾五南图书出版公司印行 1976 年版，第 263 页。

② 参见马克昌、杨春洗、吕继贵主编：《刑法学全书》，上海科学技术文献出版社 1993 年版，第 310 页。

③ 转引自[日]大塚仁：《犯罪论的基本问题》，冯军译，中国政法大学出版社 1993 年版，第 263 页。

犯，即单方面的共同犯罪问题，仍然存在意见分歧。尽管学者们在具体主张和观点上不尽相同，但总体而言，同样可以归纳为“肯定说”和“否定说”两种观点。在“肯定说”中，如有的学者认为：“片面共犯的实行犯是指在一定的犯罪事实中，有片面共犯的主观心理的一方利用其他违法行为或犯罪行为而加功补充，实现其所希望的犯罪事实的发生。”①而“否定说”一般认为：“‘片面合意的共犯’在教唆犯和实行犯之间、共同实行犯之间不可能发生，因此，片面的教唆犯、片面的实行犯都是不存在的，但片面帮助犯却是可能发生的。”②如陈兴良教授认为：“在共同犯罪的情况下，各共同犯罪人必须具有全面的、互相的主观联系，才能成立共同实行犯。”③

由于在理论上对片面共同正犯存在质疑，也导致了实践中对此类案件性质认定的大相径庭。在日本主要有“从犯说”“单独犯说”“片面教唆犯说”等观点，如日本野村稔教授认为：“在甲采取暴力手段强奸乙之际，丙以共同犯罪的意思在甲不知道的情况下，按住乙的手足的场合，有见解认为丙是甲的强奸罪的片面性共同正犯，但是还应理解为强奸罪的片面性从犯。”④而在我国也存在“从犯说”“单独犯说”的观点，如有的学者认为：“如果主观上没有犯意的互相联系，虽然此实行犯对彼实行犯具有片面的共同犯罪故意，也没有必要承认其为片面的实行犯，只要径直依照刑法分则的有关条文定罪量刑就可以了。”⑤除此之外，我国还有“间接正犯说”的主张，如“片面共犯并不符合共同犯罪的实质特征，暗中教唆、帮助他人犯罪的现实确实可能存在，但将其作为共犯处理存在许多问题，不能圆满地解决其刑事责任问题，或许将其视为间接正犯更妥当一些”。⑥

二、片面共同正犯存在的理论基础

犯罪构成是认定某一行为是否构成犯罪，以及构成何种形式的犯罪的基本依据，因此，对片面共同正犯法律性质的认识也必须从犯罪构成入手，但在对片面共犯存在的理论基础展开探讨之前，根据我国刑法的规定，有必要对上述“从犯说”“单独犯说”“间接正犯说”的观点作简要评析：

首先，“从犯说”的观点值得商榷。所谓从犯，在大陆法系国家和地区刑法中也称帮助犯，而在我国，根据《刑法》第27条规定，从犯包括次要的实行犯和帮助犯(起次要作用的从犯和起辅助作用的从犯)两种情况。帮助犯，是指故意帮助正犯实行犯罪行为的人，在

① 李敏：《论片面合意的共同犯罪》，载《政法论坛》1986年第3期。
② 陈兴良：《共同犯罪论》，中国社会科学出版社1992年版，第117页。
③ 陈兴良：《共同犯罪论》，中国社会科学出版社1992年版，第117页。
④ [日]野村稔：《刑法总论》，查理其、何力译，法律出版社2001年版，第398页。
⑤ 李敏：《论片面合意的共同犯罪》，载《政法论坛》1986年第3期。
⑥ 张明楷：《刑法学》(上)，法律出版社1997年版，第282页。

刑法上，帮助犯的成立除了主观上必须有帮助的故意外，客观上必须存在帮助行为，而帮助行为是指实行刑法分则规定的实行行为以外，使实行行为更易实施的加担或对共同犯罪予以加功的行为。尽管实行行为的方式多种多样，既可以是作为，也可以是不作为；既可以是有形的，也可以是无形的，但是，帮助行为和实行行为却存在根本的区别。在我国刑法中，次要实行犯是指在共同犯罪中起次要作用的犯罪分子，它表现为在犯罪集团的首要分子领导下从事犯罪活动，但罪恶不够重大或情节不够严重，或者在一般共同犯罪中直接参与实施犯罪，但所起作用不大，没有造成严重的危害结果等。① 但无论属于哪种情况在我国刑法中，该种起次要作用的从犯实施的却是实行行为，有别于实施帮助行为的从犯。实行从犯是我国立法者根据共同犯罪人在共同犯罪中所起的作用为标准，对共同犯罪人作的一种分类。“从犯说”无视帮助行为与实行行为质的规定性的区别，将“实行”混同为“帮助”，是不恰当的。在一般共同犯罪中，刑法之所以对参与实行犯罪行为的行为人规定为实行从犯，根本原因在于其虽然实施的是实行行为，但在共同犯罪中不起决定作用。而片面的共同正犯一方不仅实施的是实行行为，而且，通常其行为在共同犯罪的实行行为中处于利用不知情一方的地位，有时在对法益侵害过程中起重要作用，因此，“从犯说”的观点，根据我国刑法的规定是值得商榷的。

其次，“单独犯说”的观点也未能正确地认识片面共同正犯与单独正犯的区别。片面共同正犯区别于单独正犯的关键，在于其在实施犯罪的过程中并不单独地犯罪，而是利用已存在的犯罪实行行为，并对之进行加功、补充，其所实施的就是直接参与的具体实行行为，使不知情的一方能够完成某一犯罪。刑法理论上，以实行行为的形式和内容为基础，就有单一的实行行为、选择的实行行为、并列的实行行为和双重的实行行为的分类。② 况且，共同犯罪是一种复杂的犯罪形态，共同犯罪的实行行为可呈现多元的模式。在以单一的实行行为为构成客观要件的犯罪类型中，将单方面具有共同犯罪故意的实行犯是按单独正犯处理还是按照共同正犯(共同实行犯)对待，对于追究行为人刑事责任区别不大，但是，在双重实行行为的场合，结果却迥然有别。以我国刑法规定的强奸罪为例，这是共识为双重实行行为。甲企图强奸乙女之前，丙以共同犯罪的故意在甲不知道的情况下，以帮助甲实现犯罪意图的故意，先给乙女服用麻醉品(属于我国刑法规定的强奸罪中的“其他手段”行为)，或者以胁迫手段迫使乙女服用麻醉品，使甲的强奸行为得逞。若按单独犯的观点，在甲构成强奸罪既遂的情况下，对丙如果不认为是共同正犯而以强奸罪既遂论处，在法律上站不住脚，并且理论上也难以自圆其说。因为，在双重实行行为的情况下，犯罪构成客观方面所要求的实行行为，是由手段行为和目的行为两部分构成，两种行为都具有实行行为的性质，因此，只有手段行为的实施，并不能认为是完成犯罪，只有在实施目的行

① 马克昌主编：《犯罪通论》，武汉大学出版社 1999 年版，第 571 页。
② 马克昌主编：《犯罪通论》，武汉大学出版社 1999 年版，第 444 页。

为，并达到一定程度或发生法定结果，才能视为整个实行行为的完成，也才可能发生犯罪既遂形态。在上述案件中，被视为单独犯的丙，仅仅实行了手段行为，并没有实行目的行为，如果不认为是共同正犯，则丙的行为即使说是实行行为，也因为缺乏目的行为，作为犯罪既遂论处在理论上是解释不通的。正因为丙处在利用、补充对方实行行为的有利条件下，对甲完成强奸的实行行为以及对法益的侵害都起到关键作用，因此，只有从共同正犯的角度，以“部分行为全体责任”的原则，对共同正犯以犯罪既遂追究其刑事责任。若不认为是犯罪或以未遂罪论，则难免有放纵犯罪和重罪轻判之嫌。

在刑法理论上，间接正犯是指利用他人为工具实施犯罪的情形。就利用他人实行犯罪这一点来说，间接正犯与正犯相类似，但在间接正犯的场合，被利用者一般而言不构成犯罪，而在正犯的场合则构成犯罪，因此，根据间接正犯的特点，将这种情况视为“间接正犯”，忽略了其与正犯的这种重要区别，因而其缺陷也是明显的。

根据我国犯罪构成的一般理论，从共同犯罪的实际情况和司法实践出发，笔者认为，片面共同正犯之所以可以视为单方面的共同犯罪，理由在于：

首先，在客观方面，刑法理论之所以要主张共同正犯，是因为在刑事责任的追究方面，共同正犯不仅要对自己的实行行为承担责任，而且也要对其他正犯的实行行为，或者由其实行行为所引起的危害结果，承担作为正犯的责任。所以，共同正犯的犯罪行为在这里并不是单独实行犯实行行为，而是与各个参与实行犯罪实行行为有关的有机整体的一部分，这正是“共同正犯”的含义。客观上，要使行为人负担共同正犯的责任，不仅自己必须实行构成要件行为的全部或一部分，而且也必须存在利用对方的行为去加功、补充自己行为的客观事实，只有这样才不至于违背刑事责任原则的基本精神。对于片面共同正犯而言，即使在主观上存在属于片面的故意，客观上仍然处在能够较充分地利用他方实行行为，并使之成为自己实行行为有机组成部分的有利条件上。此时，他方实行行为的性质已经发生了变化，即他方的实行行为不仅是自身实现犯罪，承担刑事责任的根据，而且事实上成为片面共犯者实行行为不可分割的一部分。因而，在客观上，要求片面共犯对来源于他方、但归属于自己的实行行为承担作为“共同正犯”的刑事责任，也是符合刑事责任基本原理的。

其次，在主观上，共同犯罪的成立必须要求存在共同的犯罪故意。一般认为，共同的犯罪故意包括共同的认识因素和共同的意志因素。就单独犯而言，犯罪故意的认识因素是指对自己行为、结果以及二者之间因果关系的认识。而对于共同犯罪来讲，除了对自己的行为、结果及二者之间因果关系有认识外，还必须对他方的情况有类似的认识。在具有片面共同正犯参与的犯罪中，不知情的一方对片面共同正犯方的实行行为不存在认识，这是无可争议的，正因为如此，对不知情的他方不能作为共同犯罪而追究刑事责任。但是，片面共同正犯方对不知情的他方的实行行为却有清楚的认识，并且，正是在这种认识的基础上，一方面将对他方的认识纳入自己的犯罪故意中，从而表现出更大的主观恶性；另一方面，在客观上又以此种认识和意志指导和支配自己的行为，去利用、加工他方的实行行为，事实上将自己的实行行为融入他方实行行为中，并且的确也是以此实现了自己的犯罪意图的。因此，对这种片面共犯者，以共同正犯追究共同犯罪人的刑事责任，是主客观相统一的犯罪构成及刑事责任的必然结论，也是责任主义的当然要求。

值得指出的是，在我国的刑法理论和实践中，片面帮助犯已经得到越来越多学者的认可，而片面共同正犯和片面帮助犯同属于“片面共同犯罪”的范畴，在此种情况下，如果厚此薄彼，不承认片面共同正犯的共犯性，容易导致共同犯罪理论在实践中贯彻的不完整，也不利于罪刑相适应原则在实践中的实行。

三、片面共同正犯的成立条件及刑事责任

根据我国共同犯罪的一般理论和片面共同正犯的法律性质和特点，我们认为，片面共同正犯的成立需要具备以下条件：

(1)在客观上，片面共同正犯方同不知情的另一方之间，必须具有共同犯罪的实行行为。这种共同犯罪的实行行为，是通过片面共犯者单方面的加功、利用而形成的。也就是说，片面共同正犯方通过自己的加功、利用行为，使不知情另一方的实行行为成为自己犯罪实行行为的一个必要的组成部分，从而实现对法益的侵害。而不知情方却不具有利用、加功片面共犯实行行为的客观事实。并且，在犯罪结果发生的场合，该犯罪结果的发生与片面共同实行行为之间具有刑法上的因果关系。但是，不同行为人的实行行为，在犯罪成立和对犯罪结果发生所起的作用却不尽相同，不知情方的实行行为，由于在共同犯罪的整体实行行为中处于被利用、被加功的地位。因此，其所实施的实行行为在整个犯罪活动中，除了应当属于例如强奸犯罪那样的“亲手犯”的情况外，一般不起决定性的作用；相反，片面共同正犯方由于处在利用、加功不知情的实行犯的优越地位，决定了他在共同犯罪活动中，一般都能够起到关键性作用。至于实行行为的方式，片面共同正犯的实行行为同一般犯罪的实行行为形式可以一样，既可表现为共同的作为，也可表现为共同的不作为，还可以表现为作为和不作为的有机结合。当然，如果刑法规定的某种实行行为，不可能由不作为构成时，作为片面共同正犯的实行行为的表现方式，应当限于作为，而不可能是不作为；如果刑法所规定的犯罪，只能由纯正身份犯实施，如《刑法》第 129 条规定的“丢失枪支不报罪”，不具有依法配备公务用枪的身份的人，是不可能与有该种身份的人共同构成犯罪的。因为无身份之人不可能实施“不及时报告”的实行行为，因而也就不可能构成该种犯罪“片面共同正犯”。

(2)在主观上，片面共同正犯方相对于不知情一方而言，具有单方面的共同犯罪实行行为的认识和希望或放任的意志态度。具体而言，不知情一方仅对自己行为的性质、状况和犯罪结果及行为与结果之间的因果关系存在认识，并在此基础上，对犯罪构成客观要件

事实的实现持希望或放任态度；而片面共同正犯方则不同，它不仅对自己行为的状况有认识，而且对他方的行为状况也必然存在认识，其认识内容自然呈现双重性；至于其意志因素，也包括希望或放任两种情况。

至于片面共同正犯的责任根据，当然与共同正犯处罚根据的责任理论紧密相关。然而，即便是该问题，理论上仍然存在不同的学说。例如，在日本刑法理论中就存在"因果共犯论"与"责任共犯论"的分歧。"因果共犯论"认为："所谓共犯是与正犯相同，以结果发生作为处罚根据的理论。""责任共犯论"认为："共犯的处罚根据，是以承担诱使正犯犯罪的罪责和刑事责任为出发点的理论。"①上述理论的核心，前者的共犯处罚根据在与正犯相同的基本构成要件的结果的发生（属于对于法益造成现实侵害结果的"结果犯"），而并不适合于其他非结果犯共犯的刑事责任；而后者寻求共犯本身具有固有的处罚根据，即从共犯内部的"修正的构成要件"的实现作为处罚根据（以正犯的犯罪是出自自己的实行行为，是造成危害结果的"具体危险犯"），不过其观点更适合于对教唆犯刑事责任的负担的说明。所以，上述理论观点都是只及于共同正犯情况的某一方面作为处罚根据，因而是不全面的。

笔者认为对于片面共同正犯的刑事责任根据，是主客观相统一的，即也应当是犯罪人实行犯罪的社会危害性和犯罪人人身危险性的统一。② 但刑事责任的轻重也必须与犯罪人实施犯罪行为的性质，以及犯罪人在犯罪中所起的作用来确定。片面共同正犯一方，由于其不仅具有共同实行犯罪的故意，而且在客观上存在利用、加功他人实行行为的客观事实，他不仅可以是共同犯罪故意的惹起者，也可以对共同犯罪实行行为的形成以及犯罪的完成起到决定性作用，因而他必须对整个犯罪事实承担刑事责任，这就是共犯犯罪刑事责任中的"部分行为全体责任"原则。当然，具体到对片面共同正犯一方的处罚，仍然是要贯彻个人责任原则的，即必须要根据行为人实行行为对法益侵害的作用的大小，分担主犯或者从犯的刑事责任。根据我国《刑法》第 26 条第 4 款、第 27 条第 1、2 款的规定，"对于第 3 款规定以外的主犯，应当按照其所参与的或者组织、指挥的全部犯罪处罚"。"在共同犯罪中起次要或辅助作用的，是从犯。""对于从犯，应当从轻、减轻或者免除处罚。"具体而言，片面共同正犯一方，若对法益的侵害起了主要作用的，其必须承担作为主犯的刑事责任，相反，若其实行行为仅对法益侵害起到了次要作用的，则要承担作为"次要实行犯"的从犯的刑事责任。而不知情一方由于他在主观上不具有实行犯罪的共同故意，客观上的行为也不具有"共同犯罪"实行行为的性质，因而，只能就个人的行为承担单独犯的刑事责任。

---

① ［日］阿部纯二等：《刑法基本讲座未遂、共犯、罪数论》（第 4 卷），法学书院 1992 年日文版，第 93 页。

② 参见王晨：《刑事责任的一般理论》，武汉大学出版社 1998 年版，第 151 页。

论承继共同正犯的法律性质及刑事责任[①]

在大陆法系国家和有关地区的刑法理论上，共同正犯，是指两人以上共同实行犯罪者。[②] 根据共同意思成立的时间，共同正犯又可分为共谋共同正犯、偶然共同正犯和承继共同正犯。[③] 承继共同正犯，是指先行行为人已经实施了一部分实行行为后，后行为人以共同实行的意思参与实行犯罪的情况。[④] 关于承继共同正犯的法律性质和成立范围，在刑法理论和实践中存在不同的认识。在我国，根据刑法的规定，共同犯罪人可分为主犯、从犯和教唆犯，并没有正犯的相关规定，往往导致对此类案件性质认定存在差异，也直接影响到行为人刑事责任的轻重。因此，对这一问题的探讨具有理论和实践意义。

一、承继共同正犯的理论论争

一般而言，共同正犯是主观上共同实行犯罪的故意和客观上共同实施犯罪的构成客观要件行为的有机统一。所以，作为其成立要件，必须存在着主观上的共同实行意思和客观上共同实行行为的事实。就共同实行意思而言，由于其成立时间有所不同，有的在共同实行行为之前就已存在，有的在共同实行行为之际或共同实行行为中才形成。其中，先行行为者实施了部分犯罪后，后行为者具有与先行行为者之间的意思沟通继而参与共同实行了剩下犯罪部分的情况，这在刑法理论上被称为“承继共同正犯”。例如甲以抢劫的故意对丙实施暴力行为时，乙以共同实行的意思参加犯罪取走了财物。在承继共同正犯的场合，后行为人就参与后的行为与先行行为人构成共同实行行为并承担刑事责任，这是共识。但是，后行为人对参与之前的由先行行为人实施的实行行为、以及由此实行行为引起的结果是否承担刑事责任，则存在较大争论。一般而言，犯罪共同说论者对此持肯定态度，理论上称之为“肯定说”或“积极说”；行为共同说论者则持否定认识，理论上称之为“否定说”或“消极说”。究其根源，在于对共同正犯的“共同”是指“犯意”的共同还是“行为”的共同

---

① 本文原载于《法学家》2002 年第 4 期，系林亚刚教授与其博士研究生何荣功合著。

② 《日本刑法典》，张明楷译，法律出版社 1998 年版，第 25 页。

③ 郭君勋：《案例刑法总论》，台湾三民书局股份有限公司 1988 年版，第 502 页。

④ 张明楷：《外国刑法纲要》，清华大学出版社 1999 年版，第 305 页。

有不同的认识。

犯罪共同说认为,“共犯是两个以上有刑事责任能力的人对同一法益实施犯罪的侵害,所谓‘共同’就是以犯同一罪的意思,对同一犯罪事实的加功”。① 该说以客观上存在的事实为观察的基础,只要二人以上协力加功于同一犯罪事实的,即成立共同犯罪。在承继共同正犯的情形下,“就后行为者而言,他了解先行行为者的意思,而且是利用已经成立的事实,无论对先行为者还是后参与的行为者,就行为的整体而言,存在着共同故意,因此,对两种行为应当理解为全体成立共同正犯,要妥当的”。② 我国台湾学者郭君勋先生也持此种认识,他指出:“……惟就承继共同正犯观之,后行为者已认识前行为者所为之实行行为,且自动地承继其实行行为,而欲参与其一部分行为,即已具有共同正犯成立要件之共同实行之意思,后行为者虽仅就意思联络后之行为参与实施,但其实施之行为,与先行者此前所实施之行为已发生互相补充之共同作用,而所谓共同实行,只分担实行行为之一部分已足,故亦得谓有共同实行之事实,因此,后行为者亦应对该犯罪并负共同正犯责任。”③

行为共同说主张,犯罪是行为人反社会人格的征表,共犯中的“‘共同’关系,不是二人以上共犯一罪的关系,而是共同表现恶性的关系,共犯应理解为二人以上基于共同行为而各自实现自己的犯意”。④ 所以,只要前构成要件的行为共同,即使二人以上基于共同的实行行为而各自实现自己的犯罪,也成立共同正犯。在承继共同正犯场合,对先行者的实行行为,后行为者并未对其加功,因此,对先行为没有形成客观上的共同实行行为,从整个共同实行行为来看,共同正犯也就无从形成。

理论上,由于对承继共同正犯的法律性质和成立范围存在不同认识,在司法实务中,不同国家和地区的判例对承继共同正犯的态度也不尽一致。在日本,战前大致是认为共同正犯的范围及于先行者实行的部分,但是,战后高等法院的不少判例认为,只就后行为者介入后的共同行为成立共同正犯,而大审法院的判例一般是认为先行为者的部分也成立共同正犯。⑤ 在我国台湾地区,判例一般倾向于积极说的主张,认为“后行为者于先行为者之行为持续或继承之中,以合同之意思,分别实施者,后行为人对于前之先行为者行为应负共同正犯责任”。⑥

笔者赞同“否定说”的主张,“犯罪共同说”严格地限制了共同正犯的成立范围,有利

① 马克昌:《关于共犯的比较研究》,载高铭暄、赵秉志主编:《刑法论丛》(第3卷),法律出版社1999年版,第307页。

② [日]木村龟二:《刑法总论》,有斐阁1984年5月增补版初版,第408页。

③ 郭君勋:《案例刑法总论》,台湾三民书局股份有限公司1988年版,第504页。

④ 马克昌:《关于共犯的比较研究》,载高铭暄、赵秉志主编:《刑法论丛》(第3卷),法律出版社1999年版,第308页。

⑤ [日]大塚仁:《犯罪论的基本问题》,冯军译,中国政法大学出版社1993年版,第287页。

⑥ 郭君勋:《案例刑法总论》,台湾三民书局股份有限公司1988年版,第504页。

于刑法人权保障机能的积极实现，但是，它忽视了共同正犯的本质特征和成立条件（下文详述），特别是将共同正犯的成立，扩大到没有共同犯罪意思联络的场合，从而肯定了即使在没有共同犯罪意思的情况下，也成立共同正犯的可能性，这必然会扩大共同正犯的成立范围。对此，正如张明楷教授所说："'犯罪共同说'虽然旨在限定共同犯罪的成立范围，但是，实际上却没有达到这一目的，而且扩大了共同犯罪的成立范围。"⑤所以，以"犯罪共同说"为基础，在没有意思联络的情况下，要求后行为者对先行为者的实行行为承担作为共同正犯的责任，是不符合情理的。而"行为共同说"虽然持"否定说"的立场，但是，就其理论基础而言，"行为共同说"是主观主义刑法理论的产物，它不适当地扩大了共同犯罪的成立范围，并因此而受到学者的批判。所以，"否定说"也缺乏坚实的理论根基。

二、承继共同正犯的法律性质

理论上，学者们除了以"行为共同说"作为"否定说"的理论基础外，其他否定观点所依据的理论还有"刑法上的因果关系""目的的行为支配说"等。日本的平野龙一教授就是以刑法上的因果关系为理论基础展开对否定说阐述的。平野教授极力主张相当因果关系客观说，他认为，要使行为人对结果承担责任，条件是行为人的行为与犯罪结果之间必须具有客观上的因果关系，而关于因果关系的判断，应以一般人认识的事实为基础，根据一般人的判断行为产生结果是相当的场合，就有因果关系，否则，便没有因果关系。① "……承继共犯是共犯行为的因果关系尚存问题的一种情况，在这种场合，共犯仅对参与后的正犯行为及其结果承担责任，因为正犯的行为与前正犯的行为没有因果性，……不管人格态度如何值得非难，没有理由对与自己的行为没有因果关系的结果承担责任。"②"目的行为支配说"由日本学者平场治安所主张，他认为，共同正犯的本质在于行为者对实行行为的共同支配，……共同正犯之一部分行为全体责任的根据也在于各共同正犯者对所实施的共同实行行为的相互支配，因此，共同正犯的成立，在客观说上，行为者之间必须具有共同的实行行为。但是，共同实行行为并非意味着每一行为者必须亲自着手实施构成要件全部或一部分行为，只要行为者实施了构成要件的支配行为即可。③ 在主观上，"首先必须是所有参与人均是共同犯罪决意主体，因为只有这样，他们才能成为实施支配行为的参与

① 李海东主编：《日本刑事法学者》（上），中国法律出版社、日本国成文堂出版社 1995 年版，第 280 页。

② ［日］平野龙一：《刑法总论》，有斐阁 1975 年版，第 382～383 页；转引自张明楷：《刑法学》，法律出版社 1999 年版，第 236 页。

③ 李海东主编：《日本刑事法学者》（上），中国法律出版社、日本国成文堂出版社 1995 年版，第 256 页。

者”。① 在承继共同正犯的场合，后行为者对介入以前的先行行为者的行为，由于不存在共同犯罪决意，也就无法形成所谓的行为支配，所以，不应对此负责。

以上“否定说”的观点，大多认识到“肯定说”的缺陷，试图通过“刑法上的因果关系”“目的的行为支配论”等对承继共同正犯的法律性质作出新的阐述，具有合理性。但是，他们都未能从共同正犯的本质和成立条件展开论述，未免给人以不足之感。

我国刑法从共同犯罪的实际情况和司法实践出发，坚持主客观相统一的原则，认为共同犯罪是主观上共同犯罪故意和客观上共同犯罪行为的有机统一。以共同犯罪的形式为基础，共同犯罪可分为事前无通谋的共同犯罪和事中有通谋的共同犯罪。② 后者是指各共犯者在其中一人或数人，着手实行犯罪的过程中形成共同犯罪故意的共同犯罪包括了德日刑法理论上的承继共同正犯的情况。并且，就共同实行行为，也有分担的实行行为、并进的实行行为、先行的实行行为和继承的实行行为的分类。③ 对于继承的实行行为性质的认识，有的认为：“在单一犯的情况下，后行为人虽然在实施犯罪的过程中介入的，仍然对全部犯罪承担共同实行犯的刑事责任。在结合犯、牵连犯等情况下，后行为人对介人前之行为是否承担责任，应以是否有共同犯罪故意为标准。”④

笔者认为，在大陆法系国家以及我国刑法理论，均认为犯罪构成(要件)是认定某一行为是否构成犯罪以及构成何种形式犯罪的基本依据，因此，对承继共同正犯法律性质和成立范围的认识也必须从共犯的本质和犯罪构成入手。根据我国共犯的一般理论，笔者认为后行为者不应对共同意思产生之前的率先实施的实行行为及其结果承担责任，理由在于：

首先，从共同犯罪的本质看，犯罪是一种严重危害社会的行为，与单独犯相比，共同犯罪表现出更大的主观恶性和社会危害性。主观上，由于共同犯罪意思联络的存在，使得两个以上具有不同犯罪故意的个体，为实现犯一定之罪的目的，而成为同心一体，从而使犯罪人实现犯罪的信心更大，力量更足；客观上，由于共同犯罪意思联络的存在，各行为人之间能够相互配合、彼此联系，形成一个有机整体，使得对社会的侵害具有更大实现的可能性，并且，一旦着手犯罪，将会对社会造成更大的危害。因此，近代以来，各国刑法都对共同犯罪极其处罚作了特别规定。在承继共同正犯中，先行行为实行时，由于不存在主观上的共同犯罪意思联络，客观上的共同行为便无法形成，若以共同犯罪论处，有违于共同犯罪的立法初衷。

其次，从共同正犯的成立条件看，共同正犯的成立，必须要求存在客观上的共同实

---

① [德]汉斯·海因里希·耶赛克、托马斯·魏根特：《德国刑法教科书》，徐久生译，法律出版社 2001 年版，第 789 页。

② 高铭暄、马克昌主编：《刑法学》，中国法制出版社 1999 年版，第 298 页。

③ 陈兴良：《共同犯罪论》，中国社会科学出版社 1993 年版，第 308 页。

④ 陈兴良：《共同犯罪论》，中国社会科学出版社 1993 年版，第 308 页。

行行为和主观上的共同实行犯罪的意思联络。而且，根据责任主义的基本要求，共同犯罪的成立必须要求行为和意思同时存在。所以，共同正犯只有在意思沟通以后，实施实行行为之际才可能成立。在先行者实施部分实行行为后，后行为者具有与先行为者之间的意思沟通而共同实行犯罪的情况，后行为者的责任，只应该存在于形成意思沟通之后的共同实行行为范围之内。关于这一点，在双重实行犯的场合表现得尤为明显。所谓双重实行犯，亦指双重实行行为，是指犯罪构成客观要件行为是由二个以上复合行为为要件的犯罪，通常为手段行为和目的行为。由于手段行为和目的行为都具有实行行为的性质，所以，不仅实行目的行为时，并没有共同实行的意思。因此，就整个案件，让乙对甲的暴力行为也承担共同正犯的责任，显然是不合理的。

三、承继共同正犯的刑事责任

刑事责任的根据，应当是犯罪人实行犯罪的社会危害性和犯罪人的人身危险性的统一。① 刑事责任的轻重必须以犯罪人实施行为的性质、以及犯罪人在犯罪中所起的作用来确定。具体到承继共同正犯而言，在“否定说”内部，也存在较大的意见分歧。在上述案例一中，野村稔教授认为：“……在这样的场合下，应理解为甲是抢劫罪，乙是盗窃罪的共同正犯。”②牧野英一、平场治安也持这种观点。而大塚仁教授则认为：“……先行者和后行者只能在他们以共同实行的意思表现出共同实行的事实的范围内成立继承共同正犯，因此，甲以强盗③的意思对行人丙施加暴行，造成伤害，其后与乙产生了共同实行的意思，甲、乙共同夺取了乙所有的财物。在这样的场合，甲、乙是强盗罪的共同正犯，而不能成为强盗致死罪的共同正犯。原则上不能就先行者单独进行的行为追究后行为者的责任。”④

笔者不赞成上述观点，就上述野村教授的意见而言，它显然是“部分犯罪共同说”的立场。根据我国犯罪构成的一般理论和司法实践的要求，笔者提倡“部分犯罪共同说”。⑤ 但是，在肯定甲成立抢劫罪的同时，又认为乙构成盗窃罪的共同正犯，是不合适的。因为这违反了“禁止重复评价”的基本理论，所谓“禁止重复评价”，是指在定罪量刑时，禁止对

① 王晨：《刑事责任的一般理论》，武汉大学出版社1998年版，第151页。

② ［日］野村稔：《刑法总论》，法律出版社2001年版，第400页。

③ 我国刑法中的抢劫罪。

④ ［日］大塚仁：《犯罪论的基本问题》，中国政法大学出版社1993年版，第330页。

⑤ 关于“部分犯罪共同说”，可参见肖中华：《犯罪构成极其关系论》，中国人民大学出版社2000年版，第304～310页；张明楷：《部分犯罪共同说之提倡》，载《清华大学学报(哲社版)》2001年第1期。当然，也有反对的观点，参见曾宪信、江任天、朱继良：《犯罪构成论》，武汉大学出版社1988年版，第158～161页。

同一犯罪构成的事实予以两次或两次以上的法律评价。① 在上述案例中，甲的暴力行为和劫取财物的行为都是构成其抢劫罪既遂不可缺少的组成部分，在这里，劫取财物的行为已经受到了刑法的规范评价，如果再认为甲的劫取财物的行为和乙构成盗窃罪的共同正犯，那么，甲的劫取财物行为就必然是赋予重复评价。而大塚仁教授虽然主张，共同正犯的成立要求存在共同实行意思和共同实行行为，但是，从他对前述案件的认识我们可以看出，他并没有重视意思和行为必须同时存在这一责任主义的要求，一方面，他认为甲、乙构成强盗罪的共同正犯；另一方面，他又否认甲、乙成立强盗致伤罪的共同正犯，这难免有自相矛盾之处。

根据共同正犯的成立条件，笔者认为，对承继共同正犯法律性质的认识，关键在于考察后行为者犯罪意思的形成时间。如果后行为者和先行为者在着手实行犯罪之前，已经形成共同犯罪的意思，并且决议由先行为者实行部分行为后，后行为者再加入，这就是理论上称谓的"分担的共同实行行为"。在分担的共同实行行为中，尽管各行为人只实行了实行行为的一部分，但是，由于各行为人的实行行为互相配合、互相利用，共同形成实行行为，因此，先行为者和后行为者应当对完整的实行行为承担共同正犯的责任，但这并非承继共同正犯的问题；如果后行为者在先行为者着手实行犯罪时，已经认识到先行为者实行犯罪的意思，并且加以利用补充，但先行为者并不知情时，这就是"片面共同正犯"。在片面共同正犯的场合，对于知情一方来说，由于其单方面的意思联络的存在，形成主观上的共同犯罪故意和客观上的共同实行行为，所以对后行为者应当追究共同正犯的责任；如果前行为者行为已经造成既定事实之后，后行为者只是单纯对先行为者的行为事实有了解，并且利用已经成立的某种事实状态，实行自己的犯罪，这就不能成立共同正犯，应当按照单独犯定罪处罚。

具体到上述案件而言，关键在于考察乙对甲率先实行的暴力行为是否有认识，如果乙存在与甲共同犯罪意思，或者乙已经认识到甲的暴力行为的目的从而加以补充、利用，那么乙就要对甲的暴力行为承担在其犯罪意图内相应的责任，即成立承继共同正犯；相反，若乙仅单纯地利用甲的暴力行为及行为产生的某种事实状态，那么乙就不能对甲的暴力行为承担共同正犯的责任；在乙取走财物之际，若被害人丙已经死亡，乙则只构成盗窃罪而非抢劫罪的共同犯罪。

---

① 陈兴良：《禁止重复评价研究》，载《现代法学》1994 年第 1 期。

结果加重犯共同正犯刑事责任的探讨[①]

在刑法理论上，正犯，又称实行犯，是指直接实施犯罪构成客观要件行为或者利用他人作为工具实行犯罪行为的人。[②] 根据实施犯罪实行行为的人是一人还是数人，正犯又可分为单独正犯和共同正犯两种形态，当数人共同实施刑法分则规定的构成要件的行为时，即为共同正犯。共同犯罪实行的过程中，共同实行行为人在实施基本实行行为时，发生了加重结果的场合，在刑法理论上称之为“结果加重犯的共同正犯”。其中，各共同正犯者的实行行为与加重结果之间皆存在直接原因力时，各共同正犯都应对此加重结果承担正犯的刑事责任，对此结论理论上异议不大；但如果二人以上共同实行了结果加重犯的基本犯罪，一部分人的实行行为直接引起了加重结果的发生，其他对加重结果的发生没有直接实施直接原因力行为的共同实行者，是否应当承担共同正犯的刑事责任，却存在争论。由于共犯本身理论复杂，尚有不少问题没有取得共识，而且学者们对结果加重犯的理论问题也存在不同看法，因此，在刑法理论上，对结果加重犯共同正犯问题的讨论也是众说纷纭。由于理论上对结果加重犯共同正犯刑事责任的认识的不同，导致实践中对此类案件的认定大相径庭，这直接影响到行为人刑事责任的轻重。本文在借鉴大陆法系，特别是德日刑法理论的基础上，立足于我国的犯罪构成理论和司法实践的要求，对结果加重犯共同正犯刑事责任中的争论问题略抒管见。

一、结果加重犯概说

结果加重犯，也称加重结果犯，通常认为是指行为人对于一定犯意之犯罪(基本犯罪)所发生未预期之结果，因刑法别有加重其刑之规定，而负加重刑罚之责任。[③] 在大陆法系的刑法理论上，关于结果加重犯结构，学者们一般认为是建构在基本犯和加重结果的结合关系上整体结构之下，但是，在这一整体结构之下，对结果加重犯的众多具体问题的认识

---

① 本文原载于《郑州大学学报(哲学社会科学版)》2002 年第 4 期，系林亚刚教授与其博士研究生何荣功合著。

② 马克昌、杨春洗、吕继贵：《刑法学全书》，上海科学技术出版社 1993 年版，第 652 页。

③ 洪福增：《刑法之理论与实践》，刑事法杂志社 1988 年版，第 135 页。

却聚讼不休。其中，结果加重犯的概念，以及构成结果加重犯，基本犯罪与加重结果之间需要何种关系就是其论争的基本问题。而对该问题的认识，直接影响到对结果加重犯共同正犯的刑事责任的探讨。

关于结果加重犯的概念，由于世界各国刑事立法差异较大，因而学者们的认识不一。在大陆法系的刑法理论上主要存在“广义说”和“狭义说”两种不同观点。“广义说”认为，结果加重犯是指实施基本构成要件的行为，发生基本构成要件以外的重结果，因而刑罚被加重的犯罪。此说承认有过失犯罪的结果加重犯以及故意犯罪又故意造成加重结果的结果加重犯。我国台湾地区的著名学者陈朴生教授从广义说的立场出发，认为结果加重犯有以下四种具体类型：(1)基本罪为故意，重结果亦为故意(故意+故意)；(2)基本罪为意，重结果为过失(故意+过失)；(3)基本罪为过失，重结果为故意(过失+故意)；(4)基本罪为过失，重结果为过失(过失+过失)。① “狭义说”主张，所谓结果加重犯，是指因基本犯的故意行为，发生了超过其故意的重结果时，刑罚被加重的犯罪。如日本学者野村稔教授说：“所谓结果加重犯，是指由于实施了基本的故意犯罪而引起行为者未预计到的重结果发生，因此以重的结果为理由而加重刑罚的场合。”②在持狭义说的学者看来，结果加重犯中，其基本罪的主观罪过形式只可能是故意，而行为人对加重结果的发生只可能是过失。

我国刑事立法没有明确规定结果加重犯的定义，学者们对结果加重犯的概念和成立范围的认识也不尽相同。就基本罪而言，有的学者认为，“行为人对基本犯罪只能是故意”。③ 也有学者如张明楷教授认为：“行为人对基本犯罪一般持故意，对基本犯罪是过失时，也可能是结果加重犯。如刑法第 132 条规定的铁路运营安全事故罪。”④从加重结果看，有的学者认为：“对加重结果行为人既不能是客观归责，也不能是故意，而只能是过失。”⑤而有的学者主张：“加重结果的罪过形式，少数罪限于过失，多数罪既有故意也有过失。”⑥结果加重犯是一个法律概念，因而研究结果加重犯决不能脱离刑事立法的实际，从各国立法例看，有些国家刑法明文规定对加重结果只能是过失，如《丹麦刑法典》，如此，“广义说”的主张就存在失之过宽的缺陷；而鉴于有些国家刑法规定加重结果的罪过形式也可包括故意的情况，如《德国刑法典》，那么，“狭义说”的观点则失之过宽。根据我国刑法的有关规定，笔者认为，上述张明楷教授的观点是值得商榷的。结果加重犯的加重结果，相对于基本犯罪构成而言，在客观上具有因果性和依附性，没有基本的犯罪，就没有加重结果存在的可能性，同时，加重的结果也是与基本犯罪构成的结果性质不同，例

① 陈朴生：《刑法专题研究》，台湾三民书局 1988 年版，第 148 页。
② [日]野村稔：《刑法总论》，全理其、何力译，法律出版社 2001 年版，第 176 页。
③ 顾肖荣：《试论结果加重犯》，载《法学研究》1984 年第 1 期。
④ 张明楷：《刑法学》(上)，法律出版社 1997 年版，第 325 页。
⑤ 陈兴良：《本体刑法学》，商务印书馆 2001 年版，第 605 页。
⑥ 马克昌：《犯罪通论》，武汉大学出版社 1999 年版，第 657 页。

如，故意伤害致人死亡，是因为伤害结果而致使死亡结果发生的伤害的，结果与死亡的结果就是性质不同的两种结果，而且，这样的两种结果在性质上是能够明确予以区别的。那么，“严重”与“特别严重”的后果相比较是否具有上述的特点？首先，它们的性质是同一的，区别仅仅在于是“严重”还是“特别严重”，即“严重后果”与“特别严重后果”包含着的都是人员的伤亡和财产的损失，其间并无质的不同，两者只是在量上存在差别；其次，当发生的是“特别严重”的后果时，就不可能存在另一个“严重后果”，即(一个)行为只能发生一个“严重”，或者“特别严重”的后果，它们是不可能并存的。所以，“严重后果”，或者“特别严重”的后果，都只是该种犯罪客观方面作为结果的要件，不是结果加重犯的加重结果。因此，本罪属于情节犯，而非结果加重犯。

至于加重结果的发生，行为人能否出于故意？笔者认为，对于有些犯罪，如故意伤害致死，行为人对被害人的死亡只能是过失，而不能是故意；但是，对于有些犯罪，行为人对加重结果的发生，则可以是故意，如抢劫致人重伤、死亡等。综上所述，我国刑法中的结果加重犯是指故意实施了基本构成要件的行为，故意或过失地引起了加重结果的犯罪形态。

构成结果加重犯时，基本犯罪与加重结果之间需要何种关系？该问题的实质是指，应如何限定结果加重犯的成立范围，对此理论上的认识也不一致。例如，在大陆法系的刑法理论上，就存在“条件说”“相当因果关系说”“可能预见说”以及“过失说”的分歧。“条件说”认为，以基本犯罪与重结果之间有条件的因果关系为已足，不以行为者对于结果能预见或有过失为必要；“相当因果关系说”主张基本犯罪与加重结果之间，有相当因果关系者，即可解释结果加重犯；“可能预见说”则强调因基本犯罪致发生之重结果，以行为人当时能预见其结果之发生者为限，始负加重结果犯之责任；“过失说”认为，行为人对加重结果发生必须出于行为人的过失。① 上述“条件说”和“相当因果关系说”的主张，实质上是刑法上关于因果关系的争论在结果加重犯上的反映，与我国刑法理论中因果关系理论多有不符之处；而“过失说”则把未必故意的情况排除在外，失之过窄。就“可能预见说”而言，笔者认为，它既符合结果加重犯的本质特征和基本构造，也与我国的刑事立法的实际相一致，因而是可取的。

二、结构加重犯的理论争议及判例立场

结果加重犯共同正犯，历来被学者们视为结果加重犯与共同正犯的一种竞合形态。如前所述，在结果加重犯共同正犯的场合，当各共同正犯者的实行行为与加重结果之间皆存在直接原因力时，各共同正犯都应对此加重结果承担正犯的刑事责任，异议不大；但当二

① 洪福增：《刑法之理论与实践》，刑事法杂志社 1988 年版，第 142 页。

人以上共同实行了结果加重犯的基本犯罪，有一部分人的实行行为直接引起了加重结果的发生，其他对重结果的发生没有直接实施的共同实行行为者，是否应当承担共同正犯的刑事责任却存在争论。由于学者们立论的前提不同，其结论也各异。

“肯定说”认为，二人以上共同实行结果加重犯的基本犯罪行为，其中一部分人的实行行为直接引起了加重结果时，不仅构成基本犯罪的共同正犯，而且构成结果加重犯的共同正犯。但具体到肯定结果加重犯共同正犯的理由和理论基础，却不尽一致。

有的从主观主义“行为共同说”出发持“肯定说”的立场。如日本刑法学家木村龟二教授认为：“从行为共同说来看(共犯的成立)只要有行为的共同就足够了。因此，结果共同的意思是不必要的，在结果加重犯的基本犯中，既有行为的共同，又有意思的共同，共同者应当对所有的结果负责任。”①日本学者内田文昭也持类似观点。

有的则从客观主义“犯罪共同说”观点出发倡导“肯定说”。如福田平教授认为：“采取犯罪共同说，共同正犯的成立并不是必须共同实行符合同一构成要件的犯罪，在批判严格的犯罪共同说的基础上，应当承认过失犯的实行行为，过失犯的共同正犯和结果加重犯的共同正犯都应被肯定。”②

有的从结果加重犯的基本犯罪行为同加重结果的关系出发阐述其刑事责任。如大塚仁教授认为，“结果加重犯的基本犯罪一般都是现代社会中的重大犯罪，而在实施了该种犯罪后通常容易发生一定的重的结果。在实施基本犯罪时……容易引起重的结果，不外乎是因为犯罪本身包含着引起重的结果的高度危险性。所以，对实行基本犯罪的人来说，就完全可能认识、预见到发生的重结果，当然就必须努力避免发生重的结果”。③ 否则都应当承担共同正犯的刑事责任。野村稔教授也持类似的看法，他说：“结果加重犯是作为基本犯的故意犯与严重结果的过失犯的结合犯，然而在这个场合下，由于基本犯里隐藏着发生严重结果的危险性，所以正如上文所述，他负有注意不要因自己的行为导致严重结果的义务，同时也负有留意基本犯的共同者行为的义务。因此，与过失犯的共同正犯同样的宗旨，也可以肯定结果加重犯的共同正犯。”④

此外，还有的主张，结果加重犯的成立，只要求犯罪行为与加重结果之间具有条件关系或者相当因果关系就够了，不要求行为人对加重结果具有故意或过失。因此，既然二人以上共同实行基本犯罪行为，那么，在认定了该基本犯罪行为加重结果之间具有条件关系或相当因果关系时，就成立结果所以，加重结果的共同正犯也无从成立。从共同正犯的本质出发阐述结果加重犯共同正犯的刑事责任，否定说的观点具有合理性，但却未能正确认识结果加重犯共同正犯的基本构造及实行行为的根本特征。根据否定论者的主张，如果承

① 李邦友：《结果加重犯基本理论研究》，武汉大学出版社 2001 年版，第 149 页。
② 李邦友：《结果加重犯理论研究综述》，载《法学评论》1999 年第 2 期。
③ [日]大塚仁：《犯罪论的基本问题》，冯军译，中国政法大学出版社 1993 年版，第 254 页。
④ 张明楷：《外国刑法纲要》，清华大学出版社 1999 年版，第 304 页。

认结果加重犯的共同正犯，其基本形态为："结果加重犯的共同加重犯的共同正犯。"①但这种主张由于违反了近代刑法建立的责任主义原则，已为大多数学者所摒弃。尽管刑法理论上对结果加重犯共同正犯刑事责任问题争论激烈，但从实务的角度看，大陆法系的判例立场却相对一致。在日本，判例的态度是，只要在基本犯与严重结果之间具备条件关系，结果加重犯便得以成立，从而可以肯定其共同正犯，其基本上采取全面肯定结果加重犯共同正犯的立场。②

在我国台湾地区，判例大多持肯定的主张。如"被害人颈部被破瓶殴伤，割断动脉，流血过多，乃至逃入山间，因休克跌落崖下溪中身死，不得谓非与上诉人等之行为有因果关系，其结果亦非不能预见之事，至受害人所受致命之伤虽仅一处，为上诉人以外之其他共犯所为，然其伤害既在犯罪共同意思范围，自应同负正犯责任"。"伤害罪为结果犯，上诉人既为参加殴打之人，事前又与其他共犯同往寻骂，则其同时在场下手，即不能谓无犯意之联络，无论加害时用手用棍，其因共同加害发生致人于死之结果，自应负共同罪责。""上诉人既与某甲同用扁担将某乙殴伤以致身死，则死亡之结果自系上诉人等合同行为所致，无论死于何人所加之伤，在共犯间均应同负全部之责，并无分别何部分之伤孰为下手人之必要。"③

虽然司法实务中广泛采纳肯定说的理论，但学界持反对立场的观点仍然不少，归纳其要点④，主要有：

持客观主义"犯罪共同说"的学者香川达夫认为："共同正犯是以一部分行为全体责任为归责原则的犯罪形态。在这个原则下，首先应具备主观的意思要件，对其他加工者的行为仅仅存在认识是不够的，还需故意一致，即共同的故意。因此，共同正犯的成立必须在意思联络的限度内，即在基本犯罪范围内成立共同正犯。"

主张"行为共同说"的西村克彦教授则认为："对作为构成要件修正形式的共犯和未遂犯必须予以完整地把握，由于结果加重犯的实行行为不能事先预定，其未遂和共犯确定也不应得到承认。……在加重结果中，由于不存在共犯间的意思联络，在这样基础上实行的分担，加重结果纯属后发的事实，根本就不会有共犯人的共同故意问题。"除上述两种否定主张之外，还有的学者从共犯的独立性立场，否定结果加重犯的共同正犯，如宫本英修。

由以上的观点可见，"否定说"大多坚持结果加重犯的成立，以行为人对加重结果的发生存在犯罪过失为逻辑前提，而过失犯的本质，在主观心理方面通常认为是无意思，因而在无意思共同过失下，就不可能形成共同的犯罪意思联络，所以，加重结果的共同正犯也

① 张明楷：《外国刑法纲要》，清华大学出版社 1999 年版，第 403 页。

② 许玉秀：《学林分科六法——刑法》，台湾学林事业有限公司 2000 年版，第 69 页。

③ 李光灿、马克昌、罗平：《论共同犯罪》，中国政法大学出版社 1987 年版，第 112 页。

④ 以下"否定说"的基本理由转引自李邦友：《结果加重犯理论研究综述》，载《法学评论》1999 年第 2 期。

无从成立。从共同正犯的本质出发阐述结果加重犯共同正犯的刑事责任，否定说的观点具有合理性，但却未能正确认识结果加重犯共同正犯的基本构造及实行行为的根本特征。根据否定论者的主张，如果承认结果加重犯的共同正犯，其基本形态为：结构加重犯的共同正犯="基本犯的共同正犯"+"加重结果的共同正犯"。该种认识，潜在的内容是将共同实行行为一分为二，不仅与结果加重犯的基本构造相违背，而且也没能科学地认识共同实行行为的本质特征。相比之下，我们认为，大塚仁教授和野村稔教授从结果加重犯的本质构造出发，肯定其结果加重犯共同正犯刑事责任的观点，更具合理性。

三、结果加重犯共同正犯的法律性质及刑事责任

我国刑法从共同犯罪的实际情况和司法实践出发坚持，坚持在定罪上的主客观相统一原则。认为共同犯罪是主观上共同犯罪故意和客观上共同犯罪行为的有机统一。但是，这一理论前提并不能合理解决结果加重犯共同正犯的刑事责任问题。因为在我国刑法理论和司法实践中，对结果加重犯共同正犯刑事责任的认识仍然存在分歧。如有学者认为："从结果加重犯的特点来看，对基本犯罪是故意，对加重结果的发生是过失，即可构成结果加重犯。因而共同故意实行某种犯罪的人，对其他共同犯罪人的行为所引起的加重结果，如有过失，自应对加重结果共同负责任。"①由于论者主张广义的共犯都应对加重结果承担刑事责任，共同正犯自不待言。有的学者则认为："结果加重犯存在于由全部共同正犯的行为造成加重结果的情形下，在部分共同正犯的行为造成加重结果的情形下，该部分共同正犯构成结果加重犯的共同正犯；未直接致使加重结果发生的共同正犯，不成立结果加重犯的共同正犯，不对该加重结果负责。"②

犯罪构成是认定某一行为是否构成犯罪以及构成何种形式犯罪的基本依据。因此，对结果加重犯共同正犯刑事责任的认识，也必须从我国犯罪构成的一般理论入手，根据共同正犯的本质特征和结果加重犯的构造，笔者认为，二人以上共同实行了结果加重犯的基本犯罪时，有一部分人的行为发生了重的结果，其他即使没有直接动手或者对重结果发生不具有直接原因力的共同行为者，也应该对加重结果承担共同正犯的刑事责任。理由如下：

首先，从基本犯客观方面来看，在共同实行犯罪的意思支配下，共同行为人实施了犯罪的共同实行行为，共同实行行为不同于单独实行行为的特点就在于：共同实行行为虽然由不同行为主体实施，但是由于共同实行意思的存在，使各实行行为之间相互利用、相互补充，形成了一个有机统一整体。也就是说，行为者不仅自己实施犯罪的实行行为而且是将他人的实行行为作为自己的行为，从而共同实现了犯罪。此时，无论是哪一方的实行行

① 李莉：《论结果加重犯的共同正犯》，载《法商研究》1996年第6期。
② 李邦友：《结果加重犯理论研究综述》，载《法学评论》1999年第2期。

为，其性质和归宿都已经发生了质的变化。即一方的实行行为不仅是自身实现犯罪、承担刑事责任的根据，而且事实上成为他方实行行为不可分割的一部分。由于实行行为统一性的存在，当一方由于过失而造成加重结果的发生时，其他共同实行行为人就必须对重结果承担刑事责任。这就是行为人承担刑事责任的客观事实基础。刑法理论上“部分行为全体责任”的根据就在于此。

其次，从结果加重犯的构造来看，刑法之所以要规定结果加重犯并对其处以较重的刑罚，根本原因就在于：结果加重犯的基本犯罪中，包含着发生加重结果的可能性，行为人若故意或过失地引起了加重结果的发生，必须承担加重刑罚的责任。具体而言：(1)基本罪为故意，加重结果为过失的结果加重犯。对实行基本犯罪的行为人来说，实行基本犯罪时，在其预见可能性的范围内，就应当对加重结果的发生具有预见、避免义务，如果由于行为人的过失违反了这种义务，就应当对重结果的发生承担相应的刑事责任。在结果加重犯共同正犯的场合，由于基本犯罪是共同行为人的共同实行行为的，这种共犯关系的存在，使得不仅直接实施实行行为的人具有预见、防止加重结果发生的义务，而且没有直接实施实行行为的其他共同行为人也负有预见、防止此种加重结果发生的义务。如果违反了这种义务，就必须承担同样的刑事责任。(2)基本罪为故意，加重结果可以为故意的结果加重犯。因一部分行为人的故意行为引起了加重结果的发生时，若其他行为人对此加重结果的发生不可能预见时，自不承担加重结果的刑事责任；相反，若其他行为人对此种加重结果的发生只要认识到可能性时，即使其具体认识的内容有一定的差别，也符合我国刑法对犯罪故意认识内容的要求，在不能排除其不具有放任意志的情况下，不应当影响其对于加重结果的发生，应当承担相应的刑事责任。这是行为人承担刑事责任的主观心理基础。

四、结果加重犯共同正犯的成立条件及认定

根据我国犯罪构成的一般理论，结果加重犯共同正犯的成立，我们认为主要应有以下条件：

(1)就基本犯罪而言，必须存在共同实施犯罪实行行为的客观事实，即对于基本犯罪，不仅要有主观上的共同实行的意思，而且在客观上必须存在互相利用、补充对方实行行为的事实。由于客观上的共同实行行为表现形式却多种多样，所以，共同实行行为既可以是并进的实行行为，也可以是分担的实行行为；既可以存在先行的共同实行行为，也可以是承继的共同实行行为；既可以是共谋的共同实行行为，也可以是实行的共同实行行为。至于实行行为是以作为，还是以不作为的方式表现出来，并不影响基本犯罪共同正犯的成立。

(2)共同正犯中部分行为人在故意实施犯罪实行行为时，必须发生了基本构成要件以外的加重结果，并且只有部分行为人的实行行为与加重结果之间具有直接原因力。如果全

体行为人对加重结果的发生都具有直接的原因力，当然都应当承担共同正犯的刑事责任，由于后者在刑法理论中争论不大，不属于本文探讨的范围。

(3)共同正犯中的行为人对该加重结果的发生，应当具有共同的故意或者过失。如果其中的行为人对结果的发生并无故意或过失，就不能承担刑事责任，这是主客观相统一原则对承担刑事责任的基本要求。

此外，正确认定结果加重犯共同正犯的法律性质及刑事责任，有必要将结果加重犯共同正犯与其他相似行为予以区别。

1. 结果加重犯共同正犯与普通共同正犯的过剩

共同实行行为者之所以应对其他共同正犯所实施的行为负责，是因为各共同实行行为者，不仅存在主观上的共同，而且客观上存在相互利用、补充他方实行行为的犯意联络客观事实。若一共犯者的实行行为超越意思联络范围，而其他行为人又不可能预见时，在刑法理论上称之为“共同正犯的过剩”。在共同实行行为过剩的情况下，由于其他共同行为人对过剩的实行行为，以及产生的结果不具有主观上的罪过，因而自不应该对此行为及结果承担刑事责任。根据结果加重犯共同正犯的成立条件，笔者认为，二者的区别主要有以下几方面：(1)从基本实行行为的特征看，结果加重犯的基本犯并不是刑法分则各条规定的任何一种犯罪行为。只有基本的实行行为包含着发生加重结果的高度危险时，刑法分则条文才可能规定结果加重犯这种特殊形态。如我国《刑法》第 236 条规定的强奸妇女致人重伤、死亡的。由于在实施强奸的手段行为时，包含着致人重伤、死亡的高度危险性，如果行为人对该危险性存在过失，就要承担加重处罚的责任；而在“共同正犯过剩”的场合，其基本的实行行为则可以是刑法分则规定的。(2)在结果加重犯共同正犯与普通共同正犯犯罪的客观方面，尽管部分共同正犯的行为对加重结果和过剩结果的发生，都不存在直接的因果关系，但是，其主观方面却有不同。在结果加重犯的场合，行为人对加重结果的发生，必须存在故意或过失；而在共同实行过剩的情况下，行为人对过剩事实的发生，既不存在故意，也不存在过失。

2. 结果加重犯共同正犯与由先行行为构成的不作为犯

从结果加重犯的基本构造来看，例如，在对加重结果要求有过失罪过，行为人之所以要对加重结果承担责任，主要是因为其违反了避免加重结果发生的义务，过失的引起了加重结果的发生。由于在结果加重犯共同正犯情形下，基本犯罪行为是以共同正犯的形式完成，因而，各共同实行行为者，都应承担加重结果发生的避免义务。从行为人应承担结果避免义务这一点来看，结果加重犯共同正犯与由先行行为构成的不作为犯二者之间有相似之处。但区别也是明显的：(1)行为与结果之间因果关系的内容不同。结果加重犯的因果关系，是基本犯罪行为与加重结果之间的因果关系；而基于先行行为的不作为犯的因果关系却具有如下特点：其一，该因果关系的存在是以行为人负有作为义务为前提的；其二，危害结果的发生，是由于行为人没有及时消除客观上已经存在的危险状态。据此，我国有学者指出："消除先行行为的危险是不作为行为的成立条件，是不作为行为的组成部分，先行行为本身在犯罪构成要件中，不具有独立构成要件意义，而结果加重犯的基本犯罪行为是结果加重犯客观方面的构成要件，具有独立的刑法意义。"①二者犯罪形态不同。结果加重犯是建构在基本犯和加重结果的结合关系之上，是一种复合的犯罪构成形态，在该犯罪形态之下，存在双重罪过形式；而由先行行为构成的不作为犯，则是单一的犯罪形态，罪过形式也是单一的。(2)产生结果的行为性质不尽相同。在结果加重犯共同正犯中，基本犯的共同实行行为，只能是刑法规定的犯罪行为；而在由先行行为构成的不作为犯中，就先行行为的性质看，既可以是合法的，也可以是违法的，甚至可能包括一定的中性行为。

① 李邦友：《结果加重犯理论研究综述》，载《法学评论》1999年第2期。

论刑罚适度与人身危险性[①]

一、刑罚适度的地位和意义

长期以来，在我国刑事司法实践中存在这样两种错误的思想观念和做法：其一，认为我国刑法对犯罪规定的量刑幅度较大，刑事案件只要事实清楚、证据确凿、定性准确就行了，量刑轻一点重一点无关紧要。基于这种认识，我国审判机关在刑事审判活动中，一贯重视对案件的定性，而对量刑工作重要性则认识不足，特别是在处理上诉、申诉案件时，只对那些定性错误或量刑畸轻畸重的案件才予以改判，对于量刑偏轻偏重的案件则大都维持原判。其二，认为量刑的根据应当是行为的社会危害性，行为的社会危害性大，刑罚就应当重；行为的社会危害性小，刑罚就应当轻。在这种客观主义刑法思想观念的影响下，人民法院的审判工作长期重视社会危害性在量刑上的地位，对于行为人人身危险性在量刑上的意义则关注不足。由于受到上述两种观念的综合影响，我国司法实践中不可避免地存在相当一部分失轻失重的刑事判决和裁定。这不仅在根本上违背了我国刑法规定的罪责刑相适应原则，也严重伤害了人民群众对法院裁判的公信力。

正确、合理的量刑是实现刑罚目的的重要手段和基本前提，近年来这一现象正在得到改变。刑罚适用不仅要求正确定罪，也要求合理量刑的思想，已经得到越来越多的学者和实践部门工作人员的关注和认同。笔者认为，所谓正确量刑，也就是要求实现刑罚适度，即刑罚的轻重应当程度适当，避免畸轻畸重。从人民法院方面看，是指人民法院决定和裁量犯罪人刑罚轻重的时候应当根据行为人的刑事责任大小，判处轻重适当的刑罚；从犯罪人方面看，它是指犯罪人应当根据其刑事责任大小承担轻重适当的刑罚。根据我国刑法的规定和刑事责任的一般理论，也就是要求刑罚的轻重不仅要与犯罪行为的社会危害性相适应，同时也要同行为人的人身危险性相适应。

当前，提高审判机关和法官对量刑工作重要性的认识，在刑罚适用中努力实现量刑的轻重适度，具有重要的现实意义。概括来说，量刑的轻重适度，不仅是刑罚公正的内在要

---

① 本文原载于《人民司法》2002 年第 11 期，系林亚刚教授与其博士研究生何荣功合著。

求，也是树立法律权威、实现依法治国的有效途径，同时对于在我国实现罪责刑相适应、纠正重刑主义思想，实现刑罚的价值也具有重要的现实意义。具体来说：

第一，刑罚适度是实现刑罚公正的内在要求。公正，即公平、正义，它是法律的首要价值，也是现代社会赖以建立和存在的基石。美国著名社会学家约翰·罗尔斯在《正义论》一书中曾开章明义地指出："任何法律和制度，不管它如何有效率和有条理，只要它们不正义，就必须加以改造和废除。"①刑罚是适用于犯罪人的一种最为严厉的社会惩戒措施，它的适用对社会和犯罪人的生命、财产、名誉等都会产生巨大影响。"用之得当，个人与社会两得其利；用之不当，个人和社会两受其害。"因此，其更应当重视公正。刑罚的公正具有多层内涵，主要包括刑罚的立法公正和刑罚的司法公正，而量刑的合理、适度却是实现刑罚司法公正的基本要素和必要保障。

第二，刑罚适度是树立法律权威，实现依法治国的有效途径。"依法治国，建设社会主义法治国家"是党的十五大提出的治国方略，也是我国社会发展的必由之路。实现社会主义法治国家是一项庞大的系统工程，需要社会多方面的努力和社会全方位的发展。同样，衡量一个社会是否为法治社会也需要综合考虑多种因素，但法治和人治的关键区别之一在于：法律在该社会中是否具有绝对的权威？如果法律在社会中不具有绝对权威和至高的效力，则难以承认它是一个健全的法治社会。树立法律的绝对权威，必须依靠立法的完善，但更应当重视司法的统一和公正。刑事司法是整个国家司法活动的一个重要组成部分，其能否公正司法直接影响到广大人民群众对法律的信仰和态度，失轻失重的裁判，会让社会公众误认为法律是法官"任意裁量的工具"。同时，"量刑轻重失度既可被视为法官水平不高，也可被视为法官的不轨行为所致"。② 其结果不仅会损坏法律的权威，也降低人民法院裁判的公信力。因此，人民法院必须把量刑适当作为衡量刑事审判工作质量好坏的一个重要标准，只有量刑适度，法院的裁判才不致被人民群众误解，才能增加法院裁判的公信度，增强人民群众对法律的信仰，保障依法治国方略的顺利实现。

第三，刑罚适度是实现罪责刑相适应的必然结果，是纠正重刑主义思想和实现刑罚价值的良方。我国《刑法》第5条明确规定："刑罚的轻重，应当与犯罪分子所犯罪行和承担的刑事责任相适应。"这条规定被我国学者公认为是我国刑法的一条基本原则，并在学理上被概括为"罪责刑相适应原则"。罪责刑相适应原则是我国量刑必须遵循的指导原则，因而是衡量实践中正确量刑的当然标准。长期以来，由于种种复杂的历史和现实原因，在刑法理论和实践中所表现的重刑主义思想，至今仍在一部分国民甚至司法人员的观念中根深蒂固，反映在刑事审判工作中，一些法官崇尚重刑，迷信刑罚的威慑功能，认为刑罚越重越

① ［美］约翰·罗尔斯：《正义论》，何怀宏等译，中国社会科学出版社1988年版，第1页。

② 《最高人民法院刘家琛副院长在海南省三级法院部分领导和刑事审判干部会上的讲话》，载《人民法院报》2002年3月29日。

能够有效遏制犯罪。特别是由于受到社会转型的影响，在当前和今后相当长的时期里我国的犯罪率仍会不断上升，治安形势仍然十分严峻，因此，在各项“严打”、专项斗争中重刑主义思想表现得更为突出。与犯罪发展趋势相适应，在量刑工作中强调刑罚的适度，并以此检验每一个具体刑事案件的处理结果，不仅有利于实现罪责刑相适应，对于彻底纠正重刑主义思想无疑更具有现实意义。

二、刑罚适度与人身危险性的关系

人身危险性是指行为人将来实施犯罪行为的可能性，在理论上有广义和狭义之分。广义的人身危险性不以行为人曾经犯过罪、受过刑罚处罚为前提，不仅指再犯可能性，同时也包括初犯可能性。如陈兴良教授认为：“人身危险性并非再犯可能性的同义语，除再犯可能性外，人身危险性还包括初犯可能性。”①狭义的人身危险性是指曾经实施过犯罪行为受过刑罚处罚的人再次实施犯罪的可能性。如有学者指出：“所谓人身危险性，指的是犯罪人的存在对社会所构成的威胁，即其再犯罪的可能性。”②笔者认为，初犯可能性发生在行为人实施犯罪行为之前，属于未然领域，作为一种客观存在的社会现象，应当由犯罪学加以研究。刑法学意义上的犯罪是指符合犯罪构成要件的危害社会的行为，从这一基本立场出发，刑罚适用中应当考虑的人身危险性只能是再犯可能性，而不能包括初犯可能性。

刑罚适度与人身危险性的关系如何？这实际上与人们对量刑的事实根据的认识紧密相连。在我国刑法理论上，由于学者们的理论前提不同，对我国相关法律规定也存在不同认识，具体到对我国量刑事实根据的认识也见仁见智，莫衷一是。归纳起来，主要存在以下两种观点：第一，一元论，即认为我国量刑根据是单一的。持该种认识的学者大都认为我国的量刑事实根据是犯罪行为自身的社会危害性。③ 第二，二元论。二元论否定一元论的主张，认为在我国量刑的事实根据存在于两方面，不过，具体观点又有差异。如有的学者认为，我国的量刑事实根据应当是社会危害性和主观恶性的统一；④ 也有学者指出我国的量刑事实根据是报应根据与预防根据的统一。⑤ 但是，大多数学者对刑事责任理论研究的进一步探讨表明，在强调以刑事责任的根据为前提下，量刑的事实根据应当是社会危害性和人身危险性的统一。⑥

在持一元论的学者看来，由于社会危害性是量刑的唯一根据，社会危害性的大小当然

① 陈兴良：《刑法哲学》(修订版)，中国政法大学出版社 1997 年版，第 139 页。
② 邱兴隆、许章润：《刑罚学》，群众出版社 1988 年版，第 259 页。
③ 参见高铭暄、马克昌主编：《刑法学》，中国法制出版社 1999 年版，第 464 页。
④ 参见胡学相：《量刑基本理论研究》，武汉大学出版社 1998 年版，第 72 页。
⑤ 陈兴良：《刑法哲学》(修订版)，中国政法大学出版社 1997 年版，第 139 页。
⑥ 参见喻伟主编：《量刑通论》，武汉大学出版社 1993 年版，第 126 页。

是决定刑罚的轻重的唯一因素。而社会危害性属于已然范畴，与属于未然范畴的行为人人身危险性是两个完全不同的概念，所以，行为人人身危险性与量刑是否适度自然也就没有关系。而在二元论的不同主张中，强调我国量刑的事实根据应当是社会危害性和人身危险性的统一的二元论观点，由于在根本上与我国的刑事立法和刑事责任理论相一致，因而是可取的。以此为认识的前提，笔者认为，行为人的人身危险性只不过是量刑的根据之一，是决定刑罚适度的一个重要因素。

为了正确理解人身危险性对于实现刑罚适度的地位和意义，笔者认为有必要对社会危害性与行为人的人身危险性的关系作一简要叙述。根据我国刑法的规定，行为的社会危害性和行为人的人身危险性都具有决定和实现刑罚轻重的基本价值，二者共同决定着行为人刑事责任的轻重。但二者的地位和意义却不一样，社会危害性是认定行为人人身危险性的前提和基础，离开了行为的社会危害性，行为人的人身危险性就不具有独立的量刑价值。也就是说，尽管人身危险性大小影响着行为人刑事责任的轻重，但实践中，只能在存在行为的社会危害性时，行为人的人身危险性才能适用于决定刑罚的轻重，没有社会危害性的人身危险性就我国刑法而言，是不能适用刑罚的。

众所周知，近代学派也重视行为人人身危险性的司法适用。但是，在近代学派的刑罚理论中，刑罚的重心不是行为社会危害性的有无，而是行为人人身危险性的大小，行为人的人身危险性是决定刑罚的唯一根据。具体来看，近代学派学者主张，行为人人身危险性的有无决定着刑罚的发动与否，人身危险性的质和量决定着刑罚的种类和轻重，人身危险性的消长决定着刑罚的执行方式和消长。不难看出，在刑罚的适用根据上，近代学派过分强调了行为人人身危险性的地位和意义，也在根本上排斥了社会危害性的基础性地位和作用，这不仅与近代刑罚的目的背道而驰，也极易导致轻罪重罚，甚至无罪施罚、株连无辜。重视社会危害性的基础性地位，这是我国人身危险性与近代学派所主张的人身危险性的根本区别，也是我国量刑根据能够体现其科学性之所在。

三、人身危险性在刑罚适度中的运用

人身危险性对决定刑罚轻重，对于实现刑罚适度具有重要意义，根据我国刑法的相关规定，在我国司法实践中认定行为人人身危险性大小应当重视的因素有：

(1)犯罪人的罪后表现。犯罪是特定情况之下多种原因共同作用的结果，犯罪人在犯罪后的表现，能够反映出行为人内心悔改程度和行为人接受教育改造、复归社会的难易程度。一般而言，行为人在犯罪以后若能够真诚悔过、坦白交代、积极退赃、主动赔偿损失、积极采取措施消除和减轻危害结果，表明其有悔改之情和赎罪之意，其人身危险性较小，在客观认定行为社会危害的基础上，量刑也应当适当从轻或减轻；反之，若行为人罪后畏罪潜逃、毁灭罪证，表明其人身危险性依然很大，量刑也应当在法律限度内适当从重。

不过，在实践中认定犯罪人的罪后表现，需要特别注意两点：第一，这里的“罪后”不仅包括犯罪人实施犯罪以后归案之前，也包括在刑事诉讼过程中。但行为人认罪的时间不同，其量刑意义也应当存在差别，不可一概而论。第二，对于犯罪人的罪后表现，必须是受犯罪人真实意思支配的表现，虚伪的罪后表现，不仅不能作为行为人人身危险性减小的依据，反而表现出行为人的人身危险性依然增大。但是，正确认定行为人的真实意思是一个复杂的过程，需要司法人员树立实事求是的思想，重视公正执法观念，根据犯罪事实，运用各种技术手段，去粗取精，去伪存真，综合考察。

(2)犯罪人的履历。犯罪人的履历包括犯罪人的生活环境、犯罪记录以及犯罪人的一贯表现等，这些因素相结合，可以在一定程度上反映犯罪人的人格和司法实践中犯罪人矫正的难易程度。

①犯罪人的生活环境，是指犯罪人在犯罪之前成长、生存的条件和情况，主要包括家庭环境、教育环境和工作环境等。一般来说，若行为人在良好的家庭、社会环境中成长，行为人的刑罚适应力强，即使偶然犯罪，刑罚的教育和改善功能也容易实现，在法律限度内刑罚不必从重；相反，若行为人在不良的家庭和社会环境中成长，深受消极因素和社会亚文化的影响，其刑罚的适应性弱，刑罚不易收到教育、改善之效，在决定刑罚时可以考虑适当从重。

②犯罪记录。犯罪记录，被称为“前科”，是指行为人在犯本罪之前是否犯有它罪，或者从事过其他违法活动的记录。犯罪人是否有违法犯罪记录，是世界各国公认的评价行为人人身危险性大小的重要参数。行为人平时表现良好，没有犯罪记录，其接受教育相对容易；反之，犯罪人有前科，那么，其改善的难度大，从个别预防需要考虑，也应当在刑罚适用时适当从重。

(3)犯罪人的主观恶性。在我国刑法上，犯罪人的主观恶性主要是指犯罪人在犯罪过程中所表现出的主观罪过形式及其内容。根据主客观相统一原则，在犯罪事实发生的情况下，主观恶性不仅是判断行为社会危害性有无的重要内容，也是影响行为社会危害性程度的重要因素。但是，笔者认为，除此之外行为人主观恶性的形式对于正确衡量行为人人身危险性也具有重要意义。根据我国刑法的规定，我国罪过形式主要有四种：直接故意、间接故意、过于自信的过失和疏忽大意的过失。在以上四种具体的罪过形式中，只能相对地说，直接故意由于对构成要件事实认识充分，在意志上积极追求，犯罪的主观恶性最大；间接故意中，尽管行为人对构成要件事实也同样存在认识，但由于其主观上持放任态度，主观恶性相对较小；而过于自信在认识因素上虽然同间接故意一样，对行为的危害结果也有认识，但是对该危害结果的发生主观上是持反对、排斥的态度。所以，其主观恶性不仅小于直接故意，也比间接故意轻；而疏忽大意的过失不仅对危害结果没有预见，对行为的性质也无认识，其趋恶的自由意志程度最低、主观恶性最小。如前所述，行为人人身危险性大小是多种因素共同作用的结果，在其他变量因素基本相同或相似的前提下，不同罪过形式的行为所反映的行为人人身危险性轻重依次为：疏忽大意过失的行为、过于自信过失的行为、间接故意的行为、直接故意的行为。

此外，在量刑时，还应当考虑犯罪人的知识程度、犯罪人与被害人的关系、犯罪时行为人是否受到刺激、犯罪人的年龄等。人身危险性在刑罚适度中应当如何运用，不仅要考虑影响行为人人身危险性轻重的因素，更重要的是如何在司法实践中认定行为人人身危险性的大小。与行为的客观危害不同，由于人身危险性着眼于未然之事实，对其认定必然困难重重。19 世纪以来，对于如何认定行为人人身危险性大小，世界各国或地区的司法实践予以高度关注，形成了多种量定制度和方法。虽然这些制度和方法的合理性和可行性一直受到学者的批判和质疑，① 但是其中的一些制度和方法仍然被广泛运用于刑事司法实践。从对人身危险性预测的方法看，整体上经历了一个由定量代替定性，最终走向定量定性并用的过程。在海外，目前对人身危险性的认定大多采取定量分析和定性分析两种形式。定量分析是自然科学的研究方法应用到对人身危险性预测领域的结果，该方法主要由两个步骤组成，其一是形成预测指数，其二是验证。② 在我国台湾地区，学者张甘妹根据研究提出了预测犯罪人人身危险性的不同方法。③ 而在我国大陆，由于目前犯罪学理论研究的整体水平相对较低，特别是在研究方法方面，定量分析的方法还未引起学者们的重视，因此，实践中对犯罪人人身危险性的预测，目前只能进一步重视定性分析的运用，由法官根据案情自由裁量。

---

① 参见何荣功、段宝平：《不定期刑探讨》，载《中国刑事法杂志》2001 年第 4 期。

② 参见邱兴隆：《关于惩罚的哲学——刑罚根据论》，法律出版社 2000 年版，第 203 页。

③ 参见张甘妹：《犯罪学原论》，台湾汉林出版社 1985 年版，第 246~258 页。

身份与共同犯罪关系散论[①]

刑法中的身份，指行为人所具有的影响定罪和量刑的特定资格或人身状况。[②] 在刑法理论上，对身份通常在定罪上研究的多而在量刑方面关注的少。身份在定罪研究方面，通常将身份分为法律身份与自然身份，在量刑方面则主要研究影响刑罚轻重的身份、排除行为犯罪性或可罚性的身份。可因身份而影响到定罪与刑罚轻重的犯罪，理论上称之为“身份犯”，而从犯罪成立意义上，以特定身份为构成犯罪必要条件的，理论上称其为真正身份犯或纯正身份犯，而因为身份影响到刑罚轻重的，被称为不真正身份犯或不纯正身份犯。[③]

在单独犯中，是否具有某种身份无论在定罪还是量型方面，一般地说相对简单，实践中也易于操作，但是，如果身份与共同犯罪相联系，其认定的复杂程度远远超出单独犯的情况。因而，从犯罪构成的意义上说，身份问题在共同犯罪中显现得更为密切。无身份者不可能单独构成某种身份犯，这是不言而喻的。而无身份者能否构成有身份者的共同犯罪的问题，在理论上是已经得到肯定的。那么，与有身份者一起构成身份犯的共同犯罪应当如何认定和处罚？目前，我国刑法理论对此的研究，可谓见仁见智，众说纷纭。笔者想就这一方面的问题予以探讨，以求教大方。

一、无身份者加功于有身份者或共同实施真正身份犯的实施行为问题

即无身份者加功于身份者或者共同实施犯罪的情况。对此，无身份者可以构成有身份者实施的真正身份犯的教唆犯或帮助犯，这为刑法学者所公认，而且，这一点在我国立法和司法实践也有体现。如 1984 年 4 月 26 日最高人民法院、最高人民检察院、公安部《关于当前办理强奸案件中具体应用法律的若干问题的解释》指出：“妇女教唆或帮助男子实施

① 本文原载于《法学家》2003 年第 3 期。

② 参见马克昌主编：《犯罪通论》，武汉大学出版社 1999 年版，第 652 页。

③ 参见康均心：《刑法的身份散论》，载《现代法学》1995 年第 4 期。

强奸犯罪的，是共同犯罪，应当按照她在强奸犯罪活动中所起的作用，分别定为教唆犯或从犯，依照刑法有关条款论处。”1998年1月21日通过的《关于惩治贪污罪贿赂罪的补充规定》第1条第2款规定：“与国家工作人员、集体经济组织工作人员或者其他经手、管理公共财物的人员勾结，伙同贪污的，以共犯论处。”第4条第2款规定：“与国家工作人员、集体经济组织工作人员或者其他从事公务的人员勾结、伙同受贿的，以共犯论处。”1998年4月6日最高人民法院《关于审理挪用公款案件具体应用法律若干问题的解释》第8条规定：“挪用公款给他人使用，使用人与挪用人共谋，指使或者参与策划取得挪用款的，以挪用公款罪的共犯定罪处罚。”这表明了我国刑法认为无身份者可以成为真正身份犯的共犯，而且，成立教唆或从犯应当是无疑问的。

但无身份者能否与有身份者构成真正身份犯的共同实行犯，在国外刑法理论中存在着肯定与否定的见解。① 我国刑法理论中同样存在不同的认识。

肯定说的观点认为，例如，强奸罪是由两个环节的行为组成实行行为，即手段行为与奸淫行为，二者都是实行行为的一部分，既然妇女可以实施强奸罪的手段行为，虽然不能实施奸淫行为，但仍可构成强奸罪的实行犯。此外，在妇女教唆强奸的情况下，如果被教唆者没有实施强奸罪，妇女仍然构成强奸未遂；在被教唆者不具有刑事责任能力而实施强奸的情况下，妇女则为强奸罪的间接正犯。② 可称为否定说的观点认为：“……对于共同犯罪而言，并非要求全体共犯者都为特殊主体。所以非特殊主体也能构成教唆犯、帮助犯、组织犯，但不能构成实行犯(因为实行行为得由特定身份的人来实施)，按照我国的分类，可以构成从犯、胁从犯、教唆犯甚至主犯。当然，可以构成并不意味着都能构成，特别是在特殊主体教唆非特殊主体实施由特殊主体构成的犯罪时，有的能构成共犯，有的则不能，例如教唆外国人实施我国刑法中的背叛祖国罪或唆使妇女去强奸妇女，这就不可能构成共犯。”③理由就在于，“无上述身份的人不能成为该罪的实行犯，因为没有特定的身份，就不可能完成该罪的实行行为……无特定身份的人尽管不可能成为这些犯罪的实行犯，但可以成为这些犯罪的教唆犯或者帮助犯”。④ 例如，妇女可以构成强奸罪的共犯，但不能成为强奸罪的实行犯。⑤ 还认为，具有特定身份的人与没有特定身份的人之所以不能构成法律要求犯罪主体具有特定身份的犯罪的共同实行犯，就在于没有特定身份的人不可能实施法律要求犯罪主体具有特定身份的犯罪的实行行为。因为身份是犯罪主体的构成要素之一，身份决定着犯罪主体的性质。身份尤其是法定身份总是和犯罪主体的权利与义务联系在一起的，法律在赋予其一定身份的同时，必然加诸一定的权利、义务，而且身份

① 参见马克昌主编：《犯罪通论》，武汉大学出版社1999年版，第581~582页。
② 参见赵廷光：《中国刑法原理》(各论卷)，武汉大学出版社1992年版，第515页。
③ 苏惠渔主编：《犯罪与刑罚理论专题研究》，法律出版社2000年版，第257页。
④ 参见陈兴良：《刑法适用总论》(上卷)，法律出版社1999年版，第512页。
⑤ 参见陈兴良：《刑法适用总论》(上卷)，法律出版社1999年版，第512页。

对犯罪行为的性质具有决定意义。论者就非国家工作人员可以实施受贿罪实行行为的认识指出，这种观点只看到了非国家工作人员的行为与国家工作人员的行为之间形式上的一致性，没有看到二者间的本质差别，因而错误地将此二者混为一谈。① 还有的学者认为："结合我国目前的犯罪构成理论，应当说否定说的主张是科学的……特定犯罪的实行行为应当与该特定犯罪的行为主体要求是一致的。不能从表面上看，非身份者好像可以实施作为纯正身份犯中的部分实行行为，实际上该实行行为只有特定的有身份者实施才属于该特定犯罪的实行行为，超出此范围就不再是特定犯罪意义上的实行行为。纯正身份犯的本质乃在于，行为人根据其身份而承担了一定的义务，身份的连带性不能超越纯正身份犯的本质。不能将自然意义上行为的共同等同于法律意义上的实行行为的共同。而对共同犯罪中实行行为的评价应当是规范意义、法律意义的，而不能是自然意义上的。"②

可以认为属于折中说的观点认为，从理论上看，否定说是有道理的。因为真正身份犯，只是具备该身份的人才能实施，但在立法上，有的立法例明文规定"共同实施"；在实际上，某些真正身份犯，无身份者并非不可能实施部分实行为，在这种情况下，完全否认无身份者与有身份者构成共同实行犯的可能性，似与法律规定和实际情况不合。因而主张，无身份者与有身份者能否构成真正身份犯的共同实行犯，应当根据具体情况，区别对待。凡无身份者能够参与真正身份犯的部分实行行为的，可以与有身份者构成共同实行犯；凡无身份者根据不能参与真正身份犯的实行行为的，即不能与有身份者构成共同实行犯。③

可以看到，否定说的观点是非常有力的，但是，笔者认为折中说更能符合我国刑法理论以及实践中存在的具体问题。在否定说的观点中，毋庸置疑其中的有些论述是正确的，如"对特定身份(真正身份犯)的人规定的实行行为，与特定的身份相一致"，"身份是犯罪主体的构成要素之一，身份决定着犯罪主体的性质"，"行为的评价应当是法律上的，而不是自然意义上的"等。但是，笔者认为其有些观点还有值得商榷之处。

首先，在否定说的论述中，一种理由是以非特定身份人能否完成身份犯的实行行为，作为是否能够实施该实行行为为标准。④ 但笔者认为，能否实施某种行为是一回事，而能否完成犯罪行为是另一回事，不能因为不能完成犯罪而否认能够实施，这应当是没有疑问的结论。当然，即便能够实施，是否应当在法律上评价为该种犯罪的实行行为，又是另一层次的问题，但不能因此而一概否认非身份者可以实施某种行为。

其次，否定说的另一个理由是，特定身份总是和犯罪主体的权利与义务联系在一起的。法律在赋予其一定身份的同时，必然加诸一定的权利、义务：行为人根据其身份而承

① 参见陈兴良：《共同犯罪论》，中国社会科学出版社 1992 年版，第 356~357 页。

② 阴建峰、周加海：《共同犯罪适用中疑难问题研究》，吉林人民出版社 2001 年版，第 48~49 页。

③ 参见马克昌主编：《犯罪通论》，武汉大学出版社 1999 年版，第 582~583 页。

④ 参见陈兴良：《刑法适用总论》(上卷)，法律出版社 1999 年版，第 512 页。

担了一定的义务，身份的连带性不能超越纯正身份犯的本质。① 笔者认为对此如果一概而论也是不能自圆其说的。对于法律身份的身份犯而言，的确可以这样认为，非法律身份的人确实不可能实施法律意义上的，所要求犯罪主体具有特定身份的犯罪的实行行为，如职务行为。但能否一概而论？笔者认为也并非如此，即非所有的真正身份犯都具有法律规定的义务问题。例如，就论者所举的强奸罪而言，妇女可以构成强奸罪的共犯，但不能成为强奸罪的实行犯。② 由上述观点而得出的结论，妇女之所以不能构成强奸罪共同实行行为的理由，是因为不具有真正身份犯的男性的“权利、义务”。但犯强奸罪的行为人的权利、义务对于被害的女性而言，又是什么呢？恐怕这是否定说的论者不好解释的地方。

再次，固然“共同犯罪中实行行为的评价应当是规范意义、法律意义的，而不能是自然意义上的”。③ 但首先所谓的实行行为是指由刑法分则所规定的具体犯罪构成客观方面的行为。行为人能否实施这种行为是一个层次的问题，而法律上是否将这种行为评价为该种犯罪的实行行为，是另一个层次的问题。当然，笔者并不否认确实刑法规定的有的实行行为，非特定身份的主体是不可能实施的，例如，作为亲身犯的遗弃罪，不具有同一家庭成员的身份，不具有扶养、抚养、赡养义务就不可能成立遗弃罪的共同实行犯。但这并非对所有的真正身份的犯罪规定的构成共同犯罪的规律。在自然身份犯中如强奸罪，妇女既然可以实施属于强奸的暴力、胁迫或者其他方法的手段行为，在法律上就应当被评价为属于实施强奸罪的实行行为的一部分，这样认识当然不是自然意义上的行为，因为这是法律明文规定的手段行为，怎能因不能实施奸淫行为而认为实施的不是实行行为？退一步说，如果该妇女与男子有商议(共谋)，在某时将协助行为人将妇女用药麻醉，由其强奸，但最终没有去，那么该妇女从理论的意义上，是不是应当评价为“共谋的实行犯”，或者在教唆强奸而男性不具有刑事责任能力的情况下，该妇女是不是不能被评价为“间接正犯”？笔者认为结论是否定的。

据此，笔者认为在真正身份犯的犯罪中，应当区别法律身份与自然身份，而作为自然身份的犯罪，非特定身份的人能够与真正身份犯成立共同实行行为。当然，在我国刑法中，并无共同实行犯的概念，必须是根据共同犯罪人在共同犯罪中的作用，将共同犯罪人区分为主犯、从犯、胁从犯和教唆犯。因此，对于无身份构成共同犯罪而言，也应当根据其在共同犯罪中的作用，可分别论以主犯、从犯、胁从犯和教唆犯。④

---

① 参见陈兴良：《共同犯罪论》，中国社会科学出版社 1992 年版，第 357 页；阴建峰、周加海：《共同犯罪适用中疑难问题研究》，吉林人民出版社 2001 年版，第 49 页。

② 参见陈兴良：《刑法适用总论》(上卷)，法律出版社 1999 年版，第 512 页。

③ 参见阴建峰、周加海：《共同犯罪适用中疑难问题研究》，吉林人民出版社 2001 年版，第 49 页。

④ 参见马克昌：《共同犯罪与身份》，载《法学研究》1986 年第 5 期。

二、无身份者与有身份者共同实施真正身份犯的犯罪性质问题

在无身份者与有身份者共同实施犯罪的情况下，应根据什么来确定所共同实施犯罪的性质？对此，我国刑法学界也有不同意见。一种意见认为，应当根据主犯犯罪的基本特征来决定。根据就是1985年7月8日最高人民法院、最高人民检察院在《关于当前办理经济犯罪案件中具体应用法律的若干问题的解答(试行)》中曾规定："内外勾结进行贪污或者盗窃活动的共同犯罪……应按其共同犯罪的基本特征定罪。共同犯罪的基本特征一般是由主犯犯罪的基本特征决定的。如果共同犯罪中主犯犯罪的基本特征是贪污，同案犯中不具有贪污罪主体身份的人，应以贪污罪的共犯论处……如果共同犯罪中主犯犯罪的基本特征是盗窃，同案犯的国家工作人员不论是否利用职务上的便利，应以盗窃罪的共犯论处。"

当前，根据最高人民法院2000年6月27日《关于审理贪污、职务侵占案件如何认定共同犯罪几个问题的解释》①的精神却表明：第一，以无身份者有无利用有身份者的特定构成条件，决定犯罪的性质；第二，以主犯的性质决定犯罪的性质。

第二种观点主张，有特定身份者与无此身份者分别定罪。如有的论著指出："如果无身份者与有身份者一起共同实施犯罪，应当按照无身份的犯罪和有身份的犯罪分别定罪。"举例来说，普通公民某甲与现役军人某乙共同实施盗窃部队武器弹药行为的，普通公民某甲构成盗窃武器、弹药罪，现役军人某乙则构成(军人)盗窃武器、装备罪。②

第三种观点则认为，应当具体分析参与者能否实施该种行为，具体说可有两种情况：一是在构成共同犯罪的情况下，无身份者只能成立该种共同犯罪的帮助犯或者教唆犯；二是在无身份者不能构成共同犯罪，而有可能构成其他犯罪时，就应当分别定罪。③

第四种观点主张故意犯罪的性质，是根据实行犯的实行行为的性质来决定的。④ 认为共同犯罪应按主犯犯罪的性质来决定，虽有其合理的因素，但是不够科学。如果实行犯是主犯，按主犯犯罪的性质定罪与按实行犯的实行行为定罪是一样的，这自然不产生问题。如果教唆犯是主犯，按主犯犯罪性质定罪，即按教唆犯犯罪性质定罪，那就与刑法理论不合。因为实行犯的犯罪性质只能根据其实行行为的性质来决定。如果教唆犯与实行犯都是

---

① 第1条规定："行为人与国家工作人员勾结，利用国家工作人员的职务便利，共同侵吞、窃取、骗取或者以其他手段非法占有公共财物的，以贪污罪共犯论处。"第2条规定："行为人与公司、企业或者其他单位的人员勾结，利用公司、企业或者其他单位人员的职务便利，共同将该单位财物非法占为己有，数额较大的，以职务侵占罪共犯论处。"第3条规定："公司、企业或者其他单位中，不具有国家工作人员身份的人与国家工作人员勾结，分别利用各自的职务便利，共同将本单位财物非法占为己有的，按照主犯的犯罪性质定罪。"

② 参见李光灿：《论共同犯罪》，中国政法大学出版社1987年版，第153~154页。

③ 参见陈兴良：《刑法适用总论》(上卷)，法律出版社1999年版，第512~513页。

④ 参见赵秉志：《刑法总论问题研究》，中国法制出版社1996年版，第536页。

主犯，根据谁来定罪，就会不知所从。因而结论是：无身份者教唆，帮助有身份者实施或与之共同实施真正身份的犯罪时，应依有身份者的实行犯的实行行为来定罪，即使无身份者是主犯，也不影响上述定罪的原则。①

笔者认为，2000 年 6 月 27 日《最高人民法院关于审理贪污、职务侵占案件如何认定共同犯罪几个问题的解释》对于确定犯罪性质的第一点规定是可取的。而这一点与前述第四种观点的主张是一致的。因为，有法律身份者的实行行为，必须是利用了法律规定的特定的条件才能认定为实行行为，因此，依有身份者的实行犯的实行行为来定罪与上述司法解释的精神一致。但是笔者同时认为，如果以主犯决定犯罪性质的，正如学者指出的，如果教唆犯与实行犯都是主犯，根据谁来定罪，就会有不知所从的缺陷；而第二种主张一概分别定罪的观点，则是完全不考虑有身份者在共同犯罪中的作用，也有抹杀真正身份犯在刑法中应有意义之嫌，是不恰当的。第三种观点，以主张考虑无身份者能否实施该种行为来决定行为性质，应当说有一定的合理性。但是，第三种观点是以否定无身份者可以成立共同实行犯为前提的。但笔者认为，除不作为犯罪的行为人是自己负有作为义务，由于通常不可能由别人替代他实施义务，因而其他人没有可能成立共同实行行为，如实施教唆、帮助其不履行作为义务的行为，当然只能成立教唆犯或者帮助犯。但自然身份的真正身份犯，无身份者并非不能实施其实行行为。由此可以说，第三种观点认为分别情况定罪的结论和缺陷，实际上与第二种观点并没有本质的区别。基于上述考虑，我认为第四种观点的结论是可取的。

三、有身份者教唆、帮助无身份者实施真正身份犯的法律性质问题

即有身份者加功于无身份者的情况。对此，我国立法虽然没有规定，但多数学者认为是可以成立共同犯罪的。至于如何确定有身份者的法律的性质以及如何处罚，在国外刑法理论上，有正犯说，无身份者正犯、有身份者教唆犯说，无身份者从犯、有身份者教唆犯说，以及有身份者间接正犯、无身份者从犯说。②

我国学者对此的主要观点如下：

第一种观点认为，要区分身份是自然身份还是法律身份。由自然身份构成的真正身份犯，不具有该种身份者就不可能实行该种真正身份犯。因而有身份者就不可能构成无身份者实施这种真正身份犯的教唆犯、从犯以至间接正犯。法律身份的真正身份犯，不具有该种身份者虽不能构成该种真正身份犯的实行犯，但在事实上还是能够实施该种犯罪的部分

① 参见马克昌主编：《犯罪通论》，武汉大学出版社 1999 年版，第 584 页。

② 参见马克昌主编：《犯罪通论》，武汉大学出版社 1999 年版，第 585~586 页。

实行行为的。在这种情况下，有身份者能够教唆或帮助无身份者实施某种真正身份犯。有身份者构成间接正犯，无身份者构成从犯或胁从犯。①

第二种观点也将其归纳为二种情况：一是如有身份者教唆无身份者实施特定身份主体的犯罪，由于有些犯罪不具有特定身份的人根本不能实施该种行为，如男子不可能教唆妇女去强奸妇女，显然就不能构成(共同)犯罪；二是在有身份者与无身份者不能构成共同犯罪，但无身份者有可能构成其他犯罪时，就应当分别定罪，② 即不成立共同犯罪。

可以看出，上述观点虽然结论似基本一致，但仍然有一定的区别，这就是第二种观点是以否定在该种情况下成立共同实行犯为前提的，③ 因此，一是在其结论中不存在间接正犯的观念，二是基本上否定可以成立共同犯罪。

笔者基本上赞同有身份者为间接正犯的观点，但认为有两点值得进一步研究：一是，自然身份或者法律身份是不是具有区别某种实行行为无身份者能否实施的问题。按照我的理解，例如强奸罪的主体身份当然是自然身份，但并不意味着妇女不能实施强奸罪的实行行为(手段行为)，再如以第二种观点所举之例来说，笔者认为男子当然可以教唆妇女对其他男子实施教唆强奸的行为(教唆之教唆)，该妇女仍然构成强奸罪(教唆)，怎能认为男子不能教唆妇女强奸妇女呢？所以，笔者认为法律身份能够具有评价是否为实行行为的功能，而自然身份则不具有。二是有身份者教唆或帮助无身份者实施某种真正(法律)身份犯的情况，是不是能够说明无身份者只能是从犯或者胁从犯的问题。笔者认为如果其在共同犯罪中起到主要作用，也未必不可以构成主犯，或者同为主犯。1998 年 4 月 6 日《最高人民法院关于审理挪用公款案件具体应用法律若干问题的解释》第 8 条规定："挪用公款给他人使用，使用人与挪用人共谋，指使或者参与策划取得挪用款的，以挪用公款罪的共犯定罪处罚"，这也表明作为挪用公款共犯的"指使者""参与策划者"未必不可以构成主犯。

四、身份影响共同犯罪的性质与刑罚轻重的问题

这一问题是指教唆、帮助实施不真正身份犯的问题。马克昌教授对此有精辟的归纳，他指出："所谓身份影响犯罪的性质同时影响刑罚的轻重，这就是无身份者实施某种行为，构成一种犯罪；有身份者实施该种行为，构成另一种犯罪，有身份者所犯之罪的法定刑较无身份者所犯之罪的法定刑为重。"④他将此归纳为两种情况：

一是，无身份者教唆、帮助有身份者实施或者共同实施不真正身份犯。他认为对于前

---

① 参见马克昌主编：《犯罪通论》，武汉大学出版社 1999 年版，第 587~588 页。

② 参见陈兴良：《刑法适用总论》(上卷)，法律出版社 1999 年版，第 512~513 页。

③ 参见陈兴良：《刑法适用总论》(上卷)，法律出版社 1999 年版，第 512~513 页。

④ 参见马克昌主编：《犯罪通论》，武汉大学出版社 1999 年版，第 589 页。

者可分为两种情况来解决：第一，无身份者与有身份者共同实施不真正身份犯的情况。① 这应根据无身份者是否参与有身份者利用特定条件(如职务之便)的行为，区别对待。如果无身份者参与有身份者利用特定条件和行为，无身份者与有身份者构成不真正身份犯的共同实施犯，对有身份者按照不真正身份犯之刑罚，对无身份者从轻处罚……第二，无身份者教唆、帮助有身份者实施不真正身份犯的情况。② 教唆犯按照他所教唆的犯罪定罪和处罚，帮助犯按照他所帮助的实行犯实施的犯罪定罪和处罚。即无身份者应依不真正身份犯的教唆犯或从犯定罪科刑。

二是，有身份者教唆、帮助无身份者实施不真正身份犯。③ 他认为根据我国刑法理论关于教唆犯、帮助犯定罪的原理，有身份者教唆或帮助无身份者实施某种非身份犯的犯罪，有身份者应以非身份犯的教唆犯或从犯论处……身份可以作为从重情节，在量刑时考虑。④

对于上述情况，陈兴良教授认为在定罪上，应当考虑有身份者在教唆、帮助犯罪中是否利用了法律规定的特定条件(如职务之便)而影响犯罪的性质。利用了特定条件而教唆、帮助他人实施犯罪的，⑤ 则为无身份犯罪的教唆犯、帮助犯与身份犯罪的想象竞合犯，应选择重罪；有身份者没有利用本人的特定条件，教唆、帮助他人实施犯罪的，⑥ 则为无身份者犯罪的教唆犯或帮助犯。⑦ 在刑罚的适用上则提出，认为具有特定身份的人与没有特定身份的人共同实施某一犯罪，而法律规定具有特定身份的人应从重或者从轻、减轻或免除处罚时，对无身份的人处以通常之刑，对有身份的人则依法予以从重或从轻、减轻或免除处罚。有特定身份的人的从重或者从轻、减轻或免除处罚的效力之所以不及于没有这种身份的人，理由是因为这种身份反映了主体的某种特殊情况，对具有身份的人所实施的犯罪行为的社会危害性程度具有一定的影响，因而影响其刑罚的轻重，而没有这种身份的人，虽然与有身份的人一起实施犯罪，但其行为的社会危害程度并不受他人身份的影响。⑧

第三种观点则对上述第二种情况的处理提出不同的看法，认为陈兴良教授的观点仍然是“分别定罪说的延续”，割裂了共同犯罪中共同犯罪人共同犯罪的故意与共同犯罪

① 例如，共同实施不作为故意杀人(笔者注)。

② 例如，教唆或者帮助负有义务者实施不作为故意杀人(笔者注)。

③ 例如，负有义务者教唆不具有义务者要求提供帮助来实施不作为故意杀人(笔者注)。

④ 参见马克昌主编：《犯罪通论》，武汉大学出版社 1999 年版，第 589~592 页。

⑤ 这里所指的共同犯罪，陈兴良教授只是就共同实施真正身份犯的这种情况而言，是与他前面的观点相一致。

⑥ 这里所说的共同犯罪，是就共同实施非身份犯的犯罪而言。

⑦ 参见陈兴良：《共同犯罪论》，中国社会科学出版社 1992 年版，第 361 页；阴建峰、周加海：《共同犯罪适用中疑难问题研究》，吉林人民出版社 2001 年版，第 59 页。

⑧ 参见陈兴良：《刑法适用总论》(上卷)，法律出版社 1999 年版，第 513~514 页。

行为的整体性，并主张，在这种情况下，有身份者教唆、帮助无身份者实施真正身份犯的犯罪，对有身份者应当以真正身份犯的间接实行犯定罪，而对被教唆者、帮助者则应以真正身份犯的从犯处罚之。① 笔者认为，首先需要指出的是，第三种观点所谈的问题，并不是“有身份者教唆、帮助无身份者实施不真正身份犯”的问题，而是“有身份者教唆、帮助无身份者实施真正身份犯”的问题，所以与自己所要研究的“有身份者教唆、帮助无身份者实施没有特定身份的人可以构成的犯罪”②的命题是不符合的。同时，这里的观点虽然与自己前面所主张的，有身份者与无身份者不可以成立共同实行行为，只能成立教唆犯或者帮助犯的观点相同。③ 但是，将“有身份者教唆、帮助无身份者实施不真正身份犯”的问题，与“有身份者教唆、帮助无身份者实施真正身份犯”的问题相混淆，批评前述的处理意见仍然是“分别定罪说的延续”，则是不客观的。

其次，需要指出的是，在前述论者的观点中，是赞同“区别对待说”的观点，即“一般情况下应当以实行犯的犯罪性质来定。但也可能出现分别定罪的情况。其标准在于无身份者是否利用了有身份者的职务之便。如果无身份者利用了有身份者的职务之便，对二者均应定有身份者的犯罪。反之，则分别定罪”。④ 既然所讨论的非特定身份者是具体的实施实行行为者，而有身份者是教唆、帮助者，则按照论者赞同的观点，应当是按照非身份犯的犯罪定罪处罚的，再联系其主张“有身份者与无身份者不可以成立共同实行行为，只能成立教唆犯或者帮助犯”的观点，其处理的意见显然是相矛盾的。即如果无身份者利用了有身份者的特定条件，有身份者构成“间接实行犯”，但“间接实行犯”也是实行犯的一种，明显与自己的主张相矛盾；如果无身份者没有利用有身份者的特定条件，就需要“分别定罪”，则又与自己这里的主张不合。所以，论者提出的并不是一个合理的解决意见。

笔者认为，对有身份者教唆、帮助无身份者实施不真正身份犯的问题，以非身份犯的教唆犯或从犯论处，是合适的。

---

① 参见阴建峰、周加海：《共同犯罪适用中疑难问题研究》，吉林人民出版社 2001 年版，第 60 页。

② 参见阴建峰、周加海：《共同犯罪适用中疑难问题研究》，吉林人民出版社 2001 年版，第 58 页。

③ 参见阴建峰、周加海：《共同犯罪适用中疑难问题研究》，吉林人民出版社 2001 年版，第 48~50 页。

④ 赵秉志：《犯罪主体论》，中国人民大学出版社 1989 年版，第 303 页。

犯罪预备与犯意表示、阴谋犯①

一、犯意表示

(一)犯意表示的特点

所谓犯意表示，一般认为是指具有犯罪意图的人，通过一定的方式将自己的犯罪意图表露出来的外部活动。但如何表述犯意表示，则不完全相同。例如，我国台湾学者张灏认为："凡行为人表示其犯罪之意思时，即为犯意表示。通常犯意表示之方法有三：(1)以言语表示；(2)以文字表示；(3)以举动表示。若某人将其犯意存在于内心，法律固不能加以制裁；若仅表示其犯意，但未采取实际之行动，除有时其情况应……外，法律因其仅为个人之意思，亦以不处罚为原则，但有下列两种情形，因其有犯意表示而对国家社会发生重大之危险者，则为例外也。"②即犯意表示是通过言语、文字、举动形式把犯罪意图表露于外部的行为。也有学者认为："犯意表示是指具有犯罪意图的人，通过一定的形式，单纯地将自己的犯罪意图表露出来的外部活动。"③认为犯意表示具有的特征包括：(1)犯意表示是人的犯罪意图的反映。(2)犯意表示是犯罪意图的外化。即犯罪意图已经通过一定的形式表露出来，是一种能够为人们所了解和掌握的东西。(3)犯意表示是一种表现为言词的行为。(4)犯意表示是单纯表露犯罪意图的行为。它不具有刑法意义上的社会危害性，是一种尚未对外界造成危害因而不为刑法所禁止的行为。而论者之所以强调必须是"单纯表露犯罪意图"，是为了将那种表露了犯罪意图并不属于单纯地流露自己具有的犯意，而是具有一定的犯罪目的，即为了寻找共同犯罪人或教唆他人犯罪的"犯意表示"区别开来，因为后者已经属于犯罪预备行为而不是犯意表示了。有学者更进一步指出，犯意表示对社会并没有危害性，对社会有害的行为不是犯意表示，犯意表示是

---

① 本文原载于《国家检察官学院学报》2003 年第 4 期。

② 其所指的例外，一为阴谋犯，一为共同犯罪中的"凶犯组合"。

③ 马克昌主编：《犯罪通论》，武汉大学出版社 1999 年版，第 422 页。

指单纯地将犯罪意图表露于外的行为。①

在上述各种观点中，学者们比较一致地认为，即使是犯意表示也是一种行为，但仅仅属于单纯表露犯罪意图而对于社会并无现实危害性的行为。笔者认为，犯意表示并不是纯粹只存在于行为人头脑中的思想，而是一种表现于外部的人的行为。之所以应当认为它仍然属于人的一种行为，是因为纯粹只存在于人头脑中的思想，如果不表现于外部，则不可能被人们所认识，也就无所谓能够被称为"犯意表示"了。但这种行为，并不是我国刑法所规定的可以构成犯罪的"危害社会的行为"。犯意表示的行为，只能说明该人具有犯罪的可能性、危险性，但不是为了实现犯罪意图而采取的具体活动，更不属于对具体犯罪的实际行动。

犯意表示具有以下特点：(1)它是一种将犯罪意图单纯表现于外部的行为，即必须能够被人们所感知。(2)它借助一定的方式才能被人们所感知，即必须以语言、文字或者具体的行为举动才能被认识。(3)它是一种犯罪意图的单纯流露，即必须对以后可能实施的犯罪不具有易于实行、便于完成或者有利于犯罪成果的确保和固定。

至于犯意表示是否应当以真实的意思表示为条件，理论上还有不同的认识。有学者认为："犯意表示必须是犯意人真实犯罪意图的反映。"因为在"实践中，有许多场合是行为人出于某种心理需要而说气话或者逞能话，以抒发或者满足内心感受，其实并无犯罪意图。因此，这类表达不能统统称为犯意表示"。还认为"犯意表示的内容是犯罪意图，非犯罪意图不是犯意表示，虚假的犯罪意图也不是犯意表示"。② 因而在表述犯意表示问题时应该强调它是真实犯罪意图的反映这一点。③

在我国刑法中，犯意表示的行为非犯罪行为，也不属于犯罪的某一阶段，即不应当受刑法的评价。我们研究犯意表示，只是为正确区别犯罪预备与形似犯罪预备的犯意表示。由此而言，其流露的"犯意"，在行为人没有实施犯罪的情况下，是没有办法查证其流露的思想内容是否真实。如何判断其表示的意思是"真实的犯罪意图"还是"虚假的犯罪意图"？既然无论真实的犯罪意图和虚假的犯罪意图都不受刑法的评价，探讨其真假的意义何在？因为即使在能够判断它是真实犯罪意图流露的情况下，也不受刑法的评价。如果在行为人实施了所流露的犯罪意图的犯罪的情况下，其犯意表示当然无疑是真实的，但是此时受刑法评价的是其具体的犯罪行为，同样不是所表示的犯意。因此，笔者认为，所谓犯意表示，并不在于其流露的意思内容是否真实思想，而在于其表示的内容是否具有"犯罪"的意图。

(二)犯罪预备形态与犯意表示的区别

正因为犯意表示与犯罪预备都是一种行为，而且都流露和表现出"犯罪"的内容，因

① 叶高峰：《故意犯罪过程中的犯罪形态论》，河南大学出版社 1989 年版，第 66 页。

② 姜伟：《犯罪形态通论》，法律出版社 1994 年版，第 140 页。

③ 高铭暄主编：《刑法学原理》(第 2 卷)，中国人民大学出版社 1993 年版，第 303 页。

此，容易发生混淆。犯意表示与犯罪预备相同之处在于：(1)二者都是一种行为。犯意表示是一种言词行为，而犯罪预备则是一种为犯罪创造条件的行为。因此，尽管行为的内容和表现形式不同，但它们都属于行为范畴这一点则是相同的。(2)二者都是一种有意识的行为，都反映了行为人的犯罪意图。即犯意表示是通过语言、文字的形式，故意将自己的犯罪意图直接表露于外部；而犯罪预备则是通过各种为犯罪创造客观条件的预备行为，将犯罪意图直接地或间接地表现出来。(3)二者都不能对刑法所保护的社会关系造成直接的、现实的侵害或破坏。二者的区别主要是：(1)犯意表示是通过口头的或书面的形式，简单地流露犯罪意图；犯罪预备则是通过各种具体的活动为实行犯罪创造条件。(2)犯意表示停留在单纯表现犯罪思想阶段，尚未通过实际的犯罪行为将犯罪意图的实现付诸行动；而犯罪预备则是将犯罪目的与犯罪行为有机地结合起来，开始实施犯罪的准备活动。因此，单纯的犯意表示，不可能实现主观上的犯罪意图；而犯罪预备行为已使犯罪意图的实现成为可能。①

有学者认为，犯意表示与犯罪预备有着密切的联系，即认为二者主观上度具有犯罪的故意。② 笔者认为，首先，该论者认为犯意表示与犯罪预备都具有犯罪故意是不确切的。犯意表示只是犯罪意图的单纯流露，其所谓的“犯罪思想”，只是人具有某种犯罪的想法或者打算，还谈不到属于具有刑法意义上的犯罪心理，如何能够评价其为一种“犯罪的故意”？而犯罪预备所表露的犯罪思想，是具有刑法意义的主观罪过。将两种在法律上完全不同的心理现象都称为“犯罪的故意”，是不科学的。其次，任何犯罪的心理活动只有体现在应受法律评价的犯罪行为中时，才能称为“犯罪故意”(或者犯罪过失)。而犯意表示的行为，并不受刑法的评价，无论其表示的行为以何种方式、方法体现出来，只要认定为属于“犯意表示”，则实施这种行为的心理活动，无非是需要将自己的这种思想表达出来的心理态度。而其表达这种思想的行为的心理态度，与我们通常需要有某方式、方法表达某种思想行为的心理态度没有任何差别区别。区别只在于其表达的“内容”的不同。体现这种行为的心理活动如何能够认为是一种体现“犯罪故意”的行为？论者在这里显然是混淆了行为表示出的内容即“犯意”与实施“犯意表示”行为心理态度之间的界限。将后者的心理态度认为是一种犯罪心理，显然是不正确的。

二、犯罪预备与阴谋犯

(一)阴谋的概念

如何表述“阴谋”，我国学者大体上有以下观点。马克昌教授认为：“所谓阴谋，指二

① 马克昌主编：《犯罪通论》，武汉大学出版社1999年版，第424~425页。

② 邢志人：《犯罪预备研究》，中国检察出版社2001年版，第97页。

人以上就实行一定的犯罪共同进行谋议。其特征是：(1)二人以上。一个人图谋犯罪，不是我国刑法所规定的阴谋。(2)为了实行一定犯罪。二人以上不是就犯罪的行为所进行的谋议，也不是我国刑法所说的阴谋。(3)共同进行谋议。即两个以上具有犯罪故意的人就一定犯罪的实行进行谋划、商量。它可能有犯罪的单纯合意，也可能是就犯罪实行的方法、步骤、分工进行协商。如果一人提议犯罪，他人不同意的，由于缺乏犯罪的合意，则不能认为是阴谋。”也有学者认为，“所谓阴谋是指为了实施一定的犯罪，而在着手实行犯罪以前二人以上进行谋议的行为”。① 还有学者认为，“犯罪阴谋是指二人以上就实行一定的犯罪共同进行阴谋策划”。②

上述各种观点，应当说并没有本质上的区别，都明确地揭示了“阴谋”的实质在于是二人以上对实施具体犯罪而进行的策划。至于是否需要在概念中表明是“着手之前”，笔者认为对于揭示阴谋的本质并不具有确切的意义。因为犯罪阴谋的策划一般地说应当是在着手实施犯罪之前进行，但在法律上“阴谋”并不必须是着手之前的行为。首先，即使是阴谋策划了犯罪，着手之后只论其着手实施的犯罪，而不论其“阴谋”。具有“阴谋”只是说明其属于直接故意犯罪而已。其次，我国《刑法》第 103 条第 1 款分裂国家罪，第 104 条武装叛乱、暴乱罪，第 105 条第 1 款颠覆国家政权罪等，其中所规定的“策划”，很显然是具有“阴谋”性质的行为，但却不能认为是“着手之前”的行为，而是实行行为。

(二)阴谋犯的法律性质

由于立法的不同，刑法理论上对于阴谋犯的法律性质有不同的认识。第一种见解认为，阴谋属于犯意表示的阶段。如我国学者张尚鷟教授认为：“阴谋基本上属于故意犯罪的犯意表示阶段。”并认为，我国刑法中规定的背叛祖国罪和阴谋颠覆政府、分裂国家罪，“都是只需发展到犯意表示的阶段就构成犯罪”，“不能认为这只是在为危害国家安全的犯罪作准备而看作危害国家安全罪的预备行为从而轻纵罪犯”。③ 第二种见解认为，阴谋是犯罪预备的一种形态，如日本学者木村亀二说：“共谋或共同谋议是二人以上者之间形成超越各个共同者的意思的团体的‘共同意思’，其共同意思以实行一个犯罪为目的的场合叫阴谋，以实行不定多数的犯罪为目的场合叫‘犯罪团体’，均属于预备。”④第三种见解认为，阴谋是先于预备行为的一个犯罪阶段。如日本学者宫本英修说：“所谓阴谋罪，指二人以上之间成立的未达于预备程度的实行犯罪的合意。……阴谋本质上说常常是预备的一种。然而刑法区别预备的类型与阴谋的类型，所以阴谋应当理解为仅仅限于实行一定犯罪的单纯的合意，如果更精心谋议、确定准备或实行的具体的方法，就应当说已经达到预备

① 高铭暄主编：《刑法学原理》(第 2 卷)，中国人民大学出版社 1993 年版，第 112 页。
② 陈兴良：《刑法适用总论》，法律出版社 1999 年版，第 408 页。
③ 张尚鷟：《中华人民共和国刑法概论》(总则部分)，法律出版社 1983 年版，第 158~159 页。
④ [日]木村亀二：《刑法总论》，有斐阁 1984 年版，第 406 页。

的程度。”①西原春夫、福田平也持该种认识，并认为阴谋是预备之前的二人以上行动上的心理准备。② 日本学者大谷实也认为，根据日本现行刑法的规定。将预备和阴谋理解为各自独立的准备阶段是妥当的。③ 所谓阴谋，是二人以上就实行一定犯罪进行商议并达成合意。④ 当然，从日本刑法的立法看，如果从其阴谋罪与预备罪的关系看，应当说第三种见解是合适的。

笔者认为，就我国刑法的规定而言，阴谋已经超越了犯意表示，因为阴谋已不是犯意的单纯的流露。但根据我国刑法的规定，阴谋也不是犯罪的一个独立阶段。那么，如何看待我国刑法中的阴谋犯的法律性质？笔者认为应当属于共同犯罪中犯罪预备的一种表现形式。正如有学者指出的：“阴谋不是二人以上分别和各自的单纯犯意流露，它既已形成合意或合谋，目的在于为实行某种犯罪勾结同伙或商量对策，就超出了个人意义上的单纯犯意表示的范围。阴谋的实质要件是二人以上就某种犯罪达成协议。如果一方提议而他方不同意，则不是大家所说的阴谋，但仍不失为寻找同伙的预备行为。阴谋如发生在寻找同伙之后，更应是预备行为了。”⑤我国刑法总则既没有规定阴谋阶段，刑法分则也没有像日本刑法那样将预备和阴谋并列规定。就刑法分则的规定看，主要是在条文中将“策划”与其他的行为并列为客观方面的选择要件。马克昌教授认为，阴谋犯“从其实际作用看？它也是为了犯罪制造条件，完全符合犯罪预备的本质特征，自应属于犯罪预备的表现之一”，并认为：“我国刑法曾经在刑法分则中规定了阴谋背叛祖国罪，阴谋颠覆政府、分裂国家罪。”⑥“这是由于该三种罪行特别严重，所以规定为阴谋犯……至于其他未规定为阴谋犯的犯罪，并非对这些犯罪的阴谋一律都不加以处罚，而应按照该种犯罪的预备，根据刑法分则的有关条文和刑法总则第 19 条的规定予以处理。”⑦那么，如何看待我国现行刑法并没有再规定“阴谋”这一行为的情况，是否还存在阴谋犯？我认为，刑法分则所规定的“策划”应当是阴谋的表现方式之一。如是，“策划”进行危害国家安全几种犯罪的，应当属于法定的“阴谋犯”。当然，应当指出的是刑法分则对于“策划”的规定应当作为实行行为看。而对于一般共同犯罪中的“阴谋”活动，在符合犯罪预备基本条件下，应当属于共同犯罪中

① ［日］宫本英修：《刑法学粹——宫本英修著作集》（第 2 卷），成文堂 1985 年版，第 360~361 页。

② ［日］大谷实：《刑法讲义》（总论），成文堂 1994 年版，第 370 页。

③ 日本现行刑法关于预备罪的规定有：内乱预备罪、私战预备罪、防火预备罪、伪造货币预备罪、杀人预备罪、绑架勒索预备罪、强盗预备罪等 8 种罪；而关于阴谋罪的规定，共有 3 条，即内乱阴谋罪，外患阴谋罪、私战阴谋罪。其中的“私战预备、阴谋罪”是指，没有根据国家命令以与外国战斗为目的，私下进行的阴谋、预备的行为。参见［日］阿部纯二等编：《刑法基本讲座》（第 4 卷）“未遂、共犯、罪数论”，法学书院 1992 年版，第 50 页。

④ ［日］大谷实：《刑法讲义》（总论），成文堂 1994 年版，第 370 页。

⑤ 高铭暄主编：《刑法学原理》（第 2 卷），中国人民大学出版社 1993 年版，第 115 页。

⑥ 马克昌：《论预备犯》，载《河南法学》1984 年第 1 期。

⑦ 马克昌：《论预备犯》，载《河南法学》1984 年第 1 期。

的犯罪预备。在共同犯罪的实践上和理论中，存在着“共谋共同犯罪”的情况，其共谋应当属于在共同犯罪着手之前共同策划阴谋的情况。其中参与共谋而没有参与共同实施实行行为者，即未着手之人刑法理论上称为“共谋共同正犯”。① 除刑法分则对于“策划”的规定之外，我国《刑法》第 97 条对共同犯罪中的“首要分子”亦将“策划”作为首要分子的行为之一。即“本法所称首要分子，是指在犯罪集团或者聚众犯罪中起组织、策划、指挥作用的犯罪分子。”此虽为认定首要分子存在范围的规定，但在犯罪集团或者聚众犯罪中符合犯罪预备基本条件的，也应当认定为犯罪预备行为。

由此，笔者认为，犯罪预备与阴谋犯的区别在于：(1)犯罪预备的行为尚不属于具体犯罪构成要件客观方面的行为，包括属于刑法总则所规定的阴谋行为，即仅具有为犯罪创造条件的情况下属于犯罪预备；而阴谋犯的“阴谋行为”，在刑法分则的规定中，属于构成要件客观方面的实行行为。(2)犯罪预备行为可一人实施，也可二人以上进行犯罪预备；而成立阴谋犯，则必须是属于必要的共同犯罪中的行为，只有二人以上实施阴谋的才能视为完成犯罪。换言之，在不能达成犯罪合意的情况下，提出犯意者的行为只能属于犯罪预备。

① 林亚刚：《共谋共同正犯问题研究》，载《法学评论》2001 年第 4 期。

继续犯的若干争议问题探讨[①]

一、关于继续犯的概念和体系定位

继续犯在理论上也称为持续犯、永续犯。虽然理论上对继续犯有广义和狭义之分，但我国学者多从狭义上理解继续犯。[②] 目前对继续犯的概念，表述多有不同，代表性的主要有：一是认为，“继续犯是指犯罪行为与不法状态在一定时间内处于继续状态的犯罪”。[③] 二是认为，继续犯“是指犯罪行为自着手实行之时直至其构成既遂、且通常在既遂之后至犯罪行为终了的一定时间内，该犯罪行为及其所引起的不法状态同时处于持续过程中的犯罪形态”。[④] 三是认为，“指犯罪行为在一定时间内处于继续状态的犯罪”。[⑤] 四是认为，“指一个已经实现犯罪既遂的行为，在既遂后的相当时间内持续侵犯同一或相同客体的犯罪”。[⑥] 第五种观点也是目前我国刑法理论通说认为，继续犯“是指作用于同一对象的一个犯罪行为从着手实行到行为终了，犯罪行为与不法状态在一定时间内同时处于继续状态的犯罪”。[⑦]

在上述概念中，第一、三、五种观点表明了继续犯的主要特征，即犯罪行为与不法状态在一定时间内同时处于继续状态。而其他观点均将“犯罪既遂后”作为继续犯的特征之一。从我国刑法有关继续犯犯罪形态的规定看，有的继续犯从法律规定而言，的确存在构成犯罪既遂之后仍然继续其不法行为的情况。这种继续犯，在立法规定中通常除犯罪构成主客观要件外，没有规定其他的限制条件。如《刑法》第 283 条非法拘禁罪规定，“非法拘禁他人或者以其他方法非法剥夺他人人身自由的”，就可以构成犯罪。但有的属于继续犯

① 本文原载于《中国刑事法杂志》2003 年第 4 期。

② 吴振兴：《罪数形态论》，中国检察出版社 1996 年版，第 123 页。

③ 吴振兴：《罪数形态论》，中国检察出版社 1996 年版，第 127 页。

④ 高铭暄主编：《刑法学原理》(第 2 卷)，中国人民大学出版社 1993 年版，第 505~506 页。

⑤ 陈兴良：《刑法适用总论》(上卷)，法律出版社 1999 年版，第 647 页。

⑥ 马克昌主编：《犯罪通论》，武汉大学出版社 1999 年版，第 620 页。

⑦ 高铭暄、马克昌主编：《刑法学》，北京大学出版社、高等教育出版社 2000 年版，第 190 页。

的，在其他要件上有一定的限制性条件。如《刑法》第244条强迫职工劳动罪，即“以限制人身自由方法强迫职工劳动”，只有在“情节严重的”情况下才能构成犯罪。则该罪的犯罪行为，既可能在犯罪既遂后仍然继续实施，也可能在符合“情节严重”的情况下已经构成而没有再实施。所以，将“犯罪既遂后”作为继续犯的必备条件，似有不妥。特别是第二种观点，将“通常”这种不确定条件纳入概念之中，更为不妥当。因为“通常”表明了该特征并不是所有的继续犯都要求这一特征。那么何种情况下需要，何种情况下不需要，无疑成为难题。所以，这种不确定条件无法用于指导实践。因此，笔者认为第一、三、五种观点对继续犯的概念表述是可取的。

继续犯的体系定位，是指继续犯在哪一个领域内予以研究比较合理的问题。基于继续犯是出于一个犯意和一个继续的行为，理论上有种观点认为，继续犯不应当在罪数形态中研究，应当将继续犯的犯罪形态作为犯罪既遂形态的一种。这是因为继续犯的构成要件是单一性的，也因为继续犯无论在立法上还是在司法实践中都是作为一罪来对待的。既然如此，在罪数形态中研究就没有意义。① 这种见解不能说没有一点道理，但是笔者认为：

第一，罪数形态的研究是为了解决不需要并罚的数罪与非数罪的问题。它建立在立法及实践对某种形态的犯罪应当评价为一罪还是数罪的前提下。继续犯的犯罪形态是立法规定的形态之一。上述观点的立论，建立在对其他罪数形态研究的，如想象竞合犯、结果加重犯、结合犯、牵连犯等都有基于数罪名的适用问题，或者在数法条的选择上有困惑的问题，所以，由罪数形态来研究，而继续犯没有这样的问题。实际上并非如此，就以论者所说的想象竞合犯为例，如果从构成要件的意义上说，想象竞合犯只有一个行为，依据我国的罪数理论，无论怎样说也不会发生评价为数罪或者选择法条适用的困惑。② 依据论者的观点，也是不应当在罪数形态中研究的。再看属于继续犯的非法拘禁罪，立法以非法剥夺他人人身自由为构成要件，但连续数次剥夺同一对象的人身自由的行为在法律适用的评价上是一个行为还是数个行为(同种数罪)？连续数次剥夺是情节还是独立的行为？非法拘禁罪的构成要件不可谓不清楚，但有没有判断罪数方面受到困惑的问题呢？可见，对于继续犯的犯罪行为“继续性”的理解，是认识上述情况下一个行为还是数个行为的关键，而这一问题又显然不是“既遂形态”所解决的问题。

第二，论者的观点认为继续犯既不是结果犯，也不是行为犯。因此，是不能以传统的既遂标准来解释的。原因是通常意义上的既遂形态类型具有局限性和不完整性。我认为这一理解是值得商榷的。因为现实中存在属于继续犯而不能完成犯罪或者自动放弃犯罪的情况。如非法持有毒品罪是继续犯，如果行为人自认为所持有的是毒品而实际上是假的毒

① 参见陆诗忠：《对继续犯在犯罪论中的位置思考》，载《新乡师范高等专科学校学报》2001年第3期。

② 想象竞合犯在竞合的法条中无论选择哪一个条文适用，都没有原则性的错误。

品，能够认为犯罪既遂与犯罪成立是同一标准吗？从我国刑法的有关规定而言，继续犯不宜认为是结果犯，是可以赞同的。但是否连行为犯也不是？行为犯、结果犯等概念，是在研究犯罪既遂形态中所使用的概念。而继续犯、想象竞合犯等是在罪数形态中使用的概念。两者分属不同犯罪领域内的问题，划分的标准不同。换言之，按照既遂与未遂作为标准来看想象竞合犯，可以是行为犯，也可以是结果犯，或者结果加重犯；反之也相同。这虽然不能一概而论，但是，划分标准的不同是不争的事实。那么，将按照是否应当评价为“数行为”为标准的继续犯，如何作为以是否“完成犯罪”为既遂标准？按照论者的观点，只有继续状态发生了才是既遂。但如前例，不能认为持有毒品的行为不是继续中，但却不能认为是既遂。基于上述认识，我认为继续犯的犯罪形态问题，定位于罪数形态研究是恰当的。

二、继续犯客观条件的理解

继续犯实施的必须是一个犯罪行为。之所以是一个犯罪行为，是因为在主观上继续犯支配行为的犯意只有一个，而且这种犯意贯穿实行行为从开始到终了。① 如果不是一个行为就不是继续犯。但这并不排除行为人在实施过程中另起犯意而实施其他犯罪行为，如在非法拘禁他人后又实施故意杀人或者绑架他人后又实施故意杀人行为的。这种情况下适用法律，应当按照立法的规定定罪处罚，或者是数罪，或者从重处罚。继续犯的行为必须持续地作用于同一对象。所谓同一对象，要求继续犯一行为持续作用的对象只能是同一对象。即使对象的性质相同但如侵害的对象不具有这种同一性，或者同一故意下的不同行为针对同一对象的，都不能成立继续犯。有学者对此指出，继续犯“其前举动与后举动侵害的必须是同一犯罪对象。如果前后侵害的对象不具有这种同一性，虽然从外观上、形式上看，行为人的犯罪行为具有一定的持续性，但仍然不成立继续犯”。② 当然，所谓的“同一对象”并不是数量上是“一个”，而是指法律意义上一个行为作用于体现同一个受保护的社会关系的对象。

继续犯必须是犯罪行为与不法状态同时继续。这是构成继续犯的重要条件，也是继续犯与有关形态相区别的显著特征。行为的持续，是否在犯罪既遂之后的持续，在理论上存在不同观点。按照一部分学者的观点，作为继续犯与即成犯的区别，继续犯是在犯罪既遂之后，行为与不法状态处于继续之中，即继续犯是犯罪既遂状态的继续。因此，作为继续犯来说，不可能存在犯罪未遂的形态。③ 就该问题而言，实际上涉及的问题有两个：一是

① 参见吴振兴：《罪数形态论》，中国检察出版社 1996 年版，第 127 页。
② 吴振兴：《罪数形态论》，中国检察出版社 1996 年版，第 130 页。
③ 参见马克昌主编：《犯罪通论》，武汉大学出版社 1999 年版，第 621～622 页。

继续犯行为的继续性应当如何理解，二是继续犯是否存在犯罪未遂。

对于第一个问题，否定的观点认为，将继续犯行为的继续性理解为“犯罪既遂状态”的继续是值得商榷的。理由是：(1)混淆了继续犯构成条件与继续犯既遂后经常性伴生现象之间的界限，并以后者替代了前者。行为与不法状态处于继续之中，是继续犯构成犯罪既遂的必要条件，是继续犯既遂要件不断完备的过程，而且其既遂并不以此为必要前提。(2)继续犯是结果犯而不是行为犯。因为继续犯不存在只要实施某种行为，但尚未造成既遂的损害程度而以犯罪既遂论处的情况。(3)实践中并不存在犯罪既遂后，犯罪行为及其不法状态必须持续一定时间才能追究刑事责任，也没有构成犯罪既遂而不追究刑事责任的情况。① 而肯定观点则认为继续犯之行为的持续应是指既遂以后的持续。这也正是继续犯不同于即成犯的特点。②

笔者认为，首先，否定观点将实践中是否追究刑事责任与理论上继续犯的条件混同，这对于否定肯定说的观点没有意义。因为论及犯罪行为及其不法状态必须持续一定时间才能追究刑事责任，所说的是犯罪既遂标准的问题。而既遂后是否追究刑事责任，是实践中的问题，两者并不在同一层面上。作为实践中的问题而言，即使是既遂但未被发现，没有被追究刑事责任的，也符合“既遂之后仍没有追究刑事责任”的命题。更何况实践中对即使既遂因具备某种法定条件(如年龄)和情节而没有追究刑事责任，也是客观存在的现象。所以，用实践性的问题并不能证明肯定说观点的错误。

其次，从理论上说，任何犯罪都是因为对社会造成危害的事实才被规定为犯罪的。继续犯当然也不例外。然而立法规定的继续犯，是否都以一定程度的损害事实作为犯罪既遂的标准，离开立法的规定则无法说清。但如果说继续犯是结果犯，则意味着所有的继续犯都必须以结果的发生为既遂的要件。不过显而易见的是，有属于继续犯的，如非法持有假币罪，立法并没有要求一定的结果发生；而如果认为继续犯是行为犯，相反则可以涵盖发生一定结果的继续犯。因为行为犯虽然不要求一定的结果发生，但它并不排斥在既遂形态中可能发生的任何结果。因此，认为继续犯都是结果犯的结论，是值得商榷的。

最后，行为与不法状态处于继续之中，是继续犯构成犯罪既遂的必要条件，是继续犯既遂要件不断完备的过程的认识。从一定意义上说，并没有错误。因为有相当一部分继续犯并非在着手后就构成犯罪既遂，构成既遂必须实现一定程度的损害。就典型的继续犯的非法拘禁罪而言，并非着手非法拘禁行为就是既遂。但将发生的被害人人身自由已经被实际剥夺的状态不视为犯罪已经既遂，从立法的规定看，则是没有根据的。因为法律只是规定“非法拘禁他人或者以其他方法非法剥夺他人人身自由”，即可处刑。按照论者的观点，

① 参见高铭暄主编：《刑法学原理》(第2卷)，中国人民大学出版社1993年版，第510~511页。

② 参见马克昌主编：《犯罪通论》，武汉大学出版社1999年版，第621~622页；陈兴良：《刑法适用总论》(上卷)，法律出版社1999年版，第650页。

持续拘禁的行为与不法状态的继续是一种“经常性伴生现象”，因而，“这种时间的继续性，只是影响对继续犯量刑轻重的情节之一，而不是决定继续犯成立的必要条件”。① 正因为论者也认为有的继续犯其行为与行为引起的不法状态必须达到法律要求的程度，才能认为构成犯罪，但同时又认为不能同意其他学者提出的继续时间的长短不影响继续犯本身的构成，而只是量刑的一个情节。根据论者这种相互矛盾的论述，这种“经常性伴生现象”在继续犯中到底起什么作用？从论者的观点中无法得出一个肯定性的结论。由上所述，笔者认为论者对肯定说观点的否定，是值得进一步探讨的。

至于第二个问题，继续犯是否存在犯罪未遂。根据通说观点，自然是不能得出完全肯定性的结论。因为，从一般意义上说，在不能认定继续犯的行为构成犯罪既遂的情况下，其社会危害性通常也达不到应受刑罚惩罚的程度。然而，根据笔者前述的分析，显然理论上是不能排除构成犯罪未遂的可能性的。另外也有学者从另一个角度论证了这一问题，认为某些可以即时完成的犯罪，如果采用在比较长的时间内完成的，可以构成继续犯。例如不给婴儿哺乳致其死亡的，是故意杀人罪的继续犯。也就是说，只要犯罪行为呈继续状态的，都是继续犯。并据此将继续犯分为纯粹的继续犯与不纯粹的继续犯。纯粹的继续犯不存在犯罪未遂，而不纯粹的继续犯就可以存在犯罪未遂。② 同时，陈兴良教授也认为，论者所举的不给婴儿哺乳致其死亡的例子，确是一种继续犯。但它不是故意杀人罪的继续犯，而是遗弃罪的继续犯。因此而否定不纯粹的继续犯的概念，主张继续犯不存在未遂问题。③

笔者同样认为，不纯粹的继续犯的提法是不妥当的。因为继续犯作为法律规定的一罪的类型，并不是由行为人实施行为时表现出的行为样态而决定的。换言之，继续犯的行为样态，应当是法律的规定。如果说可以根据行为人实际实施的行为样态来决定是否属于继续犯，那么，刑法中的所有的故意犯罪，恐怕都可能成立继续犯。盗窃罪可以，贪污罪当然也可以。因而，将继续犯根据实施行为的态样分为纯粹的继续犯与不纯粹的继续犯并没有理论根据。但是，就上述例子而言，我既不赞同姜伟博士对上述例子的分析，也不赞同陈兴良教授的分析。要承认这种情况属于继续犯的前提，在于其不哺乳的行为是否具有可罚性。而在这一点上恰恰不同于其他应当成立继续犯的行为，如非法拘禁行为、非法持有枪支的行为等，只要实施就应当受刑法的评价。但显然即使母亲已经开始不给孩子哺乳，也不应当受刑法(遗弃)的评价。只有当孩子被饿死亡结果发生时，其不哺乳致孩子死亡的行为在此时此刻，才应当受到刑法(构成杀人)的评价。从另一方面看，正因为每一次不哺乳的行为(举动)并不单独构成(遗弃)犯罪。因为，每一次不哺乳的行为，还谈不到符合

① 高铭暄主编：《刑法学原理》(第2卷)，中国人民大学出版社1993年版，第513页。
② 参见姜伟：《犯罪形态通论》，法律出版社1994年版，第296页。
③ 参见陈兴良：《刑法适用总论》(上卷)，法律出版社1999年版，第650页。

构成犯罪所要求的“情节恶劣”的情况。由于正是这种一次次不哺乳的举动在比较长的时间里才造成死亡，因此，其行为更符合接续犯而非继续犯。而从行为性质看也正因为如此，行为应当直接构成故意杀人罪，并不是与继续犯(遗弃罪)竞合的(故意杀人罪)的想象竞合犯。

继续犯必须是从着手实行到行为终了继续一定时间。具有时间上的持续性，是继续犯的重要要件。没有一定的时间过程，就谈不上犯罪行为和不法状态的继续，也就谈不上继续犯。当然，任何一种犯罪的实施，都需要有一定的时间来实施犯罪行为，不需要时间实施行为的犯罪是不存在的。那么，继续犯在时间上的这个继续过程应当如何理解？构成继续犯的时间继续应以多长时间为准？这在法律上都没有规定。有的学者认为，时间过程就是说要求的是一个相当时间内的持续，如果时间过短，则不足以说明行为的继续性(继续的时间长短同时也表明行为的社会危害性程度，影响是否构成犯罪)。笔者认为，这样理解是正确的。但是，这一时间应当如何把握？笔者认为，凡继续犯，其行为的实施并不是着手后即刻就结束的。其时间过程虽然并没有绝对的标准，但仍可以根据法律规定具体的继续犯犯罪构成的内容和案件的具体情况予以分析。例如非法拘禁罪，不存在非法拘禁一小时或一天不能构成犯罪的限制，也没有要求非法拘禁几小时或几天就可以构成犯罪的条件。所以，应当以法律规定与案件具体情况相结合考察。再如非法持有假币罪，只要发现其非法持有，只要其数量达到要求的标准，即便非法持有只是几小时，也完全可以认定。而对虐待罪而言，如果只是虐待几个小时，根据立法规定和具体案情，就不足以认定。因此，笔者认为，这一时间继续过程只能根据立法的规定来把握。

关于时间继续应从何时开始，在刑法理论界有犯罪既遂后说与犯罪实行后说等意见分歧。我认为应以犯罪实行后说为妥。因为继续犯以一定时间的继续为要件，否则就不可能构成犯罪，也就谈不到犯罪既遂。只有经过一定的时间继续，才构成犯罪，才谈到犯罪既遂。所以继续犯的时间继续，不应认为是从犯罪既遂后开始，而应认为是从犯罪实行后开始。

三、继续犯与即成犯的区别

即成犯，一般认为是与继续犯有一定对称性关系的一种犯罪形态。它是指行为一经实行终了，即完全具备犯罪构成要件，成立犯罪既遂的犯罪形态。在即成犯的情况下，既不存在行为的继续，也不存在不法状态的继续。如刑法规定的故意杀人罪、故意伤害罪，当发生死亡结果、伤害结果时，既标志着犯罪行为的完成，也标志着犯罪既遂的成立。这一点是继续犯与即成犯的主要区别。

对于继续犯与即成犯的关系，有学者认为，除继续犯之外的犯罪形态，都属于即成犯。其理论观点的依据在于认为即成犯可分为两种类型：一是以单纯实施行为即可构成犯罪既遂的即成犯，如诬告陷害罪、伪证罪等；二是当行为实施终了，行为不再继续而只是不法状态继续的即成犯，如故意伤害罪、盗窃罪等。① 对于这种观点，吴振兴教授认为，所谓第二种即成犯，实际上应当属于“状态犯”，对此可称为“状态犯替代说”。② 他认为，这种观点不能成立。理由在于这种所谓的即成犯，其不法状态继续过程中往往有不可罚的事后行为的介入，从而形成数行为(即本罪行为和不可罚的事后行为)按一罪处理的情况，所以应为科刑的一罪。“状态犯替代说”把分别属于单纯的一罪和科刑的一罪的两种犯罪形态都归于即成犯，是不够科学。而且，“状态犯替代说”，使继续犯具有不法状态的继续这一点与即成犯的区别不再存在，徒增了理论上的混乱。③ 笔者认为，吴振兴教授的观点是正确的，这一点从论者同时又认为盗窃罪属于状态犯的观点中，可以看出其论证中的矛盾性和不严谨性。④

四、继续犯与状态犯的区别

所谓状态犯，是指犯罪行为终了，仅有不法状态处于继续状态的犯罪形态，即在犯罪完成后的一种不法状态。如盗窃行为实施完毕后，非法占有他人财物的不法状态仍然继续存在的情况。继续犯与状态犯，都有不法状态继续，即在时间上表现为继续的特点，但两者的意义不同。继续犯的不法状态，是与其行为同时处于继续之中，而状态犯只有不法状态的继续而无行为的继续。继续犯的不法状态，是一种可罚性的不法状态；而状态犯其不法状态，无论继续多久，都是不可罚的。

理论上有观点认为，由于在完成犯罪后，已经不具有犯罪的要素，因此，将该种情况称为“状态犯”是不确切的。所以，状态犯并不是一种犯罪。⑤ 笔者认为这种分析是有道理的。但是鉴于理论上“状态犯”这一概念毕竟已经得到广泛的认可，且在使用这一概念时并没有发生单独将状态犯作为一种具体犯罪看待的错误，因此，状态犯的概念是可以保留的。

① 参见高铭暄主编：《刑法学原理》(第 2 卷)，中国人民大学出版社 1993 年版，第 516~517 页。
② 参见吴振兴：《罪数形态论》，中国检察出版社 1996 年版，第 132 页。
③ 参见吴振兴：《罪数形态论》，中国检察出版社 1996 年版，第 133 页。
④ 参见高铭暄主编：《刑法学原理》(第 2 卷)，中国人民大学出版社 1993 年版，第 518 页。
⑤ 参见马克昌主编：《犯罪通论》，武汉大学出版社 1999 年版，第 624 页。

主犯若干问题的探讨①

一、关于主犯的标准和种类

(一)主犯的标准

根据我国《刑法》第26条的规定，应当以何种标准考察我国刑法中的主犯，直接关系着对主犯种类的划分问题。根据《刑法》第97条的规定，本法所称首要分子，是指在犯罪集团或者聚众犯罪中起组织、策划、指挥作用的犯罪分子。我国理论上对于主犯的范围和种类有不同的认识。一种观点认为，主犯分为三种具体的犯罪人，即在集团犯罪中的首要分子、属于共同犯罪的聚众犯罪中的首要分子，以及在集团犯罪和其他形式共同犯罪中起主要作用的犯罪人。② 另一种观点认为，主犯分为两种，即在集团犯罪中的首要分子和在集团犯罪以及一般共同犯罪中起主要作用的犯罪人。由于聚众犯罪在刑法中属于必要共同犯罪的情况，是直接按照刑法分则的规定予以处罚。其首要分子可以是主犯，也可能不属于主犯。而刑法总则规定的主犯是任意共同犯罪中的。因此，聚众犯罪中的首要分子是否属于主犯，应当按照“在共同犯罪中起主要作用”来认定。所以，聚众犯罪中的首要分子不是当然的主犯。③

对于集团犯罪中被评价为首要分子的犯罪人，应当是主犯。这在理论上没有争议，但聚众犯罪中的首要分子是否属于主犯？以及聚众犯罪中的首要分子与主犯是何种关系？这些问题将直接影响到聚众犯罪中的首要分子是否应当按照主犯追究刑事责任的问题。上述两种观点对于聚众犯罪中的首要分子的认识，应当说有一致之处，即属于共同犯罪的聚众犯罪中的首要分子是主犯。之所以对主犯范围认识不一，分歧是对于聚众犯罪是否属于“必要共同犯罪”有不同认识，并由此导致作为主犯的首要分子在聚众犯罪中应当以什么标

---

① 本文原载于《法制与社会发展》2003年第5期。

② 参见陈兴良：《共同犯罪论》，中国社会科学出版社1992年版，第191~192页。

③ 参见马克昌主编：《犯罪通论》，武汉大学出版社1999年版，第565~566页。

准认定，产生不同认识。但我认为后一问题并不是分歧首先聚讼的焦点。

聚集至少三人以上不特定的人参与犯罪活动，是聚众犯罪的特点之一。然而，参与违法犯罪活动的人，是否都应当视为“共犯”？这应当是梳理不同认识的前提。

首先，《刑法》第 97 条对首要分子的立法解释，其精神在于解释首要分子在刑法中存在的范围，而不是对作为主犯的首要分子的解释。所以，第 97 条应当是一种提示性的规定。从这一点而言，笔者认为第二种观点的认识是正确的。聚众犯罪在我国立法中，有三种规定：一是，将聚众犯罪作为构成犯罪的客观条件，或者从重处罚的必要条件之一。例如，《刑法》第 237 条强制猥亵、侮辱妇女罪第 2 款规定：“聚众或者在公共场所当众犯前款罪的，处……”其“聚众”是处罚条件；第 309 条扰乱法庭秩序罪规定：“聚众哄闹、冲击法庭，或者殴打司法工作人员，严重扰乱法庭秩序的”，其“聚众”则是构成这类犯罪的必要条件。二是，以“聚众”为首要分子和其他积极参加者构成犯罪的必要条件，如第 290 条聚众扰乱社会秩序罪第 1 款：“聚众扰乱社会秩序，情节严重，致使工作、生产、营业和教学、科研无法进行，造成严重损失的，对首要分子，处……对其他积极参加的，处……”在这种犯罪中，如果首要分子和其他积极参加者，不是以“聚众”方式实施行为，则不构成犯罪。三是，以“聚众”为首要分子构成犯罪的必要条件。如第 242 条聚众阻碍解救被收买的妇女、儿童罪第 2 款：“聚众阻碍国家机关工作人员解救被收买的妇女、儿童的首要分子，处……其他参与者使用暴力、威胁方法的，依照前款①的规定处罚”。在这种犯罪中，是否以“聚众”方式实施阻碍国家机关工作人员解救被收买的妇女、儿童，只是首要分子构成犯罪的条件。换言之，也是罪与非罪的界限。因而，根据法律规定其他参加者如果不是以暴力、威胁方法阻碍解救被收买的妇女、儿童的，则根据《刑法》第 452 条第 3 款所列附件二，适用《关于严惩拐卖、绑架妇女、儿童的犯罪分子的决定》中行政处罚的规定予以行政处罚。反之，如果使用暴力、威胁方法阻碍构成犯罪，则为妨害公务罪。

比较上述规定，显然第一、二种立法的规定作为犯罪成立的条件，或者处罚条件的，必须或者可以是“聚众”方式，且符合规定的参与者都构成犯罪。因而，这种情况下的“聚众犯罪”是以必要共同犯罪形式出现的，其中的首要分子无疑可以是主犯。而第三种立法的规定，由于参与者并不都构成犯罪，还不能说参与者都是“共犯”。在参与者不构成犯罪的情况下，其首要分子显然只是“首要分子”而已，并不是主犯。只有根据法律规定，在参与者的行为构成犯罪的情况下，与首要分子构成共同犯罪的，其首要分子才可以是主犯。当然在这种情况下，即使参与者与首要分子构成犯罪的罪名不同，也不影响“聚众犯罪”属于“必要共同犯罪”的性质。由此可以看出，如果认为所有“聚众犯罪”都是必要共同犯罪，则是不够确切的。

其次，在属于共同犯罪的聚众犯罪中，首要分子应当以何种标准认定为主犯，在上述

① 根据《刑法》第 242 条第 1 款规定，按照第 277 条妨害公务罪定罪处罚。

不同认识中，第一种观点持的是起"组织、领导"作用为标准。这是根据《刑法》第 97 条规定得出的结论。而第二种观点则是起"主要作用"，以《刑法》(总则)第 26 条规定为标准。笔者认为，共同犯罪中实施组织、领导行为的，当然在共同犯罪中是起"主要作用"。同时，根据我国刑法的规定，在共同犯罪中起"主要作用"的是主犯。从这一点而言，两种观点都没有错误。但是，就《刑法》(总则)所规定的起"主要作用"的精神而言，是指实行行为的情况。而"聚众犯罪"只是在分则中有规定，即"聚众"行为应为实行行为而不属于非实行行为。如前所述，《刑法》第 97 条是对首要分子范围的界定，不是对于主犯的认定标准。何况，即使是"聚众犯罪"也不都是"共同犯罪"。因此，以第 97 条作为认定首要分子为主犯的标准，至少是不准确的。以"在共同犯罪中起主要作用"作为首要分子是否为主犯的标准比较科学。

基于上述认识，笔者认为我国刑法中的主犯的范围，以第二种观点的认识为宜。即我国刑法中的主犯分为两种：一是在共同犯罪中起主要作用的人；二是犯罪集团中的首要分子。

(二)主犯的种类

1. 首要分子

作为主犯的首要分子，是指在"组织、领导犯罪集团进行犯罪活动"和属于共同犯罪的"聚众犯罪中起组织、策划、指挥作用的犯罪分子"。理论上一般是将这种首要分子称为"组织犯"。这是刑法理论上根据分工对共同犯罪人进行的分类。如前所述，目前理论上对组织犯的范围还有不同的认识。该问题直接涉及的是首要分子与组织犯的关系。对此，目前观点主要是两种：一种观点认为，组织犯在我国刑法中只存在于集团犯罪中，在一般共同犯罪中不存在组织犯。① 另一种观点认为，组织犯是根据分工分类确定的共同犯罪人，有无组织形式并不是认定组织犯的依据。因为组织犯的客观特征是实施非实行行为，这才是认定组织犯的标准。在国外的立法中，组织犯也是包括在集团犯罪与一般共同犯罪中。在我国，现行的立法根据就在于《刑法》第 26 条第 4 款规定了"对于第 3 款规定以外的主犯，应当按照其所参与的或者组织、指挥的全部犯罪处罚"。这就是在一般共同犯罪中组织犯的立法规定。因此，我国的组织犯在集团犯罪以及一般共同犯罪中都存在。而且还认为，对在一般共同犯罪中实施组织、指挥这种非实行行为的，如果不认为这种行为是组织行为，会得出这种行为不属于由作用分类设立的不正确结论。②

---

① 参见马克昌主编：《犯罪通论》，武汉大学出版社 1999 年版，第 565 页。

② 参见阴剑峰、周加海主编：《共同犯罪适用中疑难问题研究》，吉林人民出版社 2001 年版，第 240 页。

第一种观点，表明的基本思想有两点：其一，在我国刑法中，组织犯的评价标准在于其组织、领导的共同犯罪是否有组织形式。所以，没有排除分则性必要共同犯罪中的犯罪集团；其二，组织犯与是否应当作为主犯予以处罚并不是同一的评价标准。即作为主犯的，必须是任意共同犯罪中的行为人，而组织犯以是否属于有组织犯罪而决定。第二种观点表明的思想也有两点：其一，只要属于共同犯罪，就可能存在组织犯。评价的标准在于实施的行为是否属于非实行行为的组织行为；其二，组织犯与评价作为主犯的组织犯的标准是同一的，即只要属于组织犯则必为主犯。

笔者认为，如何看待上述的观点及表明的基本思想，应结合我国刑法的具体规定来考虑。根据我国现行立法对首要分子的规定，应当明确"首要分子"并不是一种身份，而是一种在实施犯罪中因"行为表现"而确立的主体。即这种主体只能在犯罪过程中形成，而不能在犯罪实施前确定。从我国现行立法的规定看，总则中首要分子的规定共有 2 款，即第 26 条第 3 款和第 97 条关于首要分子范围的提示性规定。就这种立法模式而言，与我国刑法历次的立法草案的规定是基本相同的。但有区别的是，在历次的立法草案，以及 1979 年刑法中，刑法总则关于"共同犯罪"一节的规定中没有"首要分子"的概念，而且，在草案中关于首要分子的范围的变动没有一定的规律，有的只限定在集团犯罪中，而有的则包括聚众犯罪。① 这表明了刑法草案的起草过程中对这一问题始终处于不确定的认识之中。

与以前草案以及 1979 年刑法不同的是，现行的立法规定的组织、领导、指挥行为，分为总则和分则两部分。总则即为第 26 条和第 97 条；分则为具体的有组织犯罪和具体聚众犯罪。如第 240 条规定的"拐卖妇女、儿童集团的首要分子"，第 318 条规定的"组织他人偷越国(边)境集团的首要分子"，第 292 条聚众斗殴罪的"首要分子"，第 294 条组织、领导、参加黑社会性质组织罪中实施组织、领导行为的首要分子等。根据总则规定指导分则适用的基本原理，可以得出如下的认识：

首先，刑法分则规定的属于共同犯罪的聚众犯罪的首要分子的组织、领导行为是不是"组织犯"。上述两种观点都是否定的，但是，否定的理由不同。第一种观点否定的理由是，因为这种共同犯罪不具有组织形式。而第二种观点虽然如前所述表明同样是否定的观点，但是论者在论述中观点存在矛盾。即论者认为只要是共同犯罪，就存在有组织犯的可能性。而属于共同犯罪的聚众犯罪，是"共同犯罪"。则按照论者的观点，本应当肯定其中的首要分子是"组织犯"，但前述论者的观点却是否定的。也就是说，论者以这里的认识，否定了自己前述的观点。所以，笼统地讲在共同犯罪中实施组织、领导行为的(当然应当包括属于一般共同犯罪的聚众犯罪中实施组织、领导行为的"首要分子")，就等同于共同犯罪中的"组织犯"，至少在概念的外延上是不周延的。因为论者所说的共同犯罪，仅指任

① 参见高铭暄、赵秉志主编：《新中国刑法立法文献资料总览(上)》，中国人民公安大学出版社 1998 年版，第 362 页。

意共同犯罪。

其次，对于组织、领导等首要分子的规定，总则“共同犯罪”一节中在“犯罪集团”的一款中有规定。其行为应当是包括这里规定的组织、领导、指挥的非实行行为，和分则具体条款规定的组织、领导、指挥的实行行为。之所以这样认识，是因为刑法总则规定的“犯罪集团”的概念，就是对刑法分则中具体属于“犯罪集团”犯罪的解释和规定。从立法本身的规定而言，笔者认为这其中既包括必要共同犯罪的犯罪集团，如组织、领导、参加黑社会性质组织罪，也包括任意共同犯罪的犯罪集团，如盗窃集团、拐卖妇女儿童的犯罪集团等。但在刑法总则“共同犯罪”一节中对“聚众犯罪”并没有规定。所以，《刑法》第 97 条所规定的聚众犯罪“首要分子”的组织、领导、指挥的行为应当是分则的实行行为，而不属于非实行行为。因此，属于共同犯罪性质的“聚众犯罪”，应当归属一般共同犯罪的形式中。结论就应当是：《刑法》第 97 条提示性规定表明聚众犯罪的“首要分子”，应当是指在刑法分则具体条文中的概念，而不是刑法总则的概念。

理论上一种观点认为，《刑法》第 26 条第 2 款规定的“犯罪集团”仅指任意共同犯罪中的犯罪集团，而不包括必要共同犯罪中的犯罪集团，即分则性犯罪集团。笔者认为这种观点是不能成立的。即使是分则性的犯罪集团，是否构成集团犯罪的标准，仍然离不开第 26 条第 2 款的指导。换言之，无论必要共同犯罪的犯罪集团还是任意共同犯罪的犯罪集团，都必须根据刑法总则的规定去认定，对必要共同犯罪的处理原则，并不能说明刑法总则规定的犯罪集团是任意共同犯罪的犯罪集团。如是，则根据上述认识，理论上对犯罪集团中实施非实行行为的首要分子，称其为“组织犯”是没有争议的；补充实行行为的组织、领导等组织行为应当是属于非实行行为，而不是实行行为，理论上应当说也没有争议。有争议的是刑法分则中属于必要共同犯罪的集团犯罪的首要分子，是不是“组织犯”。第一种观点是肯定的。如组织、领导、参加黑社会性质组织罪的首要分子，仍然是“组织犯”；而第二种观点是否定的。即认为：“刑法分则中已经明文规定的行为，就不能再成为非实行犯的组织行为。”“刑法分则中已经明文规定的组织行为，不是共同犯罪意义上的组织行为而只是犯罪的实行行为，犯罪人也不是组织犯。”①

在笔者看来，结合我国立法的规定，理论上认为的组织犯，不仅存在于任意共同犯罪的集团犯罪中，也存在于必要共同犯罪的集团犯罪中。两者的区别在于刑法分则规定的必要共同犯罪中的集团犯罪中“组织犯”，通常已经规定了单独的法定刑。而且，处罚时还需按照刑法总则的规定，“按照集团所犯的全部罪行处罚”。而对属于刑法分则规定的任意共同犯罪中的集团犯罪的“组织犯”，必须考虑其在共同犯罪中对实行犯实行行为补充作用的大小，根据对通常危害程度规定的法定刑，“按照集团所犯的全部罪行处罚”。也就是说，

① 阴剑峰、周加海主编：《共同犯罪适用中疑难问题研究》，吉林人民出版社 2001 年版，第 241、244 页。

评价为组织犯的标准，并不仅仅在于行为是刑法总则还是刑法分则规定的，而在于行为本身是不是“组织行为”。换言之，组织犯是一个身份概念，而成立组织犯的前提在于必须实施组织行为，是否由刑法分则规定，只是属于总则性还是分则性组织犯的区别而已。不过，以分工划分的“组织行为”则是揭示对实行行为予以补充的法律性质的。当然，对于分则规定的具有组织性的实行行为，有的并不是分则性组织犯的组织行为，例如，组织卖淫罪所规定的“组织”行为，并非组织犯的情况。原因在于这里的组织行为所组织的只是违法行为，而不是犯罪行为。笔者认为，对刑法分则规定的组织犯，之所以仍然需要将其称为组织犯，是因为我们无法否认即使是必要共同犯罪的集团犯罪中的首要分子，实施的实行行为的法律性质仍然是“组织行为”。实施这种行为的同样是“组织犯”，只是属于刑法分则的“组织犯”而已。并且，根据刑法理论，对分则规定的这种“组织行为”，不再认为是对实行行为予以补充的“组织犯”的组织行为。由此笔者认为，组织犯并非只是一个总则的概念，它还应当包括分则中实施了组织、领导等实行行为的首要分子。可以看出，组织犯的概念，大于组织行为的概念。组织犯是因实施组织行为而成立，但作为补充实行行为的组织犯的行为则必须是非实行行为。所以，笔者认为将“组织犯”与“非实行行为的组织行为”完全等同，也是不正确的。刑法理论上实行行为与非实行行为的区别，在这里并不能够说明是不是“组织犯”，而只是为了表明非实行行为的组织行为是对实行行为予以补充的意义，非实行行为是实行行为的修正形式。

理论上有一种观点认为，根据刑法规定，犯罪集团的首要分子必然包括任意共犯的犯罪集团首要分子和必要共犯的犯罪集团首要分子两种。因此，第 97 条所指的第一种首要分子并不能与第 26 条第 1 款所指的第一种主犯等同视之。两个概念的定义内容上虽然存在着某种一致，但确为完全不同的概念，其在内涵和外延上都并不一致。所以认为第一种首要分子就是第一种主犯的解释并不能成立。① 这里，论者观点有值得肯定的地方，即第 97 条对首要分子的解释并非就是对主犯的解释。但论者观点的前提，建立在犯罪集团应当是指任意共同犯罪的犯罪集团。但如前所述将第 97 条对集团犯罪中首要分子的解释，理解为与第 26 条对犯罪集团首要分子的规定在内涵和外延上都不一致，是没有根据的。此外，类似的观点还有认为集团犯罪中的首要分子，不一定就是主犯，首要分子与主犯是有从属关系的。并认为应以在适用法律上是否需要根据刑法总则来认定哪些首要分子与主犯有从属关系，哪些首要分子与主犯无从属关系。这是决定首要分子是否为主犯的重要条件。② 该论者的观点的前提与前述观点的基础是相同的，即认为必要共同犯罪的犯罪集团

---

① 参见丁鹏：《首要分子与主犯关系新探——从任意共同犯罪与必要共同犯罪角度》，载《福建政法管理干部学院学报》2002 年第 1 期。

② 石经海：《首要分子与主犯关系新论》，载《现代法学》2000 年第 6 期。

中的首要分子，在定罪量刑上无须考虑刑法总则的规定，即"只要直接适用刑法分则有关条款的规定，就能正确、准确地定罪和量刑。因而，其共同犯罪人无须分为主犯、从犯等，它的首要分子与主犯也就不存在从属关系。因为这时'主犯'这个属概念不存在。这样，刑法总则中关于共同犯罪人种类的划分，实际上是仅仅针对任意共同犯罪的共同犯罪人的。对于必要共同犯罪的共同犯罪人来说，就不应适用刑法总则中关于共同犯罪人种类划分的规定"。① 并认为："对于集团犯罪，应分为两种情况。其中，对极少数刑法分则明文规定为集团犯罪的，其首要分子也不存在是否为主犯的问题；而对于其他的集团犯罪，其首要分子一定是主犯。"②

笔者认为这种观点是值得商榷的。除了前述的理由外，现行《刑法》第 26 条第 4 款明确规定了"第 3 款规定以外的主犯……"而所谓第 3 款规定以外的"主犯"，就是"组织、领导犯罪集团的首要分子"，必须"按照集团所犯的全部罪行处罚"。上述规定，即使对必要共同犯罪中的犯罪集团首要分子，也同样适用。如第 294 条第 1 款规定的组织、领导、参加黑社会性质组织罪，是必要共同犯罪中的集团犯罪。对此的认定和处罚在 2000 年 12 月 5 日《最高人民法院关于审理黑社会性质组织犯罪的案件具体应用法律若干问题的解释》中，第 3 条规定："对于黑社会性质组织的组织者、领导者，应当按照其所组织、领导的黑社会性质组织所犯的全部罪行处罚。"其处罚原则与《刑法》第 26 条第 3 款的规定完全相同。能够认为这种必要共同犯罪的犯罪集团的首要分子不是主犯，这样随意将犯罪集团解释为只是任意共同犯罪的犯罪集团，将其中的首要分子解释为不存在是否为主犯的问题，没有任何法律和理论根据。

根据上述理解，笔者认为刑法中的组织犯，包括属于任意集团犯罪中的组织犯，也包括必要集团犯罪中的组织犯。但在属于共同犯罪的聚众犯罪中，其中的首要分子不是组织犯。如前所述，《刑法》第 97 条规定的"本法所称的首要分子"，意思就是指刑法分则条文(包括单行刑事法律中分则性条文)中明文规定的首要分子。所以，"首要分子"并非仅就任意共同犯罪而言。从立法的规定看，首要分子在刑法分则中有两种：一是在犯罪集团中起组织、策划、指挥作用的犯罪分子；二是在聚众犯罪中起组织、策划、指挥作用的犯罪分子，即聚众犯罪中的首要分子。对于属于共同犯罪的聚众犯罪中的首要分子，如前所述，笔者认为，由于实施的是实行行为而不是非实行行为，所以，应当以其在共同犯罪所起的作用是否为"主要作用"来认定。从一般意义上说，在这种犯罪中，其领导、策划、指挥的行为，是一种起主要作用的行为？应当认定为首要分子。只是对这种首要分子的处

---

① 石经海：《首要分子与主犯关系新论》，载《现代法学》2000 年第 6 期。

② 论者所指的刑法分则明文规定的集团犯罪，如第 120 条规定的组织、领导、参加恐怖组织罪，第 294 条规定的组织、领导、参加黑社会性质组织罪，是典型的必要共同犯罪。其中的首要分子不存在是否为主犯的问题。参见石经海：《首要分子与主犯关系新论》，载《现代法学》2000 年第 6 期。

罚，只需按照刑法分则条文规定的法定刑予以处罚就可以，无须再引用刑法总则对主犯的规定。

2. 起主要作用的主犯

起主要作用的主犯，理论上一般称其为“主要的实行犯”。一般认为《刑法》第 26 条后半段规定的：“在共同犯罪中起主要作用的，是主犯”，就是指该种主犯。在共同犯罪中起主要作用，应当如何理解？至于什么是起主要作用，法律并未解释。因此，必须要依靠具体案件的情况，根据每个参与者的参加程度来认真分析。

组织、领导犯罪集团进行犯罪活动，当然是在共同犯罪中起主要作用。但这里所说的起主要作用，应理解为除上述活动之外的，在共同犯罪的实施、完成中起主要作用。这种主犯在司法实践中，主要有两种情况：①积极参加犯罪集团的，即虽不是犯罪集团的组织者、领导者，但在犯罪集团中出谋划策，特别卖力地进行犯罪活动。②在一般共同犯罪中直接实行犯罪起主要作用的，即在共同犯罪中起主要作用的实行犯，是犯罪的重要实行者。它可能表现为以下几种情况：在共同犯罪中直接造成严重危害后果，或者对犯罪献计献策在完成共同犯罪中起着关键作用，如犯意的发起者；犯罪的纠集者；或者在共同犯罪中罪恶重大或情节特别严重等，是犯罪的主要责任者(如在犯罪集团中具有一定身份、职务)；犯罪的指挥者，主要是指在一般共同犯罪中协调各犯罪人行为的人。具有上述情况之一的，即可以构成共同犯罪中的主犯。

共同犯罪是一个外延较广的概念。它既可以包括一般共同犯罪，也可以包括犯罪集团；既可以包括任意共同犯罪，也可以包括必要共同犯罪。作为必要共同犯罪形式的聚众犯罪，属于一般共同犯罪的范畴，其中的首要分子，自然可以为“在共同犯罪中起主要作用”这一内容所包括。所以，起主要作用的主犯，在集团犯罪与一般共同犯罪中都可以存在。

二、主犯的处罚

(一)首要分子的刑事责任

首要分子的刑事责任，即是指在犯罪集团中的组织犯的刑事责任。《刑法》第 26 条第 3 款规定：“对组织、领导犯罪集团的首要分子，按照集团所犯的全部罪行处罚。”而“所谓集团所犯的全部罪行，应理解为首要分子组织、指挥的全部犯罪”。① 因为对这些“全部犯

① 赵秉志主编：《新刑法教程》，中国人民大学出版社 1997 年版，第 216 页。

罪”，首要分子在客观上与集团成员有共同犯罪行为，即是由他们组织、指挥集团成员实行犯罪；在主观上与集团成员有共同犯罪故意，即他们预见到集团成员实施的犯罪，并希望或放任该危害结果发生，符合犯罪构成的主客观相一致的原则。因而，首要分子应对集团所犯的全部罪行负刑事责任。当然，根据共同犯罪刑事责任范围的一般原则，如果集团的某个成员实行了集团首要分子组织、指挥的犯罪以外的其他犯罪，对这种犯罪只能由行为人负责，集团的首要分子对之不应当承担刑事责任。

由于立法规定的是“首要分子”的刑事责任原则，当集团的首要分子不止一人的情况下，其首要分子的刑事责任轻重是否应当有所区别。从目前的立法规定而言，我认为，首要分子对组织、指挥集团成员实行的全部犯罪承担刑事责任，并不是指首要分子承担相同的刑事责任，所以，根据首要分子在组织、指挥集团成员实行犯罪的具体情况，应当说，各个首要分子的刑事责任可以存在一定的区别。

(二)起主要作用主犯的刑事责任

《刑法》第 26 条第 4 款规定：“对于第 3 款规定以外的主犯，应当按照其所参与的或者组织、指挥的全部犯罪处罚。”这里所说的主犯，即是指犯罪集团首要分子之外的主犯。该种主犯或者是在犯罪集团首要分子组织、指挥下参与某种犯罪，积极进行了犯罪活动；或者是在一般共同犯罪中积极参与某种犯罪，在犯罪活动中起主要作用；或者组织、指挥其他共同犯罪人进行某种或某些犯罪。当然，组织、指挥其他共同犯罪人进行犯罪活动，也可以说是“在共同犯罪中起主要作用”。但笔者认为，这里立法强调的“组织、指挥”行为，主要是因为实践中这种一般共同犯罪的实施，各犯罪人在实施犯罪时一般仍然存在有对犯罪实行进行协调之人，只是因其犯罪不具有组织形式还不构成集团犯罪。但实施这种协调行为的人，对其他共同犯罪人实施的犯罪，主观上是明知的。因此，应当对自己领导、指挥以及参与的犯罪承担刑事责任。

与非主犯的共同犯罪人相比，该种主犯具有较大的社会危害性与人身危险性。但与犯罪集团的首要分子相比，人身危险性和社会危害性，却没有那样严重。因而在对其他主犯处理时，虽然依法也应当从重处罚，但在具体适用刑罚上应较犯罪集团的首要分子为轻。刑法规定的这种主犯的刑事责任应按其所参与的或者组织、指挥的全部犯罪负刑事责任。当然，该种主犯对不是他所参与的或者不是他所组织、指挥的犯罪，自应不负刑事责任。同理，如果一案有数名主犯的，即使都应当对所参与或者组织、指挥的犯罪承担刑事责任，也不意味着需要判处同等的刑罚，也应当根据案件的具体情况，在处罚上可以体现一定的区别。

论犯罪中止的若干争议问题[①]

一、关于犯罪中止的特征

目前我国刑法理论上，对于犯罪中止应当从哪个角度予以研究，还有不同的称谓和认识。有的是从"人"的角度，研究中止犯的成立"条件"[②]或者"特征"；[③] 有的是从"形态"的角度，研究犯罪中止形态成立的特征。[④] 笔者认为，研究犯罪中止是为了区别于其他犯罪的停止形态。虽然学者们对此的称谓不同，但就该类问题研究而言，在内涵中并没有本质上的区别。为求在研究上称谓的统一，仍然使用"特征"一词。

我国《刑法》第24条规定："在犯罪过程中，自动放弃犯罪或者自动有效地防止犯罪结果发生的，是犯罪中止。"据此，我国刑法中的犯罪中止，是指在直接故意犯罪过程中，行为人自动放弃其犯罪行为，或者自动有效地防止了危害结果发生的一种犯罪形态。中止其犯罪行为的，理论上称之为"中止犯"。由于行为人自动放弃或者有效阻止犯罪结果的发生，表明其人身危险性减小、主观恶性减轻。为鼓励更多的犯罪人中止其犯罪，各国刑法都具有对中止犯罪的行为人从宽处罚的规定。

(一)时间性特征的认识

犯罪中止的时间性，即是犯罪中止应当在那一个时间段内成立的问题。对此，由于各国或地区刑事立法规定的不同，在成立的时间界限上多有不同。将犯罪中止规定为犯罪未遂种类之一的刑法，由于犯罪未遂的成立必须在着手实行行为之后达到既遂之前，所以其中止的时间界限也同样限定在此范围之内，如日本刑法就是如此。我国刑法明文规定犯罪中止的时间界限为"在犯罪过程中"，但对于什么是"犯罪过程"，并没有立法上的明确解

① 本文原载于《法学评论》2003年第6期。

② 参见马克昌主编：《犯罪通论》，武汉大学出版社1999年版，第464页；叶高峰主编：《故意犯罪过程中的犯罪形态论》，河南大学出版社1989年版，第214页。

③ 姜伟：《犯罪形态通论》，法律出版社1994年版，第182页。

④ 徐逸仁：《故意犯罪阶段形态论》，复旦大学出版社1992年版，第168页。

释。对此，有学者认为："犯罪过程是一个总概念，这里指的是犯罪行为过程，也即在犯罪准备或着手实施犯罪的过程中。如果犯罪已达既遂，或者在有结果的犯罪中，危害结果已经产生，那就不可能发生中止的问题了。"①还有学者更明确地指出："所谓故意犯罪的过程，是指故意犯罪从产生、发展到完成所经过的程序。它是故意犯罪运动、发展和变化的连续性在时间和空间上的表现。在故意犯罪中，犯罪过程包含了从预备犯罪到完成犯罪活动所经过的各个阶段和各个时期。而在各犯罪阶段上，由于内在的或外在因素的影响，又可能产生不同的犯罪形态。而作为一种未完成形态的犯罪，犯罪中止可以发生在从犯罪预备到犯罪结果发生之前的整个过程中。"②可以看出，只有在犯罪预备过程和着手实施犯罪但没有达到既遂之前才可能成立犯罪中止，而在犯意表示阶段和犯罪既遂的情况下，都不可能出现犯罪中止的情况。

有学者指出，在理解犯罪中止的时间界限上，"有一个误解应该澄清。就是某些刑法论著在论述犯罪中止的时间性时，总是惯于强调中止犯发生在犯罪结果出现以前。这一提法不够确切，不能全面概括中止犯的时间界限。中止犯只能发生在犯罪既遂之前，才是正确的结论。犯罪既遂与犯罪结果是两个不同的概念，具有不同的法律意义。我国刑法规定的某些犯罪的既遂并不以犯罪结果的发生为条件，如阴谋犯、行为犯、危险状态犯等，未发生犯罪结果也成立犯罪既遂，即犯罪已经完成。如果对于这些犯罪形态的中止也以犯罪结果发生作为终限，则意味着在犯罪完成以后还可以成立中止犯，这是不合适的"。③

笔者认为上述学者的观点是正确的，但是，刑法中的确存在以法定结果是否发生来衡量是否完成犯罪的情况，如结果犯。对于这种犯罪而言，结果发生之前，有效予以防止的即可以成立犯罪中止的表述，实际上并且没有错误。

目前，理论上针对危险犯，在自动消除危险状态的情况下，能否成立犯罪中止，还有不同的认识，主要有肯定和否定两种观点。

肯定说虽然认为能够成立犯罪中止，但在具体认识上又有所不同。一种观点认为这属于犯罪既遂后的特殊情况，如认为："理论的原理原则，也常发生有例外的情况。一般说，犯罪中止只能发生在犯罪既遂之前，但是刑法规定的放火罪，投放危险物质罪④等在犯罪既遂之后仍有可能成立犯罪中止。例如放火犯已经将火点燃，欲烧毁会计室的账册，以掩盖其贪污的事实，可在点火以后，又担心罪上加罪，于是主动将火扑灭，避免了重大损失。从法律规定角度看，它已构成放火罪的既遂，但从事实上说，由于行为人自动有效地防止了犯罪结果的发生，以致没有产生预期的严重后果，仍应视为犯罪中止。"⑤第二种观

---

① 姜伟：《犯罪形态通论》，法律出版社 1994 年版，第 170 页。

② 马克昌主编：《犯罪通论》，武汉大学出版社 1999 年版，第 464 页。

③ 马克昌主编：《犯罪通论》，武汉大学出版社 1999 年版，第 182~183 页。

④ 原为投毒罪，根据有关司法解释，笔者故作修改。

⑤ 徐逸仁：《故意犯罪阶段形态论》，复旦大学出版社 1992 年版，第 171~172 页。

点认为，在这种情况下，“不能认为是对危险犯的中止，而只能作为实害犯的中止处理。因为，当危险犯已构成既遂状态的情况下，是不可能再转化为中止犯的。因此，当遇到这种情况时，就不能再按照危险犯的法定刑处罚，而应当依照刑法条文对实害犯法定刑的规定，以中止犯免除或者减轻处罚”。因为，“在这种场合，犯罪人已完成了危险犯的实行行为，但是，实害犯的犯罪结果并没有发生。在此情况下，犯罪人自动采取措施，并且有效地防止了犯罪结果的发生……这种情况之所以应当构成中止犯是因为，我国刑法对犯罪中止的时间限制，只要求发生在犯罪过程中，同时，刑法只规定了有效防止危害结果发生，是实行行为完成后成立中止犯的必要条件，并没有对犯罪的类型作具体区分。因此，可以认为，无论何种犯罪，只要存在着发生犯罪结果的可能性，在结果尚未发生之前，都应当给予行为人自动有效地防止结果发生的权利”。①

否定说认为：“危险状态犯在完成犯罪行为，并引起法定的危险状态以后，因某种原因，采取积极行动，避免了危害结果的发生，也不属于中止犯。例如，刑法规定的破坏交通设备罪，并不以实际造成交通工具倾覆、毁坏作为犯罪既遂的标志。只要行为人破坏交通设备的行为足以……发生倾覆、毁坏危险，尚未造成严重后果的，就构成该罪的既遂……”如行为人在铁轨上放置一块巨石，足以使列车倾覆，“基于某种原因，又自动返回现场，移开巨石，使得列车安全通过，没有造成危害社会的结果，因是犯既遂以后的行动，不属于中止犯。但这种悔罪的行动对量刑有影响”。②

笔者认为，上述观点的分歧，仍然在于如何理解我国刑法中规定的危险犯。首先，对危险犯如果持以危险状态发生为犯罪既遂形态的通说观点，则肯定说中的第一种观点，即在危险犯罪已经构成犯罪既遂的情况下(即使结果并不严重)，仍然可以成立犯罪中止的观点的确有值得商榷之处，其缺陷正如肯定说第二种观点所指出的，“当危险犯已构成既遂状态的情况下，是不可能再转化为中止犯的”，否则，理论上难以自圆其说。其次，在刑法理论上，通说认为在实施危险行为发生法律要求的重大实害结果(并加重其法定刑)的情况下，该种犯罪不宜再认为是危险犯而是危险犯的结果加重犯。而且，在刑法理论上，结果加重犯与危险犯属于不同的具体犯罪类型。③ 而关于结果加重犯，理论上的共识是只存在犯罪既遂形态，因此，在成立危险犯的结果加重犯的情况下，应当属于实害犯的范畴。根据立法规定，理论上将危险犯分为抽象危险犯和具体危险犯两种，从我国刑法的具体规定看，对这两种危险犯都规定有结果加重犯的条款，因而在实施属于危险犯的行为但没有造成重大实害结果的情况下，是应当认定为危险犯的既遂犯，还是实害犯的中止犯(或未遂犯)，则是认识该问题的关键。再次，笔者认为，肯定说中的第二种观点，从刑事政策

---

① 马克昌主编：《犯罪通论》，武汉大学出版社 1999 年版，第 464 页。

② 姜伟：《犯罪形态通论》，法律出版社 1994 年版，第 183 页。

③ 参见[日]木村龟二主编：《体系刑法事典》，青林书院新社 1981 年日文版，第 130、133 页。

意义上说，不可谓没有依据，各国(地区)刑事立法之所以在刑法中设置犯罪中止形态，无非是鼓励犯罪人悬崖勒马，以避免对社会造成更大的损害。因此，对犯罪中止的立法规定，正如李斯特所言，是"架设了引导犯罪人返回的黄金桥"，① 但是，如根据肯定说第二种观点，将该种情况从刑事政策意义上作为犯罪中止认定，则必须对危险犯既遂的标准和结果加重犯的基本理论提出质疑。因为，无论是抽象危险还是具体危险，都必须具有实害结果发生的可能性，才能认为其行为属于危险的犯罪。从这一意义上说，是否应当认为所有的危险犯同时也是实害犯？恐怕理论上不好做这样的理解。根据理论上的共识，当危险状态已经发生，即使实害结果没有发生时，从危险犯的角度看，犯罪已经是既遂(肯定说中的第二种观点也持同样的认识)。因此，如果阻止的是危险状态的发生，则成立的应当是危险犯的犯罪中止，而不是实害犯(结果加重犯)的犯罪中止；从结果加重犯的角度看，在危险状态已经发生而阻止的是重大实害结果，如果成立实害犯(结果加重犯)的犯罪中止(或犯罪未遂)，则又与结果加重犯只存在既遂形态不存在未完成形态的基本理论相矛盾。所以，结论是：如果只是基于刑事政策的考虑，将该种情况视为犯罪中止的例外，就应当考虑到这样的例外必然带来对犯罪既遂理论以及结果加重犯理论整体上的动摇。我正是基于这些基本理论，赞同否定说的观点。所以，问题并不在于不将这种情况作为犯罪中止认定，就不能贯彻这一刑事政策的基本精神。

(二)自动性特征的认识

所谓犯罪中止的自动性，是指犯罪中止必须是行为人在自认为(确信)当时能够完成犯罪的情况下，基于本人的意志而决定停止犯罪行为，或者主动防止危害结果的发生。

在刑法理论上，犯罪中止要求"根据自己的意思"而停止犯罪，这是犯罪中止必须具备的条件，但是，如何理解这一条件，理论和司法实务上都存在不同的认识。例如，在日本刑法理论上，对该条件的理解就有：(1)客观说，即主张"以行为人所认识的外部事物，根据一般人的观念，认为通常不妨碍完成犯罪的情况下，能够确认'任意性'"。也即如果客观外在事实对一般人能够产生强制性影响，行为人放弃犯罪非中止，而是障碍未遂；如果对一般人不足以产生这种影响，则为中止。(2)主观说，即认为"行为人对于客观外部妨碍犯罪完成的事实没有认识的情况下，能够确认'任意性'"。换言之，即使这种障碍客观上并不存在，但行为人认为存在而放弃犯罪的，也不能认为是中止；反之，即使客观上存在阻碍其意志实现的障碍，但行为人并不认为能够阻碍其意志实现，因而停止犯罪的，也成立中止。(3)限定主观说。即主张"以行为人具有广义的悔悟为必要条件"来确认"任

① 转引自[日]板仓宏：《中止犯》，载阿部纯二等主编：《刑法基本讲座未遂、共犯、罪数论》(第4卷)，法学书院1992年日文版，第37页。

意性”。所谓广义悔悟，是指出于内疚、同情、怜悯、惭愧等心理。① 但在司法实务中，日本上、下级法院均有以客观说或者主观说否定成立中止犯“任意性”的判例。如在杀人案件中，因看到鲜血感到惊愕，阻碍犯罪完成的，否定任意性成立，就是依据客观说做出的判决。但近年来其司法实务中有放弃客观说转而采主观说的动向。②

同样，目前在我国刑法理论上对于行为人放弃犯罪的原因，即放弃犯罪的(原因)动机、何种情况下可以认为是出于行为人自己的“本意”，也有不同的认识。(1)绝对自动论。认为自动放弃必须是在没有任何外界因素影响的情况下，自我主动放弃犯罪。因此，诸如在被害人的哀求、警告或别人的规劝下停止犯罪活动的，都不能成立犯罪中止。如认为犯罪中止的自动性是指“人们的活动完全是受自己意志的支配，而不受自己意志以外的因素影响”。③ (2)内因决定论。认为内因是变化的根据，外因是变化的条件，外因通过内因而起作用。对客观事物的认识之上的。恩格斯指出：“意志自由即外界因素对犯罪的完成只是一种条件因素，而最终决定放弃犯罪活动的还是行为者本人。”因此，即使客观上存在影响犯罪进行的不利因素(例如被害人的斥责、呼救、认出犯罪人等)，只要行为人事实上放弃了犯罪行为，仍应当以中止犯论。(3)主要作用论。认为各种外界因素对犯罪人犯罪意志的影响不可能等同，有的足以迫使行为人停止犯罪，有的却不能改变其犯罪意图。因此，只有查明意外因素在行为人主观意志中所占比重的大小，才能正确判断犯罪的形态。④ (4)无意义论。认为“引起犯罪中止的原因对于中止犯的成立没有意义。犯罪意图的产生与消灭，都是基于一定的原因。中止犯的核心在于行为人主观上打消犯罪意图，客观上放弃犯罪活动。至于促使行为人打消犯意、放弃犯罪的原因，不是中止犯的特征”。⑤ (5)综合考察论。认为在具有外界因素的场合，判断犯罪没有完成或危害结果没有发生，究竟是行为人被迫停止犯罪，还是自动放弃犯罪，既不能纯粹从外界因素方面着眼，单纯考虑外界因素的影响，而不承认行为人主观上的决定作用；也不能一味强调行为人的意志作用，而忽视外界因素的强制作用，而应当根据行为人对事实的认识情况，结合外界因素的性质及表现形式，分别不同情形，加以认定。⑥

笔者认为，从我国刑法的规定来看，促使行为人放弃犯罪意图、停止犯罪的原因，正如第五种观点所指出的，并不影响犯罪中止“自动性”的成立。但是，行为人放弃犯罪意

① 转引自[日]板仓宏：《中止犯》，载阿部纯二等主编：《刑法基本讲座未遂、共犯、罪数论》(第4卷)，法学书院1992年日文版，第39页。

② 转引自[日]板仓宏：《中止犯》，载阿部纯二等主编：《刑法基本讲座未遂、共犯、罪数论》(第4卷)，法学书院1992年日文版，第36页。

③ 叶高峰主编：《故意犯罪过程中的犯罪形态论》，河南大学出版社1989年版，第219页。

④ 马克昌主编：《犯罪通论》，武汉大学出版社1999年版，第468~469页。

⑤ 姜伟：《犯罪形态通论》，法律出版社1994年版，第182页。

⑥ 马克昌主编：《犯罪通论》，武汉大学出版社1999年版，第471页。

图、停止犯罪，事实上不可能不受外在客观因素的影响，而完全是由于行为人自己"想象"已经着手实施过程中的良心发现而停止犯罪，或自动有效阻止结果发生的，就不能说不是因为行为人由于受到某种教育这种客观因素的影响。事实上，人所实施的任何行为的意志，包括决定中止犯罪的意志，都不可能是凭空产生的。人的意志活动虽然具有高度的自主性和能动性，但这种自主性和能动性是建立在对客观实务的认识之上的。恩格斯指出，"意志自由只是借助于对事物的认识来作出决定的那种能力"。① 因此，完全否定客观因素对行为人放弃犯罪意图、停止犯罪所起的影响作用是没有道理的。所探讨的问题只是在决定停止犯罪行为的当时有无客观因素影响，以及影响的程度。正是因为如此，不考虑外在客观因素对于行为人犯罪意志的抑制程度，只从客观上看行为人只要放弃犯罪意图、停止犯罪的实施，就成立犯罪中止，同样是不科学的。正是从这一意义上说，笔者认为第五种观点要求具体分析客观因素对行为人意志的影响，以及影响程度，将其作为区别犯罪中止形态与犯罪未遂形态的根据之一是比较合理的。

（三）有效性特征的认识

犯罪中止的有效性特征，是要求行为人必须彻底抛弃犯罪意图，停止犯罪行为，或者有效地防止了犯罪结果的发生。

在我国刑法理论上，对于"自动有效地防止犯罪结果发生"的犯罪中止，是否只能发生在犯罪行为实行终了这一特定的时空条件之后，理论上还有不同的认识。通说认为，这种特殊的犯罪中止，是指在犯罪行为实行终了、结果尚未发生之前。② 第二种观点认为，在未实行终了的少数情况下，要能够成立犯罪中止，也必须采取积极的措施才能阻止结果发生，例如，故意杀人已经致人重伤，如果不抢救则可能造成死亡，行为人只是消极的放弃故意杀人行为，但不予以抢救是不行的，必须实施积极的抢救行为才能阻止死亡结果发生。在该种情况下的犯罪中止，仍然属于这种特殊的犯罪中止。③ 对于这种认识，也有学者认为，"自动有效地防止犯罪结果发生"的犯罪中止，是专指实行终了以后、结果尚未发生之前所成立的犯罪中止，上述情况下仍然属于实行尚未终了的犯罪中止，理由就在于犯罪行为尚未实行终了。④ 笔者认为，从法律关于"自动有效地防止犯罪结果发生"的规定而言，虽然在尚未实行终了的情况下，一般来说只要出于行为人的本意放弃实行行为，就可以符合"有效地防止犯罪结果发生"的要求，但立法并没有限定只能在犯罪行为实行终了后

① 《马克思恩格斯选集》(第3卷)，人民出版社1972年版，第154页。

② 参见高铭暄、马克昌主编：《刑法学》，北京大学出版社、高等教育出版社2000年版，第164页；陈兴良：《本体刑法学》，商务印书馆2001年版，第512页。

③ 参见高铭暄主编：《刑法学原理》(第2卷)，中国人民大学出版社1999年版，第338～339页；高铭暄、马克昌主编：《刑法学》(上编)，中国法制出版社1999年版，第286页。

④ 徐逸仁：《故意犯罪阶段形态论》，复旦大学出版社1992年版，第174页。

才能实施“有效地防止犯罪结果发生”的行为。因此，笔者认为，第二种观点是应当予以肯定的，只要是在结果发生之前，自动有效地防止犯罪结果发生，就应当符合“自动有效地防止犯罪结果发生”这一犯罪中止的要求。

对于“自动有效地防止犯罪结果发生”而实施的积极的作为是否只限于行为人本人的行为的问题，我国刑法理论上同样有不同的认识。一种观点认为，必须是因为行为人的行为阻止结果发生的，才能成立犯罪中止，如果虽然想阻止结果，但结果是因他人的行为或其他力量的阻止而没有发生，不成立犯罪中止。① 因此，只有行为人采取的积极阻止的措施奏，才能成立犯罪中止，否则应当构成犯罪未遂(或既遂)。② 第二种观点认为，成立中止犯所要求的，只要是足以有效防止犯罪结果发生的作为即可。如果行为人实施了以避免犯罪结果发生为目的的积极作为，努力避免犯罪结果发生，而事实上由于其他原因，导致行为人的积极努力与犯罪结果未发生不具有因果关系的，也应当认定为犯罪中止。如果行为人没有实施足以有效防止犯罪结果发生的行为，或者假意避免犯罪结果发生而不采取有效行为的，均不足以构成犯罪中止。③ 第三种观点认为，阻止结果发生的措施必须有效。但是阻止结果发生的行为则并非只能由行为人一人实施，第三者与行为人共同采取措施防止了结果发生的，行为人仍然成立犯罪中止。只要行为人的阻止行为对于防止结果发生起到了关键作用，就可以认定行为人采取积极措施防止了结果发生。④ 即对于犯罪中止的有效性，“不能机械地理解为犯罪人完全依靠自己的力量避免了危害结果的发生。事实上，除了非暴力性犯罪以外，在大多数暴力性犯罪案件中，单凭犯罪者一人之力，往往很难防止犯罪结果的发生，因而常常需要他人的协助。在这种情况下，只要犯罪人真心实意地想放弃犯罪，并且确实为防止犯罪结果的发生采取了力所能及的措施，即使有他人的帮助，也不影响其犯罪中止的有效性”。⑤

基于我国刑法的规定，要求行为人采取的措施必须有效地阻止结果的发生，这是我国学者一致的观点，但在是否要求必须是由行为人本人阻止结果发生，第一种和第二种观点并没有明确地表明，而第三种观点明确地加以肯定；在行为人采取的措施与阻止结果发生之间是否要求必须具有因果关系问题，第一种观点表明必须具有因果关系；第二、三种观点则认为不必如此苛刻。区别在于第三种的观点要求似更为宽松，即只要对阻止结果发生

---

① 梁世伟：《刑法学教程》，南京大学出版社 1987 年版，第 186 页；高格主编：《刑法教程》，吉林大学出版社 1987 年版，第 132 页。

② 赵秉志、吴振兴主编：《刑法学通论》，高等教育出版社 1993 年版，第 207 页；赵秉志主编：《犯罪停止形态适用中的疑难问题研究》，吉林人民出版社 2001 年版，第 162 页。

③ 参见钱舫：《犯罪停止形态若干问题的探讨》，载《刑事法学要论——跨世纪的回顾与前瞻》，法律出版社 1998 年版，第 446 页；类似观点见叶高峰主编：《故意犯罪过程中的犯罪形态论》，河南大学出版社 1989 年版，第 79~199 页。

④ 参见张明楷：《犯罪论原理》，武汉大学出版社 1991 年版，第 509 页。

⑤ 马克昌主编：《犯罪通论》，武汉大学出版社 1999 年版，第 174 页。

起到关键作用即可。从设立犯罪中止刑事政策的意义上看，笔者认为以更为宽松的态度对待这一问题，更有利于鼓励行为人中止犯罪，有利于社会，因此，第三种观点是合适的。

二、中止犯刑事责任的学说

中止犯应当受到从宽处罚的待遇，是国际社会公认的原则。但是，关于为什么对于犯罪中止的行为人应给予从宽处罚，学理上则存在争论。归纳起来，理论上大体上有政策说、法律说与并合说。

政策说。具体包括一般预防政策说和特别预防政策说。一般预防政策说主要为德国学者所主张，是李斯特所提倡的观点。即认为刑法规定对中止犯减免刑罚，是基于防止犯罪这一政策理由，即是为了给犯罪之人"架设起一道返回的金桥"。特别预防政策说由日本学者所主张，如牧野英一、木村龟二。该说虽然也认为刑法规定对中止犯减免刑罚是基于防止犯罪这一政策理由，但它着眼于特殊预防，即认为中止犯的人身危险性减少或消灭了，因而减免刑罚。

法律说。包括违法性减少、消灭说和责任减少、消灭说。认为行为人的主观要素对违法性产生影响，行为人在基于自己的意志而中止犯罪行为时，这种主观要素表明行为的违法性减少、消灭了。但法律说是仅仅从客观方面来说明理由的。如果违法性已经消灭，就表明行为没有违法性，就不能成立犯罪，这显然与减免刑罚是有矛盾的。

责任减少、消灭说认为，行为人在产生了犯罪决意并着手实行犯罪之后，又撤回犯罪的决意，这说明行为人的规范意识起了作用，对行为人的非难可能性减少了。①

在日本理论界，法律说是多数学者的主张。主张刑事政策说的是少数学者，但近年来对两者持并合说的观点逐渐成为日本刑法理论的通说。即认为，对中止犯的规定是不能否定刑事政策上的考虑的，但政策说与法律说也没有必要对立起来。② 也就是说，上述任何一种观点，都不可能说明对中止犯减免刑罚的理由，只有将上述观点合并起来进行考虑，才能说明对中止犯减免刑罚的理由。刑法规定对中止犯不处罚时，则是以政策说为基础的并合说；刑法规定中止犯减免刑罚时，则是以法律说为基础的并合说。③ 目前，在日本刑法学界，并合说的观点主要有：(1)违法性减少说与责任减少说的并合说；(2)违法性减少说与刑事政策说的并合说；(3)责任减少说与刑事政策说的并合说；(4)违法性减少说

---

① 参见张明楷：《外国刑法纲要》，清华大学出版社 1999 年版，第 279~280 页。

② [日]板仓宏：《中止犯》，载阿部纯二等主编：《刑法基本讲座未遂、共犯、罪数论》(第 4 卷)，法学书院 1992 年日文版，第 38~39 页。

③ 参见张明楷：《外国刑法纲要》，清华大学出版社 1999 年版，第 280 页。

与刑事政策说的并合说。上述种种并合说被通称为“并合说”。①

在坚持主客观相统一原则的基础上，我国学者对中止犯刑事责任的根据，主要基于以下的认识：

对于中止犯应当减轻处罚或者免除处罚。从主客观相统一的理论根据上看，中止行为使行为人本欲实施到底的犯罪的社会危害性程度大大减低。

从客观方面说，犯罪行为之所以未达既遂状态，是因为行为人在自认为能把犯罪进行到底的情况下，自动地放弃犯罪意图，彻底停止了犯罪行为或者有效地防止了犯罪结果的发生，从而消除了或大为减轻了社会危害性，避免或防止了给社会主义社会关系造成实际损害，这是免除或者减轻处罚的客观依据。从主观上说，行为人自动否定、放弃了原来的犯罪意图，这是没有发生犯罪结果的主观原因，它表明行为人的主观恶性大大减小，这从主观上减轻了行为的社会危害性，是免除或者减轻处罚的主观依据。此外，我国“惩办与宽大相结合”的刑事政策是对中止犯从宽处罚的政策依据。对于中止犯免除或者减轻处罚有利于鼓励罪犯中止犯罪，促使罪犯悬崖勒马，及时保护社会关系，避免给国家和人民利益造成实际损害。一般情况下，中止犯比之已经产生严重危害结果的既遂犯和因意志以外原因而被迫未能得逞的未遂犯的社会危害性要小得多。有些情况下比预备犯的危害性还轻。因此，对中止犯的从宽，体现出区别于既遂犯、未遂犯甚至预备犯。

综上所述，从主客观相结合的刑法观来评价犯罪中止，确认犯罪中止的社会危险性存在是犯罪中止负刑事责任的理论基础；“惩办与宽大相结合”的刑事政策是对中止犯从宽处罚的政策依据。

① ［日］板仓宏：《中止犯》，载阿部纯二等主编：《刑法基本讲座未遂、共犯、罪数论》（第4卷），法学书院1992年日文版，第39页。

论共同犯罪的若干问题①

——以共犯为中心

一、共犯的分类标准

“共犯”一词并非我国刑法及刑法理论的术语，而是德、日等大陆法系刑法及其理论上的术语。在德、日等大陆法系刑法及其理论中，共犯是共同犯罪人的一种称谓，理论上有广义与狭义的共犯概念。广义的共犯包括我国刑法中的主犯、从犯、胁从犯、教唆犯。而在德、日刑法及其理论中，则为正犯(共同正犯)、从犯、教唆犯，但其从犯仅是指实施帮助行为的帮助犯。狭义的共犯包括我国刑法中起辅助(帮助)作用的从犯、胁从犯、教唆犯。由于实施实行行为之人，在我国刑法中既可为主犯，也可为从犯，所以是与德日刑法理论中的“正犯”相对应的概念。由此也可以看出我国刑法对共同犯罪人分类标准与他国的区别。

对共同犯罪中各共同犯罪人如何进行分类，理论和立法例上，如果从标准的同一性考察，主要有三种分类法：一是分工分类法，即以共犯在共同犯罪中的分工为标准对共犯的身份予以分类，按照这种分类，共犯分为：正犯(包括共同正犯)、教唆犯、帮助犯。正犯为实施构成要件行为之人；帮助正犯实施犯罪的为帮助犯；教唆他人犯罪的为教唆犯。二是作用分类法，即以对共同犯罪的实施和完成的作用大小为标准，对共犯的身份予以分类。按照这种标准，共犯分为正犯与从犯。在这种分类标准下，即使从犯实施属于构成要件的行为，只要对于完成犯罪不起支配作用，仍然属于从犯。三是混合分类法。即以共同犯罪人在共同犯罪中的作用为主要标准，同时兼顾在共同犯罪中的分工为补充来确定共犯的地位与身份。按照这种分类标准，一般将共犯分为正犯(实行犯)、从犯(帮助犯)、教唆犯，有的还划分出组织犯一类。②

---

① 本文原载于马克昌、莫洪宪主编：《中日共同犯罪比较研究》，武汉大学出版社 2003 年版，第 123～129 页。

② 参见马克昌主编：《犯罪通论》，武汉大学出版社 1999 年版，第 537 页。

我国刑法对于共犯的分类，学者们一般认为采纳的是混合分类法，即对于共犯，根据作用分为主犯、从犯、胁从犯；同时在共犯中考虑到分工单独划分出教唆犯。① 同时，在理论上对于共犯中实施具体实行行为的行为人，在主犯中划分出包括实施犯罪构成要件具体行为的实行犯、组织犯；从犯中划分出包括实施次要实行行为的（次要作用的从犯）和实施帮助行为的（辅助作用的从犯）两种情况；至于教唆犯，在构成共同犯罪的情况下，则是根据教唆的具体情况归入主犯或者从犯之中。

对于我国目前刑法对于共犯的分类，理论界有学者不赞同分工分类标准，以及我国刑法以混合分类标准划分和区别共犯，认为只有根据“作用”这一标准的分类法，才是科学的分类法。论者认为，共同犯罪虽然由其行为的分工而使行为形式呈现出一定的复杂性，但共同犯罪行为是因具有共同故意的内在联系而组成一个行为整体。所以，组织的行为也好，实行的行为也好，还是帮助的行为也好，它们在一个共同的行为整体内有机联系而不可分割。不同行为形式，不同行为程度，只能表明犯罪人在共同犯罪中所起的不同作用，行为的不同作用则与不同的刑事责任紧密联系在一起。分工分类法在此是无能为力的。犯罪的性质是由具体犯罪构成的标准加以解决的，它与行为人的多寡，行为人在共同犯罪中的分工形式不发生内在联系。因此，分工分类法无法起到定性的作用。而混合分类法不恰当地引入分工分类法，这两种分类方法是互相排斥的，不能混合调和，同一个标准只能得出一个统一的结论，否则不科学。同时还认为，教唆犯没有自己独立的品格，因其刑事责任不是主犯就是从犯，没有自己的独立地位，因此教唆犯在我国刑法中不是共犯的独立种类。②

通说的观点认为，主犯、从犯、胁从犯是按作用分类的基本种类，而教唆犯则是按分工分类的特殊种类。我国刑法虽然按分工分类只规定教唆犯，但共同犯罪中教唆犯是以实行犯存在为条件的。没有实行犯犯罪，就没有作为共同犯罪人的教唆犯。在司法实践中，认定共犯行为的社会危害性程度时，一般是先以分工来看是属于实行犯、帮助犯，还是教唆犯、组织犯，然后再分析在共同犯罪中所起的作用大小，即是主犯，还是从犯或胁从犯。由此，在刑法理论上可将我国刑法中的共犯分为两类：第一类，以分工为标准分为组织犯、实行犯、帮助犯、教唆犯；第二类，以作用为标准分为主犯、从犯、胁从犯。这样可以使共同犯罪人的分类在我国刑法理论上更趋于完善，同时又便于司法实践解决共同犯罪人的定罪量刑问题。不过，以分工为标准的分类，除教唆犯外，组织犯、实行犯、帮助犯都不是法定的共犯的种类。③

笔者认为，我国刑法对共犯的分类标准，的确存在不同一的问题。但是，其是否科

① 参见高铭暄主编：《新中国刑法学研究综述》，河南人民出版社 1986 年版，第 358 页。

② 参见杨兴培：《论共同犯罪人的分类依据与立法完善》，载《法律科学》1996 年第 5 期；张明楷：《教唆犯不是共犯人中的独立种类》，载《法学研究》1986 年第 3 期。

③ 参见马克昌主编：《犯罪通论》，武汉大学出版社 1999 年版，第 540~541 页。

学，正如学者指出的：在于这两种分类法是否能够结合，两者内容上是否相互排斥。如果不存在这种现象，那么，两者结合的分类是可行的。① 因此，是否具有科学性就在于是哪种分类能够满足对于共犯的定罪量刑问题。

我们知道，分工分类法将共犯分为正犯(实行犯)、组织犯、帮助犯和教唆犯，可以很好地解决共犯在共同犯罪中的法律性质而确定对其的定罪问题。例如，对组织犯、共谋而没有实施实行行为的共同实行犯，之所以对其可以判处实行犯的刑罚，在于对其法律性质界定为实行犯(正犯)。但是分工分类法，却不能圆满地解决其刑事责任的程度问题。因为共犯刑事责任的轻重，主要取决于其行为对社会危害的程度，而这只能通过考察共犯在共同犯罪中的作用才能确定。而作用分类标准，是将共犯分为主犯、从犯、胁从犯，虽可以恰当地确定共犯在共同犯罪中的刑事责任的程度，但是，却不可能准确地说明共犯在共同犯罪中行为的法律性质。如主犯和从犯都可以实施或者不实施实行行为，如果仅仅实施组织行为，或者共谋行为，而没有实施实行行为的，如果不从组织行为、共谋行为的法律性质着手，就确定他应当承担主犯或者从犯的刑事责任，在理论上是无法圆满地予以解释的。

不同的观点认为："共同犯罪的定罪问题是通过犯罪的故意内容和犯罪的行为内容这个将两者有机结合为一体的犯罪构成标准解决的。事实上，先有共同犯罪事实的存在，才有共同犯罪人的认定问题，先有共同犯罪的行为性质的确定，才有共同犯罪人的刑事责任的承担。既然共同犯罪人的多寡并不影响犯罪性质的认定，那么将如何定罪纳入共同犯罪人的分类依据中就显得毫无必要。所以作用分类法的目的明确，依据充足，应当成为共同犯罪人的正确分类依据。"②

上述分析不能说没有一定的道理，但是，对共犯人的认定问题，如果认为仅仅属于共同犯罪后的问题，则是不全面的。例如，对于参与共谋而没有实施实行行为的，如果我们不根据分工的标准仅仅考虑参与共谋行为是否具有实行犯(正犯)的法律性质，则根本无法认定该犯罪是否属于共同犯罪，何谈对其应当认定为主犯或者从犯？显然"先有共同犯罪事实的存在，才有共同犯罪人的认定问题"的结论是值得商榷的。实际上，采取混合分类标准的并不仅仅是我国刑法，例如，日本刑法在根据分工将共犯分为正犯、从犯和教唆犯的同时，又根据共犯在共同犯罪中的作用为标准，对教唆犯规定：教唆他人实行犯罪的，处正犯的刑罚，即规定在教唆实行犯罪情况下的教唆犯是正犯；教唆从犯的，处从犯的刑罚，即教唆帮助正犯实行犯罪情况下的教唆犯为从犯，也是采取的混合分类标准。德国刑法亦采用类似的做法。因此，我们认为，单独采用一种分类标准，是不能圆满解决共犯的定罪量刑问题的。

---

① 参见陈兴良：《共同犯罪论》，中国社会科学出版社 1992 年版，第 185 页。

② 参见杨兴培：《论共同犯罪人的分类依据与立法完善》，载《法律科学》1996 年第 5 期。

二、我国刑法中共犯的理解

在我国刑法中，所谓的“共犯”是指“共同犯罪人”。立法将共同犯罪人分为主犯、从犯、胁从犯和教唆犯，并没有类似德日刑法中正犯(共同正犯)的概念，不过，由于理论上实行犯即正犯，因此在我国刑法理论上，也经常使用“正犯”一语，如“间接正犯”,① 这是因为司法实践中同样存在需要对共同犯罪中的实行犯、共同实行犯等认定主、从以确定刑事责任的问题。但是，有区别的是，在大陆法系理论中，其共犯的概念是狭义的，是涉及正犯与共犯的区别而在立法中设计的“共犯”概念，即为正犯(包括共同正犯)与教唆犯、从犯的区别而提出的。而根据我国刑法的规定，虽然教唆犯和胁从犯实施的是非实行行为，而主犯与从犯都存在实施实行行为的情况。根据我国刑法的规定，这里“共犯”为广义上的，即是指“共同犯罪人”，由此，共犯包括主犯、从犯、胁从犯和教唆犯。

(一)主犯范围的理解

《刑法》第26条规定：“组织、领导犯罪集团进行犯罪活动的或者在共同犯罪中起主要作用的，是主犯。”第97条规定：“本法所称首要分子，是指在犯罪集团或者聚众犯罪中起组织、策划、指挥作用的犯罪分子。”根据上述规定，我国理论上对于主犯的范围和种类有不同的认识。第一种观点认为，主犯分为三种具体的犯罪人，即在集团犯罪和属于共同犯罪的聚众犯罪中的首要分子，以及在集团犯罪和其他形式共同犯罪中起主要作用的犯罪人。② 第二种观点认为，主犯分为两种，即在集团犯罪中的首要分子和在集团犯罪以及一般共同犯罪中起主要作用的犯罪人。由于聚众犯罪在刑法中属于必要共同犯罪的情况，是直接按照刑法分则的规定予以处罚的，其首要分子可以是主犯，也可能不属于主犯。而刑法总则规定的主犯是任意共同犯罪中的，因此，聚众犯罪中的首要分子是否属于主犯，应当是按照“在共同犯罪中起主要作用”来认定。所以，聚众犯罪中的首要分子不是当然的主犯。③

对于集团犯罪中被评价为首要分子的犯罪人，应当是主犯，这在理论上没有争议，但对于聚众犯罪中的首要分子是否属于主犯以及聚众犯罪中的首要分子与主犯是何种关系？这些问题将直接影响到聚众犯罪中的首要分子是否应当按照主犯追究刑事责任的问题。

显然，上述两种观点对于聚众犯罪中的首要分子的认识，应当说有一致之处，即属于共同犯罪的聚众犯罪中的首要分子是主犯。之所以对主犯范围认识不一，分歧在于对聚众犯罪是否属于“必要共同犯罪”性质有不同认识，并由此而导致对作为主犯的首要分子在聚

① 马克昌主编：《犯罪通论》，武汉大学出版社1999年版，第479页；高铭暄、马克昌主编：《刑法学》(上编)，中国法制出版社1999年版，第290页。

② 参见陈兴良：《共同犯罪论》，中国社会科学出版社1992年版，第191~192页。

③ 参见马克昌主编：《犯罪通论》，武汉大学出版社1999年版，第565~566页。

众犯罪中应当以什么标准认定，产生不同看法。但我认为后一问题并不是分歧的焦点。

聚集至少三人以上不特定的人参与犯罪活动，是聚众犯罪的特点之一。然而，参与违法犯罪活动的人，是否都应当视为“共犯”？这应当是梳理不同认识的前提。

首先，笔者认为，《刑法》第 97 条对首要分子的立法解释，其精神在于解释首要分子范围，而不是对作为主犯的首要分子的解释。所以，第 97 条应当是一种提示性的规定。从这一点而言，第二种观点的认识是正确的。聚众犯罪在我国立法中有三种规定：一是将聚众犯罪作为构成犯罪的客观条件或者从重处罚的必要条件之一。例如，《刑法》第 237 条强制猥亵、侮辱妇女罪第 2 款规定：“聚众或者在公共场所当众犯前款罪的，处……”其“聚众”是处罚条件；第 309 条扰乱法庭秩序罪规定：“聚众哄闹、冲击法庭，或者殴打司法工作人员，严重扰乱法庭秩序的，处……”第 315 条破坏监管秩序罪第 1 款第 3 项规定：“聚众闹事，扰乱正常监管秩序的。”在这些犯罪中，“聚众”则是构成犯罪的必要条件。二是以“聚众”为首要分子和其他积极参加者构成犯罪的必要条件，如《刑法》第 268 条聚众哄抢罪规定：“聚众哄抢公私财物，数额较大或者有其他严重情节的，对首要分子和积极参加的，处……”第 290 条聚众扰乱社会秩序罪第 1 款规定：“聚众扰乱社会秩序，情节严重，致使工作、生产、营业和教学、科研无法进行，造成严重损失的，对首要分子，处……对其他积极参加的，处……”在这些犯罪中，如果首要分子和其他积极参加者，不是以“聚众”方式实施行为，则不构成犯罪。三是以“聚众”为首要分子构成犯罪的必要条件，如第 242 条聚众阻碍解救被收买的妇女、儿童罪第 2 款规定：“聚众阻碍国家机关工作人员解救被收买的妇女、儿童的首要分子，处……其他参与者，使用暴力、威胁方法的，依照前款①的规定处罚。”在这种犯罪中，是否以“聚众”方式实施阻碍国家机关工作人员解救被收买的妇女、儿童，只是首要分子构成犯罪的条件。换言之，也是罪与非罪的界限。因为，根据法律规定其他参加者如果不是以暴力、威胁方法阻碍解救被收买的妇女、儿童的，则根据《刑法》第 452 条第 3 款所列附件二，适用《关于严惩拐卖、绑架妇女、儿童的犯罪分子的决定》中行政处罚的规定予以行政处罚；反之，如果使用暴力、威胁方法阻碍构成犯罪，则为妨害公务罪。

比较上述规定，显然前两种立法的规定是作为犯罪成立的条件或者处罚的，必须或者可以是：“聚众”方式，且符合规定的参与者都构成犯罪，因而，这种情况下的“聚众犯罪”是以必要共同犯罪形式出现的，其中的首要分子无疑可以是主犯。而后一种立法的规定，由于参与者并不一定都构成犯罪，还不能说参与者都是“共犯”，首要分子是主犯。因为，在参与者不构成犯罪的情况下，其首要分子显然只是“首要分子”而已，并不是主犯。只有根据法律规定，在参与者的行为构成犯罪的情况下，才与首要分子构成共同犯罪，其首要分子才可以是主犯。当然在这种情况下，即使参与者与首要分子构成犯罪的罪名不

---

① 即根据《刑法》第 242 条第 1 款规定，按照第 277 条妨害公务罪定罪处罚。

同，也不影响“聚众犯罪”，仍然属于“必要共同犯罪”的性质。由此可以看出，如果认为所有“聚众犯罪”都是必要共同犯罪，则是不确切的。

其次，在属于共同犯罪的聚众犯罪中，首要分子应当以何种标准认定为主犯，在上述不同认识中，第一种观点持的是起“组织、领导”作用为标准，这是根据《刑法》第 97 条规定所得的结论。而第二种观点则认为是起“主要作用”，以《刑法》总则第 26 条规定为标准。笔者认为，共同犯罪中实施组织、领导行为的，当然在共同犯罪中是起“主要作用”。同时，根据我国刑法的规定，在共同犯罪中起“主要作用”的是主犯。从这一点而言，两种观点都没有错误。但是，就《刑法》总则所规定的起“主要作用”的精神而言，是指实行行为的情况。而“聚众犯罪”只是在分则中有规定，即“聚众”行为应为实行行为而不属于非实行行为。如前所述，《刑法》第 97 条是对首要分子范围的界定，不是对于主犯的认定标准，何况，即使是“聚众犯罪”也不都是“共同犯罪”。因此，以第 97 条作为认定首要分子为主犯的标准，至少是不准确的，应当以“在共同犯罪中起主要作用”作为首要分子是否主犯的标准比较科学。

基于上述认识，我认为我国刑法中的主犯的范围，以第二种观点的认识为宜。

（二）从犯作用的理解

《刑法》第 27 条规定：“在共同犯罪中起次要或者辅助作用的，是从犯。”根据上述规定，我国理论上将从犯划分为：在共同犯罪中起次要作用的从犯和起辅助作用的从犯两类。在共同犯罪中，从犯是相对于同案主犯而存在的，他们在共同犯罪中不是犯罪的主要实施者，而是起到帮助或促成共同犯罪实施之人。从犯在犯罪集团和一般共同犯罪中都可能存在。

所谓在共同犯罪中起次要作用，理论上一般认为是指直接参与了实行犯罪的实行行为，但对于犯罪的预谋、实施和完成起次要作用，行为不是后果发生的直接原因。因此，对于这种从犯，理论上一般称之为“次要的实行犯”。① 它相对于同案主要的实行犯而言，虽然其实施了实行行为，但衡量其所起的作用，仍属于次要的。所谓在共同犯罪中起辅助作用，一般就是指为实施共同犯罪提供方便，创造有利条件的行为。如提供工具，窥探被害人行踪，指点对象、地点和路线，提出实施的时间、方法、建议，传递有关犯罪的消息，事先应允帮助窝藏其他共同犯罪人及其赃物，销赃、转移赃物等。起辅助作用的行为在实践中是多种多样的，但理论上一般认为，辅助作用的行为都不是直接参加犯罪的实行。换言之，起辅助作用的行为都不属于刑法分则规定的犯罪构成要件的实行行为，即非

① 参见马克昌主编：《犯罪通论》，武汉大学出版社 1999 年版，第 571 页；叶高峰主编：《共同犯罪理论及其运用》，河南人民出版社 1990 年版，第 152 页；陈兴良：《共同犯罪论》，中国社会科学出版社 1992 年版，第 218 页。

实行行为。因此，起辅助作用的从犯与作为实行犯的主犯和从犯的区别，就在于是否实施分则规定的实行行为。在共同犯罪中，实施次要作用的实行犯是从犯，在理论上没有争议，但实施帮助行为是否只能成立从犯还有不同的认识。前述对于帮助犯认为是从犯的观点，可以说属于通说的认识。① 对此，也有学者持不同看法，认为帮助犯不一定都是从犯，有的帮助犯可能就是主犯。因为“帮助”和“辅助”不同，辅助行为在共同犯罪中是起次要作用，但实施帮助行为的有时恰恰能起主要作用，是主犯。②

在汉语中，“辅助”和“帮助”是同义词。③ 因此，从汉语的词义上是无法探讨清楚的。笔者认为，从分工角度看“帮助犯”的行为，只是为实行犯罪创造条件，而不直接实施实行行为，这样的帮助行为无疑不能起“主要作用”，所以，不可能成立主犯。但是，如果从行为“作用”的标准看，对犯罪实施起到帮助作用的行为，就不仅是非实行行为，有的情况下，实行行为也属于“帮助”性质。诚然，即使是帮助性质的实行行为，有的情况下也只能评价为是起到次要作用，但未必不可能起主要作用。例如，在抢劫犯罪中在旁边站脚助威的行为，是实施抢劫罪的“胁迫”的方法行为，属于实行行为。虽属实行行为，但从“作用”看，却无疑只能评价为在抢劫犯罪中，对非法占有他人财物的行为而言，起到的是帮助作用。

问题探讨到这里可以发现，事实上刑法规定的对于起“次要作用”和“辅助作用”的从犯，是从“作用”的角度对从犯进行分类的。而理论上对起“次要作用”的实行犯和“辅助作用”的帮助犯的分类，采取的是以“分工”为标准而并不是以“作用”为标准。上述第二种观点，如果从理论上分类的“帮助犯”的概念予以考察，由于只能实施非实行行为，所以，是不可能起“主要作用”而成立主犯的；但如果从刑法规定的“作用”标准看，“帮助作用”的行为，未必不能起“主要作用”。因此，从不同视角看问题得到的结论是不同的。

例如，甲企图强奸乙女，丙女基于共同故意在甲没有实施强行的性行为前，欺骗乙女服用了麻醉品(属于我国刑法规定的强奸罪中的“其他手段”行为)，使甲的强奸行为得逞。那么，丙女实施“帮助”性质的实行行为能否评价为主犯的行为？其行为虽然是起帮助性质的实行行为。但就丙女在本案中的作用而言，也应当承担主犯的责任，即对丙女只能以共同实行犯的强奸罪既遂论处，而不能作为单独犯处罚。④ 基于上述认识，我认为从行为形

---

① 参见高铭暄、马克昌主编：《刑法学》，北京大学出版社、高等教育出版社 2000 年版，第 179 页；陈兴良：《共同犯罪论》，中国社会科学出版社 1992 年版，第 218~219 页等。

② 参见梁世伟：《刑法学教程》，南京大学出版社 1987 年版，第 210 页。

③ 参见《辞海》(缩印本)，上海辞书出版社 2000 年版，第 1626 页。

④ 强奸罪属于双重实行行为，是由手段行为和目的行为两部分构成，两种行为都具有实行行为的性质，只有手段行为的实施，并不能认为是完成犯罪，只有在实施目的行为，并达到一定程度或发生法定结果，才可能发生犯罪既遂形态。在上述案件中的丙女，仅仅实行了手段行为，并没有实行目的行为，如果不认为是共同实行犯，则丙女的行为即使说是实行行为，但因为缺乏目的行为，作为犯罪既遂论处在理论上也是解释不通的。

式看，非实行行为的帮助犯的行为，是不可能成立主犯的，但如果从“作用”为标准的意义上看，不能认为“帮助”性质的实行行为不能在共同犯罪中起“主要作用”而成立主犯。

（三）胁从犯性质的理解

我国《刑法》第28条规定：“对于被胁迫参加犯罪的，应当按照他的犯罪情节减轻处罚或者免除处罚。”所以，胁从犯就是被胁迫参加共同犯罪的人。被胁迫参加犯罪，是指在精神上受到一定程度的威逼或强制，被迫参与共同犯罪，但因为行为人并没有完全丧失意志自由，因此，应当承担相应的刑事责任。实践中被认定为胁从犯的，主要是受主犯的威逼、恐吓而被迫参加共同犯罪。对于胁从犯的认定来说，其主观上是不自愿的这一点，我国理论上是没有争议的。但如何理解共同犯罪中的胁从犯，却有不同的看法。

一种观点认为，胁从犯的行为只能实施起“辅助作用”的帮助行为，而不能是实行行为；① 另一种观点认为，胁从犯的行为被胁迫实施的是次要实行行为和辅助行为。② 还有学者指出，认为胁从犯只能实施帮助行为的观点，是没有法律依据的。刑法规定的“被胁迫参加犯罪”，当然是指参加共同犯罪，而共同犯罪行为的形式包括实行行为和帮助行为，无论实施实行行为还是帮助行为，都属于参加犯罪，因此，不能认为胁从犯的行为只限于帮助行为。③ 笔者认为后一观点的认识是正确的，因为在胁从犯的规定中，不能得出只能实施帮助行为的结论。

此外，还有学者认为，胁从犯不应成立独立的共犯种类，提出“胁从犯是被胁迫而参加犯罪的人，而被胁迫参与犯罪这一事实是否充分说明了胁从犯在共同犯罪中所起的作用？胁从犯在共同犯罪中所起的作用是否必然小于主犯和从犯”这样的疑问，以及胁从犯向主犯或从犯转化是不成立的这样的结论。④

对于胁从犯的认定，是否仅仅依据是被胁迫参与共同犯罪这一点？可以说属于通说的观点认为，作为我国刑法中共犯人身危险性最小的共犯，其参与犯罪对社会的实际危害程度，也是认定其是否成立胁从犯的依据。即使是被胁迫参加了犯罪，但参与后其心态发生变化，从不自愿参与犯罪而变化为自觉自愿参加犯罪时，则不能再为胁从犯。因其参加犯罪行为的主动性，而使参与犯罪的原因不能再作为认定胁从犯的标准，或应成立从犯，或应成立主犯。⑤ 笔者认为，通说观点在此只是表明受胁迫而参与犯罪仅仅是能够成立胁从

① 参见张尚鷟：《中华人民共和国刑法概论》（总则部分），法律出版社1983年版，第196页；转引自陈兴良：《共同犯罪论》，中国社会科学出版社1992年版，第237页。

② 叶高峰主编：《共同犯罪理论及其运用》，河南人民出版社1990年版，第166页。

③ 参见陈兴良：《共同犯罪论》，中国社会科学出版社1992年版，第237页。

④ 刘骁军、刘培峰：《论胁从犯的几个问题》，载《中国刑事法杂志》2000年第4期。

⑤ 参见高铭暄主编：《刑法学原理》（第2卷），中国人民大学出版社1993年版，第479~480页；马克昌主编：《犯罪通论》，武汉大学出版社1999年版，第576~577页；苏惠渔主编：《刑法学》，中国政法大学出版社1994年版，第229页；张明楷：《刑法学》（上），法律出版社1997年版，第300~301页。

犯的原因，并不是只要是因为该原因参与犯罪的就一定成立胁从犯，因为成立胁从犯不仅是被胁迫参与犯罪，还必须是在共同犯罪中起到的被迫而“胁从”犯罪的作用。当然，不可否认的是，立法在此并没有能够明确胁从犯不能只因被胁迫的原因而成立。从这一点而言，上述观点的第一点疑问不是没有道理的。但论者还认为：“犯罪人在共同犯罪中所起的作用不是片面的、阶段性的非确定结论，它是对犯罪人在整个犯罪过程中表现的全面总结和概括。无论理论或实践上，都不存在犯罪之始或者犯罪第一阶段的主犯而犯罪后一阶段的从犯，因而胁从犯对主犯或从犯的‘转化’难以自圆其说；再者，既然主犯、从犯、胁从犯的排列顺序已经限定了胁从犯在共同犯罪中的作用，那么，只要构成胁从犯，其作用就自然小于主犯和从犯，不存在构成胁从犯后，还要考察其作用的问题。否则，岂不是对作用的重复考察……既然胁从犯并不反映其在共同犯罪中的作用，胁从犯在实践中可能与主犯、从犯相融合，那么，它便没有独立性，就不是与主犯、从犯相并列的一类独立共同犯罪人……”①

论者对共犯人在共同犯罪中作用的考察的观点，无疑是正确的。但是，其结论性的认识，我认为是对通说观点的理解有误所致。实际上，之所以认定成立胁从犯，是已经对共犯人参与犯罪的原因和在犯罪中所起作用综合考察之后的结论，并不存在首先认定是胁从犯再考察其在犯罪中作用的问题。论者显然误解了在认定参与犯罪原因后，再考察其在共同犯罪中作用，以确定是否成立胁从犯，与是否成立主犯或从犯是同一问题的两个方面，并不是相矛盾的。正确的认识应当是：被胁迫参加犯罪之人，既存在成立胁从犯的可能性，也存在成立主犯或从犯的可能性。通说观点中根本不存在成立胁从犯后再考察其作用“转化”为主犯或从犯之内容。如前所述，正是因为主动参与犯罪与被动参与犯罪的主观恶性不同，参与犯罪后与具有主动性的从犯在犯罪中的作用不同，因此，在共犯人中划分出“胁从犯”，以示对共犯人区别对待，是符合我国刑事政策精神的。

（四）教唆犯性质的理解

《刑法》第 29 条规定：“教唆他人犯罪的，应当按照他在共同犯罪中所起的作用处罚。”“如果被教唆的人没有犯被教唆的罪，对于教唆犯，可以从轻或者减轻处罚。”上述的立法规定，通常并不认为是教唆犯的定义。理论上一般认为教唆犯是指使用威逼、诱骗、怂恿、授意等方法故意引起他人实行犯罪决意的人。更简洁的也有表述为：故意唆使他人实行犯罪的人。由于教唆犯的分类是根据分工为标准的唯一的共犯种类，因此，在我国理论上对教唆犯尚有较多的问题没有取得共识。

① 刘骁军、刘培峰：《论胁从犯的几个问题》，载《中国刑事法杂志》2000 年第 4 期。

如前所述，教唆犯是否应当视为共犯在理论上颇有争论。① 也有学者为此而提出立法应设立独立的教唆罪的必要性。② 而这一问题，首先涉及的是对教唆犯的性质应当如何理解。如从这一角度看，则与立法上如何规定教唆犯有着直接的关系。在德日等大陆法系刑法中，该问题所涉及的是关于共犯从属性与独立性的争论。其教唆犯的定义，有的从从属性立场，有的则从独立性立场。③ 但是，值得注意的是，就现代刑法理论而言，其从属性或者独立性的争论，已经不再涉及有无的问题，而是实行犯(正犯)的行为达到何种程度，教唆犯的行为具有犯罪性和可罚性。我国学者对此的观点虽然也各异,④ 但就德日等大陆法系刑法关于共犯从属性和独立性的基本理论观点而言，能为我们提供正确认识教唆犯性质的理论根据。

共犯从属性的理论认为，共同犯罪是数人犯一罪，即数人对一个犯罪事实予以加功而成立之犯罪。所以，共犯关系只存在于一个特定犯罪事实的范围内才能予以确认。共同犯罪人中对结果发生为原因者是正犯，为条件者是教唆犯(包括从犯)。由于教唆行为依附于实行行为之上，所以，正犯的犯罪性与可罚性，决定了教唆犯的犯罪性与可罚性，教唆犯因而不具有独立的犯罪性与可罚性。而共犯独立性理论认为，犯罪是个人主观恶性的表征，成立共同犯罪应以行为本身是否共同为条件。所以，即使实行的犯罪行为不同，也可以成立共犯。而且，共犯关系不以具有同一的犯意为必要，只在共同犯罪事实内论其共同犯罪责任。因此，共犯不论是直接实施实行行为的，还是对犯罪实行起帮助作用，或对犯意产生起倡导的教唆行为，都是行为人自己主观恶性的外在表现，各自具有独立的犯罪性与可罚性，无所谓以加功之说成立共犯。具体到教唆犯，显然是具有独立性的。我们认为，教唆他人犯罪作为一种社会现象，应当如何认识它的性质，是不能脱离一国对其的立法规定抽象地探讨它的性质的。根据我国刑法对教唆犯的规定，学者一般认为成立共同犯罪时教唆犯性质具有“二重性”。⑤ 即在对教唆犯的定罪上，表明的是教唆犯的从属性，处罚则表明了独立性；不成立共同犯罪情况下教唆犯的定罪和处罚，只表明了教唆犯的独立性。⑥ 根据我国立法的规定，笔者认为上述解释是符合立法精神的。

我国学者们对于共同犯罪的认识，坚持主客观相统一的原则，即共同犯罪是主观上共同犯罪故意和客观上共同犯罪行为的辩证统一。而作为有教唆犯参与的犯罪，教唆犯是否

① 参见杨兴培:《论共同犯罪人的分类依据与立法完善》，载《法律科学》1996年第5期；张明楷:《教唆犯不是共犯人中的独立种类》，载《法学研究》1986年第3期。

② 卢勤忠:《论教唆罪的设立》，载《现代法学》1996年第6期；李向荣:《浅析教唆犯罪的立法缺陷》，载《人民检察》1999年第9期。

③ 参见魏智彬:《教犯的概念与成立要件问题研究》，载《社会科学研究》2000年第3期。

④ 参见马克昌主编:《犯罪通论》，武汉大学出版社1999年版，第553~555页。

⑤ 参见马克昌主编:《犯罪通论》，武汉大学出版社1999年版，第556页；陈兴良:《共同犯罪论》，中国社会科学出版社1992年版，第54~56页。

⑥ 参见马克昌主编:《犯罪通论》，武汉大学出版社1999年版，第556~557页。

应当为共犯的种类，是在是否成立共同犯罪前提下探讨的问题。有学者认为，教唆犯与被教唆者在所实施的犯罪上，不成立共同犯罪关系的理由是："没有共同的故意和共同的行为。因为，前者的故意是有意促使被教唆人实施某种犯罪行为，后者的故意是有意实施某种犯罪行为，两个故意的内容是不一样的……就行为而言，二者也是截然不同的。一种是教唆他人犯罪的行为，一种是实施某种犯罪的行为。我们不能因为教唆行为的最终指向目的与被教唆人的行为目的有一致性，而将两种性质完全不同的行为归属为共同的行为。"① 论者在这里将教唆他人犯罪的行为与被教唆人实施的犯罪，认为属于"两种性质完全不同的行为"的理论依据是什么并不清楚。既然教唆行为与被教唆者的行为具有"目的的一致性"，为什么性质不同？就论者的观点而言，将成立共同犯罪的"共同故意"和"共同行为"之内容、作用要求一致才为"共同"的狭隘理解，是不符合我国刑法规定的，更与共同犯罪的基本理论相悖。教唆犯是不愿自己亲自实行某种犯罪，或者由于某种原因不能亲自去实行某种犯罪，而故意地引起他人实行犯罪的意图，唆使他人去实行犯罪。因而，在我国古代刑法中教唆犯被称为"造意犯"。而"造意"一语事实上已经非常准确地将教唆犯教唆他人犯罪和其自身的犯罪性、主观恶性和应受惩罚性作出了最好的诠释。

我国学者主张对教唆犯设立独立罪名的要求，主要的理论观点在于立法对教唆犯②定罪量刑上具有不科学性。如被教唆者没有犯所教唆之罪，不成立共同犯罪，立法对此规定对教唆犯"可以从轻或者减轻处罚"，但由于没有独立的教唆罪，在按照所教唆之罪处罚时，仍然是将教唆犯作为从属于实行犯的共犯看待；所教唆之罪可以有多种量刑幅度，对教唆犯难以适用；在教唆之罪内容不确定的情况下，如果被教唆者没有犯所教唆之罪时，对教唆犯难以定罪量刑等。因此，主张对教唆犯应当独立规定罪名。③ 笔者认为，学者指出的上述问题的确是存在的，但是，这更主要的是一个如何进一步规范执法的问题。就我国现行刑法的规定而言，共有几百个罪名，所规定的故意犯罪，都存在被教唆而实施的可能性，即使立法上规定了独立的教唆罪，独立教唆罪的法定刑则必须从最轻刑一直规定到最重刑。但即便如此，其法定刑的设置恐怕也无法适应处罚所有可能被教唆实施之罪的要求，反而会更远地背离刑法处罚教唆犯的基本精神。同时这样一来会给刑事司法造就更大的自由裁量空间，这样做究竟对法治是否有利，是不难得出结论的。

---

① 李向荣：《浅析教唆犯罪的立法缺陷》，载《人民检察》1999年第9期。

② 这里所说的教唆犯是指具有独立性的教唆犯。

③ 参加卢勤忠：《论教唆罪的独立》，载《现代法学》1996年第6期。

论想象竞合犯的若干问题[①]

一、想象竞合犯的概念和法律性质

想象竞合犯，也称为想象数罪、观念上的数罪，是指一个行为同时触犯数个罪名的犯罪形态。也有学者认为，是指一个行为触犯数个罪名的情形。[②] 当然，这一表述与前述的定义并没有本质的区别。除了上述通行的表述外，理论上还有学者认为，想象竞合犯是指“行为人基于一个罪过，实施一个危害行为，而触犯两个以上异种罪名的犯罪形态”。[③] 这种表述与前述的定义有一定的区别：一是表明行为人主观上只能是一个罪过；二是表明不承认同种类想象竞合犯。

对于想象竞合犯，在国外许多国家或地区的刑法中都有规定。如《日本刑法典》第54条规定：“一行为触犯数罪名者……从一重处断。”我国现行刑法虽然没有规定想象竞合犯，但刑法理论以及司法实际中均承认想象竞合犯这种犯罪形态。

根据我国刑法理论，想象竞合犯以承认异种想象竞合犯为宜。这也是本文的观点。但是，上述对想象竞合犯定义的第二种认为想象竞合犯主观上只能是基于一个罪过的认识，值得研究。笔者认为，想象竞合犯从其构成上，是指实施一个行为，至于行为人在实施该行为时主观罪过是否是一个，或者实际是数个，都不影响成立想象竞合犯。例如，我们通常所举的例子：枪杀甲时，子弹同时又击伤乙，一个行为既符合故意杀人罪的构成要件，也符合过失重伤(或故意伤害)罪的构成要件。而在甲、乙二人并行，或者就在一起时，在实施开枪杀人行为时能够说行为人主观上只有杀人的一个故意，而对杀伤乙主观上没有认识，或者没有认识的可能性？显然我们无法排除这一点。但是，即使无法排除这一点，这也不影响行为人的行为属于想象竞合犯。所以笔者认为，将想象竞合犯的主观罪过界定为“基于一个罪过”是不恰当的。笔者认为想象竞合犯的成立，行为人必须对发生其他损害事

① 本文原载于《法律科学》2004年第1期。

② 陈兴良：《刑法适用总论》(上卷)，法律出版社1999年版，第655页。

③ 高铭暄主编：《刑法学原理》(第2卷)，中国人民大学出版社1993年版，第521页。

实，至少主观上有过失。否则，只因一行为而发生基本罪以外的其他损害事实，不考虑行为人对此有无罪过就论以想象竞合犯，无疑是以客观论罪。

至于想象竞合犯的性质，刑法理论上的认识也不尽一致。① (1)实质一罪说(也称为想象犯罪竞合说)认为，想象竞合犯外观(形式)上具有数个犯罪行为的性质，虽因其仅有一个犯罪行为与实质数罪的性质不同，但属于数个犯罪在想象上的竞合。② (2)实质数罪竞合说，是与前者针锋相对的观点，认为想象竞合犯符合数个犯罪构成属于数罪。但是，因是一个行为，处理上应与一般的数罪有所区别。因此，想象竞合犯的本质是数罪而非一罪。如日本学者泷川幸辰说："想象数罪在实质上是数罪，但根据它只有一个行为，应当作出与一般并合罪(指未经确定裁判的数罪)不同的处理，从一重处断之。"③当然，对此也有主张并罚的理论，如德国学者汉斯·海因里希·耶赛克认为，想象竞合犯"即只存在一个行为，对该行为可适用数个刑法法规，其方法是将数个法定刑予以合并"。④ (3)法律(法条)竞合说认为，想象竞合犯不是一种独立的犯罪形态，不是罪数的问题，而是一行为竞合数个法律条文，是适用法律的问题，属于法条竞合。⑤

目前，我国理论上对于想象竞合犯只能定一罪并没有不同的认识，但对其法律性质，学者们的认识也是不完全统一的。如有学者认为想象竞合犯"不仅因为行为人的行为符合数个犯罪构成，触犯数个罪名，而且因为行为人所触犯的数个罪名中，任何一个犯罪构成都不能全面评价行为人的犯罪行为"。如开枪杀甲，子弹穿过其身体击伤乙，一个行为既符合故意杀人罪的构成要件，也符合过失重伤罪的构成要件，只评价一个罪名会遗漏另一个罪名。"所以，想象数罪必须受到法律的多重评价，这是想象数罪别于实质一罪的根本标志。想象数罪但只有一个犯罪行为，属于不完整的数罪，根据一行为一罚的理论，不宜对想象数罪适用并罚。所以，想象数罪只是数罪的理论形态。是处断的一罪、裁判的一罪。"⑥即认为想象竞合犯是需要做"处断上的一罪"来考虑的。但认为想象竞合犯必须受法律的数次评价。笔者认为违反了不得重复评价的原则。此外，对想象竞合犯属于"不完整的数罪"的观点，吴振兴教授认为，这实际上是"实质数罪"的观点。他指出："在想象竞合犯的实质问题上持'实质数罪说'的学者们，都无一例外地承认它属于不完整的数罪。有些学者竭力为想象竞合犯的一行为做'一星管二'的论证，原因也在于此。这就有力地说明想象竞合犯不具备数个充足的具体构成。既然如此，它在实质的数罪辖地内就失去了立足

① 姜伟：《犯罪形态通论》，法律出版社 1994 年版，第 428 页；吴振兴：《罪数形态论》，中国检察出版社 1996 年版，第 56~60 页。

② 翁国梁：《中国刑法总论》，正中书局 1970 年版，第 188 页。

③ [日]木村龟二主编：《刑事法事典》，青林书院新社 1981 年版，第 543 页。

④ [德]汉斯·海因里希·耶赛克：《德国刑法教科书》(总论)，徐久生译，中国法制出版社 2001 年版，第 875 页。

⑤ 王觐：《中华刑法论》，中华书局 1936 年版，第 718 页。

⑥ 姜伟：《犯罪形态通论》，法律出版社 1994 年版，第 429 页。

资格。”①换言之，他认为想象竞合犯应当属于实质一罪的范畴。该观点基本上也可以说是理论上通行的观点。②

第三种观点仍认为想象竞合犯属于科刑上一罪。这是在评价想象犯罪竞合说、实质数罪竞合说与法律竞合说三说的基础上得出的结论，认为以上三说都没有正确地揭示想象竞合犯的法律本质。想象的犯罪竞合说。正确地说明了想象竞合犯是一个行为外观上具有数个犯罪行为的性质，提出了从一重罪处断的原则；但是，它主张对数个罪名进行有罪宣告，以实体数罪论罪，实际上将想象数罪和实体数罪同样看待。实质的数罪竞合说。将一个行为外观上具有数个犯罪行为性质，看成是实质的数罪，并且数罪合并处罚，这就将想象数罪和实质数罪完全等同起来。法律竞合说注意到了想象竞合犯与法规竞合相同之处，却忽视了二者之间的差别，并认为：“想象竞合犯，在中外刑法理论上解释为科刑上的一罪，已基本形成通说，而在立法上，想象竞合犯和牵连犯、连续犯通常又是列入数罪并罚章内明文规定的，由此，想象竞合犯应认为是形式上数罪并合处罚的一种。形式上的数罪，即外形上成立两个以上的罪名，但因只有一个行为，与实质上数罪有数个行为不同。形式数罪，裁判上以重罪论处，实质数罪，实行数罪并罚，二者都含有数罪内容，但有形式与实质的严格区别。所以我们认为，所谓科刑上一罪，即将一行为触犯数罪名的情况，仅视为数罪，其含义是诉讼上仍然以数罪名对一行为进行评价，处罚时，从一重罪论刑。它既不是实质一罪，也不是实质数罪。这也就是它的本质所在。”③

笔者理解，想象竞合犯因为只是在外观上符合数罪，实质上并不是“数罪”。“想象竞合”表明的只是在思想观念上“竞合”之意，“想象”正是此义的表述。所以，犯罪竞合说和法律竞合说与“想象竞合犯”的本义并不符合。因为在我国刑法中，“犯罪”的含义是实质性的，即充足构成要件的，才能称为“犯罪”；其次，想象竞合犯所触犯的数罪名的犯罪构成要件之间，并不必然具有重合关系。如以放火的危险方法杀害特定对象而同时危害公共安全的情况下，两罪的同时触犯是因为以危险方法这种犯罪行为而偶然地联系在一起的，而并不具有必然性，这正是想象竞合犯与法规竞合的根本区别所在。所以，犯罪竞合说与法规竞合说都是不恰当的。

那么，在实质上一罪与科刑上一罪的认识中，那一种认识更符合“想象竞合犯”的本质？笔者认为，实质上一罪，从词义的表述上是指只能符合一个罪的犯罪构成；而科刑上一罪，从词义的表述上，是指只作为一罪定罪处罚。所以，这一问题涉及想象竞合犯所触犯的罪名，是否具有充足的数罪的构成要件。如我们通常所说，用放火的方法实施杀人危

① 吴振兴：《罪数形态论》，中国检察出版社1996年版，第61页。

② 陈兴良：《刑法适用总论》(上卷)，法律出版社1999年版，第657页；高铭暄主编：《刑法学原理》(第2卷)，中国人民大学出版社1993年版，第525页。

③ 马克昌主编：《犯罪通论》，武汉大学出版社1999年版，第673页。

害公共安全的，一行为同时触犯故意杀人罪和放火罪两个罪名的想象竞合犯，只能选择其中一个，或者是以故意杀人罪或者是以放火罪论罪处罚。在这种情况下不能认为这一个行为既不符合故意杀人罪，也不符合放火罪，而需要分别评价故意杀人罪与放火罪后再选择其中一个罪名。在想象竞合犯的情况下，其一个行为是可分别适用于所触犯罪名的。换言之，分别看一行为所触犯的罪名，每一个罪名都可以适用，这正是想象竞合犯的特点之一。从这一点而言，实质上一罪的观点就值得商榷，因为想象竞合犯是可以分别同时符合数个罪的犯罪构成的，否则，对想象竞合犯就不存在可选择从一重处罚的问题。因此，笔者认为，想象竞合犯作为科刑上一罪来理解比较恰当。当然，该问题还值得进一步研究。

二、想象竞合犯的条件和种类

一般认为，想象竞合犯必须符合以下两个条件：

(1)实施一个行为。所谓一个行为，是指一个犯罪行为。想象竞合犯的一个行为，可以是一个故意犯罪的行为，也可以是一个过失犯罪的行为。出于故意罪过的，是确定故意还是概括的故意，不影响成立。出自一个故意而实施犯罪，因同一行为过失地造成另一犯罪结果，也只能评价为是一个行为。行为人出自故意实施一行为，因行为偏差(打击错误)，而发生故意以外主观上有过失的损害结果，是一行为触犯数罪名。例如，意图杀害特定人而进行攻击行为，但错误击中他人致死，应成立故意杀人罪(未遂)和过失致人死亡罪两个罪名。在数人共同犯罪的情况下，共同犯罪人以共同的犯意实施各自分担范围内的行为，其中某一人在实施行为时触犯其他罪名的，在共同犯罪的犯意内，仍为共同犯罪的一行为触犯数罪名的想象竞合犯。

在想象竞合犯的情况下，行为人主观上实际是具有数个罪过的，甲杀乙，开枪杀死乙时因过失击伤丙，主观上就具有数个罪过。可以说，在构成想象竞合犯的情况下，不仅触犯的罪名有竞合，而且主观罪过也存在竞合现象。如果行为人对发生的其他结果不具有罪过，则发生的结果对行为人而言就属于意外事件，不能成立想象竞合犯。想象竞合犯只能是一个行为触犯数罪名，如果是数行为触犯数罪名，则是实际的数罪，不发生想象竞合犯的问题。

(2)一行为必须触犯数罪名。所谓触犯数个罪名，是指一行为在形式上，或者说在外观上同时符合刑法规范所规定的数个犯罪。这里所说的数个罪名，既包括刑法分则分别所规定的不同性质的数罪名，也包括同一种犯罪不同形态的不同罪名。前者如交通肇事，撞死了行人，又将路边的电杆撞断，破坏了电力输送，则既触犯交通肇事罪名，又触犯过失损坏电力设备罪罪名。后者如甲为杀乙、丙二人而投掷炸药，结果一死一伤，则触犯故意杀人罪既遂和未遂两个罪名。

以数个举动完成一个犯罪构成(接续犯)；实施一个基本犯罪构成的行为，出现基本犯罪构成以外的重结果，行为人负加重罪责的犯罪(结果加重犯)，或者一行为触犯数罪名，是由于法律的错杂规定所造成仅是选择法条适用的(法条竞合)；实施一种犯罪而其犯罪的手段行为或结果行为又触犯其他罪名的犯罪的(牵连犯)和实施具备两个以上犯罪构成的行为，由法律结合规定为一罪的犯罪(结合犯)，都不成立想象竞合犯。

也有学者为区别于法条竞合，认为想象竞合犯应当具有“一个行为所触犯的数个罪名之间不存在逻辑上的从属或者交叉关系”①的条件。这对于理解想象竞合犯的成立条件是有帮助的。当然，这里的“数个罪名之间不存在逻辑上的从属或者交叉关系”，确切地说应当是指数个罪名的犯罪构成要件的内容上，不存在逻辑上的从属或交叉关系。想象竞合犯在刑法理论中可分为异种和同种想象竞合犯两种。

(1)异种想象竞合犯。指一行为触犯数个不同罪名。可有两种情况：一是一行为同时触犯刑法分则不同性质的数罪名。这种情况下通常是一个行为产生数个不同的结果，如开枪杀死一人(故意杀人罪)伤害一人(故意伤害罪)。二是一行为同时触犯刑法分则和刑法总则规定的不同罪名。如实施一个投放危险物质行为，故意杀人而未遂，但过失致他人中毒死亡，触犯了故意杀人罪(未遂)和过失致人死亡罪两个不同的罪名。又如为杀人而盗枪(尚未实施故意杀人行为)时，盗枪是杀人的预备，触犯了故意杀人罪(预备)和盗窃枪支弹药罪(既遂)两个不同的罪名。该种情况下虽未产生数个不同结果，但分别符合刑法总则和刑法分则数个不同犯罪构成，而触犯数个不同的罪名。

(2)同种想象竞合犯。指一行为触犯相同的数个罪名。相同的数个罪名，是指犯罪性质和犯罪形态完全一样的数罪名。如一次同时抢劫数人财物(既遂)，就是数次触犯了相同的数个抢劫罪罪名。理论上对异种想象竞合犯，是没有争议的，但也有少数学者认为理解想象竞合犯应当包括异种想象竞合犯和同种想象竞合犯。对应当承认同种想象竞合犯其理由，一是认为，想象竞合犯的定义只说“一行为触犯数罪名”，并没说须触犯异种数罪名，理应包括同种罪名在内。因为被害法益的个数不限于同种或异种，只要受到一次侵害便构成触犯一罪名。还因为从构成要件的次数来说，一次符合就触犯一罪名，数次符合就触犯数罪名，不能因为犯罪构成要件是否相同而有所差别。二是同种类的想象竞合犯实质上也是数罪而不是一罪。承认同种类的想象竞合犯，有利于从定罪上把一次行为造成一个结果的，与一次行为造成数个结果的这两种罪质区分开来。三是在量刑上，同种类的想象竞合犯有时也是可以比较轻重的。如开枪故意杀甲、乙二人，对乙是义愤杀人，则故意杀甲之罪比故意杀乙之罪为重。② 但在我国理论界，多数学者否认同种想象竞合犯的理论意义，主要理由就是认为理论上对想象竞合犯的研究，主要是为了从一个行为所触犯的数个罪名中选择何种罪名，依法定罪量刑。因此，只有在异种想象竞合的情况下，想象竞合犯才有

① 陈兴良：《刑法适用总论》(上卷)，法律出版社1999年版，第656页。

② 马克昌主编：《犯罪通论》，武汉大学出版社1999年版，第631页。

它的理论意义，而否认同种想象竞合犯不会对司法实际造成适用法律的困难。① 这也是我国理论通行的观点。笔者认为，在研究罪数形态是为解决正确适用法律的意义上说，由于想象竞合犯触犯同种数罪名并不存在法律选择适用的问题，因此，在想象竞合犯的范畴内，应当以否定说的观点为当。

三、想象竞合犯与法条竞合犯的区别

法条竞合犯亦称法规竞合犯，是指由于法律规定的错综复杂，以致一个犯罪行为同时触犯数个法条，而其中一个法条的构成要件的内容与另一法条的内容相重合或者相交叉，触犯该法条则必然触犯另一法条，但只能适用其中一个法律条文定罪量刑，排除可能适用其他条文的情况。

在法条竞合的情况下，从外观上看有数个法条可以同时适用该行为。但根据一定的原则，只能适用其中一个法条定罪处罚，而排斥其他法条适用的可能性。典型的法条竞合，例如军人叛逃罪与叛逃罪；泄露、遗失军事机密罪与泄露国家机密罪；擅离、玩忽军事职守罪与玩忽职守罪之间都具有法条竞合的关系。目前，理论上一般认为法条竞合的条件有四个：(1)实施一个行为，即行为人基于一个罪过而实施的一个行为。如实施第 344 条非法采伐、毁坏珍贵树木罪一种行为，就会发生与第 345 条盗伐林木罪和第 264 条盗窃罪的竞合。(2)一行为在形式上触犯了数个法条。数法条可以是同一法律的不同条文(如上例)，也可以是不同刑事法律，如单行刑法与刑法典中的数个法条。如数个行为触犯数个法条，则为数罪问题了。(3)数法条的犯罪构成要件的内容之间具有包容或者交叉关系。即一法条规定的犯罪构成要件内容在逻辑上为另一法条犯罪构成要件内容的一部分，或者法条与法条内容上有重合的交叉关系。例如，与军人配偶结婚，既符合破坏军婚罪，也符合重婚罪，与军人配偶结婚的内容，被重婚罪所包括，当然，只有部分有重合交叉的关系。而第 345 条盗伐林木罪和第 264 条盗窃罪的竞合时，盗伐林木罪的内容，则完全被盗窃罪所包括。(4)法条竞合时，行为人的行为只能符合其中一个法条的犯罪构成要件，即只有一个罪过，实施一个行为，只能适用其中的一个法条定罪量刑，排斥其他法条适用的可能性。因此，法条竞合是实质上的一罪。

想象竞合犯与法条竞合犯有诸多情况是相似的。如：都是一行为，都是一行为触犯了数个法律条文，都只适用一个法条并受一罪而不是数罪的惩罚。但是，两者有严格的区别：(1)想象竞合犯是一个行为，外观上触犯数罪名，犯罪本身是形式上的数罪；法条竞合犯，是一个犯罪行为，犯罪自身是单纯的一罪。(2)想象竞合犯是一行为同时符合数个犯罪构成，触犯数个罪名的竞合；法条竞合犯是一行为只符合一个犯罪构成，成立一罪

① 高铭暄主编：《刑法学原理》(第 2 卷)，中国人民大学出版社 1993 年版，第 527 页。

名，只是外观上有数种法规可以适用。(3)想象竞合犯的数法规之间，仅有行为的同一，在竞合罪名法条的构成要件内容上不存在必然的重合或交叉关系；法条竞合犯的数法规之间，则是在犯罪构成要件内容上的重合或交叉，以致触犯该条文则必然触犯另一条文。(4)想象竞合犯主观上可以是数个罪过；而法条竞合犯主观上只能是一个罪过。(5)想象竞合犯是裁判上的一罪，应就其触犯的数罪名中，从一重处断，不排斥竞合的轻罪；法条竞合犯是单纯一罪，在竞合的法条中，择一适用，而排斥其他法条的适用的可能性。

四、想象竞合犯的处罚原则

对于想象竞合犯，国外的理论和实践中一般认为不应当实行数罪并罚，当然，这也不是没有其他例外的处罚原则。① 但通行的处罚原则是“从一重处罚”。然而，从一重处罚的根据是什么，理论上仍然有不同的认识：(1)主观责任说。此说自行为人主观方面寻求之所以将想象竞合犯视为一罪的根据。认为，行为人以一行为触犯数罪名，比较以数行为实施数个独立的犯罪，其犯罪动机(反社会性)或恶性要轻些。因而，“责任之非难”也相应为轻，故有必要从一重罪处断而予以宽恕。(2)客观的违法性论。此说从行为的违法性方面寻求一罪论的根据。认为，想象竞合犯仅是一行为，与数个独立行为比较，“在道义上应受较轻的非难”，故在科刑上作一罪处断，是自然的事。(3)行为单一性说。此说从行为的数量上寻求以一罪论的根据，认为，想象竞合犯只是单一行为，所以在科刑上以一罪处断，实属理所当然。②

我国学者多从想象竞合犯的实际特征上，论证想象竞合犯从一重处罚根据的合理性。即想象竞合犯客观上仅有一个行为，纵然外观上是数罪，也不符合实质数罪的标准，只能就所触犯的数罪名选择其一而定罪处罚。目前，我国理论界一般主张通过比较所触犯数罪名的法定刑的轻重，按最重法定刑的一罪定罪处罚。其具体含义包括：

首先，应当就所触犯的数个罪名中最重的一个罪名(即性质最重的犯罪)定罪。所谓最重的罪名或最重的犯罪，一般应以法定刑为基础作出判断，即法定刑高者为重罪，法定刑低者为轻罪。一般地说，法定刑的轻重主要是以主刑刑种的轻重相比较。具体是：(1)主刑刑种的轻重，应按照刑法规定的刑罚种类的次序决定，即管制、拘役、有期徒刑、无期徒刑、死刑，依次递重。(2)同种刑罚的轻重，应以法定最高刑的高低为准，即高者为重，低者为轻；若法定最高刑相同，则应以法定最低刑为准，亦即高者为重，低者为轻。(3)规定有两种以上主刑的法定刑的轻重，应以最高主刑种类较重或刑期较长的为重；如果最重主刑种类或其刑期相同，则以最低主刑种类较重或刑期较长者为重。

① 吴振兴：《罪数形态论》，中国检察出版社1996年版，第67~72页。

② 洪福增：《刑法理论之基础》，刑事法杂志社1977年版，第413页。

其次，当一个犯罪行为触犯的数个罪名的法定刑完全相同时，以法定刑为标准的判断方法就失去了意义。在此种情形下，学者们也有主张应当采取其他标准，即判断犯罪之轻重的标准以行为人所触犯的数罪名的情节及对社会的危害程度，即此种条件的“从一重处断”，应当是按犯罪中犯罪情节和危害程度较重的一罪论处，即以可能的宣告刑的轻重为标准。可以看出，第二种判断方法，与以“法定刑为标准的比较方法”应当说是大相径庭的。换言之，从一重处罚的标准实际上在理论上就是两种主张：即以法定刑为标准和以犯罪的危害程度为标准，即以可能宣判的刑罚为标准。当然，由于“从一重处罚”的原义是按照法定刑还是宣告刑为标准，目前并没有一个定论。所以，在以法定刑为标准的判断方法失去了意义的情况下，以第二种判断方法选择刑的轻重，也不能说就是错误的，但由于这种方法影响审判人员选择的人为因素可能非常多，所以，是否背离“从一重处罚”原则的本意，还是值得进一步研究。

再次，各罪名在刑法总则或其他刑法法规中，如具有加重、减轻情节，属于科刑的范围，不能以此影响法定刑的轻重，不得在加减刑罚之后，再行比较。而各罪在刑法分则或者其他刑法法规中，具体罪刑条、款设有基本犯、情节加重或情节减轻并相应有基本法定刑、加重或减轻法定刑的规定时，则该项法定刑，应当是在各罪之间比较轻罪和重罪的标准。①

最后，在该罪名所规定的法定刑范围内酌情决定应执行的刑罚，但不是一律要判处法定最高刑；判决确定后其判决的效力溯及所触犯的其他罪名，对其他罪名不得另行判决。

① 马克昌主编：《犯罪通论》，武汉大学出版社1999年版，第688页。

论吸收犯的若干问题①

在我国的刑法理论中，虽然确定一罪与数罪的标准已取得共识，即以犯罪事实所充足的犯罪构成的个数为标准区分一罪与数罪，但罪数形态仍颇为混乱。其中，吸收犯亦是争议问题较多的犯罪形态之一。因此，从犯罪构成与犯罪成立的角度探讨吸收犯的概念、成立条件、吸收关系的形式及其与牵连犯、连续犯的区别等，仍很有必要。

一、吸收犯的概念

在我国目前的刑法理论上，关于吸收犯的概念，大体上有以下几种观点：

其一，“吸收犯是指数个不同的犯罪行为，依据日常一般观念或法条内容，其中一个行为当然为他行为所吸收，只成立吸收行为的一个犯罪”。② 其二，“吸收犯是指事实上数个不同的犯罪行为，其一行为吸收其他行为，仅成立吸收行为一个罪名的犯罪”。③ 其三，“吸收犯是指行为人实施数个犯罪行为，符合不同犯罪，但其中一罪为他罪必要之方法或实现他罪必得之结果，一个犯罪吸收他罪而成为实质一罪”。④ 其四，“吸收犯是指一个犯罪行为被另一个犯罪行为吸收而仅以吸收的一罪定罪处罚的犯罪形态”。⑤ 其五，“吸收犯是数个独立的犯罪行为，但因触犯同一罪名，属于同一种犯罪的不同形式，而且，这些行为之间有高度行为与低度行为之分，从而产生吸收关系”。⑥ 其六，“吸收犯是指行为人实施数个犯罪行为，因其所符合的犯罪构成之间具有特定的依附与被依附关系，从而导致其中一个不具有独立性的犯罪，被另一个具有独立性的犯罪所吸收，对行为人仅以吸收之罪论处，而对被吸收之罪置之不论的犯罪形态”。⑦ 其七，“吸收犯是指一个犯罪行为为另一

---

① 本文原载于《政治与法律》2004 年第 2 期。

② 马克昌主编：《犯罪通论》，武汉大学出版社 1999 年版，第 664~666 页。

③ 张明楷：《刑法学》，法律出版社 1997 年版，第 329 页。

④ 曲新久：《论吸收犯》，载《中国法学》1992 年第 2 期。

⑤ 孙晓芳：《论罪数不典型》，载刘守芬、黄丁全主编：《刑事法律问题专题研究》，群众出版社 1998 年版，第 292 页。

⑥ 姜伟：《犯罪形态通论》，法律出版社 1994 年版，第 355~358 页。

⑦ 高铭暄主编：《刑法学原理》(第 2 卷)，中国人民大学出版社 1993 年版，第 624 页。

个犯罪行为所吸收，而失去独立存在的意义，仅以吸收的那个行为论罪，对被吸收的行为不再予以论罪的情形”。① 其八，“吸收犯是指数个犯罪行为，其中一个犯罪行为吸收其他的犯罪行为，仅成立吸收的犯罪行为一个罪名的犯罪形态”等。②

之所以有上述多种概念表述，可以说是由于对吸收犯的本质认识不一。认识可以归纳为以下三种：

第一种认识是，吸收犯的数个行为必须属于同一罪质。即数个独立的犯罪行为之所以可以吸收为一个犯罪，是因为行为人的数个行为具有同一罪质。同一罪质，就是具有同一的犯罪性质，一般表现为触犯同一罪名，不论行为的表现形式如何，最终都是一个罪名。③ 换言之，吸收犯的数个犯罪行为应具有基本性质的一致性，它们之间的差别不过是基本的犯罪构成与修正的犯罪构成之差别，或不同类型的修正的犯罪构成之间的差别。但是，对于某一特定犯罪来说，分别符合不同类型犯罪构成的数个犯罪行为，则因不同类型的犯罪构成具有共同的基本属性，其基本性质自然也是一致的，所以数个犯罪行为的异质性，不是吸收犯成立的必备构成要件。同时，将吸收犯仅限定于同一罪名下“同一犯罪的不同形式”的犯罪中的观点，从含义上说，是认为只有在同一犯罪的不同过程中才能成立吸收犯，如故意杀人既遂之罪与未遂之罪之间的吸收。前述第五、六种观点即属于这种认识。

第二种认识是，吸收犯的数个行为必须触犯不同罪名。如果数行为触犯同一罪名，就不可能成立吸收犯。④ 即数个犯罪行为若触犯的是同一罪名，可以认为是以连续故意反复实施同一罪名的犯罪，成立连续犯；若无连续故意而反复实施数个同种罪名，则成立同种数罪，都不可能成立吸收犯。前述第一、二、三种观点表明的即属于这种认识。

第三种认识，可以说对吸收犯之吸收与被吸收的犯罪的罪质并没有特别的限制，只要根据一般的经验法则判断，就可以成立吸收犯。前述第四、七、八种观点属于这种认识。

上述对吸收犯的不同认识，涉及的是对吸收犯所犯数罪的罪质认识不同。例如，《刑法》第 151 条的走私文物罪、走私贵重金属罪、走私珍贵动物、珍贵动物制品罪。根据第一、三种认识，无论是否评价为同一罪质，数行为之间可以成立吸收犯是没有疑问的；而根据第二种认识，由于具体罪名不同，似也可以认为成立吸收犯。但第一种认识之“同一种犯罪的不同形式”犯罪的吸收关系的观点，由于上述犯罪之间难以认为有“高度行为与低度行为之分”。⑤ 所以，也就不存在谁吸收谁的问题了。那么，吸收犯犯罪的罪质应当如

① 陈兴良：《本体刑法学》，商务印书馆 2001 年版，第 617 页。

② 高铭暄、马克昌主编：《刑法学》，北京大学出版社、高等教育出版社 2000 年版，第 202~203 页。

③ 姜伟：《犯罪形态通论》，法律出版社 1994 年版，第 358 页。

④ 张明楷：《刑法学》，法律出版社 1997 年版，第 329 页。

⑤ 姜伟：《犯罪形态通论》，法律出版社 1994 年版，第 355~358 页。

何理解？目前在理论上，对同一罪质而不同形态的犯罪行为之间，存在吸收关系是共识，由此“同一种犯罪的不同形式犯罪之间可以成立吸收犯”的观点，从这一点上说是能够成立的；① 而第二种认识认为吸收犯的数行为必须触犯不同罪名的观点，如从共识出发来看，也可以认为是将这种并列罪名的情况也视为不同罪名。据此，上述对罪质的认识，应当说虽然在表述上有区别但实际上是相同的。由此而言，对于吸收犯罪质是否需要明确限定于同一或者不相同的数个犯罪之间，由于认识并无不同，所以并没有实际的意义。因此，将吸收犯之所犯数罪的罪质作广义上的解释是比较恰当的，即同一性质不同形态的数个犯罪行为，属于同种犯罪，可以成立吸收犯；不同性质的犯罪行为，即异质犯罪之间也可以成立吸收犯。基于此，所谓吸收犯，可以表述为：数个独立的犯罪行为，其中一个犯罪为另一犯罪所吸收而仅成立吸收之罪一罪的情形。

二、关于吸收犯的成立条件

基于上述概念，成立吸收犯必须具备以下几个条件：

（1）必须具备数个独立的犯罪行为，这是成立吸收犯的前提条件。吸收犯是数个犯罪行为之间的吸收，如果只实施一个犯罪行为，则无由成立吸收犯。所谓数个犯罪行为，是指充足犯罪构成要件的数个相互独立并依法都具备可罚性的行为。所谓充足犯罪构成，可能是基本的犯罪构成，或者是派生的犯罪构成，也可能是修正的犯罪构成。只要行为符合某种犯罪构成，即属于犯罪行为。如果数个行为中只有一个是犯罪行为，其余是违法行为或不法状态，则无论其关系如何密切，均不可能构成吸收犯。如果所实施的某种行为本身就包含在另一犯罪的构成要件之中，如绑架犯罪中实施暴力手段，因不具有独立性，因此，并不成立吸收犯。有学者认为：“为杀人而强灌毒药致伤受害人身体，伤害行为被吸收于杀人行为内，受害人虽然未死，也只成立杀人罪，不另外成立伤害罪名。”②这种认识是将本身就包含在其构成要件中的必然内容，认为与本罪行为之间具有吸收关系，是不正确的。但“如果行为人的行为形式上，有数个举动，但性质完全同一，时间上又不可分，不是数个行为。例如行为人为教唆他人犯罪，反复进行劝说，只是一个教唆行为；为帮助他人犯罪，既提供工具，又出谋划策，也是一个帮助行为，不构成吸收犯。当然，如果行为人是分次实施犯罪行为，每次行为之间有一定的时间间隔，同种性质的行为之间也可以成立吸收犯”。③ 可以说，吸收犯犯罪行为的复数性和独立性是其前提条件的必然性要求。

（2）数个独立的犯罪行为之间必须具有吸收关系，这是成立吸收犯的实质条件。如何

① 论者将吸收犯只限于“同一种犯罪的不同形式犯罪之间可以成立吸收犯”的观点，是值得进一步商榷的。

② 何全民、甘娅：《吸收犯与牵连犯探微》，载《东北财经大学学报》2002年第1期。

③ 姜伟：《犯罪形态通论》，法律出版社1994年版，第355~358页。

理解数个犯罪行为之间是否具有吸收关系，理论上认识不完全相同。通说认为，吸收关系是因为密切联系相关的数个犯罪行为一般属于实施某种犯罪的同一过程中。即前行为可能是后行为发展的所经阶段，或者后行为可能是前行为发展的当然结果。① 这一认识可以说是我国刑法理论上对吸收关系认识的主流观点。② 除上述认识之外，还有另外两种观点：一是认为，吸收犯的吸收关系应当“根据一般观念和法律条文的内容”来确定。③ 即包括法条内容上的吸收关系，根据法律规定，一罪的犯罪构成为他罪所当然包括，或者不特定的若干犯罪可以包含于一个犯罪中。④ 如金融工作人员购买假币、以假币换取货币罪、持有、使用假币罪，所包含的诈骗犯罪行为与本罪之间具有吸收关系。二是认为，数个犯罪行为符合相互之间具有依附与被依附关系的犯罪构成，是认定的客观根据之一；数个犯罪行为侵犯客体和作用对象的同一性，也同样是客观标准之一；而主观上具有实现一个具体的犯罪目的而实施数个犯罪行为，是其主观的条件。⑤

在上述各种不同认识中，第二种认识的前提在于“数个犯罪行为的异质性，不是吸收犯成立的必备构成要件”。⑥ 因此，从数个同质犯罪之间的关系看，其当然的逻辑内涵仍然是维护通说观点的“前行为可能是后行为发展的所经阶段；或者后行为可能是前行为发展的当然结果”的结论。因为，只有在此种情况下，数行为之间才可能具有论者所主张的依附与被依附关系的前提，无此则根本谈不到数行为针对同一客体和对象以及主观目的性的同一。因此，这一观点实际上与通说观点并没有本质的区别，可以认为是通说观点的具体化。

第一种认识虽然则在一定程度上抓住了问题的症结，但其具体内容需要进一步明确。从我国刑事立法来看，法条内容上的吸收关系是能够成立的，刑法分则条文的确存在某种犯罪自身就包含多种犯罪的情况。如《刑法》第104条武装叛乱、暴乱罪，在武装叛乱、暴乱的过程中，往往伴有杀人、伤害、放火、抢劫、强奸、故意毁坏财物等行为，但由于武装叛乱、暴乱本身包括这些内容，如果没有这样一些内容就不成其为武装叛乱、暴乱。因此，对于在武装叛乱、暴乱过程中实施了杀人、伤害、放火、抢劫、强奸、故意毁坏财物等行为的，尽管这些行为又触犯了其他罪名，也不能按本罪和有关犯罪实行数罪并罚，只能按本罪一罪处理。再如第317条第1款组织越狱罪、第2款暴动越狱罪、聚众持械劫狱罪，同样会具有实施杀人、伤害犯罪的内容。类似的还有《刑法》第172条使用假币罪，必然包括实施诈骗行为；第194条第1款票据诈骗罪、第2款金融凭证诈骗罪，必然包括伪

① 高铭暄主编：《中国刑法学》，中国人民大学出版社1989年版，第223~224页。
② 陈兴良：《刑法适用总论》（上卷），法律出版社1999年版，第705页等。
③ 参见顾肖荣：《刑法中的一罪与数罪问题》，台湾学林出版社1986年版，第26~27页。
④ 参见马克昌主编：《犯罪通论》，武汉大学出版社1999年版，第667页。
⑤ 参见高铭暄主编：《刑法学原理》（第2卷），中国人民大学出版社1993年版，第626页。
⑥ 参见高铭暄主编：《刑法学原理》（第2卷），中国人民大学出版社1993年版，第626页。

造、变造金融票证或者伪造、变造国家有价证券的犯罪行为等。这一类型的犯罪，即使按照某些学者所言在理论上也可以解释为牵连犯，但对武装叛乱、暴乱罪而言，却显然不能以牵连犯的理解，更不能以法条竞合来解释，因为有数个不同犯罪构成的行为。而按照吸收犯吸收关系通说之见解，也无法认为在武装叛乱、暴乱过程中实施了杀人、伤害、放火、抢劫、强奸、故意毁坏财物等行为，与武装叛乱、暴乱是一种“前行为可能是后行为发展的所经阶段；或者后行为可能是前行为发展的当然结果”的关系。基于此，法条内容上的吸收关系是应当予以肯定的，那种认为法条内容上的吸收关系“仍未从根本上避免模糊性和片面性的缺陷，难以据此得出具有确切性、一致性的判断结论”①的批评，是不恰当的。但是，批评者的观点并非毫无道理，“法条内容上的吸收关系”论，的确存在不足之处，即没有对吸收犯之存在根据予以明确和充分的论证。事实上，该种情况下之所以能成立吸收关系，是因为在法条规定的内容中存在着理所当然可以被吸收的内容，即两个犯罪在构成上存在着“一罪为他罪必由之方法或必得之结果”的吸收关系。这一关系表现在同一犯罪的不同过程中，是实行行为吸收预备行为；表现在不同犯罪中，是重罪行为吸收轻罪行为。

此外，在吸收关系的理解上，是否需要“主观目的的同一性”，即数个犯罪行为统一于一个犯意？一个具体的犯罪目的？一般地说，答案是不言而喻的。从同一犯罪不同过程成立吸收犯的要求看，当然的结论是必须具有一个犯意、一个具体的犯罪目的。不过，在“重行为吸收轻行为”的关系中，如第 127 条盗窃、抢夺枪支、弹药、爆炸物罪，抢劫枪支、弹药、爆炸物罪与第 128 条非法持有、私藏枪支、弹药罪之间，恐怕不好说是一定具有一个统一的犯罪目的，或者说是一个犯意。如果说是具有一个统一的犯罪目的，或者说是一个犯意，那么，与其说是吸收犯，倒不如以牵连犯予以解释更具说服力。因为，以主观上同一目的，或者同一犯意的主观条件来界定吸收犯，恰恰成为吸收犯与牵连犯易于混淆而不易区别之处。因此，笔者认为，在吸收关系这一点上，“主观目的的同一性”并不是认定是否具有吸收关系的必要条件。关于这一点，还将在吸收犯的第三个条件中予以探讨。

(3)行为人主观上必须无牵连或连续犯意，这是成立吸收犯的主观条件。众所周知，出于一个犯罪目的是成立牵连犯的条件之一。只有目的的同一性才谈得上手段行为(或方法行为)和目的行为、原因行为和结果行为的牵连关系。如果行为人对于自己实施的数个犯罪行为之间所具有的手段与目的或原因与结果的密切关系具有明确的认识，即表明其主观上具有牵连犯意，则行为人以实施某一犯罪为目的而其方法行为或结果行为又触犯其他罪名的情况，成立牵连犯。如果行为人对于自己实施的数个独立的犯罪行为之间所具有的手段与目的或原因与结果的密切关系无认识，或根本未做打算，即行为人所实施的数个犯

① 参见高铭暄主编：《刑法学原理》(第 2 卷)，中国人民大学出版社 1993 年版，第 633 页。

罪行为并无主观目的的同一性，则无论如何不能表明其主观上具有牵连犯意。在行为人主观上对自己所实施的数个独立的犯罪行为间不具牵连犯意的情形下，则可考察行为间是否具有吸收关系而视情形成立吸收犯。

至于连续犯的犯意，一般是指同一或者概括的犯罪故意。行为人出于同一或者概括的犯罪故意，连续实施数个独立的犯罪行为，触犯同一罪名的犯罪，是连续犯。由此可知，行为人主观上具有连续犯意是成立连续犯的条件。在行为人主观上具有连续犯意，客观上连续实施数个独立的犯罪行为的情况下，可成立连续犯。若行为人主观上对行为的连续性缺乏认识，则说明其并无连续犯意，可视情形成立吸收犯。

三、吸收犯的形式

关于吸收犯的吸收形式，也是争议比较大的问题之一。根据我国台湾学者的归纳，吸收关系之区分计有五六种之多,① 具体言之：(1)实害行为吸收危险行为、高度行为吸收低度行为，后者又可区分为后行为吸收前行为、重行为吸收轻行为。② (2)高度行为吸收低度行为、高阶行为吸收低阶行为、充实行为吸收局部行为、包括行为吸收成分行为、本罪行为吸收准罪行为。(3)重法吸收轻法、实害法吸收危险法、全部法吸收局部法、狭义法吸收广义法。③ (4)主行为吸收从行为、全部行为吸收局部行为、后行为吸收前行为、重罪行为吸收轻罪行为。④ (5)实害行为吸收危险行为、高度行为吸收低度行为、主行为吸收从行为、重行为吸收轻行为、后行为吸收前行为、实行行为吸收加功行为。⑤ (6)刑法上之吸收可区分为刑之吸收、罪之吸收与行为之吸收。⑥

至于在司法实务上，吸收关系亦众说纷纭，统而言之，计有以下几种：(1)高度行为吸收低度行为；(2)全部行为吸收部分行为；(3)后行为吸收前行为；(4)重罪吸收轻罪；(5)当然吸收；(6)实施行为吸收教唆行为；(7)特别条件之罪吸收非特别条件之罪；(8)接续犯之吸收。正因为这种庞杂的吸收关系，“使学习刑法者，有如坠入五里雾中，而不知所措。更由于吸收犯概念之提出，其与法律单数之吸收关系究属一物，或属有所区别之两物，学说上亦是众说纷纭，莫衷一是，使本来已够混淆之概念，更加紊乱，而令人不知所从”。⑦

---

① 林山田：《刑法通论》(下册)，台湾大学法学院图书部 2001 年版，第 348~349 页。

② 高仰止：《刑法总则之理论与实用》，台湾五南图书出版公司 1983 年版，第 347 页以下。

③ 蔡墩铭：《中国刑法精义》，台湾汉林出版社 1986 年版，第 274 页以下。

④ 杨大器：《刑法总则释论》，台北大诚印刷厂 1984 年版，第 318 页。

⑤ 楮剑鸿：《刑法总则论》，台湾商务出版社 1995 年版，第 344 页。

⑥ 胡开诚：《刑法上之吸收》，载《刑法总则论文选辑》(下)，第 619 页。

⑦ 林山田：《刑法通论》(下册)，台湾大学法学院图书部 2001 年版，第 349 页。

相对而言，我国大陆学者所主张的吸收形式则简单得多，主要有以下几种：

(1)重行为吸收轻行为。所谓重行为吸收轻行为，是以行为的性质予以比较，性质较严重的行为吸收性质相对较轻的行为。当然，从一定意义上说，法定刑的轻重也可以作为比较的依据之一。值得注意的是，行为性质的重与轻并不对应于行为的先与后，两个以上的行为不问孰先孰后，即使重行为在后，也吸收轻行为。例如，在携带管制刀具上了火车后，实施了抢劫。携带管制刀具的行为构成第 130 条非法携带管制刀具危及公共安全罪，性质上为轻的行为，抢劫罪的行为虽然在后实施，但性质为重行为，所以吸收非法携带管制刀具危及公共安全的行为。

(2)高度行为吸收低度行为。这是指以行为实行的程度予以比较，实行程度比较高的行为吸收实行程度比较低的行为。这种情况主要是在两个以上的行为属于同一法条，而法定刑没有区别规定，而且行为在性质上难以比较轻重时，以实行程度比较高的行为吸收实行程度比较低的行为。例如，《刑法》第 125 条第 1 款规定的非法制造、买卖、运输、邮寄、储存枪支、弹药、爆炸物罪，当行为人分别实施了非法制造、买卖、运输等行为时，通常情况下，只有非法制造行为之实行达到完成程度的，才能实施买卖、运输等行为，即上述行为中，非法制造的行为实行的程度较买卖、运输等行为为高，所以，以非法制造行为吸收较后实施程度较低的买卖、运输等行为。

(3)实行行为吸收非实行行为。也可称为主行为吸收从行为。所谓实行行为吸收非实行行为，是指在共同犯罪中，共犯既实施非实行行为(教唆行为、帮助行为)，又实施实行行为时，以实行行为吸收非实行行为。例如，教唆者在教唆他人犯罪后，又直接参与所教唆之犯罪的实行行为的，则对教唆者不再论以教唆犯，而直接按照实行犯予以定罪处罚。

(4)完成行为吸收未完成行为。所谓完成行为吸收未完成行为，是指当行为人在同一性质的犯罪中，既有完成(既遂)的情形又有未完成情形时，以完成的行为吸收未完成的(预备、未遂或者中止)行为，对未完成的行为不再单独论罪。例如甲杀乙时，第一次未遂，而第二次实施时将乙杀害，完成了犯罪，则对甲只按照杀人既遂论处，不再论其未遂。

四、吸收犯与牵连犯的界限

吸收犯与牵连犯的关系以及区别是目前刑法理论上争议比较大的问题。学界通说一般认为："吸收犯与牵连犯时有交叉，比如前面谈到的先伪造印章而后伪造有价证券的，既是吸收犯，又是牵连犯。对二者都应以重罪论处。在某种意义上说，牵连犯往往都是吸收犯。但是吸收犯并不都是牵连犯，没有交叉的，就只能说是吸收犯，它反映了一定的犯罪实际现象，具有一定的价值。"①另外，有学者指出："如果将吸收犯的数行为列入异质罪

① 高铭暄主编：《中国刑法学》，中国人民大学出版社 1989 年版，第 258 页。

名的范围内，虽然便于与连续犯划线，却易于与牵连犯混淆；反过来，如果将吸收犯列入同一罪名的范围内，虽然便于与牵连犯分野，却易于与连续犯交叉。这正是为吸收犯争得一席生存之地的难点所在。”①也有学者在吸收犯的整体意义上分析与牵连犯的区别，认为吸收犯的数个行为所触犯的罪名必须是一致的，而牵连犯数行为触犯的罪名则必须是不同的。② 这种认识，显然不能适用于解释前述重行为吸收轻行为，如非法携带管制刀具危及公共安全罪与抢劫罪之间的吸收关系，也即数行为触犯不同罪名的情况。

就吸收犯的具体情况而言，由于在数个同一罪名的情况下，吸收犯与牵连犯的界限，如同前述的观点那样，是可以在触犯罪名的这一点上予以区别的．因此，吸收犯与牵连犯的区别问题，在数个同一罪名的情况下并不存在。从这一意义上说，吸收犯与牵连犯的区别，事实上只发生在数个不同罪名时才有必要。具体而言，在重行为吸收轻行为的吸收形式中，由于可以是性质不同的数个犯罪之间发生吸收关系，所以，才确实与牵连犯易发生混淆。陈兴良教授从主张广义的吸收关系的立场，指出：“在某种意义上说，牵连犯也是吸收犯，反之则不然。”③这种认识，根据陈兴良教授观点的内容可以认为，“牵连犯也是吸收犯”很明显是指数行为同为触犯不同罪名的情况下，由于牵连关系的犯罪在处罚上对数罪采取的是“吸收原则”，所以，认为“牵连犯也是吸收犯”，而“反之则不然”则表明在吸收犯属于同一性质的数个罪名时，例如在既遂行为吸收其未遂行为时，就只能是吸收犯而不能是牵连犯，理由就在于并不符合牵连犯数行为必须触犯不同罪名的条件。换言之，在数行为触犯不同罪名的情况下，既可以视为牵连犯，也可以视为吸收犯；在数行为触犯同一罪名的情况下，就只能是吸收犯。如是，则的确如同吴振兴教授在分析多种似吸收犯，似牵连犯的案例后指出的，夹缝中生存的吸收犯，只宜存在于数行为触犯同一罪名的情况下。也就是说排除了数行为触犯不同罪名，成立吸收犯的可能性。

笔者认为上述认识还都有值得商榷之处。但首先，陈兴良教授认为“牵连犯也是吸收犯，反之则不然”的观点有值得肯定的地方。即在一部分案件中，的确可以按照牵连犯或者吸收犯予以解释，如为实施盗窃而侵入住宅的，说是牵连犯并没有错误，说是吸收犯也能够成立。由此，“反之则不然”的认识无疑也是正确的。但在数行为触犯不同罪名的情况下，是否都可以既视为牵连犯，也可以视为吸收犯呢？由于牵连犯是以实施某一犯罪为目的，而其方法行为或结果行为又触犯他罪名的犯罪形态。如果先后实施的不同犯罪行为并不是“出于犯一罪的目的”，也就不宜将所有在客观上似有牵连现象的“数行为触犯不同罪名”的情形都解释为牵连犯。如前述在携带管制刀具上了火车后，实施了抢劫行为的，如果行为人并不是“为实施抢劫而携带管制刀具上了火车，并实施了抢劫”，则无论如何也不

① 吴振兴：《罪数形态论》，中国检察出版社 1996 年版，第 309~312 页。

② 高铭暄主编：《刑法学原理》（第 2 卷），中国人民大学出版社 1993 年版，第 642 页。

③ 陈兴良：《本体刑法学》，商务印书馆 2001 年版，第 618 页。

宜说可以成立牵连犯。基于相同的理由，吴振兴教授认为吸收犯只能在同种罪名情况存在的观点，也值得商讨。既然该“携带管制工具上了火车，并实施了抢劫”的情况不是牵连犯，也不成立吸收犯，那么，唯一合理的解释似乎就只能是适用数罪并罚。但是，如果要肯定这一点，首先必须否定该种情况成立吸收犯，而从吴振兴教授的观点中，并没有发现能够否定成立吸收犯的理由。上述观点之所以存在不能自圆其说之处，笔者认为在于没有注意到数行为触犯不同罪名的吸收犯并不强求“主观目的上的同一性”，因而与牵连犯必须是“出于犯一罪的目的”有所不同。

五、吸收犯与连续犯的界限

在数个行为触犯同一罪名时，吸收犯易与连续犯发生混淆。从缩小吸收犯成立范围，区别于其他犯罪形态的角度，吴振兴教授主张对“完成行为吸收未完成行为”这种情况，“完全可以归入连续犯中”。① 的确，二者有共同之处，如连续犯是出于一个连续实施同种犯罪的故意，数行为触犯同一性质的罪名；而吸收犯也完全可以表现为出于一个犯意，数行为触犯数个同一性质罪名，并且所触犯罪名之犯罪形态如何均不影响对两者的认定。那么，是否可因此将“完成行为吸收未完成行为”归入连续犯中而无须考虑吸收犯的问题呢？笔者认为这样认识并不是十分恰当的。理由很简单，对于以连续实施同种犯罪的犯意，数行为触犯同一性质罪名的情况，之所以认定为连续犯，在于其犯意产生的“一次性，和数行为实施的“连续性”；而对“多次性”产生的相同犯意以及对于长时间间隔的两个性质相同的行为，没有理由认定为犯意和行为具有连续性。例如，我们不能将一年前构成的犯罪未遂，在一年后决定再次实施并既遂的两个行为认定为连续犯。因为，其犯意并非一次性产生，而且两行为之间的时间间隔之久也很难说明其行为具有“连续性”。当然，从理论上看，“行为人下定决心，计划无论实施多少次都要完成犯罪”的情况还是存在的。这种基于一次性产生的连续犯罪的犯意而实施多次同一犯罪行为的情形，在完成犯罪之前而实施的行为中很可能有同质的未遂行为，这无疑是典型的连续犯，而根本没有必要解释为吸收犯。但是，理论上的推论并不必然反映生活现实。通常情况是，现实生活中并没有行为人在实施犯罪之前就准备第一次只达到未遂，而预计第二次、第三次再达到“既遂”的情形。换言之，在非一次性产生犯意的情况下，未完成犯罪而决心再次实施并完成犯罪的情形，并不符合连续犯的特征。而且，这种认识如果推而广之，其他“数个行为触犯同一罪名”并具有吸收关系的，如“实行行为吸收非实行行为等，也可以作为连续犯看待。如此，实际上就等于取消了吸收犯。因此，吴振兴教授的主张是值得商榷的。

① 吴振兴：《罪数形态论》，中国检察出版社 1996 年版，第 309~312 页。

六、吸收犯的存废

受国外刑法理论对吸收犯存废争论的影响，近年来我国理论界对吸收犯的存废问题也曾有过激烈的讨论，并且在近几年里吸收犯的问题受到学者更多的关注。目前理论上同样存在主废论和主存论两种不同的观点。如果归纳两种不同理论观点，就主废论而言，主要是认为吸收犯的吸收关系主要建立在罪、行为以及刑的吸收的基础上，自身缺乏逻辑基础；吸收犯易与其他的犯罪形态相混淆，因为本来就存在交叉关系严。① 而且，吸收犯的众多争议也说明其理论的不成熟，同时，其他的罪数理论是可以替代吸收犯的。因此，应当废除吸收犯。② 而主存论则认为，吸收犯在理论上仍然有独立存在的价值，因为吸收犯与牵连犯之间并不存在所谓的交叉关系，也与连续犯相区别；吸收犯有其他的罪数形态所无法替代的实际价值。③

由上述对吸收犯与牵连犯、连续犯关系的分析，笔者持主存论的观点。吸收犯形态的确与牵连犯、连续犯形态有易于混淆的问题，特别是与牵连犯在触犯不同罪名的情况下，更是如此。笔者认为，吸收犯与牵连犯之间应当承认是有一定的交叉关系的，从与牵连犯的关系而言，能够评价为牵连犯的，的确有一部分可以认为属于吸收犯。因为有罪与罪的吸收关系的存在，但这并不意味着牵连犯就等同于吸收犯。例如，为了杀人而非法侵入他人住宅，侵入住宅是实现杀人目的的方法行为，两行为之间成立牵连关系，而不是吸收关系。因为，侵入他人住宅并非是杀人的必然方法行为，实施杀人的也不是必须侵入他人住宅。同样，吸收犯也不等同于牵连犯，包括笔者所说的同一罪名之间的吸收犯，肯定不可以理解为牵连犯，即使是不同罪名的吸收犯，也不是都能够解释为牵连犯的。例如，非法制造枪支、弹药行为后的非法持有枪支、弹药的行为，两罪之间只能是吸收关系，而不是牵连关系。理由在于，非法持有枪支、弹药的行为必然是非法制造枪支、弹药行为的结果。所以，吸收犯与牵连犯两者之间并非矛盾而不可并存。而且，从上述问题的分析中可以认为，吸收犯与牵连犯各有其不可相互替代的特定的内容，将吸收犯等同于牵连犯，是不正确的。同理，将连续犯等同于吸收犯，也是不正确的。主废论的主要理由，在于其他因罪数形态的理论可以替代吸收犯。笔者认为，如果从认真把握各个不同罪数形态的条件上分析，替代论的观点是经不起推敲的。

例如，还有论者对下述案例属于吸收犯的结论持否定的观点。某甲第一次杀人未遂，然后准备工具妄图再次杀人，在犯罪预备阶段被抓获。前一未遂行为与后一预备行为属于

---

① 吴振兴：《罪数形态论》，中国检察出版社 1996 年版，第 309~312 页。

② 参见童伟华：《吸收犯学说述评》，载《华侨大学学报(人文社科版)》2001 年第 2 期。

③ 高铭暄主编：《刑法学原理》(第 2 卷)，中国人民大学出版社 1993 年版，第 644 页。

吸收犯，由实行行为吸收预备行为。论者认为：“上述实行行为与预备行为，是在两个相同的犯罪故意(同一故意)支配下，连续实施的性质和罪名相同的两个犯罪，可以按连续犯的处断原则，即按照一罪(未遂犯)从重处罚。”并持取消吸收犯的观点。① 但这种认识是根本站不住脚的，该案行为人的故意内容虽然相同，但犯意是一次产生的吗？显然行为人是在犯罪未遂后产生的新一轮的犯意，如何认为其相同的两个犯罪行为是连续实施的？所以，上述案例属于连续犯的结论，是必须予以否定的。就以类似的案例而言，怎能认为以连续犯替代吸收犯？笔者认为，这种一叶障目的结论是不足取的。

① 参见童伟华：《吸收犯学说述评》，载《华侨大学学报(人文社科版)》2001年第2期。

论共犯关系的竞合①

一、共犯关系竞合之厘定和类型

(一)共犯关系竞合之厘定

共犯关系的竞合(Zusammentreffen mehrerer Beteiligungsformen),是指"一人而兼数个共犯形态之情形,如共同正犯同时为教唆犯或教唆犯同时为从犯是之"。② 也有学者认为,对于一个行为导致了对几个行为的教唆或者帮助以及对正犯进行多次帮助的也是共犯关系的竞合。③ 共犯竞合包括同质共犯竞合与异质共犯竞合。前者如对正犯行为进行多次的帮助、教唆等,后者如教唆犯同时又为正犯者是。因而共犯竞合有广义与狭义之分,广义的共犯竞合包括上述情形在内,但对于狭义共犯竞合而言,仅指共犯人分担多种共犯中的形态而论。④ 对于同质共犯竞合,实际上属于是对同一行为或不同行为的观念竞合或是对同一行为的现实竞合。⑤ 对此,完全可以通过罪数问题加以解决。因此,我们在此讨论的共犯竞合仅指共犯人兼任不同共犯身份的情况。这种共犯竞合的存在以共犯人存在分工为基础。因为只有各共犯人存在分工,才能明确各共犯人在共犯关系中所处的地位,才可能出现某一共犯人在一个完整的共犯关系中具有数种不同共犯身份。由于正犯、教唆犯和从犯,都是以加功于基本构成要件之实现为其内容,通过自身以及其他共犯人的行为实现该共同犯罪体的目的。三者之间其罪质本无不同,仅于犯罪之形态有异,因而对于该共犯竞合,应合一地、概括地进行刑法评价。

---

① 本文原载于《当代法学》2004年第3期,系林亚刚教授与其博士研究生赵慧合著。

② 蔡墩铭:《刑法总论》,台湾三民书局1995年版,第248页。

③ 李海东:《刑法原理入门(犯罪论基础)》,法律出版社1998年版,第187页。

④ 德、日刑法中的共同正犯、教唆犯和从犯既是共犯的形态,又是共犯人的种类。这与我国仅把共犯人作为共同犯罪的共犯人的种类划分有别。因而,我国刑法中的共犯竞合仅指共犯人分担不同的共犯人身份。

⑤ 李海东:《刑法原理入门(犯罪论基础)》,法律出版社1998年版,第187页。

正是由于共犯竞合以存在共犯分工为前提，有学者认为共犯竞合概念的提出主要是为了补救以行为分工为基础的共犯人分类的不足而提出。因为在该种共犯人分类中，只要行为人实施一定的共犯行为就必然属于一定种类的共犯人，如果行为人同时或先后实施了两种或两种以上的共犯行为时，行为人必然属于两种或两种以上的共犯人，而刑法对共犯的处罚是以不同共犯人为基础的，每一种共犯人都具有不同的刑法处罚原则。因此当出现某一共犯人同时具有几种不同形态的共犯时，如何处理就成为问题。由于不能对一个犯罪人同时施以几个不同的共犯人的刑罚，因此刑法理论提出共犯竞合概念来加以解决。并继而认为，由于我国刑法以共犯人在共同犯罪中的作用大小将共犯人进行分类，而且认定共犯人的作用要综合考虑行为人在共犯中的主客观方面的各种情节，这就决定了每一个共犯人只能是某一共犯人而不可能同时是几种共犯人，因此，我国刑法不存在也不应存在共犯竞合现象，并同时对具体的共犯竞合问题进行了批判。①

笔者认为，共犯关系的竞合确实以共犯人存在分工为前提，但这并不意味着共犯竞合的存在是为了弥补以分工分类的共犯理论的不足，更不能得出我国刑法中不应存在共犯关系竞合的结论。在共同犯罪实现的过程中，各共犯人都有意志自由，能够根据共同犯罪的发展情况调整自己参与共犯的行为形式。这就意味着每一共犯人都存在实施几种不同共犯行为的可能，如教唆犯又为实行犯，帮助犯又为实行犯等。这种共犯竞合现象的存在正是共犯关系发展、变化的表现，是对共犯关系的科学概括。否认共犯关系竞合的存在实际上是将本身丰富多彩的、变动的共犯关系进行机械化观察的结果。

值得注意的是，本文说共犯关系竞合以共犯人存在分工为前提，并不意味着共犯关系只存在以分工为基础的共犯人分类中。事实上，由于共同犯罪是由多次协力作用于特定犯罪事实而形成的犯罪统一体，在共犯中，为了促成共犯意思的实现以及共犯人个人犯罪意图的满足，共犯人一般都会在共犯意思的范围内自然而然形成一定的犯罪分工，有的甚至结成比较固定的犯罪组织来实施犯罪。共犯竞合的存在并不仅存在于以分工为基础的共犯人分类中，只要共犯行为人之间就共犯事实存在一定的分工，就能肯定共犯竞合的成立。如此而言，以我国刑法是以共犯人在共犯中的作用进行分类而否定共犯关系竞合的成立就没有理论依据了。另外，我国刑法中对于共犯人的分类并不仅以共犯人在共犯中的作用进行分类，而且还存在以分工分类的共犯人种类如教唆犯。事实上，组织犯、实行犯和帮助犯尽管不是法定的共犯人的分类，但该共犯类型在我国刑法中条文中是有所反映的，只是没有组织犯、实行犯以及帮助犯的概念，② 或组织犯、实行犯、帮助犯在刑法条文中已被内涵了。③ 由于组织犯是指在共犯中组织、领导犯罪集团或者在共犯集团中起策划、指挥

① 张明楷：《犯罪论原理》，武汉大学出版社 1992 年版，第 578~581 页。

② 马克昌主编：《犯罪通论》，武汉大学出版社 1999 年版，第 540~541 页。

③ 高铭暄主编：《中华人民共和国刑法的孕育和诞生》，法律出版社 1981 年版，第 54 页。

作用的犯罪分子，在共同犯罪中发挥着重要作用，刑法明文规定按主犯进行处理。实行犯由于直接实施犯罪构成要件的行为或者利用他人实施犯罪行为，直接对刑法所保护的法益造成侵犯，除情节轻微外，一般在共犯中起主要作用，应按主犯进行论处。教唆犯作为起意犯，使没有犯罪意图的人产生犯意进而实施犯罪行为，因此一般在共犯中起主要作用，有的国家如日本、德国甚至将教唆正犯处以正犯之刑，充分肯定了教唆犯作为造意犯在共犯中的重大作用。帮助犯通过实施犯罪构成要件以外的行为加功于正犯行为，使其行为易于实行，由于该行为并不直接侵犯法益，对共犯结果的发生仅具有单纯条件的意义，因此在共犯中所起作用不大。通过以上对各共犯人在共犯中所进行的行为进行分析，可以看出，各共犯人在共犯中的分工实际上与该共犯人在共犯中所起的作用存在一定的对应关系。同时，要认定各共犯人究竟在共犯中所起的作用为何，归根结底还是要看各共犯人在共犯中所处的地位，而这种共犯地位的定位实际上还是要通过各共犯人的行为来加以表现，即以共犯人在共犯中的行为分工为基础。否则，对共犯人在共犯中作用的认定就成为无源之水，无本之木了。因此，在我国引进西方的共犯竞合理论不是使我国刑法理论变得混乱,① 而是深入研究我国共犯理论的必然要求，也有利于我们更好地研究共犯人在共犯中的角色变化，从而为正确认定各共犯人在共犯中的作用，更好地在共犯中实行罪刑相适应提供事实和理论依据。

(二)共犯关系竞合的类型

由于德日刑法对共犯人的法定分类为正犯、教唆犯和从犯，而共犯竞合是指共犯人兼任不同共犯形态之情形，因而共犯关系的竞合一般分为三种，即教唆犯同时为实施正犯(共同正犯)、教唆犯同时为帮助犯(从犯)，以及帮助犯同时为实施正犯。② 如泉二新熊认为，“在同一犯罪之下，同时不得有两个以上之共犯形式相竞合。(1)为正犯者，不得就同一犯罪为教唆犯或从犯，诚以教唆犯从犯，为正犯不成立之补充的共犯，是故教唆犯从犯进而为共同正犯时，仅以正犯处断。(2)为教唆犯者，不得同时为从犯。夫从犯之规定，专限于不得以正犯教唆犯论罪之场合，可得存在，而于正犯教唆犯之关系，有补充的性质，是故从犯进而为共同正犯时，仅负正犯之责。为教唆者，日后为帮助正犯之行为时，除以正犯论罪外，别不任从犯之责”。③ 但也有学者认为，共犯竞合仅指教唆人同时也进行帮助行为和教唆人也参加实行的共同正犯的情况。④ 笔者认为，共犯竞合既然是指共犯人兼任不同共犯形态而论，德日刑法又明文规定共犯人的种类为正犯、教唆犯和从犯，在理论和实践中，同一共犯人，既有就正犯行为、教唆行为以及帮助行为三者兼而有之者，

① 张明楷:《犯罪论原理》，武汉大学出版社 1992 年版，第 581 页。
② 韩忠谟:《刑法原理》，雨利美术印刷有限公司 1981 年版，第 292~293 页。
③ 刘阳、王觐:《中国刑法论》，中华书局 1933 年版，第 700~701 页。
④ [日]福田平、大塚仁:《日本刑法总论》，李乔等译，辽宁人民出版社 1986 年版，第 187 页。

也有于这三者之间兼有其中两者而为之者。故我们认为，德日刑法中的共犯竞合可以分为如下四类：(1)正犯、教唆犯与帮助犯的竞合，如先有教唆他人的行为，又有事前帮助行为，进而在正犯实施犯罪时积极加功于共犯事实的行为者；(2)教唆犯与正犯的竞合，不管是先进行教唆后实施犯罪或先实施犯罪构成要件的行为进而进行教唆，都构成本类共犯竞合；(3)帮助犯与正犯的竞合；(4)教唆犯与帮助犯的竞合。

在我国刑法学界，有学者根据我国刑法中明文规定了主犯、从犯、胁从犯和教唆犯的事实，认为我国刑法中的共犯竞合有如下五种情形，即先为胁从犯后为从犯；先为胁从犯后为主犯；先为从犯后为主犯；先为教唆犯后为从犯以及先为教唆犯后为主犯。① 笔者认为，这种共犯竞合的划分虽然有利于我国对各共犯人在共犯中的角色转换有所帮助，但其合理性还值得商榷。首先，教唆犯是按分工分类的共犯人种类，如何实现与按作用分类的主犯、从犯以及胁从犯的竞合存在问题。同时，根据我国《刑法》第29条的规定，教唆犯应当按照他在共同犯罪中所起的作用进行处罚，因此，教唆犯根据其在共犯中所起的作用，在我国可以按照主犯或从犯进行处理，而且在一般情况下，教唆犯作为起意犯应属于在共犯中起主要作用，应按主犯进行处理。既然教唆犯可以按主犯或从犯进行处理，那么如何实现教唆犯与主犯或与从犯的竞合呢？其次，我国刑法中的胁从犯是以共犯人参加共犯的原因为分类依据的，即胁从犯是指受到威胁被迫参加犯罪，② 该共犯的认定是以从该犯罪人主观上不愿意加功犯罪为依据的，根本不是以该共犯人在共犯中的作用进行分类。根据我国刑法的规定，对于胁从犯，应当按照他的犯罪情节进行处罚。而在共犯关系中，“有的共同犯罪人原来是被胁迫参加犯罪的，后来变为自愿或积极从事犯罪活动，甚至成为骨干分子。对于这种共同犯罪人，不能再以胁从犯处理，而应按照他在共同犯罪中所起的作用确定其刑事责任。如果起主要作用，则应以主犯论处，如果起次要或辅助作用，则应以从犯论处”。③ 既然胁从犯还是要通过其在共犯中作用按主犯或从犯进行处理，把胁从犯作为按作用分类的共犯人种类就值得讨论，更不可能存在胁从犯与其他共犯人种类的竞合了。另外，根据上述共犯竞合理论，不能为正确解决我国共犯中各共犯人的责任提供参考。要正确对各共犯人进行种类，必须全面考虑各共犯人在共犯中的各种主客观方面的情况，因此在以作用分类的共犯人中不可能存在某一共犯人属于两种不同共犯形态的现象。某一共犯人在一特定共犯关系中，根据其对共犯事实的作用情况，只能构成主犯或从犯，或者根据其主观上不愿意参与共犯的事实而认定为胁从犯或通过认定其为起意犯而定义为教唆犯，无法实现共犯关系的竞合，也对我们解决实现各共犯人的责任个别化没有意义。但值得注意的是，我们否认上述共犯竞合的存在并不意味着我国刑法中不存在共犯竞

---

① 李光灿、马克昌、罗平：《论共同犯罪》，中国政法大学出版社1987年版，第163页。

② 马克昌主编：《犯罪通论》，武汉大学出版社1999年版，第575页。

③ 马克昌主编：《犯罪通论》，武汉大学出版社1999年版，第577页。

合现象。正如前面所述，只要存在共犯分工，就有共犯竞合存在的事实。由于我国刑法中存在共犯分工的事实，因此，共犯关系竞合的存在是不容否定的。鉴于我国存在组织犯、实行犯、教唆犯和帮助犯的现实，故只要某一共犯人存在上述两种或以上共犯身份的事实，就可以肯定共犯竞合的成立。

二、共犯关系竞合的解决

共犯关系竞合的解决在不同类型的共犯理论中具有不同的解决方法和机能。

(一)德日刑法中共犯关系竞合的解决

在德日刑法中，由于共犯人以分工为基础，刑法对共犯人的处罚以不同类型共犯人为对象，每一共犯人相对应不同的刑法处遇，因而，共犯竞合解决的落脚点就在于在竞合的共犯中择一选择某一共犯而进行适用。但究竟如何选择，学者们还存在一定的争议。富兰克(Frank)认为："一人以数种加功方法而犯罪(即正犯与加担并存)时，从其重者处断。"① 但根据德日刑法的规定，教唆犯处以正犯之刑罚，在教唆犯与正犯竞合时，由于教唆犯与正犯的法定刑相同，根据该理论如何处断就成了问题。学者们一般认为，"对于共犯竞合，应合一观察，包括地予以评价。即轻之共犯形态，应为重之共犯形态所吸收，从属之共犯形态，应为独立之共犯形态所吸收"。② 具体而言，大场茂马认为："教唆规定，乃关于正犯规定之补充的规定，是则教唆他人犯罪，而又为犯罪行为之实行时，正犯行为吸收教唆行为，不得因其有教唆行为正犯行为并存之外观，即认为有二种行为存在也。甲某教唆乙某，决意为一定犯罪，而于实行之际，又与乙某共同为犯罪之实行者，甲构成该项犯罪之共同正犯。从犯行为，与正犯行为并存时，亦适用此项理论，从犯行为，为正犯行为所吸收。又从犯及教唆之规定，亦系关于正犯规定之补充的规定，且我刑法，明定教唆行为，为准于正犯之行为，是则教唆犯与从犯行为并存时，准用上述理由，认为教唆行为吸收从犯行为。"山冈万之助教授也认为，"教唆犯从犯，加担于正犯之行为时，教唆行为，从犯行为，失其独立存在之性质，无他，一罪成立，数次参与，本轻罪为重罪所吸收之原则，正犯吸收教唆，而从犯又为正犯教唆犯所吸收也"。③ 德国学者李斯特也主张，"在一人数次参与同一行为的情况下，参与的较轻形式(帮助犯)相对于较重形式(教唆犯)，不独立的形式(共犯)相对于独立的形式(教唆犯)而言，起辅助作用。如果教唆犯事后又作为正犯或帮助犯参与犯罪行为的实施的，在第一种情况下刑法以正犯对之予以处罚，在第二重

---

① 刘阳、王觐：《中国刑法论》，中华书局1933年版，第699页。

② 郭君勋：《案例刑法总论》，台湾三民书局1988年版，第548页。

③ 刘阳、王觐：《中国刑法论》，中华书局1933年版，第700~701页。

情况下则以教唆犯处罚之”。①

（二）我国刑法中共犯关系竞合的解决

我国清末的暂行新刑律第32条规定，“于前教唆或帮助，其后加入实施犯罪之行为者，从其所实施者处断”，实际上肯定了教唆犯或帮助犯与正犯竞合时，正犯行为吸收从属犯行为而论处，但对于教唆犯与帮助犯之竞合刑法没有明文规定。台湾现行刑法则删去了该条文，对于共犯竞合没有明文规定，如何理解成为问题，是否意味着我国台湾地区立法上不承认共犯竞合呢？有学者在理解立法变化的理由指出，“实则教唆者同时为共同正犯，应以教唆犯论罪，教唆者同时帮助他人实施犯罪，应以教唆犯论罪，帮助犯同时为共同正犯，应以正犯论，乃解释当然之结果，不必著为条文，是现行刑法之删去此项法条，固未曾变更是认共犯竞合之初意也”。② 在台湾刑法理论和实践中，对于教唆犯与正犯竞合时教唆行为应为实行行为所吸收，仅在法律规定教唆部分之处罚较实行行为为重时，才依教唆罪处罚；对于从犯与正犯之竞合，帮助行为为实行行为所吸收；以及教唆犯与从犯竞合时，帮助行为被教唆行为所吸收。③ 我国大陆刑法主要是以共犯人在共犯中所起的作用对共犯人进行分类，同时保留了按分工分类的共犯人种类即教唆犯。同时由于我国刑法对共犯人设定刑罚主要是以共犯人在共犯中的作用进行评价，只对主犯、从犯和胁从犯设定了独立的刑罚，故以分工为前提的组织犯、实行犯、教唆犯和帮助犯由于没有独立的刑罚配置，因而在共犯竞合中择一进行选择没有实践意义。确认共犯关系竞合的存在只是为正确认定各共犯人在共犯中的不同形态，以及各共犯人在共犯中的作用进行参考，从而为认定各共犯人为主犯或从犯服务。共犯关系竞合提出的归宿在于正确划定各分工为前提的共犯形态是否属于我国刑法中的主犯、从犯。由于刑法的这一规定在一定程度上扼杀了我国共犯关系竞合的研究，使共犯关系竞合由于没有独立的刑罚配置而失去了一定的理论意义。正是基于此，我国刑法学界一般否定共犯竞合的存在。笔者认为，这一点并不成为否认共犯竞合存在的理由。它仅表明，我国共犯竞合与德日刑法中的共犯竞合的逻辑起点和归宿有别，德日刑法中的共犯竞合在于从竞合的共犯形态中选择择一共犯人形态进行定罪量刑，而我国的共犯竞合理论仅是为研究、了解共犯人在共犯中的不同身份以及对共犯事实的作用大小，进而为认定各共犯人是否为主犯或从犯服务。实际上，由于组织犯、教唆犯、实行犯以及帮助犯在共犯中所发挥的作用是有重大区别的，而且如前分析，各共犯形态与其在共犯中的作用存在一定的对应关系，因此，共犯竞合的研究对于我们准确地认定各共犯人的作用具有重要意义。具体而言，在认定共犯竞合时，应就各共犯人的行为依低

① ［德］李斯特：《德国刑法教科书》，徐久生译，法律出版社2000年版，第381~382页。

② 刘阳、王觐：《中国刑法论》，中华书局1933年版，第699页。

③ 郭君勋：《案例刑法总论》，台湾三民书局1988年版，第548~551页。

度行为为高度行为所吸收、轻之行为为重之行为吸收、从属性行为为独立行为所吸收原则进行概括地统一性地认定。另外，值得注意的是，有些共犯形态中的行为由于被刑法所独立加以规定而独立成罪，如我国《刑法》第 295 条规定的传授犯罪方法罪，在共犯行为与之发生竞合时不适用共犯竞合原则，而应按数罪并罚进行处理。

论结果加重犯的若干争议问题[①]

一、结果加重犯的概念

结果加重犯，也称为加重结果犯。在刑法中故意伤害致死，强奸致人重伤、死亡，暴力干涉婚姻自由引起的被害人死亡，放火、决水、爆炸、投放危险物质或以其他危险方法致人重伤、死亡或者使公私财产遭受重大损失的，均属于结果加重犯的规定。如何定义结果加重犯，在中外刑法学者中有多种表述，概括地说，大体可分为广义与狭义两说。

广义说认为，结果加重犯是指实施一个基本犯罪构成要件的行为，发生基本构成要件以外的加重结果，而刑法规定了加重法定刑的犯罪形态。如日本学者泷川幸辰对结果加重犯的表述是："所谓结果加重犯，即超过基本犯罪，而更以发生属于行为者的预见或可能预见之范围的结果为要件的犯罪。"②即为广义说的主张。按照广义说，结果加重犯的基本罪可以是故意罪，也可以是过失罪，对发生的加重结果可以是过失的，也可以是故意的。根据广义说，结果加重犯是多元类型的：(1)基本犯为故意，加重结果也为故意(故意+故意)；(2)基本犯为故意，加重结果为过失(故意+过失)；(3)基本犯是过失，加重结果是故意(过失+故意)；(4)基本犯是过失，加重结果也为过失(过失+过失)。对于广义说主张的结果加重犯的认识，马克昌教授认为，上述类型是逻辑推理所得出的结论，因而第三种类型即"过失+故意"的情况，现实中是不可能存在的。③ 的确如此，如果行为人因过失而造成基本犯罪的结果，而又对发生的重结果是故意的心理态度，则无论从哪一个方面说，都只能认为构成故意犯罪，而不应当再评价为结果加重犯。如过失致人伤害，为逃避法律责任而放任被害人死亡的，则应当径直按照故意杀人罪论处，不发生结果加重犯的问题。

狭义说认为，结果加重犯，是指因基本犯的故意行为，发生超出其故意的重结果时，

---

① 本文原载于《法学评论》2004 年第 6 期。

② ［日］泷川幸辰：《泷川幸辰刑法著作集》(第 2 卷)，世界思想社 1981 年版，第 61 页；转引自马克昌主编：《犯罪通论》，武汉大学出版社 1999 年版，第 651 页。

③ 参见马克昌：《结果加重犯比较研究》，载《武汉大学学报(社会科学版)》1993 年第 6 期。

刑罚被加重的犯罪形态。如日本学者野村稔认为，“关于结果的加重犯，今天从彻底责任主义的观点来看，是作为故意犯的基本犯与作为过失犯的重结果的结合犯，是由于其重结果刑罚被加重的犯罪”。① 在狭义说看来，结果加重犯的基本犯只能是故意犯，加重结果主观上只能是过失，即只存在“故意+过失”一种类型的结果加重犯。

当然，之所以对结果加重犯概念有多种不同的解释，自然是与各国立法对结果加重犯规定多有不同，学者们也有各自不同的理解有直接的关系。

在我国刑法中，并没有关于结果加重犯的总则性规定。应当如何理解刑法中的结果加重犯？马克昌教授指出：“结果加重犯的概念，绝不能脱离刑事立法实际。鉴于有些国家的刑事立法，规定有基本犯为过失的结果加重犯。面对这种立法实际。狭义说的结果加重犯的概念，就有失之过窄的缺陷。……对重结果承认可以出于过失，也可以出于故意，难免造成与结合犯的混淆。……如果认为对重结果可以出于故意，结果加重犯就难以与结合犯区分开来。从这点看，广义说的结果加重犯的概念，使人感到有失之过宽的缺点。因而我认为，提出折中说的结果加重犯的概念是适宜的。这就是，所谓结果加重犯，指实施基本的犯罪构成的行为，过失致发生基本构成要件以外的重结果，刑法规定较重刑罚处罚的犯罪。”②就我国刑法理论的实践而言，目前对结果加重犯概念上的理论纷争的焦点，主要是两个：一是基本犯是否可是过失犯罪，二是重结果是否可出于故意。上述争议直接涉及如何定义结果加重犯。

对第一个争议问题，目前的理论观点主要有三种。肯定说的观点认为，基本犯可以是过失犯。理由是：第一，从基本犯、加重构成、加重构成之逻辑关系看，加重构成前提之基本的犯罪行为，一般具有高度的危险性，此决定了该行为导致或造成的社会危害性大小的层次性。不仅行为出于故意的暴力性或破坏性犯罪会产生不同程度的损害，出于过失的事故型犯罪所造成的社会危害也具有大小层次之分。因此，过失犯也可以是加重构成前提之基本犯。第二，从加重构成的构成特征看，过失犯亦可能成为基本犯。这里的构成特征，除了犯罪构成特征，还包括法定刑等构成特征。一般而言，一个犯罪只要具备基本犯构成、加重要件、加重法定刑，即可认为构成加重构成。因而将过失犯排斥在外是不合理的。第三，从立法目的看，过失犯亦可构成基本犯。虽然加重构成中包括很多不同情况，但是其之所以被单独规定为一种加重构成，成为一种法定的独立的犯罪形态却是基于这样一个简单的事实：即因为某种犯罪行为之危害超出了基本犯的罪质和罪责范围，为了体现罪刑适应，规定加重构成由此成为必要。基于此，排斥过失犯构成基本犯，显然也是缺乏

---

① ［日］野村稔：《未遂犯的研究》，成文堂1984年版，第96页；转引自马克昌：《结果加重犯比较研究》，载《武汉大学学报(社会科学版)》1993年第6期。

② 马克昌：《结果加重犯比较研究》，载《武汉大学学报(社会科学版)》1993年第6期。

立法根据的。① 还有学者结合我国刑法分则具体犯罪的规定，即交通肇事“因逃逸致人死亡”的规定，分析认为这就是基本犯为“过失+过失”的结果加重犯。② 有的人甚至认为在交通肇事成立结果加重犯的情况下，可以不要求加重结果由肇事实行行为直接引起。③

第二种观点是否定说，认为基本犯只能是故意犯。否定基本犯可以是过失犯的理由主要包括：(1)基本罪为过失的结果加重犯与重结果的结果犯没有本质的区别。在基本罪为过失的结果加重犯的结构中，行为人对基本罪结果持过失心理状态，对加重结果亦持过失的心理状态，罪过形式相同，只是结果不同。因此，将其解释为重结果的结果犯，当然不会引起理论上的混乱。(2)承认基本罪为过失的结果加重犯，只有在承认对加重结果既无故意、又无过失的偶然的结果加重犯的情况下才有理论意义。因为偶然的结果加重犯，行为人对重结果既无故意，又无过失的心理状态的情况下亦应负责，与行为人必须在对重结果具有过失的情况下才负责，显然其理论意义不一样。然而，在现代刑法注重意思责任的情况下，偶然的结果加重犯就没有存在的合理性，因此区别过失的结果加重犯与重结果的结果犯就没有实际意义。(3)在实务上，承认基本罪为过失的结果加重犯，极易扩大被告人负刑事责任的范围，甚至将本不是被告人行为引起的结果——即与被告人的过失行为无因果关系，仅有偶然联系的结果归属于被告人承担。因此，不承认基本罪为过失犯的结果加重犯在实务上也具有重要的意义。④ 另有学者认为：“过失犯罪以发生刑法分则所规定的法定的危害结果为成立要件，而这种危害结果是单一的，不存在超越单一结果的复合结果即加重结果。因此，过失犯罪不具备结果加重犯的特殊复合构成。”⑤

第三种是折中说的观点，以前述马克昌教授的观点为代表。他认为，结合各国立法对于结果加重犯规定的实践看，理论上不宜否定基本犯可以是过失犯。至于我国刑法中的结果加重犯的基本犯，他认为：“一个国家的刑事立法可能没有规定过失犯的结果加重犯，例如我国刑法就是如此，但在理论研究上却不能忽视其他国家刑事立法的规定”。基于这样的认识，他认为结果加重犯的概念应采取折中的观点为宜，即对基本犯不加以限制，但对重结果以主观上过失的为限。⑥ 折中说对基本犯的认识，显然是符合当前各国立法实践对结果加重犯的多种类型的规定。至于具体到我国目前刑法规定中，结果加重犯的基本犯是否包括过失犯，笔者持否定的观点。理由除前述的之外，笔者认为，就我国目前刑法的

① 参见赵嵬、吴峻：《论加重结果犯》，载《吉林大学社会科学学报》1998 年第 4 期；周光权、卢宇蓉：《犯罪加重构成基本问题研究》，载《法律科学》2001 年第 5 期。

② 于改之：《不作为犯罪中“先行行为”的本质及其产生作为义务的条件——兼论刑法第 133 条“因逃逸致人死亡”的立法意蕴》，载《中国刑事法杂志》2000 年第 5 期。

③ 吴学斌、王声：《浅析交通肇事罪中“因逃逸致人死亡”的含义》，载《法律科学》1998 年第 6 期。

④ 参见李邦友：《结果加重犯基本理论研究》，武汉大学出版社 2001 年版，第 37~38 页。

⑤ 熊赞研：《结果加重犯的构成透析》，载《中国刑事法杂志》2001 年第 6 期。

⑥ 参见马克昌：《结果加重犯比较研究》，载《武汉大学学报(社会科学版)》1993 年第 6 期。

规定看，尚得不出学者们认为这类犯罪的规定就属于结果加重犯的结论。以所举交通肇事“因逃逸致人死亡”的规定看，是因逃逸行为才导致被害人死亡的，显然死亡结果的发生并不是交通肇事行为，而是“逃逸行为”。① 因此，此“重结果”发生并非是基于基本犯的一个行为，而是两个行为。然而，在任何一个国家的刑法理论中，结果加重犯没有认为可以是由于两个以上的行为构成。如果一定要将这种情况解释为“结果加重犯”，则显然在交通肇事致人重伤，没有逃逸没有抢救而致人死亡的，也当属于结果加重犯无疑了。然而这一认识恐怕没有人会赞同。因此，认为这种情况属于结果加重犯的观点是不能成立的。当然，我国刑法目前没有规定，并不说明今后不能规定基本犯为过失的结果加重犯，但这是两个不同的问题，不应当混淆。

对第二个争议的问题，即重结果是否可出于故意，立法例和理论观点虽然纷杂，但结合我国刑法规定，笔者持肯定的认识，这也是我国目前通行的观点。当然，在具体的哪一类结果加重犯中行为人对重结果可以出于故意，只能具体分析而不能一概而论。如故意伤害致死，对重结果就不可能出于故意，否则是故意杀人罪。

二、结果加重犯的类型

根据不同的标准，学者们对结果加重犯有不同的分类。

(1)以立法规定为标准，② 结果加重犯可分为：

①以基本犯的罪过形式为标准，可分为故意犯罪的结果加重犯与过失犯罪的结果加重犯。故意犯罪的结果加重犯，是指基本犯为故意的结果加重犯。既包括对重结果为故意的，也包括对重结果为过失态度的结果加重犯。过失犯罪的结果加重犯，是指基本犯为过失的结果加重犯。该种结果加重犯对于重结果只限于过失而不包括故意。

②以基本犯罪构成行为为标准，可分为单一行为的结果加重犯与复合行为的结果加重犯。单一行为的结果加重犯，是指基本犯构成行为属于单一行为，并基于这种单一行为发生重结果，法律规定加重其刑的情况(如故意伤害致死)。复合行为的结果加重犯，是指基本犯的构成行为属于复合行为，基于这种复合行为而发生重结果，法律规定加重其刑的情况(如抢劫致人重伤、死亡)。

③以侵害的对象为标准，可分为同一侵害的结果加重犯与双重侵害的结果加重犯。同一侵害的结果加重犯，是指基本犯的侵害对象与发生重结果的对象具有同一性的结果加重犯(如强奸致人重伤、死亡)。双重侵害的结果加重犯，是指基本犯的侵害对象与发生重结果的对象非同一体的结果加重犯(如放火致人重伤、死亡)。

---

① 至于“逃逸行为”是否应当予以犯罪化，请参阅其他相关著作，笔者持否定态度。

② 参见吴振兴：《罪数形态论》，中国检察出版社1996年版，第97~101页。

④以基本犯罪是否既遂为标准，可分为犯罪既遂的结果加重犯与犯罪未遂的结果加重犯。犯罪既遂的结果加重犯，是指基本犯罪达到既遂，发生重结果的结果加重犯。犯罪未遂的结果加重犯，是指基本犯罪未遂，但发生重结果的结果加重犯。不过这里基本犯罪的既遂或者未遂，并不影响结果加重犯是否既遂或未遂的问题。

⑤以重结果发生行为人是否预期为标准，可分为预期结果的结果加重犯与不期结果的结果加重犯。这两种结果加重犯均以行为人对重结果发生有故意为前提。预期结果的结果加重犯，是指达到重结果发生的预期目的的结果加重犯（如抢劫财物并预期致人重伤，而果然如此）。不期结果的结果加重犯，是指重结果的发生非行为人预期结果的结果加重犯（如抢劫财物并预期致人死亡，但却致人重伤）。

对于上述分类，特别是第4、5种分类，在理论上有无意义，吴振兴教授从结果加重犯有无犯罪未遂的角度作了论述。① 笔者认为，上述关于结果加重犯的分类，从一定意义上说，对于全面把握结果加重犯的特点是有意义的，但把握犯罪的特点，是为了准确认定犯罪服务的，从这一点看，上述有的分类是否科学，也值得研究。如同一侵害的结果加重犯与双重侵害的结果加重犯，重结果无论体现在同一对象还是不同的对象，对认定成立结果加重犯不发生任何影响，也与其他犯罪形态不会发生混淆，这种分类实际理论意义并不大。再如预期结果的结果加重犯与不期结果的结果加重犯，是以重结果发生是否为行为人预期为标准，在发生行为人不期的重结果且对重结果有过失的情况下，成立结果加重犯当然不存在问题。但该种分类存在以下问题：第一，行为人不可能预见和不能抗拒发生的结果，包括在“不期结果”的范畴内，如何防止结果加重犯范围的扩大化？第二，在发生行为人预期重结果的情况下，重结果的发生可以说是行为人故意造成的，其故意当然可以包括直接故意，这种情况下构成的犯罪是否一定成立结果加重犯则同样存在疑问。如行为人在实施抢劫之前就预谋抢劫后灭口实施故意杀人，“死亡”结果也可以包括在“行为人预期发生重结果”的内容之中，但显然不能成立结果加重犯。2001年5月22日最高人民法院《关于抢劫过程中故意杀人案件如何定罪问题的批复》规定：“行为人实施抢劫后，为灭口而故意杀人的，以抢劫罪和故意杀人罪定罪，实行数罪并罚。”

（2）根据行为人对重结果发生的心理态度为标准可分为：②

①典型的结果加重犯。所谓典型的结果加重犯，是指故意实施基本犯罪构成要件的行为，过失导致重结果发生，法律规定加重其刑的情况。对于重结果为过失的结果加重犯，是理论上共识的结果加重犯，如故意伤害致人死亡的，即为适例。这种典型的结果加重犯，行为人对于重结果的发生只能出于过失，而不能有任何故意的成分，否则，根据立法

① 参见吴振兴：《罪数形态论》，中国检察出版社1996年版，第5页。

② 吴振兴教授将该种分类的结果加重犯归入“故意犯罪的结果加重犯与过失犯罪的结果加重犯”之中，并因为，这种类型的结果加重犯属于“故意犯罪的结果加重犯与过失犯罪的结果加重犯”的下位类型。

的规定，将构成其他性质的故意犯罪，不成立结果加重犯。

②非典型的结果加重犯，是指实施基本犯罪构成要件的行为，导致重结果的发生，法律规定加重其刑的情况。这种非典型结果加重犯，在各国或各地区刑法的规定中多有不同，事实上有关结果加重犯的理论争论主要是针对这种类型的结果加重犯而言。根据有关刑法的规定，这种非典型的结果加重犯，其基本犯罪可以是故意犯罪，也可以是过失犯罪；对重结果的发生，可以是过失的，也可以是故意的。就我国刑法规定而言，笔者认为这种非典型的结果加重犯，其基本犯罪应当是故意犯罪，至于对重结果的心理态度，可以是过失的，也可以是故意的。如放火致人重伤、死亡。

三、基本犯罪与重结果的关系

结果加重犯须由两部分内容组成，即基本犯罪部分与重结果部分，据目前通行的观点，加重结果部分被认为是由基本犯罪派生的部分，即可分为基本犯罪构成与加重犯罪构成两部分，对于两者是何种关系，是有不同认识的。

一是认为，根据我国刑法理论，一个罪刑单位是一个犯罪构成，两个罪刑单位是两个犯罪构成。结果加重犯的犯罪构成属于由基本犯罪构成派生的加重构成。加重构成与基本构成之间构成要件不同，结果加重犯虽然以基本犯罪行为为要件，同时也以加重结果为要件，二者共同构成结果加重犯。而基本犯罪构成不以加重结果为要件，单独构成犯罪。既然结果加重犯有独立的构成要件和法定刑，所以，属于独立的犯罪形态，不是完全依附于基本犯罪。① 在我国台湾学者中也有相同的认识，如认为，加重构成具有独立的犯罪构成，因此与基本犯一样，同样是独立犯罪。因为基本构成要件经过修正后，已不只是加重构成要件或减轻构成要件，而成为一种独立构成要件或“特别构成要件”，行为是否符合这一独立构成要件，已经可以不必依赖基本构成要件而加以判断，所以，符合这一独立构成要件之犯罪即为“独立犯”。② 该说可称其为“独立性说。”

二是认为，加重结果一方面不是基本犯罪构成要件的结果，另一方面，又不是可以与基本犯罪构成相分离的结果。它基于基本犯罪构成，而在基本犯罪构成以外发生。相对基本的犯罪构成，加重结果具有客观的因果性和依附性，即没有基本犯，加重结果没有存在的余地。加重结果不仅基于基本犯，而且在性质上不同于基本犯构成要件的结果，在危害程度上，重于基本犯构成要件的结果。因此，加重结果与基本犯构成要件的结果可以明确加以区分。③ 该观点可以被称为“相对独立性说”。

① 参见姜伟：《犯罪形态通论》，法律出版社 1994 年版，第 364~365 页。

② 林山田：《刑法特论》，台湾三民书局 1995 年版，第 23 页。

③ 马克昌主编：《犯罪通论》，武汉大学出版社 1999 年版，第 654~655 页。

笔者赞成第二种观点。从某种意义上说，独立性说的理论基础在于认为结果加重犯是一种复合形态的理论，即将结果加重犯视为故意犯罪与过失犯罪结合形式的犯罪形态。复合形态说虽然避免了仅仅将重结果视为刑罚处罚条件的纯客观的结果责任的不正确认识，并且在要求行为人对于加重结果有罪过这一点上，对于防止结果加重犯范围的扩大具有积极的意义，但显然会在结果加重犯究竟是一罪还是数罪问题上陷入困惑。因为复合形态说必须将结果加重犯解释为两个实行行为，这很明显与我国当前的理论认识相去甚远。而"相对独立性说"，既承认加重构成以基本犯存在为前提，又认为加重构成在基本犯构成的基础上，发生了超出基本构成的因素的加重因素。这种加重因素，并不仅仅表现在结果上，而是包括主观、主体、客观方面的构成因素的变化。因此，加重构成有独立于基本构成的特点。但这种变化相对基本犯而言，由于罪质不变，所以并不是犯罪性质的根本变化，而是社会危害性程度的变化，加重构成虽然可以不必依赖基本犯构成加以判断，具有独立性，但另一方面加重构成是从基本构成派生出来的，所以，没有基本犯罪的构成前提，结果加重犯也不可能存在。

四、结果加重犯的条件

(1)必须实施了基本犯罪构成的行为。结果加重犯是由基本犯产生了重结果而构成的。所以构成结果加重犯，必须以存在基本的犯罪构成行为为前提。在这一点上刑法理论上并无分歧。目前，有争议的问题主要是两个，即一是基本犯是否只能是结果犯，二是基本犯是否必须是故意犯。①

基本犯是否只能是结果犯？即基本犯罪构成是否以发生一定的危害结果为要件。在理论上，根据是否以结果发生为犯罪既遂的条件，犯罪在形态上可分为行为犯和结果犯。行为犯，是指只要实施刑法分则规定的某种危害行为，达到一定程度就构成既遂的犯罪，不以发生一定的危害结果为犯罪既遂的要件。结果犯，是指不仅要求实施犯罪构成要件的行为，而且必须发生法定的危害结果才构成既遂的犯罪。结果犯由于是以法定结果发生为既遂的条件，自然有成立结果加重犯的可能性，对此理论上并没有不同的认识。而对基本犯为行为犯的，是否存在结果加重犯的可能性？我国学者探讨的不多(笔者个人主张基本犯应当与加重的结果在法律性质上有明显的区别，所以，以基本犯为结果犯为宜，但并不排除行为犯在立法规定中可以有结果加重犯的情况)，但也有学者认为，对于基本犯的犯罪性质，不应当在理论上加以任何限制，应当完全取决于刑法立法的规定，因此无论基本犯是结果犯还是行为犯，都不影响结果加重犯的成立。②

① 基本犯是否应当是故意犯的问题，前述结果加重犯的概念中已有评述。

② 参见姜伟：《犯罪形态通论》，法律出版社1994年版，第368页。

笔者认为，对此不应当一概而论。作为结果加重犯而言，是否在实施基本犯罪时发生一定结果，并不影响结果加重犯的成立，当然这与基本犯罪是否要求是结果犯，并不是同一个问题。结果加重犯应当是在基本犯罪的罪质基础上，超出基本罪质范围而成立的加重结果。如果基本犯罪为行为犯，在没有要求特定结果的情况下，其基本罪质与加重结果的罪质能够加以区别时，当然并不影响可以成立结果加重犯。例如，《刑法》第 283 条规定的非法拘禁罪，基本犯罪的构成要件显然属于行为犯，即只要非法剥夺他人人身自由，达到一定的程度，就可构成犯罪，并没有要求发生特定的结果。但第 2 款规定“犯前款罪，致人重伤的，处……致人死亡的，处……”由于罪质有了变化，并能够与基本犯罪相区别，应当成立结果加重犯。再如《刑法》第 447 条私放俘虏罪，也属于行为犯，只要实施私放俘虏的行为就可构成犯罪既遂，可处 5 年以下有期徒刑。其后半段规定：“私放重要俘虏、私放俘虏多人……处 5 年以上有期徒刑。”显然后半段规定的法定刑升了格，但这不能认为属于结果加重犯，因为，无论私放的俘虏是“一般”的，还是“重要”的，无论私放的俘虏是一人，还是数人，基本犯罪的罪质与升格后处罚的罪质没有任何区别，即使法定刑加重，也不能成立结果加重犯。对基本犯罪的要求，笔者认为：

①基本犯罪行为可以是基本犯罪既遂的行为，也可以是基本犯罪未遂的行为。基本犯罪的客观行为只能是基本犯罪的实行行为。只要实施了基本犯罪的实行行为，基本犯罪的结果是否出现，并不影响结果加重犯的成立。但这里所说的基本犯罪行为既可以是既遂行为，也可以是未遂行为，其既遂与未遂只是相对于基本犯罪而言，而不是针对加重结果。例如在强奸妇女致人死亡的案件中，无论其基本犯罪的强奸行为是否实施完毕，只要发生妇女重伤、死亡结果的，就成立结果加重犯。

②基本犯罪的行为，既可以是作为行为，也可以是不作为行为。作为行为是指实施刑法禁止实施的行为。由作为行为引起加重结果发生而成立结果加重犯，没有任何异议。不作为是指负有法律规定的必须实施某种行为的义务，能够实施而不实施，以致危害社会的行为。在刑法理论上，不作为可分为纯正不作为与不纯正不作为，对于纯正不作为行为可以成立结果加重犯，目前理论上也没有争议。如《刑法》第 445 条战时拒不救治伤病军人罪，规定：“战时在救护治疗职位上，有条件救治而拒不救治危重伤病军人的，处 5 年以下有期徒刑或者拘役；造成伤病军人重残、死亡或者……处 5 年以上 10 年以下有期徒刑。”即是以纯正不作为形式的行为构成结果加重犯。但对不纯正不作为行为能否成立结果加重犯，有学者认为同样可以成立。① 笔者认为，理论上这样分析或许是可以的，但是，不纯正不作为犯，是以发生一定的结果才能认定的，例如，负有作为义务能够作为却不作为造成死亡结果的发生，可以构成故意杀人罪、过失致人死亡罪等。但如何判断行为人是意图造成伤害的结果而成立故意伤害致人死亡的结果加重犯？为什么不可以直接构成故意

① 参见李邦友：《结果加重犯基本理论研究》，武汉大学出版社 2001 年版，第 34 页。

杀人罪？过失致人死亡罪？笔者认为，我国刑法规定的可以由作为行为成立的结果加重犯的犯罪，当以不作为方式构成犯罪时，由于不能确定基本犯罪的结果与最终结果之间罪质的变化，因此，不能成立结果加重犯。

单位犯罪法律适用中的若干问题[①]

有关单位犯罪的立法自1988年全国人大常委会在《关于惩治走私罪的补充规定》规定以来，已有15个年头，1997年《刑法》第30条和第31条，以统一的立法方式规定了单位犯罪及刑事责任原则，但涉及单位犯罪及刑事责任中的问题仍然是理论上研究的热点问题。1999年6月25日、2000年9月30日最高人民法院颁行了《关于审理单位犯罪案件具体应用法律有关问题的解释》和《关于审理单位犯罪案件对其直接负责的主管人员和其他直接责任人员是否区分主犯、从犯问题的批复》两个司法解释。笔者主要就上述两个司法解释的法律适用中的某些问题予以探讨。

一、单位犯罪的认定问题

(一)主体认定中的问题

1999年6月25日《关于审理单位犯罪案件具体应用法律有关问题的解释》(以下简称《解释》)，主要涉及的是关于单位犯罪的主体及单位犯罪的认定问题。其第1条框定了作为单位犯罪主体的公司、企业、事业单位范围，即"刑法第30条规定的公司、企业、事业单位，既包括国有、集体所有的公司、企业、事业单位，也包括依法设立的合资经营、合作经营企业和具有法人资格的独资、私营等公司、企业、事业单位"。在此规定中，主要是表明了公司、企业、事业单位的犯罪主体资格——所有制属性——不再是决定是否构成犯罪的条件。但显然，这一解释的主体范围与《刑法》第30条的规定的并不是相等的。《刑法》第30条规定："公司、企业、事业单位、机关、团体实施的危害社会的行为，法律规定为单位犯罪的，应当负刑事责任。"但在《解释》中并没有对机关、团体作出任何说明。从这一点而言，该解释并不是对《刑法》第30条的全面解释，而只是部分解释。如果说对于"机关"无须解释的话，对于"团体"如何理解，则不是没有疑问的。就一般意义上说，"团体"是指依法成立的群众性团体组织，包括各级工会、各级共青团、各级妇联、各种学

① 本文原载于《中国监狱学刊》2004年第6期。

会、协会、宗教团体、文化艺术团体、各种基金会等。在上述“团体”的范围内，根据我国现行有关法律的规定，有的毋庸置疑是属于“国家机关”的序列，而不是一般意义上的群众团体，例如，全国总工会、全国妇联、共青团中央。虽然从法律规定上说，它们是群众性团体，但是从我国的实际情况而言，在一个相当的层次上，它们属于国家机关，至少也是属于“准国家机关”是没有疑问的。这一点实践中也是不言自明的。因为，其中有的团体中的人员就是使用国家的行政编制或事业编制，主要的人员有一定的行政级别，而且，有相当一部分“团体”是需要国家财政拨款的。这样一来，问题是“机关”与“团体”的含义法律上还能够认为是明确的吗？在哪一个层次上的“团体”应当属于“机关”？虽然就单位犯罪构成的理论意义上看，无论是“机关”还是“团体”，都是单位犯罪的主体，但在具体的实践中，具体认定一个案件中的犯罪的单位主体，必须面对的是确定它是属于“机关”还是“团体”，不可能是“机关”“团体”不分。因此，作为法律术语，将只能认定为“团体”的单位予以确定，划分出其范围确定其法律属性，并非没有予以进一步解释的必要。

(二)是否要求以单位名义实施的问题

《解释》第2条和第3条是具体指导实践中对如何区别单位犯罪与自然人犯罪界限的意见。其第2条规定：“个人为进行违法犯罪活动而设立的公司、企业、事业单位实施犯罪的，或者公司、企业、事业单位设立后，以实施犯罪为主要活动的，不以单位犯罪论处。”第3条规定：“盗用单位名义实施犯罪，违法所得由实施犯罪的个人私分的，依照刑法有关自然人犯罪的规定定罪处罚。”

根据上述解释，其第2、3条的基本精神表明了否定“以单位名义”为单位犯罪成立的形式要件，而采用以行为实质予以认定的原则。笔者认为，这一认定原则的确立，是非常有意义的。单位犯罪的认定，是否要求“以单位名义”实施，在我国理论上一直存在不同的看法。主张以“单位名义”为条件的观点，被称为“单位名义说”，并以此与其他“批准说(决策说)”“利益说”“职务说”等有所区别。如有观点认为：“所谓单位犯罪是指公司、企业、事业单位、机关、团体为本单位谋取非法利益，经单位集体研究决定或者由负责人员决定实施的危害社会的，法律明文规定应受刑罚处罚的行为。”①“法人代表或代理人经过法人决策机构的授意或批准，以法人(或单位)的名义实施了侵害我国刑法所保护的社会主义社会关系的行为。”②这里笔者不讨论概念中所涉及的其他问题，就以主张“以单位名义”为条件而言，在笔者看来其主要的法律根据是在现行刑法中、对某些单位犯罪明确规定了这一条件。如认为《刑法》第396条私分国有资产罪规定“国家机关、国有公司、企业、事业单位、人民团体，违反国家规定，以单位名义将国有资产集体私分给个人……”的，就

① 杜跃东：《浅析单位犯罪的构成条件及处罚原则》，载《政法论丛》2001年第2期。

② 高西江：《刑法的修订与适用》，中国方正出版社1997年版，第150页。

是典型的要求“以单位名义”为条件的单位犯罪。① 笔者认为，以“单位名义”实施某种行为，只能是形式上意义上而非本质性的特征，即使在实践中的确有以单位名义实施的单位犯罪，但是否以单位名义实施危害行为，对于认定是否构成单位犯罪不起决定性作用。《解释》的规定，可以说在司法层面上解决了这一问题的争议。根据《解释》第 2 条的精神，应当认为是以现实的犯罪行为实质上代表了单位，受单位意志的支配，为认定单位犯罪的必要条件，即使对外不以单位名义，符合实质性条件的，也必须以单位犯罪论处。更何况有的情况下单位甚至假冒其他单位的名义，如果要求单位犯罪须对外以单位名义实施，实践中将造成相当部分的案件无法认定是否构成单位犯罪。单位犯罪作为一种客观的社会现象，与其他事物一样有着多种属性，但只有单位犯罪的本质属性——犯罪是否体现单位意志，才能决定是否属于单位犯罪。

(三)对《解释》第 2 条、第 3 条的进一步理解

《解释》的上述规定，表明了对单位犯罪予以实质性认定的基本要求。即《解释》从另一个方面肯定了目前理论界对单位犯罪实质性特征之一的“为单位谋求利益”,② 是单位犯罪本质特征之一。但在《解释》中，则采取了正面规定的方式：“个人为进行违法犯罪活动而设立……或者……设立后，以实施犯罪为主要活动的，不以单位犯罪论处。”“盗用单位名义实施犯罪，违法所得由实施犯罪的个人私分的，依照刑法有关自然人犯罪的规定定罪处罚。”

根据上述《解释》对单位犯罪认定上实质性的要求，“违法所得”的归属实际上成为判断单位犯罪与自然人犯罪的主要界限，即犯罪的违法所得归属于单位的，属于单位犯罪；违法所得归属于自然人的，为自然人犯罪。那么，这一结论的正确性如何？我国理论界对此条件的认识，很少有学者主张以“违法所得”的归属来区别，而是将其作为是否单位犯罪的参考因素之一。理论上的观点，在于要求“为单位谋取利益”。③ 很显然，为单位谋求利益的条件要求，远低于要求具有“违法所得”的现实。理由很简单，要求有“违法所得”的归属的判断，必须是犯罪已经完成，是一种客观的条件。而要求“为单位谋求利益”，是主观条件，只要能够正确判断是为单位谋求利益，则无论单位的行为是否完成，并不影响单位犯罪的成立。

从我国现行立法的规定看，要求以“违法所得”的归属作为判断的标准，在一些单位犯罪中的确是具有可操作性的。但是，实践中不仅有上述所言尚未完成的单位犯罪应当予以

① 此罪是否属于“单位犯罪”在理论上还有争议。

② 高铭暄：《刑法专论》，高等教育出版社 2002 年版，第 236 页。这里，利益的性质问题也是目前理论上有争议的问题之一，但不在笔者探讨的问题之中。

③ 赵秉志主编：《犯罪总论问题探索》，法律出版社 2003 年版，第 178 页。

认定和处罚，而且，根据立法的规定，一些规定为单位犯罪的，并不能以“违法所得”的归属来确定属于单位犯罪还是自然人犯罪。例如，《刑法》第 330 条规定的“妨害传染病防治罪”，是单位可以构成的犯罪。该条规定：“违反传染病防治法的规定，有下列情形之一，引起甲类传染病传播或者有传播严重危险的，处 3 年以下有期徒刑或者拘役；后果特别严重的，处 3 年以上 7 年以下有期徒刑：(一)供水单位供应的饮用水不符合国家规定的卫生标准的；(二)拒绝按照卫生防疫机构提出的卫生要求，对传染病病原体污染的污水、污物、粪便进行消毒处理的；(三)准许或者纵容传染病病人、病原携带者和疑似传染病病人从事国务院卫生行政部门规定禁止从事的易使该传染病扩散的工作的；(四)拒绝执行卫生防疫机构依照传染病防治法提出的预防、控制措施的。”

显而易见的是，妨害传染病防治罪属于非典型经济类的犯罪，除供水单位供应的饮用水不符合国家规定的卫生标准可能存在违法所得的情况外，其他的行为一般不存在。因为妨害传染病防治而获取非法经济利益的问题。例如，不能将单位拒绝对传染病病原体污染的污水、污物、粪便进行消毒处理、拒绝执行卫生防疫机构提出的预防、控制措施所节省的费用，认定为“违法所得”；也不宜将单位准许或者纵容传染病病人、病原携带者和疑似传染病病人从事工作所获得效益，如病原携带者从事直接供、管水工作的收益，视为“违法所得”。因为上述情况下的“费用”“收益”在实践中不仅没有办法准确地予以确认，而且有的情况下所获得的利益不是可以用经济价值予以评估和计算的。由此，笔者认为在类似本罪的犯罪中，违法所得的归属对于区别自然人犯罪与单位犯罪界限，没有实际上的价值和意义。

那么，类似这种情况下自然人犯罪与单位犯罪的界限如何理解，显然值得思考。笔者认为，解决这一问题的界限，只能借鉴目前理论上主张的“行为是否体现单位意志”来衡量。即在属于单位犯罪但无法确定是否具有“非法所得”的情况下，考察行为的实施是否经由单位的领导批准或者允许，为单位谋求利益，是唯一衡量单位犯罪与自然人犯罪界限的标准。

二、单位犯罪中的主管人员、直接责任人员的刑事责任

2000 年 9 月 30 日《最高人民法院关于审理单位犯罪案件对其直接负责的主管人员和其他直接责任人员是否区分主犯、从犯问题的批复》(以下简称《批复》)规定：“在审理单位故意犯罪案件时，对其直接负责的主管人员和其他直接责任人员，可不区分主犯、从犯，按照其在单位犯罪中所起的作用判处刑罚。”

上述《批复》确定了单位犯罪中自然人刑事责任的基本原则，即“按照在单位犯罪中所起的作用”处罚。按照上述规定的原则，可以说最高法院的《批复》否定了单位故意犯罪中主管人员、直接责任人员在为单位谋求利益而构成犯罪，相互之间具有的共同犯罪的性

质，因此，才需要分别处罚。

然而，即使是按照在单位犯罪中所起的作用分别处罚，也是需要参照同案处罚的对象，这是实践中不可避免的做法。单位犯罪具有不同于一般共同犯罪之处是可以肯定的，但是，这种不同并不是实质性的，而只是犯罪形式上的不同。单位犯罪中的主管人员、直接责任人员，是共同为单位谋求利益的犯罪活动中相互配合而起作用的，这种相互配合的关系，从犯罪理论上说，就是一种共犯关系。在现实的案件中，主管人员往往是幕后的策划者、指挥者，直接责任人员通常就是直接的实行者。实行者所实施的行为，既体现的是主管人员的意志，同时也是单位的意志，这与共同犯罪中实行者贯彻主犯的意志，从而体现出共同犯罪的意志并没有本质上的差别。更何况，实践中的单位犯罪中的主管人员、直接责任人员有时并不只是一对一的对应关系。多个主管人员、多个直接责任人员的情况是普遍存在的。如此，多个主管人员之间、多个直接责任人员之间，以及多个主管人员与多个直接责任人员之间是何种关系，如何确定和区别他们虽然相近但又有所不同的刑事责任？如果仍然无须区别主犯和从犯，是不可能真正做到罪责刑相适应的。因此，笔者认为《批复》规定对单位犯罪中犯罪的自然人不必区分主犯和从犯的规定，从刑法理论上说是没有充分的理论依据的。

在处罚法人犯罪的国家，立法通常是将法人犯罪中的数个自然人之间的关系仍然规定为共犯关系，如 1994 年 3 月 1 日生效的《法国刑法典》第 121-2 条第 3 款规定：“法人负刑事责任不排除作为同一犯罪行为之正犯或共犯的自然人的刑事责任。”其立法的规定，不仅确定了法人犯罪中自然人的“正犯”和“共犯”地位，而且，表明了其刑事责任原则如同自然人共同犯罪予以处罚。在大陆法系的日本，甚至连组织体的过失犯罪中，理论上也广泛地承认其中自然人之间的共犯关系。① 这些立法和理论是值得我们借鉴的。

当然，上述《批复》要求根据“在单位犯罪中的作用”决定刑罚的原则，是根据我国刑法中关于共同犯罪人区分主犯和从犯的标准的。这又应当如何理解？笔者认为，不可否认的是，考虑到“直接责任人员”通常作为犯罪行为的直接实行者，听命于“主管人员”，在执行主管人员的违法命令时，存在有不得已的性质。特别是在我国目前就业状况不容乐观的今天，在单位决定实施犯罪的情况下，期望单位中的成员都甘冒被解雇的风险不去实施犯罪的可能性是很小的，《批复》作出“按照在单位犯罪中所起的作用”处罚的规定，能够在一定程度上实现对“直接责任人员”处以较轻的处罚的可能性，这也并不是没有丝毫的道理可言。但是，正是基于这样考虑，单位犯罪中不区分主犯和从犯，则缺乏对“直接责任人员”确定责任时应当作为“参照物”的主犯，笔者认为，就此对直接责任人员实现从轻处理是没有法律依据的。

① ［日］西原春夫主编：《共犯理论和有组织犯罪》（21 世纪第二次日中刑事法学术讨论会论文集），成文堂 2003 年版，第 64~65 页。

共同正犯客观行为的理论基础与规范分析①

犯罪可由一人单独实行，也可由数人共同实施，前者为单独犯罪，后者为共同犯罪。当2人以上共同实施犯罪实行行为时，理论上称为“共同正犯”。实践中，共同犯罪无不是以正犯(或共同正犯)的实行行为为中心展开的，正确理解实行行为的概念，不仅涉及对正犯(或共同正犯)本身的认识，而且也与正犯(或共同正犯)和帮助犯以及教唆犯关系的认识紧密相关。在大陆法系，特别是德、日刑法中，由于立法以分工为标准将广义的共犯分为共同正犯、教唆犯和从犯，理论上学者们历来重视对正犯(或共同正犯)的研究，并形成多种学说的对立。而在我国，由于刑法将共同犯罪人分为主犯、从犯、助从犯和教唆犯，并无共同正犯的规定，长期以来，理论上对共同犯罪的研究，多是集中于共同犯罪本体性问题以及教唆犯等法定的共同犯罪人的研究，对共同正犯的问题则少有人问津。由于我国理论上也常常使用“正犯”的概念，因此对正犯、共同正犯以及共同正犯中共同实行行为应当如何理解和界定等问题，急需认真研究。

一、共同正犯客观行为的含义

(一)“单一的正犯体系”和“正犯·共犯分离的二元参与体系”

由于受到各自历史和法律文化传统的影响，世界各国对共同犯罪的立法体例不尽相同。近代以来在大陆法系，主要有“单一的正犯体系”和“正犯·共犯分离的二元参与体系”之间的对立。

所谓单一的正犯体系，又称“统一的正犯体系”“排他的正犯体系”等，该体系以等价值因果关系为基础，不区分广义共犯与狭义共犯,② 认为对导致构成要件实行相关的所有加功行为，不论参与分工角色的重要性如何，客观上对犯罪之实现皆有因果关系，而且主

① 本文原载于《武汉大学刑事法论坛》2005年第1卷，系林亚刚教授与其博士研究生何荣功合著。

② 在大陆法系中，共犯的概念有广义和狭义之分，广义的共犯包括共同正犯、教唆犯和帮助犯；狭义上仅指教唆犯和帮助犯，本文指的是狭义上的共犯。

观上各行为人之间又有相互协助的意思，故各人地位开无差异，应一律视为正犯，至于各个正犯对犯罪加功程度，参与犯罪的角色与分工，在量刑时再作考量。① 该立法例由于被认为：(1)忽视犯罪行为类型的意义，在实践中完全将各种具体行为参与程度的评价与量刑委任于法官，与法治国思想相矛盾；(2)将所有参与犯罪的行为人视为正犯，不受从属性之限，可能导致所有参与未遂(如帮助未遂)成为可罚，扩大了刑罚处罚的范围；(3)仅以因果关系、法益侵害的结果无价值理解犯罪的本质，忽视了犯罪类型具有的行为无价值等,② 受到当今诸多学者的批评。但在晚近一个时期，由于主观主义共犯论思想盛行，“单一的正犯体系”在立法上比较流行,③ 在大陆法中相继被挪威、意大利、丹麦、巴西和奥地利等国的刑法典所采用。

“正犯·共犯分离的二元的参与体系”认为，在罪刑法定原则及责任主义的要求下，刑法对一项犯罪行为的法律后果，若能按各个参与者的不法和责任内容，尽量予以个别分开规定，则更能贯彻责任刑法的基本原则。④ “正犯·共犯分离的二元的参与体系”以实行行为为中心，将共同犯罪分为不同形态，这些具体共同犯罪形态不仅存在概念性区分，在刑罚评价上也有重要差别。从当今世界各国的立法现状看，采用“正犯·共犯分离的二元的参与体系”的国家或地区的刑法对共同犯罪多是采取三分法，其中，多数国家和地区(如德国、日本及我国台湾地区)是将广义的共犯区分为共同正犯、教唆犯和帮助犯的具体类型，而少数国家和地区(如西班牙)采取的是将共同犯罪人划分主犯、共犯和隐匿犯的类型。

由于“单一的正犯体系”中不区分正犯与共犯，主张一切共同犯罪人在本质上都是正犯，一切共同犯罪行为实际上都是实行行为，理论上界定正犯以及共同正犯客观行为的意义也被否定。因此，探求共同正犯(或正犯)客观行为的内涵和外延主要是以德国、日本为代表的采取“正犯·共犯分离的二元参与体系”的国家和地区的刑法学者的任务。

(二)正犯(共同正犯)与共犯区分的学说

实施犯罪实行行为的为正犯(或共同正犯)，实施教唆行为和帮助行为的成立教唆犯和从犯，即共犯。因此，厘清了正犯与共犯，特别是正犯与从犯的界限，也就认识了共同正犯的客观行为。在“正犯·共犯分离的二元参与体系”中，应当如何理解和区分正犯与共犯以及实行行为和非实行行为的界限，在共同犯罪的发展史上，“主观主义共犯论”和“客观主义共犯论”有着截然不同的认识。

---

① 参见苏俊雄：《刑法总论Ⅱ——犯罪总论》，作者发行，1997年版，第401页。

② 参见陈子平：《从共犯规定论正犯与从犯之区别》，载蔡墩铭：《用法争议问题研究》，台湾五南图书出版公司1998年版，第254~255页。

③ 参见蔡墩铭：《现代刑法思想与刑事立法》，台湾汉林出版社1977年版，第302页。

④ 参见苏俊雄：《刑法总论Ⅱ——犯罪总论》，作者发行，1997年版，第401页。

1.“主观主义共犯论”

也可称“意志理论”，其中又有“故意说”和“目的、利益说”的具体差别，该说从等价值的立场出发，认为在共同犯罪中，原因与条件对于结果的发生均是等价的，根据犯罪的客观方面不能区别正犯与共犯，对正犯与共犯的区分应求之于主观的标准，以行为人的故意内容和行为目的、利益的差别探求正犯与共犯的区别。凡以自己犯罪的意思或者犯罪的动作是为达成自己独立的目的、利益的是正犯；而以帮助他人的意思或在正犯的目的、利益支配下追求自己之目的者，是从犯。① 也就是说，在主观主义共犯论看来，凡是以自己犯罪的意思或者为达成自己独立的目的、利益的犯罪行为，也就可以理解为是正犯的实行行为。在这一理论下，实行行为的意义已经被淡化，不具有区别正犯与共犯的作用。

“故意说”为德国著名学者布黎于 1885 年在《因果关系及其刑法上之关系》一文中首倡，也曾是德国帝国法院判决的依据，现在德国的联邦法院大体上也仍然采取的是这种主张。但“故意说”以及“目的、利益说”仅根据行为人的主观方面区分正犯与共犯以及实行行为与非实行行为，完全忽视了行为的客观特征，一直都遭到学者们的强烈批判，如西方很早就有学者指出：“这种学说不仅不能区分正犯与共犯，有时甚至会得出荒谬的结论，某甲从商店为妻子盗窃了珍珠项链，其妻未参与任何行为，会得出甲是盗窃从犯，此案并不存在正犯的错误结论。”②在我国，有学者也批评道：“所谓犯罪的意思、目的或利益，只是行为人参与共同犯罪的主观原因，属于犯罪动机的范畴，并不具有决定犯罪形态的意义。”③并且，以犯罪的意思和意图作为标准，缺乏规范根据，在实践中也难以把握，“无法保证法律适用的安定性与平等性”。④ 现在，理论上采取纯粹“主观主义共犯论”的学者已不多见。

2.“客观主义共犯论”

也称“客观说”。与“主观主义共犯论”不同，“客观主义共犯论”提出应以行为的客题为面来区分正犯与共犯，但在其内部，又存在“形式的客观部”，和“实质的客观说”的具体分歧。

(1)形式的客观说。认为构成要件的实施与支持性行为，在客观上有不同的表征，正犯与共犯只需要从形式上考察，没有必要考量行为人在犯罪过程的作用与地位问题。其中又有以下相异见解：第一，“构成要件说”。认为正知与共犯的分界线应由具体犯罪的构成要件决定。正犯是实行构成要件行为的人，其观念为刑法分则各罪所规定，至于行为人动

① 参见马克昌：《比较刑法原理：外国刑法学总论》，武汉大学出版社 2002 年版，第 625 页。
② 参见马克昌：《比较刑法原理：外国刑法学总论》，武汉大学出版社 2002 年版，第 198 页。
③ 刘凌梅：《帮助犯研究》，武汉大学出版社 2003 年版，第 198 页。
④ 刘凌梅：《帮助犯研究》，武汉大学出版社 2003 年版，第 198 页。

机或目的何在，系为自己或他人利益，在所不问；反之，共犯并不担任构成要件行为之实行，即使对所参与的行为有直接利害关系，也不因此而成立正犯。① 第二，“时间说”。正犯与共犯的区别，应就实行犯罪的时间求其标准，凡在他人实行犯罪前为加功者，对于犯罪有间接关系，故为从犯，在他人实行犯罪之际为加功者，对于犯罪已有直接关系，故为正犯。换言之，在他人实行犯罪之际为帮助行为者，即使未参与实行，亦为正犯，只有实行犯罪前为帮助行为者，才成立从犯。②

“形式客观说”由于其意旨符合早期罪刑法定主义理念，其中正犯与共犯的界限也可谓泾渭分明，加之由贝林格、迈耶以及李斯特等刑法学大师的倡导，曾一度是德国旧时刑法理论上的通说。在日本，“形式客观说”长期以来也一直得到不少学者的支持，直至今日著名学者山中敬一教授仍然坚持认为“正犯与从犯的区别，以行为者是否实施实行行为来区分的形式客观说是妥当的”③。但在德、日刑法中，若坚持“形式客观说”对正犯行为的理解，则对共同犯罪中幕后的主谋者的刑事责任将无法确定，特别是在集团犯罪中，组织、领导犯罪集团的幕后人物往往并不实施实行行为，在形式客观说的理论中，刑法充其量只能将其评价为教唆犯，但这将导致“犯罪之元恶居于幕后主持地位，将不成为正犯，而鹰犬爪牙之辈反成为制裁之主体，显然未得其平”，④ 为了适应今日共同犯罪发展的客观实际，现在采取“形式客观说”的学者也越来越少。

（2）“实质的客观说”与“行为支配论”。第一，“实质的客观说”，多为现在的日本学者采用，强调区分正犯与共犯的标准，应从实质意义上考察。但对实质意义的理解不同，又有以下几个具体判断标准：一是“因果关系说”。此说曾为德国学者迈耶主张，认为行为对结果赋予原因者为正犯，赋予条件者为从犯。至于原因与条件的区分，迈耶则提出了“最有力条件说”。⑤ 二是“重要作用说”。以完成犯罪行为实际上之效果，作为区别正犯与从犯之标准。对于犯罪之完成（实行）予以重要之影响者为正犯；予以轻微之影响者为从犯。⑥ 另外，还有学者如日本高桥则夫采取了“危险性程度说”等。第二，“行为支配论”，是德国学者提出的认定正犯（或共同正犯）行为的理论基础。现在，为德国学者广泛接受的是由洛伯创立、罗星加以改进的多元正犯原理的行为支配论。罗星的多元正犯原理的行为支配论简单地讲，是以限制正犯的概念为基础，立足于目的行为论的立场，将行为支配作为正犯成立的决定性要素。“正犯，是指对整个犯罪过程具有操纵性之行为支配地位之人，

① 参见韩忠漠：《刑法原理》，台湾雨林美术印刷有限公司 1986 年版，第 282 页。

② 参见韩忠漠：《刑法原理》，台湾雨林美术印刷有限公司 1986 年版，第 282 页。

③ ［日］山中敬一：《刑法总论》（Ⅱ），成文堂 1999 年版，第 861 页。

④ 参见韩忠漠：《刑法原理》，台湾雨林美术印刷有限公司 1986 年版，第 209 页。

⑤ 参见马克昌主编：《近代西方刑法学说史略》，中国检察出版社 1996 年版，第 219 页。

⑥ 参见洪福增：《共同正犯与从犯之区别》，载刁荣华：《最高法院判例研究》（下），台湾汉林出版社 1983 年版，第 102 页。

该行为人对于是否从事犯罪与如何进行犯罪，以及对于犯罪之结果与目的，均具有决定性之角色或地位，能够依其意愿阻止和加快实现的进程；而共犯则不具有犯罪支配地位，他是否实行与如何实行构成要件该当行为，则取决于他人意思之决定，共犯行为人在整个犯罪过程中只充当边缘角色，对犯罪的发生或进行仅起到诱发或促进作用。”①

与“形式客观说”对正犯行为的理解相比较，“行为支配论”和“实质客观说”从实质的意义上理解正犯的行为，的确可以为解决犯罪集团幕后人物刑事责任问题提供理论依据，也可以在一定程度上避免刑罚处罚的漏洞和不均，在德、日现行立法体例下，“行为支配论”和“实质客观说”确实具有其存在的价值及合理性。但是，由于“行为支配说”和“实质客观说”中的“支配”和“实质”都是价值色彩浓厚的概念，往往需要由法官进行自由判断，而判断的标准能否为法官明确掌握，一直为反对论者所怀疑。例如，针对德国刑法学上的行为支配论，理论界就存在以下疑问：一是“行为支配论”是以“目的行为论”为理论基础的，但由于“目的行为论”本身的理论科学性还疑问重重，以“目的行为论”作为“行为支配论”的理论前提，是否存在坚实的理论根基。② 二是目的行为支配论中的行为支配是现实的行为支配，还是可能的行为支配。如果把行为支配解释为现实的行为支配，则支配行为只限于既遂的场合，也就是说，只有既遂的行为才是正犯行为，未遂行为由于不具有现实的行为支配，就不是正犯行为；如果说行为支配是可能的行为支配，则过失行为也是支配行为，如果这样的话，根据这种可能的行为支配对过失犯也可能区别正犯和共犯，然而这就破坏了目的行为论的基本思想，因为目的行为论主张只有对故意犯才存在区分正犯与共犯的可能与必要。③ 三是行为支配论认为正犯行为是实施了有目的的支配的行为，而教唆犯和帮助犯是未实施支配行为者，但在现实情况中，教唆犯与帮助犯是否完全不可能评价为实施了支配行为，也值得进一步研究。④ 例如，甲故意教唆乙杀丙，在这种情况下，在甲的教唆行为中，甲预先认识到让乙去杀丙，这和预先认识到的使乙决意去杀丙的行为目的，促使乙选择或行使必要的手段、方法并使之产生杀丙的决意，若这种行为仍然不能被评价为支配行为，那么，支配为概念究竟应当如何理解，实际上成了一个无法确定的概念。

也许正是考虑到“实质的客观说”和“行为支配论”存在上述学者们所提出的种种疑问，虽然在今天的德、日刑法理论上“实质的客观说”和“行为支配论”已占据通说地位，但却一直未能得到刑事司法实践的重视。在德国，虽然近期的判例有日益重视行为客观方面的

---

① 林山田：《刑法通论》(下册)，作者发行，2001年版，第49页。

② 参见张明楷：《刑法的基本立场》，中国法制出版社2002年版，第290页。

③ 参见[日]木村龟二：《刑法学词典》，顾肖荣等译，上海翻译出版公司1991年版，第330~331页。

④ 参见[日]大塚仁：《刑法概说》(总论)，冯军译，中国人民大学出版社2003年版，第239页。

趋势，但联邦法院主要还是承继着帝国法院时期的主观标准说。① 在日本，判例也基本上同样是以主观的标准，即是为自己犯罪还是为他人犯罪来区分共同正犯与从犯的。②

(三)我国刑法共同正犯客观行为的理解

1.“形式客观说”在我国的合理性

我国刑法以共同犯罪人在共同犯罪中的作用为主要标准,③ 同时兼顾共同犯罪人在共同犯罪中的分工，将共同犯罪人分为主犯、从犯、胁从犯、教唆犯等法定形态，并无共同正犯的明确规定。由于我国刑法规定有教唆犯，那么，对共同犯罪人进行分工分类在我国仍然具有重要意义，并且在我国的司法实践中，司法机关在认定共犯人行为的社会危害性程度大小时，一般也是先看行为人是实行犯、帮助犯，还是教唆犯、组织犯，然后再分析他们在共同犯罪中所起的作用大小，进而认定为是主犯、从犯还是胁从犯。④ 因此，在我国区分正犯(或共同正犯)与教唆犯、从犯仍然具有积极意义。

从我国学者现有的研究成果看，有关正犯(或共同正犯)与教唆犯和从犯区分标准的认识远不如德、日刑法理论那样学说林立。目前，学者们大多是从形式意义上对共同正犯行为进行理解的，即认为共同正犯行为就是共同实行行为，是共同实现刑法分则规定的构成要件的行为。究其原因，是由我国共同犯罪立法决定的。我们知道，由于我国刑法规定了组织犯这种犯罪人形态，这就为司法实践中认定集团犯罪中幕后人物的刑事责任提供了法律依据，所以我国刑法理论对正犯行为并无如德、日刑法一样作扩张解释的必要性，坚持对正犯行为作形式意义理解，既符合罪刑法定对实行行为定性的要求，也能够满足司法实践的需要。相反，若对正犯从实质意义上理解，采取德、日刑法理论中的行为支配论或实质客观说，则可能混淆组织犯与正犯的界限。⑤

2. 对共同实行行为的理解

虽然对共同实行行为在我国并无不同认识，都是将其理解为共同实现刑法分则规定的构成要件的行为，但具体到对“刑法分则规定的构成要件行为”(以下简称“构成要件行为”)的理解，在刑法理论上却还是存在较大争论。有学者认为，所谓构成要件的行为，除发生犯罪结果的原因行为以外，还包括发生在犯罪现场的其他行为，如有学者明确指出，

---

① 参见[日]佐佐木养二:《共犯论序说》，南窗社 1981 年版，第 263 页。

② 参见[日]山中敬一:《刑法总论》(Ⅱ)，成文堂 1999 年版，第 860 页。

③ 在此仅仅探讨法定犯罪人的问题，对于共同犯罪人的分类标准问题，理论上颇有微词，但不在本文讨论的范围。

④ 参见张明楷:《教唆犯不是共犯人中的独立种类》，载《法学研究》1986 年第 3 期。

⑤ 参见刘凌梅:《帮助犯研究》，武汉大学出版社 2003 年版，第 204 页。

在盗窃一类的共同犯罪中，直接动手窃取公私财物的人或者站在墙外接运赃物的人以及当场分散事主注意力的人，都是实行犯。① 也有学者强调，所谓构成要件的行为，仅指对于发生犯罪结果有直接原因力的行为，如有学者说，“实行行为”，是指属于犯罪结果发生的直接原因的行为，共同犯罪的结果是实行行为直接引起的。② 陈兴良教授主张：“在以犯罪构成要件作为标准区分正犯与共犯的时候，应当根据法律对某一犯罪的构成要件之规定，结合犯罪的事实特征，以便得出正确的结论。”③

上述第一种观点，实际上是以犯罪行为实施的时间作为正犯与共犯的区分标准，凡在他人实施犯罪中予以加功的为正犯，而其行为即为实行行为，这种观点混淆了实行行为与帮助行为质的规定性，也否认事中帮助犯存在的可能性。而第二种观点将直接引起犯罪结果的行为界定为正犯的行为，在单独正犯的场合，应当说还有其存在的余地，但在共同正犯的情况下，其缺陷却是显而易见的。如甲、乙基于杀丙的共同故意开枪杀丙，结果由于甲枪法不准未能射中，由乙射出的子弹将丙打死，本案中，虽然甲的行为与丙的死亡之间无直接因果关系，但甲仍然成立(共同)正犯是没有疑问的。陈兴良教授坚持以构成要件作为正犯与共犯区分的标准，强调对构成要件行为的理解要结合刑法分则的规定，应当说是可取的。

根据我国刑法规定，笔者认为“构成要件行为”在单独犯情况下应当作如下理解：(1)所谓构成要件的行为，是指具体罪状所载明或由理论予以概括的具体犯罪行为。④ 例如，故意杀人罪的杀害行为，盗窃罪的秘密窃取附物的行为，强奸罪的暴力、威胁行为和强行性交的行为等。尚未着手实行犯罪的预备行为以及没有实施刑法分则构成要件行为的教唆行为和帮助行为，除刑法分则有特别规定以外，不应当称其为“构成要件的行为”。(2)“构成要件的行为”，即为实行行为，除了包括“实行性”的实行行为外，还应当包括一些“帮助性的”实行行为、“组织性的”实行行为。我国刑法的规定比较复杂，在本质上属于共同犯罪的组织、教唆、帮助行为，若刑法分则将其规定为独立的犯罪时，那么，该组织、教唆、帮助行为就不再成立共同犯罪中组织犯、教唆犯和帮助犯，而是成立特定犯罪的“构成要件的行为”。例如，我国《刑法》第120条规定的组织、领导、参加恐怖组织罪，行为人若实施的是组织、领导恐怖组织的行为，该行为就不再属于共同犯罪中的组织、领导行为，而是组织、领导、参加恐怖组织罪中的“构成要件行为”。

在共同正犯的场合，共同实行行为是通过行为人相互利用、相互补充而形成的，因而共同犯罪中的“构成要件行为”(实行行为)必然具有不同于单独犯“构成要件行为”(实行行为)的显著特征。具体而言：

---

① 参见杨春洗：《刑法总论》，北京大学出版社1981年版，第206页。

② 参见王泰：《论共同犯罪的客观特征》，载《河北法学》1983年第2期。

③ 陈兴良：《本体刑法学》，商务印书馆2001年版，第527~528页。

④ 参见林亚刚：《犯罪预备与犯意表示、阴谋犯》，载《国家检察官学报》2003年第4期。

(1)在并进的共同实行行为中，由于各个行为人的行为都具备犯罪构成客观方面实行行为，因而同单独犯的实行行为的表现形式并无区别，共同实行行为，就是指各个实行行为人都实施了刑法分则规定的构成要件的行为。但在分担的共同实行行为情况下，由于各共同行为人在着手实行犯罪时，实行行为内部存在分工，因而对实行行为的认定，并不要求行为者实施了客观构成要件的全部，只要行为人实施了构成要件的一部分，就应认定为是共同犯罪实行行为，而且各个分担的实行行为，在地位上是相互平等的，不存在从属关系，即都是实行行为，而非帮助行为。在犯罪结果发生的场合，也不要求所有的分担实行行为与犯罪结果的发生具有直接原因。

(2)在共谋的实行行为中，即二人以上共谋实行某种犯罪行为时，当只有一部分人基于共同的意思实行了犯罪，由于共同实行行为整体性决定了没有直接实行刑法分则规定的犯罪实行行为的共谋者，也可能被评价为共同犯罪的实行行为。

二、共同正犯客观行为的形态及类型

在刑法理论上，根据不同的标准和目的，对共同正犯之客观行为可以作不同的分类，如我国台湾地区学者甘添贵教授将共同正犯的客观行为具体分为以下四种：(1)共同或分担行为；(2)全部或一部分行为；(3)作为或不作为行为；(4)物理或心理原因行为。① 而蔡墩铭教授则将其行为分为两种：并进型和后继型。前者包括竞争式和合作式两种具体模式；后者则可分为接力式和轮流式两种形态。②

在我国大陆，有学者根据实行行为的特征，将共同实行行为具体分为：分担的实行行为、并进的实行行为、先行的实行行为、承继的实行行为。③ 也有学者择共同实行行为的主要方面，将其分为：(1)根据是否实施实行行为，可划分为共谋的共同实行行为和实行的共同实行行为；(2)根据是否有原始实行行为，可划分为偶然的共同实行行为和继承的共同实行行为。④ 笔者认为，上述我国学者采取的第一种分类法，虽然将共同实行行为的类型作了区分，但遗憾的是并没有指出区分的标准，相比之下，后一种分类更为可取。根据学者们的相关研究成果，从我国共同犯罪的司法实践出发，笔者认为，对共同实行行为作以下区分是很有必要的。

---

① 参见甘添贵：《共同正犯之客观行为》，载台湾《月旦法学》第12期。

② 参见蔡墩铭：《犯罪心理学》(下)，台湾黎明文化事业股份有限公司1979年版，第641~642页。

③ 参见陈兴良：《共同犯罪论》，中国社会科学出版社1992年版，第92~93页。

④ 参见林亚刚：《共同正犯相关问题研究》，载《法律科学》2000年第2期。

（一）根据实行行为人是否亲自实施犯罪构成要件的行为，共同实行行为可以进一步划分为实行（普通）的共同实行行为和共谋的共同实行行为

所谓实行的共同实行行为，是指各行为人都实施了符合犯罪构成要件行为的情况。根据共同实行行为整体性的特征，这里的实行行为不以实施全部构成要件的行为为必要，也包括仅实施一部分构成要件行为的情形。

所谓共谋的共同实行行为，是指二人以上共谋实行某种犯罪，当只有一部分人基于共同实行的意思实行了犯罪实行行为，由于共同犯罪整体性的要求，即使没有直接实行刑法分则规定的犯罪实行行为的共谋者也要被认定为成立共同实行行为的情况。

这里需要注意的是，仅参与共谋而未参与实行的情况，在世界各国的司法实践中都一样存在，但由于受到各自立法的影响，其范围的认定可能并不一致。在德国和日本，对于仅参与“共谋”但可以评价为“实行行为”的，主要包括：(1)集团犯罪中未亲自实行犯罪的组织者、领导者；(2)一般共同犯罪中仅参与共谋而为亲自实行的行为人。根据我国《刑法》的规定，参与共谋而未亲自实行的并非都可以评价为实行行为，参与“共谋”但不属于实行行为的情况，主要有：

第一，共谋实行法定的某种轻微的犯罪，但又自动放弃犯罪实行，由于整个案件情节轻微，危害不大，如根据我国《刑法》第 13 条“但书”的规定，不认为是犯罪的，共同犯罪当然也无从成立。第二，在有组织犯罪或犯罪集团中，行为人与他人实施共谋，且共谋的内容是组织、领导、策划犯罪的分工或具体实施，如负责组织犯罪集团、网罗犯罪集团成员、制订犯罪计划等。对于该种行为，根据我国刑法的规定，大体上有两种情况：一是刑法总则已将其规定为犯罪的组织、策划等行为，因而不再属于刑法分则规定的犯罪实行行为。对于属于此种情况的，其共谋行为不应当被视为共同正犯，应当成立我国刑法规定的组织犯；二是刑法分则中对某些具体犯罪规定了组织、策划等行为的，此种场合的组织、策划行为由于刑法分则的特别规定，属于该种具体犯罪的实行行为，不再属于犯罪的非实行行为。第三，在共同犯罪中，如果行为人共谋之后由于意志以外的原因，参与者都未能实施具体犯罪的实行行为，而刑法又未对其作特殊规定，视其停止犯罪的原因，应当认定为共同犯罪中的犯罪预备行为或者犯罪中止行为。

（二）根据是否存在原始的实行行为，共同实行行为可分为先行（原始）的实行行为和承继的共同实行行为

先行的实行行为，是指各共同行为人在形成共同犯意后，继而共同实行一定犯罪的情况。由于先行的共同实行行为以存在原始实行行为为前提，因而在理论和实践中对其争论不大。而所谓承继的共同实行行为，是指先行行为者实施了部分犯罪后，后行为者具有与先行行为者之间的意思沟通继而参与实行剩下的部分犯罪的情况。在承继的共同实行行为

的情况下，后行为人对其参与之前的由先行行为人实施的实行行为，以及由此实行行为引起的结果是否承担共同犯罪的刑事责任，在刑法理论和实践中一直有争议。根据我国共同犯罪的一般理论，笔者认为，后行为者不应对共同意思产生之前的实行行为及其结果承担责任。①

(三)根据共同实行行为内部是否存在分工，将共同实行行为分为并进(全部)的实行行为和分担的实行行为

所谓并进的实行行为，是指共同犯罪中不同的参与者实施都是充足犯罪客观要件的行为，在复行为犯(如抢劫罪)的场合，成立并进的实行行为，必须是行为人既实施了暴力、胁迫等手段，也实施了劫取财物的目的行为。所谓分担的实行行为，是指共同犯罪人在实行犯罪时不以实行全部行为为必要，而是对实行行为内部存在分工的实行行为。在分担实行行为的场合，虽然每个行为人没有实施全部的实行行为，但由于共同实行犯罪意思的存在，每个参与者仍然要对整个犯罪的实行行为承担刑事责任，即“部分行为全体责任”。

另外，在理论上，学者们还将共同正犯客观行为分为任意共同实行行为和必要共同实行行为②、相互共同实行行为和附加的共同实行行为、累积的共同实行行为和择一的共同实行行为。③ 这些分类从不同的角度揭示了实行行为的含义，对于全面认识实行行为具有积极意义，这里不再具体分析。

三、共同正犯客观行为的特点及法律意义

共同正犯的客观行为，即共同实行行为，是共同正犯区别于教唆犯和帮助犯的客观事实基础，也是共同正犯必须承担“部分行为全体责任”的事实根据。共同实行行为不同于单独实行行为的特点在于：共同实行行为虽然由不同行为主体实施，但是由于共同实行意思的存在，使各实行行为之间相互利用、相互补充，形成了一个有机统一整体。也就是说，行为者不仅自己实施犯罪的实行行为，而且是将他人的实行行为作为自己的行为，从而共同实现了犯罪。此时，无论是哪一方的实行行为，其性质和归宿都已经发生了质的变化，即一方的实行行为不仅是自身实现犯罪、承担刑事责任的根据，而且事实上成为他方实行行为不可分割的一部分。具体地讲，共同实行行为具有以下重要特点：

(一)行为的整体性

共同实行行为由不同的主体实施，因而在实施共同实行行为时，不同行为人的具体实

① 参见林亚刚、何荣功：《论承继共同正犯的法律性质及刑事责任》，载《法学家》2002年第4期。
② 参见陈弘毅：《刑法总论》，台湾鼎茂图书出版公司1998年版，第216页。
③ 见陈家林：《共同正犯研究》，武汉大学出版社2004年版，第100~103页。

行行为就可能存在一定的差异。从不同行为人实施具体行为的时间上看，有的实行行为在前，而有的实行行为在后；从具体行为人实行行为的性质上看，有的实行行为实施的可能是此种行为，有的实行行为可能实施的是彼种行为；从具体实行行为所包含的内容看，有的实行行为实施的是部分实行行为，有的实行行为实施的是完整的实行行为，但是上述种种差异并不影响共同实行行为的法律性质，即由于共同犯罪意思的存在，各个人的行为都是共同实行行为的部分行为，在共同意思的范围内结合为一个整体。我国有学者曾从行为分担的角度对此曾做过形象而精辟的论述，实行行为中的分工属于小分工，而正犯与共犯之间的分工是大分工，① 即小分工是在共同实行行为整体性制约下的行为的具体分担，就行为的法律性质而言，并无差别。

正确认识共同实行行为的整体性有重要意义。首先，有助于正确认定犯罪的性质，日本学者川幸辰在阐述对共同实行行为从整体性上认识的必要性时，就《日本刑法》第60条规定指出："……它不是无用的规定，所有的共同实行者满足了构成要件的全部时，如只在3个盗窃者一起把大行李包裹运出去的时候适用的这个规定是无用的。但是，在各行为人有分工且分担不同的角色并各自实现构成要件的一部分时，如第一个行为人破坏行李包裹的锁，第二个行为人取出物品，第三个行为人运出去的时候，这个规定就有必要了。"② 西田典之教授也同样指出，甲、乙在意志互有串通的情况下，甲用手枪胁迫丙，乙夺取丙的财物时，甲、乙共同完成了抢劫罪，但如果分别来看甲、乙的行为的话，他们的行为仅分别构成胁迫罪(《日本刑法》第222条)和盗窃罪(《日本刑法》第235条)，但从共实行行为的整体性来看，在这种情况下，甲、乙应当按抢劫罪处罚。③ 其次，有助于正确把握共同正犯的犯罪形态，特别是共同正犯的犯罪停止形态，如犯罪中止，在单独犯的情况下，根据我国刑法的规定，只要行为人自动放弃了犯罪或者有效地防止了犯罪结果的发生，就构成犯罪中止。但是，共同实行犯犯罪中止的情况却较为复杂，共同实行行为人共同自愿地放弃了犯罪或者共同有效地防止了犯罪结果的发生，当然成立共同实行犯的犯罪中止。在共同犯罪的过程中，自动放弃犯罪实行行为者，在劝说其他实行行为者停止犯罪无效的情况下，转而采取防止措施，避免了危害结果的发生，自动放弃犯罪实行行为者也成立犯罪中止。但是，不管行为人的实行行为是否达到了刑法规定的犯罪既遂标准，由于共同实行行为整体性的存在，该犯罪(亲手犯除外)就应成立犯罪既遂。

---

① 参见高铭暄：《刑法总论精义》，天津人民出版社1986年版，第175页。

② [日]泷川幸辰：《犯罪论序说》(下)，王泰译，载高铭暄、赵秉志：《刑法论丛》(第4卷)，法律出版社2000年版，第436页。

③ [日]西原春夫：《日本刑事法的重要问题》(第2卷)，金光旭等译，法律出版社、成文堂2000年版，第122页。

(二)行为的关联性

共同实行行为的关联性，是指在行为人共同实施实行行为的过程中，由于实行行为相互利用、相互补充，其中任何人的实行行为造成了法律规定的严重结果的发生，或者法律规定应负较重刑事责任的情况，其他参与者对此具有罪过时，就应当承担相应的刑事责任。例如，在结果加重犯共同正犯的场合，在共同犯罪实行的过程中，共同实行行为人在实施犯罪时，发生了加重结果，其中各共同正犯者的实行行为对于加重结果的发生皆存在直接原因，各共同正犯当然都应对此加重结果应承担正犯的刑事责任；如果二人以上共同实行了结果加重犯的基本犯罪行为，直接引起了加重结果的发生，由于共同实行行为关联性的存在，即使其他参与者对加重结果的发生没有实施具有直接原因力的行为，只要对此严重结果的发生具有罪过，同样也应对该加重结果承担相应的刑事责任。

(三)行为性质和地位的等同性

所谓行为性质和地位的等同性，是指在共同实行犯罪的过程中，尽管在共同实行行为的内部，有可能存在行为的分担；就具体的实行行为而言，也可能存在种类上的差别，但是它们都属于实行行为的范畴，与犯罪的教唆行为和犯罪的帮助行为存在本质上的不同。具体而言，犯罪的教唆行为，是指使他人产生犯罪决意，并唆使他人实行犯罪的行为；而犯罪的帮助行为，是指使正犯的实行行为更容易进行的加功行为。

当然，行为性质和地位的等同性并不意味着各行为人承担相同的刑事责任，在共同实行行为的场合，在共同行为承担共同责任的前提下，仍然需要注意坚持个人责任原则。在德、日刑法中，由于行为人实施的是实行行为，因而构成正犯，就应处以正犯的刑罚，具体到刑事责任的承担，由于不同行为人参与实行行为的程度不同，犯意的强弱也存在差别，因而刑罚的轻重可能不相同。在这种情况下，根据我国刑法的规定，也应当成立实行犯，但根据我国刑法的规定，对共同犯罪人刑事责任的确定，是以其在共同犯罪中所起的作用为标准的，因而实行犯既可能构成主犯(主要实行犯)，也可能构成从犯(次要实行犯)，甚至具有成立胁从犯的可能性，因此对正犯(或共同正犯)应当区别不同的情况，分别承担主犯、从犯或胁从犯的刑事责任。

犯罪过失相关问题思考[①]

刑法理论上对犯罪过失的认识，随着社会生活的不断进步而发展。无论中外，现在都主张犯罪过失不仅仅是一种心理事实，而有更加丰富的内容。国外刑法理论原先一向认为过失是责任要素，但晚近又有学者主张在构成要件和违法性上，都要考虑过失，承认过失作为构成要件和违法性的主观要素，[②] 从而也在理论和判例上成为一种有力的主张。我国刑法在1950年拟出的《中华人民共和国刑法大纲(草案)》总则部分的犯罪一章中规定，过失的犯罪行为，系指犯罪人并无故意，但应预见自己行为之结果，而竟未预见或轻信可避免结果之发生者。[③] 把“无故意”作为过失存在的前提。而此后的1980年实施的《刑法》第12条明确规定：应当预见自己的行为可能发生危害社会的结果，因为疏忽大意而没有预见，或已经预见而轻信可以避免，以致发生这种结果的，是过失犯罪。1997年修订《刑法》第15条以同样的内容规定了过失犯罪，并没有直接规定犯罪过失。而在刑法理论上，一致认为犯罪过失是作为犯罪构成的主观要件的一种罪过形式。犯罪过失作为一种主观罪过，它应该具有什么样的内容和构造，同时，如何将注意义务、违法性等相关的一些重要问题联系统一起来，是值得深入研究的。

一、注意义务和结果避免义务的问题

犯罪过失，按通说，本质在于对注意义务的违反。但关于注意义务的内容，有各种不同的观点。日本学者藤木英雄认为，所谓注意义务，从客观上看，能不能说这种行为是有过失的一个标准；具体来说，为了规避结果，不仅要把必须做些什么作为结果发生的结论加以考虑。这种注意义务就叫做结果回避义务。[④] 也有的学者认为注意义务是结果预见义

---

① 本文原载于《辽宁公安司法管理干部学院学报》2005年第3期。

② ［日］大塚仁：《犯罪论的基本问题》，冯军译，中国政法大学出版社1993年版，第229页。

③ 高铭暄、赵秉志：《新中国刑法学研究历程》，中国方正出版社1999年版，第42~43页。

④ ［日］藤木英雄：《公害犯罪》，丛选功等译，中国政法大学出版社1992年版，第57页。

务。① 还有大多数学者认为，注意义务包括结果预见义务和结果避免义务。②

笔者认为，注意义务是一种主观的精神上义务，包括认识义务(结果预见义务)和意志义务；结果避免义务是一种客观的行为上的义务，包括作为义务和不作为义务。所以两者不能同时包括在过失的注意义务之中，精神义务和行为义务是有本质的不同的注意义务也不仅是结果预见义务，结果预见义务是一种认识的义务，即要求行为人的在实施一定行为时，应该对可能发生的危害结果有正确的充分的认识；而所谓意志义务，则是指行为人应该在其认识的范围内对行为加强意志的支配，以履行结果避免义务，防止危害结果的发生。犯罪过失都是对注意义务和结果避免义务的违反。在疏忽大意的过失中，行为人没有预见结果的发生，首先就违反了认识的义务，进而没有在意志上加强支配，表现在行为上就是没有避免结果的发生，违反了结果避免义务；在过于自信的过失中，行为虽然对危害结果发生的可能性有所认识，但这种认识不能说是履行了义务，因为行为人并没有充分、正确的认识，而是错误的估计了危害结果发生的可能性或者错误的相信防止危害结果发生的有利条件，从这一点上说这也是违反了认识义务，进而也便在意志上没有加强，同样没有采取行为上的措施防止危害结果的发生，同样违反了结果避免义务。虽然注意义务是结果避免义务的前提，但是两者毕竟不是相同的事物，故不宜把它们统一在注意义务之下。或者会认为这样的细分会太过于复杂和繁琐，但是，笔者认为，过失中关于义务的这种构造，有利于对诸多问题的说明。首先，在过失的两种类型之间，可以形成一种平衡的关系。按照通说，疏忽大意的过失是违反了结果预见义务从而违反了结果避免义务，而过于自信的过失没有违反结果预见义务只违反结果避免义务，如此看来，过于自信的过失主要是行为义务的违反，而疏忽大意的过失主要是认识义务的违反，这两者在构造上就产生了不平衡，而在定罪和量刑上，没有明确规定区分这两种过失。其次，如前所述，注意义务是主观的精神义务，结果避免义务是客观的行为义务，两者本质不同。日本学者大塚仁认为，所谓回避犯罪就是不引起犯罪结果的发生，为此要求们为人必须实施法律所要求的一定的作为、不作为。以行为人的内心态度为中心来理解过失时，内心的注意义务就不仅仅是结果预见义务。作为行为人内心的精神作用，有知的方面和情意的方面，在情意方面的要素，是为实施回避结果，所需要的作为，不作为赋予动机的义务。③ 大塚仁教授指出了主观精神的义务，是值得青定的。另一位学者野村稔认为，对于过失，应当将作为主观的要素的过失与作为客观的要素的过失相区分。将前者作为应当考虑到采取结果回避措施的义务。亦即，使意识处于紧张状态以采取结果回避措施这种表明内部态度的义务(主观的

① 周光权：《注意义务研究》，中国政法大学出版社 1998 年版，第 4 页。

② 胡鹰：《过失犯罪研究》，中国政法大学出版社 1995 年版，第 72 页。

③ [日]大塚仁：《化罪论的基本问题》，中国政法大学出版社 1993 年版，第 248~249 页。

态度)。① 这两位学者都把预见结果和赋予动机的意志的义务作为主观的注意义务，而把在客观面上的行为义务的结果避免义务作为客观的注意义务。仍然把结果避免义务放置在注意义务之内。这样会使不作为犯的对作为义务的违反与过失犯的对注意义务的违反的界限不清。不作为犯是以不作为的形式违反了应作为的结果避免义务，而这也是过失犯，所以，注意义务和作为义务之间界限不清。如果把注意义务和结果避免义务分开，则自然是界限分明的，过失犯罪都是违反了注意义务和结果避免义务，而在过失犯罪中，如果结果避免义务有要求以作为的形式履行的而行为人是以不作为方式违反的则构成了过失的不作为犯。如行为人系一名铁路扳道工，在值班之时，因为过失忘记执行任务，结果发生了重大事故，则行为人本来负有一定的作为义务，但由于过失而没有注意及避免危害结果的发生，是过失的不作为犯(过失忘却犯)。这样，不作为犯与过失犯就可以区分，前者是从行为方式上来说明的，后者则是从主观罪过方面来说明的。是存在相交的两个集合。所以，笔者认为过失中的义务有两种，首先是主观精神上的注意义务，其次是客观行为上的结果避免义务，这并不是注意义务的主客观两个方面。对过失的整体的把握，则犯罪过失是由主、客观两方面构成的，这在下文详述。而注意义务不是由主客观两方面所构成，因为注意义务并等同于过失。

二、犯罪过失的主客观构造

犯罪过失历来是作为主观上的心理事实，只是到晚近才有许多学者提出犯罪过失不仅仅是心理事实，他们从规范责任论出发，认为过失责任的根据在于行为人违反结果避免义务，其义务虽然包括认识、预见义务，但其核心是不避免结果的发生，即不为避免结果发生而采取适当的手段。就不是单单从主观上来讨论犯罪过失。笔者认为，犯罪过失，有主观性，也有其客观性。所谓主观性，是指犯罪过失的本质是一种心理事实，这种主观性体现在过失包括有认识的因素和意志的因素，这两者都是主观的内容，这也是过失刑事责任的主观基础。所谓客观性，是指过失的心理事实，终究是一种法律的评价对象，它同法规范之间的关系，是一种客观的外在的评价关系，必然外在于客观现象，必须处于一个客观的环境中，才能进行评价。刑法不能处罚思想，如果单纯是内心的态度，缺乏客观的归责基础，刑事责任难以成立。单纯的心理事实，不能进入刑法的视野，而只有这种心理事实在客观上体现了对注意义务的违反，对结果避免义务的违反，具有刑法的意义，因此在主观面上，犯罪过失存在着具有非难可能性的心理事实；在客观上，存在刑事责任的客观基础，即对注意义务的违反，没有防止危害结果的发生。而此外，考虑主体的责任能力，以及按照国外刑法理论，还讨论期待可能性的问题，这样

① ［日］野村稔：《刑法总论》，全理其、何力译，法律出版社2000年版，第180页。

过失的刑事责任的根据，才是圆满的。

犯罪过失作为责任的要素，有主观面和客观面的构造。其中任一面都不是单独地作为犯罪过失刑事责任的基础。如行为人在主观上存在疏忽大意而没有认识危害结果发生的可能性，但在客观上，并没有违反结果避免义务也没有发生危害结果，缺乏了刑事责任的客观基础，所以，不能对之进行归责。或者在客观上发生了危害结果，但行为人主观上并不存在过失，同样也不能追究行为人的刑事责任。犯罪过失的主观性和客观性是密切联系的，一般情况下，行为人主观上有过失，则在客观上违反了注意义务也不会防止危害结果的发生。而行为人在客观上若不违反注意义务和结果避免义务，在主观上也就不存在过失的心理事实。犯罪过失作为刑事责任的要素，应该包括有主、客观两方面的内容，对犯罪过失的归责，才能做到主客观相统一。我国刑法明文规定，应该预见自己的行为可能发生危害社会的结果，因为疏忽大意而没有预见，或者已经预见而轻信能够避免，以致发生这种结果的，是过失犯罪。过失犯罪不同于犯罪过失，过失犯罪也是一个主客观两方面统一的结构，而犯罪过失，是过失犯罪的一个主观要件，也是过失犯罪刑事责任的要素。作为主观要件的犯罪过失和作为刑事责任要素的犯罪过失两者是不相同的，在性质和机能上存在着明显的区别。我国刑法在第二章犯罪中的第一节犯罪和刑事责任中规定了犯罪的概念，紧接着又规定了故意和过失以及意外事件，可见，故意和过失都是作为刑事责任的要素。而在刑法的犯罪构成理论中，故意和过失都被认为是构成犯罪的主观要件，从而把犯罪过失划成了两种不同的东西。我国有的学者指出，犯罪过失是危害内容与心理形式的统一、是犯罪要件与责任根据的统一，是主观心理与客观实际的统一。① 这种观点是值得肯定的，但是我们说作为刑事责任的要素的犯罪过失包括主客观两方面的内容，并不是要把它和过失犯罪混淆起来。刑事责任终究是不能脱离人的主观态度，因为它体现了一种伦理的非难性，从存在论上讲，过失是一种心理事实，但从规范论上讲，过失就包含有注意义务的违反和结果避免义务违反的这种体现法规范违反性的内容，这并不等于过失犯罪中的客观内容，即不是违反规范的行为和结果。所以，犯罪过失不等于过失犯罪。但是，笔者认为，单纯的心理事实的犯罪过失，是作为犯罪构成中主观的要件，而包括主观的心理事实和客观的规范评价的注意义务的违反和结果避免义务的违反的过失，才是作为刑事责任的要素的犯罪过失。当然，要评价犯罪过失的责任，还必须考虑主体的责任能力以及客观期待可能性问题。

犯罪过失的主观性和客观性也是紧密相关的关系，首先表现在这两种性质的机能的相互承接上。过失首先作为一种心理事实，在构成要件上，可以作为一种记述性的类型，即区别于故意而在构成要件上类型化了的心理事实，这是过失的主观面，也是注意义务和结果避免义务的违反的心理状态。我国刑法中不乏有在分则条文中直接使用“过失”一词的情

① 姜伟：《犯罪故意与犯罪过失》，群众出版社 1992 年版，第 275 页。

况，如第233条规定的过失致人死亡罪、第235条的过失致人重伤罪。可以说，过失作为类型化了的构成要件，主要是其主观面的机能。同时，刑法也有对一些过失犯罪从客观面上进行规定的，如分则第九章的渎职罪中，一般没有直接使用“过失”一词，但多数说明其违法性，如第398条、第405条。笔者认为，过失的客观面——违反注意义务和结果避免义务，是违法性的本质。因为违反注意义务和结果避免义务就是违反了法律法规等规定而造成了危害结果。违法性，是犯罪过失的客观的表现，按照大陆法系的理论，构成要件该当性原则上推定违法性，除非有阻却违法事由的存在。构成要件符合性和违法性的关系是烟与火的关系，具有违法性推定机能。① 故构成要件与违法性存在紧密的联系。在外观上，故意杀人和过失致人死亡是相同的，而如果考虑构成要件性的过失，则可以区分两者在构成要件方面的区别。所以，我认为犯罪过失的主观面，是构成要件性的过失此一要素的内容，同样，违反注意义务和违反结果避免义务，则是违法性过失要素的内容。这两者相互统一，相互联系，发挥着对过失行为的评价作用。作为责任性过失要素，是包括过失的主观和客观两方面的内容的，而且包括客观上的各种阻却条件如责任能力和期待可能性的考察，成为一个综合的评价结构。

我国刑法犯罪论体系不同于大陆法系通行的构成要件该当性、违法性和有责性的犯罪论，但是，犯罪过失既是犯罪构成中的主观要件，又是刑事责任的要素，这两者存在区别和联系。作为构成要件的过失，应该是指主观的心理态度（也是一种类型化的心理事实）；作为刑事责任的要素，不可避免的存在规范评价的违法性，也便不能否定其对注意义务和结果避免义务正是这种违法性的表现。我们说注意义务是主观的精神的义务，是说注意义务的内容是主观上的，同时说对注意义务和结果避免义务的违反具有客观性，两者并不矛盾。

三、过失的违法性认识及认识可能性

违法性认识，亦称违法性意识，是指行为人认识（意识）到自己的行为是违法的，在法律上是不被允许的。传统的理论认为，违法性认识是犯罪故意与犯罪过失的分水岭，但现在理论上认为过失也有违法性认识及认识可能性的内容。如有的学者指出，违法性意识或违法性意识的可能性应当是过失的规范评价要素之一，缺乏对行为违法性的意识或意识的可能性的评价，就不存在过失的犯罪心理。笔者赞同此种观点，但是认为在过失的违法性认识或违法性认识的可能性的若干问题上，有值得进一步探讨的必要。

首先，关于形式违法性与实质违法性。在犯罪过失中，违法性认识或认识可能性应该是什么违法性？从我国刑法规定来看，犯罪过失所应当预见以及避免的，都是危害结果，

① 马克昌：《西方刑法学说史略》，中国检察出版社1996年版，第232页。

而危害结果则是社会危害性(法益受侵害性)的客观表现，因此，可以说是实质的违法性的预见或避免。然而有的学者认为，违法性就其实质而言，只不过是行为的社会的危害性在法律上的表现形式而已，是立法者以法律形式对其予以确认的结果。社会危害性是对行为社会意义的否定评价，但这种评价不是凭空进行的，而是以一定的行为准则为依据的……因此，一种行为具有违法性，就意味着该行为具有社会危害性；反之，行为具有社会危害性就必然在形式上表现为违法性。违法性认识的内涵，只能界定为对行为的形式违法性的认识。① 笔者认为，这种观点是值得商榷的。形式的违法性和实质的违法性并不是两个违法性，而是违法性的两个方面，上述论者对形式违法性和实质违法性之间关系的论述是值得肯定的。过失犯罪在现代立法中，一般规定了严重的危害结果作为构成要件，而且都规定只有法律有规定的情况下才能处罚。可见，对实质的违法的考察，是处于一个很重要的位置的。过失犯罪作为与故意犯罪有严格区分的犯罪，在主观上存在的过失的恶性，远远不能与故意的相比较。从而只有在实际上造成危害结果的产生的，以及法律有规定的，才能对之追究刑事责任。所以，应该把实际的法益侵害(社会危害性)作为犯罪过失考察的重要因素，虽然一般而言，形式违法性与实质违法性是同一的，但在特殊的情况下，两者会发生分离。现代社会工业化的生产活动，许多都不能及时的为法律所规范，如工业污染、食品、医药等行业的危险性，有的时候，这些范围的行为都不为法律所规定，因此，笔者主张，在原则上应坚持实质违法性的认识或认识可能性，在特定的情况下，则只要求行为人认识其行为的形式的违法性就足够了，这正是在一般情况下实质违法和形式违法同一的情形的客观反映。在犯罪过失中，行为的形式的违法性，仅仅是法律客观的，形式上的评价，对于行为人而言，并不太受关注，即行为人在实施行为之时，并不对其是否违法表示关注，而对可能发生的危害结果会有所关注。行为人的行为客观上，形式上的评价不是行为人主观罪过、刑事责任主要的或全部的基础，而实质的违法性认识或认识可能性才能更真实地反映行为人主观恶性。当然，在大部分情况下，行为人既能认识到形式违法性，也能认识到实质违法性。但是，行为人若不知道此种行为为法律所禁止，但明确认识或可能认识到此种行为会造成危害社会的结果，则不能说行为人因不具有形式违法性认识而否认其过失的心理态度的存在。原则上以实质的违法性及可能性的内容是比较妥当的。

在违法性认识及认识可能性中，还有一个对行为违法性还是对结果违法性的认识及认识可能性的问题。即行为无价值的考察，还是结果无价值的考虑。张明楷教授认为，在已经预见法益侵害结果的前提下，没有采取某种结果回避措施因而造成结果时，才是过失行为②。这里将危害结果包括在行为之内，一并考虑，是值得肯定的。行为和结果的违法性都是过失所应该考虑的。把危害结果的无价值评价和行为的无价值评价综合在一起。但

① 田宏杰：《违法性认识研究》，中国政法大学出版社 1998 年版，第 14~15 页。
② 张明楷：《刑法的基本立场》，中国法制出版社 2002 年版，第 193 页。

是，从传统的刑法理论上看，似乎一直在犯罪过失中注重是结果的无价值，或者因为过失犯多是结果犯。危害结果，对于犯罪过失的认定，是有重要影响的。日本学者福田平认为，在过失之构成要件上，成为构成要件该当性之判断的客体者，及系“向着适合于构成要件的结果以外的结果”的目的行为(非故意的行为)；然过失犯之违法性，不得仅仅求之于惹起“侵害法益”之结果(结果无价值)，而系更应求之于遂行行为之违反客观的注意义务一点(即遂行行为这不适切性--行为之无价值)。① 即使今天过失行为取得与故意行为构造上的平衡的地位，过失行为的性质受到越来越多的学者的关注，但是过失犯罪中的危害结果仍然处于一个很重要的位置。目的行为论试图以向着适合于构成要件的结果以外的结果的目的行为来统一故意行为和过失行为，可见过失行为的违法性，也日益的受到学者的关注。笔者认为，过失作为一种责任的要素，在客观上表现为行为对注意义务和结果避免义务的违反。如前所述，这种构造是表明犯罪过失的主客观两方面的内容。但是，刑法上又一般只规定造成严重后果的过失行为才能处罚。从而只有产生了危害结果的过失行为，才能具备刑事责任加以非难的条件。笔者也肯定，对过失行为的违法性加以考察，但并非是择一的片面，而是把行为违反性和结果违法性都予以相当的考虑。故在违法性认识中，一般应要求行为人预见行为造成危害结果的可能性，而预见此种可能性，一般就可以预见行为的违法性。在刑法中规定过失危险犯，是值得肯定的。这体现了过失行为的违法性在理论上和立法上受重视的趋势，但是不能因此否定结果的违法性，否则可能扩大了过失犯罪的范围。

再次，违法性认识及认识可能性在过失中的地位。有文章称近代刑法理论认定犯罪时，更注重行为人的主观恶性，这种主观恶性确切地说是反刑事规范的主观恶性，即只有当行为人具备了刑事违法性认识，进而在该认识基础上实施犯罪，才能充分显示其刑法上的主观恶性，并结合客观表现施以刑法责难。② 在犯罪故意的构造上，违法性意识必要说，已成为有力的主张。犯罪过失，是一种不知误犯，在罪过上，主观恶性远非故意强烈。而违法性认识及认识可能性则可以表现行为人在主观上的非难可能性。因此，违法性认识，对于犯罪过失，具有积极的意义。首先，违法性认识是过失行为(危害结果)违法性和刑事责任的联系点。违法性认识是对过失行为(危害结果)性质的认识，同时，在形式上是对违反注意义务和结果避免义务的认识。在疏忽大意的过失中，行为人对其行为，存在违法性认识的可能性，但是由于疏忽大意而没有认识，从而在主观上没有认识内容，在客观上则违反注意义务和结果避免义务。这样，行为的违法性和主观的心理事实结合而成为刑事责任的根据。同样在过于自信的过失中，行为人认识了危害结果发生的可能性，即有违法性的不确定的认识，而行为人在主观上则表现为认识不足，注意不足，从而也是违反

① 洪福增：《刑法理论之基础》，刑事法杂志社 1977 年版，第 73~74 页。
② 周晶敏：《违法性意识：故意犯罪之要件》，载《法学》2003 年第 3 期。

了注意义务及结果避免义务，也是值得非难的。主观上的违法性认识有可能性是刑事责任的一个主观根据，从而客观上的违法性与刑事责任相联系。其次，违法性认识是过失行为(危害结果)的法规范意义在行为人的主观上的联系，强调行为人的违法性认识或认识可能性。虽然在一定程度上加重了社会行为在采取行为时应注意的义务，即需要将行为(危害结果)与法规范进行关照，但是，在现代的社会生活中，社会成员大都对法规范具有认识，或者应当认识，故认识违法性认识有可能性包括在犯罪过失中，是有充足理由的。如前所述，过失行为的违法性在于对注意义务和结果避免义务的违反。行为人在实施行为之时，应当履行注意义务及结果避免义务，违法性认识及其可能性，体现了刑法规范的期待性，即刑法期待行为人应当认识行为是否违法，以及行为违法时应防止危害结果的产生，一般就会具有违法性认识或行为人基于注意义务和结果避免义务而存在违法性认识的可能性。违法性认识或认识可能性，可以揭示过失的心理。如行为人在违反法律规定的情况下，实施某一行为。只要否定故意的存在，就可以认为行为人是在过失心理的支配下，如果没有避免危害结果的发生的，则可能构成犯罪。

自首、立功若干规定的理念及反思①

自首和立功，是我国惩办与宽大相结合的刑事政策在立法中的具体体现，多年来一直是我国理论界在论证这一刑事政策时所借鉴的具体立法实例。由于自首和立功在节省司法资源，使司法机关能够集中精力处理其他案件方面的作用突出，因此，备受理论②和实务界的重视。③ 然而，自首和立功除了在节约司法资源，减少司法运作成本，分化瓦解犯罪分子，以及提高办案效率，体现刑事政策方面的积极作用外，自首和立功对犯罪人的自新和复归社会究竟能够发挥什么作用，理论上探讨的不多。本文旨从此角度，予以探讨。④

一、自首和立功的一般意义和价值

《刑法》第67条规定："犯罪以后自动投案，如实供述自己的罪行的，是自首。对于自首的犯罪分子，可以从轻或者减轻处罚。其中，犯罪较轻的，可以免除处罚。被采取强制措施的犯罪嫌疑人、被告人和正在服刑的罪犯，如实供述司法机关还未掌握的本人其他罪行的，以自首论。"第68条规定："犯罪分子有揭发他人犯罪行为，查证属实的，或者提供重要线索，从而得以侦破其他案件等立功表现的，可以从轻或者减轻处罚；有重大立功表现的，可以减轻或者免除处罚。犯罪后自首又有重大立功表现的，应当减轻或者免除处罚。"由于刑法规定得相对简单，为正确适用自首和立功的刑法规定，最高人民法院所发布的《关于处理自首和立功具体应用法律若干问题的解释》（以下简称《解释》），就《刑法》第67条规定的自首和立功的条件以及条件的把握和理解作出了比较详尽的规定，丰富了自首和立功的相关理论问题，也为司法实务在认定自首和立功的具体操作上，提供了相关的具

① 本文原载于《法学评论》2005年第6期。

② 李希慧、谢望原：《我国刑法应建立完备的自首、坦白、立功制度》，载《法学研究》第19卷第2期。实际上在修订刑法前后，我国理论界对自首、立功研究的成果已不下百余项。

③ 为正确适用自首和立功的规定，最高人民法院于1998年4月6日颁布了《关于处理自首和立功具体应用法律若干问题的解释》，自1998年5月9日起施行；2004年3月26日发布了《关于被告人对行为性质的辩解是否影响自首成立问题的批复》。

④ 由此，可以说本文并不是一篇纯粹对自首和立功予以刑法理论分析的文章。

体标准。例如，关于“自动投案”的解释，关于“如实供述自己的罪行”的解释，一般立功和重大立功的具体内容及认定等。此外，《解释》还解释了《刑法》第67条所没有明文规定，但属于应有之意的内容。如“犯有数罪的”自首问题，“共同犯罪案件中”的自首问题，以及余罪自首中的“异、同罪”自首的认定问题等。

对于自首的法律效果(价值)，理论上一般认为：(1)有助于实现现实的政策感召力，使犯罪后处于矛盾、惊恐中的犯罪人有一个现实的“何去何从”的选择；(2)在“自首从宽”的感召下的犯罪人的各种关系人，能够规劝犯罪人投案，有助于调动社会力量同犯罪作斗争的积极性；(3)分化、瓦解犯罪分子，节省司法资源，使一些案件不侦自破，有利于司法机关集中力量与其他犯罪人作斗争；(4)自首者因为具备接受教育、改造的主、客观基础，得到从宽处理有利于教育、改造罪犯和犯罪预防目的的实现。① 而立功的法律效果(价值)认为：有利于分化瓦解犯罪人；有利于司法机关提高破案率，节约司法资源；有利于实现刑罚的一般预防和特别预防；体现了对正义行为的褒奖；符合罪责刑相适应原则；符合适用刑法平等原则等。② 也有认为立功是我国惩办与宽大相结合，刑事政策应然内涵的立法化，体现出刑法的人权保障机能，有利于刑罚目的实现，体现罪责刑均衡原则等。③

从我国刑事政策的意义上说，我国刑法的刑罚目的，即一般预防和特别预防，是对有犯罪倾向人的警戒、对已然犯罪人的教育与改造，预防其再次犯罪。而要实现这一点的前提，是刑罚必须对社会成员，包括犯罪之人传递社会文化理念和社会价值观念。然而，从“人的文化存在即他的本质”的哲学命题出发，社会成员，包括犯罪之人在社会价值意识的获得与个体发展以及其自身价值的实现规律表明，刑罚对社会成员，包括对犯罪人的教育、改造，只能是其思想，是为使社会成员能够树立理性意识，或者犯罪之人重新认识其自身的社会价值，重塑其理性意识，才能使其成为合格的一员而重新复归社会。当然，这无疑是最理想地实现了刑罚一般预防与特别预防的目的。

从社会学的角度看，人的社会化过程并不是都能够成功的。④ 人在社会化过程中有种种原因会使这一过程中断或者失败，亚文化传递所形成的反社会人格、不利于社会化的社会环境、激烈的社会生存竞争等，都会造成个体社会化过程的中断或者失败。而其中，严重的社会越轨行为——犯罪，也是造成社会化过程的中断和失败的主要因素。正如“蓬生

---

① 马克昌主编：《中国刑事政策学》，武汉大学出版社1992年版，第206~207页。

② 徐丹彤：《立功制度价值论》，载《湖南公安高等专科学校学报》2000年第6期。

③ 林亚刚、王彦：《立功制度的价值评判与规范分析》，载赵秉志主编：《刑法论丛》1999年第3期。

④ 西方著名学者E. 弗洛姆把社会化定义为：“社会化是诱导社会的成员去做那些要想使社会正常延续就必须做的事情”，是“使社会和文化得以延续的手段”。转引自全国13所高等院校编写组：《社会心理学》，南开大学出版社1995年版，第44页。

麻中，不扶自直；白沙在涅，与之俱黑”,① 也就说明了人生而可同声，长而可异俗，这是后天教育的结果。显然，犯罪人重返社会的再社会化，刑罚只能是其中的一个重要环节而已。

但是，无论我们从理论上如何解释刑罚的意义和作用，也无论司法人员在适用和决定刑罚时是否以教育和改造其为目的，刑罚传递给社会成员以及犯罪人的基本文化和价值理念是“犯罪之报应”。因为并不是每一个犯罪之人都是学习了“刑法理论”，明白什么是“刑罚”之后才去犯罪的。因此，确定的刑罚对社会成员传递的文化和价值观念，以及刑罚对犯罪之人的适用，所传递的文化及其价值理念，本应当是不变的，这也是罪刑法定原则的内涵。从国家刑事政策的一般意义上，上述关于自首和立功的法律效果，基本上可以说是没有大的疑问的。但是，自首和立功的从宽处理是否都能够实现有利于犯罪之人成为合格的社会成员，或者说有利于其再社会化？在我看来，《解释》的若干规定所传递的文化和价值理念，有无背离之处是值得反思的。

二、若干的规定及反思

《解释》适用的基本精神，在其“前言”中有非常明确的表述：“为正确认定自首和立功，对具有自首或者立功表现的犯罪分子依法适用刑罚”，换言之，《解释》是为正确适用刑罚而发布的，刑罚正确适用当然有利于犯罪人的教育和改造。但如前述，教育和改造的是“思想”，而思想的教育和改造是以传递正确的社会理念和价值观为前提的。

中国的社会，总体上说目前仍然没有完全脱离封建社会思想的影响，君臣、父子等封建糟粕思想固然在现代社会已经没有多大生存的空间，但所谓的封建思想中仍然有有利于社会发展的思想，例如，“孝其亲，弟其长，信其朋”，不能够说对现代社会发展以及个体的社会化无益。而能够为我们现代社会发展需要所能接受的思想，则无理由说是“封建糟粕”。作为人的社会化的核心，应当是人作为人的人性的培养，能够树立正确的道德观念，也就是为建立其符合社会要求的、合格的道德人格。只有在健康的道德人格建立的基础上，人才能正确地决定人的行为。当然，反过来说，道德人格的形成又是源于自己长期的、一系列的行为。说到底，符合社会发展的道德人格，必须由社会外在的规范发挥了向个人内在心理的转化的影响才能实现。很显然，一个公平的有序的社会必须有严格的规范对人性进行有效的约束和调正，并使之向善的方向转化，如此才能造就文明和谐自首、立功若干规定的理念及反思的社会。

如果我们不戴着有色眼镜看待我国的传统道德，“礼、义、仁、智、信”，是中国传统中优秀的道德文化，也就是中国人的“文化存在”。讲“义”、讲“信”，就是说人要对社会

① 《荀子·劝学》。

和别人尽义务。孔子曰："民无信不立"，《论语》中讲："吾日三省吾身：为人谋而不忠乎？与朋友交而不信乎？传不习乎？"这些传统道德训示源远流长，成为现在中国道德建设宝贵的精神资源。然而，中国现代社会几乎又照应了古人"天下熙熙，皆为利来；天下攘攘，皆为利往"之说。市场经济是以"利"为出发点和归宿的。这本身没有错。然而，在我国现在的市场经济运作缺乏规范的情况下，为追求"利"并使得"利"得到重复肯定和不断的张扬。然而，在我国现在的市场经济运作缺乏规范的情况下，为追求"利"而忘"义"，为追求"利"而背"信"，不讲"义"不讲诚信的现象比比皆是，迫使"义"和"诚信"退居从属的地位，退居到人们在追求"利"的过程中偶然产生的衍生物的地位。中国人的聪明才智在社会生活中被一些只追求"利"的人发挥得淋漓尽致。社会生活中的坑蒙拐骗、假冒伪劣、巧取豪夺、打家劫舍、"有钱能使鬼推磨"是能够以金钱支配"自由"的真实写照。政治生活中甚至原则、权力、威望、良心都可以成为交易的资本，种种现象不能不使人认为皆与人性的泯灭有关。

显而易见的是，法律是规范社会成员行为的规范，也就是为塑造健康的道德人格的规范。"人为了塑造人性而立法，为了扶持人性而执法，为了修复人性而司法，为了发展人性而守法。弘扬人性的法是良法，压制人性的法是恶法。法治必须以人性为基础。"①

《解释》中，对自首和立功的规定，除了要求犯罪人能够完全配合司法机关侦破、审判案件外，有关对共同犯罪人自首、立功的规定，只是在共同犯罪人的刑事法律关系上有所考虑和要求，而对共同犯罪人之间可能的其他法律关系根本没有涉及。②

当然，在这些规定中有的内容是应当予以肯定的，如个人犯罪后的自首；如提供侦破其他重大案件的重要线索，经查证属实；如阻止他人重大犯罪活动；如对国家和社会有其他重大贡献等表现。这些规定传递的是以社会为"公"的道德理念，犯罪之人能够以自己的行为实现了这样的要求，理所当然应当受到法律的褒奖——得到从宽处理，这些规定本身也符合实现对犯罪之人正确的社会理念和价值观的重新树立，有利于其再社会化的完成。但是，还有一些规定所蕴含的思想值得反思。

我们知道，犯罪人重返社会的复归，并不是服刑满了走出了监狱这样简单的问题，而是他能够重新回到他的家庭、重新回到他生活过的地方。同时，他的家庭、他曾经所熟悉的社会能够重新接纳他，使他能够继续生活，承担起他能够重新作为社会一员所应当承担

---

① 李伟迪、曾惠燕：《人性与法治》，载《光明日报》2004年9月21日。

② 《解释》第1条第(2)项对共同犯罪人"如实供述自己的罪行"的要求是：共同犯罪案件中的犯罪嫌疑人，除如实供述自己的罪行，还应当供述所知的同案犯，主犯则应当供述所知其他同案犯的共同犯罪事实，才能认定为自首。关于立功，第5条规定：犯罪分子到案后有检举、揭发他人犯罪行为，包括共同犯罪案件中的犯罪分子揭发同案犯共同犯罪以外的其他犯罪，经查证属实；提供侦破其他案件的重要线索，经查证属实；阻止他人犯罪活动；协助司法机关抓捕其他犯罪嫌疑人(包括同案犯)；具有其他有利于国家和社会的突出表现的，应当认定为有立功表现。

的对家庭、对社会的义务和责任。

这里笔者无意讨论国家政策、国家道德观等更宏观的理论问题。仅从上述规定看，如针对共同犯罪人的自首要求供述所知其他同案犯的规定；对立功者要求到案后对他人犯罪行为进行揭发；协助司法机关抓捕其他重大犯罪嫌疑人，这些规定，是否能够实现对犯罪人人性的救济？当然，这样追问下去的结论或许会与如何在法治中实现公平与公正的理念相悖，也可能会与我们现在提倡的主流理论相悖，但如果我们站在一个客观的立场上，以普通人的眼光，应如何看待这样的规定？如果我们从重塑犯罪人人性的意义上考虑，笔者认为这样的追问不能说是没有意义的。

从上述规定为“正确适用刑罚”看，无论从一般预防的意义上还是特别预防的意义上说，能够传递给社会成员的价值理念是：为获得法律的褒奖——可以灭亲情、可以背信、可以抛弃义，如此等等。对实现了上述规定的行为，如果从实务角度说是本犯所提供的“证据”，而本犯则是“污点证人”吧，但需知我国并没有“污点证人”的保护制度，这样的“自首”“立功”了的证人仍然要回到他过去生活的环境中。那么，他将如何面对其他人对他的选择的评价？如果共同犯罪人之间是亲属关系，是曾经战场上生死之交的战友又当如何？当他作出了有利于国家、社会的选择，事实上也就是选择了对“人性”的背叛，对他的褒奖还有利于他的再社会化吗？如果他揭发的是自己的父亲，如果父亲揭发的是自己的骨肉，他还能有多大的几率重新回到家庭并被接纳？这实际上使得结束了教育、改造“复归社会”的犯罪人陷入事实上无法复归社会的境地。当然，发生了这样的事情，我们所能够看到的只是一种客观表面的社会现象而已，更深层的是他在为获得法律的褒奖而灭亲情、背诚信、抛弃义的情况下，刑罚还有多大的可能对其道德——也就是人性的救济起到作用呢？作为刑罚已经被执行了的人，作为得到“自首”“立功”的人而获“利益”的社会，在重新接纳他为社会一员后，会再自首、立功若干规定的理念及反思度关注他的再社会化是否成功了吗？

如果我们将问题不仅仅限于关于自首、立功的解释上，我国刑法和刑事诉讼法中有不少立法的规定也是值得反思的。如《刑法》第307条规定的“妨害作证罪”，“帮助毁灭、伪造证据罪”、第310条规定的“窝藏、包庇罪”。《刑事诉讼法》第48条规定：“凡是知道案件情况的人，都有作证的义务。”第110条规定：“任何单位和个人都有义务按照人民检察院和公安机关的要求，交出可以证明犯罪嫌疑人有罪或无罪的物证、书证、视听资料。”这些规定基本上将亲属间容隐行为排除在合法范围之外。

笔者以为，在上述的有关规定中蕴含的有违“人性”的思想是不值得肯定的，无论他的行为对国家、对社会带来多大的好处和利益。作为其个人来说，国家和社会要求他所付出的或许就是在今后“人性”的进一步泯灭和道德堕落的代价。如果这样考虑问题，自首和立功中的有些规定合理性是否值得再考虑呢？

为犯罪既遂通说观点的辩护[①]

一、犯罪既遂标准的理论观点

犯罪既遂是指故意犯罪的完成形态。[②] 各国刑事立法一般不直接规定犯罪既说，只有少数立法例对此有规定，大多数国家和地区是将犯罪既遂的概念和理论，留给刑法理论去解释。

不同的国家或地区，对故意犯罪既遂标准，有不同的认识。而在大陆法系国家和地区的刑法理论，一般认为犯罪既遂是指“充足构成要件的行为”，而所谓的充足构成要件，是指构成要件的全部要素都已经具备。[③] 而在具体解释的方法论中，是将故意犯罪抽象解释为两大类型。一类为实质犯，另一类为形式犯。对实质犯，不仅要求行为人实施了符合法律规定的犯罪构成要件的行为，而且要求这种行为必须造成实质性的损害结果才能成立既遂，即实质性的犯罪结果的发生就成了既遂的标准。而对形式犯，则要求行为的实行或完成到一定程度，并不要求发生某一具体的有形的损害结果，只要实行的行为符合了法律规定的构成要件就成立犯罪的既遂。

从犯罪既遂理论发展的角度看，关于犯罪既遂的理论解释，归纳起来主要是以下三种观点：

一是结果说。该种观点一般是认为，犯罪既遂是指故意实施犯罪行为并且造成了法定的犯罪结果。依此观点，犯罪既遂与犯罪未遂的区别，就在于是否发生了犯罪结果，故意犯罪并发生犯罪结果的是犯罪既遂，未能发生犯罪结果的是犯罪未遂。如原苏联刑法学家特拉伊宁就主张该种观点，认为犯罪未遂与犯罪既遂相比，“缺少的是结果这一构成要

---

① 本文原载于刘明祥主编：《马克昌教授八十华诞祝贺文集》，中国方正出版社 2005 年版。

② 高铭暄主编：《刑法学原理》(第 2 卷)，中国人民大学出版社 1993 年版，第 291 页。

③ 马克昌、杨春洗、吕继贵主编：《刑法学全书》，上海科学技术文献出版社 1993 年版，第 648 页。

素”。① 我国亦有学者主张结果说的观点。例如，认为“犯罪既遂的定义应当是：犯罪人实施终了的犯罪行为，引起的他所希望发生的犯罪结果。”②但也有学者是基于对我国刑法理论“危害结果”：是指对我国刑法所保护的社会关系(已经或可能)造成的损害这样的定义，认为无论何种形式的犯罪，也不管是何种犯罪形态，都必然侵犯一定的社会关系，因而任何犯罪都具有一定的结果，所以，可以结果的发生与否作为犯罪既遂与犯罪未送区列的标准。③ 这里的犯罪结果，一般是指物质性的危害结果。至于这种结果是否具有法定性，则有不同认识。有的认为，是指法定的危害结果；有的则认为，是指行为人预期的危害结果。当然，这后一种说法，与其说是结果说，倒不如说是目的说更准确，然而，无论对结果性质的认识有何分歧，在把犯罪结果的实际发生做为犯罪既遂的标志这一点上，则是共同的认识。

二是目的说。该种观点认为，犯罪既遂是指行为人故意实行犯罪行为并达到了其犯罪目的。其目的即为行为人希望发生的物质性犯罪结果。④ 依此主张，犯罪既遂与犯罪未遂的区别，就在于行为人是否达到了其犯罪目的，达到犯罪目的的是犯罪既遂，未达到犯罪目的的是犯罪未遂。我国也有论著在论述犯罪未遂区别于犯罪既遂的犯罪未得逞特征时，主张以犯罪目的是否达到作为标准，从而表明了其赞同目的说的观点。⑤ 例如，故意杀人罪，是以人的死亡为既遂的标准，对于直接故意杀人罪而言，是以剥夺他人生命为目的，如果没有造成他人死亡，就是目的没有达到，也就是犯罪未遂。其理由主要是：既遂犯只存在于直接故意犯罪中，而直接故意犯罪都有犯罪目的。犯罪目的的实现，既意味着犯罪愿望的满足，也意味着整个犯罪活动的完成。因此，对所有的直接故意犯罪来说，都可以通过对其犯罪目的的分析，来确定其犯罪的既遂和未遂。“每一个直接故意犯罪行为都有其直接目的，也有其相应的结果。该目的的实现或者说其相应结果的产生，就是‘得逞’，是犯罪既遂；否则，就是‘未得逞’，是犯罪未遂。”⑥

三是犯罪构成要件齐备说。这是对大陆法系“充足构成要件的行为”学说的借鉴。这种观点认为，上述两种观点都存在着明显的缺陷，无法将其贯彻运用于我国刑法分则所规定的各种具体犯罪中。因此，主张把行为人所实施的行为，是否齐备刑法分则所规定的具体犯罪的全部构成要件，作为认定犯罪既遂的标志。至于犯罪构成要件是否全部具备的标志，在各种不同的犯罪中可以有不同的表现形式，并据此区分出结果犯、结果加重犯、危

① [苏联]A. H. 特拉伊宁：《犯罪构成的一般学说》，中国人民大学出版社 1958 年版，第 253 页；转引自高铭暄主编：《刑法学原理》(第 2 卷)，中国人民大学出版社 1993 年版，第 292 页。

② 陈彦海、张伯仁：《犯罪既遂定义浅探》，载《西北政法学院学报》1988 年第 4 期。

③ 转引自叶高峰主编：《故意犯罪过程中的犯罪形态论》，河南大学出版社 1989 年版，第 30 页。

④ 张明楷：《犯罪论原理》，武汉大学出版社 1991 年版，第 487 页。

⑤ 转引自高铭暄主编：《刑法学原理》(第 2 卷)，中国人民大学出版社 1993 年版，第 292 页。

⑥ 李居全：《关于犯罪既遂与未遂的探讨》，载《法商研究》1997 年第 1 期。

险犯、行为犯、举动犯等不同类型的犯罪既遂形态。这是国外刑法理论中通行的观点，也为我国刑法学界绝大多数学者所主张，目前在我国刑法理论中占据通说的地位。

二、对质疑观点的评析

目前，持“结果说”和“目的说”的学者普遍认为“构成要件齐备说”的观点，是建立在“我国刑法分则所规定的各种故意犯罪都是以犯罪的既遂形态为模式的”基础上，而对这一点是有疑问的。例如，有学者认为，“我国刑法分则对故意犯罪的规定既有既遂罪的规定，又有未完成形态犯罪的规定，但更多的是包含既遂罪和未完成形态犯罪的共同性规定。因此，认为我国刑法分则规定的犯罪都是以既遂罪为模式，因而认为凡是符合刑法分则规定的罪状的就是犯罪既遂的观点是不能成立的”。① 并提出犯罪的既遂形态存在以下三种不同的具体类型：“(1)某些犯罪对刑法禁止该种犯罪所意图维护的特定权益造成的损害属物质性损害，当这种物质性损害结果发生时，犯罪即为既遂。如抢劫、故意杀人等犯罪即是如此。(2)某些犯罪对刑法禁止该种犯罪所意图维护的权益造成的损害表现为行为的某种非法损害状态，当行为发生该非法损害状态时。即为犯罪既遂。强奸妇女罪、脱逃罪等犯罪即是如此。(3)某些犯罪一经着手实施就会对刑法意图维护的权益造成损害，故只要着手实施该犯罪即为犯罪既遂。”②还有学者指出，“构成要件齐备说”观点的不足在于：(1)前提不真实；(2)理由不充分；(3)理论不科学；(4)不利于鼓励犯罪分子中止犯罪。并基于汉语中“‘遂’本为‘通’的意思，后来演变为‘成功’‘顺利’之意，到现代又演变为‘如意’‘如愿’。‘既’则是‘已经’‘已然’的意思。把‘既’和‘遂’合并起来，当然是‘已经如愿’的意思。这就充分说明，‘既遂’是与人的愿望、目的紧密联系在一起的。因此，给犯罪既遂下定义，就不能脱离行为人的目的。但传统观点在给犯罪既遂下定义时，竟完全脱离了人的愿望和目的，单纯以法律规定的构成要件为标准”。认为：“意志活动不仅与目的紧密相联，而且还要‘组织自己的行动实现这一预定的目的。’只有在这一目的得到实现的时候，行为人才会感到满足、如愿。同样道理，直接故意犯罪也只有在经过意志努力实现了犯罪目的时，才会满足、如愿，而这时候，犯罪也就既遂了。由此可见，给犯罪既遂下定义，必须紧紧扣住犯罪的目的。否则，就很难准确表达犯罪既遂的内涵。”所以，认为犯罪既遂的定义应当是“实施终了的犯罪行为，达到了行为人预期的目的”，③ 而提出了刑法分则规定的犯罪，有些只能发生既遂。如第 115 条的放火、决水、爆炸、投放危险物质罪(原投毒罪)、第 119 条的破坏交通工具、交通设备、电力煤气设备、易燃易爆设备罪；

① 刘之雄：《关于故意犯罪既遂标准的再思考》，载《法商研究》1998 年第 6 期。
② 刘之雄：《关于故意犯罪既遂标准的再思考》，载《法商研究》1998 年第 6 期。
③ 侯国云：《对传统犯罪既遂定义的异议》，载《法律科学》1997 年第 3 期。

有些只能发生未遂，如第114条的放火、决水、爆炸罪、第116条的破坏交通工具罪；有些既可以发生既遂，也可以发生未遂，如故意杀人罪、强奸罪、抢劫罪等；有些是要么构成犯罪，要么不构成犯罪，不存在既遂与未遂的问题，如交通肇事罪、过失重伤罪等等；有个别犯罪是要么发生预备，要么发生未遂，不可能发生既遂，如阴谋颠覆政府、分裂国家罪①。总之，刑法分则中规定的具体犯罪，并非都是以既遂为标准的。②

这里有必要指出的是，论者将过失犯罪和间接故意犯罪的成立，也认为是通说观点所主张的犯罪既遂模式，这是一种误解。犯罪既遂与犯罪未遂的问题，通说观点认为只是在直接故意犯罪中才有讨论的意义，并没有学者就间接故意犯罪和过失犯罪的问题探讨犯罪既遂与犯罪未遂，何以将此认为是通说观点主张的“刑法分则规定的都是犯罪既遂模式”的内容？

“目的说”和“结果说”客观地说，也是有一定的道理的，特别是目的说以心理学的理论为基础，对汉语词义的解释，具有一定的说服力。不过笔者认为，“目的说”和“结果说”，事实上或是将行为人个体的心理活动等同于刑法上直接故意的心理活动；或是将行为人希望发生的结果等同于刑法规定的结果，并以此来说明行为人心理活动的“遂愿”就是“得逞”之义。这实际上提出了一个必须认真思考的问题，即刑法规定的犯罪目的的心理活动与行为人的心理活动是否必须一致？刑法规定的结果是否应当与行为人希望的结果一致？当两者不一致时，法律的规定是否应当迁就行为人的心理愿望才能认为其犯罪是得逞的。

笔者认为上述的结论，不言自明应当是否定的。例如，直接故意的杀人，刑法要求的目的，就是追求“人的死亡”的目的，刑法要求的“结果”，就是“人的死亡”的结果。当行为人主观上不仅想杀人而且还追求“饮其血”“啖其肉”的目的和结果，否则就不能遂其所愿时，能够认为他的犯罪因为没有“遂愿”是未遂吗？主张“目的说”和“结果说”的学者，在这里往往又会以“法律规定”目的和结果对自己的观点予以限定，以免论述的范围过于宽泛。既然仍然是以“法律规定”为标准，为什么在自己的论点中一味强调的是行为人心理是否“遂愿”才能视为既遂？

在这里，笔者并不否定主张通说观点的学者，在反驳和论证中的确存在从通说观点的角度对不赞同“构成要件齐备说”的观点有“只是简单地用否定别人的办法来证明自己的正确”③的现象，但笔者认为，即使我们在理解法律概念时需要遵循汉语用语的意思，但是，也需要在解释法律概念时考虑到刑法规定的基本精神，也必须遵循概念能够具有指导性的一般意义。如果将“目的说”或“结果说”作为认定所有犯罪既逐一般意义上的概念，也的

① 原《刑法》第92条的规定。

② 侯国云：《对传统犯罪既遂定义的异议》，载《法律科学》1997年第3期。

③ 侯国云：《对传统犯罪既遂定义的异议》，载《法律科学》1997年第3期。

确存在着对存在的缺陷和漏洞不能自圆其说的问题。例如，诬告陷害罪，根据“目的说”或者“结果说”，前者，应当是只要司法机关追究被害人的刑事责任，其目的就已经实现，至于已经实际被错误地追究刑事责任，则应当不影响既遂成立；后者，仅仅只是追究被害人的刑事责任还不够，必须是被害人已经实际被错误地追究刑事责任，才能视为结果实际发生。然而，根据诬告陷害罪的规定，却得不出被害人必须被追究刑事责任的目的实现，或实际被错误追究刑事责任的结果发生才能负犯罪既遂刑事责任的立法精神。再例如，我国刑法规定的目的犯，是典型的直接故意的犯罪，在目的犯中是有一些犯罪可以通过其预期的犯罪结果是否发生，亦即犯罪目的是否达到，来判断犯罪的既遂状态。但在大多数目的犯中，特定的犯罪目的，仅仅是该种犯罪构成主观方面的必要条件。犯罪目的的是否实现，并不影响行为人应当就刑法规定的刑罚承担刑事责任。换言之，在实现犯罪目的的场合，固然可能构成犯罪既遂，因为在这种情况下，往往也发生了行为人预期的犯罪结果。但是，另一方面，即使犯罪目的事实上没有实现，也不影响行为人承担刑法分则所规定的刑罚。

当然，笔者同样也不否认我国刑法中的确有一些犯罪是以法律规定的犯罪结果的发生与否区分犯罪既遂与否的，但即使如此，犯罪结果的是否发生，仍然不能作为一切犯罪既遂与否的区分标志。如强奸罪中实施奸淫幼女的行为，无论要求奸淫幼女目的实现作为犯罪既遂标准，还是以奸淫幼女结果发生作为犯罪既遂标准，实践中的大部分案件都将无法认定为既遂。由于幼女性器官发育尚不成熟，客观上具有其性器官事实上很难奸入的特点，由此而造成的不能奸入，能够认为“奸淫目的已经实现”或者“奸淫结果已经发生”？事实是即使两性器官已经接触，但不能说奸淫的目的已经实现，也不能说奸淫的结果已经发生，如果要求行为人“遂愿”才能是既遂，只能认为刑法对奸淫幼女的行为本身就是犯罪未遂模式的规定。但这种说法我认为即使主张“目的说”或“结果说”的学者也不会赞同。因此，像这类犯罪如果不考虑立法的本义，非要从行为人是否“遂愿”的词义上，从心理学的意义上来解释犯罪既遂的问题，或者从发生一是结果的要求上解释既遂，恐怕与立法本义相去甚远。在理论上主张“只要行为人的性器官与幼女的性器官有实际的接触，就认为犯罪既遂”，完全符合刑法对幼女保护的立法本意。也正是在此意义上，笔者认为“刑法分则所规定的各种故意犯罪都是以犯罪的既遂形态为模式的”命题是正确的。

而且，“目的说”或“结果说”也不能适用于我国《刑法》第114条放火罪、决水罪、爆炸罪、投放危险物质罪、以危险方法危害公共安全罪以及第116条破坏交通工具罪等这种共识为“危险犯”犯罪的既遂与未遂问题。如根据“目的说”应当是“实现了危险状态发生”的目的，但有什么理由认为行为人的目的不是希望“实际结果的发生”？如果认为刑法这些条款规定的犯罪只能是“未遂”,① 那么，又有什么理由认为行为人希望的不是以这种“危

① 侯国云：《对传统犯罪既遂定义的异议》，载《法律科学》1997年第3期。

险状态”的发生为目的？又如根据“结果说”，应当是这种“实际结果发生”，而所谓的实际结果，在上述犯罪中无非是“人员的伤亡和财产的损失”。如此，是否只能认为《刑法》第115条规定“致人重伤、死亡或者使公私财产遭受重大损失的”和第119条“造成严重后果的”规定是多余的？

研究犯罪既遂与未遂，是为了解决行为人是否应当就其行为承担完全刑事责任的问题。如同前述有学者指出的，的确在刑法分则中有些犯罪从其实际情况而言，要么只能是“预备”，要么只能是“未遂”，如第102条规定的“背叛国家罪”、第103条第1款规定的“分裂国家罪”，然而，问题在于当行为人实施了刑法分则所规定的这种行为时，是否对其需要按照刑法总则关于“预备犯”或“未遂犯”的刑事责任原则追究刑事责任？能否因为行为人没有“遂愿”事实上只允许按照“预备犯”或“未遂犯”追究刑事责任？如果结论是否定的，那么，论者提出其构成要件模式应当是“预备形态”或“未遂形态”的意义是什么呢？

当法律规定只要实施某种行为，即应当承担完全的刑事责任时，这是立法的规定（也可以说是立法者的认识），与行为人自己的愿望是否一致，并不影响其应当承担的刑事责任，这是共识。由此，笔者认为，法律上规定某种犯罪是否既遂的标准，与现实社会中所理解“目的”是否实现，或者“结果”是否发生，并不完全属于同一个层次的问题，也不属于同一学科的问题。正如同不能完全用哲学上“结果”的概念去解释刑法意义上的“结果”；用普通心理学上的“目的”去解释刑法规定的“犯罪目的”，用普通心理学上的“故意”“过失”去理解刑法规定的“故意”“过失”罪过的含义一样。因此，不赞同“我国刑法分则所规定的各种故意犯罪都是以犯罪的既遂形态为模式的”观点，其见解并没有提出更使人信服的新的理论观点，仍然是“构成要件齐备说”，认为在不同类型的犯罪既遂形态可以有不同的表现形式的内容的重复而已。比较而言，笔者认为“构成要件齐备说”是一种科学的理论。它为各种直接故意犯罪既遂形态的认定，提供了统一的标准。

论陷害教唆的可罚性[①]

一、陷害教唆内涵之厘定

陷害教唆的内涵为何在刑法学界存在争议，有把其同于未遂教唆[②]者，如蔡墩铭教授认为未遂之教唆又称陷害教唆(agent provocateur)，是指教唆犯认识被教唆者依其教唆而实行时，不可能发生犯罪结果。[③] 也有学者认为陷害教唆为未遂教唆的一种，如陈子平教授认为，“未遂教唆包括 agent provocateur 之情况，亦即将未遂教唆之一部分称为 agent provocaleur，但其中应排除教唆人有使正犯达于既遂之预想之情况”。[④] 林山田教授认为，未遂教唆是与陷害教唆不同的概念，并认为国内学界把两者加以混同或把陷害教唆作为未遂教唆的一种实际上是对未遂教唆的误解，并认为未遂教唆是与教唆未遂相对应的概念，在理论上有必要区分尚无正犯主行为之未遂教唆与已有正犯行为之教唆未遂。[⑤] 还有学者认为，“陷害教唆当然包括未遂教唆，但不限于此，因为陷害他人而教唆、其意在使他人受刑事处分，至于他人是否既遂并不关心。相反地某些情况下他人却可能达到既遂”。[⑥]

---

① 本文原载于《中国监狱学刊》2006 年第 2 期，系林亚刚教授与其博士研究生赵慧合著。

② 值得注意的是，未遂教唆的内涵在学术界存在争议，由于其超出本文讨论的范围，故作者在此沿用目前学界对未遂教唆的通说进行论述，对于未遂教唆和教唆未遂的内涵以及分野，作者将在另外的文章中进行阐述。

③ 蔡墩铭：《刑法总论》，台湾三民书局 1995 年版，第 236～237 页。高仰止教授认为教唆犯预见被教唆者终不能完成犯罪之实行，而为教唆行为者，称为未遂的教唆犯，亦称陷害教唆，又称陷阱教唆，或称诱惑犯。参见高仰止：《教唆犯论》，载王建今、刁荣华主编：《现代刑法基木问题》，台湾汉林出版社 1981 年版，第 256 页以下。

④ 陈子平：《共同止犯与共犯论——继受日本轨迹及其变迁》，台湾五南图书出版公司 2001 年版，第 246 页。黄村力教授认为，陷告教唆即基于陷害教唆人之意思，于教唆之后，立即采取各种防护措施，以防止犯罪结果之发生者谓之，并提出有学者认为其属于未遂教唆的一种。参见黄村力：《刑法总则比较研究(欧陆法比较)》，台湾三民书局 1997 年版，第 221～222 页。高仰止教授持该观点，参见《教唆犯论》一文注释以及高仰止：《刑法总则之理论与实践》，台湾五南图书出版公司 1986 年版，第 438 页。

⑤ 林山田：《刑法通论》(下册)，作者自版 2001 年版，第 120 页。

⑥ 刘佳雁：《海峡两岸刑法中教唆犯理论之比较研讨》，载《台湾研究》1995 年第 2 期。

理论界对陷害教唆内涵的争执导致了陷害教唆内涵的混乱，并导致对陷害教唆相关问题的分歧。历史是过去的存在，也蕴涵了现在发展的契机。因此，为了厘清陷害教唆的内涵，有必要对陷害教唆历史进行简单的回顾，这样有利于我们对陷害教唆问题有一个全面的把握。

陷害教唆来源于法国大革命爆发之前，路易十四为逮捕革命党人所采取的特务手段，路易十四派间谍伪装成革命分子，诱使他人进行犯罪然后进行抓获，法语称为 agent provocateur，以后逐渐成为法律上使用的概念，指"让别人陷入犯罪、以逮捕或使其受逮捕为目的，而唆使他人犯罪的人"。① "后来随着犯罪的智能化以及组织化发展，传统的刑事侦查手段无法应付特殊的犯罪，如在贩毒、贩卖军火、伪造货币以及从事色情交易等所谓没有被害人的犯罪中，由于没有被害人，一般很难引起社会的广泛关心和社会谴责，刑事司法机关也很难经由被害人的告诉或告发而开展刑事侦查工作。特别是在对抗有组织的犯罪中，即使知道犯罪事实的人也可能因为种种原因而不愿意举报，或在警察向他们打听消息的时候不进行合作，因此，德国刑法理论界和实务界认为，安置或运用卧底警察是必要的，有利于更积极地掌握犯罪发生前的情报，而不是消极地等待；同时亦有利于发现犯罪组织的操纵者并加以瓦解和便于警察采取更有利的行动时机。德国联邦法院甚至认为，陷害教唆或使用卧底者并不违反法治国家的界限。② 在德国，陷害教唆为 lockspitze，翻译为内奸或警察的走狗。在英美法系国家，也有与陷害教唆相似的制度，如美国称为卧底侦查或警察圈套(entrapment)。据林灿章教授的研究，美国是世界上运用卧底侦查最频繁的国家之一，单是联邦查局在 1984 年就实施了 391 件。③ 但随着历史的发展，陷害教唆得到了发展：即实施陷害教唆的并不限于侦查机关及其线人，而包括任何人，并不以使被教唆人实际受到刑事追究为要件。针对陷害教唆和侦查陷阱或警察圈套，有学者认为它们由于来源于两种不同的法系，因此根本不具有可比性。这是对两者的误解，实际上，两个概念在一定的范围内是对同一事实的不同解说，或者是对同一事实的不同解读。侦查陷阱主要从程序方面解决问题，即侦查陷阱的法律基础是什么，谁有权作出侦查陷阱的决定，陷阱侦查的范围及其限制，以及陷阱侦查得来证据是否具有法律效力，被告人是否针对陷害侦查提出自己的辩护理由。而陷害侦查所引发的实体问题就是诱使者是否应当承担责任，也就是教唆他们实施犯罪的行为人的行为是否具有可罚性。因此，人为地认为将两者进行分割进而认为他们且有重要区别是不符合历史和事实根据的。当然从研究的角度，对两者进行分别研究还是具有一定意义的。出于篇幅考虑，作者在此仅对侦查陷阱所引发的实体问题即陷害教唆犯问题进行研究。

---

① ［日］木村龟二主编：《刑法学词典》，颜肖荣等译，上海翻译出版公司 1996 年版，第 213 页。

② 林东茂：《危险犯与经济刑法》，台湾五南图书出版公司 1996 年版，第 241~243 页。

③ 林东茂：《危险犯与经济刑法》，台湾五南图书出版公司 1996 年版，第 242 页。

对于陷害教唆的定义，学术界存在不同看法。学者们一般认为，陷害教唆是指教唆者一开始就预定了被教唆者实施的犯是以未遂告终而进行教唆的场合。① 有学者认为若认识到被教唆人无法实现不法构成要件，或虽然有意识到法益侵害结果之可能性，但确信其不会发生时，也有虚伪教唆或陷害教唆的成立。有学者认为陷害教唆就是“基于陷害被教唆人之意思，于教唆之后、立即采取各种措施，以防止犯罪结果之发生者谓之”。② 还有学者认为，陷害教唆是以“诱人入罪”的意思，对于一个原无犯罪念头的人，经由明示或默示的意思表示(可能是挑拨、诱使、请求或其他手段)，惹起被教唆人的犯罪决意。③ 从上面所列举的定义可以看出，学者们对于陷害教唆的分歧主要在两个方面：(1)是否要求教唆人主观上有使正犯行为止于未遂的意恩，或包括使正犯行为既遂的目的？(2)是否要求正犯的行为止于未遂？第1种观点要求教唆犯主观上必须其有使正犯行为止于未遂的意思，而余下观点则明示或默示肯定了使正犯既遂的目的也符合陷害教唆犯的主观要求。第2种规点要求正犯行为必须止于未遂，而其余的观点则没有明确要求，能否做肯定解释存在问题，但至少不是陷害教唆犯构成的要件应是没有问题的。那么，如何解决上述分歧呢？

笔者认为，解决此问题应从陷害教唆的原义着手。陷害教唆产生的目的就是为了抓捕政治犯人或犯罪人，使他们受刑事追究而为教唆行为，在抓捕他人目的引导下，不管教唆人是否具有既遂或未遂的故意都符合陷害教唆的目的，而且在意图使正犯行为既遂的场合更容易收集到对正犯不利的证据，从而更好地实现教唆人陷害他人的目的。因此，陷害教唆犯中，教唆人只要具有陷害他人的意思，不管是基于既遂还是未遂的目的都构成陷害教唆犯。同理，在正犯未遂或教唆人积极阻止犯罪结果发生的场合，既达到了陷害他人的目的，同时又没有对法益造成侵犯，当然是比较理想的陷害教唆方法，应该肯定陷害教唆的成立。但出于正犯也只有自已的相对自由的意志，而且对犯罪结果具有一定的支配力，在犯罪结果可能发生的情况下，陷害教唆人无法确切控制正犯行为的因果发展历程，而且在一定的情况下，陷害教唆人为了收集到对正犯不利的证据，也许会积极追求或放任结果的发生来达到自己的陷害目的。正如有学者认为，行为人对于被教唆之他人不能完成犯罪，并无确切的支配力，他人若犯罪既遂，则行为人可谓具有未遂故意，即使行为人确信他人绝不致完成犯罪，则行为人仍具有教唆他人犯罪未遂之意思，行为人有此意思，即具有教他人犯罪未遂之意思，……因此，笔者认为，附害教唆应指出于陷害他人的目的而教唆他人实施犯罪行为的犯罪形态。对此，林东茂教授认为陷害教唆犯有三种形式：(1)诱使他人从事未遂的犯罪行为，并且在着手之际加以逮捕；(2)诱使他人完成刑法构成要件的行为(形式上的既遂)，在犯罪成果尚未确保之前(实质的尚未完成)加以逮捕；(3)诱使他人

① [日]野村稔：《刑法总论》，全理其、何力译，法律出版社2001年版，第417页。

② 黄村力：《刑法总则比较研究(欧陆法比较)》，台湾三民书局1997年版，第221页。

③ 林东茂：《危险犯与经济刑法》，台湾五南图书出版公司1996年版，第252页。

实施形式上既遂的行为，而且实质上完成。① 根据我国的共犯理论，教唆犯的成立并不要求被教唆人因此而实行构成要件的行为，被教唆人着手实施的、构成共犯教唆犯，被教唆人没有着手实施行为的，构成独立的教唆犯。因此，在我国，陷害教唆的形式除了林教授所说的三种形式外，还有诱使他人从事犯罪行为，在犯罪尚未着手之际加以逮捕的形态。

二、陷害教唆是否成立教唆犯?

首先值得注意的是，陷害教唆是否成立教唆犯并不必然与共犯的性质有关。有学者认为，采主观主义立场者通常皆倾向于共犯独立性说立场，而独立性系认为共犯与正犯同样为独立之犯罪，如此则应与正犯同样须有结果发生为止之认识，始可谓有故意之存在，犯罪始有成立之可能，因此应倾向于不可罚之立场。或较有理论之一贯性。② 但实际上，对于陷害教唆是否成立教唆犯，主观主义和客观主义内部之间也存在分歧，在共犯从属性和犯罪共同说中，由于对于客观主义的不同理解，可以分为两种情况：(1)认为教唆犯的故意并非基于构成要件的故意，只要有惹起正犯的犯意为已足，因此，即使教唆犯与被教唆者的犯罪意思具有差异，也能肯定教唆犯的成立。(2)教唆犯从属于正犯而存在，两者的犯罪意思必须同一，教唆犯的意思应该具有使正犯实施构成要件实的意思，陷害教唆本意并非教唆他人实施犯罪，而是引人犯罪，因此，陷害教唆不具有教唆犯的性质。在共犯独立性说和共同行为说中，基于对主观主义的理解，也有两说：(1)认为陷害教唆只是具有使被教唆人的行为不能完成犯罪既遂的意思，因此欠缺一般教唆犯的故意，不能构成教唆犯。(2)陷害教唆作为独立的犯罪行为，本身就反映了教唆犯人的反社会性质，只要教唆犯实施了教唆行为，其行为就具有社会危害性，至于被教唆人是否既遂或未遂，不影响教唆人的刑事责任，况且在陷害教唆中，教唆人处于陷害他人的目的而为教唆，主观恶性更深，更有处罚的必要。③ 因此，如上所说，陷害教唆的成立并不必然与共犯本质具有密切的联系，而主要涉及到对教唆犯的教唆故意如何理解的问题，如果肯定教唆犯的故意应包括对构成结果或既遂的认识，就没有陷害教唆的成立；反之，如果认为只要教唆犯具有教唆他人的故意，并对被教唆人的实行行为性有认识就够了的话，就应该肯定陷害教唆的教唆性。

---

① 林东茂：《危险犯与经济刑法》，台湾五南图书出版公司 1996 年版，第 254~255 页。

② 陈子平：《共同正犯与共犯论——继受日本轨迹及其变迁》，台湾五南图书出版公司 2001 年版，第 248 页。

③ 蔡墩铭：《刑法基础理论研究》(修改初版)，台湾汉林出版社 1980 年版，第 260~261 页。

教唆犯作为造意犯，意在使没有犯罪故意的人产生犯罪故意。① 关键在于教唆犯的故意内容是什么，理论上有不同的看法。教唆犯犯罪故意的学说，分为两种：(1)教唆犯的故意只需要使被教唆人产生实行犯罪决心的意思即可的说法。(2)教唆人的故意并非单纯使被教唆人产生具有决心实行犯罪的意思，而且更应使之表露出产生作为基本构成要件内容的结果的说法。② 即遂行犯意③或主观上具有促使被教唆人实现该不法构成要件之教唆既遂故意。④ 笔者认为，教唆犯作为造意犯，其本质特征就在于引起他人实施犯罪的意思。教唆犯的故意应包括三个方面：(1)认识到他人尚无犯罪意思，或者犯罪决心还不坚定；(2)认识到被教唆人的他人是达到一定刑事责任年龄、具有责任能力的人；(3)预见到自己的教唆行为将引起被教唆人产生某种犯罪的故意并实施该种犯罪。⑤ 一般说来，教唆人既然要对特定行为人教唆其实施一定的行为，当然对该犯罪行为的构成要件事实有认识，但不是所有的构成要件事实都是教唆犯都要认识的因素，只要教唆犯对实行行为有认识，而且，认识的程度只要是未必的故意就可以了。由于教唆犯只是引起他人的犯罪故意，对于被教唆行为的行为走向，教唆犯实际上无法支配和控制，只要正犯的行为在教唆犯意思的范围内，教唆犯就应当对正犯的行为承担刑事责任。因此，教唆犯的故意并不要求是构成要件的故意，教唆犯与预想的构成要件的为并不总是同一的，在陷害教唆的场合，由于教唆犯已经预见到正犯的实行行为性质，不管实行行为以何种方式实施，都能肯定教唆犯的成立。甘添贵教授从因果共犯论出发，认为教唆他人，并使其因此而实现犯罪，乃为吾人经验上一般所能预测之事态。因此，教唆行为与正犯结果之间。自得肯定其因果关系。……因此，教唆之故意，除诱发正犯为违法行为之决意外，对于正犯实现之结果，亦须有认识为必要。由于教唆犯不具有实现构成要件结果的意思，故不能构成教唆犯。⑥ 笔者认为该观点值得商榷，首先，并不是所有的犯罪都要求构成要件的结果，在行

---

① 也有学者认为，教唆犯的本质特征是促使他们实施犯罪，他要解决的是被教唆人是否实施犯罪的问题，对于犯意不坚定的人通过各种方式使其坚定犯意的行为，实际上是解决行为人是否实施犯罪的问题，因此应作为教唆犯进行处理。马克昌主编：《犯罪通论》，武汉大学出版社 1999 年版，第 557～558 页。

② ［日］福田平、大塚仁：《日木刑法总论讲义》，李乔等译，辽宁人民出版社 1986 年版，第 173～174 页。

③ 郝朝俊：《刑法原理》，商务出版社 1930 年版，第 280 页。

④ 林山田《刑法通论》(下册)，作者自版 2001 年版，第 110 页。李斯特教授认为，教唆犯的故意和行为人的故意必须以行为的实施为目的。如果行为人缺乏这样的故意(如他“尝试”下私自配制之钥匙能否打开他人家的门锁)，则根本不存在应受处罚的未遂犯。如果教唆犯缺乏这样的故意(如他想使行为人在未遂状态被人逮着)，则根本谈不上教唆问题。［德］李斯特：《德国刑法教科书》，徐久生译，法律出版社 2000 年版，第 380 页。

⑤ 马克昌主编：《犯罪通论》，武汉大学出版社 1999 年版，第 559 页。

⑥ 陈子平：《共同正犯与共犯论——继受日本轨迹及其变迁》，台湾五南图书出版公司 2001 年版，第 297 页。

为犯、危险犯等非结果犯中，只要行为人实施了行为或行为造成了法定危险的发生，就能肯定犯罪的成立，结果的发生对于犯罪的成立没有影响。如果强行要求教唆犯对构成结果有认识，实际上人为地缩小了教唆犯的成立范围。其次，犯罪是一种具有社会危害性的行为或具有法益侵害的现实或可能性。只要教唆犯认识到自己的教唆行为会导致正犯实施侵害或威胁法益的行为，即对正犯的实行行为性有认识，就应该认为教唆犯具有对特定犯罪构成要件事实的认识，就能肯定教唆故意的成立。再次，教唆犯希望实现构成要件的结果与正犯是否导致了结果的发生并不总是同一的，在两者同一的情况下，教唆人与被教唆人的主观方面是完全同一的，教唆犯依靠被教唆人完全实现了自己的犯罪目的，在教唆犯希望被教唆人发生结果的场合，被教唆犯可能出于自身或意志以外的原因而没有实现该犯罪结果的场合，教唆犯的犯罪目的由于被教唆人的行为而没有完全实现，在该情况下，也不影响教唆犯的成立。既然如此。把教唆犯对结果的认识与该结果的实现作为教唆犯的成立要件就是对教唆犯的误读。实际上在教唆犯中，并不要求教唆犯对犯罪结果有认识，只要教唆犯认识到正犯行为的社会危害性就够了。因此，在陷害教唆的场合，由于教唆犯对正犯的实行行为性有认识，不管该认识对结果而言是既遂还是未遂，都能成立教唆犯

三、陷害教唆的可罚性根据

学者们在论述陷害教唆的可罚性根据时总是与陷害教唆是否成立教唆犯密切联系在一起，如肯定陷害教唆的教唆性，当然就具有可罚性。反之则相反。如有学者认为，共犯从属性说的观点承认未遂的教唆的可罚性，认为教唆犯的故意内容不包括认识与希望或放任结果的发生；共犯独立性说的观点否认未遂教唆的可罚性，认为教唆犯的故意内容包括认识与希望或放任结果的发生。这种对立的原因在于前者认为教唆行为不是实行行为，后者认为教唆行为是实行行为。① 但笔者认为，这实际上混淆了两种概念。所谓可罚性根据主要是要解决一定行为的正当性问题，即国家或立法者是否有必要把该行为进行犯罪化，处罚该行为有无适当的根据或正当性依据。而教唆犯主要是解决某一行为是否符合法律规定的教唆犯的构成要件，符合构成要件，当然成立教唆犯，否则不能作为教唆犯进行处理。当然，如果认定陷害教唆的行为成立教唆犯，应该说在一定程度上解决了该行为处罚的根据，但这种根据只是一种法律根据，在实质意义而言，该行为的可罚性理由或根据还没有得到解决。

由于陷害教唆问题有一个发展的阶段、在不同的历史时期对其是否可罚以及可罚性根据问题也存在不同的看法。如我们所述，早期陷害教唆的使用主要是针对政治犯人而言的，由于政治犯与其他犯罪不同，各国对于陷害教唆人在立法上亦加以区别，故在政策理

① 张明楷：《刑法学》(上)，法律出版社 1997 年版，第 306 页。

由上，政府为削减政治犯而采取陷害教唆，实非得已，而且如限于对政治犯使用，自然亦无多大危害性可言。① 后来国家把陷害教唆推行到普通犯罪特别是所谓的无被害人的犯罪中，对于其可罚性问题也存在不同的争议。在德国的刑法实务上，几乎没有一个陷害教唆者被追诉、提起公诉或是受判决，而且德国还在1992年颁布施行的对抗组织犯罪法案，于刑事诉讼法当中增列了卧底警探的明文(第110条a至110条e，共5个条文)。② 日本《麻药及向精神药取缔法》(原麻药取缔法)第58条规定，若麻药取缔官员取得厚生大臣之许可时，亦得自任何人受让麻药。因此，审判实线中一般认为陷告教唆的合法性，对于教唆者的行为不予以过问。但也有判例认为：诱惑者根据情形……要特别作为教唆犯或者从犯负责，但也往往作为侦查上不得已的手段会被合法化。③ 我国有学者认为，基于排除对公共安全或秩序以及公众或个人的危险的职责。虽然卧底侦查一般都要侵犯人民的基本权利，如使用化名潜入他人住宅搜集情报，使用假名与人订立契约等，但重大犯罪不能立刻被侦破，是对于法律秩序的持续性的危险。为了排除此危险性即侦破此重大犯罪，在严格条件下使用卧底侦查未尝不可。因此，侦查陷阱应视为阻却违法事由的紧急避险事由。④

笔者认为，以陷害教唆来源于警察侦查案件为由不能作为现代陷害教唆不予处罚的理由，因为随着社会的发展，陷害教唆并不以警察实施为限，而是扩展到任何人，只要任何有陷害他人的意思而教唆他人犯罪，都能成立教唆犯。而且，随着民主、文明观念在社会的确立，警察作为社会福祉的保护者，决不许可其在制造犯罪人过程中遏制犯罪，如果否认陷害教唆的犯罪性，则不仅会损害法治社会发展的根基，也会动摇民众对于社会法治国的信赖。值得注意的是，我们反对陷害教唆并不意味着我们否定任何警察侦查圈套，而只是认为，警察圈套的使用必要遵守法治的底线、并在正当的法律程序上运行。具体而言，警察圈套应受以下条件的限制：(1)应有相当之理由足以怀疑犯罪嫌疑人实行具体犯行之高度盖然性；(2)因系具有隐密、组织之犯行，如无陷阱侦查，将会使侦查难以实行；(3)陷阱侦查时，其引诱行为仅系给予犯罪嫌疑人实行犯罪之机会；(4)陷阱侦查时，前二项要求应须充分具备且向法官或检察官提出。并得到同意。⑤ 从这个意义上说，所谓陷害教唆当然排除了合法的警察侦查圈套，只有当警察侦查圈套突破了法律的底线时，才能进入陷害教唆的视野。对于一般公民而言，只要其有陷害教唆的行为，当然应肯定其犯罪的成立。陷害教唆的可罚性基础就在于其具有严重的社会危害性或法益侵害或危险性，具体表现为社会危害性和人身危险性两个方面：陷害教唆虽然一般情况下会以未遂而结束，

① 蔡墩铭：《刑法基础理论研究》(修改初版)，台湾汉林出版社1980年版，第259页。
② 林东茂：《危险犯与经济刑法》，台湾五南图书出版公司1996年版，第260~263页。
③ [日]大塚仁：《刑法概说(总论)》，冯军译，中国人民人学出版社2003年版，第267页。
④ 孙付：《卧底侦查的相关法律问题》，载《江苏公安专科学校学报》2001年第5期。
⑤ 谢志鸿：《陷阱侦查于刑事诉讼上之效力》，载《辅仁法学》2000年第20期。

但未遂也会给法益造成侵害或危险性，而且教唆行为一旦完成，行为人也无法控制正犯行为的发展，何况在陷害教唆的情况下，行为人为了达到陷害他人的目的往往会放任或希望正犯行为导致结果的发生，而且结果越严重，越符合行为人加害他人心理的需要，另外，由于陷害教唆人主观上不仅引起了被教唆人实施犯罪的意思，而且还出于陷害他人的目的，表明行为人的主观恶性深重，更有对行为人加以处罚的必要。

在我国，对于陷害教唆的可罚性问题，理论界也存在不同观点：有学者认为陷害教唆不能构成教唆犯，只能作为单独犯进行处理，但在刑法没有明文规定的情况下，不应作为犯罪处理。① 有学者认为陷害教唆具有严重的社会危害性，但陷害教唆人并没有与被教唆人形成共同的故意和行为，而是以制造犯罪事实来陷害他人的方法，因此构成诬告陷害罪；② 也有学者认为，可以把被教唆人实施犯罪行为这一事实本身视为一种危害结果，进而肯定未遂教唆的可罚性；③ 还有学者认为，陷害教唆犯构成教唆犯，对其处罚则根据陷害教唆人与被教唆人是否成立共犯关系而不同，如果被教唆人未接受教唆，则按《刑法》第29 条第 2 款进行处理，如被教唆人接受教唆，则按《刑法》第 29 条第 1 款和第 23 条的规定进行处即。④ 笔者认为，如上分析，陷害教唆当然成立教唆犯，应当按照我国刑法关于教唆犯的规定进行处理，因此，主张把陷害教唆不作为犯罪处理或当做其他犯罪处理就不符合我国刑法的规定，不可取。但如把被教唆人本身的行为作为一种危害结果，实际上对我国刑法中的危害结果进行了无谓的扩大解释，表面上解决了陷害教唆的问题，实际上损害了刑法理论的统一性，因此亦为我国所不取。第 4 种观点结合我国刑法的规定来论述陷害教唆的可罚性，并针对陷害教唆的种类不同规定了不同的刑法处遇具有可取性。我国刑法根据教唆犯与被教唆人是否成立共犯关系分别规定了不同的处罚原则。由于陷害教唆犯也构成教唆犯，仍然要适用刑法对教唆犯处罚原则的规定，具体而言，如果被教唆人没有实施被教唆的罪，陷害教唆人成立独立教唆犯。可以从轻或减轻处罚：如果被敦唆人接受陷害教唆人的教唆并开始实施犯罪行为时，不管陷害教唆人是以未遂的意思还是既遂的意思实施教唆，都按教唆人在共犯中的作用进行处理。陷害教唆不满 18 周岁的人犯罪的，应该从重处罚。

---

① 李富友：《陷害教唆与警察圈套》，载《中央政法管理干部学院学报》1998 年第 4 期。

② 张晓辉：《论教唆犯》，载《全国刑法硕士论文荟萃》，中国人民公安大学出版社 1989 年版，第 377~381 页。

③ 张明楷：《刑法学》(上)，法律出版社 1997 年版，第 306 页。

④ 贾宇：《教唆犯理论的比较研究》，载《河北法学》1991 年第 2 期。

酌定量刑情节若干问题研究[①]

一、问题的提出

2008 年 3 月 31 日广州市中级人民法院对许霆案作出重审判决，认定许霆构成盗窃罪，因属盗窃金融机构、数额特别巨大，依法应处无期徒刑或者死刑并处没收财产；鉴于许霆是在发现银行自动取款机出现异常后产生的犯意，采用持卡窃取金融机构经营资金的手段，其行为与有预谋或者采取破坏手段盗窃金融机构的犯罪有所不同，并且从案发具有一定偶然性来看，许霆犯罪的主观恶性不是很大，根据本案具体的犯罪事实、犯罪情节和对于社会的危害程度，对许霆可在法定刑以下判处刑罚，并依据《刑法》第 264 条第 1 项和第 63 条第 2 款规定，判处许霆有期徒刑 5 年，并处 2 万元罚金，追缴所得。

从“应处无期徒刑或者死刑、并处没收财产”到“判处 5 年有期徒刑并处 2 万元罚金、追缴违法所得”，发生这样一个巨大变化的法律依据，仅仅依据的是《刑法》第 63 条第 2 款的规定。这不禁使人感到判决的这一依据在说理上有些单薄。《刑法》第 63 条第 2 款规定：“犯罪分子虽不具有本法规定的减轻处罚情节，但是根据案件的特殊情况，经最高人民法院核准，也可以在法定刑以下判处刑罚。”该条规定在学理上被称为酌定(特殊)减轻处罚。

就条款的规定看，不难发现这样两个问题：第一，“案件的特殊情况”是指什么？第二，减轻的幅度是否没有任何限制？事实上第二个问题如果从条款本身看，在减轻幅度上的确是没有限制性规定的，也就是说只要不是免除处罚，从最严厉的死刑到单处罚金等附加刑这样一个广阔的刑罚幅度里，只要经过最高人民法院核准这道程序，就能够以案件具有特殊情况为由减轻判处刑罚的。但是，是否应该这样理解这一条款的规定？理论上对于“减轻处罚的限度”有不同的认识。有学者就认为，减轻处罚不应有所限制，只要不免除处罚就是合法的仅在于通说主张“法定刑以下判处刑罚”是在与其罪行相应的法定量刑幅度内

① 本文原载于《法学评论》2008 年第 6 期，系林亚刚教授与其博士研究生袁雪合著。

的最低刑以下判处，也就是在与其罪行相应的法定量刑幅度最低刑下一格判处刑罚，① 而且还因为所谓的"特殊情况"并没有法律的明文规定。② 如果联系第一个问题，则对第二个问题"是无限制"的理解，的确值得反思。

许霆案所引发的第一个思考是酌定量刑情节适用的法律依据是否合理的问题，第二个思考是酌定量刑情节的适用是否符合罪刑法定原则的要求问题，第三个思考是酌定减轻处罚适用中的限制问题。

二、酌定量刑情节适用的法律依据检讨

纵览我国刑法400多个条文，关于酌定量刑情节的规定除第63条外，一般认为还有《刑法》第37条、第52条以及第61条的规定。其中第61条规定："对犯罪分子决定刑罚的时候，应当根据犯罪的事实、犯罪的性质、情节和对于社会的危害程度，依照本法的有关规定判处。"这被认为是量刑时考虑酌定量刑情节的基础性的法律依据。我国通说认为，《刑法》第61条规定的"情节"，应当是比犯罪情节更为宽泛的一个概念，它既包括部分罪中的情节也包括罪前和罪后情节；既包括法定量刑情节也包括酌定量刑情节。③ 所以在《刑法》第61条"情节"的空间里，有酌定情节的地位。但是否能够说酌定量刑情节与法定量刑情节一样具有从重、从轻、特别是减轻处罚或免除处罚的功能呢？如果从《刑法》第61条"依照本法的有关规定判处"之内容看，刑法中并没有直接关于酌定量刑情节"可以"或"应当"从重、从轻、特别是减轻处罚、免除处罚的明文规定，所以仅以该条规定为依据认为对于酌定量刑情节与法定情节具有一样的功能来说，是远远不够的。《刑法》第37条、第52条的规定虽然也是包含酌定量刑情节的（大多数学者认为犯罪情节中既包括定罪情节，也包含部分量刑情节。④ 这样当然是能够包含酌定量刑情节的），但就其规定本身而言，似乎也不能得出上述结论。

许利飞同志认为除上述条文之外，我国刑法分则中许多条款以"情节较轻""情节严重""情节特别严重"或"情节恶劣"等来确立犯罪的法定刑幅度，这里所称"情节"也包括酌定量刑情节。这样似乎刑法条文中随处可见酌定量刑情节的规定。但是，他又认为以"情

① 高铭暄、马克昌主编：《刑法学（第三版）》，北京大学出版社、高等教育出版社2007年版，第294页。

② 曾芳文：《"减轻处罚"适用新探》，载《中央政法管理干部学院学报》1996年第4期。

③ 高铭暄、马克昌主编：《刑法学（第三版）》，北京大学出版社、高等教育出版社2007年版，第277页。

④ 马克昌主编：《刑罚通论》，武汉大学出版社1999年版，第328页。

节恶劣”“情节严重”等为犯罪成立的必备要件的“情节犯”则不包括酌定情节。① 按此理解，如果刑法分则中“确立法定刑幅度的情节，包括酌定量刑情节”，是否与情节加重（减轻）犯产生矛盾？这有必要进一步厘清酌定量刑情节与情节加重（减轻）犯之间的关系。对于情节加重（减轻）犯中所表述的“情节严重”“情节较轻”能否包含酌定量刑情节，认识上存在分歧。张明楷教授认为，减轻或加重情节不属于构成要件，而仅仅属于法定刑升格的条件。② 刘艳红教授认为，情节加重犯和情节减轻犯中的情节不是概括性定罪情节，不是情节犯。③ 从两位教授的观点中可以看出，他们认为这里的加重（减轻）情节除了法律有明文的之外，理应都是酌定量刑情节。王志祥教授则持相反的观点，认为影响法定刑升格适用的情节当然不是普通的犯罪构成的要件，但确实是影响法定刑升格的构成要件；并进一步解释，既然普通的犯罪构成必须具备的要件属于构成要件，加重的犯罪构成必须具备的要件也同样是构成要件。④

根据通说的观点，即使是与犯罪有关的“情节”，一旦作为定罪的情节予以考虑，当然就不应该再视为量刑情节予以考虑。而所谓“量刑情节”是指除了定罪情节之外，影响行为人刑事责任轻重的情节，包括罪前、罪中和罪后情节。这样一来，分歧的关键就在于情节加重（减轻）犯能否视为一种特殊的犯罪构成？回答这个问题将涉及派生的犯罪构成这一命题能否成立的问题。所谓派生的犯罪构成是指以独立的犯罪构成为基础，具有较重或较轻社会危害程度而从独立的犯罪构成衍生出来的犯罪构成。⑤ 情节加重（减轻）犯，就理论上来说，罪的区别，不仅仅在于罪间（罪与罪）的区别，还在于罪内（个罪内轻与重）危害程度的区别，因而，随着立法不断的精确化，不仅横向的区别是重要的，纵向的区别也是十分必要的。对于个罪，依照其犯罪情节轻重的不同，规定多个法定刑幅度，能够充分体现对法益多层次程度的保护。这样的不同层次构成之间，一方面具有逐层递进的连续性，另一方面也应当具有层级之间的差异性。因此，情节加重（减轻）犯具有视为一种相对独立的犯罪构成的必要。相反，如果仅将情节加重（减轻）犯的加重（减轻）情节视为量刑情节，则会产生新的不公正。原因在于：除了依照分则条款中法定的量刑情节可适用较重法定刑

① 根据论者的观点，像遗弃罪的情节恶劣、虐待罪的情节严重，并非仅仅决定法定刑幅度，因而没有讨论酌定量刑情节的余地。参见许利飞：《略论酌定量刑情节》，载《国家检察官学院学报》1999年第3期。

② 张明楷：《刑法分则的解释原理》，中国人民大学出版社2004年版，第234~239页。

③ 刘艳红：《情节犯新论》，载《现代法学》2002年第5期。

④ 王志祥：《情节加重犯基本问题研究》，载《政法论丛》2007年第5期。

⑤ 马克昌主编：《犯罪通论》，武汉大学出版社1999年版，第94页。

之外，① 其他使法定刑能够升格适用的都只能是依靠“酌定情节”，如《刑法》第295条关于传授犯罪方法罪规定，“情节特别严重的，处无期徒刑或者死刑”，如果仅将“情节特别严重”视为酌定量刑情节，则难以保障执法的统一性，造成执法的不公正。

通过对酌定量刑情节适用的法律依据的检讨，可以说仅仅依据酌定量刑情节作为适用较重或者较轻法定刑的法律依据是不充分的，更不宜得出在适用较重或者较轻法定刑时只考虑的是“酌定情节”而不是依据“犯罪情节”。否则，只可能加剧酌定量刑情节的适用与罪刑法定原则的要求相悖的局面。

三、酌定量刑情节与罪刑法定原则

酌定量刑情节是与法定量刑情节相对的一个概念。通说认为酌定量刑情节是由我国刑法认可的，从审判实践经验中总结出来的，对行为的社会危害性和行为人的人身危险性程度具有影响的，在量刑时灵活掌握、酌情适用的各种事实情况。② 一般而言，酌定量刑情节有这样几个特征：首先，是内容的非法定性，这也是它的本质属性；其次，是范围的相对确定性，即其内容存在于一个相对确定的范围内，详言之，其内容必定是与犯罪构成四个方面的要素密切相关的，包括罪前、罪中和罪后的各种事实，与此无关的不能成为酌定量刑情节；再次，是其内容具有能够影响犯罪人人身危害性和其行为的社会危害性程度和性质；最后，它是法官在审判时必须考虑的，即虽由法官自由裁量但也必须考虑，而不是可考虑可不考虑。实践中存在着大量的酌定量刑情节，“在一个案件中，可能不存在法定量刑情节，但却不可能没有酌定量刑情节”。③ 这句名言早已为学界及实务部门所共识。

由于一方面酌定量刑情节的内容无法由法律明确规定，另一方面它确实对犯罪人的刑事责任轻重能够产生重大影响，这就使得在条款的具体适用上可能产生与罪刑法定原则冲突的问题。确切地说，是酌定量刑情节的本质属性——内容的非法定性与罪刑法定原则的派生原则——明确性原则的要求不相符。

近年来陆续有学者著文研究酌定量刑情节，并提出一些主张，试图解决酌定量刑情节与罪刑法定原则的冲突问题。许利飞同志肯定酌定量刑情节具有法定性的观点，并提出了

---

① 例如，《刑法》第240条规定：“犯拐卖妇女、儿童罪的，处5年以上10年以下有期徒刑，并处罚金；有下列情形之一的，处10年以上有期徒刑或者无期徒刑，并处罚金或者没收财产；情节特别严重的，处死刑，并处没收财产：（1）拐卖妇女、儿童集团的首要分子；（2）拐卖妇女、儿童3人以上的；（3）奸淫被拐卖的妇女的；（4）诱骗、强迫被拐卖的妇女卖淫或者将被拐卖的妇女卖给他人迫使其卖淫的；（5）以出卖为目的，使用暴力、胁迫或者麻醉方法绑架妇女、儿童的；（6）以出卖为目的，偷盗婴幼儿的；（7）造成被拐卖妇女、儿童或者其亲属重伤、死亡或者其他严重后果的；（8）将妇女、儿童卖往境外的。”这可以说是比较典型的使法定刑升格适用的情节。

② 马克昌主编：《犯罪通论》，武汉大学出版社1999年版，第358页。

③ 马克昌主编：《犯罪通论》，武汉大学出版社1999年版，第359页。

五点理由，其中之一便是符合罪刑法定原则的需要。① 肖敏博士提出了酌定量刑情节法定化的主张，以期能够满足罪刑法定原则的要求。② 然而无论是“需要性”还是“法定化”的主张，其具体论述的却在酌定量刑情节适用的法律依据问题方面。“需要性”或者“法定化”，即便就是指酌定量刑情节适用的法律依据而言，其也不能改变酌定情节内容上的非法定性。因为酌量刑情节与罪刑法定原则的冲突主要体现在其内容的非法定性与明确性原则的要求不符合，并不涉及其适用的法律依据问题，所以从酌定量刑情节适用的法律依据来说是不能从根本上解决问题的。

现代责任主义要求对犯罪人最终判处的刑罚必须与他的罪责相适应，即所谓的罪责刑相适应原则，这一原则要求在判处刑罚的时候必须考虑能够影响犯罪人罪责的所有的主客观情况。当然即使再完备的法律也不可能将所有影响刑事责任轻重的主客观情况都明文规定出来，因而在一定范围内、一定程度上的概括性规定就成为必要，这在一定意义上也可以说是罪责刑相适应原则对罪刑法定原则的修正。③ 在法定量刑情节之外存在的影响和说明犯罪人的人身危险性及其行为的社会危害性程度的事实情况，既不允许法律置之不理，更不能在适用法律时对之置若罔闻，否则判处的刑罚不可能与犯罪人的实际罪责相适应，也违反罪责刑相适应原则的要求。因此，酌定量刑情节的适用是具有理论依据和现实要求的。当然这样的范围越小、不确定性越少就越有利于实质上实现罪刑法定原则。正是在这一意义上，可以说，罪刑法定原则与罪责刑相适应原则之间的关系是相辅相成、相互制约的。

基于这样的认识，酌定量刑情节确实存在一个法定化的发展趋势，即法定量刑情节化。随着立法理念、技术的不断更新，对于实践中经常使用的、在影响犯罪人的罪责上具有共性的、能够法定化的酌定量刑情节，应当通过立法程序确立为法定量刑情节，如对于犯罪人能够及时挽回损害、积极赔偿被害人的情况，完全可由法律明确规定“可以从轻处罚”。

四、酌定量刑情节适用的法律依据重构

那么，酌定量刑情节法定化应该如何实现，笔者认为应从以下两方面考虑：

第一，关于酌定从重或从轻处罚情节。可在《刑法》第 62 条增加第 2 款规定：虽不具有本法所规定的从重、从轻处罚情节，但斟酌下列情况，也可以从重或者从轻处罚。

---

① 许利飞：《略论酌定量刑情节》，载《国家检察官学院学报》1999 年第 3 期。

② 肖敏：《论酌定情节法定化》，载《西南民族大学学报(人文社科版)》2007 年第 10 期。

③ 事实上，一方面，现代意义上的罪刑法定原则受目的刑论、法的实质化浪潮的影响(实质的犯罪构成论、实质违法论以及实质的刑法解释论)已摆脱了形式化、僵硬化的弊端，体现出弹性化的趋势；另一方面也逐渐接受其他原则在重新解读上对自己的修正。

具体可以概要列举目前理论上通说主张的酌定量刑情节的几种情节，如犯罪的动机、目的等主观方面的相关情况；犯罪手段、危害结果、时间、地点等客观方面的相关情况；被害对象的相关情况；行为人的一贯品行、罪后态度等主体的相关情况等。这样一来即可以与第 63 条第 2 款相呼应。之所以建议“斟酌”是要求法官在判处刑罚时必须考虑酌定量刑情节；至于“可以从重或者从轻处罚”是考虑到在个案中酌定量刑情节的作用是不可预估的，不应该用“应当从重或者从轻处罚”来界定酌定情节。

第二，关于酌定减轻处罚情节。可在《刑法》第 63 条增加第 3 款规定“案件的特殊情况指第 62 条第 2 款规定的情况”。之所以作这样考量的理由：一是使案件的特殊情况的内容相对确定而不至于成为一个内涵和外延都无法确定的概念；二是能够使酌定减轻处罚情节与酌定从重或者从轻处罚情节的内容统一于一个范围内，不至于产生在考虑具体情节上分歧过大的弊端。

另外，酌定量刑情节不宜认为具有免除处罚的功能，因为根据我国刑法的规定，“不为罪”“构成犯罪但不处罚”“构成犯罪判处刑罚”这三种评价之间具有质的区别。免除刑罚应当是一个考虑了定罪、量刑两方面情节的综合判断的结果，《刑法》第 37 条也是如此规定的，要使某一量刑情节在具体的条件下确定是否免于刑罚处罚，予以法定化是较为妥当的。

五、酌定减轻处罚情节中的减轻程度限制

酌定减轻处罚是否该有一个幅度上的限制，是许霆案的最终判决所反映出来的一个主要问题。事实上，减轻处罚的限制问题并非酌定量刑情节所独有，法定量刑情节也存在这个问题，只不过对于第 63 条第 2 款所规定的酌定减轻处罚来说，这个问题显得更为突出一些罢了，毕竟在法定减轻的场合减轻情节对于行为人罪责的影响具有普遍性，如犯罪中止；而在酌定减轻的场合则需要在个案中交由法官具体判断，也正因如此，第 63 条第 2 款做了程序上的限制。然而程序上的限制固然重要，减轻幅度上的限制也是必要的，否则无限制的减轻，从程序上说是合法的，但却未必符合实体正义。因为：减轻情节的适用是以具体的犯罪构成事实的危害程度所对应的法定刑幅度为基础的，如果允许无限制的减轻，可以说是完全无视这个基础的存在。皮之不存，毛将焉附？刑事责任的轻重根本就不应该脱离作为其存在基础的犯罪构成事实反映的社会危害性程度。至于具体的限制方法，可以借鉴减刑制度的规定，设定一个减轻处罚的底线。这样一方面能够赋予法官较大的自由裁量权，交由法官在个案中作出具体的判断；另一方面为减轻处罚设定一个合理的底线也不至于脱离犯罪构成事实。可以考虑在第 63 条增设第 4 款，规定“减轻处罚的限制”。有了这样一个幅度上的限制，有理由相信根据酌定情节的减轻处罚在适用上将更加合理化。

行为四分法之初探①

——兼反思我国犯罪构成模式

一、我国刑法中行为理论之概况

我国刑法行为理论主要有以下四种代表性学说：一是危害行为说。该说认为："刑法上的危害行为，是指由行为人的心理活动所支配的危害社会的身体动静。"②二是犯罪行为说。该说认为："在刑法上所要研究的行为，依照我国刑法规定，乃是具有社会危害性并应被刑罚处罚的犯罪行为。"③三是构成行为说。该说认为，构成行为对应于非构成行为，刑法中的行为要么符合构成行为的条件而成为构成行为，要么与非构成行为的内涵相合而被认定为非构成行为。构成行为是刑事法律规定的犯罪构成客观方面的行为。④ 四是广狭义行为说。该说认为，最广义的行为包括犯罪与非犯罪的行为；广义的行为是指成立犯罪的行为；狭义的行为专指犯罪客观方面的危害行为。⑤

上述观点存在的共同问题是：认为刑法中只有一个共通的行为，并单一地从存在论或规范论的角度来定义行为，是值得商榷的。前两种观点将我国刑法中的行为限定为危害行为与犯罪行为都是不正确的，尤其是犯罪行为说更是将行为的概念等同于犯罪概念，使得行为失去了在刑法中的独立地位。第三种观点将构成行为定义为犯罪构成客观方面的行为是其可取之处，但将刑法中的行为限定为构成行为与非构成行为也是存在疑问的，实际上刑法中的行为不仅包括属于罪状中的规范的构成行为，还包括自然的事实性行为。第四种观点侧重的是从行为的范围厘清相互之间的关系，忽视了行为概念在刑法理论中的价值，对犯罪论体系的建构没有什么助益。

---

① 本文原载于《当代法学》2009 年第 3 期，系林亚刚教授与其博士研究生邹佳铭合著。

② 马克昌主编：《犯罪通论》，武汉大学出版社 1999 年版，第 156 页。

③ 樊凤林主编：《刑事理论研究》，中国人民公安大学出版社 1992 年版，第 110 页。

④ 赵子强：《刑法中的构成行为与实行行为关系刍议》，载《吉林公安高等专科学校学报》2007 年第 1 期。

⑤ 熊选国：《刑法中的行为论》，人民法院出版社 1992 年版，第 4 页。

二、我国刑法中行为之实然分析

(一)解析我国刑法理论中的危害行为

1. 危害行为概念之逻辑与体系矛盾

传统的研究思路对刑法中行为的研究只着眼于作为犯罪构成中客观方面要件要素的危害行为，认为危害行为自然是刑法中行为最重要的部分。① 对危害行为的理解，通说认为，“刑法上的危害行为，是指由行为人的心理活动所支配的危害社会的身体动静”。危害行为是一切犯罪构成的核心。任何犯罪都表现为客观上的危害行为。犯罪构成四个方面中其他构成要件，都是说明行为的社会危害性及其严重程度的事实特征，它们都以危害行为作为基本依托，并且围绕着危害行为而连结成为一个整体。没有危害行为，其他构成要件也就失去了表明的对象。② 笔者认为，以上观点主要存在以下值得商榷之处：第一，既然危害行为是“身体动静”，那么就应该是存在现实生活中的事实性行为，又怎么会是作为规范形式存在的“一切犯罪构成的核心”呢？第二，危害行为既然是犯罪构成客观方面的一个要素，在我国的犯罪构成体系中，其应该是与客体、主体、主观要件中的其他要素居于同一序列的地位，并且是相互排斥的关系，它们从不同的方面一起说明行为的严重社会危害性。但如果抛弃行为中的主观过错，其又如何能评价为“危害”行为呢？产生以上问题的根本原因在于：我国刑法理论将犯罪评价客体和客体评价标准混同，导致将事实性和规范性两种对立的属性集于危害行为一身，使其变为一个内涵模糊、外延不明确的概念。正如有学者一方面认为，“危害行为是犯罪客观方面的核心”；另一方面又认为：“犯罪构成的功能就在于它为某一具体的行为(危害行为)提供了一个法律评价的框架，或者说是危害行为的法律定型。”③在该观点中，危害行为既是犯罪评价标准，这一要素是一个含有价值评价的规范概念。同时又是犯罪评价的客体，是一个价值中立的、事实的概念，它必须经过评价之后才能被赋予犯罪性的价值属性。很明显这两个行为概念是对立不可调和的。但我国刑法中的危害行为概念却将两者集于一身，很明显是一个逻辑上的错误。

2. 危害行为与我国犯罪构成模式之关系

在刑法理论中，行为既是犯罪论体系的基础，又是被犯罪本质观点统率的属概念。笔

① 熊选国：《刑法中的行为论》，人民法院出版社 1992 年版，第 24 页。

② 马克昌主编：《犯罪通论》，武汉大学出版社 1999 年版，第 146~147 页。

③ 桂亚胜：《危害行为在犯罪构成中的作用》，载《江苏公安专科学校学报》2000 年第 4 期。

者认为，我国行为理论陷入如此困境并不是一个孤立的存在，也不单单表现为行为概念的问题，其中折射出我国传统刑法理论对犯罪本质认识的误区以及与犯罪构成的紧密联系。由于我国犯罪构成体系具有“耦合式”的逻辑结构，在应用该理论分析某一具体犯罪时，往往通过对“四要件”的逐一遴选之后，就可以在认识阶段上一次性地得出罪与非罪、此罪与彼罪的结论，而没有进一步的违法性、有责性的排除分析，从而使罪责与罪量始终处于开放状态中。其结果，失去在定罪过程中应有的谨慎，不仅不能明确违法的相对性，而且未免有扩大定罪范围之嫌，不利于贯彻罪刑法定原则，从形式上保障被告人的权利。① 具体来说，我国传统的刑法理论认为犯罪的本质特征是严重的社会危害性，而“社会危害性”标准带有浓厚的价值评判色彩，而且它与实定法没有直接的联系，更多是一个政治和伦理的评判标准，具有很强的解释张力。同时，耦合式的犯罪构成模式不侧重出罪功能，只要用四个要件说明危害行为的严重社会危害性就能完成犯罪评价，至于这个行为到底是事实性行为还是规范性行为就没有必要深究了。我国传统刑法理论将这两个具有完全不同性质和地位的行为概念集于危害行为，这样在犯罪构成模式中就不存在先于犯罪构成要件之前的行为概念，或者是将危害行为本身作为评价对象，导致犯罪评价过程或者缺少评价对象，或者评价对象本身就是一个已被涂上“危害”价值色彩的行为。所以，像大陆法系刑法针对一个事实行为分别检讨其构成要件符合性、违法性、有责性的递进式犯罪构成模式是不可能建立的，只能采取“齐合填充式”的方式，首先假设一个危害行为已构成犯罪，然后从四个方面共同去说明。所以，我国的危害行为与耦合式犯罪模式是相辅相成的，在这个封闭的理论体系内其具有自身的必然性(两者关系见图 1)。在这一理论体系中，危害行为、耦合式犯罪构成以及社会危害性标准构成了一个自洽的体系。

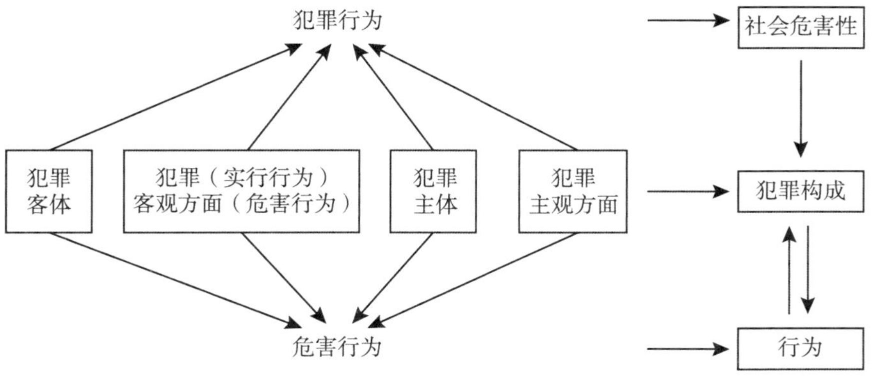

图 1

① 林燕众：《我国犯罪构成体系理论新论》，载《山西警官高等专科学校学报》2005 年第 1 期。

(二)解析我国刑法理论中的实行行为

1. 我国刑法理论中实行行为概念之误区

大陆法系刑法认为，实行行为是指符合构成要件的具体的事实性行为。刑法所规定的构成要件性行为虽然都是以抽象性行为来规定的，但作为符合它的构成事件的行为必须是具体性行为。① 而且，规范意义的构成要件要素中的行为与作为事实性的行为在逻辑上是分开的，行为事实符合了构成要件，便是具体符合抽象，是实行行为。因此，实行行为又是规范评价后的概念。② 我国刑法学界对实行行为的理解是站在构成要件的角度，从规范意义上进行界定的。通说认为，“所谓实行行为就是指刑法中具体犯罪构成客观方面的行为”。③ 虽然也有学者认识到这一形式客观说的弊端，指出“离开犯罪本质讨论实行行为，必然使实行行为成为没有边际、没有定型的抽象概念”，并主张从法益侵害或威胁的实质角度理解实行行为。还有学者将实行行为定义为：符合刑法分则具体犯罪构成规定的对构成要件预定的法益侵害具有现实危险性的行为。④

由此可见，这些争议主要关注的是实行行为的概念究竟应当从形式的还是从实质的立场界定。但忽视的一个根本问题是：实行行为到底是犯罪构成客观要件中的一个规范要素，还是现实生活中的具体的事实性行为。这导致了我国刑法理论中的实行行为概念内涵模糊，难以体现其符合构成要件后被违法性和有责性评价的客体性质。

2. 实行行为在犯罪构成模式中应有功能之分析

对实行行为的理解，必须从司法实践犯罪评价这一动态过程着眼。在这一过程中，首先必须有先于构成要件的事实性的具体行为，并将这种具体行为与构成要件中规范的构成行为相比照，进行构成要件符合性的判断。如果判断的结果是事实性的具体行为符合构成行为的法律特征，就被评价为实行行为。在犯罪评价过程中，实行行为实际是位于第一层次的构成要件符合性判断之后，接受第二层次违法性判断的客体的一个事实性行为。这样，现实生活中有社会危害性的行为只有与刑法规定相比照，经过实行行为性的检验后才被赋予进行违法性评价的资格，从而限制了刑罚权的启动。可以说，在大陆法系中，实行行为是在具体犯罪评价程序中贯彻罪刑法定原则的产物。而我国的犯罪构成模式却忽视了实行行为的这一机能，导致同为实行行为之名，但在不同的理论背景下却具有不同之实，失去了其人权保障的应有机能。

---

① [日]大塚仁：《犯罪论的基本问题》，冯军译，中国政法大学出版社 1993 年版，第 68 页。

② 范德繁：《犯罪实行行为论》，中国检察出版社 2005 年版，第 43~44 页。

③ 高铭暄、马克昌主编：《刑法学》，中国法制出版社 1998 年版，第 29 页。

④ 何荣功：《实行行为研究》，武汉大学出版社 2007 年版，第 21 页。

三、我国刑法中行为之应然分析

（一）以司法立场为基点的应然分析

概念乃是解决问题所必需和必不可少的工具，没有限定的专门概念，我们便不能清楚地和理智地思考法律问题。① “要选择何种要素以定义抽象概念，其主要取决于该当学术形成概念时所拟追求的目的。”遗憾的是，我国学术界对此似乎并没有表示出应有的关注，并习惯于从静态的、逻辑分析的角度来理解法律概念的含义。但问题是，如果我们不再专注于立法中心主义的研究模式，而将目光哪怕是稍微地瞥向司法的立场，那么，法律概念的真实意义就远非我们想象的那样简单。② 从司法角度而言，行为概念是为解决犯罪评价的对象和标准，最终为认定犯罪服务的。所以，对行为概念的研究应放在犯罪评价这一司法动态过程中进行。

大陆法系的犯罪评价过程是用法律预定的犯罪构成模式为模型，比照现实生活中的具体事实性行为，得出罪与非罪结论。具体来说，这一过程中存在四个行为：其一，一般行为。实际上就是大陆法系刑法理论中探讨的规范行为概念，具有社会观念评价的价值属性，与具体行为之间是规范和事实的对应关系。其二，具体行为。是从现实生活中存在的形形色色的危害事实中通过一般行为概念筛选的事实性的行为，从而具有社会伦理的非价性，同时是被构成要件评价的客体。其三，构成行为。是构成要件中的客观要素，属于犯罪评价标准，是带有法律价值评价色彩的规范行为。其四，实行行为。是被构成要件符合性评价后的具体事实性行为，同时也是被违法性评价的客体，带有法律价值评价色彩。现实生活中造成危害后果的事实经过一般行为、构成要件、违法性、有责性的评价后，只有依次被肯定为具体行为（刑法中的行为）、实行行为、违法的实行行为、违法有责的实行行为，才构成犯罪，这体现了层层出罪的思维模式。犯罪体系中行为的位置的外在表现不同，对其内容的理解也不同。可以说，忽略行为在理论体系中的位置，是造成我国刑法行为概念使用混乱的根本原因。

（二）完善我国行为理论之建议

我国行为研究应从司法立场考虑行为概念的实用性，并注重概念之间的逻辑关系。这需确立并区别一般行为、具体行为和构成行为概念。从犯罪评价的逻辑结构而言，具体行

---

① ［美］E. 博登海默：《法理学：法哲学及其方法》，邓正来、姬敬武译，华夏出版社 1987 年版，第 486 页。

② 吴丙新：《法律概念的意义流变：以传统三大法学流派为参照》，载《山东大学学报》2007 年第 1 期。

为是犯罪构成第一层次构成要件符合性评价的对象，在任何犯罪构成体系中，它都是作为评价客体存在的。大陆法系关于行为的研究就是从法律规范的角度抽象出具体行为的特征，以便缩小犯罪评价的范围。一般行为概念是刑法中行为的评价标准，现实生活中的危害事实只有符合一般行为概念，才被遴选进具体行为的范围，具备被犯罪评价的资格，进入后续的犯罪构成评价体系中。

由于我国刑法中对行为评价的犯罪构成体系具有平面一体性的特征，而人为地区别出事实行为与规范的构成行为缺乏犯罪构成体系的理论基础支撑，故在概念上统一用实行行为来指涉行为的双层含义，即事实层面上，实行行为是指符合具体犯罪构成要件的行为事实，在规范层面上，实行行为又指刑法分则各刑法规范中的行为内容，即具体犯罪构成要件的行为，此外，实行行为又指刑法分则具体犯罪构成要件的行为要素，构成实行行为的是符合犯罪构成要件的行为事实，同时作为构成要件要素的行为又是从具体行为事实中类型抽象的结果，二者完全统一于一体。① 这样，规范的构成行为在我国刑法理论中就被埋没于实行行为的概念之中。笔者认为，将构成行为等同于实行行为的原因在于没有摆正两个概念在犯罪论体系中的位置，即构成行为是属于构成要件的客观要素，是一个静态的抽象概念，是立法者将现实生活中具体的有刑事惩罚可能性的行为经过抽象概括而形成的规范概念。从行为概念在犯罪论体系中的功能而言，构成行为是正犯形态与共犯形态、预备形态和实行形态的区别标准在犯罪评价体系中，其是评价标准，构成要件符合性判断就是主要以构成行为为标准，对具体行为进行符合性评价的过程。而实行行为不存在罪状之中，而是一个具体的事实性的行为概念，在犯罪评价体系中，其既是构成要件符合性评价后的结果，也是违法性评价的对象。所以，刑法中的行为必须一分为四，分别由具体行为、一般行为、构成行为和实行行为担当以上角色。四个不同位置和属性的行为在犯罪体系中必须恪守其本分，保待其本色，才能形成一种理性而符合逻辑的关系。在此基础上，构建事实与规范和价值、对象与标准分离的、符合罪刑法定原则的犯罪构成体系，体现刑法的科学性和实用性。

① 范德繁：《犯罪实行行为论》，中国检察出版社 2005 年版，第 46~47 页。

反复实施危害行为的成罪及处罚模式探讨①

一、反复实施危害行为的概念

危害行为，是指由行为人的心理活动所支配的危害社会的身体动静，是犯罪构成的核心要件。② 在罪过支配下达到犯罪程度的危害行为即为犯罪行为；尚未达到犯罪程度的危害行为即为一般违法行为。犯罪行为与违法行为虽然具有不同性质，但都属于危害社会的行为，统一在危害行为这一上位概念中。反复实施的危害行为是指行为人在故意的支配下，多次实施性质相同的危害行为，数次触犯同一罪名的情况。该行为具有以下特点：

(1) 主观上，行为人为了达到某种目的而反复实施同种危害行为。多次实施危害行为的心理基础，往往体现为对某一目的追求，其罪过形式为故意。它既可以表现为同一的或概括的故意，将已经设计好的计划付诸实施；也可以体现为基于特定的心理定势和目的，产生反复实施同种危害行为的犯意倾向。它可以由多个相同内容的犯罪故意组成，也可以是基于单一的故意，为便于实施一个实行行为，而将该实行行为分解为若干举动进行。这是将数个违法或者犯罪行为作为一罪规定或一罪处罚的主观根据。这样的主观特点反映出行为人为实施某种犯罪具有的极强的犯罪动机与犯罪目的性。

(2) 客观上，行为人反复实施相同性质的危害行为。所谓行为的性质相同，是指行为属于法律规定的同一罪名下的客观构成要件的实行行为，但这并不意味着行为的表现形式必须完全相同，特别是以行为方式作为选择要素的选择性罪名中，如走私、贩卖、运输、制造毒品罪中，即使行为方式不同，但是因为它们归于选择性的一罪名下，属于同一构成要件的实行行为。我们倾向于认为，对可选择适用，也可以合并适用的罪名，也属于法律性质相同的行为。如先后实施了上述行为的，是反复实施相同性质的危害行为。

就行为本身的法律性质而言，反复实施的危害行为既包括犯罪行为，也包括一般违法行为。在我国刑法理论中，这两种行为的区别往往体现在对行为评价的社会危害程度的差

---

① 本文原载于《法学评论》2009 年第 3 期，系林亚刚教授与其博士研究生张莉琼合著。

② 马克昌主编：《犯罪通论》，武汉大学出版社 1999 年版，第 155~158 页。

别上。再者，这里的“反复”之意本身可以包含有停顿之义。危害行为的停顿，时间的间隔根据罪数形态不同稍有不同要求，① 但明显与继续犯的行为相区别。② 这可以是相对较长的时间停顿，也可以间隔很短时间就反复多次实施危害行为。同时，反复实施的各次危害行为之间可以不具有一定的独立性，但必须有一定的联系。可将每次行为结合在一起考虑其整体效果的原因在于：与主观故意的一致性相关联，每次行为之间的联系性是主要的。这是将数个违法或者犯罪行为作为一罪规定或一罪处罚的客观根据。

（3）侵害或威胁同一个或相同的法益。行为所侵害或威胁的法益多数情况下是相同的，包括数个同种法益或者一个同一法益两种情况。具体而言，反复实施的每次危害行为如果都达到了犯罪的程度，则可能成为是数个同种犯罪的连续实施或者同种数罪。这通常表现为一个法益被侵害或被威胁数次。反复实施的危害行为仅构成法定一罪或实质一罪的情况下，因为仅一次符合一个犯罪构成，其所侵害或威胁的法益通常为同一个法益。

（4）触犯同一罪名。反复实施的危害行为既可能数次触犯同一罪名，也可能一次行为触犯一个罪名。前者指数个行为每个都单独构成犯罪，罪名虽然相同，但因为有数个同种罪名，所以有数个犯罪事实，强调罪名的同一性及犯罪事实的多数性。后者指虽然有数个行为，但每个行为并不单独构成犯罪，数个行为综合起来才一次触犯一个罪名，强调犯罪事实的单一性。

同一罪名如何理解，③ 国外刑法理论上有多种学说，有同条罪名说、同一法益说、同一罪质说、构成要件说以及同一基本构成说。④ 笔者认为，“同一基本构成说”符合我国犯罪构成理论。罪名是对犯罪基本构成的本质特征的高度概括。⑤ 理论上认为，以犯罪基本构成为核心，可能形成修正的犯罪构成、派生的犯罪构成以及复杂犯罪构成等不同种类，但只要数次行为的基本犯罪构成相同，也就具备了该罪构成的本质特征，即使分别符合该罪构成的未完成形态、共同犯罪形态或者加重形态的构成，仍然属于触犯同一罪名。对于选择性罪名的构成，如果行为法律性质相同，即使行为方式不相同，也是同一罪名。如前述的走私、贩卖、运输、制造毒品罪。所以对于这类行为所形成的罪数形态以及刑事责任

---

① 连续犯连续行为之间，客观性条件不应该有明显的差别，如在时间上不能间隔过久。

② 继续行为是指犯罪行为着手实行至犯罪行为实施终了，在时间上有一个过程，在这个过程中，实行行为一直处于不间断进行的状态中。参见林亚刚：《继续犯的若干争议问题探讨》，载《中国刑事法杂志》2003 年第 4 期。

③ 关于同一罪名的问题，在我国罪数形态理论上较混乱，例如在想象竞合犯中，同种类想象竞合犯触犯的同一罪名，仅指犯罪性质和犯罪形态完全一样的数罪名，而连续犯所谓触犯同一罪名，则包括同一罪名的不同形态的修正罪名，但这一点又与异种想象竞合犯触犯不同罪名是同样的理解。因此，如何理解“同一罪名”和“不同罪名”，同样是理论上亟待研究的问题之一。上述对同一罪名的理解，只针对“反复实施危害行为”这一命题。

④ 吴振兴：《犯罪形态论》，中国检察出版社 1996 年版，第 246 页。

⑤ 张小虎：《刑法的基本观念》，北京大学出版社 2004 年版，第 40~41 页。

承担方式，需要根据犯罪构成理论、结合我国刑事立法理论与实践进行综合分析。

二、反复实施危害行为的罪数形态分析

结合犯罪构成理论，该类行为会形成以下罪数形态：

(1)连续犯。连续犯是指行为人基于同一或者概括的犯罪故意，连续实施性质相同的独立成立犯罪的数个行为，触犯同一罪名的情况。① 概念揭示出连续犯的基本特征：客观上，连续犯是数个性质相同的犯罪行为的连续实施，每次行为都能独立构成犯罪，是数个具有连续关系的同种数罪。“反复实施危害行为”表现为反复同种犯罪行为，各个危害行为不但在形式上符合某一犯罪构成的主客观要件，而且也达到了成立该罪在社会危害性上质与量的要求。但是，仅在客观上表现为反复实施的犯罪行为尚不足以说明犯罪的连续性，因此，主观上，数个犯罪行为是出于一个同一或总的概括故意，一般表现为在一个总的犯罪意图或者计划支配下所实施，正是同一或者概括故意使数个反复实施的犯罪行为能够作为一罪来处罚。如果不是出于同一或者概括故意，实施了反复的同种犯罪行为，只可能评价是同种数罪。

由于连续犯反复实施的犯罪行为是基于一个同一或概括的故意，与同种数罪的多个同种犯罪行为出于多个犯罪决意不同。德日刑法理论认为，连续犯与同种数罪相比，责任②减少，所以作为一罪处罚，而不进行数罪并罚。这是连续犯的理论基础，对此，我国刑法理论也持相同的认识。③ 这应该是共识的立法理论基础，也是连续犯不予并罚的理论意义所在。

对连续犯，张明楷教授认为，从我国刑法的规定来看，连续犯的数次行为，应包括数次行为都独立构成犯罪，数次行为都不独立构成犯罪，数次行为中有的独立构成犯罪，有的不独立构成犯罪三种情况。他认为，连续犯并不是“数行为在处理时作为一罪的情况”或“处断的一罪”，而应是“数行为在刑法上规定为一罪的情况”或“法定的一罪”。④

所谓连续，是指前一行为结束后又实施与前行为有关联性的后一个行为。连续犯之所以不并罚是因各次行为的法律性质相同，因此，行为法律评价意义相同。“罚者”是指“刑罚”，如果某一次行为不能构成犯罪，法律意义也就是不平等的，如不具有被法律评价为

① 马克昌主编：《刑法学》，高等教育出版社 2002 年版，第 192 页；高铭暄主编：《刑法专论(上编)》，高等教育出版社 2002 年版，第 400 页。与之不同的观点见张明楷：《刑法学》(第 2 版)，法律出版社 2003 年版，第 371 页。

② 这里的责任是指德日刑法理论中作为犯罪成立条件的有责性，相当于我国理论中的犯罪人的主观方面，而非作为犯罪后果的刑事责任。

③ 马克昌主编：《犯罪通论》，武汉大学出版社 1999 年版，第 700 页。

④ 张明楷：《刑法学》(第 2 版)，法律出版社 2003 年版，第 371 页。

犯罪的独立性，何以需要以“刑罚”评价？即就我国刑法规定而言，如果数次行为都不独立构成犯罪，或者数行为中有不独立构成犯罪的情况而要评价为犯罪，除了基于司法的需要通过司法解释将其视为犯罪外，就刑法理论自身而言，没有作为连续犯评价的基础。如基于《刑法》第 264 条“盗窃公私财物，数额较大或者多次盗窃的”的规定，1998 年 3 月 10 日最高人民法院《关于审理盗窃案件具体应用法律若干问题的解释》第 5 条第 12 项规定：多次盗窃构成犯罪，依法应当追诉的，或者最后一次盗窃构成犯罪，前次盗窃行为在 1 年以内的，应当累计其盗窃数额。这里的“多次盗窃”和“前次盗窃行为”，解释上当然包括不构成犯罪的盗窃违法行为。但如将这种情况也视为连续犯，那么接续犯或者集合犯罪形态就没有存在的必要。

连续犯视为法定一罪是否妥当？以通说的见解，法定一罪是指数行为在刑法中规定为一罪的情况，一般指结合犯与集合犯。① 从结合犯与集合犯的特征可以看出，法定一罪的特征主要在于刑法对数行为不仅规定了独立法定刑，而且，在构成要件上已经将不同性质的数行为规定了一个独立的罪名，或者预先设置了不要求在时间上具有密接性的同种行为的反复。连续犯显然与这些特征并不符。当然，如果说《刑法》总则第 89 条关于时效的规定中涉及“犯罪行为有连续”，是其法定一罪的依据，② 也并不意味着犯罪行为是连续的，理论的解释就只能是连续犯，集合犯与接续犯形态，行为都可以具有连续状态，更何况《刑法》第 89 条是对追诉时效的规定，并非是对罪数形态的规定。我们仍然赞成通说，认为连续犯是处断的一罪。

（2）集合犯。在德日本刑法理论中，集合犯是包括一罪的一种类型。指构成要件已经自身预设了同种行为的反复实施的情况。反复实施的同种行为分别符合各个构成要件，但是，在性质上它们被包括地作为一罪评价和处断。集合犯被作为单纯一罪或法定一罪来对待，是一罪的特殊形式。③ 在德日刑法理论上，集合犯（sammelstraftat），并非刑法总则的问题，而是分则立法时法律概念的创设，使该等行为必然可以包括复次数的行为。德国学者认为，集合犯是指诸如常业犯或习惯犯这样的多数行为，其个别行为本足以独立成罪，但立法上基于刑事政策的考量，将其视为法律上的单一行为。集合犯的复次数行为，是建立在主观要素的基础上，即数个行为经由“反复实施的意图”（wiederholungsabsicht），连接成法律上的一行为。④ 可见，德国刑法理论对集合犯，注重构成要件中“反复实施的意图”而使复行为为单一犯罪，并非实质数罪。

大陆刑法理论对集合犯理论的研究，集中在 1997 年修订刑法删除惯犯后，认为刑法

① 高铭暄、马克昌主编：《刑法学》，北京大学出版社、高等教育出版社 2007 年版，第 207 页。

② 姜伟：《犯罪形态通论》，法律出版社 1994 年版，第 332 页。

③ ［日］西原春夫等编著：《判例刑法研究 4》，有斐阁 1981 年版，第 273 页。

④ 转引自高金桂：《接续犯与连续犯的再探讨》，载《刑事法的基础与界限》，春风旭日论坛 2003 年版，第 520 页。

理论上，常业犯、常习犯、惯犯、职业犯、营业犯等包括在集合犯中。集合犯是指行为人具有实施不定次数的同种犯罪行为的犯意倾向，但即使实施了数个同种犯罪行为，刑法规定仍作为一罪论处的犯罪形态。① 集合犯的特征在于行为人主观上具有反复实施危害行为的犯意倾向，客观上通常实施了数个同种的犯罪行为，并且刑法将可能实施的数个同种犯罪行为规定为一罪。所以，集合犯非司法现象而是构成要件的类型，是法定的一罪。与其他司法现象的一罪形态相比，集合犯的犯罪构成对行为人基于特定的犯意倾向可能实施的数个反复危害行为作了预先的规定，即使行为人反复实施同一性质的危害行为，也只是符合一次犯罪构成。这样的评价，是对复数行为的完整评价，不发生评价不足的问题。司法现象的一罪形态是对同质或者非同质数行为作为一罪处断。如对连续犯的数次行为需要进行数次法律评价，是实质数罪还是作为一罪处断，这有着本质区别。

日本刑法理论认为："集合犯是构成要件本身预想有数个他种类行为。"②将集合犯通常分为常习犯、职业犯、营业犯三类：常习犯，也称为惯行犯，是以一定的行为作为常习的犯罪，如常习赌博罪；营业犯，是指作为构成要件的，是为了营利目的以反复实施一定的行为为业的犯罪，如贩卖淫秽书刊罪；职业犯，是指作为构成要件要素的，是不以营利为目的，以反复实施一定的行为为业的犯罪，如非医师的违反禁止医业，构成未经准许医业罪。③

根据修订后刑法，我国理论上集合犯分为常业犯与营业犯两类。④ 常业犯是指以一定的行为为常业的犯罪．目前只有一个罪名，即赌博罪的常业犯。根据赌博罪的特征看，行为人只实施一次赌博行为，并不构成赌博犯罪，只有以营利为目的，反复多次实施赌博行为，足以证明是以赌博为业——即以赌博收益为生活主要来源的，才能构成常业的赌博罪。营业犯在我国刑法中规定的比较多，如刑法中的破坏市场经济秩序罪、危害社会管理秩序罪以及在罪状中具有"多次"实施同一犯罪行为或者是从重处罚情节的。营业犯是指以营利为目的，以意图反复实施一定行为为业的犯罪，但即使行为人只实施了一次行为，也可能构成犯罪，实施了数个同种行为，仍然只能构成一罪。营业犯的行为，必须是符合构成要件，能够独立构成犯罪的行为，这是其与常业犯的区别。

我国刑法中没有设置常习犯，这并不排除司法实践中也存在常习犯的现象，实务中是作为酌定量刑的情节之一来考虑，即其仅为司法现象，而并非是构成要件类型的集合犯。

---

① 参见马克昌主编：《刑法学》，高等教育出版社 2002 年版，第 192 页；类似观点见参见林亚刚：《论集合犯》，载《法学研究》2001 年第 3 期。

② ［日］前田雅英：《刑法总则讲义》（第 2 版），日本东京大学出版会 1996 年版，第 537 页；转引自高铭暄、马克昌主编：《刑法学》北京大学出版社、高等教育出版社 2007 年版，第 207 页。

③ 林亚刚：《论集合犯》，载《法学研究》2001 年第 3 期。

④ 高铭暄、马克昌主编：《刑法学》北京大学出版社、高等教育出版社 2007 年版，第 208 页；林亚刚：《论集合犯》，载《法学研究》2001 年第 3 期。

对罪状中将“多次”实施同一犯罪行为为从重处罚情节的是否属于集合犯，有论者持否定看法，认为多次行为不属于集合犯，理由是集合犯虽在成立范围上有争议，但一般都将常业犯、职业犯、惯犯列入其中，而多次行为具有一定的偶然性并不一定是常业、营利、习惯性行为，所以，不能归于集合犯。① 首先，集合犯作为近代主观主义刑法理论发展的产物，所强调的是表征着行为人具有的反复实施某种犯罪的犯意倾向和反规范的人格特性——人身危险性。罪状中规定“多次”的犯罪或者作为加重罪状的情节，体现的正是这一理论。其次，集合犯是立法现象，既然“多次”行为作为犯罪的构成要件被立法明确规定了，当然也符合集合犯的基本特征。

“多次”行为并不一定就属于连续犯，因为立法上并未限定多次行为之间必须具有主观犯意的同一性或概括性，但这恰恰正是连续犯最根本的特征。至于作为适用较重法定刑的“多次”,② 是犯罪构成的一种类型还是刑罚裁量的情节？马克昌教授提出“独立的犯罪构成与派生的犯罪构成的概念”,③ 赵廷光教授也认为罪状有两个特点：一是与犯罪构成有紧密联系；二是与法定刑有紧密联系。凡属罪状，不但配置有法定刑，而且是对犯罪构成核心要件及具有区分意义的具体描述；量刑情节没有法定刑配置，它所描述的内容不是成立某种犯罪所必须的构成要件。④ 所以，如果罪状中规定“多次”的，是法律所规定的构成要件的一种类型，属于集合犯罪形态。

与大多数学者主张集合犯是法定的一罪⑤不同，张明楷教授在“法定一罪”是刑法将数个独立犯罪规定为一罪的前提下，研究了集合犯，认为在集合犯中，不具有独立意义的数个行为的情况，只是类型化的一个犯罪构成，是单纯一罪，而不是“法定的一罪”。⑥ 在我们看来，是否为“法定一罪”的根据，在于是否基于立法的规定，而不在于行为是否能够被独立评价为犯罪。笔者赞同通说的观点，集合犯是刑法将数行为规定为一罪的法定一罪。

(3)接续犯。接续犯也称徐行犯,⑦ 指行为人基于一个犯罪故意，连续实施数个在刑法上无独立评价意义的举动(自然意义上的行为)或危害行为，这些举动或危害行为的总

---

① 卢宇蓉：《加重构成犯罪研究》，中国人民公安大学出版社2004年版，第301页。

② 这里的“多次”包括在立法上明确规定“多次”罪状的，如第318条第1款第2项“多次组织他人偷越国(边)境或者……”也指罪状中包含“多次”之意的，如第333条非法组织卖血罪/强迫卖血罪的“组织”“强迫”行为。

③ 马克昌：《犯罪构成的分类》，载《法学》1984年第10期。

④ 赵廷光：《论罪行》，载《中国刑法学精粹》(2005年卷)，高等教育出版社2005年版，第60页。

⑤ 高铭暄、马克昌主编：《刑法学》，北京大学出版社、高等教育出版社2007年版，第208页。

⑥ “多次犯罪”，他认为是连续犯、结合犯，是“法定一罪”，但他认为我国刑法中没有。由此来看我国刑法中并没有“法定一罪”。参见《刑法学》(第2版)，法律出版社2003年版，第369~371页。

⑦ 也有学者将接续犯与徐行犯作为两种有区别的罪数形态。参见陈兴良主编：《刑法学》，复旦大学出版社2003年版，第243~245页。

和构成在刑法上具有独立评价意义的一个犯罪行为，触犯一个罪名的犯罪形态。① 台湾地区学者认为，接续犯的行为人在主观上只有一个犯罪的决意，亦即将外表上的各个举动，认为是一个行为的数个动作；在客观上依一般社会观念，该数个举动并无时间的间断，只是一个行为的持续者。②

所谓接续，强调的是数次行为之间具有的承接性。它是为了便利某个犯罪的实施，在一个犯罪故意的支配下，将本可以在一次实行中完成的犯罪行为人为的分解为若干个举动或危害行为分次实施，但是只成立一个犯罪的实行行为，符合一次犯罪构成。它是数个自然意义的行为构成一罪的实质一罪。接续犯是一种纯粹的司法现象，注重反复实施的数行为之间的承接性，即后次行为承接前次行为，是前次行为的深化，数次行为最终由量变而达到质变，质变是数次行为累积的结果。

(4)同种数罪。与上述三种犯罪形态相类似的犯罪形态还有同种数罪，是指行为人在数个独立罪过的支配下，实施了数个性质相同的犯罪行为，侵害了数个性质相同的客体，数次符合同一个犯罪构成的罪数形态。根据犯罪构成为标准来区分一罪与数罪，同种数罪也是典型的数罪形态之一。同种数罪强调数个相同性质的犯罪之间的独立性，虽触犯的罪名相同，但各个犯罪之间并不要求必须具有主观或客观的关联性。它是在实施完犯罪行为后，又在一个新的犯意支配下实施一个性质相同的犯罪行为符合同一个犯罪构成。因此，其与前述三种犯罪形态之间仅在多次行为触犯同一罪名上相似，而主观罪过的形式与内容并不完全相同。

综上所述，上述犯罪形态虽然在客观上具有相类似的特点，但与不同的主观特征相结合会形成不同的犯罪形态，这些犯罪形态具有不同的法理基础，因此，在适用罚则时应该考虑其不同特点，确定相应的处罚规则，以做到罪责刑相适应。

三、处罚模式分析

因不同的犯罪形态具有不同的法理基础，也应该具有不同的处罚规则。但我国实务部门在对上述犯罪形态的处罚上，并不过多地考究法理基础的差异，“从一重或者从一重从重处罚”几乎成为统一的处罚模式。对此，有学者解释说：刑法分则的罪状是指某一类犯罪行为，而非某一犯罪行为……刑法分则也在很多罪名中作出注意性规定，提示对多次犯罪的应以“合罪定刑”的方式处罚。所以对一人反复实施的危害行为应该合并为一罪，并选择相应的法定刑幅度处罚。③ 如是，则分则中规定的每一个犯罪构成都能够包容一个主体

① 高铭暄主编：《刑法专论(上编)》，高等教育出版社2002年版，第400页。

② 甘添贵、谢庭晃：《捷径刑法总论》，台湾瑞兴书局2004年版，第300页。

③ 庄劲：《论连续犯的废除》，载《求索》2007年第1期。

的多次犯罪；分则中条文对多次犯罪作一罪处理的规定，仅是提示性规定，似也表明没有提示性规定的条款也都具有这一功能。应该说这种做法具有便宜主义特点，在节约司法资源上颇受实务部门的欢迎，① 但却有违理论之嫌。

这种将司法问题立法化的解释混淆了不同理论层面上的问题，不值得肯定。反复实施危害行为规定为一罪的，只是分则条款对某些犯罪作出的规定，与司法上基于便宜主义对数行为作为一罪处断在法律性质上不同。条款的这种“特别”规定，只能适用于本条，而不能扩大于其他条款，这也是罪刑法定原则的当然要求。

通说认为连续犯的处罚规则为：以一罪论，在裁判上从重处罚，即把反复的犯罪行为看作一个从重量刑情节。依照《刑法》第62条“犯罪分子具有本法规定的从重处罚、从轻处罚情节的，应当在法定刑的限度以内判处刑罚”的规定，量刑的从重情节也只能在法定刑幅度内酌情裁量。② 但是，立法对连续犯如何“从重处罚”并未明确，是以其中最重一次犯罪事实的情节确定的法定刑为基础，再将他次犯罪作为量刑情节并在最重犯罪相应法定刑幅度内选择一个重处断刑？还是将数次犯罪合并考量该危害程度，并在相对应的法定刑幅度内选择一个重处断刑？通说主张将数次犯罪作为一个犯罪整体决定其刑罚。对经济犯罪的连续犯则要累计犯罪数额量刑。③ 也有主张根据不同的连续犯设立不同的处罚规则：可以连续犯中最重的一次犯罪定罪量刑，将其他犯罪作为量刑情节处断；有时可将数次犯罪作为一个犯罪整体决定其刑罚；有时累计犯罪数额处罚。④ 还有主张根据法益是否具有专属性分别采取专属法益并罚说与非专属法益一罪说。⑤ 笔者认为，既为规则就应贯彻于始终。相同的犯罪形态因为具有相同的法理基础，就应坚持相同的处罚规则，以体现理论的一致性。以连续犯的各次犯罪轻重差异，或者以法益的特点灵活选择量刑方式的做法失去了作为规则标准的意义。以连续犯中最重的一次犯罪定罪量刑，将其他犯罪作为量刑情节处断，也符合连续犯因为罪责减少而作为一罪处断的法理基础。对连续犯作为整体决定其刑罚或累计数额处罚都可能造成比数罪并罚还要重的结果，这是否可能违背了对连续犯以“以一罪论，从重处罚”的本意？

对集合犯，应该考虑集合犯是一种独立的、有自己的法定刑的构成类型。只需要根据相应的法定刑处罚，不必为其确立单独的处罚规则。需要明确的只是集合犯的范围问题——刑法分则中的哪些犯罪属于集合犯。笔者认为，刑法分则中明确规定“多次”的加重

① 司法实务部门对该类行为也是这样处理的，浏览北大法意的网站，可以看到众多这类案例：http：//www. lawyee. net/Case/Case_Display. asp？ RID=58146&KeyWord=.

② 马克昌主编：《犯罪通论》，武汉大学出版社1999年版，第701页。

③ 姜伟：《犯罪形态通论》，法律出版社1994年版，第338页；马克昌主编：《犯罪通论》，武汉大学出版社1999年版，第702页。

④ 赵秉志主编：《新刑法探索》，群众出版社1993年版，第300页。

⑤ 张明楷：《刑法学》（第2版），法律出版社2003年版，第371页。

犯以及构成要件的行为设置为“多次”或者实行行为在法律性质上就具有可能反复实施之意的犯罪，如赌博罪、非法行医罪、非法经营罪、组织卖血罪等，在处罚上应将多次行为所造成的危害事实统一考虑，在相应的法定刑幅度内处罚。对集合犯排除数罪并罚，是符合法定刑的设置精神的。

对接续犯，应该考虑到接续犯是为了便利行为的实施而将一个实行行为分成若干举动（自然意义上的行为），后次举动是前次举动的承接和继续，前后相互衔接，由法律综合评价完成一个实行行为。接续犯可以看作是数个举动的集合，但这一举动的“集合”并非是由刑法明确规定在分则的犯罪构成中，而是行为的一种实施方式，“接续”是行为在实施过程中自然形成的。事实上分则中大多数的故意犯罪都可以接续的方式实施。例如以数额累计计算的犯罪。接续犯属于实质一罪的犯罪形态，在司法实务中大量存在。在处罚上，只需以一罪所规定的相应法定刑予以处罚，并无“从重处罚”之规则。

至于对同种数罪的处罚，理论界和实务界都有不同认识，有论者认为我国刑法中的同种数罪不并罚，其理由是从立法上看，凡实行数罪并罚的，都是异种数罪，这是立法的规定。① 笔者认为，这有悖罪数的法理基础，应该考虑到同种数罪也属于典型的实质数罪形态。老生常谈的是，从刑法的规定看，数罪并罚制度，并没有将其适用范围限定为异种数罪而排斥同种数罪；此外，同种数罪仅是触犯了相同的罪名，说明犯罪事实具有相同特征，但构成犯罪的事实仍然是数个。即使从实务看也不能说各次罪名下的构成事实没有区别，但只有构成事实才是刑事责任的基础。所以，理应对同种数罪中的每一个犯罪构成事实分别评价，进行数罪并罚，这才是应有的处罚规则。

理论上也有主张一般不并罚，例外的是对某些罪法定刑较低，不并罚不能体现罪责刑相相一致的同种数罪实行并罚。那么理论和实践为什么需要这样的例外？将立法问题司法化并由此造成的处罚不公正，是立法的问题还是司法的问题？有无违背罪刑法定？我们认为，这样的例外只会使数罪处罚规则更加混乱，是不可取的。

---

① 肖本山：《连续犯若干争议问题新探》，载《甘肃政法学院学报》2008 年第 2 期。

关于量刑基准的几个基本问题

一、量刑基准研究之意义

量刑基准这一概念来源于德日刑法理论，我国学者对其研究起步较晚，理论界对我国司法实务中量刑的过程是否存在量刑基准以及这一概念存在的必要性都有不同的观点。肯定说主张：我国刑法所规定的法定刑幅度较宽，因此无论从理论还是实践上讲，对一个罪犯适用从重处罚、从轻处罚都很难把握，应该确定一定的基础，以便统一掌握，达到最佳量刑效果，这个基础用比较准确的法律术语来表示，可称之为“量刑基准点”。否定说则认为，只有刑法为具体犯罪配置的法定刑，才是真正的基础刑，在法定刑范围之内另外设定基础刑的做法在理论上难以成立。①

笔者认为，量刑基准的存在形式与量刑基准存在的必要性是两个不同性质的问题。如果把法定刑这一立法形式作为量刑基准存在的唯一形式，那么可以肯定地说我国并没有以立法的形式规定量刑基准，但立法上的实然现象并不能代替理论上的应然探讨。司法实践中，法官在对具体的个罪量刑之前，预先拟定一个没有任何从重从轻处罚情节的事实，并以这一事实对应的基准刑来裁量具体罪行这一现象并非是不可以的，这一基准刑就是量刑基准。研究量刑基准就是把存在各个法官主观意识中的基准刑客观化、统一化，以限制法官量刑的自由裁量权。因为按我国现行司法实务并不要求法官公开量刑过程，以至于当事人和第三人无法客观地检视法官所裁量之刑罚种类及刑度之运用是否符合犯罪行为人之责任，或刑罚目的之要求，“自由裁量”“自由心证”变成决定刑罚之唯一理由。此不但严重影响司法威信，亦可能因短期自由刑之滥用，助长犯罪(犯人入狱后感染恶习或提升犯罪技术)，或使得缓刑宣告大增，假释门槛降低。为防止法官主观恣意判断，期建构量刑之客观合理性。②

不论量刑基准这一概念是隐性地存在于法官的观念之中，还是显性地存在于立法或司

① 周光权：《量刑基准研究》，载《中外法学》1999 年第 5 期。

② 曾淑瑜：《量刑基准之比较研究》，载《华冈法萃》第 29 期。

法文件之中，不可否认的是，量刑基准的确立使得法官在我国刑法这样法定刑宽泛的框架中，可以有一个量刑的参照点，从而减少量刑的随意性，限制法官的自由裁量权，实现量刑的规范化。

二、量刑基准之概念

对量刑基准的理解，学界有如下代表性的观点：

第一种观点认为：量刑基准是指某一种犯罪在既遂形态下刑罚自然量的基本标准。此时的刑罚量(基准点)表现为一定的点即精确的数值而不是一定的幅度，它作为刑罚裁量的参照标准不含有任何影响量刑轻重的因素。①

第二种观点认为：量刑之基准，乃是法官认定被告有罪之后，裁处宣告刑时所依据的标准。量刑基准之内容，其实即为刑罚目的之展现。②

第三种观点认为：量刑基准这个概念可能在两个意义上使用，一是指裁量基准，包括什么样的事项应作为考虑的对象，应根据何种原则来进行刑罚的裁量。这个意义上的量刑基准可称为广义上的量刑基准，实际上是指量刑根据问题。二是指"量刑的幅度变化值"，即经过长期审判实践中的经验积累逐渐形成的量刑基准，或者说是确定抽象个罪在绝大多数情形下应适用的刑种和刑度(基准线)，为宣告具体犯罪的刑罚量作出铺垫，这个意义上的量刑基准可称之为狭义上的量刑基准。③

第四种观点认为：量刑基准是指不同罪名的不同的法定刑幅度中，预先拟定的包含具体犯罪事实与具体犯罪人情况的基准事实与该基准事实对应的基准刑的总称。④

第五种观点认为：量刑基准是对已确定适用一定幅度法定刑的抽象个罪，在不考虑任何量刑情节的情况下仅就其构成事实所应当判处的刑罚量。⑤

以上观点实际上争论的是三个问题：是在广义还是狭义的程度上理解量刑基准？量刑基准立足的点是什么属性？量刑基准是一个点还是一个幅度？笔者认为，第三种观点实际上已明确指出广义上的量刑基准是量刑根据，但是量刑根据是从理念性抽象的角度说明决定刑罚量的最根本的依据，是刑罚本体论的问题，而量刑基准却是据以裁量具体犯罪所参照的基准刑罚量，是属于量刑方法论的问题，所以两者不能混为一谈。要实现量刑的公正和规范化，对狭义的量刑基准的研究是量刑根据不能替代的。

---

① 何鹏主编：《现代日本刑法专题研究》，吉林大学出版社 1994 年版，第 175 页。

② 吴景芳：《刑罚与量刑》，载《法律适用》2004 年第 2 期。

③ 李震、田颖：《量刑基准研究》，载《河南公安高等专科学校学报》2006 年第 5 期。

④ 周长军、徐嘎、韩永初：《论量刑基准的确定》，载中国人民大学刑事法律科学研究部中心组编写：《刑事法学的当代展开》，中国检察出版社 2008 年版，第 788 页。

⑤ 周光权：《刑罚诸问题的新表述》，中国法制出版社 1999 年版，第 348 页。

至于量刑基准的立足点的问题，第四种观点十分强调基准事实在量刑基准中的地位，如果将其作为量刑基准的一个特性分析，是无可厚非的。但是作为一个概念而言，把基准事实包括在其中是值得商榷的。因为量刑基准这一概念的提出，是为了避免法官裁判刑罚量的随意性，所以其立足点是在基准刑这个点上，即以基准刑牵制宣告刑，而不是着眼于基准事实与犯罪事实之间的对比关系。虽然这是量刑中必须比对的事项，但是这属于量刑的范围，而非量刑基准的立足点。如果把基准事实包括在量刑基准中，岂不是量刑概念中也必须包括犯罪事实，这显然是不妥当的。这一观点的症结就在于混淆了概念的客体和概念要素之间的关系。

综合以上认识，笔者认为第五种观点最为可取。但这一概念仍有一点值得商榷：将量刑基准定义为“判处”的刑罚量是不恰当的。因为量刑基准存在的形式不可能是由法官依司法权判处的，只可能是立法机关以成文法的形式规定或者司法机关以司法解释的形式确定，还有可能是法官以内心确证的形式存在的，所以将“判处”表述为“确立”是否能够更好表达量刑基准之义呢？而且为了突出量刑基准在量刑中的“基础和准线”的作用，有必要在刑罚量前加入“基本”这一定语，即量刑基准是对已确定适用一定幅度法定刑的抽象个罪，在不考虑任何量刑情节的情况下仅就其构成事实所应当确立的基本刑罚量。

三、量刑基准之法律特性

1. 量刑基准是对应于抽象个罪事实的基准刑

与现实的量刑活动不同，量刑基准对应的并不是现实生活中具体存在的犯罪事实，而是法条中规定的个罪的抽象事实。这一抽象事实是从现实生活中形形色色的犯罪样态中抽象出来的构成犯罪的最小的、共同的样态，这一样态排除了犯罪的从重、从轻情节，有的学者称之为犯罪的“真空”状态或“裸”的状态。从犯罪构成要件而言，就是犯罪主体和犯罪行为刚好满足该罪或者该法定刑规定的四个要件，没有刑罚的加减情形。

有学者认为，“量刑基准之基准事实应当具体化，而不应来源于抽象个罪”。“如果量刑事实过于抽象化、一般化，那么它与刑法规定的罪状就没有质的区别，它所对应的基准刑也必然不是一个具体的刑罚量，而是相对法定刑更为狭小的量刑幅度。这种以抽象个罪确定的量刑基准无法起到上述量刑坐标的作用，因此笔者主张应尽量把基准事实具体化。”①笔者认为，这一观点实际上是错误理解了量刑基准在量刑中的作用，从而走进量刑精确化的死胡同。量刑活动毕竟是针对复杂社会现象的主观价值评价过程，主观上想要完

① 周长军、徐嘎、韩永初：《论量刑基准的确定》，载中国人民大学刑事法律科学研究部中心组编写：《刑事法学的当代展开》，中国检察出版社 2008 年版，第 788 页。

全控制这一活动，使量刑达到科学般的精确是不可能的。不论是根据罪状的抽象事实确定的基准刑是一个点还是一个幅度，都可以规范量刑。不可以主观地认定量刑基准只是一个点，从而否定基准事实的抽象性。

2. 量刑基准既可以是一个“点”，也可以是一个幅度

量刑基准是“点”还是“幅度”？我国刑法学界有两种对立的观点。一种观点认为：量刑基准由于受事实和法律的不确定性影响，不可能是一个精确的数值或“点”，在很多情况下，它仍然可能是一个幅度(法定刑为绝对确定刑的除外)，量刑基准的这种幅度与法定刑的幅度颇为相似，只是量刑基准的幅度的“域”的范围较为紧缩而已。① 对立的观点认为：由于量刑基准的基准事实是一个具体事实，从应然角度讲，该基准事实对应的基准刑本来就应该是一个具体的刑罚量，即一个点。此外，相比较而言，基准刑是一个点相对于它是一个幅度更具有优越性。②

由于各国的法律传统不同，量刑基准的确立方法也各不相同。如果通过逻辑推演的形式规定量刑基准，其既可能是一个点也可能是一个幅度，这取决于立法者的选择。如果通过实证调查的方式确定量刑基准，就更可能表现为一个刑罚量密集的区域，即幅度。但不论是哪种形式，都无碍于量刑基准的功能实现。在这里我们必须明确的是量刑的公正是相对的公正，没有一个绝对的标准。如果我们期望通过量刑基准实现量刑的精确化，既是不可能的，也是违背法律科学性的。法律的科学性不是表现在其精确性上，而是其相对的公正性和合理性。如果我们为了这种精确性完全牺牲法官的自由裁量权，把法官沦为贩卖法律的机器，不可能有真正的个别正义。

3. 一个罪名包含有一个或多个量刑基准

刑法中一个罪名往往包括有多个幅度的法定刑，当然也极少有只规定一个法定刑的情况。以《刑法》第133条交通肇事罪为例：“违反交通运输管理法规，因而发生重大事故，致人重伤、死亡或者使公私财产遭受重大损失的，处3年以下有期徒刑或者拘役；交通运输肇事后逃逸或者有其他特别恶劣情节的，处3年以上7年以下有期徒刑；因逃逸致人死亡的，处7年以上有期徒刑。”在这一罪名中，一共有三个法定刑幅度。这样一来，交通肇事罪的量刑基准就分别与这三个法定刑幅度相对应而存在，而不是对应于交通肇事这一个罪名。可以看出，在该罪名下，涵盖的犯罪行为造成的社会危害性也是有较大差异的。造成一人的死亡后果和造成多人的死亡后果都构成该罪，如果要在拘役至有期徒刑15年这

① 周光权：《量刑基准研究》，载《中外法学》1999年第5期。

② 周长军、徐嘎、韩永初：《论量刑基准的确定》，载中国人民大学刑事法律科学研究部中心组编写：《刑事法学的当代展开》，中国检察出版社2008年版，第798页。

一宽泛的法定刑幅度内确定一个“点”或者“一个幅度”的量刑基准是困难的，因为难以抽象出与此对应的基准事实。而且在这样宽泛的法定刑幅度内确立的量刑基准与没有这一基准的效果是没有太大区别的，这样就无法起到限制法官自由裁量的作用。所以从确立量刑基准的目的而言，只能将量刑基准对应于法定刑幅度，这样一个罪名就包含有一个或多个量刑基准。

4. 量刑基准是相对的，而不是绝对确定的

量刑基准的相对性，是指量刑基准是可变的，不仅各个国家之间就同一罪量刑基准不同，就是同一国家的不同时期，对同一罪名也可能采取不同的量刑基准。这是因为量刑基准反映的是一种标准犯罪情状转化为刑罚量的价值判断，这是一个主观的判断过程，而不是一个客观现实的事实。既然是一种价值判断，就会受各国价值观、文化传统等多种因素的影响。

四、量刑基准与量刑根据、量刑情节之关系

量刑这一过程并不仅仅是犯罪事实与法律条文的机械比对过程，其实际涉及如下问题：立法者基于何种根据处罚犯罪人？现实生活中应该甄选何种事实作为刑罚裁量的对象？并且以什么标准进行裁量？而量刑根据、量刑情节和量刑基准就是分别与这些问题相对应而存在的。

1. 量刑根据决定量刑基准和量刑情节

如果从理论体系的角度考虑，量刑根据是刑法“理念”层次的问题，属于量刑的本体论问题。① 正因为如此，量刑根据就决定了量刑方法的量刑基准和量刑客体的量刑情节。历史上各派关于量刑根据的争论，就是将刑罚立足于行为的社会危害性还是行为人的人身危险性的问题。如果将刑罚处罚的立足点建立在行为的社会危害性之上，则量刑基准划定的点的就会在行为符合犯罪构成但没有加重减轻情节这一“真空”状态，量刑时针对的情节也会框定在引起行为社会危害性大小的一些情状。如果将将刑罚处罚的立足点建立在行为人的人身危险性之上，则量刑基准划定的点就应是行为人主观恶性表露出的人身危险性并构成犯罪的“零点”位置，量刑时针对的情节就会是征表出行为人主观恶性大小的一些情状。如果以合并主义为量刑根据，就会综合考虑以上因素，但会有所侧重。所以说，量刑根据是居于量刑基准和量刑情节之上更高位阶的概念，量刑基准和量刑情节只有能够归结到量刑根据之下时才对量刑产生影响。

---

① 路诚：《量刑根据和量刑基准》，载《河南公安高等专科学校学报》2007 年第 3 期。

2. 量刑基准是量刑情节的参照点

就如同所有的温度计，首先必须设置一个结冰状态的零刻度，如果我们不设置这一共同前提，就会陷入混乱，无温度计量可言。同样的，如果我们在量刑的时候，没有一个零刻度的参照，量刑必然会出现畸轻畸重的现象，导致量刑的主观化。只有从一个共同的零刻度出发，在温度计的刻度也就是法定刑的幅度内，以法律规定或授权法官根据案件具体情况遴选影响刑罚量的量刑情节为尺度，在这一零刻度上下浮动，才能实现量刑的规范化。

五、量刑基准之确立

有学者认为，应当培养法官对量刑基准的认同感，但企图将法官意识中的量刑基准统一化的做法是不现实的，因为人的意识只能被影响而不能被统一。法律只能规制人的行为，而没有权利也没有能力干涉人的思想。即使将量刑基准统一化，也改变不了法官拥有很大自由裁量权的事实。① 这一认识不能说没有一定的道理，但过于绝对化。确定量刑基准并不是一种完全个人化或者个性化的主观活动，它是国家司法审判权的一部分，既然是国家权利的行使就不可能"只能被影响而不能被统一"，而必须在法律授予的权限之内活动。而且当法律赋予的权利范围太大时，通过某种技术手段适度地规范它，是必要的也是可能的。如果我们都以量刑活动的主观性为借口，主张量刑基准的个别化，那么这一完全主观的量刑基准就失去了对法官自由裁量权限制的功能，也就没有任何存在的必要了。所以我们研究的量刑基准必须是一个客观、统一的标准。量刑基准的确立，实际上涉及两个层面的问题：一是方法论的问题，即用怎样的方法确立量刑基准？二是运用研究方法，根据什么因素确立基准点？从方法论而言，确立量刑基准主要有实证分析和逻辑推演两种方法。实证分析方法是针对某一罪名的具体法定刑，以适用此法定刑业已判明的案件为基础，用实证统计的方法确定量刑基准的一种方法。由于目前我国各种量刑资料公开十分有限，还不具备进行实证研究的条件，本文更无法展开这一分析路径，所以略去不谈。逻辑推演的方法是运用逻辑在理论上分析决定量刑基准的因素，并在此基础之上确立量刑基准。

我国学界关于量刑基准确立主要有中线论、分格论、形势论、主要因素论、重心论、危害行为论等几种观点，② 实际上讨论的都是影响量刑基准因素的问题。分格论、主要因

① 柳忠卫、葛进：《量刑基准的存在根据与形成——兼论法官量刑基准意识的养成》，载《河南公安高等专科学校学报》2006 年第 5 期。

② 中线论主张在法定刑的二分之一处确定量刑基准；分格论将法定刑分为轻轻、轻重、重轻、重重四个格子确定量刑基准；形式论主张根据犯罪的刑势分别确立量刑基准；重心论主张起主要作用的因素是个罪的重心，应以此为依据确立量刑基准；主要因素论认为应以社会危害性大小为主要因素确立量刑基准；危害行为论则将主要因素限制在危害行为来确立量刑基准。

素论和重心论都存在一个根本缺陷，就是没有提出一个可操作性的决定量刑基准点的因素，所以还是没有解决问题。笔者认为，我国法定刑的设置已经充分考虑了符合这一法定刑量刑条件的各种犯罪情形，在实证研究条件还不具备，纯粹从理论上探讨量刑基准的情况下，粗略地说没有从重从轻情节的基准刑在法定刑的中线是有其合理性的。但是这只是确立量刑基准的第一步，中线论的弊端就在于把这一问题简单化了，没有进一步考虑影响罪质轻重的因素，所以不足以完全肯定它。在初步将量刑基准点画在中线以后，需要进一步考虑的就是：基于怎样的因素将量刑基准进行上下浮动？

我们可以从量刑根据着手解决这个问题，因为量刑根据是量刑的指导原则。但量刑根据是决定刑罚的正当性根据，这是一个关于“是否”给予刑罚处置的定性问题，而决定刑罚大小的主要因素是建立在已决定判处刑罚的基础上给予“多少”的定量问题，所以又不能将两个问题混为一谈。行为的社会危害性和人身危险性是决定量刑根据的主要因素，但行为人的人身危险性对量刑基准的确立是没有影响的。因为量刑基准是建立在基准事实之上的，而基准事实实际上就是犯罪构成要件的基本行为，在这一框架内是无法容纳行为人的主观恶性要素的，那是属于量刑情节的范畴。所以在这两个因素中只有行为的社会危害性对量刑基准的确立有直接影响，危害行为论提出了这一因素。但是这一观点只从犯罪行为的一个方面考虑问题，忽略了刑法作为一种社会控制手段，是带有强烈的立法者价值判断的，因而在量刑基准的确立方面，法益保护的重要性是不能忽视的一个重要因素。这一因素在很多情况下都与行为的社会危害性是一体两面的关系，但是在有些情形下并不尽然。我国刑法分则按行为侵害的同类客体一共分为九章，而且各章排列的顺序基本上也是依据法益保护的重要性大小，国家安全法益和公共安全法益因为涉及整个国家和不特定多数人的人身、财产的安全，所以放在最前面。基于此，笔者认为在理论上将行为的社会危害性和法益保护的重要性综合起来考察，然后在中线上下浮动，确立量刑基准应该是可行的。

六、余论

量刑基准的研究归根结底是为了限制法官的自由裁量权，实现量刑的客观化和规范化。但这一目的的实现，不是单单依靠量刑基准的方法就能奏效的。这实际是涉及立法和司法两个领域的浩大工程，从立法上来看，细化量刑情节、缩小量刑幅度；从司法上来说，明确要求并强化法官判决书中量刑理由的说明，都是解决这些问题的可行之策，所以将量刑基准与以上策略综合考虑和研究大有必要。最后还需要注意的是，量刑规则体系的建立要充分尊重法官的主观能动性，而不能使这个规则体系僵硬化，从而不利于刑罚个别化在量刑环节的实现。社会生活的无限性决定了任何规范制度都有相对的滞后性。而法官们不仅应该具有遵循规则的理性，也应该具有灵活掌握规则的艺术，这种艺术性会把规则的滞后性降低到最小。过于僵硬的量刑规则体系不仅会扼杀法官的应变能力，更重要的是会把这些法律的艺术家变成呆滞的法律机器。当这些法律的艺术家成了只知道输入信息和输出结果的工具时，罪刑均衡的司法实现在层出不穷的纷杂情形下只不过是“黄粱一梦”而已。①

① 刘远、路诚：《论量刑基准》，载《河南公安高等专科学校学报》2006 年第 5 期。

危害行为若干争议问题研究[①]

一、实行行为的标准之争

依据共识，我国刑法对危害行为的基本范围分为实行行为与非实行行为两种。

实行行为被认为具有“定型化”的意义，是危害行为中是最基本、最主要的部分。实行行为是否完成以及实行的程度，在绝大多数犯罪中都是定罪量刑最主要的客观依据。实行行为，具有直接完成犯罪的重要作用，是直接威胁或侵害某一具体法益的行为，当犯罪构成以实际危害结果的发生为判定犯罪完成标志，或者是具体犯罪的构成要件时，实行行为是直接造成实际危害结果发生的行为，对危害结果的发生具有直接的原因力。而非实行行为是对实行行为具有重要的制约、补充、从属作用的行为。非实行行为并不直接威胁或侵犯特定具体的法益，是对实行行为的补充或者制约或者从属于实行行为。在具体的危害结果为判断完成标准的犯罪，或者以此为要件的犯罪中，一般来说，它对危害事实的发生虽然不具有直接的原因力，但也是结果发生的原因之一，对于危害事实的发生具有间接的原因力。

那么，依据何种标准区分两者？根据通说，实行行为，是指由刑法分则具体犯罪构成中载明或者概括的危害行为，也就是具体犯罪构成客观方面的行为。简言之，由分则所规定的危害行为称其为“实行行为”，或称为客观方面的实行行为。与此相对的则是非实行行为，是指由刑法总则规定的犯罪预备行为、犯罪的教唆行为、主犯的组织行为、从犯、胁从犯的帮助行为等。

但是，依据刑法分则定型化为标准，分则中有的犯罪行为就具备预备、帮助、教唆或组织行为的特点，这样的危害行为是实行行为还是非实行行为？在我国《刑法》规定中，只有第23条关于犯罪未遂的条款使用了“着手实行犯罪”一语来表述“实行”犯罪的样态。但是，何为实行犯罪，在条款中并没有解释。由此一来，对采单一的、形式上由刑法分则定型的规定这一个标准来确定是否属于实行行为是否恰当，不无疑问。

---

① 本文原载于《河北法学》2013年第8期。

代表性的见解，如张明楷教授认为，实行行为必须是符合构成要件的行为，这是罪刑法定原则决定的，但是实行行为并不意味着形式上符合构成要件的行为，而是要求具有侵害法益的紧迫危险的行为。即使是某种行为具有侵害法益的危险性，但这种危险程度极低，刑法也不可能将其规定为犯罪，这种行为也不可能成为实行行为。至于某种行为是否具有侵害法益的紧迫危险，应以行为时存在的所有客观事实为依据，并对客观事实进行一定程度的抽象，同时站在行为时的立场，原则上按照客观的因果法则进行判断。① 曲新久教授认为，是否实行行为，既要看是否由刑法分则规定，也需要从实质上考察是否能够直接造成对保护法益的实际损害，只有能够对刑法保护的法益直接造成危害结果具有可能性的或者原因力的行为，才是实行行为。在他看来，即便是由刑法分则规定的行为，也未必都可以认为是实行行为。因为立法者在立法时不可能将保护法益作为刑法目的贯彻始终，所以，或多或少刑法会将阴谋行为、预备行为、教唆行为、帮助行为直接作为犯罪在刑法分则中加以规定。②

实行行为的概念，来源于对“实行的着手”这一近代犯罪未遂制度所确立的核心概念的延伸，在完整的故意犯罪实施过程中，从预备到进入着手实行直至完成犯罪的过程，从实质上说是行为对刑法所保护的法益侵害的危险逐步提升的过程，而从形式上说，立法规定处罚未遂犯，则意味着刑罚的处罚范围扩张到刑法保护的法益受到实际损害之前的阶段。由于一些主要国家的刑法只对一些严重犯罪在分则中规定处罚阴谋、预备行为，对一般犯罪的此类行为不处罚，因此，刑法强烈关注的是实行着手以后的阶段。“实行的着手”就被定义为：犯罪的决意已付诸实施，并且行为不表现为纯粹的预备而是表现为真正的实行行为的开始。基于罪刑法定原则犯罪的定型性，实行行为则被界定在“实施符合构成要件的行为”(分则所规定的行为)上。但是，对实行行为是否需要进行实质性考察，并不源于实行行为自身，而是源自判断何为“实行的着手”的理论延伸而来，但这一点在理论上的学说观点林林总总,③ 要求从实质上考察“实行的着手”，只不过是诸种理论中的某种观点。④

在上述两位教授主张需要同时考察实质性要求的观点中，都没有否定刑法分则对实行行为定型性的意义，这当然是遵循罪刑法定原则必须坚持的底线。但是上述观点对实质性的解读则有所区别。张明楷教授仍然是在分则定型性的前提下，从实质上是否具有法益侵害危险的紧迫性上考察，所以，结论可以认为是：实施刑法分则规定的行为，未必可以评价为实行行为。这是依据规范内容所包含的。价值对客观事实的评价；而曲新久教授的认识则不同，即虽然主张仍然以分则规定为前提，但是，认为即便是刑法分则规定的行为，也不能认为都是实行行为，因为刑法也将部分预备、教唆、帮助行为规定在分则中了。所

① 张明楷：《刑法学》(第四版)，法律出版社 2011 年版，第 134 页。

② 曲新久：《刑法学》(第二版)，中国政法大学出版社 2009 年版，第 88 页。

③ 马克昌：《比较刑法原理：外国刑法学总论》，武汉大学出版社 2002 年版，第 528 页以下。

④ 张明楷：《刑法学》(第四版)，法律出版社 2011 年版，第 135 页。

以，结论可以认为是：刑法分则规定的并不都是实行行为。这是一种对法规范本身的价值评价。也可以看出，两种观点所谓实质性的意义有一定的区别，张明楷教授是从实际案件的角度要求具体考察，① 而曲新久教授则主要是从法律规范的角度来理解。张明楷教授主张的实质性考察是因案件不同，因而不具有统一标准(具有因人因事因地因时的可变性)，而曲新久教授主张的实质性考察主要是从规范内容出发，具有规范的可解读性。还可以说，张明楷教授主张的实质性考察是依据罪刑法定原则定型性的原理，基于定型性要求下的对规范所要求的事实的价值评价，而曲新久教授主张的实质性考察，是对法规范本身的价值评价，或多或少是否已经否定了“实行行为首先以分则规定为前提”？

然而，如果说实行行为的实质性判断具有因案件的不同存在可变性，那么，这一标准是否还存在是有疑问的。“例如，究竟何谓‘杀人’？甲意欲杀乙，乙迅速逃离，甲在追赶途中掏出手枪，然后瞄准乙，接着开枪射击，但未能打中。司法机关应从何时起认定甲‘杀人’或‘剥夺他人生命’？对此不可能从形式上认定，而应以对法益的侵犯程度为依据。由于我国刑法规定处罚预备行为，故实行行为必然是侵害法益的危险性达到紧迫程度的行为。即预备行为与实行行为的实质区别，在于侵害法益的危险程度不同，而不是危险的有无不同，否则就不能说明是犯罪预备的处罚根据。”②由此可见，这里对“实行行为”的界定意义，仍然是为了解决判断“着手”的标准问题，而不是其他。

如果问题也可以这样考虑——如同张明楷教授所举例子，同样是开枪杀人的行为，一个是拿过射击金牌的运动员出身，一个是没有开过枪的，在都没有击中被害人的情况下，前者是否可因是射击专家，开枪行为可被评价为具有侵害法益的紧迫性，是实行行为；后者是否可因是没有开枪经验之人，行为也可以评价为不具有侵害法益的紧迫性，从而得出开枪行为不是实行行为的结论？

对实行行为是有必要从实质意义上予以考察的，之所以如此，既是为了解决在何种情况下都可对行为依照刑法分则规定的法定刑适用的问题，也是为避免刑罚权的过度扩张，需要从实质上界定何为实行行为。如果没有一个可供参考的具体标准来说明如何判断对法益侵害紧迫性，则是无从掌握的。由此，曲新久教授主张“刑法保护的法益直接造成危害结果具有可能性的或者原因力的行为，才是实行行为”的标准，则是一个从规范意义上要求的，可以解读的标准，至于依照何种事实来把握这一标准，则是另一个层面上的问题了，非由标准自身来解决。③ 只是曲新久教授否定分则定型性的认识，实难赞同。因而，在不能否定分则定型性的前提下，张明楷教授的标准，更适宜作为“排除”实行行为的依据。换言之，即使具有“实行行为”的外观而无对法益侵害紧迫性的实

---

① 张明楷：《刑法学》(第四版)，法律出版社 2011 年版，第 319 页。

② 张明楷：《刑法学》(第四版)，法律出版社 2011 年版，第 136 页。

③ 张明楷：《刑法学》(第四版)，法律出版社 2011 年版，第 319 页。

质，就不是实行行为。

如前所述，对实行行为的实质性考察要求，主要是为了解决从何时、何点上可以认为行为人开始实施刑法分则所规定的行为，但是从广义上说，该要求的反面，也包含对非实行行为是否仅以刑法总则规定为判断标准就可以的追问。换言之，如果在形式上实施的是刑法总则规定的行为，而事实上对犯罪的完成起到重要的、甚至是决定作用的，还是否只能视为是“非实行行为”？例如，对于要盗窃保险柜中财物者而言，掌握保险柜密码的人，是盗窃成功与否的关键；如果不提供密码，则盗窃成功可能性小，提供者没有在犯罪现场，提供行为从形式上说就是“帮助”行为，如果从实质上对完成犯罪的原因力上考察，是否应该评价为是实行行为。

笔者认为，实质性考察的标准，不宜扩张到对刑法总则规定的行为，为使之实行行为化的判断之中，否则，刑法分则定型化将不再有任何实际的意义，实行行为与非实行行为不再有任何区别的必要。无论从刑法分则(或刑法总则)的形式规定的原本意义上说，均是基于罪刑法定原则“明文规定为犯罪才处罚”的要求，为限制仅从实质上考察所造成刑罚处罚范围的无限制扩大而侵犯国民自由权。如将实质性考察同时也作为在形式上非由刑法分则规定的行为，为使之实行行为化的判断标准，则刑法分则将丧失界限的功能，所谓的定型化也将不复存在。

从根本上说，如需要将总则规定的非实行行为从实质上考察，使之实行行为化，只是要解决对类似这种特点的行为在犯罪中作用的评价问题，而评价的意义在于解决能否以主要的实行者看待。由于对此类行为是补充或者制约或者从属于实行行为的，所以并不涉及其定性，因此问题最终主要是为了解决归责的理由。显然要达成这一要求，并不需要将总则规定的非实行行为一定要认定为实行行为才能解决，按照在共同犯罪中“起主要作用”来追究刑责是完全可以达成要求的。

二、作为与不作为的区别标准之争

虽然理论上都赞同对危害行为划分为作为与不作为，但依据什么区分作为与不作为，还有不同的认识。理论上主要有以下见解。

(一)主张以身体的动与静来区别

即身体积极运动的是作为，表现为身体的静止的，即消极行为的，是不作为。这是对作为与不作为所提出最早以身体纯粹的动与静为标准进行划分。但显然，身体的运动可以认为是作为，身体的静止也可以认为是不作为。但不作为并不意味着身体的完全静止不动，如不给应当抚养的人必要的生活供给来履行抚养义务，而是拿着钱去旅游，旅游肯定是身体在运动，那么，由于以这样的身体“运动”不去履行抚养义务的行为，是作为还是不作为？依照身体的动静这样的标准很难划分。

但是，以身体动静作为划分作为与不作为的标准，仍然具有一定的现实意义。因为无论从什么标准考察，作为肯定是身体的积极运动，没有身体活动的静止是不作为，也是没有错误的。只是在特定情况下，身体动静的标准不能得出合理的结论。

(二)以所违反的刑法规范内容为标准划分

考察刑法规范本身是“禁止规范”还是“命令规范”的内容作为标准。禁止规范是指“不得做一定的行为”；“命令规范”是指“必须做一定的行为”。所以，当以一定的举动违反法的禁止规范时，是作为；当以一定的举动违反法的命令规范时，是不作为。以违反法规范本身是禁止的规范还是命令规范的划分，也存在一定的问题。例如，应当给婴儿哺乳，但不哺乳把婴儿饿死，是故意杀人罪，而故意杀人罪的规定从法规范的本身说是“不得为杀人之行为”，属于禁止规范。但不给婴儿哺乳的杀人行为，从违反规范的内容说，则是应当履行抚养义务(应哺乳)而没有履行(没有哺乳)，也就是以不哺乳方式杀死了婴儿，而应当履行抚养义务(哺乳)是命令规范而不是禁止规范。那么，结论则成为行为人因违反命令规范而构成故意杀人罪。这样一来，按照故意杀人罪定罪是因为违反的是“命令规范”。但如果将刑法规定的故意杀人罪认为可以包括“命令规范”，即意味着构成故意杀人可以是因为违反了杀人必须遵守的“规范”和“规则”。世界上哪里去找因为违反杀人的“规范”或者“规则”而构成故意杀人罪？换言之，如果认为故意杀人罪包括命令规范的内容，也就意味着故意杀人是可以的，但要遵守一定的规范或者规则，不遵守就构成故意杀人罪。这样的结论是不是很荒谬呢？

黎宏教授对此解读有所不同。他认为故意杀人罪的规范可以解读为“不得杀人”命令规范，也可以解读为违反了“禁止杀人”的禁止规范。所以从法律规范内容是禁止还是命令的角度不可能区分作为与不作为①。不过，有学者针对这种认识指出，将刑法规范本身理解为兼含禁止规范和命令规范是对法规范的误读，因刑法规范都是禁止规范，仅就其内容而言，可以说蕴含在其中的可能是禁止规范或者可能是命令规范，但是，禁止规范和命令规范不可能同时存在于一个刑法规范中。例如故意杀人罪所体现的只能是禁止规范，而不能说同时也是命令规范，否则任何犯罪的法条规范基础都可以这样来认识，那么禁止规范和命令规范没有区别的必要。由此主张，如果以不作为行为触犯禁止规范的，则违反的，是禁止规范派生出的命令规范。故意杀人罪是禁止规范“不得为杀人之行为”，当以不作为行为触犯禁止规范时，禁止规范被破坏，同时因是不作为行为，也就同时违反由禁止规范派

---

① 黎宏：《刑法学》，法律出版社 2012 年版，第 80 页。

生的“应防止他人死亡结果发生”的命令规范①。不过，如果问题再向更深一个层次问：违反“应防止他人死亡结果发生”的作为义务的内容是什么时，是不是又回到“应哺乳，防止婴儿死亡结果发生”上来？由于这里作为义务并不是由刑法规范自身所设定的，就必须依照从实质上判断没有履行的作为义务是要求具体做什么来防止结果发生而没有做，而不是空洞的“应防止婴儿死亡结果发生”。如果又回到“应哺乳，防止婴儿死亡结果发生”的具体命令的要求上来，那么，结论仍然是如上述所说的一样是荒谬的。

也应该指出，作为违反的是禁止性规范，而不作为违反的是命令性规范的理解，在一般意义下仍然是正确的，例如故意杀人是禁止规范，通常所见的，也是以积极的身体活动的作为实施故意杀人行为的；当负有抚养义务，能履行而不履行时构成遗弃罪，违反的是命令规范，因此，该标准并非完全不具有区别作为与不作为的基本功能。

（三）以行为违反法律义务的态度为标准

即按照行为人对法律义务的态度——积极态度还是消极态度为标准，当法律义务要求“不为一定行为”，行为人以身体的积极举动违反时，即不应为而为时，是作为；当法律要求行为人“为一定的积极行为”，而行为人以消极的态度不为该积极行为时，即应为而不为时，是不作为。② 对法律义务标准说，也是有可以商讨之处。例如，研究危害行为，共通的说法是认为，对客观方面危害行为的研究是与主观犯罪的心理活动相分离的，即便是对危害行为的“有意性”的特征，所强调的也仅仅是危害行为在人的意识、意志支配下，而不是指在“罪过”支配下，因而，“有意性”中的意识和意志是中性而不为刑法予以价值评价的，但上述标准显然在具体的判断中有价值因素的考量要求，即要求考虑行为人对于法律义务的态度——积极态度还是消极态度，但无论是积极的态度还是消极的态度，都可以说是对法律义务的蔑视、轻视等的情感活动，而情感活动是决定行为人（心理）意志的重要因素——其直接的结论就是犯罪的意志问题。那么，以这样的标准在区别两者时，是否有违共通认识的要求，这也不是没有疑问的。

显然，如果只是强调上述标准的某一方面，都是有其存在的缺陷，因此，综合上述各种学说的合理内容，以身体动静为基础，以规范内容为依据，抛开法律义务态度标准中人对规范的态度，以“法律义务标准”考察是可以合理解决作为与不作为的区别的。当根据法律义务要求“为一定的行为”而“不为”时，无论行为人是以积极的身体运动“不为”的，还是以身体的相对静止“不为”的，都是不作为；而当法律义务要求“不为一定行为”时，行为人违反时，只能是以身体的运动才能违反，就只能是作为，而不可能是不作为。在这一

① 宋庆德：《不作为犯罪的几个问题》，载《法学杂志》1998 年第 3 期；王作富主编：《刑事实体法学》，群众出版社 2000 年版，第 81 页。

② 熊选国：《刑法中的行为论》，人民法院出版社 1992 年版，第 120、125 页。

标准中，第一，不以身体的动静决定而与身体动静有关，即使身体在运动时，而“不为”法律义务要求的“为一定的行为”也是不作为；第二，不以违反的规范本身是禁止性的还是命令性来决定而与规范义务的设定有关，即使是规范本身是禁止的规范，但当行为人负有必须“为一定行为”的命令而“不为”时，是不作为，而当规范是命令性规范，法律义务设定，“不得为一定行为”而违反时，是作为。例如，《刑法》第 202 条抗税罪的规定，“以暴力、威胁方法拒不缴纳税款的”是犯罪，其法律义务的设定就是“不得以暴力、威胁方法抗拒缴纳税款”，这也就是说，如果以其他方法抗拒缴纳的，不得入罪。所以，上述标准中，作为与不作为区别，关键在于刑法规范内容中，其法律义务的设定是禁止的还是命令的(不是指规范内容的特点，而是规范设置义务的属性)。

三、作为义务来源的争论

不作为犯，是指行为人负有实施某种行为的特定法律义务，并且能够履行而未履行的危害行为。不作为也被表述为：“应该做，且能够做而未做”的行为。不作为可以表现为“什么都没有做”的行为；也可表现为“没有做法律规定必须做”的行为。可以看出，不作为犯的行为要符合构成要件，首要的就是必须负有“作为”的义务。那么，作为义务缘何而产生？

关于作为义务的产生根据，一般都是列举法律、法令的规定以及先行行为等，为义务的发生根据。总的来说就是要在法规、法源中去寻找。这种根据，在理论上，一般被称为“作为义务的形式方法论”。形式的作为义务理论是由费尔巴哈提出，基于罪刑法定原则，他认为不作为犯成立的基本要素，作为义务的有无，是由法律、契约这样的刑法以外的事由作为根据加以判断的，这才是作为义务的产生根据。至于先行行为义务，他认为由于其在性质上是以事实上的各种关系为前提，因此不能成为作为义务的发生根据。以先行行为为作为义务根据之一的，是其后的同为古典学派的斯鸠贝尔(Stubel，也译为休特贝尔)从生活的实际感觉及对法的感情中归结出的这一结论。在 19 世纪中叶不作为因果关系的争论过程中，先行行为作为义务的发生根据，则是基于一般理论的理解及刑法典上的意义。

形式的作为义务的探讨，其意义在于严格区分道德义务和法律义务，以阻止在实质性判断为借口下扩大对不作为犯的处罚范围，所以仍是有意义的。但是这种形式的探讨，由于只注重形式的列举，在说明处罚不作为犯的实质性根据上，则是欠缺的。因为从形式上探讨，并不能说明行为人尽管负有义务，但在不履行义务时何种情况下即可成立不作为犯。例如，遗弃行为，当不履行抚养、赡养义务时，是不是只能构成遗弃罪？因遗弃而引起死亡结果发生，如果有构成故意杀人罪的问题，则仅从负有作为义务这一点，也是无法正确解释为何构成故意杀人罪。自 20 世纪 60 年代始德国学者避开作为与不作为在构成要件上的差别，避开对传统的义务违反中规范形式的研究方法，以存在论的角度，从不作为与危害事实或者不作为者与被害者之间的特殊关系作为出发点，从实质上探讨不作为的作为义务的发生根据。这种探讨，被称为“作为义务的实质方法论”。

正因为“形式的作为义务的方法论”其意义在于防止对(不纯正)不作为犯处罚范围的扩大化有积极的意义，因此，无论对实质性探讨持何种意见(作为义务产生的实质根据是什么)，也应该重视“形式的作为义务”。目前，理论上对形式作为义务产生范围共识有法律规定、职务业务、先行行为以及契约、合同可以产生作为义务，但是，依据维护公共秩序和社会公德是否也可以产生特定的作为义务，则有不同认识。有持肯定的观点，认为一定情况下可以产生特定的作为义务①，也有持具体分析的见解，认为作为义务的性质不同，有法律义务、道德义务、习惯上的义务，违反不同义务的责任不同，而公序良俗的义务是道德义务，违反其义务不能承担刑事上的责任。但如果是道德义务中包含这法律义务的，就可以产生作为义务问题②。从实质上看，两种观点并没有原则上的区别，后者也是承认“一定条件可以产生作为义务”。那么，何种条件可以产生作为义务？

笔者认为，如果因行为人自愿行为的主动介入，就可产生必须履行的特定义务。例如自愿将弃婴抱养的，就具有履行抚养义务，能够履行而不履行的，可以构成犯罪。再如，路遇车祸中受伤者，因同情心而引发的救助行为，救助中途在没有采取其他措施就放弃救助的，也可以构成不作为犯罪。原因均在于行为人行为的自愿而主动介入，已经阻断了其他消除危险威胁的途径，能够支配、控制事实因果流程而且具有了排他性。换言之，其介入的行为，成为排除其他救助的积极因素时，行为人就必须履行已经开始履行的义务，直至履行义务的条件消失(如车祸伤者死亡、如婴儿因先天性疾患最终死亡或者因实施救护前自然条件恶劣而导致救护最佳时机丧失最终死亡)，或者履行条件变更(如急救人员接手施救、婴儿需要被社会福利机构收养)，或者义务履行完毕(送至救治地点、孩子长大成年)，才能解除义务。

当然，因公共秩序和社会公德产生的作为义务，应该有所限制，不应将任何情况下公共秩序和社会公德都视为可以产生作为义务的根据。笔者认为，第一，必须是涉及人身安全的重大利益，且凭借己力(非指只是自己一个人之力)能够履行；第二，必须基于自愿而介入，至于介入的主观动机和意图，在所不问。例如，自愿介入赡养无子嗣的老人，是否为得到老人身后的房屋、财产，在所不问；第三，介入行为已经成为排除其他义务行为的积极因素，具有排他性。例如，发现火灾危险时，虽然自愿灭火，但非凭借己力就一定能实现消除火灾危险，其自愿介入的行为也不可能成为排除消防员执行灭火义务的积极因素而具有排他性，所以，在其放弃灭火时，不构成(不作为)放火罪。

这一从实质意义上考察作为义务根据的原理，也同样适用于不纯正不作为犯义务的

① 马克昌主编：《犯罪通论》，武汉大学出版社 1999 年版，第 61~62 页。

② 陈兴良：《刑法哲学》(修订二版)，中国政法大学出版社 2000 年版，第 281~282 页。

理解。

不纯正不作为犯，是指以不作为行为构成刑法上规定的通常是以积极作为为构成要件的犯罪。与纯正不作为犯不同，因为纯正不作为犯刑法规定的行为形式就是不作为，作为义务，通常在相关的法律、法规中可以找到立法上的根据，认定以及处罚都不存在任何法理上的障碍，而不纯正不作为犯所触犯的法律条文，规定的行为形式是“作为”而非不作为。所以可以说不纯正不作为犯的不作为行为，处于“尚无法律明文规定”的情形。因此，处罚不纯正不作为犯，其作为义务产生的实质性根据，就成为颇有争议的问题。

不纯正不作为犯由于违反通常是作为犯的构成要件，其作为义务来源的实质性根据是什么？不纯正不作为的作为义务除个别情况在立法上有依据之外①，有没有立法上的根据，颇受质疑。又因为这一实质依据的意义还在于要从实质上判断不作为行为导致的危害结果是否符合构成要件。

我国学界，主要是借鉴而来所主张的“保证人说”。保证人说或保障人说，是由德国学者那古拉首先提出的，由麦兹格、威尔泽尔而展开。即把作为义务视为不作为构成要件符合性问题。认为由于依据作为义务，个人就成为有法律保证的使法益不受侵害的保证人，只有这样的保证人的不作为，才能与作为实现的构成要件具有同等价值，因而才可被认为符合构成要件。因此，保证人的地位即作为义务，不是违法性问题，而是构成要件符合性的问题，更是实行行为的问题。此后更进一步将保证人的作为义务限定为不作为范围的构成要件要素，认为不纯正不作为犯是需要具有保证人身份的真正身份犯。该说在德国是通说，在日本学界也有不少学者持赞同观点。也因为“保证人说”的核心在于解决不纯正不作为犯构成要件的符合性问题，而这一点目前是与我国犯罪构成理论的要求并不相悖，所以具有借鉴意义。

如何确定“保证人”地位？张明楷教授主张“一体说”的保证人学说，负有防止结果发生的特别义务的人称为“保证人”，其中防止结果发生的特别义务就是作为义务。即具有作为义务的人才是保证人，保证人就是作为义务人。当然，张明楷教授所说的保证人说，并不是只针对解决不纯正不作为犯构成要件符合性问题，其确定保证人范围以及作为义务履行可能性以及结果避免可能性的问题，同样是适合于全部不作为犯的认定。至于对不纯正不作为犯作为义务的实质根据，他认为是对结果发生原因的支配地位。② 黎宏教授也表达出同样的主张：“从不作为和结果的关系中来研究作为义务的内容。因为，即便是在被害人对不作为人具有依存关系的场合，这种依存关系仍是建立在消除对被害人的利益侵害及

① 例如《交通安全法》第70条规定，“在道路上发生交通事故，车辆驾驶人应当立即停车，保护现场；造成人身伤亡的，车辆驾驶人应当立即抢救受伤人员，并迅速报告执勤的交通警察或者公安机关交通管理部门”，就是追究交通肇事后“逃逸致人死亡”不作为义务来源的法律依据。

② 张明楷：《刑法学》（第四版），法律出版社2011年版，第135页。

其危险性，维持和发展这种利益的基础之上的。”①

从上述见解而言，即使在一般情况下不作为者与被害者之间通常具有某种特别的某种关系，但依据某种特别关系为作为义务的实质根据是不明确的，这不仅仅是这种特别关系的内涵、范围无法确定，而且，在实务中实际上成为案件判断有无作为义务的难点。例如，一对夫妻、恋人吵架，一方服毒、上吊要自杀，另一方对此漠然视之的案件，有的会基于是夫妻关系而具有救助义务不救助构成故意杀人罪来判决，有的基于是恋人关系而认为不具有救助义务而认定无罪，同时，相反的判决也存在。所以依据具有保证人地位而具有对危害结果发生具有排他性的支配、控制作用，无疑是确定作为义务有无实质根据的合理标准。根据学者们的见解，当居于保证人地位者在事实上具有能够支配和控制因果关系发展过程时，则具有实质上法律要求履行的作为义务；当居于保证人地位者对事实因果过程的支配、控制具有排他性时，具有实质上法律要求履行的作为义务；当居于保证人地位者开始对事实因果过程具有排他性支配、控制关系时，则具有实质上法律要求履行的作为义务。如果符合这样的要求而不履行作为义务，发生危害结果，或者有发生危害结果现实可能性的，因当时认为是符合构成要件的行为。《最高人民法院关于审理交通肇事刑事案件具体应用法律若干问题的解释》第 6 条“行为人在交通肇事后为逃避法律追究，将被害人带离事故现场后隐藏或者遗弃，致使被害人无法得到救助而死亡或者严重残疾的，应当分别依照刑法第 232 条、第 234 条第 2 款的规定，以故意杀人罪或者故意伤害罪定罪处罚”的规定，无疑是对居于保证人地位作为义务的肯定，按照故意杀人罪、故意伤害罪定罪处罚的依据，也完全契合对结果发生具有支配、控制，具有排他性是具有实质性作为义务这一原理。依照这样的理解，对实务中夫妻、恋人吵架，一方服毒、上吊要自杀，另一方对此漠然视之的案件，在判决结论上，是完全可以得出一致性的意见的。

四、不纯正不作为犯作为义务来源范围之争

通常不纯正不作为的作为义务没有立法上的依据，需要从实质上理解作为义务的来源，所以，是争议最多的问题。其中，先行行为产生的义务，虽然从实质性的意义上给予了充分的肯定，但是，何种先行行为可以产生作为义务，仍然是有不同认识。

如陈兴良教授认为，先行行为只要足以产生危险，就可以成为作为义务的来源，所以，无论是否是违法行为、是否是有责任能力人的行为、作为行为还是不作为行为，均可以产生作为义务。② 这种分析相对而言还是比较含蓄的，因为并没有直接指出能够成为作

① ［日］大谷实：《刑法讲义总论》（新版第二版），中国人民大学出版社 2008 年版，第 132 页；转引自黎宏：《刑法学》，法律出版社 2012 年版，第 87 页。

② 陈兴良：《刑法哲学》（修订二版），中国政法大学出版社 2000 年版，第 281~282 页。

为义务来源的先行行为是否要求有犯罪的属性。张明楷教授则认为，只要先行行为制造了法益侵害的危险，都会成为作为义务的来源，因此，正当防卫行为、过失犯罪行为以及故意犯罪行为均可以产生作为义务。而且，对故意伤害被害人没有当场死亡，行为人不实施抢救义务而致使死亡结果发生的，构成故意杀人罪，应给予数罪并罚。特别是认为，故意犯罪行为之所以可以成为作为义务的来源，不仅有利于实现刑法的协调，而且有利于解决共同犯罪中的问题，以及有利于针对具体情况下的数罪并罚的解决。① 也有学者持不同看法，认为先行行为引起的作为义务，应限制在过失导致他人生命处于危险状态的范围内，不宜扩大。②

的确，如果认为犯罪行为不能成为作为义务的来源，而一般违法行为甚至合法行为却可以成为作为义务的来源，似不公正。但是，如果说犯罪行为都可以成为作为义务的来源，特别是故意犯罪行为都可以成为作为义务的来源，则同样存在难以解释的问题。例如，故意伤害他人，在没有发生死亡结果之前，行为人就负有将被害人送到医院抢救的作为义务，如果不履行导致死亡的就构成故意杀人罪。③ 这样看来，故意伤害致人死亡的结果加重犯，就只限于伤害行为必须具有当场致人死亡的属性，而且是必须致人当场死亡，否则就构成故意杀人罪。那么，当行为具有这样的属性仍然实施的，是故意杀人还是故意伤害正确？当然，还不仅仅是故意伤害罪这一种犯罪存在这样令人困惑的问题，抢劫罪、强奸罪、绑架罪、拐卖妇女、儿童罪等，但凡是针对人身、财产侵犯而有结果加重规定的犯罪，是不是面临同样要求必须当场致人死亡，否则就构成故意杀人罪的问题？这样来理解，不仅将诸多原本应按照结果加重犯处罚的犯罪要排除在外，而且还应该适用数罪并罚，这就不得不问结果加重犯还有无规定的必要了。在我看来，故意伤害罪刑法的条款上解读不出既有“不得实施伤害他人之行为”的禁止规范内容，同时又派生出在伤害他人后“必须实施救助义务”命令规范的内容。如果认为所有的故意犯罪都可以视为先行行为，都可以成为作为义务的来源，无论从立法还是法理上都是解释不通的。

笔者认为，对这样恶性的针对人身的故意犯罪，法律有理由要求实施者还负有抢救被害人的作为义务。原本行为人就是以侵害人身法益为其行为内容的，现在又要赋予他履行保护已经侵害法益的作为义务，这样矛盾的立法期待，如果在一个刑法条款中都实现了，法理上是说不通的。即使个别在时间、地点等有点特殊的案件不排除可以由某种故意犯罪转化构成故意杀人罪的以外，如要从普遍意义上说，也不可能期待实施故意伤害行为的犯罪者在伤害他人之后都去实施抢救义务的行为。正因为没有期待可能性，如果将这样的义

---

① 张明楷：《刑法学》(第四版)，法律出版社2011年版，第134页。

② 甘雨沛等主编：《犯罪与刑罚新论》，北京大学出版社1991年版，第575页。

③ 张明楷主编：《刑法学》(第四版)，法律出版社2011年版，第157页。

务赋予故意犯罪者，同样是强人所难。与其说期待他在犯罪后去实施抢救的作为义务，还不如说期待不去实施这样严重的故意犯罪更具合理性。当然进一步也可以说是期待所有的国民不去实施犯罪更具合理性。如此一来，只要是犯罪，都是违反了所期待的义务；如此一来所有犯罪都成了作为犯，那里还有不作为犯存在的余地？能得出这样的结论并不奇怪吧？

值得注意的是，2000 年 11 月 21 日起施行的《最高人民法院关于审理交通肇事刑事案件具体应用法律若干问题的解释》第 6 条规定："行为人在交通肇事后为逃避法律追究，将被害人带离事故现场后隐藏或者遗弃，致使被害人无法得到救助而死亡或者严重残疾的，应当分别依照刑法第 232 条、第 234 条第 2 款的规定，以故意杀人罪或者故意伤害罪定罪处罚。"似乎又在印证犯罪的先行行为可以成为作为义务的来源。对此，应该看到，首先这是司法解释针对交通肇事的特别规定，并不具有示范的效用，并无授权可以扩张到其他犯罪适用的意思；其次，这一规定的先行行为是过失行为，当然，包括已经构成交通肇事罪的行为和尚不构成犯罪的交通肇事的一般违法行为；最后，依据规定，是认为转化构成故意杀人罪或者故意伤害罪，并无要求并罚的内容。

笔者认为，不应将先行行为的作为义务无限制地扩张到所有犯罪中去。可以赞同将先行行为引起的作为义务，限制在无罪过行为以及过失导致他人生命、重大健康安全处于危险状态的范围内。这既可以包括一般违法行为，也包括达到构成犯罪标准的过失犯罪行为，以及无罪过行为引发事件中。例如过失致人重伤后，不救助放任死亡的，当然可以构成故意杀人罪。再如，交通事故的发生责任完全是被害人的严重违章造成的，驾驶人员即使无任何过错，也负有救护伤者的作为义务，如果逃逸不履行义务，同样是"交通肇事后逃逸"。

之所以这样界定其范围，是因为行为人原本就没有要侵害他人人身的意思，是因意外、过失导致被害人伤害结果，当然可以认为此时、此刻法律赋予其承担起救护被害人生命的作为义务，这与上述解释所要求的精神是一样的。如果能够履行而不履行作为义务，是可以构成侵犯人身的严重犯罪的。此外，能够视为先行行为并引起作为义务的故意犯罪行为，也应该这样去考察，即原本实施的是不涉及人的生命、重大的健康故意犯罪行为，在实施犯罪中意外或者过失导致他人生命、健康安全处于危险状态时，应该认为此时、此刻法律赋予其承担起救护被害人生命的作为义务，如果能够履行而不履行作为义务，是可以构成侵犯人身的严重犯罪的。从原理上说，两类情况下之所以能赋予其作为义务，与交通肇事后赋予行为人作为义务是同样的原理，区别仅在于交通肇事后的作为义务是法律明文规定的，后者的义务仍然需要从实质意义上加以判断和认定。当然不履行救助义务的不作为是否构成不作为犯罪，仍然是要根据不作为的条件衡量的，至于是否存在数罪的问题，应该以数罪以及并罚的标准来决定。

五、同时存在作为与不作为因素行为的争议

有的犯罪在构成要件中既包含有作为的成分，也包含着不作为因素。例如《刑法》第202条规定的以暴力、威胁方法拒不缴纳税款的行为构成抗税罪。其中，既包括作为的“暴力、威胁”行为，也具有拒不履行纳税义务的不作为行为。

对于这种情况下的危害行为形式应该如何解读，理论上有不同观点。有观点认为此种情况下的行为是一种混合类型，不能说是作为犯，也不能认为这种形式是不作为犯的独立类型①。换言之，既不好认定为是作为，也不好认定是不作为。也有学者明确指出，这种犯罪是不作为犯②，也有认为是作为与不作为的结合类型③，但实质上是作为行为④。

笔者认为，以前述作为与不作为区别的标准看，这种行为的前提，是具有法律要求履行的特定作为义务——纳税。首先，从行为违反的法律义务为标准来区别作为与不作为，当负有“不得为一定行为”而“为”时，符合法律义务的设定是“禁止”的条件，只能是作为；当法律义务要求的“必须为一定的行为”而“不为”时，符合法律义务的设定是“命令”条件“而不为”的标准，是“不作为”；同时，“不为”法律要求必须“为”的行为，而“为”其他行为，也是不作为。而这里“为”的“其他行为”应当是没有特别限制性，并不能排除实施的可以是“其他违法行为”。由此，在抗税罪中没有履行“法律要求为的”纳税义务，而是“为”了其他行为——实施了暴力、威胁行为。就其抗拒缴纳税款而言，这是以作为的方式对抗“法律要求为的”义务。

那么，抗税罪作为犯罪评价，是因没有履行纳税义务，还是抗拒履行义务的方式、方法？抗税罪的行为，从法律规定的解读应该是：不得以“暴力、威胁方法”抗拒缴纳税款，这是禁止性的规定，也是入罪的条件。换言之，负有纳税义务的人，如果是以暴力、威胁之外的行为抗拒纳税的，则不构成犯罪。例如当面撒泼、诬赖征税人员打人、辱骂征税人员等。以这样的手段抗拒缴纳税款的，不可能构成抗税罪。也即法律禁止的是以暴力、威胁方式抗拒纳税之意。因为现实中不履行纳税义务的方式、方法很多，但不因不履行纳税义务都受刑法评价，只有采取法律不能容忍的较极端的方式、方法不履行纳税义务的，才会被规定为犯罪。再如逃避缴纳欠税罪，也同样存在为不履行纳税义务的不作为行为，也具有为逃避税务机关追缴而“采取转移或者隐匿财产的手段”的作为行为，造成致使税务机关无法追缴欠缴的税款的结果。但是，能够造成税务机关无法追缴欠缴税款的原因很多，

① 赵秉志主编：《刑法争议问题研究》，河南人民出版社1996年版，第390页。

② 陈兴良主编：《刑法适用总论》，法律出版社1999年版，第286~287页。

③ 张明楷：《刑法学》(第四版)，法律出版社2011年版，第149~150页；马克昌主编：《刑法学》(第三版)，高等教育出版社2012年版，第60页。

④ 张明楷：《刑法学》(第四版)，法律出版社2011年版，第134页。

但只有对“采取转移或者隐匿财产的手段”，致使税务机关无法追缴欠缴的税款的，才是法律所不能容忍的行为，需要以犯罪论处。就抗税罪而言，当采取法律不能容忍的“暴力、威胁抗拒”纳税时，才能评价为犯罪，因而，抗税罪也就是以作为的方式抗拒“命令”应当“为”的纳税义务。所以，抗税罪的行为形式是作为，而不是不作为。认为“抗税，其本质在于逃避纳税义务，就应当纳税而不纳而言，是不作为。至于在逃避纳税义务过程中采取的一些行为方式，并不重要，更不能把它与不作为并列。否则，就不存在纯正不作为犯了”①的认识，是值得商榷的。

张明楷教授认为，作为与不作为这种对立关系只是就一般意义而言，绝不意味着一个犯罪中要么是作为要么是不作为，构成要件完全可能要求行为人以违反禁止性规范的行为方式(作为)实现不履行义务的效果(不作为)。② 笔者赞同这种分析。而且，从各国、地区的刑法而言，“暴力、威胁”是为“作为”行为设置的构成要件的要素，如果说“不作为”也可以表现为实施“暴力、威胁”的手段，这在法理上是站不住脚的。当然，在上述认识结论的基础上，能否将该种形式规定的行为样态归结为“作为与不作为的结合”，仍然可以继续讨论。

六、“持有”的法律属性之争

法律上的“持有”，是指行为人对特定物品具有在事实上或者法律上的控制、支配关系(状态)。在英美法系的立法中，持有型的犯罪规定的比较多，但在大陆法系中，原本对行为属性的认识只分为“作为”与“不作为”两种类型。我国刑法自 1990 年 12 月 28 日《关于禁毒的决定》第一次规定了“持有”犯罪——非法持有毒品罪后，立法中又不断增补了这种类型犯罪的规定。如非法持有枪支、弹药罪，持有、使用假币罪、非法携带枪支、弹药、管制刀具、危险物品危及公共安全罪、非法持有毒品罪、非法持有国家绝密、机密文件、资料、物品罪、巨额财产来源不明罪等等。至于对“持有型”犯罪行为属性属于作为、不作为，抑或是一种独立的行为形态，在我国理论上认识不一。

一是作为说，认为法律规定这类犯罪，旨在禁止行为人取得某种物品，因此违反的是禁止性规范，所以是作为③；二是不作为说，认为法律规定该种犯罪，旨在命令持有者将特定物品上缴给有权管理机关，以消灭对特定物品的持有状态，如果违反这一义务而不上缴，及构成禁止的不作为；④ 三是择一说，认为持有有时是作为，有时应评价为不作为，

① 陈兴良主编:《刑法适用总论》，法律出版社 1999 年版，第 286~287 页。

② 张明楷:《刑法学》(第四版)，法律出版社 2011 年版，第 134 页。

③ 张明楷:《刑法学》(第四版)，法律出版社 2011 年版，第 134 页。

④ 张智辉:《刑事责任通论》，警官教育出版社 1995 年版，第 124 页；陈兴良主编:《刑法适用总论·上卷》，法律出版社 1999 年版，第 291~292 页。

至于如何评价要视具体情况而定;① 四是独立行为说，认为持有具有不同于作为、不作为的独特特征，既不同于作为的“动”，又不同于不作为的“静”，是动静结合的特征，作为与不作为并非A与非A的关系，将持有使之成为作为与不作为并列的第三种行为方式是可以成立，并不违反逻辑规则。②

张明楷教授持“持有”是作为的观点，其理由主要是：持有既然是指对物品的实力支配、控制，则难以再用不作为来解释；刑法禁止持有，是禁止利用特定物品侵害法益，而不是命令上缴特定物品；作为的实质是实施法律禁止的行为，不作为的实质是实施没有履行应当履行的积极义务，但无论作为还是不作为，除了构成要件包括由多重单一行为的情况可以既违反禁止性规范和命令性规范外，构成要件单一性结构的持有，要么违反禁止性规范，要么命令性规范；将持有视为独立的行为方式，则意味着不仅要考察作为方面，也要考察不作为方面的犯罪条件，而且，既然持有是单一行为，当能认定为作为时，就没有必要再讨论是否不作为，更何况查寻其作为义务来源并非易事，甚至是不可能完成的任务。③

笔者赞同张明楷教授的见解，并作如下补充认识。

刑法对持有型犯罪的规定，是为了取缔行为人对特定物品的支配、控制的状态，这是没有错误的，但是，值得思索是由“谁”负有取缔的义务。应该肯定持有型犯罪，是由于违反法律对禁止持有的特定物品而持有的一种状态。所谓违反法律持有，是指无法律依据而持有，如毒品、枪支、假币等。其次，“持有”强调的是对物品的支配、控制，而与对特定物品是否“所有”无关④，法律禁止的是“不得无法律依据”而“持有”。再次，“持有”只能通过“作为”获得，而获得的“作为”在法律没有规定为犯罪的情况下，属于“不可罚的事前行为”，例如拾得枪支、假币。如刑法规定处罚“获得”的行为，如因盗窃而持有，则“持有状态”是“获得”行为的当然结果，属于“事后不可罚”只能论其盗窃行为。所以，不可只因“获得”行为，就一定受刑法评价。最后，对违反刑法禁止持有而造成“持有状态”消灭的义务，是由国家有权机关，包括司法机关在内，代表国家行使“公权力”的行为，而非由无期待可能性的当事者自己履行的义务。例如，农民工持有的假币来源于劳动所得，而发放的单位、企业的领导(包括国家的金融机构)不会因支付是假币而承担赔偿责任，法律有什么理由可以期待当事者主动上缴假币，或者销毁假币?

如是，第一，消灭该种状态的义务是国家有权机关，包括司法机关的权力行为，持有

① 高铭暄、马克昌主编：《刑法学》(第五版)，北京大学出版社、高等教育出版社2011年版，第71页。

② 储槐植：《三论第三种犯罪行为方式“持有”》，载《中外法学》1994年第5期。

③ 张明楷：《刑法学》(第四版)，法律出版社2011年版，第134页。

④ 有必要指出，对特定物品的非法持有，是可以从物权法对物的直接支配和排他的权利来解释，但是不可不分对象地以物权中的“所有权”来解释其中的某些持有行为，例如“毒品”。

者不负有消灭的作为义务，故“持有”与“不作为”无关；第二，在查证“获得”行为本身构成其他犯罪的情况下，与“持有犯罪”无关；第三，查明“获得”行为本身不构成犯罪，或者无法查清获得的来源，包括即使不能排除是通过其他违法或犯罪行为而获得时，持有才能构成相应的持有型犯罪。所以，法律否定评价“持有状态”的重心并不在“状态”本身，而是“获得”的行为，而获得行为，无疑只能是“作为”。故“持有”既不是第三种行为方式，更不可能是不作为。

等价性在不纯正不作为犯罪中理论地位研究①

在我国有处罚不纯正不作为犯的必要性，然而以刑法一般预定处罚作为犯的条款来处罚不纯正不作为犯，在明确性原则上存在些许问题。等价性理论，正是为了解决处罚不纯正不作为犯和罪刑法定原则之间的冲突而提出来的一个刑法理论。在理论研究史上，等价性的理论地位主要围绕等价理论与作为义务之间的关系、等价性是否不纯正不作为犯成立的一个独立成立要件两个命题上争论。

有学者主张应在作为义务内讨论等价性问题，而有些学者认为作为义务不能成为等价性判断标准，而主张作为义务与等价性问题是两个独立的命题，应该分别予以讨论，在作为义务之外判断等价性问题。

一、在作为义务之内讨论等价性，以作为义务作为等价性判断标准

(一)德国学者那格拉(Nagler)保证人说(garantenlerire)

那格拉认为，为了处罚不纯正不作为犯，同时又不违背罪刑法定主义，就应该以保证义务(作为义务)为媒介来讨论等价性问题。他提倡的学说被称为保证人说。他主张："把必须防止发生构成要件结果的法定作为义务叫做保证义务，负有保证义务的人叫做保证人，只有保证人的不作为才认为是不纯正不作为犯的对象。"②保证义务决定了在同一构成要件下被等价性判断。况且，不纯正不作为犯和作为犯在同一构成要件下等价，如此解释并非构成要件的扩张，而是依目的论对构成要件进行的正确解释。③

因此，保证义务是指在法律上负有必须防止构成要件结果发生的作为义务，其实质为

① 本文原载于《西部法律评论》2014 年第 4 期，系林亚刚教授与其博士研究生黄鹏合著。

② ［日］日高义博：《不作为犯的理论》，王树平译，中国人民公安大学出版社 1992 年版，第 27 页。

③ ［日］日高义博：《不作为犯的理论》，王树平译，中国人民公安大学出版社 1992 年版，第 101~102 页。

刑法命令规范下的作为义务。故而保证义务包含以下三层含义：保证义务是法律上的作为义务；有履行作为义务的可能性；防止构成要件结果发生具有高度的盖然性即防果可能性。

（二）日本学者的观点

大塚仁教授主张在行为事实上等价，为了能够把违反作为义务的不作为认定为符合构成要件的实行行为，它必须是在法律上与符合该构成要件的作为具有相同价值的东西。既然认为不纯正不作为犯的构成要件在形式上存在于作为犯的构成要件中，那么当然只有与作为具有同等法律意义的一定的不作为才能够符合它。① 他还认为在结果犯中，只有不作为若履行作为义务，就具有防止结果发生的高度盖然性时，该不作为才具有实行行为性。因此有必要在作为义务中，实质的讨论不作为与作为等价性问题。② 福田平教授认为：将等价值性这种漠然的价值判断直接放入构成要件当中，则法的明确性和法的安定性无从谈起，与其将作为义务作为一个独立的要件把握，倒不如将其作为对作为义务进行类型化的一个要素来把握，或许更能维护法的安定性一些。因此等价值要素是作为义务内容的一部分。③

（三）我国学者观点

张明楷教授认为重罪的社会危害性比轻罪的社会危害性要重。作为义务强而行为人不履行时，其社会危害性重，成立重罪；反之作为义务弱而行为人不履行义务时，社会危害性就弱，成立轻罪。故作为义务的强弱与不作为所构成之罪的轻重，应成正比。由此可以看出，张明楷教授也主张在作为义务之内讨论等价性问题，更确切地说，是将作为义务的强弱作为等价性判断的标准。此外，张明楷教授还论述了作为义务强弱的判断条件。他认为作为义务的强弱由以下三个条件决定：其一，合法权益面临的危险是否紧迫？合法权益所面临的危险越紧迫，负有作为义务的人的作为义务程度就越高，反之越迟缓，则作为义务程度就越低。其二，法益对作为义务的依赖程度。一般来说，在只有某作为义务的人可以采取措施防止结果发生，而其他人不可能干涉的情况下，该作为义务人的作为义务程度就越高；反之，其他人也可能采取某种措施防止结果发生时，该作为义务程度就低。例如，父母将婴儿放置在家中而不提供任何食物致其死亡，没有争议地认定为不作为的杀人罪。因为该婴儿的生命完全依赖父母的抚养行为。反之，如果父母将婴儿置于马路边等行人来往之处的，毫无疑问地认定为遗弃罪。因为该婴儿的生命可能由其他人保护。其三，

---

① ［日］大塚仁：《犯罪概说（总论）》，冯军译，中国人民大学出版社 2003 年版，第 140～141 页。

② ［日］大塚仁：《犯罪论的基本问题》，冯军译，中国政法大学出版社 1993 年版，第 85 页。

③ ［日］福田平、大塚仁：《对谈刑法总论（上）》，日本有斐阁 1986 年版，第 134～135 页。

履行作为义务的容易程度，成立不作为犯除了要求作为义务外，还要求有作为的可能性。没有作为的可能性，也就没有作为义务。履行作为义务越容易，就使人们认为作为义务者越应当履行义务，因而作为义务越强。① 以作为义务作为等价性判断标准的这类学说认为，因为作为义务有程度上的差别，而不纯正不作为犯成立需要通过实质的限定作为义务的程度和范围，才能实现与相应作为犯等价，共同适用一个犯罪构成要件。因此，仅仅违反作为义务犯罪能量还不够，违反作为义务还需要达到一定程度，而这种一定程度的作为义务就是等价性的内容。持此类观点的学者还有日本学者江家义男②；我国学者黎宏③、李晓龙④等。

二、将等价性问题从作为义务理论中分离出来，各自讨论

由于各路学者理论研习的视角与关注点不同，在等价理论与作为义务应分别判断讨论的共识上，主要分为三类学说。有些学者认为不纯正不作为犯与相应作为犯的根本差异来自客观危害行为的存在结构，因此等价性问题应着眼于客观方面；而有些学者则主张从不作为者的主观心理状态中寻找等价的根据；另外一些学者坚持将等价性看成不纯正不作为犯与相应作为犯在刑法非难价值上相同的结论性评价，是不纯正不作为犯是否成立犯罪、是否应受刑法处罚的综合性、整体评价。

（一）客观说

（1）犯罪客观事实等价值说。这类观点将犯罪主观方面内容排除在等价性判断之外。如我国学者刘士心认为危害行为是犯罪构成的核心内容，等价性主要是为了弥补不作为与作为两种行为形态在事实结构上的差异，因此不纯正不作为犯的等价性主要是行为的等价。但是，在法律上，等价性要解决的是以不作为方式实现的整个危害事实的构成要件符合性问题。而危害行为并不是犯罪构成要件的全部内容，除行为外，它还包括行为主体、行为客体、危害结果等要素。这些要素与危害行为相互联系构成一个整体，共同决定危害行为的法益侵害性质和程度，撇开这些要素，就无法对行为的违法程度作出准确估价。因此，等价性在内容上应当是以作为为中心的整个犯罪客观事实的等价，而不是单纯的行为要素的等价。另外，等价性问题属于构成要件符合性问题，并不是对不纯正不作为犯行为

① 张明楷：《刑法格言的展开》，法律出版社1999年版，第150~151页。

② ［日］江家义男：《不真正不作为犯的理论构成》，载《江家义男教授刑事法论文集》，日本1959年版，第48页；转引自［日］日高义博：《不作为犯的理论》，王树平译，中国人民公安大学出版社1992年版，第102页。

③ 黎宏：《不作为犯研究》，武汉大学出版社1997年版，第52页。

④ 李晓龙：《论不纯正不作为犯的等价性》，载《法律科学》2002年第2期。

犯罪性及触犯罪名的最终判断，所以不应当将罪过内容纳入等价性的范围。①

(2)构成要件等价值说。该观点是日本学者日高义博所创，他认为探讨等价性问题的基础是认识到作为与不作为存在结构有差异，因果结构也不同。而解决办法是填补两者存在结构上的空隙，使不纯正不作为犯与相应作为犯在价值方面相等。日高义博认为由于不纯正不作为犯与作为犯的存在结构完全不同，作为犯设定了由作为产生的向法益方向发展的因果关系，并支配、操纵这一因果关系来侵害法益，而不纯正不作为犯是不阻止已经产生的向侵害法益方向发展的因果关系，以放任这一不作为来实现侵害法益，为了让二者等价，就必须采取填补二者存在结构上的空隙的办法，使二者价值相等。他主张从客观方面来考虑等价性问题，进一步来说，应当在构成要件相符性阶段考虑等价问题。具体判断标准是：①构成要件的特别行为要素；②该行为事实；③不作为的原因设定。其中前两个标准是考虑刑法条文的犯罪构成要件的特殊性；后一个标准起着填补不纯正不作为犯存在结构空隙的媒介作用。这一标准也是决定不作为与作为等价的关键因素。特别行为要素是指，刑法分则中具体犯罪构成要件对行为方式有些作了特别要求和规定，有些则未作特别要求。而只有未作特别要求的才可以由作为或不作为构成，作了特别要求的只能由作为构成。因此在判断不纯正不作为犯等价时，须先考虑犯罪构成要件对行为方式有无特别规定。特别行为要素筛选出可以由不作为实现的犯罪，限定等价性判断的对象和不纯正不作为犯成立的范围，具有重要的过滤机能。他认为不纯正不作为犯与作为犯相比较，成为不纯正不作为犯存在结构上的空隙的是起因与不作为人之间的关系。从自然主义角度来看，不作为没有原因力。为了使不纯正不作为犯在构成要件方面价值相等，不作为人在实施该不作为以前，必须存在自己设定向侵害法益方向发展的因果关系的情形。②

(二)主观说

在不纯正不作为犯理论研究史上，从主观方面提出判断等价性标准的学说也有一些市场。其内部又可以复分为两种观点，一种是法的敌对意志力标准(rechtsfeindiliche willensenerigie)，另一种是积极利用意思力标准。

(1)法的敌对意志力说。德国学者赫尔穆特·迈耶(Hellmuth Mayer)认为将"保证义务"或"保证人地位"作为等价性标准，处罚不纯正不作为犯，是类推适用作为犯的犯罪构成要件，违反罪刑法定主义。且仅以不履行保证义务来评价不作为犯，忽略了作为与不作为之意志方面的差异。他认为阻止不纯正不作为犯与作为犯等值的障碍不在于两者客观构造的差异，而在于他们主观上"法的敌对意志力"的不同。迈耶指出："作为，乃系与法敌

① 刘士心：《不纯正不作为犯的等价性问题研究》，载《法商研究》2004年第2期。

② [日]日高义博：《不作为犯的理论》，王树平译，中国人民公安大学出版社1992年版，第78~112页。

对之‘意思的努力’，与之相对，不作为，则仅不过系未付以‘足以满足一般意思要求之努力’的意思薄弱而已。”由此，他还得出结论：“不纯正不作为，如具有同等程度之‘与法的敌对意志力’时，则此不纯正不作为，在法的意义上，即可谓与‘作为’同等，从而，可以将不纯正不作为犯与作为犯予以等值。”①

(2)积极利用意思力说。积极利用意思力说认为成立不纯正不作为犯，行为人在主观上必须出于“积极利用意思”，即确定的故意，而不能是未必的故意或过失。该说为日本早期判例、学说和改正刑法草案所支持。1918年12月18日、1938年3月11日日本大审院关于放火罪不纯正不作为犯的判例认为，要成立不纯正不作为犯，行为人主观上必须有“利用已发生火灾的意思”或“利用已经发生危险的意思”。② 与判例相呼应的是在日本刑法学界，不少学者支持此种观点。如藤木英雄主张行为人必须具有利用已经发生的事态，至少是故意放置的心态，对于结果的发生仅有容忍是不够的。③ 川端博认为，为了让不作为同作为在违法上等价，主观要件必须是积极的故意，未必的故意是不充分的。理由主要是，不纯正不作为犯本来仅对于业已存在的因果流程加以利用而已，具有消极性的存在，而未必的故意，也具有消极性的存在。两种消极性相加，其消极性更为显著，无法与积极作为同视。为弥补此项违法性薄弱的缺陷，使其具有与作为同等的违法性，在主观上应以结果发生的积极意欲存在为必要。④

(三)主客观相结合说

(1)综合性判断标准。考夫曼最先提出在作为义务之外考虑等价性问题。他认为不纯正不作为犯的成立，不作为不仅要在构成要件上与作为等价，而且在违法性与责任内容上同作为也有相同程度的评价，即不纯正不作为犯与相应作为犯要在当罚性上等价。⑤ 所谓“当罚性上等价”，日高义博认为实际上是指在综合的价值判断上相等。⑥ 亨克尔也主张虽通过肯定保证人地位，但关于刑法的责任即当罚性仍显得不足，因此需要补充该不作为与

① 洪福增：《刑法理论之基础》，台湾三民书局1977年版，第197~199页。

② [日]日高义博：《不作为犯的理论》，王树平译，中国人民公安大学出版社1992年版，第97~98页。

③ [日]藤木英雄：《刑法讲义总论》，弘文堂1975年版，第135页；转引自黎宏：《不作为犯研究》，武汉大学出版社1997年版，第113页。

④ [日]川端博：《不作为犯に书ける主观要件(反论と批判)》，载[日]植松正等编：《现代刑法论争Ⅰ》第98页；转引自许成磊：《刑法摭言》，中国人民公安大学出版社2008年版，第138页。

⑤ [日]日高义博：《不作为犯的理论》，王树平译，中国人民公安大学出版社1992年版，第102~103页。

⑥ [日]日高义博：《不作为犯的理论》，王树平译，中国人民公安大学出版社1992年版，第104页。

作为在违法内容上也是同价值的。① 这种观点被称为新保证人说。

新保证人说与保证人说有什么区别呢？本文认为存在以下不同点：其一，新保证人说将保证人地位从保证义务中分离出来，且认为保证人地位属于构成要件要素，而保证义务则归于违法性要素。所谓保证义务是指：在法律上负有必须防止构成要件结果发生的作为义务；而保证人是指在法律上负有必须防止构成要件结果发生的作为义务的人，通常是与受害法益存在社会通念上的依靠关系或特别义务关系。因以社会通念上的依靠关系或特别义务关系产生的，具有在法律上负有必须防止构成要件结果发生的作为义务之人的地位，被称为保证人地位。② 本文认为从定义与性质上来看，保证人地位是限制犯罪构成主体要件的要素。保证人地位应该与保证人义务相区分，在关于构成要件要素的错误问题上，保证人地位具备违法性推定机能，因而不阻却故意。其二，新保证人说将等价性作为不纯正不作为犯成立的独立构成要件之一。对此，详见本文第四部分的论述。

熊选国认为不纯正不作为成立需要同时具备四个条件，即作为义务、作为可能性、不履行义务、不作为与作为等价。既然法律把作为与不作为都规定在同一法条内，规定了同一法定刑，则表明不作为犯和作为犯在社会危害性及程度上应该是等价的和相当的，只有这样，才能保证定罪的准确性，并且符合罪刑相适应原则。不作为的等价性是一个综合评价的因素，须以各种犯罪所包含的危害性质和违法特征为判断基础，而就特定情况下的不作为与通常实现该种犯罪的作为相比较，以判断该不作为是否与作为的价值相当。③ 据此可知，熊选国将等价性作为不纯正不作为犯的独立构成要件之一，且他认为判断等价性问题应综合评价不作为方式表现出的社会危害性和违法性。

(2)犯罪构成整体等价值判断标准。持此类观点的学者认为论证不纯正不作为犯的等价性问题的根本目的在于不纯正不作为犯与相应作为犯具有相同的社会危害性，应受刑法处罚。所以等价性问题实质是不纯正不作为犯具备哪些与相应作为犯等价因素，需要与相应作为犯共用一个犯罪构成要件，即定罪可罚性问题。

我国学者何秉松认为："行为人以不作为方式所实现的犯罪构成事实与以作为方式实现的犯罪构成事实相当。所谓相当，是指这两种犯罪构成事实，除了行为的方式不同外，其犯罪构成的整体机能(犯罪性质和社会危害性)基本相同。"④我国学者曲新久对此表示："相当性原则是对成立不纯正不作为犯的必要限制，由此可以求得处罚不纯正不作为犯与罪刑法定原则一致。犯罪构成是由客体、客观方面、主体、主观方面构成的有机整体，以不作为方式实施法定由作为方式构成的犯罪，应当是在整体属性上与作为犯相当。而不能

① [日]日高义博：《不作为犯的理论》，王树平译，中国人民公安大学出版社 1992 年版，第 103 页。

② [日]大谷实：《刑法讲义总论》(第 4 版)，成文堂 1994 年版，第 160~162 页。

③ 熊选国：《刑法中的行为论》，人民法院出版社 1992 年版，第 162~165 页。

④ 何秉松：《刑法教科书(上卷)》，中国法制出版社 2000 年版，第 349 页。

仅仅理解为不纯正不作为行为在客观上造成或可能造成作为犯之法定的犯罪结果。”①

我国学者李金明认为：由于等价性判断要解决的是，在何种条件下，以不作为实施的犯罪与以作为实施的犯罪，构成何种犯罪的问题。所以从本质上讲，等价性判断属于定罪问题。而定罪的法律标准是刑法规定的犯罪构成，所以从原则上讲，等价性判断应当以具体犯罪的犯罪构成为标准来进行。② 只有在不作为与作为都同时符合具体犯罪的客体要件、客观要件、主体要件和主观要件时，不作为所实现的犯罪构成事实与作为所实施的犯罪构成事实，在刑法上才得到相同的评价，即等价。只有在此时，具体犯罪的不纯正不作为犯才得以成立。③ 但他又认为：由于不作为与作为在客观方面存在着差异，而客观方面的差异决定了主观方面也存在差异，这两方面的差异和二者在价值结构上的相同，共同引起了等价性判断问题的产生，而与客体要件和主体要件并无太大关系。因为在犯罪的客体要件与主体要件方面，不作为与作为并不存在差别，二者的适用条件是完全相同的。所以在确定等价性的具体判断标准时，可以撇开客体要件与主体要件，而将焦点集中在犯罪构成的客观方面与主观方面。④

三、等价理论与作为义务之间的关系与等价性判断标准的立场

(一)应在作为义务之外讨论等价性问题

日高义博认为仅凭作为义务和行为的可能性这两个要件不能说明等价的理由。即为什么不纯正不作为犯和作为犯虽然在存在结构上的不同，却可以根据与作为犯相同的犯罪构成要件来处罚。这是因为，有作为义务人的不作为和没有作为义务人的不作为都同样没有原因力，不能因为作为义务的存在就创造出原因力。故而认定不能在作为义务内讨论等价性问题，作为义务也不能成为等价性的判断标准。本文虽反对在作为义务之内讨论等价性判断标准，但也不认可日高义博否定以作为义务作为等价性判断标准的理由。

不是所有的不作为都要受到刑法的处罚，刑法只处罚那些社会危害性、犯罪性质同相应作为犯同等严重的不作为。即刑法只关注重要的不作为。而等价理论的宗旨就是提供哪些不作为违法行为以及这些不作为犯为何能与相应作为犯共用同一个犯罪构成要件的处罚原因和正当性根据。简而言之，就是不纯正不作为犯成立犯罪与受到刑法处罚的理论根据。

---

① 曲新久：《论间接故意之不纯正不作为犯》，载陈兴良主编：《刑事法评论》(第3卷)，中国政法大学出版社1998年版，第243页。

② 李金明：《不真正不作为犯研究》，中国人民公安大学出版社2008年版，第278页。

③ 李金明：《不真正不作为犯研究》，中国人民公安大学出版社2008年版，第279页。

④ 李金明：《不真正不作为犯研究》，中国人民公安大学出版社2008年版，第280页。

从逻辑上分析，我们可知，应先存在一个不作为行为，然后以该不作为行为为中心对象，结合其他要素，综合判断其是否已达到和相应作为犯具有同等严重程度的社会危害性，从而适用刑法预定为相应作为犯的犯罪构成要件，成立犯罪。因此成立不纯正不作为犯需要具备三个条件：其一是不作为行为存在且要素完备；其二是不作为"犯罪"事实存在且要素完备；其三是以不作为实施的犯罪事实与通常以作为实施的犯罪事实在刑法上评价相等，属于同一犯罪性质。显而易见的是，第一、二个条件是不纯正不作为犯成立的先决条件；第三个条件即等价条件，它必须以第一、二个条件为前提和基础。只有先存在一个要素完备的不作为行为，才能进入等价判断阶段。通说认为不作为是应为而不为，其成立的客观要件有：特定作为义务、作为可能性、不履行作为义务。因此作为义务是不作为行为成立的客观条件之一。由上所论可知，在逻辑上先得讨论不作为行为是否成立，然后再探讨等价性问题；而讨论不作为行为是否成立就得先论证作为义务，因此展现在我们面前的思维路线图是：论证作为义务→讨论不作为行为→探讨等价性问题。如此明白无误地宣告了作为义务与等价性问题的讨论逻辑有先后之分，而且等价性问题是独立于作为义务之外的。

此外由于纯正不作为犯与不纯正不作为犯都有法律上的作为义务，而单纯在作为义务中讨论等价性问题来认定不纯正不作为犯是不充分的，作为义务是不纯正不作为犯的必要条件而非充分条件。甚至现在研究认为作为义务在纯正不作为犯和不纯正不作为犯之处是有差别的，应该具体看待。如陈兴良教授认为，纯正不作为犯的作为义务与不纯正不作为犯的作为义务之间的区别是性质的区分而非程度的区分。① 因此为了更准确地区分纯正不作为犯与不纯正不作为犯，就应该在作为义务之外找到讨论等价理论的舞台。故而那些认为在作为义务之内讨论等价问题，以作为义务作为等价性判断标准的观点存在理论上的缺陷。但并不意味着作为义务并不重要，实际上作为义务的论证是不纯正不作为犯成立的必不可少的重要环节。此外，那格拉提出的保证义务的概念很有理论价值，值得借鉴。大塚仁主张不作为的实行行为性和张明楷论述的作为义务强弱的判断条件也为不纯正不作为犯的等价性问题的进一步研究作出了理论贡献。

（二）本文赞成犯罪整体等价值判断标准说

有学者认为，不作为犯的可罚性在于保证人地位与保证人之有无，具有该地位和义务就具有可罚性，与等价性毫无关系。只有在确定了不作为者具有可罚性的前提之下，才有必要进而思考该不作为是与作为的正犯还是参与等价，而不是必须先考虑等价性才能决定可罚性。②

---

① 陈兴良：《刑法的知识转型（学术史）》，北京大学出版社 2012 年版，第 297 页。

② 何庆仁：《义务犯研究》，中国人民大学出版社 2010 年版，第 102 页。

如前文所论，等价理论是提供哪些不作为违法行为以及这些不作为犯为何能与相应作为犯共用同一个犯罪构成要件的处罚原因和正当性根据。等价性是犯罪可罚的等价性，是对行为人进行处罚的根据，而不是决定行为人正犯的等价性。所谓等价性问题就是定罪正当且合理的问题。而定罪的法律根据则是刑法规定的具体犯罪构成，它包括客体、客观方面、主体、主观方面等四个方面的要件。因此，以不作为实施的犯罪事实要与以作为实施的犯罪事实在这四个方面的犯罪构成上同价值。因而任何忽略主观方面或客观方面的观点都存在不足与缺陷，不能完整的实现和表达等价理论的全部意旨。

我国学者刘士心主张的犯罪客观事实等价值说，将主观方面的内容排除在等价值判断之外，自有其不合理之处。但本文认为其依然蕴含着解决等价性问题的合理之处。危害行为是犯罪构成的核心内容，但并不是全部内容，等价性在内容上应当是以行为为中心的整个犯罪事实(而非只有客观要素)的等价。

日高义博所倡的构成要件等价值说，本文认为存在以下几个方面的不足。其一，将等价性问题局限于犯罪客观方面，忽视了主观方面等其他方面。其二，不作为人的原因设定标准实质上将等价性判断转移到了构成要件事实之外，因为原因设定行为不属于不纯正不作为犯的行为内容。如果将该原因设定行为强行归入不纯正不作为犯的必要的行为之内，势必造成不稳定，扩大或缩小不纯正不作为犯的成立范围，法的安定性与明确性遭受挑战。其三，不是所有的不作为都要受到刑罚的处罚，刑法只能处罚那些社会危害性、犯罪性质同相应作为同等严重的不作为。一般而言在事实层面上，不作为由于其在行为的实行行为性、因果关系等方面与相应的作为相比较，相对难以证明。但并不排除以不作为方式实施通常以作为方式实施的犯罪，在实行行为性、因果关系等方面具备刑法意义上的适格情形。例如，单身母亲将自己的婴儿放置其独居房间内饿死的情形，就与以其他作为方式实施的故意杀人犯罪相比就没有什么不同，各国刑法都将之视为严重的犯罪行为。因此，与“填补空隙”相比，本文更愿意用“正视差异”，即筛选出那些和相应作为具有相等实行行为性、因果关系等的不作为，过滤掉那些社会危害性尚不及相应作为的不作为违法行为。等价理论所要做的不是消弭差异、填补空隙，而是正视差异、找出筛选过滤的标准和媒介。

但是日高义博的构成要件等价值说提倡在作为义务之外讨论等价性问题是可取的。他不容置疑地指出不纯正不作为犯与相应作为犯存在结构上的差异和等价存在的必要性命具有理论进步价值。而“特别行为要素”的提出，在本文看来更是给出了筛选过滤的一条具体标准，因而具有突破性意义。

我国学者李金明认为主观说打破了以往仅从客观方面寻找等价性判断标准的传统，转而从主观方面来判断不纯正不作为犯与相应作为犯的等价性，开阔了人们视野，具有一定的新意，因而赞成将主观要素作为等价性判断的具体标准之一。但他认为主观说也存在以下缺陷：其一，将不纯正不作为犯的成立仅限于直接故意，缩小了不纯正不作为犯成立范围，事实上，无论是故意还是过失，都存在成立不纯正不作为犯的可能性；其二忽视了客观方面的等价判断，可能将在行为方式上(如抢劫罪中的暴力、胁迫)根本无法与作为等价的不作为，也误作不作为，从而扩大不纯正不作为犯成立范围。① 本文赞成李金明对主观说的分析。

综合性判断标准抓住了等价理论的实质问题，因此无论是"新保证人说"还是我国学者熊选国的论点都具有较大合理性。特别是"新保证人说"将保证人地位分离出来，颇具创新的理论研究价值，本文也将其作为不纯正不作为犯与相应作为犯等价性问题筛选过滤的又一条具体标准。保证人地位具有以下两层含义：其一，保证人地位是指受保证义务约束之人，即主体必须有保证义务；其二，保证人与受害法益通常有社会通念上的依靠关系或特别义务关系。因此保证人地位可以筛选出哪些行为人可以成为不纯正不作为犯的犯罪主体，过滤掉那些在社会危害性严重程度等方面比不上相应作为的不作为行为，从而排除其成立不纯正不作为犯的可能。此外保证人地位还具有表面证据价值。如果行为人具有保证人地位，那么其与不具备保证人地位的人的不作为相比，其主观罪过表现得更加明显，使得行为人与发生的危害结果在主观罪过方面更加紧密。

但是综合性判断标准可能是想在理论上做到大而全，以达到无缺陷的目的，却又弄巧成拙。它的优点是综合各种要素判断，缺点也是综合各种要素判断。因为随着具体案件的变化，需要纳入构成要件讨论的因素变得不确定，即以什么素材作为等价性问题判断对象并不明确，那么判断就可能存在很大的任意性，从而不纯正不作为犯的成立范围也变得不可预见，刑事司法的精确性也无从体现。总而言之，综合性判断标准即没有标准，它未提供一个明确的、可供操作的标准，没有实证价值，不便于刑事司法的高效化。

本文虽然支持犯罪整体等价值判断标准，但认为可以找到具体几条判断标准，使得不作为所实现的待评价的"犯罪"事实在社会危害性、犯罪性质方面与通常以作为实现的犯罪事实等价值。除以上论述的"特别行为要素""保证人地位"外；本文主张"行为人对法益侵害具有排他的支配力""法益面临现实、紧迫的危险"也作为等价性考量具体标准。只不过为避免离题，对后两个具体标准不在本文加以详细论述。这些标准是用来筛选过滤，判断对象在社会危害性、犯罪性质程度的度量衡。

四、等价性不是不纯正不作为犯成立的一个独立成立要件

对于此命题，在各路学者的论述中存在肯定说和否定说。肯定说认为等价性属于不纯正不作为犯成立的独立成立要件之一；否定说主张等价性不是不纯正不作为犯成立的独立成立要件。

① 李金明：《不真正不作为犯研究》，中国人民公安大学出版社 2008 年版，第 272~277 页。

(一)肯定说

支持“新保证人说”的日本学者内藤谦认为，该不作为同与该不作为对应的作为犯——在考虑各种各样的构成要件的特别行为要素为主的各种场合之后，进行类型化而归于不法责任的类型——在构成要件的实现上具有同等价值。这样，该不作为在存在保障人的地位之外，考虑各种情况，而与以作为实现构成要件具有同等价值的场合，可以说该不作为与符合构成要件的作为的实行行为具有同等价值。在此范围之内，该不作为就作为实行行为而被类型化，这样，就可以肯定不纯正不作为犯是可以成立的。在此意义上，不纯正不作为犯的成立要件，除保障地位(作为义务)之外，同时还有所谓等价值性的要件。①

支持“新保证人说”的日本学者川端博认为不纯正不作为犯的成立要件有五项：(1)不作为的存在；(2)作为的可能性与作为的同价值性；(3)不作为与结果的因果关系；(4)保证人的地位与作为义务的存在；(5)故意、过失的存在。② 因此他认为等价性是不纯正不作为犯成立的五个独立的构成要件之一。

我国台湾学者林山田将不纯正不作为犯的成立要件列为六项：构成要件该当结果之发生、不为期待行为、不作为与结果间具有因果关系、行为人具有保证人地位、具有防止结果发生的实施可能性、不作为与作为等价。③

此外持肯定说的学者还有黄仲夫④、刘士心⑤等。

(二)否定说

我国学者何秉松将不纯正不作为犯的成立要件列为：行为人负有不使符合犯罪构成的一定结果发生的义务；行为人有防止结果发生的现实可能性；行为人以不作为方式所实现的犯罪构成事实与以作为方式实现的犯罪构成事实相当。⑥ 因此他认为等价性不是不纯正不作为犯成立的独立构成要件之一。

我国学者张小虎对此也持否定观点。他坚持二层次构成要件理论，主张构成要件形式与严重危害实质双面统一，由此所谓等价值性既是实质的，也是形式的。不纯正不作为犯的成立具有诸多要件，这些要件的整合使不纯正不作为犯与法定作为犯，在形式与实质均可等值。形式上空隙可于填补，实质上否定价值同等。这样，等价性并非单一的构成要

---

① ［日］内藤谦：《刑法修改和犯罪论(下)》，日本有斐阁1976年版，第439页。

② ［日］川端博：《刑法总论讲义》，日本成文堂1997年版，第218~219页。

③ 林山田：《刑法通论》，台湾三民书局1986年版，第294~306页。

④ 黄仲夫：《刑法精义》，台湾五南图书出版公司2001年版，第60~61页。

⑤ 刘士心：《不纯正不作为犯的等价性问题研究》，载《法商研究》2004年第2期。

⑥ 何秉松：《刑法教科书(上卷)》，中国法制出版社2000年版，第237~240页。

件，而是综合的评价结论。①

我国学者肖中华认为："等价性实质是对不纯正不作为犯形态下各种构成事实特征的综合判断，不能单独成为不纯正不作为犯形态的成立要件。"②

(三)等价性不是独立成立要件

本文赞同等价性不属于不纯正不作为犯成立的独立成立要件。如前文所论，以不作为方式实现的犯罪事实与通常以作为方式实现的犯罪事实在刑法整体评价上等价值，也就是说，是不纯正不作为犯与相应作为犯在社会危害性、犯罪性质等方面的整体等价值。因此等价性不可能是不纯正不作为犯成立的独立成立要件之一，等价性只是为限定不纯正不作为犯成立的范围，筛选过滤出那些在社会危害性、犯罪性质等方面与相应作为犯相等的不作为犯罪。

那些认为应在作为义务之内探讨等价性问题的学说，根本不可能支持等价性成为独立成立要件的观点。而那些主张等价性应独立与作为义务讨论的客观判断标准、主观判断标准的学说早已因出发点存在缺陷而失去了对等价性问题准确完整把握的机会。至于那些虽然持综合判断标准，却又认为等价性是独立构成要件的学说陷入了自相矛盾、同义反复的泥潭。如熊选国持综合性判断标准，却又主张等价性为不纯正不作为犯独立构成要件之一。如果我们能根据具体案情给出的要素(如违法特征、危害性质、行为侵害性、责任因素等)综合判断出具有等价性，那么我们又何必将综合判断出的等价性只作为不纯正不作为犯成立的成立要件之一，然后再结合其他构成要件使不纯正不作为犯成立呢？因为如果我们能综合案件中的违法特征、危害性质、行为侵害性、责任因素等判断出具有等价性，即意味着与相应作为犯在社会危害性、犯罪性质等方面价值相等，也就表明不纯正不作为犯成立，而不再需要进行重复判断了。也即等价性是不纯正不作为犯与相应作为犯在刑法非难价值上相同的结论性评价。

① 张小虎：《犯罪论的比较与建构》，北京大学出版社 2006 年版，第 169 页。

② 肖中华：《犯罪构成及其关系论》，中国人民大学出版社 2000 年版，第 364 页。

社会治理创新视阈下的社区矫正检视①

一、社区矫正与社会治理创新的关系

(一)社区矫正是社会治理创新的一项子内容

(1)治理层面。第一，社区矫正与社会治理创新的工作主体具有重叠性。我国并未完全开放社会力量参与社会事务治理的自由，而是采取一种保守的相对开放的方式，促使社会力量在国家主导之下平稳地发挥作用。因此工作主体仍以公检法司等国家机关为主，社会力量以配合的主体身份协同参与。第二，社区矫正与社会治理创新的工作客体具有相容性。社区矫正主要适用于管制、假释、缓刑、暂予监外执行的四类罪犯。而社会治理创新除此之外，还需要治理农村留守老人儿童、流动人口等。第三，社区矫正与社会治理创新分享同样的方法和平台。通用的方法是针对性地治理服务、帮助教育，多采用互动式、接纳式和说服式。而社区、基层行政组织，不仅作为社区矫正的治理基地，也是各种社会治理创新的重要工作平台。第四，社区矫正与社会治理创新拥有相融的工作理念。它们共同的理念是创造更好的条件，为各类工作对象进行有效的治理和服务，实现最优社会效果，确保国家长治久安。有学者提出社会管理创新的人本化，认为传统的管理是把人作为对象即客体的管理，而社会管理创新要以人为中心和出发点。②

(2)功能层面。第一，解决社会问题。社区矫正创新了刑罚执行方式，分担了此前非监禁刑罚执行乏力、失灵、弃用而产生的社会问题所形成的责任。实现了犯罪防控、社会治安治理的社会问题的社会化，用社会的力量消融社会问题。这正是社会治理创新的应有之义。第二，应对社会风险。社区矫正的核心议题就是危险治理。多元化的治理主体，加上科学的危险治理程序和手段，实现再犯危险的认识、分类、阻隔、控制、降低，最后达到危险消除，实现改造管治、教育帮扶以及感化复归的良好矫正效果。因而从风险总量

① 本文原载于《江苏警官学院学报》2014 年第 5 期，系林亚刚教授与其博士研究生黄鹏合著。

② 缪文海:《社会管理创新视阙下的社区矫正创新》，载《行政与法》2014 年第 4 期。

上、风险类别上减少社会风险聚集，使得部分社会风险消弭于社会海洋之中。第三，协调、规范社会关系。社会转型时期的中国社会关系庞杂，各种社会力量悄然成长。在未开放社会力量参与社会事务治理的情况下，有可能导致社会力量的失控，突破传统界守的领域，而引发社会问题，也不符合社会发展的规律。而主动引入社会力量来表达、整合、协调各自关于社会事务的利益关切和诉求，是平稳地实现协调各种蓬勃发展的社会力量，达到转型剧变时期规范各种社会关系的目的。第四、保持社会公正、稳定。毫无疑问，不管是社区矫正还是社会治理创新，它的目标与功能都是为了高效解决政治、经济、法律等社会矛盾，保持法治国家、市民社会的稳定发展。

(3)价值层面。第一，自由、人权、秩序、正义等法律价值不仅在社区矫正中实现，也是社会治理创新的价值追求。社区矫正是自由、人权、秩序、正义等法律价值要求之下的罪犯处遇理念的具体要求，也是社会治理创新的具体实现。社区矫正制度正是社会治理创新其中一项重要的法律机制，它完善了刑罚执行方式，符合法治国家发展的运行规律。第二，从政治治理价值角度来讲，最重要的是疏导、平衡社会发展中任何有相当必要性和正当性的利益，而为实现这一治理目标，有可能也有必要创新治理方式，通过各种社会力量制度性地表达其对社会、国家或只是地区性的利益关切，有序地汇集和规范地输送各种社会力量的有关资源。社区矫正是国家疏导、平衡民间的正当性利益组织参与社会治理，直接或间接地表达对特殊群体的改造管治、教育帮扶以及感化复归的关切的半开放机制和渠道。

(二)探索社区矫正完善创新治理工程

实施社区矫正，是将服刑人员放置社会之中进行治理。因此需要改善社会结构、修复社会关系、建立新型的合理社会组织，达致社会调适、转化服刑人员的结果。因此在社区矫正实践中，增加家庭的监管责任或者压力，修复社区的控制能力，增强公民防范犯罪行为人的参与意识、保护意识，促进了社区免疫犯罪行为人侵蚀的能力。① 社区矫正经过十年来的试点摸索到写入刑法修正案、刑事诉讼法等，取得很多成就、积累了很多治理经验，但也发现了作为外来移植的法律制度与我国的法律文化和社会环境所产生的实践空隙。因此如何正确对待这些空隙，就成了完善社会治理创新之下的社区矫正继续作为法律制度的重要议题。

毫无疑问，第一，需要优化组织领导机制，适应社区矫正制度的性质。第二，需要加强法律规范的建设，让社区矫正工作有法可依，更加规范化、高效化。第三，需要探索监督治理方式的创新，社区矫正不能停留在目前行政治理的层面。第四，需要跟上相关配套

---

① 王燕飞：《社区矫正：罪犯管理创新的社会义举——以湖南省试点为切入点》，载《湖南警察学院学报》2014年第2期。

设施和支持，如经费保障、社区建设、队伍建设、信息化建设等。第五，需要进一步开放社会力量参与社区矫正的方式，提高危险治理的科学水平。本文拟就社区矫正作为刑罚执行方式、社区建设和危险治理三个主要问题进行深入探讨。

二、从作为刑罚执行方式的视角看社区矫正

(一)国际立法潮流与大国形象

社区矫正借鉴外国先进经验引入本土数年试点后，正式写入刑法，虽尚未独立成法，但适应了行刑社会化、刑罚轻缓化与人权保障的国际立法潮流，也展现了中国崛起成为负责任大国的世界形象。《囚犯待遇最低限度标准规则》第 61 条规定：“囚犯的待遇不应侧重于把他们排斥于社会之外，而应注重他们继续成为组成社会的成员。”①《北京规则》第 1.3 条规定：“应当充分注意采取积极措施，这些措施涉及充分调动所有可能的资源，包括家庭、志愿人员及其他社区团体以及学校和社区机构，以便促进少年的幸福，减少根据法律进行干预的必要，并在他们触犯法律时对他们加以有效、公平及合乎人道的处理。”②《东京规则》第 112 条规定：“拟促进社区在更大程度上参与刑事司法治理工作，特别是在罪犯处理方面，并促进在罪犯当中树立对社会的责任感。”③可以看出，确立社区矫正制度，不仅是创新社会治理机制，也是中国顺应全球化立法精神的体现。

(二)刑罚资源有效利用

“社区矫正写入刑法是人权原则的价值凸显，它促使刑罚结构进行有效调整，在彰显尊重宪法与保障人权层面有着里程碑意义。”④肉体刑发展为自由刑是刑罚执行的第一次飞跃；那么社区矫正代表了刑罚执行由监禁刑进化到非监禁刑的第二次飞跃。每一次变革都是在特定的社会历史物质条件下发生的。因此社区矫正所代表的非监禁刑罚执行活动也产生在中国矛盾大爆发的社会转型时期。监狱资源的有限性满足不了日益增长的服刑人数，因而国家需要另辟蹊径，找寻能够消化和管治罪犯的通道。加上社会本就是犯罪原因之一，从哪里来到哪里去，社区矫正不仅矫正罪犯，对社区也是一项教育治理的方式。因而用社会力量管治符合特定条件的罪犯，有效解决行刑资源不足的困难，集中司法资源应对重大刑事犯罪，促使刑罚资源有效利用。这意味着被判处管制、被裁定假释、被宣告缓

① 该《规则》1955 年在日内瓦举行的第一届联合国防止犯罪和罪犯待遇大会上通过。

② 该《规则》1955 年在日内瓦举行的第一届联合国防止犯罪和罪犯待遇大会上通过。

③ 该《规则》即为 1990 年 12 月 14 日通过的《联合国非监禁措施最低限度标准规则》。

④ 储槐植、闫雨：《论刑罚结构的调整对宪法尊重保障人权原则的回应》，载赵秉志、张军主编：《刑法与宪法之协调发展》，中国人民公安大学出版社 2012 年版，第 268~276 页。

刑、被暂予监外执行的人员服刑过程中，能够尽可能多地使用社会资源，如社区的帮教资源、民间组织资源等，而不仅限于政府提供的人力、物力资源。

管制、缓刑、假释均属于非监禁措施。一个正常的社会所对应的刑罚结构，应为金字塔型，即判处生命刑的应为最少数，处于塔尖；而监禁自由刑也按照刑期长短呈现金字塔状，总体数应多于生命刑而少于非监禁刑，处于塔腰；而非监禁刑应占最大比例，处于塔基。然而刑罚结构并不是一个简单的刑法理论问题，它涉及犯罪控制、司法资源以及社会承受度等诸多问题。司法实践表明，我国法院受限于非监禁刑的运作机制和实际操作效果，更加依赖于对被告人判处监禁的自由刑。“在实务中，可判监禁刑又可判管制的，倾向于判监禁刑；甚至对不宜判监禁刑的也采用监禁刑，致使罪刑结构明显失衡。”这种司法习惯透露出管制、假释以及缓刑作为刑罚种类的失灵。如果不是刑种制度上的不合理，那么问题只可能出在刑罚执行内容上。社区矫正的确立，加强了非监禁刑罚的执行内容，解决了非监禁刑的运作机制、保障机制的故障，优化了司法实践中的刑罚执行结构，促使刑罚资源有效利用。

（三）刑罚目的理论的反思

作为社会治理创新内容下的社区矫正，在理论上一再强调淡化刑事惩罚的色彩，几乎全力突出教育帮扶的内容和感化复归的目标，会造成社区民众的误解、质疑法律正义，甚至给服刑人员造成犯罪无须受罚反而获益的错觉，这必然触发对社区矫正作为刑罚执行方式的刑罚目的之反思。刑罚目的在理论上主要有三种学说。①

一是刑罚是对犯罪的报应，是报应刑论的核心意旨。它根据已然之罪科处刑罚，追求罪刑均衡，因此被称为回溯型理论。报应刑论是一种基于反射性关乎直觉的理论，它试图证成刑罚是犯罪行为符合伦理逻辑的直接后果，确保“因犯罪恶行而遭致刑罚处罚，并且只能是与罪行相称的刑罚”这种法律路径得以贯彻执行。它要求施于犯罪行为人合乎社会平衡所需要的，且在伦理上是被接受和在法律上是被认可的痛苦。

二是刑罚是预防社会遭受侵害而采取的手段，是功利论的核心意旨。它根据未然之罪科处刑罚，追求保护社会秩序，因此被称为前瞻型理论。功利刑论是一种基于目的性关乎理性的理论，它试图证成刑罚是预防未来犯罪符合社会生活经验的重要后果，确保“因体现出犯罪的危险而遭致刑罚处罚，通过威吓、教育来保全社会利益”这种法律路径得到贯彻执行。它又分为威慑论与矫正论，其共同点在于通过目的的正当性来证成惩罚手段的合理性，始终关注刑罚发动的社会功利性。

三是折中观点说的观点。该学说认为，报应刑解释了刑罚施加对象的适格性，表明了刑罚量的程度的评价标准，宣示什么样的行为被禁止；而功利刑阐述了现代文明社会实施

① 林亚刚、黄鹏：《劳动改革与刑罚权扩张论辩》，载《西部法学评论》2014 年第 2 期。

刑罚的正当性，回答了“什么样的刑罚制度适合人类社会发展而值得鼓励”的问题，强调什么样的行为才是被允许的。因此只有结合两者，才能正确解释刑罚目的。此外还有一些学说解开报应、功利论的束缚，建立了积极的一般预防理论，① 它的主要思想是使违反法规范的犯罪人通过刑罚的作用实现法规范内化的效果，达到法的贯彻与保全社会的目的。因此，即使是功利论中的矫正论，也承认刑罚的刑事惩罚性质。因而作为非监禁刑罚执行方式的社区矫正，不能忽视刑事惩罚的功能。有学者指出：虽然社区矫正的社会工作元素非常明显，但是刑事制裁性仍是其首要特性。② 因此单纯地强调教育帮扶的内容和感化复归的目标，甚至回避刑事惩罚性质，不是科学对待社区矫正的态度，而是一种矫枉过正的误解。但由于能获得社区矫正的必要条件是罪行较轻，社会危害性、人身危险性程度不是特别严重等，因而在惩罚的前提之下，更多地让社区力量、志愿者和民间组织参与到帮助服刑人员教育改造、复归社会的工作中来，从而形成一种公私共处寓于社会的罪犯矫正模式。

(四)社区矫正手段的扩充

作为一项刑罚的执行方式的社区矫正，虽然无论如何都脱不掉刑事惩罚色彩，但毕竟与监禁自由刑相区分，因而在社区矫正的执行手段方面就有了更广阔的选择。有学者考察我国的《刑法》《刑事诉讼法》《监狱法》《社区矫正实施办法》等法规及各地关于社区矫正的规定发现，只有禁止令、定期报告、教育、公益劳动、治安管理处罚等手段。③ 社会治理创新下的社区矫正，要求矫正的手段和方式，应具备“超市化”的特征，即针对不同的矫正对象特点，因人施法，通过矫正手段和方式的精细化来实现矫正效果的最优化。有学者提出，如惩罚性服务、家庭监禁、禁毒矫治、宵禁、电子监控、中途训练所、连续报告制度、半开放式工作等，以增加法院裁决及社区矫正适用的灵活性。④

三、社区矫正中的“社区”之法理检

现代社会，“社区是独立于政治国家的市民社会的自主治理的社会生活领域。市民社会的发育是社区矫正制度得以实施的社会结构基础。”“因而市民社会在社会治理、运转过程中，拥有足够的物质生活条件和基础资源去吸纳、融合和净化这些服刑人员。而吸纳、融合和净化的能力又与市民社会自身发育成熟程度有关。很显然，我国发育不成熟的市民

---

① 积极的一般预防理论(Intersivierung der Strafverfolgung)是欧洲大陆刑罚改革的成果。具体论述参见柯耀程：《变动中的刑法思想》，台湾瑞兴图书股份有限公司 1999 年版，第 445~456 页。

② 但未丽：《社区矫正：立论基础与制度构建》，中国人民公安大学出版社 2008 年版，第 22 页。

③ 参见缪文海：《社会管理创新视阈下的社区矫正创新》，载《行政与法》2014 年第 4 期。

④ 参见缪文海：《社会管理创新视阈下的社区矫正创新》，载《行政与法》2014 年第 4 期。

社会无法为社区矫正工作提供厚实的社会基础。作为市民社会的表现形式之一的社区，在完成了各项形式建设后，经过十几年的探索也正在形成各自的社区文化和社区意识。然而传统的单位制分配社会资源的历史观念，以及社区居委会的基层政权化，阻碍了居民"社区共同体"参与意识的提高，许多居民仍习惯遵从行政指令办事，而很少以自我权利的态度积极参与到社区事务治理中。据零点公司在北京进行的调查，"只有2.0%的居民参与过社区矫正工作，且以退休工人和少部分下岗职工为主。参与者主要是通过社区居委会的招募而加入社区矫正工作中"。"从全国相当多的社区居民参与社区建设、社区治理和社区服务情况来看，普遍处于消极、被动状态。因此社区无法主动内生一套链接、调动、整合资源来配合社区矫正的工作机制，只得依靠外部相关行政指令和其他地方的工作模式。甚至在无相关实施细则及行政指令的情况下，社区居民不能组织起来，或者不知道服务的权利边界而无法提供有效的社区矫治服务。"

从国际经验来看，"社区中的民间组织和志愿者在服刑人员的社区改造管治、教育帮扶以及感化复归的工作中，承担着十分重要的功能"。① 民间组织和志愿者参与社区矫正，这正是新型社区制下公私参与、共治的罪犯矫正模式区别监禁刑罚的特色所在，也是社区矫正制度能否取得法律效果和社会效果的重要前提条件。根据民政部统计，"截至2013年6月底，全国依法登记的社会组织有50.67万个，其中社会团体27.3万个，民办非企业单位23万个，基金会3713个，从业人员超过1200万人"。我国的社会组织已形成一定规模，逐渐成为政府职能移转的承接者、法律政策的重要实施者以及社会服务的重要生产、提供者。然而与欧美国家相比，我国的社会组织与国家整体发展水平不相匹配；与其他社会组织相比，服务于社区矫正的民间组织发展相当不足。同样的，志愿者队伍的发展处于不完备的阶段。无可否认民间组织、志愿者发育不良的社会现实与特殊时代拥有掌握、分配所有资源权力的单位组织制度有很大的关系。没有足够的生存发展所需的空间和资源，民间组织从一开始就不具备参与社会治理、服务的能力。民间组织只得依靠政府，才能参与公共事务，缺乏自主性。因此，很多民间组织没能成为政府职能移转的承接者，反而间接成为行政管理的触角，扩大了政府的权力边界。这种听令而行的管理模式限制了民间组织参与公共事务的能力，反而无法实现社区矫正作为社会治理创新，降低行刑成本的制度设计理念。

户籍制度和城乡二元结构也影响着社区矫正的司法实践功效。社区建设更多的是讨论城市社区建设，而往往忽略更大范围的农村社区建设。② 首先因为我国执行属地管辖原

① 高梅书：《社区矫正社会参与不足之深层原因及对策探析——基于市民社会视角》，载《中国刑事法杂志》2013年第8期。

② 1986年为配合城市经济体制改革，民政部首先倡导社区服务，旨在城市开展以民政对象为主的福利服务和便民利民服务。1999年民政部先后选择社区服务和城市基层工作基础比较好的26个城区为社区建设实验区。而农村社区建设牵涉的问题更加复杂困难，所以成效甚微。

则，农村人口犯罪因户籍不属所在城市而不便适用非监禁刑，致使法律适用上的不公平。其次农村社区矫正所需要的社会力量、技术、物质支撑根本无从谈起。甚至由于生计压力，许多农村社矫服刑人员外出打工以解决家庭生活问题，社区的改造监管鞭长莫及。此外具有深厚根基的农村熟人社会，服刑人员难免作为茶余饭后的谈资，要承受巨大的隐私压力。因此既不利于矫正工作的开展，也不利于农村社区的和谐，收不到制度设计的预期功效。有学者从“枫桥经验”得出结论：“农村社区矫正只有在村民法治的结构形态中才能得以存活。”因此，在户籍制度和城乡二元结构的环境下，如何高效实施社区矫正制度，值得所有人深思。值得注意的是，财政部和民政部联合发布的《关于政府购买社会工作服务的指导意见》政策，将社区矫正列入政府购买社会工作服务的体系之中，表明国家对社区矫正的财政支持。希望能合理分配资源，缩小城乡在社区矫正上的差距，实现法律适用上的公平。此外正在进行的户籍制度改革，并不是说只要取消农业户与非农业户的二元划分，就能实现两者在社会治理中的平等。农业户与非农业户的背后有着全然不同的社会资源、生产生活、发展路径等实质性差别。

四、社区矫正中的危险治理

（一）危险治理的含义与内容

非监禁性作为社区矫正与其他监禁自由刑相区别的最重要的标志。然而社区矫正仍是以刑罚为前提，这就意味着社矫服刑人员具备一定的人身危险性，至少这种人身危险性曾经以犯罪的形式显示出来过。那么作为社区矫正所关注的“危险”，在法律上有何含义呢？

社区矫正范畴中的危险，一般认为是指社矫服刑人员实施新的违法犯罪行为的可能性。虽然“是否再发生危害社会的危险”也是作为法官在判处刑罚、实行社区矫正时要考量的因素，但这只能根据犯罪人已有的要素和判处前相关意见、情况所作的风险评估报告决定。这个不再发生犯罪危险的风险评估，以已客观存在的事实要素为考察对象所得出的结论，在统计概率学上是科学的。但是社区矫正是一项长期的、动态的执法活动，无可避免突发事件对服刑人员的是否再实施违法犯罪行为的影响。因而在矫正前科学评估危险的前提下，仍需要在矫正时谨慎进行风险治理和个案治理。

因此风险治理在社区矫正制度中，是指社区矫正机构通过对服刑人员的危险因素的认识，并划分危险情况类别；准备危险处理办法预案；在出现危险时快速甄别、选择并执行相关处置方案，以期达到改造管治、教育帮扶以及感化复归的最佳矫正效果的科学管治方法和手段。它包括：（1）外部危险阻隔。社区矫正为服刑人员提供一个良好的改造管治、教育帮扶以及感化复归的条件和环境，将外部可能引发服刑人员再发生危害社会的危险情况阻隔开来。(2)内部危险消化。首先是危险控制：对服刑人员制定适当的监管计划，限制一定的人身自由，从而减少其进行犯罪活动的机会。其次是危险降低：通过思想德育、心理健康治疗以及法制教育等工作降低服刑人员的人身危险性，促使其健康复归社会。最后是危险预防：通过就业培训、解决生活困难等帮困扶助，从根本上抑制再犯的危险。如武汉市花桥街司法所从犯罪类型、基本情况、家庭背景、生活经历及主要社会关系等因素对社矫人员进行风险评估，制定不同的矫正方案，进行分类和分阶段治理风险，避免矫治工作形式虚化、走过场。①

个案治理有三步："一是进行危险评估和需要评估；二是根据危险和需要评估的结果进行分类，制定监督方案，明确监督的等级、种类、内容、目标等；三是按照工作量分配监督案件。"②人身危险性在法律意义上具有个别化的性质，因此社区矫正必须进行以区别对待和个别化处遇为治理原则的个案治理。需要加以注意的是危险和需要评估，这是进行个案治理的基础。首先是危险评估，一般有两种做法：统计式和诊断式。③ 统计式相对简单易操作，因此在我国环境下易被社矫机构采用。其次是需要评估，旨在了解、满足社矫服刑人员的合理需要，抵消或降低其不合理需求乃至再犯动机的萌芽，创造有利于他们复归社会的积极条件。④ 这种以需要为基础的新型治理模式的形成，一方面遵循了风险治理的分类规律，另一方面也迎合了通过满足合理需要疏导非正常心理来降低、消除风险程度的化解规律。

(二)危险治理的关键是服刑人员"自由度"的平衡

将罪犯投入到社区环境中进行矫正治理，必然牵动社区居民的生活安全感。若处理不好这种安全感，社区矫正制度必然会遭到社区居民的抵制。因此在危险治理中需要处理好对社区居民进行危险抚慰疏导，以及对服刑人员进行危险控制消除。特别要注意的是社区矫正蕴涵刑罚惩罚性与司法复归性双重法律价值目标，缺少其一即违背了制度设计理念。因此实现社区矫正制度目标的关键在于矫正机构对矫治工作价值实践的平衡。然而社区矫

---

① 具体内容参见王玲：《构建社区矫正新模式推动社会管理创新——以武汉市花桥街司法所的实践为例》，载《长江论坛》2014 年第 1 期。

② 吴宗宪：《论社区矫正中的危险控制》，载《中国司法》2005 年第 1 期。

③ 统计式风险评估是指将服刑人员有关重新犯罪的情况和信息一一列举，折成分值，评估的内容包括静态的和动态的、不变的和可变的因素，通过统计，将服刑人员划分为不同的风险等级；诊断式风险评估要求诊断工作者注重考虑服刑人员在人格特征和精神疾病等方面的因素，同时注意考虑与重新犯罪相关的在生物学、社会学和心理学等诸方面的综合因素，预测服刑人员重犯的可能性。诊断式的评估要求评估者在心理学和精神病方面有更加专业的知识，评估一般适用于某些特定的服刑人员。

④ 需要评估的原理是：它是以人内部的缺乏或不平衡状态，表现出其生存和发展对于客观条件的依赖性。当个体某种需要没有得到满足时，就会产生相应的动机，并且促使他去从事满足需要的行为活动。

正中容易出现的情况是：对服刑人员的不必要干预，控制过严；或者对服刑人员的放任随意，控制过松。

控制过严。矫正机构和矫正工作人员承担着对服刑人员改造管治、教育帮扶以及感化复归的工作。出于行政管理的遗传性，矫正机构和矫正工作人员会自觉或不自觉地收紧对服刑人员的管控，进行超过必要限度的干预，最大限度预防自己职责内的服刑人员再发生违法犯罪行为的可能性。这种方式实现了刑罚惩罚性价值目标，但模糊了与监禁自由刑的界限，忽视了司法复归性的价值目标。

控制过松。过于宽容的社区矫正无疑会造成刑罚惩罚性价值的缺位，忽视了社区矫正作为非监禁刑罚执行方式的基础属性。首先对服刑人员来说，可能会造成一部分人误解社区矫正的制度本质，感到犯罪被罚不过尔尔故而敢再犯，没有实现刑罚的特殊预防功能。其次对潜在的犯罪人来说，没有受到威慑而促使其外化犯罪危险，没有实现刑罚的一般预防功能。再者使被害人与守法者的法感情意识受到冲击，没有实现刑罚的安抚功能。对社区来说，若社区本身存在不良团伙，即社区无足够自净能力，反而会造成社区深度污染。还可能出现服刑人员对社区居民的反噬污染。因此社区矫正不能给人们造成一种假象，即通过违法犯罪判处社区矫正可以获益。若社会整体发展不足，社区矫正服刑人员因受社区矫正而获得超过自身未违法犯罪之前的待遇，或者超过社区一般生活水平时，那将孕育另一场社会病毒的爆发。

五、制度的学理反思

一种制度存在的正当有效性取决于其存在的合理性、功利性、合法性。相对来说，合理性和功利性是观念性、基础性和根本性的因素，而合法性具有表象性、技术规则性特点。需求是功利性的核心之源，满足功利性需求是一种法律制度确立和发展的内在动力。对于法律制度有效运作的正当的内在根据是合理性，即平衡不同利益和需求的性质和能力。合理性从制度整体角度制约功利性的膨胀，使得功利性在合理性范围内发挥作用。而合法性只不过是用立法权力确认一种事物在运作过程中的功利性和合理性。对于社区矫正而言，其功利性在于行刑社会化、刑罚轻缓化和司法复归化，行刑资源的相对有限性与服刑人员的相对无限性之间的矛盾为此提供了强大的需求。其合理性在于行为危害社会的程度不是特别严重，以及感化复归的刑罚矫正目的的实现，以期平衡社会利益与服刑人员利益。

虽然社区矫正制度是一项政府主导下的吸纳民间社会力量共同参与的非监禁刑罚执行方式的制度，但它内含了转型时期矛盾大爆发、利益多元化之下的社会力量参与社会治理的要求。因而从社会治理创新视阈来看，社区矫正制度吸纳社会力量共同参与的背后是综合的实用主义和深远的政治运作的考量。“社区矫正是建立在社区自治基础上的一项法律制度，也是政府移交社区的一项公共事务。”①社会参与性是社区矫正的本质特征。在单位制下的政府单一管治模式向新型社区制下公私参与、共治模式转变的环境下，社区矫正目前尚未实现高效运转，有许多需要克服的困难。从与监禁自由刑的区别来看，社区矫正需要最大限度地利用社区的力量，链接、调动、整合社会资源，做好刑罚惩罚性与司法复归性之间利益冲突的平衡，进行危险合理化治理，完成法律制度的中国化，最终实现司法效果与社会效果的和谐统一。

① 刘爱童：《社区矫正法律制度探究——以城市社区为视角》，载《法学评论》2012 年第 6 期。

不纯正不作为犯等价性考量的具体标准研究①

一、问题的提出

等价性理论是为解决处罚不纯正不作为犯和罪刑法定原则之间的冲突而提出来的。等价性与作为义务之间的关系是两个各自独立的命题，应该分别予以讨论，在作为义务之外判断等价性问题。而且等价性并非是不纯正不作为犯成立的一个独立构成要件。它是不纯正不作为犯与相应作为犯在刑法非难价值上相同的结论性评价，而不应局限于不纯正不作为行为与作为行为之间的等价值性。等价性是犯罪可罚的等价性，是对行为人进行处罚的根据，而不是决定行为人正犯的等价性。因此，所谓等价是指不纯正不作为犯与相应作为犯的等价，即犯罪与犯罪的等价。

要进行等价性判断，在逻辑思维上存在着三个先后步骤。首先存在要素完备的不纯正不作为行为；其次存在一个待评价的准犯罪构成齐全的不作为"犯罪"事实；最后用等价性考量具体标准来判断该不作为犯罪事实在社会危害性、犯罪性质等方面是否与作为犯等价。显而易见的是，第一、二个条件是不纯正不作为犯成立的先决条件；第三个条件即等价条件，它必须以第一、二个条件为前提和基础。若等价，则成立不纯正不作为犯；若不能达到相应作为犯成立犯罪的社会危害性严重程度，则不构成犯罪。通说认为严重的社会危害性是犯罪的本质特征，而犯罪性质决定了成立何种犯罪。因此，等价性判断的内容是社会危害性的严重程度、犯罪性质等。然而在进行最后一步论证时，必须具备的一个前提条件是等价性考量具体标准的存在，即可以筛选过滤出那些在社会危害性、犯罪性质等方面与相应作为犯相等的具体考察标准。

二、不纯正不作为行为的成立

我国刑法理论通说认为，不作为是指行为人负有实施某种行为的特定法律义务，能够

---

① 本文原载于《贵州警官职业学院学报》2014 年第 6 期，系林亚刚教授与其博士研究生黄鹏合著。

履行而不履行的行为。不作为行为在客观方面应具备以下三个条件：其一是行为人负有实施某种作为的特定法律义务；其二是行为人有能力履行特定法律义务；其三是行为人没有履行特定法律义务。① 我国学者熊选国指出："不作为违反的义务是指要求行为人为一定的积极行为，即去做某一件事，在客观上表现为一种消极的态度，该为而不为。"②故而可知，一般认为不作为是危害行为的表现形式之一，并将不作为归于犯罪构成的客观要件之内。本文认为不纯正不作为是不作为行为表现形式之一，当然需要具备以上条件，但不纯正不作为也具有自身特殊性。本文想借鉴其他学说阐述不纯正不作为行为成立的客观要件，具体论述如下：

(一)保证义务

德国学者那格拉认为，为了处罚不纯正不作为犯，同时又不违背罪刑法定主义，就应该以保证义务(作为义务)为媒介来讨论等价性问题。他主张"把必须防止发生构成要件结果的法定作为义务叫做保证义务，负有保证义务的人叫做保证人，只有保证人的不作为才认为是不纯正不作为犯的对象。"③本文认为保证义务概念的提出，为解决不纯正不作为犯的违法性问题作出了极大贡献。因为它丰富、完善了命令性规范映射在不纯正不作为上的内涵，提高了不纯正不作为违法性之路的门槛，体现了刑法中的行为概念的过滤机能。

不作为被认为是"应为而不为"，这是没有任何疑问的，本文拟将不纯正不作为分为"应为""不为""不纯正的特性"三部分来论证它的客观成立条件。

"应为"是指应该作为。"应该"从中文语义上讲是"理所当然"，而这个"理"是来源于社会公众遵守的共同准则和信仰，在本文论题语境下，更准确地讲则是法律。也就是说，作为的根据必须来源于法律，而不能是一般的道德、宗教教义。因此"应为"的第一个要素就是法律上的作为义务。法律上的作为义务应从广义上理解，是指基于法律产生的积极义务，包括直接以法律规定的积极作为义务，和根据法律规定通过一定的媒介而产生的积极作为义务。比如游泳场的救生员基于合同(媒介)而产生至少在其工作时间内对本游泳场的落水人员的积极救助义务。此外，由于法律不强人所难，这条法律格言要求根据具体情况分析行为人是否具备实施某种特定行为的能力。因此"应为"的第二个要素是有履行作为义务的能力。通说认为不纯正不作为犯是结果犯，如果危害结果的发生是不可避免的，不管行为人是否恰当地积极履行作为义务也阻止不了危害结果的发生，那么行为人实施根据法律义务所要求的某种特定行为就变得毫无意义。因此要求在一般情况下，若行为人恰当地积极履行作为义务，介入了法益受害的因果流程，就能防止危害结果的发生。因此"应为"

---

① 高铭暄、马克昌主编：《刑法学》，北京大学出版社、高等教育出版社2011年版，第66页。

② 熊选国：《刑法中的行为论》，人民法院出版社1992年版，第120页。

③ [日]日高义博：《不作为犯的理论》，王树平译，中国人民公安大学出版社1992年版，第27页。

的第三个要素是防止危害结果发生具有高度盖然性，即防果可能性。但值得注意的是，这种防果可能性的判断应以事后查明的客观存在事实为素材，但应舍弃不重要的细微事实，进行一定程度的抽象；以行为时为主，事后判断为辅的时点标准；以社会一般人认识为基准；以现实可能性为标准。

保证义务是指在法律上负有必须防止构成要件结果发生的作为义务，其实质为刑法命令规范下的作为义务。故而保证义务包含以下三层含义：保证义务是法律上的作为义务、有履行作为义务的可能性、防止构成要件结果发生具有高度的盖然性即防果可能性。因此本文认为保证义务完全体现了“应为”的具体内容和应有之义，故保证义务是不纯正不作为成立条件之一。

论证法律上的作为义务是不纯正不作为犯成立必不可少的重要环节，从不纯正不作为犯理论研究史就可窥见一斑。以至于我国刑法学界目前仍将法律上的作为义务当做理论研究的绝对核心、重点课题。然而法律上的作为义务值得另辟专题讨论研究，因此限于篇幅和本文主题的约束，便不再展开探讨。

(二)不履行作为义务

“不为”是指不履行作为义务。这很自然地就产生一些问题，如行为人何时进入作为义务约束领域，不履行“着手实行”的自然临界点如何确定等。

不履行作为义务的不作为行为是一种持续的状态，不存在行为人的意图从“思想领域”进入“行为领域”的自然临界点，即没有“着手实行”的外在表现。这也正是提倡不作为不属行为的学者指责在犯罪论上抹杀作为与不作为在客观结构上之差异的理论根据之处。虽然在某些案件中违反作为义务不实施某种特定行为也是较容易辨认的，比如孩子已经溺水而呼救，岸上的监护人出于杀意转身离开的情形。但是更多的情况难以辨认、证明，这就给司法实务带来很大的难题。

此外，由于不作为行为是犯罪构成客观要件因素，无主观罪过要素。因此不作为成立条件之一的“不履行作为义务”，不具备罪过因素。不履行作为义务可以分为拒绝履行和未履行。其中拒绝履行在客观方面和主观方面都能比较容易找到足够的证据来证明。而未履行是在司法实务中，行为人常常表现为未意识到自己有积极行动防止结果发生的法律义务。这往往是行为人辩驳的可宥理由之一。实际上在层出不穷的立法，特别是行政立法面前，就连法学家都难以全部掌握在何种情况下自己具有何种程度的作为义务。因此，检察机关控诉的要点是行为人至少有认识，即对结果的发生有过失。根据对犯罪的考察，将其分为自然犯与法定犯。依社会经验、常识，自然犯对法益侵害明显、紧迫，因此推定社会公众都能知道自己的作为义务，比如父母看到自己孩子溺水时知道自己有救助的义务；而有些法定犯对法益的侵害并不明显、紧迫，因此根据正当程序原则政府应有告知的义务。若政府已公平告知，行为人仍不履行作为义务，即可认定行为人不作为违法且主观上有过错。如我国《刑法》第139条规定："违反消防管理法规，经消防监督机构通知采取改正措施而拒绝执行，造成严重后果的，对直接责任人员，处……"可知，条文中的"消防监督机构通知"就是政府告知义务的体现；而经通知后拒绝执行，并且造成严重后果的，才能入罪处罚。

（三）不作为未明确规定在刑法条文中

在刑法理论中为什么要区分不纯正不作为与纯正不作为呢？区分的标准是什呢？而"不纯正"的特性又是什么？这些问题可以通过考察不纯正不作为概念形成过程得到解答。

日高义博教授论述道："对不作为按法规的规定形式为标准进行分类，就会出现两种情况，一是符合不作为犯（不作为本身是刑法条文中明确规定的不作为犯）的构成要件；二是符合预定为作为犯的构成要件。为了区分这两种情况，前者其不作为本身明确规定在刑法条文中，从这个意义上讲，在该不作为前加上'纯正'这一名称而成'纯正不作为犯'，后者不作为本身没有明确规定在刑法条文中，从这种意义上讲，在该不作为前加上'不纯正'这一名称而成'不纯正不作为犯'。因此，不纯正不作为犯用语中的'不作为犯'这一名称的含义是实际的犯罪行为形态是不作为，'不纯正'这一名称的含义是实际犯罪行为形态的不作为本身没有明确规定在刑法条文中。"①

德国学者考夫曼认为不纯正不作为犯与纯正不作为犯同为不作为犯，都是以"不为一定行为"而实现其构成要件的，构造一致。要说其区别仅仅是"一定的行为""被要求的行为"在法律上是否被明记，是否是以实定法的形式表现出来而已。而纯正不作为犯是被法规类型化的不作为犯，而不纯正不作为犯则是没有被法规类型化的不作为犯。②

本文赞同以上观点，认为不纯正的特性是指实际犯罪形态的不作为本身没有被明确规定在分则条文内。而不纯正不作为的成立要与纯正不作为的成立区分，就必须重视两者的差异，根据上文可知，关键是看不作为有没有被明确规定在刑法条文内。故不作为未明确规定在刑法条文中是不纯正不作为成立的要件之一。如前文所论，刑法分则条文中，具体犯罪构成对行为方式的要求不确定。有些条文作了特别规定，如抢劫犯罪要求行为人使用暴力或使用暴力相威胁，因此这种犯罪只能由作为方式构成。而有些条文未作特别规定，如故意杀人犯罪的行为方式就未作具体之规定，可以是作为，即可刀砍、枪击、投毒、勒脖子；也可以是不作为，如有母亲故意不给婴儿哺乳致其饿死。

日高义博教授曾给出等价性具体判断的三个标准：其一是犯罪构成要件的特别行为要素；其二是该行为事实；其三是不作为的原因设定。其中前两个标准是考虑刑法条文的犯

---

① ［日］日高义博：《不作为犯的理论》，王树平译，中国人民公安大学出版社1992年版，第86页。

② 黎宏：《不作为犯研究》，武汉大学出版社1997年版，第50页。

罪构成要件的特殊性；后一个标准起着填补不纯正不作为犯存在结构空隙的媒介作用。① 而特别行为要素是指，刑法分则中具体犯罪构成要件对行为方式有些作了特别要求和规定，有些则未作特别要求。而只有未作特别要求的才可以由作为或不作为构成，作了特别要求的只能由作为构成。因此在判断不纯正不作为犯等价时，须先考虑构成要件对行为方式有无特别规定。特别行为要素筛选出可以由不作为实现的犯罪，限定等价性判断的对象和不纯正不作为犯成立的范围，具有重要的过滤机能。② 故而"特别行为要素"的存在就显得十分重要，它能筛选出可以由不作为方式实现的犯罪，限定不纯正不作为犯成立范围。从不作为成立条件的论述中，我们可以看到，特别行为要素并非其成立条件之一，而应该是限定不纯正不作为考量的具体标准。因此本文得出等价性考量的第一条具体标准是特别行为要素。

三、待评价的准犯罪构成齐全的不作为"犯罪"事实的成立

根据我国刑法理论的通说，犯罪构成是我国刑法规定的决定某一具体行为的社会危害性及其程度而为该行为构成犯罪所必须具备的一切客观要件和主观要件的有机统一整体。犯罪构成的一般要件包括犯罪客体、犯罪客观方面、犯罪主体、犯罪主观方面等四个方面的要件。③ 这也是我国司法实务用以分析、认定和处理刑事案件的犯罪中心理论。要想认定成立不纯正不作为犯罪，也需要按照法律所规定的犯罪构成，根据证据来判断。

(一)客观方面要件

1. 危害结果

刑法中的危害结果，刑法理论上论述繁多，但本文中仅指狭义的危害结果。而关于不纯正不作为犯与危害结果的关系，也存在争议。首先，在各国立法中存在两种立法例：第一种是在刑法典中对于不纯正不作为犯是否为结果犯不予明确。例如，《日本刑法典》和《俄罗斯联邦刑法典》。我国刑法也并未明确，和其他作为犯一样没有规定哪些是结果犯，哪些是行为犯，需要根据具体犯罪构成去分析理解。第二种是刑法典对于不纯正不作为犯予以明确设置为结果犯。例如，《德国刑法典》第13条(不作为犯罪)第1款规定："依法有义务防止犯罪结果发生而不防止其发生，且其不作为与因作为而实现犯罪构成要件相当

① [日]日高义博：《不作为犯的理论》，王树平译，中国人民公安大学出版社1992年版，第112页。

② [日]日高义博：《不作为犯的理论》，王树平译，中国人民公安大学出版社1992年版，第106~108页。

③ 高铭暄、马克昌主编：《刑法学》，北京大学出版社、高等教育出版社2011年版，第49~50页。

的，依本法处罚。”因此，一定结果的产生是犯罪构成的必要要件，且作为成立不纯正不作为犯的条件之一。其次，在理论上也有不同意见。外国刑法理论通说认为不纯正不作为犯是结果犯，只不过在具体见解上又稍有分歧。第一是实害结果说：认为实害结果是成立不纯正不作为犯的客观要素。例如，由于事先结仇，游泳场救生员想让正在游泳的某人死掉，并故意在其溺水呼救时不救助。只有这种溺水死亡结果实际发生了，救生员才承担故意杀人之责。第二是危险结果说：认为危险结果是成立不纯正不作为犯的客观要素。日本学者多持这种主张，其中内部又可复分为具体危险结果与抽象危险结果两种见解。他们认为应当以具体或者抽象危险结果作为不纯正不作为犯成立的客观确认根据。

我国学者大多数赞同外国刑法理论通说，即认为不纯正不作为犯是结果犯。如陈兴良教授认为：基于不作为在法律上证明的困难性，所以通常要求不作为有一定的结果。① 黎宏教授认为不真正不作为犯和真正不作为犯，是由于不实施所期待的行为而引起一定结果的犯罪形式，本质上是不作为犯。② 在司法实务中，若没有一定结果的发生，很难证明行为人是否犯罪，因而想要追究行为人的刑事责任只是一场不能公开的纸上愤怒。然而若等到实害结果的确实发生后，法律才予以介入，对保护法益来说只能因不及时而遗恨；而刑法若在具有抽象危险之时就干预，可能会因抽象危险的界定不明确与不稳定性而陷入提前或扩大处罚之泥沼，反而制造出更混乱的理论和实务问题。故而，本文主张不纯正不作为犯应以具体危险结果为成立的客观认定根据之一。

2. 因果关系

不纯正不作为犯的因果关系问题同法律上的作为义务问题一样是刑法理论研究的绝对重点和热点，对不纯正不作为犯的成立有着极其重要的影响。因此不纯正不作为犯的因果关系也值得另辟专题加以研究。本文为紧扣论文主题，对该命题仅作简要论述，不再展开深入研究。

我国《刑法》第139条规定：“违反消防管理法规，经消防监督机构通知采取改正措施而拒绝执行，造成严重后果的，对直接责任人员，处……在安全事故发生后，负有报告职责的人员不报或者谎报事故情况，贻误事故抢救，情节严重的，处……情节特别严重的……”

刑法分则中关于不作为犯的条文还有许多。从规定中可以看出刑法对不作为与危害结果之间的因果关系是持肯定态度的。而且不作为行为与危害结果之间存在因果关系，也不违背社会公众的生活观念和法情感。比如母亲不给婴儿哺乳致其饿死；救生员拒绝救助，使得落水的人溺水而亡等。我们将婴儿饿死的结果归因于母亲的不哺乳行为；溺水而亡的

① 陈兴良：《口授刑法学》，中国人民大学出版社2007年版，第140页。
② 黎宏：《刑法总论问题思考》，中国人民大学出版社2007年版，第131页。

结果归因于救生员的不救助行为完全符合社会公众的朴素理性和法情感，也符合刑法分则关于该两罪的规定。所以说，不作为与危害结果有因果关系，有争论的地方只是采取何种学说对不作为与危害结果之间的因果关系进行解释而已。

国外学说对不作为犯的因果关系理论持肯定观点的主要有：作为原因说、不作为原因说、防止可能说、作为义务违反说（或社会秩序说）等。而我国学者持肯定观点的主要有：条件说、拟制说、作为义务违反说、防果可能说、转辙说、破坏内外因平衡关系说、起因防果区分说。

我国通说认为刑法上的因果关系是行为人负刑事责任的客观基础。不作为行为与危害结果之间的因果关系是客观存在的，不是法律强加的。不作为的原因力，就在于它应该阻止而没有阻止事物向危害方向发展，以至于引起危害结果的发生。不作为犯罪因果关系的特殊性只在于，它以行为人负有特定的义务为前提，除此之外，它的因果关系应与作为犯罪一样解决。①

由于具体案件中的不作为危害行为的社会危害性强弱各异，对客体侵犯程度的差别很大。从显著轻微到轻微到较轻到严重到极其严重，幅度跨度很大。因此不仅要对不作为行为进行限定、筛选过滤，而且要对不作为与危害结果之间的因果关系考察，筛选出联系紧密因果关系。值得注意的是，在因果关系理论中，以前的学说都是先从事实层面研究因果关系，然后再转入规范层面研究。刑法中的因果关系的实质是法律因果关系，而非自然因果关系。刑法中的因果关系可以表现为自然因果关系，但绝不仅限于自然存在层面具有因果关系。

作为是积极地操控法益受害的因果进程，可以认为是对客体受侵害的方向做正功，因此因果关系表面证据充足而且可以加以重复验证，因而受到质疑的地方较少。而不作为是消极地不介入法益受害的因果进程，若只从自然立场讲，它对客体受侵害的方向既未做正功也未做负功，因此因果关系的表面证据不足，受到质疑的地方多。但是在刑法规范视域下，行为人若有法律上的作为义务、有履行作为义务的能力且有防果可能性，却仍不履行作为义务，不介入法益受害的因果进程，不阻止危害结果的发生，这种“不作为”在社会危害性方面同相应作为对危害结果具有相等的支配力。因此为了使不作为与相应作为对危害结果具有相等的支配力，就必须要求不作为行为人根据保证义务对危害结果之间的因果进程具有排他的支配力，也即行为人对法益侵害具有排他支配力。故而本文认为行为人对法益侵害具有排他支配力应成为等价性考量的具体标准之一。而且法律上的作为义务的强弱、履行作为义务的能力大小、防果可能性的大小和危害结果发生的事实等都可以成为因果关系联系是否紧密、能量强弱的证据。本文赞同通说观点，并认为不纯正不作为之所以能成为原因，其关键在于它能支配正在进行中的因果关系。并且这种因果关系是法律因果

① 高铭暄、马克昌主编：《刑法学》，北京大学出版社、高等教育出版社2011年版，第80页。

关系。

(二)主体要件

我国刑法学界通说认为，犯罪主体是指实施危害行为，依法应当负刑事责任的自然人和单位。本文认为要成立不纯正不作为犯同样必须具备犯罪主体要件，并且主体只能是自然人不能是单位。由于不纯正不作为犯与相应作为犯在结构上存在差异，客观方面危害行为的表现形式不同，为了筛选过滤出重要的不作为，实现在社会危害性、犯罪性质等方面与相应作为等价值，因而有必要对犯罪主体进行限定。

考夫曼、亨克尔提出的新保证人说将保证人地位从保证义务中分离出来。保证人地位是指因以社会通念上的依靠关系或特别义务关系产生的，具有在法律上负有必须防止构成要件结果发生的作为义务之人的地位。① 新保证人说认为保证人地位属于构成要件要素，而保证义务则归于违法性要素。因此，保证人地位具有以下两层含义：其一，保证人地位是指受保证义务约束之人，即主体必须有保证义务；其二，保证人与受害法益通常有社会通念上的依靠关系或特别义务关系。保证人地位应该与保证人义务相区分，保证人地位是限制犯罪构成主体要件的要素。因此在关于构成要件要素的错误问题上，保证人地位具备违法性推定机能，故而不阻却故意。保证人地位可以筛选出哪些行为人可以成为不纯正不作为犯的犯罪主体，过滤掉那些在社会危害性严重程度等方面比不上相应作为的不作为行为，从而排除其成立不纯正不作为犯的可能。此外，保证人地位还具有表面证据价值。如果行为人具有保证人地位，那么其与不具备保证人地位的人的不作为相比，其主观罪过表现得更加明显，使得行为人与发生的危害结果在主观罪过方面更加紧密。因此本文认为保证人地位为等价性考量的具体标准之一。

(三)客体要件与主观方面的要件

我国通说认为，犯罪客体是指我国刑法所保护的、为犯罪行为所侵犯的社会关系，犯罪主观方面是指刑法规定的，由犯罪主体对自己实施的危害行为及其危害结果所持的心理态度。不纯正不作为犯要想成立犯罪，也必须在犯罪客体、犯罪主观方面与相应作为犯等价值。即具有保证人地位的行为人实施不作为行为必须侵犯了我国刑法所保护的某种社会关系，在犯罪性质方面与相应不作为相等，而且其主观上必须具有故意或过失的罪过。

在判断不作为危害行为侵犯何种犯罪客体、不作为时行为人主观上具有何种罪过，不作为与作为并不存在差异，作为同样要经过这些判断过程，适用同样的条件和逻辑推理。因此不纯正不作为犯与相应作为犯需要在犯罪客体、犯罪主观方面价值相等，但都属于各自是否构成犯罪的初步判断过程。故而在不纯正不作为犯判断侵犯何种犯罪客体、主观具

---

① 马克昌：《比较刑法原理》，武汉大学出版社 2002 年版，第 190 页。

有何种罪过完成之后，不再需要进行进一步的等价性判断。也就是说，在确认犯罪客体、犯罪主观方面时，没有等价性考量具体标准筛选过滤这一步骤。因为在判断侵犯何种犯罪客体、主观具有何种罪过完成之后，不纯正不作为犯与相应作为犯在这两方面是否等价已经显而易见了。因此，在确定等价性考量的具体标准时，可以暂时撇开客体要件和主观方面要件。

四、等价性考量具体标准

不纯正不作为行为成立的客观要素和待评价的准犯罪构成齐全的不作为"犯罪事实"的成立要件两步骤已经论述清楚。现在进入第三步，即用等价性考量具体标准判断该不作为"犯罪事实"在社会危害性严重程度方面是否与作为犯罪事实等价阶段。如前文所论，本文已找出三个具体考量标准，即"特别行为要素""保证人地位""行为人对法益侵害具有排他的支配力"。前两个具体标准是从形式上筛选过滤的，也就是说特别行为要素、保证人地位具有表面判断性。而"行为人对法益侵害具有排他的支配力"是从实质上筛选过滤的，但是它的着眼点和核心焦点在因果关系上，而非限定不作为实行行为性。不作为与作为本质一样，都侵犯了一定的权利义务关系，具有社会危害性，一般认为不作为具有实行行为性。因此我们还需要从实质方面探讨不作为实行行为性的等价性考量具体标准。

那么，什么是不作为实行行为性呢？日本学者大谷实论述道："作为犯的构成要件虽然能由不作为实现，然而这种情况，有某种不作为，它与构成要件的结果之间被认为有因果关系，不意味着能够直接承认不作为犯的实行行为性。例如，一条小河靠岸处一个幼儿跌落水中，干完农活的农民甲路过，如果救助，可能容易救助成功，但他袖手旁观而没有救助，致使幼儿死亡。这种场合，该过路人构成杀人罪吗？的确，这个场合虽然可以说在道德上过路人有救助的义务，但如果这样的场合认为成立杀人罪，那么与结果有因果关系的不作为，就会所有的都构成不作为犯，不纯正不作为犯就会无限扩大。不作为与死亡结果之间即使承认有因果关系，根据该种情况，没有实施救助的不作为，是不能说直接符合杀人罪的构成要件的，因此要适当限定不纯正不作为犯的成立。那么，为了在刑法上选择出重要的不作为，应当怎样考虑呢？因为不纯正不作为犯，只有与该作为犯的实行行为能够同样程度看待的不作为，才应当承认其实行行为性。因为所谓实行行为是指该构成要件预定的有法益侵害的现实的危险性的行为，所以仅只能够与作为犯的实行行为同样程度看待的有法益侵害的类型的危险性的不作为，才能够承认是实行行为。"①

我国学者钱叶六认为不作为的实行行为性之认定必须满足三个条件：第一是保证人义务的存在；第二是保证人的不作为具有法益侵害的现实危险；第三是保证人具有作为的可

① 马克昌：《比较刑法原理》，武汉大学出版社2002年版，第187~188页。

能性。他还主张不作为着手实行的认定，既考虑保证人是否违反了作为义务而不作为，还要考虑这一不作为是否具有法益侵害的现实、紧迫的危险性。因此不作为犯的着手实行是违反作为义务的不作为的开始之时，或者是违反作为义务的不作为持续至存在法益侵害的现实危险之时。①

一般认为不作为的实行行为性判断是实质判断。实行行为性的实质判断是一种寻找并以此为目的的实质推理过程，它实现的是实质合理性。实质判断是一种内在的价值评价的推理，往往通过伦理、行政目的等目标加以界定，因此具有目的选择性，它更多的是在立法层面、犯罪学意义上的运用。实质判断更多地强调法律系统外部的社会价值需求。若在司法层面过于强调实质判断，将会不可避免地陷入“关注个案结果致使突破形式判断提供的具体操作规程和标准”之泥沼而不可自拔。在司法层面，不作为的实行行为性实质判断不可缺少，但很容易被社会危害性突破刑事违法性，因此要严格限制司法者进行实质判断。

由于作为一旦着手实行就能对犯罪的对象或目标发生直接的现实影响，从而发生危害结果，危害一定的社会关系。而不作为是一种持续的状态，不存在行为人的意图从“思想领域”进入“行为领域”的自然临界点，即没有“着手实行”的外在表现。那么为了使不作为与相应作为具有同等的行为侵害性或危险性，就需要筛选出那些“一旦判断出行为人具有保证义务而不实施某种特定的积极行为时”法益受到侵犯的现实、紧迫的程度同相应作为所实现的情况没有什么不同的不作为行为。因此要求至少在行为人不作为着手之时，法益已经面临现实、紧迫的危险。故而本文认为不作为实行行为性之筛选过滤的标准是法益面临现实、紧迫的危险。法益面临现实、紧迫的危险包含以下两层含义：其一是法益正面临现实而紧迫的危险，但危害结果尚未发生。如果在行为人不作为之前，危害结果已然发生，那么行为人的不作为也变得没有意义了。即使行为人履行了其在法律上的作为义务，也改变不了危害结果已然发生的客观事实。其二是法益正面临的危险是现实、紧迫的，而非主观臆测的，即根据通常情况是可以通过实证验证的或根据科学统计概率证明具有高度盖然性的。

综上所论，本文认为不纯正不作为犯与相应作为犯等价性考量具体标准有四项：(1)特别行为要素；(2)保证人地位；(3)行为人对法益侵害具有排他的支配力；(4)法益面临现实、紧迫的危险。其中，特别行为要素筛选出可以由不作为方式构成的犯罪；保证人地位过滤掉不具备保证人地位的行为人，从而排除其成立不纯正不作为犯的可能；行为人对法益侵害具有排他的支配力则从因果关系角度筛选出相应作为犯同等严重的社会危害性的不作为犯罪；而法益面临现实、紧迫的危险则将不具备实行行为性的行为过滤掉。这四项等价性考量的具体标准是一个有机统一整体，不能孤立地适用，必须将具体案件提供的相应案件事实作为考量素材同时适用，缺一不可。

---

① 钱叶六：《不作为犯的实行行为及其着手之认定》，载《法学评论》2009年第1期。

正当防卫若干理论问题①

近年来，连续发生的几起防卫案件，在国内引起不小的波澜，如湖北恩施邓玉娇案、江苏昆山于海明案、福建省福州市赵宇案等，有区别的是在较早的邓玉娇案(2009 年)中，法院是以邓玉娇犯故意伤害罪不予以刑事处罚结案,② 而较后的江苏昆山于海明案(2018 年)、福建省福州市赵宇案(2018 年)，则是以符合正当防卫，不负刑事责任结案。但在赵宇案中，福州市晋安区检察院最初认定赵宇是防卫过当作出相对不起诉决定。该结论引起社会舆论高度关注后，在最高人民检察院指导下，福建省检察院指令福州市检察院对该案进行了审查。福州市检察院经审查认为，原不起诉决定存在适用法律错误，遂指令晋安区检察院撤销原不起诉决定，于 2019 年 3 月 1 日以正当防卫对赵宇作出无罪的不起诉决定。③ 只有江苏昆山于海明案，是公安机关经过缜密侦查，并商请检察机关提前介入，根据侦查查明的事实，并听取检察机关意见和建议，依据《刑法》第 20 条第 3 款的规定，认定于海明的行为属于正当防卫，不负刑事责任。④ 虽然各案案情并不相同，但相同的是，案件都是经过在网络上引起巨大社会反响后，面对如潮的社会舆情，司法机关有“不得不为之”的压力。这也反映出司法机关对刑法规定的正当防卫理论重视不够，也轻易不愿适用。本文仅就正当防卫的几个理论问题求教大方。

一、正当防卫免责的法律属性

比较经典的正当防卫定义，是为了避免本人和他人利益遭受现实不法侵害而采取的必要的反击(防卫)行为。然而，在正当防卫正当化的根据上，虽有不同的理论认识，但都是基于自罗马法以来防卫权是人与生俱来的权利。以保卫个人生命、健康为最高法益的原则出发的“自卫权”是个人权利，已经得到普遍认可。但防卫权的限制行使，使这一权利褪去了“私刑权”“报复权”的实质。当国家负有保护国民生命、健康、财产安全的义务后，防

---

① 本文原载于《中国刑法学年会文集》(2019 年)。

② 案例来源于 https://www.sohu.com/a/298539135_267106。

③ 案例来源于 http://legal.people.com.cn/n1/2018/0903/c42510-30266961.html。

④ 黎宏:《刑法学总论》(第 2 版)，法律出版社 2016 年版，第 126 页以下。

卫权是与国家刑罚权紧密联系在一起的，从防卫者对不法侵害危险性判断的个人责任，向依据司法审查的“法益权衡”一般正当化的立场发生了转移。然而，当国民的权利遭受现实侵害而缺失公权力及时保护时，法律必须允许国民行使自卫权。在我国理论和实践中，正当防卫是典型的违法阻却的事由，即便只是将正当防卫作为“不具有犯罪性”研究学者，① 也多少在论述中将不具有违法性作为不具有“犯罪性”的论据之一。就防卫权是人与生俱来的权利而言，则意味着面对侵害，任何人都不可能理智地不使用暴力予以反击来重护自己的权益，法律当然更不能无原则地要求他人放弃自己的利益。但正因为防卫也是一种暴力，减少损害要求如可以其他方法和平解决，则没有必要使用暴力。我国刑法规定的正当防卫，并无有的国家刑法(如日本刑法)要求“不得已”为之的条件，② 这就在制度层面上“表明”，即便在有其他方法防止不法侵害时，不放弃防卫权而实施防卫，也是法律允许进行正当防卫。这一点与规定有正当防卫只有在“不得已”的情况下才能实施有较大的区别。我国正当防卫可以主动实施，在有正当事由的情况下，以阻却违法性为当然解释。但无论从哪层意义上说，正当防卫都是针对人身的一种暴力攻击，并会发生一定的人身损害，理应有所克制。只是基于我国刑法规定，可以主动实施正当防卫，不以“不得已”为条件。然而，在大陆法系刑法理论中，正当防卫尽管保护了重要法益，但是因其本身是“以暴制暴”，也是一种“恶”，需要限制在“不得已”“合理”“必要”为之的范围内。故而其理论上，也有将正当防卫分为“阻却违法性”和“责任宽宥”两种类型的学说。我国学者，在正当防卫条件的研究中，对未达到刑事责任年龄、不具有刑事责任能力人的不法侵害，能否实施正当防卫的问题颇有争论，而多数说主张在不知侵害者身份或虽然知道但“不得已”的情况下，是可以实施防卫的。也有学者明确指出此种情形下能采取回避措施并不存在特别负担时，不宜防卫，基本防卫时也应该对防卫行为有所限制，尽量限制在必要的场合。③ 在该问题的论证上，虽然并不符合我国刑法正当防卫未设定“不得已”为之的条件，但却符合“道义”“人性化”理念，不过针对该种情形下的防卫，评价上说完全阻却违法性，显然不当，而通过“期待可能性”在解释论上以排除主观上的责任事由，责任上可以“宽宥”更为妥当，所以正当防卫视为免责理由可以成立。

二、针对特殊“不法侵害”防卫的认识

(1)过失不法侵害。对故意的不法侵害行为实施防卫是没有疑问的，但对过失行为能

① 不少国家在对“何种情形下”可以实施正当防卫一般不作特别说明，但有与“不得已”相似的“合理性”“必要性”的要求。

② 张明楷：《刑法学(上)》，法律出版社 2016 年版，第 199 页。

③ 姚辉：《试论正当防卫中的不法侵害》，载《法学杂志》1985 年第 1 期；周国钧、刘根菊：《正当防卫的理论与实践》，中国政法大学出版社 1988 年版，第 41~42 页。

否实行防卫，理论上存有争议。折中的观点认为，对具有暴力性、攻击性的过失行为可以实施，如过失致人死亡、过失伤害行为，而其他的过失犯罪行为，不能实行正当防卫。① 张明楷教授认为，之所以对过失行为可以实施正当防卫，是因为过失犯罪也是有实行行为的，而有过失的实行行为与结果发生之间会有时间上的间隔，对过失行为在客观上包含造成结果的极大可能性甚至必然性的，没有理由禁止正当防卫。② 姜伟博士则认为，对过失行为不能实行正当防卫，在过失行为可能引起结果发生时，可以通过很多方法提醒、帮助他避免结果发生，而且在已经造成损害时，实施所谓防卫已经没有任何意义。③ 笔者赞同否定的认识。

的确，在过失行为具有造成法益侵害现实危险的紧迫情形下，不是不产生防卫紧迫感和防卫权的问题，而是通过防卫是否能够避免法益被侵害的问题。正当防卫的真义，是以对不法侵害者人身施以暴力而制止不法侵害，因此，能否以造成不法侵害者人身法益损害的方法，制止其不法侵害，消除威胁法益的危险，这才是对之是否能够实行正当防卫的理由。如有驾驶者技术不良，有发生交通事故的可能(或者在交通事故发生后)，驾驶者在慌乱中仍然驾驶汽车的，当然对行人、其他车辆构成现实的、紧迫的，能够产生防卫紧迫感的危险，那么，此时将驾驶者击伤，是能实现阻止危险进一步扩大，还是能迫使其停止可能的侵害行为？别说车外的人无法采取防卫措施，就是车内的乘员是否有可能通过正当防卫制止？也就不难想象，在车辆行驶中实行所谓的防卫将驾驶者击伤，④ 是扩大了危险还是能防止危险发生。更不要说过失致人死亡、过失致人重伤，在死亡、重伤结果已经发生后，还能认为使用暴力方式将其致死、致伤是正当防卫。这与私刑报复没有本质上的区别。

张明楷教授⑤还列举聋哑人甲在狩猎时，误将前方的 A 当作野兽正在瞄准即将射击；与甲一同狩猎、处在甲身后较远处的乙发现了甲的行为，于是向甲开枪，打伤其胳膊，保护了 A 的生命。对乙的行为应评价为正当防卫。同时还认为，对假想防卫的，也可以实施

① 参见张明楷：《刑法学(上)》，法律出版社 2016 年版，第 199 页及页下注释。

② 参见姜伟：《正当防卫》，法律出版社 1988 年版，第 65 页。

③ 防卫是通过对不法侵害者的人身侵害，达到制止不法侵害效果的。即要制止的是不法侵害人的侵害行为能力，所以只有对其实施人身加害才能得以实现，如果制止的行为并没有造成不法侵害者人身的任何损害，制止行为根本不用正当防卫的规定来认识。

④ 张明楷教授是基于客观违法论、纯粹的结果无价值立场提出问题的，而认为主张行为无价值理论如果认可防卫对象的不法侵害不必具有故意、过失的，则与行为无价值理论立场相矛盾(参见张明楷：《刑法学(上)》，法律出版社 2016 年版，第 200 页)。但显然，如果基于结果无价值立场，似乎也存在没有必要对“不法侵害”设定如“故意”“过失”“无过失”等是否能够实施正当防卫的条件，因为只要防卫者判断是不法侵害就可以实施防卫，设定条件讨论是否也是多此一举？

⑤ 参见张明楷：《刑法学(上)》，法律出版社 2016 年版，第 199 页。

正当防卫。① 主观上过失地“误将人当作野兽要猎取时”，被身后同伴开枪击伤制止的例子，的确是通过对人身的加害制止了可能发生的严重结果，符合正当防卫的要求，问题在于乙没有开枪射击之前，何以就认为聋哑人甲主观上就是过失而不是蓄意杀人？刑法上的犯罪过失是依据结果而存在的，是否过失是依据事后行为人对所造成的严重后果的心态，结合其行为以及环境等多种条件认定的，故意杀人与过失致人死亡，如果除却客观条件，就行为表现而言，不会有特质上明显可供区别之处，这显然与相当一部分故意犯罪不同，从实施的行为上就可以判断是故意而不是过失。乙依据什么可以判断甲只是误认而不是想故意杀人？换言之，该案要作为正当防卫认定，是司法上的认定，至于“误将人当作野兽要猎取”，这只是要防卫者自己主观上的判断，至于要开枪射击他人的聋哑甲在主观上是故意还是过失，对认定乙是否成立正当防卫并没有实质意义。

包括第三者对“假想防卫”者所实施的防卫在内，也存在同样道理。“假想防卫者”A，成立“假想防卫”②还是故意犯罪，③ 是事后司法上对“防卫行为”的评价，并不需要通过第三者B对在实施“假想防卫”者A的行为是否属于“假想防正”的判断来认定。B何以认定A的行为是否属于“假想防卫”？B要制止的就是其主观上所判断的客观上现实紧迫的A在实施“不法侵害”，B的防卫行为与“假想防卫”者A最终是否成立假想防卫没有任何关系，B是否成立正当防卫，并不由A的行为是否“假想防卫”来决定。如认为B对“假想防卫”者A实施防卫成立正当防卫，那么B针对“假想防卫”者A的客观行为，只是自己主观上判断对方的行为是不法侵害而已，欲通过防卫要制止其行为，而“假想防卫”者A实际上实施的并非不法侵害，而是防卫行为，只是A针对的防卫对象不是适格的不法侵害者而已。由此，作为防卫者的B也存在是在实施“假想防卫”，也只能按照“假想防卫”的原则处理，当然存在完全不成立假想防卫而构成故意犯罪的可能性，何以认为一定可以成立正当防卫？

应当说，过失行为性质上虽属于不法侵害，也能形成防卫紧迫感，但过失(行为)犯罪成立之时，也是过失(行为)犯罪结束之时，由于结果已发生，已不可能通过防卫来消除危害结果。即对过失(行为)犯罪不可能通过正当防卫解决任何问题。

(2)不作为不法侵害。对不作为是否可以实行正当防卫，学界有不同看法。否定观点认为，对不作为行为不能实行正当防卫，因为不作为行为不具有侵害的紧迫性，而且防卫也不能制止危害结果的发生。④ 对不作为形式的侵害，只能以提醒、劝说、警告等方法制止，但这样的手段不属于正当防卫。⑤ 姜伟博士认为，对不作为行为能否实行正当防卫，

---

① “假想防卫”要么是过失，要么是无罪过，这是我国实践和理论所共识的。

② 不成立“假想防卫”，主观上就是故意罪过。

③ 参见高铭暄主编：《新编中国刑法学(上)》，中国人民大学出版社1998年版，第277页。

④ 参见甘雨沛主编：《刑法学专论》，北京大学出版社1989年版，第143页。

⑤ 参见姜伟：《正当防卫》，法律出版社1988年版，第64页。

取决于不作为能否形成紧迫的危害，能够形成紧迫危害的，无论是对纯正不作为还是对不纯正不作为，均可以实行正当防卫。①

就刑法规定而言，并没有限制不法侵害的形式，当然它既包括作为行为，也包括不作为行为。张明楷教授列举的非法侵入住宅，要求其退出而拒不退出，强力将之推出而致伤；父亲不救落水的女儿被他人以暴力、胁迫手段强制其救助；发生交通事故后以暴力、胁迫手段强制企图逃置的司机将被害人送医，都是针对不作为的正当防卫。② 由此例可以说明，对法益侵害的紧迫性，并非是否可对不作为行为实行正当防卫的合理理由。从现实来说，即使不作为行为，也未必不能形成法益侵害的紧迫性，如锅炉工不给锅炉加水，企图使之爆炸；母亲不给婴儿哺乳，孩子行将饿死，就不能说不作为行为对法益的侵害不紧迫。然而，正当防卫是以暴力造成不法侵害者人身伤亡为评价基础的，使用暴力、胁迫强制他人履行义务，需要如此激烈的暴力吗？更何况对之实行防卫的意图是什么？如果是为了消除危险，制止对法益的侵害，那么显然将不法侵害人打死也好，击伤也好，并不能使锅炉不爆炸、婴儿不死亡、落水之女不溺亡、事故伤者不再有危险。与其打死、打伤，不如断电、断油关闭锅炉，送孩子、伤者去医院抢救更有效。如果不是这样的意图，那么防卫存在演变为报复的可能性，而不是正当防卫。

无论是纯正不作为还是不纯正不作为，都是违反特定作为义务，能防止而不防止特定危害结果发生的行为，如允许通过强制手段使其履行特定义务来防止结果发生，防卫人是在充当“法律”执行者的角色，何以认为是正当防卫行为？如人人都充当法律的执行者，这是违背了正当防卫的精神的。而通过实施对不法侵害者人身法益的加害而制止其不法侵害，才是设置正当防卫法秩序的真义。因此，能否以造成不法侵害者人身法益损害的方法，制止其不作为的不法侵害，消除危险对法益的威胁，才是对不作为是否能够实行正当防卫的理由。笔者认为，除了个别的特例外，绝大多数的不作为侵害行为，是不可能通过防卫来消除危险状态并防止危害结果的发生的。例如，对恶犬突然扑咬行人（无论是犬主动攻击还是被唆使攻击），而饲养者并不制止恶犬进行救助而是观望，当然可以对饲养者展开暴力攻击，可以此来解除恶犬对他人持续侵害的危险，达到防卫的目的。如果笼统地说“无论以作为形式还是以不作为方式实施的，都可以反击”，③ 实行正当防卫，则过于绝对化。除非在法律上可以认可“人人都可以作为法律执行者是正确的”。

（3）对公法益的不法侵害。在不法侵害没有直接体现出侵害具体个人法益时，对侵害国家法益、社会法益的实行正当防卫是否应该有一定的限制，在国外的刑法理论中也存在争议。④ 张明楷教授认为，在国家机关能够及时有效保护公法益的情况下，公民没有必要

① 参见张明楷：《刑法学（上）》，法律出版社 2016 年版，第 200 页。

② 正当防卫的本意就是通过对不法侵害者人身的攻击，制止不法侵害。

③ 黎宏：《刑法学》，法律出版社 2016 年版，第 129 页。

④ 参见张明楷：《外国刑法学纲要》，清华大学出版社 2007 年版，第 162 页。

也不应当进行防卫，否则，反而不利于保护法益。① 根据《刑法》第 20 条的规定，正当防卫所保护的法益，包括“国家、公共利益”，如就法秩序的整体而言，似乎每一个公民的利益都包括在其中，从这一点，就是对单纯侵害了国家法益、社会法益的不法侵害，法律也允许公民实行正当防卫。但是，这样一来，人人都可以通过所谓的防卫，成为执法者，这从根本上会破坏法治的统一性。因此，有必要对侵害国家法益、社会法益而并未直接危害到“本人或者他人的人身、财产和其他权利”的不法侵害实行防卫作出一定限制。

原则上说，只要并未直接危害到“本人或者他人的人身、财产和其他权利”，就不应去实行本应由国家专门的司法机构、行政机构行使的，专属执法权范围内的防卫行为。例如，任何人都不得以保护国(边)境安全而私自关押、逮捕或者杀害、伤害非法越境者；不得以维护公序良俗而查扣、销毁售卖淫秽光盘者的淫秽光盘；不得以有国家禁毒命令而查扣、销毁贩毒者的毒品，私自逮捕或者杀害、伤害贩毒者；不得以为民除害、大义灭亲而杀害、伤害为非作恶的亲属；不得以维护食品安全扣押、没收他人的问题食品；不得以保护环境为名上街查扣尾气排放未达到标准的机动车；不得以维护交通安全查扣无证驾驶机动车等。

虽然对单纯侵害国家法益、社会法益的不法侵害，不宜提倡公民去实行正当防卫，但是，当不法侵害的国家、公共法益同时包含个人法益时，应该允许变行正防卫。例如，对盗窃国家财产的行为，财产的主体虽然是国家，但同时侵害到国民个人权益时，因为国家财产由国民缴纳的税款而构成，应该允许公民实行正当防卫；当侵害社会法益附随个人法益时，也应该允许实行正当防卫，如对住宅实施放火、爆炸的行为，应允许实行正当防卫；对已经醉酒还要强行驾驶机动车，给公共安全、他人人身安全构成威胁的，可以武力阻止其驾驶机动车。

所以，问题是对保护单纯的国家法益、社会法益是否允许实行正当防卫。黎宏教授认为，只有在国家利益面临重大危险而国家机关来不及保护时，个人可以为保护国家利益实行正当防卫。② 笔者赞同这一认识。侵害的是国家法益、社会公共重大利益，但专门司法、行政机构尚不能及时介入保护时，应该允许公民个人行使正当防卫权。前者如口头制止向未成年人兜售淫秽光盘、毒品未果，反而引起对方“反击”时；后者如对实施放火、爆炸行为的防卫在警察不能及时赶到时。

三、防卫意识

依据《刑法》第 20 条第 1 款规定，只有在防卫人具有正当防卫意识的情况下，才能成

① 参见张明楷：《刑法学(上)》，法律出版社 2016 年版，第 200 页。

② 参见黎宏：《刑法学》，法律出版社 2016 年版，第 130 页。

立正当防卫。多数说认为，这是对正当防卫成立主观目的性的要求，防卫意志对于正当防卫的成立具有重要的意义，是正当防卫之所以被排除犯罪属性，不承担刑事责任的重要根据之一。

张明楷教授认为，在防卫意识中对防卫的认识具有重要意义，但只要认识到是与正在进行的不法侵害相对抗，就应该视为具有防卫意识。这有利于将基于兴奋、愤怒等进行的防卫纳入正当防卫，将防卫意识作为正当防卫的条件，但也只能说不具有防卫意识的不成立正当防卫，而不能直接得出就是犯罪的结论。所谓“主客观相统一”的认定犯罪的标准，并不适用于不是犯罪的行为。第 20 条“为了使……”的表述，完全可以理解为对客观原因的表述。①

黎宏教授也表达了相似的观点，即对防卫意识要求如果过多，则违背设立正当防卫制度的本意。因为正当防卫是源于人的自我防卫、自我保护本能，在面临不法侵害的紧急状态下，人会因吃惊、紧张、激愤、恐惧而陷入无意识状态，会出于本能反击，难有基于冷静判断而实施具有防卫意图(意志)的行为。因此，客观上对正在进行的紧急不法侵害实施反击，都是防卫人自我防卫、自我保护本能的体现，不能否认其正当防卫的性质。而且，在实务中，防卫与加害意思并存的情况是现实存在的，如预测到将遭受侵害而事先做了准备，在不法侵害发生时，利用准备的装备进行反击的，其意识中就同时具有防卫与加害的内容，不能说具有纯粹的防卫意识，但不能因为防卫人事先有准备，在不法侵害发生时有反击对方的动机而否定其正当防卫的权利。但是，基于现行刑法的规定，在防卫意识的要求条件上可以适当放宽，即在防卫当时，认识到面临紧急不法侵害，基于理性防卫目的的自不待言，即使对毫无思想准备而突然面临不法侵害时，防卫人只要认识到是与正在进行的不法侵害相对抗，就应该视为具有防卫意识。哪怕防卫人意识中夹杂有加害意识的场合，也应承认有防卫意识。②

笔者赞同上述看法。事实上，正确认识到这一点，对纠正“面对不法侵害只能临时找防卫工具，或者事先有准备不能成立正当防卫”这种很狭隘的防卫观念非常重要。

对于防卫意识，有必要讨论“防卫挑拨”与“相互斗殴”。二者在表象上都是相互攻击行为，事实上也存在相互斗殴是由防卫挑拨发展而来的，甚至在实务中无法辨别二者的情况。按照多数说，不否定二者可存在防卫权产生的根据，即“被挑拨”的反击者在特别情形下是正当防卫；③ 斗殴者一方放弃或逃避，对方仍然继续加害，再反击的行为是“正当防卫”等。④ 现实中，无论是防卫挑拨者的反击，还是斗殴者的相互攻击，特别是防卫挑拨者的反击，表现形式上与“斗殴”很难区别开来，如果反击挑拨者的防卫者有过错在先，则

① 参见张明楷：《刑法学(上)》，法律出版社 2016 年版，第 204~205 页。

② 参见黎宏：《刑法学》，法律出版社 2016 年版，第 133~134 页。

③ 参见黎宏：《刑法学》，法律出版社 2016 年版，第 137 页。

④ 参见张明楷：《刑法学(上)》，法律出版社 2016 年版，第 204 页。

更难以与相互斗殴区别开来。因为并不是说由哪一方引起事端，其就是挑拨者，并不排除事端的被动方会采取挑拨；也不是哪一方言语更恶毒，其就是挑拨者，不恶毒的一方也可能是挑拨的一方。因此，能否确定哪一方是有备而来才是关键。

张明楷教授说，相互斗殴之所以不能成立正当防卫，一是因为双方的殴打是基于承诺的行为，是相互同意他人的殴打，所以不具有侵害对方人身法益的违法性；二是因为双方的行为在客观上都不是为制止不法侵害、保护法益而为之，故不成立正当防卫，并非因为双方缺乏防卫意识。①

笔者不大赞同这一观点。如果说因为基于承诺而不具有侵害对方人身法益的违法性，则意味着斗殴是阻却了违法性，反过来说斗殴就是不违法行为，至少在承诺的意义上也可以说法律不禁止，但斗殴不违法吗？相互斗殴中也不存在“我愿意你给我造成何种伤害，你也应该愿意我给你造成何种伤害”之意，斗殴者都是在极力避免对方伤害自己而意图加害于对方，这才是认识相互斗殴行为都属于不法行为的根据所在，何以能认为不具有侵害人身法益的违法性？极端点说，如双方签了“生死状”的斗殴，也能被认为基于承诺而不具有侵害人身法益的违法性吗？用基于“承诺”的法理解释相互斗殴不成立正当防卫，是多余的。他还认为，在斗殴中一方不承诺对自己生命和身体可以进行重大侵害时，对方的行为应属于不法侵害，可以实施正当防卫。② 这是否将相对复杂的斗殴案件理想化为事先约定的“一般伤害”为止？

四、特殊防卫

对《刑法》第 20 条第 3 款的规定，理论界和实务界持肯定观点的占多数，但对内容以及其理解有争议。

(1)“行凶”。“行凶”一词并不是规范的刑法用语，它更多地是在犯罪学上对具有暴力、侵袭、破坏性特征的一类违法犯罪行为的概括。对此的争议，主要有两种截然不同的观点，一种是应然意义上完全否定立法“行凶”的表述，认为将“行凶”与杀人、抢劫、强奸、绑架犯罪并列在一起，逻辑上是混乱的，因为它既不是一个法律术语，也不是一个罪名，无论是从立法用语还是从第 3 款的适用来看，都是一种立法缺憾。因此，立法修订应该删除这一不严谨的规定。③ 另一种是从实然的角度，意图从规范上对“行凶”作出解释。黎宏教授认为它是“严重的故意伤害”的行为，④ 张明楷教授认为它是“有很大可能造成他

---

① 参见张明楷：《刑法学(上)》，法律出版社 2016 年版，第 206 页。

② 参见张明楷：《刑法学(上)》，法律出版社 2016 年版，第 206 页。

③ 参见周加海、左坚卫：《正当防卫新型疑难问题探讨》，载《山东公安专科学校学报》2001 年第 4 期；田宏杰：《刑法中的正当化行为》，中国检察出版社 2004 年版，第 257 页以下。

④ 参见黎宏：《刑法学》，法律出版社 2016 年版，第 143 页。

人严重的重伤(重大伤害)或者死亡的行为"。① 由此可见，意图从规范上予以解释的，学界意见也并不一致。

无论对"行凶"作出何种限制性解释，要求"行凶"的严重程度，② 都与该款规定的"杀人、抢劫、强奸、绑架犯罪"在逻辑上是混乱的。因为解释虽然略有不同，但在结论上，仍然没有脱离行凶所涉及的罪名(罪行)可以包括故意杀人。这样一来，也就是说对"行凶"的故意杀人有要求严重程度的条件，而随之规定的"杀人"又似意味着没有在严重程度上有限制要求，只要是杀人即可行使特殊防卫来认定，这就是矛盾之处。因此，应然的批评是正确的。

"行凶"一词虽然并不是刑法的专门用语，但在立法尚未修订之前，不能否定现行刑法中的确成了刑法上的用语。因此，作为规范刑法学，就必须从实然解释的意义上对"行凶"作出合理解释。就此而言，如果从"行凶"之后随之规定有"杀人"，因此将"行凶"限制为严重的故意伤害，可以缩小与"杀人"之间在逻辑上的矛盾。

(2)"杀人、抢劫、强奸、绑架"。一是，这里规定的是指"罪名"还是指"罪行"？有人认为既可以是指具体罪名，也可以是指四种形式的犯罪手段，是罪名与犯罪手段相结合的立法形式。③ 也有人认为是具体罪名，至于四种罪名之外的犯罪，可以归于"其他严重危及人身安全的暴力犯罪"中。④ 应该说，"罪名说"是比较合理的解释，第一，可以避免与"其他严重危及人身安全的暴力犯罪"在解释上的重复以及逻辑上的矛盾；第二，可以避免将"抢劫、强奸、绑架"解释为其他暴力犯罪手段而造成的规范解释上的混乱。⑤

二是，"杀人、抢劫、强奸、绑架"是否限于以暴力手段实施？有观点认为，无论是否以暴力实施，都不影响特殊防卫权的行使。⑥ 也有观点认为，应具体分析具体的犯罪，对杀人、绑架、强奸犯罪，任何情况下都应允许特殊防卫，但对抢劫犯罪，限于使用暴力手段的才可行使特殊防卫权。⑦ 还有观点认为，对"抢劫、强奸、绑架"犯罪限于暴力手段，但对杀人的是否限制在暴力手段，没有做出说明。⑧ 如果从"罪名说"的立场来看，对上述

---

① 参见张明楷：《刑法学(上)》，法律出版社 2016 年版，第 205 页。

② 从这一角度的解释虽然有所不同，但是仍然没有脱离行凶是"严重的故意伤害，严重危及生命、重大身体安全"。参见张明楷：《刑法学》(第 4 版)，法律出版社 2011 年版，第 204~205 页；黎宏：《刑法学》，法律出版社 2012 年版，第 144 页。

③ 参见王作富、阮方民：《关于新刑法中特别防卫权规定的研究》，载《中国法学》1998 年第 5 期。

④ 参见高铭暄主编：《刑法学专论》(第 2 版)，高等教育出版社 2006 年版，第 485 页。

⑤ "杀人"可以解释为其他暴力犯罪的手段行为，如杀人可以是抢劫罪的手段行为，但是"抢劫、强奸、绑架"在规范用语上，不好理解为可以是其他犯罪的手段。

⑥ 参见姜振丰：《关于正当防卫的几个问题研究》，载刘守芬、黄丁全主编：《刑事法律专题研究》，群众出版社 1998 年版，第 252~256 页。

⑦ 参见王作富、阮方民：《关于新刑法中特别防卫权规定的研究》，载《中国法学》1998 年第 5 期。

⑧ 参见高铭暄主编：《新编中国刑法学(上)》，中国人民大学出版社 1999 年版，第 284 页。

犯罪做限于“暴力”的限制，似有不当，但是，从第3款已经放宽了防卫限度的实际情况来看，如果没有必要限制，滥用特殊防卫并非不可想象，因此，针对具体犯罪进行必要限制的解释，是比较合理的。第二种观点以及除强奸罪外，“杀人、抢劫、绑架”犯罪，暴力的程度应该达到严重危及人身安全程度的，才能行使特殊防卫的认识较为合理。

(3)“其他严重危及人身安全的暴力犯罪”。有观点认为，应从暴力犯罪的范围和犯罪的程度上来理解。暴力犯罪的范围，是以刑法明文规定的暴力或隐含着以暴力为手段的犯罪；暴力的程度，则要求具有严重危及人身安全性质时，才可以适用特殊防卫。具体考察暴力程度，一是从具体罪名上来确定；二是从具体案件上是否具有“严重危及人身安全的”威胁来确定；三是从法定刑上，对法定刑轻的，即使属于暴力犯罪，任何时候都不得实施特殊防卫。① 正因为“暴力犯罪”同“行凶”一词一样，并不是一个规范上的刑法术语，而是犯罪学的术语，而从犯罪学的角度来看，暴力犯罪“是指伴随行使暴力的犯罪，典型的如强盗、暴行、伤害等。所谓暴力，包含暴行以及威胁行使暴行”②。所以，犯罪学上的暴力犯罪，是泛指以暴力、威胁为犯罪手段的犯罪行为。如从刑法规范上解释“暴力犯罪”，是否包括以威胁、胁迫为手段而实施的犯罪？

首先，我国刑法分则规定以暴力为手段的犯罪，除极个别犯罪外，绝大多数是将暴力和胁迫或威胁同时规定为客观方面的构成要件，还规定有些罪可由其他方法、手段构成。胁迫的内容，从规范上解释，可以是暴力，如杀人、伤害、殴打等，也可以是毁坏财产、非暴力的破坏名誉、揭发隐私，或者以对被害人不利，但内容是合法地进行胁迫，如以揭发其违法乱纪、犯罪行为进行威胁。对这样的犯罪，法律虽然明文规定了暴力是其构成要件，但如果威胁、胁迫的内容不是将要实施暴力，而是以毁坏名誉、揭发隐私等为内容，或者以其他方法、手段实施，使被害人不知反抗或丧失反抗能力的方法、手段。如用酒灌醉、用麻药麻醉等。这样非以将实施暴力为胁迫手段或者以其他方法、手段实施犯罪的，视为可实施特殊防卫的暴力犯罪显然不够妥当。

其次，从实践来看，犯罪人在实施暴力犯罪时，暴力手段和以将要实施暴力进行威胁的胁迫手段通常是交错使用的，威胁行为传输给被害人的信息是：若有必要，就决定使用公开的暴力。也就是说，刑法中的有些犯罪所使用的胁迫手段是以暴力为后盾的，因而，以暴力为威胁内容的胁迫手段，同样具有暴力犯罪的本质。将其排除在暴力犯罪之外显然不妥。那规范上对暴力犯罪如何界定呢？在特殊正当防卫意义上，重要的并不在于刑法分则条文本身是否明文规定以暴力或隐含暴力为犯罪构成要件，而在于行为人在实施犯罪时所采取的是否为暴力或者暴力相威胁的行为。当行为人事实上是以暴力行为实施犯罪的，才可能归入暴力犯罪的范畴或者称其为暴力犯罪。据此，将“暴力犯罪”限定在使用了暴力

① 参见王作富、阮方民：《关于新刑法中特别防卫权规定的研究》，载《中国法学》1998年第5期。

② 日本犯罪学研究会编：《犯罪学辞典》，成文堂1982年版，第497页。

或者以暴力相胁迫而实施的犯罪上是比较合理的。但是，即使能够明确“暴力犯罪”的界定，特殊防卫的问题仍然没有解决，即对使用胁迫或威胁使用“暴力”，但实际上没有真正使用现实“暴力”的犯罪，也能使用特殊防卫吗？结论应该是否定的，因一般很难界定是“严重危及人身安全的”犯罪，应该不允许对这样的不法侵害实施特殊防卫。当然，案件中暴力和胁迫、威胁通常存在混合或交替使用，一般来说，对人身的侵害，也可以认为尚未达到严重危及人身安全的程度(强奸行为除外)，也应不允许特殊防卫。如此，对“其他严重危及人身安全的暴力犯罪”，应采取限缩解释，不包括单纯使用威胁、胁迫手段，只限于单纯以暴力手段或者交叉有胁迫手段但最终以暴力手段实施严重危及人身安全的犯罪比较合理。

侵犯商业秘密罪再探[①]

侵犯商业秘密罪是《刑法》第219条规定的犯罪。商业秘密是竞争的必然产物。商品经济的发展而导致的激烈竞争，必然使工商企业以及其他市场主体为长期取得竞争优势而对自己掌握的某种特定的技术及经营信息采取相应的保密措施。因此，对商业秘密的保护，是市场经济条件下市场主体为生存竞争的必然结果，保护商业秘密不受侵犯已成为维护社会主义市场竞争秩序的重要法律任务。由于商业秘密在市场经济的竞争中具有特殊的作用，世界各国都日益重视对它的法律保护。早在1997年《刑法》出台以前，我国刑法学界对于商业秘密的刑法保护就已经进行了较为深入的研讨。不过，目前我国理论界对侵犯商业秘密罪尚有若干问题认识不同，笔者仅就侵犯商业秘密罪的主、客观要件再谈谈自己的看法。

一、侵犯商业秘密罪的客观要件

根据《刑法》第219条的规定，侵犯商业秘密的行为主要表现为：(1)以盗窃、利诱、胁迫或其他不正当手段获取权利人的商业秘密的行为；(2)披露、使用或者允许他人使用以前项手段获取的权利人的商业秘密；(3)违反约定或违反权利人有关保守商业秘密的要求，使用或允许他人使用其所掌握的商业秘密；(4)明知或应知前述三种违法行为，获取、使用或者披露他人商业秘密的行为。也有学者将上述规定概括为三种行为类型：一是非法手段获取商业秘密，既可能是采用不正当手段直接从权利人那里获取，也可能是从侵权行为人那里获取；二是非法披露商业秘密，既可能是采用不正当手段或从非法途径获取者披露，也可能是合法知悉者违反保密义务而披露；三是非法使用商业秘密，既可能是采用不正当手段获取者直接使用，也可能是合法知悉者不经权利人许可而使用，还可能是非法获取者或合法知悉者违反权利人的意愿允许他人使用。[②] 第二种观点对于全面理解侵犯商业

① 本文原载于《法制与社会发展》2000年第1期。

② 马克昌主编：《经济犯罪新论：破坏社会主义市场经济秩序罪研究》，武汉大学出版社1998年版，第546页。

秘密不同的行为方式的非法性质以及危害程度是比较恰当的。

(1)以盗窃、利诱、胁迫或者其他不正当手段获取权利人的商业秘密，即以非法手段获取商业秘密的行为。从现实中说，以非法手段获取他人的商业秘密，是常见的行为，因而，也常常成为其他侵权行为成立的前提和基础。盗窃一般是指通过窃取商业秘密的载体而获取商业秘密。可以复印、照相、监听、模拟等先进技术手段窃取商业秘密权利人的商业秘密。窃取的可以是反映商业秘密的材料原件，也可以是对原材料的复制品。利诱是指以许诺给以某种利益，如金钱、物品或者其他利益为诱饵，使掌握商业秘密的人提供商业秘密。如重金收买，诱使企业技术人员披露其所掌握的商业秘密。实践中以高薪为诱饵通过挖走知情雇员而获得商业秘密的情形较为多见。胁迫，是指对知悉商业秘密的人进行恐吓、威胁，以达到精神上的强制，从而迫使其提供商业秘密。其他不正当手段，是指盗窃、利诱、胁迫以外的其他非法手段，如侵占、抢夺载有商业秘密的技术资料等。如果其他人用正当合法的手段获取该商业秘密，则不构成对商业秘密的侵害。如他人通过自己的劳动独立开发，获得此秘密；通过反向工程获得此秘密；通过产品的公开展出从该产品项目中推断出，从公开的文件资料中查出，以及通过权利人的许可得知，等等。①

对以非法手段获取商业秘密的行为，有以下问题值得研究：

①关于“盗窃”。有学者认为，在这种情况下其行为方式因故意内容的不同可表现为：“一是行为人以窃财为目的而获取商业秘密；二是行为人以窃取商业秘密为目的而获取商业秘密。显然，依据刑法规定以侵犯商业秘密罪论处的，仅指第二种情况，亦即在这种情形下，行为人以获取商业秘密为目的采取自以为不使权利人发现的方法暗中窃取了商业秘密，其主观目的和行为对象是一致的，且符合侵犯商业秘密罪的行为特征，因而构成侵犯商业秘密罪。”“在第一种情况下，行为人主观目的是为了窃取财物而非商业秘密，因不具备侵犯商业秘密罪的构成特征而不宜以本罪论处。”“同时，由于作为无形财产的商业秘密的价值难以确定，故盗窃商业秘密不能等同于盗窃相当数额的财物，行为人若因此给商业秘密权利人造成重大损失，符合盗窃罪构成犯罪的严重情节，则以盗窃罪论处。”②我们认为这种见解是可取的。但值得进一步指出的是，法条在此使用“盗窃”一词，针对商业秘密的特性而言是不够准确的。在法理上，盗窃的含义一般是针对有形物品而言，其特点就在于能够具体握持对象。商业秘密，有些是有载体的，当然可以握持，但有些并无载体，例如，以监听方式窃取信息特性的商业秘密。用“盗窃”来概括不如以“窃取”更准确。

②关于“利诱”。有种观点认为，“利诱”包括以引诱或者以欺骗手段两种情况。③ 对于

① 马克昌主编：《经济犯罪新论：破坏社会主义市场经济秩序罪研究》，武汉大学出版社 1998 年版，第 544 页。

② 龙洋：《谈侵犯商业秘密罪的几个问题》，载《法律科学》1998 年增刊。

③ 高晓莹：《侵犯知识产权罪的认定与处理》，中国检察出版社 1998 年版，第 212 页。

前者我们不持有异议，利诱就是指“用财物、名位等引诱”。① 但本罪的“利诱”是否具有“欺骗”的含义则值得商讨。利诱和欺骗从法理上说，都是以满足对方的某种需要或使对方获得某种利益、好处而予以诱惑。这是其相同之处，但两者是有区别的，就一般意义上看，利诱是以能解决或满足其某种需求，进行诱惑，而且，也在一定程度上使其实际获得。而欺骗则是以编造谎言或隐瞒真相，以事实上根本不存在的或根本不可能实现的某种利益、好处进行诱惑。将“引诱”与“欺骗”等同作为“利诱”的内容并不准确。但毋庸置疑，采取欺骗的方法而非法获取商业秘密的，并非说危害性尚未达到构成犯罪的程度。从实践中看，“利诱”和“欺骗”，关键就在于区别诱惑的具体内容的真伪，但有时这是很难区别清楚的。如果严格按照刑法规定的只能对“利诱”认定为犯罪而采用“欺骗”的不能定本罪，显然是不合适的，也不利于对商业秘密进行保护。在本罪中立法使用“利诱”而未以“欺骗”来表达对商业秘密持有者的诱惑，这不能不说立法在此有不足之处。所以，虽然在解释上我们不赞同上述观点，但对结论则持肯定看法。

(2)披露、使用或者允许他人使用以前项手段获取的权利人的商业秘密，即非法使用获取的商业秘密的行为。有学者指出，本项规定实际上是对前项规定的补充，所列举的行为是前项行为的自然延续，② 这是有道理的。这类行为成立的前提是已通过不正当手段获取了权利人的商业秘密的行为人，又实施了披露，使用或允许他人使用的行为。以非法手段获取商业秘密的人，又将其披露、使用或者允许第三人使用，即构成双重的侵犯商业秘密权。③ 可见对这种双重侵权行为，立法强调的是非法使用，并不是非法获得。其中“披露”是指行为人以作为方式将非法获取的商业秘密告知权利人以外的第三者，或将商业秘密的内容公布于众。当然，其行为的表现形式法律上未作限制，披露的方式多种多样，可以向他人直接口述秘密内容，或利用广播，电视等新闻媒体公布于众，或为他人提供抄录，复制秘密原件的机会；或将载有商业秘密内容的原件或复制件卖给权利人之外的第三人等。而且，披露的公开化的程度，不影响披露行为的成立。这里的“使用”，是指采用上述不正当手段获取权利人商业秘密的人，出于不正当竞争或者营利目的，将商业秘密运用于生产或者经营之中。“允许他人使用”，是指采用上述不正当手段获取权利人商业秘密的人，允许他人将自己非法获得的商业秘密运用于生产或经营之中，至于是有偿还是无偿使用不影响认定。

有学者指出：“本项所列举的行为必须具备以下两个特征。第一，行为人所披露、使用或者允许他人使用的商业秘密，必须是其以盗窃、利诱、胁迫或者其他不正当手段所获

① 《新华词典》，商务印书馆 1985 年版，第 512 页。

② 高晓莹：《侵犯知识产权罪的认定与处理》，中国检察出版社 1998 年版，第 213 页。

③ 刘春茂主编：《中国民法学·知识产权》，中国人民公安大学出版社 1997 年版，第 772 页；转引自马克昌主编：《经济犯罪新论：破坏社会主义市场经济秩序罪研究》，武汉大学出版社 1998 年版，第 544 页。

取的。如果行为人所使用的不是采用不正当手段而是以合法手段或正当途径所获取的商业秘密，则不属于本项所言的犯罪行为，而可以成为第3项‘使用合法获取的商业秘密’的行为。第二，行为人所披露、使用或者允许他人使用的商业秘密，必须是其自身直接获取的权利人的商业秘密。如果行为人所使用的是其从其他知悉权利人的商业秘密者处所获取的商业秘密，则不属于本项所言的犯罪行为，而可以成为第4项以‘侵犯商业秘密论’的行为。”①

（3）违反约定或者违反权利人有关保守商业秘密的要求，披露、使用或者允许他人使用其所掌握的商业秘密，即非法使用合法握持的商业秘密的行为。这是指合法知悉商业秘密内容的人，违反与权利人之间的约定或者违反权利人有关保守商业秘密的要求，向第三人披露、自己直接使用或者允许第三人使用其所知悉的商业秘密的情形。实施这一行为的，必须是违反了约定或违反了权利人有关保守商业秘密的要求。显然，实施这类行为的主体只能是因工作关系、业务关系、许可关系等，受商业秘密权利人授权或委托，并与权利人订有保密约定的知悉、掌握、使用商业秘密的有关人员或单位，既有可能是与商业秘密的权利人订立许可使用合同的一方当事人；也有可能是权利人单位知悉商业秘密的工作人员，或者从该单位调出、离退休并与单位订有保守秘密协议的有关人员。由于商业秘密对于权利人极其重要，因此，权利人一般会尽量缩小知密人的范围。如果这些人是权利人的雇员或商业伙伴，对于必须知道此种商业秘密的人，权利人有权要求与之进行保守商业秘密的约定，一般会与其签订保密协议，用合同的方式来约束，这种保密协议的内容，除了约定知密人在公司任职期间不得泄密，负有严格保守秘密的义务外，还往往根据这种秘密对权利人的重要程度，约定知密人在离职后的一定时间内不得在生产类似产品的公司求职，或者不得向同类行业竞争对方泄密。知悉商业秘密者，理应保守秘密。这些人员实施的上述行为之所以构成对商业秘密的侵犯，是因为受雇者既然接触商业秘密而又与雇用者订有保守秘密的协议，那么，无论其是处于在职期间，还是调到其他单位或离退休，都有义务保守原雇用者的商业秘密。同样道理，因合同等关系知悉商业秘密的人，即使不是企业的雇员，但由于与权利人约定，为其保守商业秘密，从而也就承担了保密的法律义务。如果行为人不顾约定或者权利人的要求而去泄密，给权利人造成重大损失的，当然要依法承担刑事责任。

至于具体的行为人，有学者进行了较详尽的分析。①因业务需要而了解商业秘密的职工；②为商业秘密的权利人提供某种服务的外部人员，如公司高级顾问、律师、注册会计师等；③商业秘密权利人的业务伙伴，如贷款银行、供货商、代理商等；④付出使用费用后取得使用权的商业秘密的受让人；⑤商业秘密的出售人；⑥以商业秘密作为投资或者以

① 高晓莹：《侵犯知识产权罪的认定与处理》，中国检察出版社1998年版，第214页。论者所说的第4项犯罪，应为第219条第2款的规定。

此入股的权利人的合资、合作伙伴等。①

(4)明知或者应知前述三种行为，获取、使用或者披露他人的商业秘密的行为。即以侵犯商业秘密论的行为。这是指第三人明知或应知向其提供商业秘密的人具有前述的直接侵犯商业秘密的行为，但仍然获取、使用或者披露这种商业秘密的情形。一般称该种情况为"间接侵犯商业秘密的行为"。② 值得注意的是，行为人不是直接从商业秘密权利人那里获得商业秘密，而是前述三类侵权行为人向其提供的，所以被认为是一种间接侵犯商业秘密的行为。对于间接侵犯商业秘密的行为，有以下问题值得讨论。

①如何理解第2款所规定的"获取、使用"。在第219条的规定中，共有三处规定有"获取"一词。第1款第1、2项的"获取"既是同一主体，又是以非法手段为"获取"的前提，"获取"从条文规定看为非法握持的状态；第2款的"获取"并没有这样的限制前提。该款规定的是"明知或者应知前款所列行为，获取、使用……以侵犯商业秘密论。"也就是说，是行为人明知或者应知他人已经握持(获取)商业秘密权利人的商业秘密时，才具有该款所说的"获取"，同时又以"使用"为必要的条件。所以，这里的"获取"是非单一性握持的不法状态。如是，我们认为，该款的"获取"，第一，不以非法手段为前提，即使是以合法手段获取的，也应不影响行为性质；第二，"获取"后必须"使用"才能以侵犯商业秘密论。如果只具有单一性的握持的不法状态，而未使用的，不能论以犯罪。

②如何理解该款的主体与前款主体的关系。根据法条，当第三人明知或应知他人有前述三种违法行为，仍然获取、使用或者披露他人商业秘密的情况下，可构成犯罪。即第三人明知或应知他人在向其不当传授商业秘密，但并未抗拒接受或向有关机关举报，反而获取、使用或者披露权利人的商业秘密，那么，该行为人与前款规定的行为人是何种关系?有学者认为，该种情况从刑法理论上讲是可以成立共犯，但从确定刑事责任的角度讲，无须以共犯论处，而应以个案对待为宜。③ 因为若第三人仅与前三种中的任意一类行为主体发生联系，以共犯定罪科刑并无不当，但若第三人同时与前三类行为主体都发生联系，如以共犯论处，势必造成第三人需不止一案地与前三类的行为主体分别以共犯定罪科刑，同时，还不可避免地涉及对所判刑罚是否需要并罚的问题，最终则难以确定其刑事责任。我们认为这种看法是有道理的，从法条对该种行为的规定来看，应当说以个案对待是符合立法精神的。同时具有与以上不同主体发生的行为的，也只能构成一罪，而不宜实行数罪并罚。

此外，侵犯商业秘密罪是结果犯，构成犯罪要求行为人给商业秘密权利人造成重大损

---

① 高晓莹：《侵犯知识产权罪的认定与处理》，中国检察出版社1998年版，第215页。

② 马克昌主编：《经济犯罪新论：破坏社会主义市场经济秩序罪研究》，武汉大学出版社1998年版，第546页；高晓莹：《侵犯知识产权罪的认定与处理》，中国检察出版社1998年版，第215页。

③ 龙洋：《谈侵犯商业秘密罪的几个问题》，载《法律科学》1998年增刊。

失。而如何认定侵犯商业秘密罪的危害结果，我们认为需要进行综合分析，一是看行为人实际实施的是何种侵犯商业秘密的行为，二是应考虑给商业秘密权利人造成的直接经济损失的大小，三是看行为人给商业秘密权利人造成的间接损失的大小，如商业秘密的研制与开发成本，商业秘密的利用周期，商业秘密的使用与转让情况等。

二、侵犯商业秘密罪的主观要件

本罪主观要件应为故意并无异议，但具体的理解主要涉及两个问题：一是故意是仅限于直接故意，还是也包括间接故意；二是第 2 款规定的行为是否可以过失（疏忽大意）构成。对于前者，第一种观点认为，本罪只能是直接故意。① 第二种观点认为，通常是直接故意，但也不排除间接故意。② 我们认为第二种观点是比较恰当的。从法条的规定看，如盗窃、利诱、胁迫等行为，的确只能以直接故意构成，实践中也是以直接故意构成为常见。但如第 2 款的行为人明知他人握持权利人的商业秘密，而获取和使用或者披露的行为，很难说根本不存在间接故意的可能。对自己的行为有可能侵权，并因而给商业秘密权利人带来重大损失，放任这种结果发生的情形不仅有可能出现，而且有必要以本罪处理。

至于第二个问题，有两种见解。有学者提出，本罪主观方面原则上为故意，但实施第 2 款行为时，接《刑法》的规定，则可能是基于过失。因为《刑法》第 219 条第 2 款把第三人"应知"是非法获得、披露、使用的商业秘密，而获取、使用或者披露的情形，也作为犯罪行为予以列举，但"应知"而不知，是一种疏忽大意的过失，而不可能是故意。③ "'以侵犯商业秘密论'的行为，其主观方面则既可以是基于故意，也可以是基于过失。因为刑法第 219 条第 2 款规定，'明知或者应知前款所列行为，……'也就是说，行为人可以是基于明知而故意犯罪，也可以是基于应知但由于疏忽大意而未知从而实施了犯罪行为。"④第二种观点则认为："从刑法条文的字义上作这样的解释，确实有一定的道理。只不过，从立法精神或立法的科学性而言，似乎不宜把过失侵犯商业秘密的行为当犯罪处理。"⑤我们认为，从罪刑法定原则的要求出发，不能说第一种见解不当，因为法条所说的"应知"，是行为人负有"应知"的义务的表达，至于行为人"应知"而未知的，除了从过失角度去理解，

① 赵秉志主编：《新刑法全书》，中国人民大学出版社 1997 年版，第 811 页。

② 马克昌主编：《经济犯罪新论：破坏社会主义市场经济秩序罪研究》，武汉大学出版社 1998 年版，第 547 页。

③ 张明楷：《刑法学》（下），法律出版社 1997 年版，第 679 页。

④ 高晓莹：《侵犯知识产权罪的认定与处理》，中国检察出版社 1998 年版，第 217 页。

⑤ 马克昌主编：《经济犯罪新论：破坏社会主义市场经济秩序罪研究》，武汉大学出版社 1998 年版，第 547 页。

别无其他罪过能符合。然而，从多数国家、地区的立法例看，笔者尚没有见到对过失侵犯商业秘密行为论罪的规定。能否就此认为我国刑法设立了处罚过失侵犯商业秘密罪的立法，不是没有疑问的。所以，我们认为第二种见解比较恰当。

论持有、使用假币罪的若干问题①

持有、使用假币罪，是我国刑法在破坏金融管理秩序犯罪中规定的犯罪。该罪原是1995年6月30日全国人大常务委员会《关于惩治破坏金融秩序犯罪的决定》第4条规定的犯罪，1997年修订后的《刑法》第172条，除了在法定刑第一个罪刑条款的配置上对罚金刑增加了“单处”的规定之外，其他法定刑和罪状，完全吸收了《决定》的内容。目前，理论上对持有、使用假币罪的探讨多是作一般性的论述，对其构成要件以及如何理解的具体问题探讨的不多。笔者就此略述管见。

一、第172条犯罪的概念的表述和理解

第172条犯罪属于选择性罪名，对此理论、实践的认识是一致的，但是，如何理解和表述其概念，理论上主要有两种观点，一种是对持有、使用假币罪作统一的表述，如认为，“持有、使用假币罪，是指明知是伪造的货币而持有或者使用，数额较大的行为”。②该种表述，可以说是我国目前绝大多数教科书和论著采用的通行的理解和表述方法。另一种表述，则是将持有假币罪与使用假币罪分别予以表述，例如，“持有假币罪，是指明知是伪造的货币而加以持有，数额较大的行为。”“使用假币罪，是指明知是伪造的货币而加以使用，数额较大的行为。”③

可以看出，上述两种理解和表述只是形式上的区别，实质内容是同样的。但不难看出上述定义存在的不明确性：其一，从逻辑上讲，去掉上述概念中的种差内容，概念的被定义项与定义项是循环的，上述定义可以简单地归纳为“持有、使用假币罪(被定义项)=持有、使用假币的行为(定义项)”。这种定义并没有能够揭示什么是持有、使用假币罪。其二，即使强调概念中的种差内容“明知是伪造的货币”“数额较大”，也同样没有能够正确地表述持有、使用假币罪的内涵。因为，根据我国现行刑法的规定，并非所有的明知是伪

---

① 本文原载于《中国刑事法杂志》2001年第2期。

② 周道鸾、张军主编：《刑法罪名精解》，人民法院出版社1998年版，第253页。

③ 陈正云、俞善长主编：《危害金融管理秩序罪的认定与处理》，中国检察出版社1998年版，第37页。

造的货币而持有、使用，数额较大的行为都构成持有、使用假币罪。例如，《刑法》第171条规定的“伪造货币罪”，第171条的“出售、购买伪造的货币罪”“运输伪造的货币罪”，其行为何尝不是表现为持有假币的行为？而且，法律对“出售、购买伪造的货币罪”“运输伪造的货币罪”也规定了“数额较大”的条件。但作为持有、使用假币罪的上游行为，如果查明仅是伪造货币的行为、出售、购买伪造的货币的行为、运输伪造的货币的行为，显而易见与是否构成持有、使用假币罪无关的。①

笔者认为，持有、使用假币罪的立法本义，应当是在排除其持有、使用假币的上游行为构成其他货币犯罪，为他人窝藏伪造的货币，或者查明其上游行为为非罪，而持有、使用假币的情况下，才可能构成持有、使用假币罪。因此，我们认为所谓持有、使用假币罪，是指意图使伪造的货币进入流通，但根据证据尚不能认定为构成伪造货币、出售、购买伪造的货币、运输伪造的货币罪或者窝藏(伪造货币)罪，而持有、使用假币，数额较大的行为。

该概念一方面，表明了持有、使用假币罪的外延，只限于不能构成其他犯罪的非法持有、使用假币的行为；另一方面，揭示了持有、使用假币罪的内涵，必须是行为人意图使伪造的货币进入流通，而没有证据可以认定为构成伪造货币、出售、购买伪造的货币、运输伪造的货币罪或者窝藏罪。因此，我们认为从立法本义上说，如此理解和表述持有、使用假币罪是比较科学的。

二、持有、使用假币罪客观行为的理解

(1)关于持有假币行为。如何理解持有行为？对于“持有”行为，国外一些学者把“持有”视为与作为、不作为并列的第三种犯罪行为方式。这种观点得到国内一些学者的回应，理论界曾对“持有”应当属于“作为”还是“不作为”，或为刑法上的第三种行为形式进行过讨论。肯定观点的学者，提出了“持有行为——一种新型的犯罪行为样态”。② 目前这一点的争论虽然尚未有定论，但是，作为刑法上构成犯罪的“持有”违禁品行为具有的特点，已经引起理论上的重视。就一般意义上“持有”的含义而言，学界有多种理解和解释，例如认为，持有是“对某特定物事实上的支配”③“持有是指行为人事实上的支配或控制，包含占

---

① 2000年9月8日《最高人民法院关于审理伪造货币等案件具体应用法律若干问题的解释》第2条第2款规定：“行为人出售、运输假币构成犯罪，同时有使用假币行为的，依照刑法第171条、第172条的规定，实行数罪并罚。”对此规定的理解，在后文论及。

② 陈正云：《持有行为——一种新型的犯罪行为样态》，载《法学》1993年第5期。

③ 《法学词典》，上海辞书出版社1984年版，第666页。

有、拥有、携带、私藏等词义”①“所谓持有，就是拥有”②等。而理论上多数学者认为是一种对于物的支配、控制的持续状态。笔者认为，在上述观点中，将持有不同的表现方式的“占有”“拥有”“私藏”等，作为对持有行为的内涵来理解是不准确的，因为，无论是“占有”“拥有”“私藏”的具体表现都没有超出“支配、控制”的内涵，以这种具体表现方式界定“持有”，可能会引起对“持有”内涵的片面理解，进而影响到对以“持有”行为构成犯罪的认定。

持有假币的“持有”行为，理论上多数学者认为是一种对于法律禁止的违禁品非法的支配、控制的持续状态，并非是以是否所有为判定的标准。“持有，乃对某特定事物事实上的支配。就本罪而言，就是对伪造的货币的事实性支配和控制。”③“‘持有’是指行为人将伪造的货币实际置于自己的支配或控制之下的一种持续性状态的行为，一般表现为携带于身或藏放某处或委托别人保管。”④还有学者指出：“这里所说的持有含义极广，不仅仅是指行为人随身携带有伪造的货币，而且包括行为人在自己家中、亲属、朋友处保存伪造的货币，自己或通过他人传递伪造的货币等行为。”⑤上述对于“持有”的认识，可以说已经明确地表明了“持有”的特性，即对于违禁品的非法的支配和控制状态，就是持有，而无论行为人以何种不同方式表现这一点。

那么，作为持有伪造货币的行为对象的假币，其来源是否对认定持有假币罪有影响？笔者认为结论是肯定的。假币的来源虽然可能多种多样，但予以归纳可分为三类：

第一，通过其他犯罪行为而获得并持有，例如因盗窃、抢劫等而获得并持有；

第二，其他货币犯罪而持有，如因伪造、走私、出售、运输伪造货币而持有；

第三，通过合法途径而获得，如接受馈赠、买卖活动、金融活动中误收等。

从多数学者的论述看，似表明法律对于持有假币罪，定罪处罚的只是要求行为人对伪造的货币的支配与控制的非法状态，至于其来源，在所不问。详言之，似无论假币属于上述何种来源，都可以构成本罪。笔者认为，从刑法规定理解而言，其立法精神并非如此。如果查明是通过其他犯罪行为或因其他货币犯罪而持有伪造的货币，持有假币则是上述犯罪的当然结果。具体说，在通过其他犯罪行为而获得并持有假币的情况下，例如因盗窃、抢劫等而获得并持有，假币是犯罪所得的赃物（该种情况下适用法律问题容后论述）；如果是因其他货币犯罪而持有，如因伪造、走私、出售、运输伪造货币而持有假币，则假币是上述犯罪的对象。所以，上述两种情况下的非法持有的状态是上述犯罪的当然结果，法理上属于事后不可罚行为，没有再独立评价的必要，即只论其已经构

---

① 唐世友、谢家友：《论持有型犯罪》，载《法律科学》1995年第4期。

② 周其华、何其民：《刑法补充规定适用》，中国检察出版社1995年版，第127页。

③ 赵秉志主编：《金融犯罪界限认定司法对策》，吉林人民出版社2000年版，第32页。

④ 舒慧明主编：《中国金融刑法学》，中国人民公安大学出版社1997版，第230页。

⑤ 周振想主编：《金融犯罪的理论与实务》，中国人民公安大学出版社1998年版，第190页。

成的犯罪而对于持有假币应不再单独论罪和处罚。

我们认为，作为持有假币罪的客观行为，即使说事实是行为人通过其他犯罪或者货币犯罪而非法持有假币，但也必须是对行为人所持有的假币经过侦查，又缺乏足够证据证明是其通过其他犯罪行为或是其伪造、走私、运输、出售、购买伪造的货币时，即只有在难以查清上游行为才将其持有伪造货币的行为以犯罪论处。在其中，应当包括通过合法途径而获得，如接受馈赠、买卖活动中误收假币的情况。故此，明确作为本罪处罚的持有假币行为，应当是根据证据尚不能认定为盗窃、抢劫，或走私、伪造、出售、运输、购买伪造货币的情况下，或者查明的上游行为不是犯罪的情况下，才能以本罪的持有行为论，如证据已证实是通过上列犯罪活动而持有，自应以相应犯罪论处，既不构成本罪，也不能实行并罚。

《刑法》第 312 条规定，“明知是犯罪所得的赃物而予以窝藏、转移、收购或者代为销售”，构成窝藏、转移、收购、销售赃物罪。所以，如属于事前无通谋而明知是他人通过盗窃、抢劫、抢夺的假币而代为窝藏、转移、收购或者代为销售的，构成第 312 条之罪，持有假币的行为不单独构成本罪，反之，未能查明事前通谋的为本罪；如属于事前通谋而明知是伪造、走私、运输、出售、购买的假币，为其保管而持有的，能查证属实的，持有假币的行为应以相应的犯罪以共犯论处，不构成本罪，反之，未能查明事前通谋的为本罪。

(2)关于使用假币的行为。我国学界对使用假币的行为，在具体的表述中不完全一致，但都认为“使用”是指将伪造的货币投入流通的行为，即将伪造的货币作为真货币使之进入流通的行为。而且，进入流通，可以是用于购买商品，也可以是存入金融机构，或者用伪造的外币在境内兑换，用伪造的货币清偿债务，误收后为避免自己损失而使用等等。无论属于哪种情况，均为使用假币的行为。对于使用假币的行为，在理解上还有两个问题值得探讨。

一是，对行为人为诈骗他人财物而以持有的伪造货币作为自己的经济资信凭证向他人展示，诈骗了他人财物的行为，其展示行为应当如何认定？笔者认为，根据货币的用法而言，以持有的伪造货币作为自己的经济资信凭证向他人展示，使他人看到伪造的货币，不能视为行使。因为仅仅是这种展示行为，还不能视为将假币“投入流通”。这不同于将假币投入流通而诈骗财物，如果属于将假币投入流通而诈骗财物，则使用假币的行为与诈骗行为具有牵连关系，应从一重罪从重处罚。而该种情况只是展示行为没有将假币作为抵押物等投入流通，因此而诈骗他人财物的，应当直接依照诈骗罪论处。

二是，对于使用假币，是否要求为谋求“非法利益”？一种观点认为：“所谓使用，是指使某物为一定目的服务。使用伪造的货币，就是使伪造的货币为获取非法利益服务。”①

① 秦醒民主编：《金融犯罪的惩治与预防》，中国检察出版社 1996 年版，第 68 页。

笔者认为，上述观点失之偏颇。在司法实践中，有的行为人因种种原因，在各种途径下误收假币后，为避免自己的经济损失而故意使用的，如果因为获得的途径正当而得不到应有的补偿，例如，从金融机构取款时取得假币，从法理上讲也不具有能够期待行为人明知是假币而不使用的可能性。所以，这种情况即使说使用假币是故意的，而且也是违法的，也可能因数额较大构成犯罪，但其主观上还不能说是为谋求“非法利益”，因为从另一方面讲，他们也是受害者。

此外，对于使用假币行为在认定构成犯罪的情况下，假币的来源同样会影响到是否构成犯罪的问题。

第一，行为人缺乏识别伪造货币的常识，在正当经济活动中误收假币后，在不知是假币的情况下将假币投入流通，因主观上不具有犯罪的故意，不能作为犯罪论处。

第二，在正当经济活动中误收后，为避免自己的经济损失而故意将假币投入流通，这种情况使用假币是故意的，而且也是违法的，但其主观恶性要小。对使用数额不大的，不宜以犯罪处罚。对极少数使用数额很大，即使误收的假币来源正当也应作为犯罪论处。

第三，有证据表明行为人是在伪造、走私、运输、购买伪造货币后，为牟取非法经济利益而故意将假币投入流通的。从法理上说，实施上述犯罪行为后又使用的，使用通常是其上游犯罪当然的结果，法理论上属于吸收关系。但是，2000 年 9 月 8 日《最高人民法院关于审理伪造货币等案件具体应用法律若干问题的解释》(以下简称《解释》)第 2 条规定：“行为人购买假币后使用，构成犯罪的，依照刑法第 171 条的规定，以购买假币罪定罪，从重处罚。”“行为人出售、运输假币构成犯罪，同时有使用假币行为的，依照刑法第 171 条、第 172 条的规定，实行数罪并罚。”根据这一规定，购买假币后使用只构成购买假币一罪，而出售、运输假币构成犯罪，同时有使用假币行为的，则实行数罪并罚。换言之，只有伪造、走私、购买伪造货币后又使用的行为不单独论罪。

所以，笔者认为，作为本罪论处的使用假币的行为，应是那些上游行为未构成其他货币犯罪，或者上游行为本身并不是犯罪，或者是根据证据尚不能认定为走私、伪造、出售、运输、购买伪造货币的情况下，而故意使假币进入流通的情况。如证据已证实是通过上列货币犯罪活动而(持有)使用，自应以相应规定的犯罪论处。

第四，如果上游犯罪为非货币犯罪的其他犯罪，获得假币而使用的，如将盗窃、抢夺、抢劫得到来的假币故意使用的。在实践中，专门以假币为对象进行盗窃、抢夺、抢劫虽然不多，但是，也并非没有可能性。一般是盗窃、抢夺、抢劫的货币中夹杂假币或者把假币误认为是真币而进行盗窃、抢夺、抢劫，继而有(持有)使用假币的行为比较常见。

笔者认为，如果是属于对象错误，将假币当作真币而抢劫、抢夺、盗窃的，或者抢劫、盗窃、抢夺的货币中夹杂假币的，则无论假币在真币中所占数量、数额的多少，都应以真币的数额来计算。即使全部是假币，也属于不能犯未遂问题，再故意使用，应当予以并罚。如果明知是假币，而抢劫、抢夺、盗窃的，由于假币不存在价值计算问题，因此，该种情况下，应当如何处理是值得研究的。我们认为，由于假币属于国家禁止个人持有的物品，任何人一旦发现假币，必须上缴有关机构。虽然从这一意义上说，抢劫、抢夺、盗窃假币侵犯的不是个人的利益而是国家的利益，但是，从现行刑法的规定看，就其抢劫、抢夺、盗窃行为而言，尚无可能直接适用于抢劫、抢夺、盗窃罪的条款予以定罪处罚。所以，我们认为，如果因抢劫假币而致人重伤、死亡的，直接按照故意伤害、故意杀人罪论处，因而持有、使用假币罪的，与本罪实行并罚。抢夺、盗窃假币的，因为一般不会造成人身伤亡，因此只能对其持有、使用假币的，按照本罪论处。

此外，根据《刑法》第 172 条规定，本罪要求使用数额较大才构成犯罪，因此，只有实际上非法使用的，才能以本罪论处。如果为使用而持有的，自应以持有假币罪论处，不构成使用假币罪。

三、持有、使用假币罪的主观要件的理解

根据刑法规定，通说观点认为持有、使用假币罪，法律要求主观上必须明知持有、使用的是伪造的货币。因此，如属于确实不知道是伪造的货币，误收或受骗而持有的、为他人保存、携带、使用的等，不构成本罪。

上述法律的规定内容，从理论上说属于犯罪故意中的认识因素。持有使用、假币罪犯罪故意的意志因素如何？在理论上鲜有学者论及，似只要主观上对于持有、使用假币是明知的，就已经完全符合了本罪的主观要件。如认为："持有、使用假币罪在主观上表现为故意并已明知其所持有的是伪造的货币，如果行为人在主观上不知道其所持有的是伪造的货币，如误收售货款为伪造的货币或者由于受他人的欺骗而持有伪造的货币，如误认为是货币而为他人携带或者保存的等，不能构成本罪。……行为人在主观上是否明知，是区分罪与非罪的标准之一，如果行为人不知是伪造的货币而使用的，不能构成本罪。对于不知是伪造的货币而使用的，应以教育为主，不构成犯罪。对于不顾国家和他人利益，明知是伪造的货币而使用的，应当依照本条的规定处罚。"①也有少数学者指出本罪主观上是直接故意，但对故意的内容并没有予以说明。②

笔者认为，根据我国刑法的规定，任何犯罪故意都必须是认识意识与意志因素的统一，所以，仅仅从故意的认识因素上表述本罪的故意内容是不够的。在国外刑法中，对于

---

① 周振想主编：《金融犯罪的理论与实务》，中国人民公安大学出版社 1998 年版，第 194 页。
② 秦醒民主编：《金融犯罪的惩治与预防》，中国检察出版社 1996 年版，第 68 页。

持有、使用假币的犯罪，通常对主观要件都有规定，以示与非罪行为的区别。例如，《瑞士刑法》第242条规定："以伪造或变造之硬币、纸币或银行券，充当真币或未经变造之货币而供流通使用者，处3年以下重惩役或轻惩役。行为人或其定作人或其代理人，以伪造或变造之货币或银行券，充当真币或未经变造之货币而收受者，处轻惩役或罚金。"《日本刑法》第148条(伪造货币及行使伪造之货币等)规定："以行使为目的伪造或变造通用之货币、纸币或银行券者，处无期或3年以上惩役。行使伪造或变造之货币、纸币或银行券，或以行使为目的交付于他人进口者，与前项定相同。"除该条规定外，对于"伪造外国货币及行使伪造之外国货币""收受伪造货币""收受后知情行使"等行为均规定了"以行使为目的"的要件。理论上也主张："所谓行使，是指将伪造的货币当作真正的货币投入流通。不问是有偿还是无偿，是否违法。"①此外，如《德国刑法典》《俄罗斯联邦刑法典》等，均有相似要件的规定。

相比之下，我们认为，持有、使用假币罪的故意内容，应当是"意图使伪造的货币进入流通"。我国刑法对持有、使用假币罪只是规定了"明知"的要件，这对于使用假币罪而言，还可以说在"明知"的情况下使用，主观上具有使伪造的货币进入流通的故意，但对持有假币罪，没有强调行为人主观上的故意内容，则是有欠缺的。因为实践中，持有假币的，未必都具有使伪造的货币进入流通的故意。例如，运输伪造的货币、替货币犯罪分子保管、窝藏伪造的货币，就不能说行为人主观上都是出于意图使伪造的货币进入流通的故意。

我们认为，实践中持有、使用假币的故意内容，无非有以下几种：一是为了走私、运输、出售，或替货币犯罪分子保管、窝藏伪造的货币；二是为行使而持有(使用)伪造的货币；三是出于收藏而持有假币。显而易见，出于第三种故意的，不能构成持有假币罪。而对于出于上述两种故意的，特别是第一种情况下，有的案件查证困难。如果查证属于上述目的，是为其他货币犯罪而持有、使用的，自应以相应的犯罪论处，不构成本罪。但是，在无法查证的情况下，只要能够证明行为人主观上"意图使伪造的货币进入流通"，那么，就应当完全符合持有、使用假币罪的罪过内容。

当然，在认定行为人主观上是否具有"意图使伪造的货币进入流通"的故意内容时，应当以行为人主观上明知自己持有、使用的是伪造的货币为必要。这当然与行为人是否具有识别假币的常识有直接的关系，在认定上需慎重。所以，是否明知是假币同样是区分罪与非罪的界限之一。如确实不知而持有、使用的，不构成犯罪。至于行为人持有、使用假币的动机，可能是为减少自己的损失，或者牟取非法经济利益，也可能为实现某种政治目的，其动机不影响对主观故意的认定。

① [日]青柳文雄、中谷瑾子、宫泽浩一：《刑法事典》，立花书房1981年日文版，第217页。

四、持有使用、假币罪的认定

1. 罪与非罪的界限

笔者认为主要是查明以下几点：第一，是否明知是假币而持有或使用；主观上是否具有使伪造的货币进入流通的意图；第二，持有或使用的伪造货币是否数额较大，即所持有的伪造货币数额较大和使用的伪造货币数额较大。上述《解释》第5条规定：“明知是假币而持有、使用，总面额在4000元以上不满5万元的，属于‘数额较大’；总面额在5万元以上不满20万元的，属于‘数额巨大’；总面额在20万元以上的，属于‘数额特别巨大’，依照刑法第172条的规定定罪处罚。”也就是说，只要持有、使用的假币总面额在4000元以上的，原则上就应当认定构成犯罪。

2. 罪数界限

如前所述，在刑法规定的诸种货币犯罪中都可以表现为持有、使用假币的行为。其中，持有假币通常是诸种货币犯罪实行行为的当然内容；使用假币通常是诸种货币犯罪当然的结果行为。如果从理论上说，前者没有独立评价的意义，但使用不同于持有，它不是由持有行为引起的状态行为，因而对使用假币的行为进行单独评价是必要的，不过后者在法理上应当属于吸收犯，从一重论处是适当的。

但2000年9月8日的《解释》第2条第2款规定：“行为人出售、运输假币构成犯罪，同时有使用假币行为的，依照刑法第171条、第172条的规定，实行数罪并罚。”即使说，今后对于该类案件应当按照《解释》执行，但笔者认为也应当看到就该规定不够明确之处，今后可能产生的问题：第一，这里的“同时有使用”是指对同一批假币而言，还是可以包括其他非同一批假币？从“同时”的用语看，显然是包括同一批假币的情况。如果属于非同一批假币，理论上则视为牵连犯或吸收犯，是否需要实行并罚是可以商讨的，但若是同一批假币，同时具有出售、运输假币和使用假币实行并罚的，则作为同一对象的假币被使用于定为两罪的事实根据，是否符合法理也不是没有疑问的。第二，《刑法》第172条规定的犯罪包括两个罪名，实行并罚的是指与持有、使用假币罪并罚，还是仅仅与使用假币罪并罚，是不明确的。如果是指与持有、使用假币罪实行并罚，那么，其“持有”假币的行为无论是评价为出售、运输假币的行为表现方式，还是评价为持有、使用假币行为的持有行为，都是不好理解的。因为：(1)刑法上规定持有假币罪的持有，是独立成罪的行为，并不附属其他行为的存在而存在；(2)出售、运输而持有假币，这两种情况下的“持有”均是上述行为的必然内容，无独立评价的意义。所以，笔者认为，从持有、使用假币的行为与其他货币犯罪的关系看，如果是非同一批假币，既有出售、运输假币的行为，又实施使用假币的行为，实行并罚是恰当的，如果是同一批假币，实行并罚则缺乏必要的根据。

论“交通运输肇事后逃逸”和“因逃逸致人死亡”①

——兼评《关于审理交通肇事刑事案件具体应用法律若干问题的解释》的若干规定

一、“逃逸”行为的分析与评价

《刑法》第 133 条规定：“违反交通运输管理法规，因而发生重大事故，致人重伤、死亡或者使公私财产遭受重大损失的，处三个以下有期徒刑或者拘役；交通运输肇事后逃逸，处 3 年以下有期徒刑或者拘役……因逃逸致人死亡的，处 7 年以上有期徒刑。”如何理解其中的“交通运输肇事后逃逸”和“因逃逸致人死亡”规定，理论和实践中存在比较大的分歧看法。理论界根据立法的表述方式，将上述规定的内容视为交通肇事罪的处刑情节，而在 2000 年 11 月 10 日最高人民法院颁布的《关于审理交通肇事刑事案件具体应用法律若干问题的解释》(以下简称《解释》)中，对其中附条件的“逃逸”行为解释为构成交通肇事罪的条件之一。当然，无论理论上、实践中对刑法规定的“交通运输肇事后逃逸”“因逃逸致人死亡”是如何理解的，首先涉及的是“逃逸”，“致人死亡”只是“逃逸”行为的后果而已。因此，对“逃逸”行为的分析，既是对“交通运输肇事后逃逸”情节的理解，也是对“因逃逸致人死亡”这一结果认识的前提。

对于交通运输肇事后“逃逸”行为，学者的表述基本一致。如有学者认为，“是指行为人明知自己的行为造成了重大交通事故，为逃避法律追究而不依法报警、保护现场、等候处理等，私自逃离现场的行为”,② 或者“是指不依法报警、保护现场、等候处理而私自逃跑”。③ 还有学者认为，“是指行为人明知自己的行为造成的重大交通事故的发生，为逃避

① 本文原载于《法学家》2001 年第 3 期。

② 鲍遂献、雷东生：《危害公共安全罪》，中国人民公安大学出版社 1999 年版，第 349 页。

③ 陈明华主编：《刑法学》，中国政法大学出版社 1999 年版，第 421 页。不过，笔者认为上述的表述使用“私自”一语有词不达意之感，因为就违法的逃跑行为而言，并不存在被允许而“逃跑”，何需以是否“私自”来界定。

法律追究逃离事故现场的行为”。① 更有学者详细地分析了“逃逸”的主客观特征，认为“所谓逃逸，即为躲避不利于自己的环境或事物而离开”。主观上是“逃避抢救义务以及其后逃避责任追究是逃逸者的两个根本动机”。“逃逸行为客观表现为逃脱、躲避，在实践中主要表现即是自现场逃离。”同时还认为，《刑法》第133条的规定与最高人民法院、最高人民检察院《关于依法处理道路交通肇事案件的通知》有关规定相比，“逃逸情节本身已经构成一独立的量刑情节而在司法运作中发生作用，不再依附于或者必须与先行的交通肇事行为所造成的人员死亡或者公私财产直接损失相结合，即能发挥其量刑价值”。② 上述观点的共同出发点显然都在于事故发生后，行为人依法负有国务院《道路交通事故处理办法》③第7条规定的“发生交通事故的车辆必须立即停车，当事人必须保护现场，抢救伤者和财产(必须移动时应当标明位置)，并迅速报告公安机关或者执勤交通警察，听候处理”的义务。既然负有该种义务，不承担该义务的逃跑的行为只能是故意的行为。所以，认识的共同点都在于认为“逃逸”行为是故意而为之。区别在于，前几种观点都将交通事故界定在“重大”上，并且“逃逸”行为必须与重大的交通事故相联系才具有刑法上的意义，而后一种观点对此的看法，似即使先行的交通肇事行为造成的后果无论达到“重大”与否的程度，“逃逸”行为本身也可以是论罪处罚考虑的依据。

《解释》第3条规定：“‘交通运输肇事后逃逸’，是指……在发生交通事故后，为逃避法律追究而逃跑的行为。”但是，同时要求“行为人具有本解释第2条第1款规定和第2款第1至5项规定的情形之一”，即第1款规定的，“死亡1人或者重伤3人以上，负事故全部或者主要责任的；死亡3人以上，负事故同等责任的；造成公共财产或者他人财产直接损失，负事故全部或者主要责任，无能力赔偿数额在30万元以上的”。但该条第2款规定：“交通肇事致1人以上重伤，负事故全部或者主要责任，并具有下列情形之一的，以交通肇事罪定罪处罚。”其中第6项规定：④ “为逃避法律追究逃离事故现场的。”可以看出，这里“为逃避法律追究逃离事故现场的”，显然同时是对《解释》第3条规定的“交通运输肇事后逃逸”的进一步解释，并且这一层解释的意思中，已将该内容转变为行为人构成犯罪的条件之一。

笔者认为，《解释》对此规定的精神是值得研究的。首先，从《解释》自身的内容看，

① 胡康生、李福成主编：《中华人民共和国刑法释义》，法律出版社1997年版，第152页；朗胜主编：《中华人民共和国刑法释解》，群众出版社1997年版，第150页。

② 林维：《交通肇事逃逸行为研究》，载陈兴良主编：《刑事法判解》，法律出版社1999年版，第249、251、253、249页。

③ 《道路交通事故处理办法》于1997年9月22日颁发。

④ 该款1至5项的规定依次为：“酒后、吸食毒品后驾驶机动车辆的；无驾驶资格驾驶机动车辆的；明知是安全装置不全或者安全机件失灵的机动车辆而驾驶的；明知是无牌证或者已报废的机动车辆而驾驶的；严重超载驾驶的。”

虽然在关于“交通运输肇事后逃逸”的解释中并没有明确指出交通“事故”的程度，但是从其第2条第1款对“事故”的一般解释内容分析，很明显并非是指一般的交通事故，而是指“重大”的交通事故，即如果仅从后果而言是已经能够构成犯罪的交通事故。笔者认为，从法理上说，如果前行为造成的事故本身并尚未达到“重大”程度，那么，发生事故后的“逃逸”行为本身就不具有作为量刑情节的意义。道理很简单，“皮之不存，毛将焉附”？既然造成“事故”的行为不构成交通肇事罪，当然“逃逸”行为也就失去了由刑法予以评价的前提。在现行《刑法》第133条的规定中，“交通运输肇事后逃逸”只是构成犯罪后在决定刑罚时的量刑情节，但在《解释》第3条第2款的规定中是将“交通肇事致1人以上重伤，负事故全部或者主要责任……为逃避法律追究逃离事故现场的”作为构成犯罪的条件，很明显是将立法作为量刑情节的规定，提升为构成犯罪的条件。这不仅是属于越权解释的问题，而且直接造成与刑法第133条规定两者的相冲突和矛盾。

其次，“交通运输肇事后逃逸”，从法律设置事故发生后行为人负有义务的角度说，“逃逸”是指在发生交通事故后，行为人没有履行法律所规定的，对于受害人或受毁损的财物未做必要的救治或者处理的义务，未按法律规定向公安机关报告，而逃离现场，使交通事故所引起的刑事、民事、行政责任无法确定和追究的行为。无论因何种原因而“逃逸”，行为的目的就在于推卸和逃脱责任。毫无疑问，“逃逸”行为不可能是由“过失”而实施，只能是一种“故意”而为的行为。但是，问题在于对“逃逸”行为本身能否视为具有犯罪性的行为？在《解释》的上述规定中很明显是有将该种情况予以犯罪化趋势的。这在一些学者的论述中，同样已具有将“逃逸”行为本身予以犯罪化认识的倾向，① 并且是将“逃逸”视为是一种不作为行为。如认为，“法律加重处罚肇事后逃逸行为，并非处罚逃逸行为本身的作为，而是处罚其逃逸行为所导致的抢救义务的缺失及逃避责任认定这一不作为行为，正是本质上是不作为而非作为的逃逸行为，表征着逃逸行为的人身危险性和社会危害性。……正是如此，我们认为逃逸行为本质上是不作为”。② 这一认识也成为比较多的学者在分析“因逃逸致人死亡”时依据的前提。如认为，“是行为人发现被害人受伤后，为逃避法律责任，弃之不顾，驾车逃跑，导致被害人死亡。这一阶段，行为人主观上又形成新的罪过，客观上又有新的行为和危害结果”。③

笔者对“逃逸”行为本身表现出一定的人身危险性和社会危害性；“逃逸”行为本质上是不履行法律、法规规定的义务等，没有不同认识，但是，对“逃逸”行为这种在客观上由作为方式而实施的不作为行为，虽由刑法规定为量刑情节，却被《解释》规定为犯罪成立条

① 林维：《交通肇事逃逸行为研究》，载陈兴良主编：《刑事法判解》，法律出版社1999年版，第249页。

② 林维：《交通肇事逃逸行为研究》，载陈兴良主编：《刑事法判解》，法律出版社1999年版，第250页。

③ 张兆松：《论交通肇事逃逸致人死亡的定罪问题》，载《人民检察》1999年第5期。

件之一的根据，笔者认为有必要作进一步探讨。

在刑法理论上，本质上的不履行作为义务的不作为，既可以表现为“什么都没有做”，也可以表现为“逃避应做的”。“逃逸”行为应属于后一情况。但是，如果从另一个角度看“逃逸”行为，也表现出“做了不应当做的”的行为特性。换言之，是“做了”而不是“什么都没有做”。那么，刑法将“逃逸”行为量刑情节化的根据究竟是因为“做了不应当做的”还是“什么都没有做”？笔者认为是前者而不是后者。

理由在于，仅仅以“什么都没有做”予以量刑情节化的根据不充分就在于：如果以此作为加重刑事责任的根据，则在现场既没有实施“逃逸”行为，也“什么都没有做”的不作为行为，是不是同样有理由作为量刑应当考虑的情节呢？换句话说，无论其不作为行为是否造成被害人死亡的结果，如果没有实施逃逸行为，则法律没有必要将该种不作为行为予以量刑情节化。正是社会有理由期待行为人积极履行法定义务，而行为人“做了不应当做”的“逃逸”行为，立法者才将该种行为予以量刑情节化。这是恰当的。

但是，在肇事后果尚不严重，例如仅造成一人重伤，如果不附加《解释》的各种情况，显然仅此尚不能够认为行为本身已经完全符合交通肇事罪的构成要件。在此前提下，单纯是不作为的“逃逸”行为能否认为就具有应当予以犯罪化评价的价值或者说根据？笔者认为应当是否定的。理由在于，该种人身危险性和社会危害性尚未达到必须予以独立评价的意义。根据刑法理论，不作为的行为构成犯罪就其成立条件而言，可分为纯(真)正不作为与不纯(真)正不作为，而不纯(真)正不作为的犯罪性，在于发生法律要求的严重结果。“逃逸”行为就其行为性看，显然不能视为纯(真)正不作为行为，所以，“逃逸”行为作为不纯(真)正不作为行为，在没有发生严重后果(例如被害人死亡结果时)，其不作为行为非刑法意义上的不作为，不具有犯罪性而应当受刑法评价，其具有犯罪性而受刑法评价的基本条件在于发生被害人死亡的结果。而《解释》将先行行为的交通肇事致人重伤后，实施了“逃逸”行为的，作为构成犯罪的条件之一，理由是不充分的。原因在于这里的重伤就是先行肇事行为的结果，其“逃逸”行为只是造成对责任划分和追究的困难，其危害性尚不足以达到必须予以犯罪化的程度，否则就必须否定《刑法》第 133 条对“交通运输肇事后逃逸”作为量刑情节的立法规定本身。根据我国罪刑法定原则，在我国现行刑法中，除了特定的少数脱逃行为(如脱逃罪)外，尚没有对实施犯罪行为，或者违法行为后的逃跑行为单独予以论罪的规定。就交通肇事后逃跑行为而言，如果对此有必要而且必须予以犯罪化评价，可以说实施刑法规定的任何犯罪后而“逃逸”的行为，都有予以犯罪化的必要。所以，“逃逸”行为脱离已经构成交通肇事罪造成重大事故的前行为，这种不作为的“逃逸”行为本身不具有应当独立予以评价的性质，“逃逸”也就丧失作为量刑情节的意义。或许会有人说，这并不是对单纯“逃逸”行为评价为构成犯罪的条件，而正是将“致一人重伤”与“逃逸”行为相结合而评价为构成犯罪条件的。如果是这种主张，这恰恰又犯了对同一事实“不得重复评价”的错误。详言之，正因为重伤系肇事行为造成非逃逸行为，所以，将逃逸作为条件附加于重伤一人，重伤一人的事实实际上被重复使用于评价，这是违背法的基本理论的。如果说该“逃逸”行为造成被害人的死亡，作为下一层次的量刑情节，危害性的根据的主要方面是被害人“死亡”的结果，而并非仅仅只要有“逃逸”行为就应当具有被评价为量刑情节的条件。因此，《解释》将该种单纯的“不作为”行为视为具有犯罪性的规定，没有充足的理论根据。

由此，笔者认为，交通肇事的后果尚未达到“重大”程度，“逃逸”行为本身不具独立由刑法予以评价的价值，更不应当成为犯罪成立的条件之一。

二、“因逃逸致人死亡”的分析与评价

“因逃逸致人死亡”的理解，理论上的争议则比较大。归纳起来，大体上有两方面的问题，三种不同的观点：第一个方面是对“因逃逸致人死亡”情节的概念界定，有如下认识：(1)认为，“所谓‘因逃逸致人死亡’是指，交通运输肇事致人伤害，如果抢救及时，不会引起死亡，由于行为人交通运输肇事后逃逸，延误了抢救时机，引起死亡的情况”，① 或者，“‘因逃逸致人死亡的’是指在出现交通事故后，被害人受伤严重但并未死亡，如果抢救及时可以挽救生命，但由于行为人不采取积极救护措施，逃离事故现场，致使受害人得不到及时有效的治疗而死亡的行为”。② 很显然，上述认识仅仅是就造成残废的客观现象而言，并不涉及行为人主观的认识问题。(2)主张“‘因逃逸致人死亡’，是指行为人发生重大事故后，置受伤人于不顾，致使其未得到及时救助而死亡”。③ 这里的“置受伤人于不顾”，显然不能排除具有故意所为的性质。

第二个方面是针对“因逃逸致人死亡的”的理解和范围，主要有以下观点：

(1)主张该种情况下行为人的主观罪过属于故意犯罪，如认为，这一规定“只适用于由交通肇事罪转化成的故意犯罪”。④ 还有学者认为属于故意但仍然构成交通肇事罪，如“肇事后逃逸，不能排除肇事人对被害人的死亡结果持放任态度，但这是肇事后的结果行为，主观上是为了逃避法律责任，因此应定交通肇事罪”。⑤ 只有在“行为人发生重大事故，为逃避责任，故意将致伤人员遗弃荒野造成死亡的，应按刑法关于杀人罪的规定定罪处罚”。⑥

---

① 余剑主编：《危害公共安全罪》，法律出版社 1999 年版，第 309 页。

② 胡康生、李福成主编：《中华人民共和国刑法释义》，法律出版社 1997 年版，第 152 页。

③ 陈明华主编：《刑法学》，中国政法大学出版社 1999 年版，第 422 页。

④ 侯国云、白岫云：《新刑法疑难问题解析与适用》，中国检察出版社 1998 年版，第 349 页。

⑤ 魏克家、欧阳涛等主编：《中华人民共和国刑法罪名适用指南》，中国人民公安大学出版社 1998 年版，第 62 页。

⑥ 苏惠渔主编：《刑法学》，中国政法大学出版社 1997 年版，第 455 页。

（2）认为《刑法》第133条的规定只适用于行为人交通肇事后逃跑因过失致人死亡的情况，不包括因故意（包括间接故意或直接故意）致人死亡的情况。① 更有学者指出，"'因逃逸致人死亡'，应限于过失致人死亡的，即事实上发生了两次交通运输事故；已经发生交通事故后，行为人在逃逸过程中又发生交通事故，显然刑法将同种数罪规定了一个法定刑。如果在逃逸过程中对致人死亡持故意，则成立另一个独立的犯罪，不能适用上述规定以一罪论处，而应实行数罪并罚"。② 换言之，"因逃逸致人死亡"是指第二次交通运输事故中致被害人死亡。也即在交通肇事案件中，行为人的罪过心理态度常有发生转化的情况，即由过失转化为故意犯罪，常见现象如：肇事以后在行人较多的马路上逃逸，对撞死撞伤其他行人采取放任的罪过态度，结果在逃逸中造成新的伤亡后果。③ 这一观点也得到其他学者的支持，如认为，"刑法第133条所规定的'因逃逸致人死亡'的含义是指交通违章肇事后，行为人明知被害人重伤，但弃之不顾驾车逃跑，致使被害人得不到及时抢救而死亡，或者在违章肇事后，为避免罪责，驾车逃窜，又第二次交通肇事致人死亡，应该分别作为交通肇事罪的结果加重犯和交通肇事罪的同种数罪定性处罚，对于逃逸过程中又介入故意的加害行为致使被害人死亡的则成立故意杀人罪，排除在刑法第133条规定的'因逃逸致人死亡'的含义之外"。④

（3）对"交通肇事致人重伤后逃逸使被害人未得到及时救护而死亡的行为性质的认定"提出看法，并对如下观点："被害人的重伤系由行为人所造成，行为人见危不救而置人于死地，这是一种故意的行为，具有放任的间接故意，因此，对逃跑的行为应单独定罪"的观点进行商榷而认为："前述逃跑等思想状态是发生于肇事之后，是为逃避法律责任，属于罪后表现，所以不能以其犯罪后的态度而改变其前行为的罪过形式。其罪后逃跑行为不宜单独定罪，引起被害人不能抢救而死亡，可作为从重情节考虑。"⑤更有学者提出，"因逃逸致人死亡'的，逃逸行为是交通肇事行为的自然延伸，因而构成交通肇事罪的结果加重犯。"⑥有其他学者进一步补充论述为，该种情形中行为人的行为可分为两个阶段：一是行为人的行为致人重伤已经符合交通肇事罪的基本构成要件；二是由于逃逸行为出现被害人因得不到及时救助而死亡的加重结果，逃逸行为与加重结果之间存在无前者即无后者的因果关系，是发生了基本构成以外的基于间接故意的加重结果，因而成立交通肇事罪的结果加重犯。⑦

---

① 黄祥青：《浅析刑法中的交通肇事罪》，载《政治与法律》1998年第4期。

② 张明楷：《刑法学》（下册），法律出版社1997年版，第586页。

③ 黄祥青：《浅析刑法中的交通肇事罪》，载《政治与法律》1998年第4期。

④ 李晓龙、李立众：《试析交通肇事罪中的"因逃逸致人死亡"》，载《法学》1999年第8期。

⑤ 陈兴良主编：《刑法全书》，中国人民公安大学出版社1997年版，第573页。

⑥ 张波：《"交通肇事'逃逸'"的定性分析》，载《中国刑事法杂志》1999年第5期。

⑦ 于改之：《不作为犯罪中"先行行为"的本质及其产生作为义务的条件——兼论刑法第133条"因逃逸致人死亡"的立法意蕴》，载《中国刑事法杂志》2000年第5期。

《解释》第5条规定：“‘因逃逸致人死亡’，是指行为人在交通肇事后为逃避法律追究而逃跑，致使被害人因得不到救助而死亡的情形。”从《解释》的规定而言，是对交通肇事后实施的“因逃逸”行为“致人死亡”的客观属性而言，并没有涉及行为人主观罪过形式问题。从“逃逸”行为的实施而言，无论行为人出于何种动机，“逃逸”行为是主动或被动，都属于故意脱离现场的行为，而不可能由“过失”构成。而且，表明仅仅属于“因逃逸致人死亡”的行为不具有另行定罪的根据，只能作为交通肇事罪的量刑情节之一。由此区别于假意抢救而故意遗弃被害人，客观上同样表现为“逃逸”而致使被害人死亡、重伤的故意杀人罪、故意伤害罪。根据就在于：必须符合《解释》第6条规定的，“行为人在交通肇事后为逃避法律追究，将被害人带离事故现场后隐藏或者遗弃，致使被害人无法得到救助而死亡或者严重残疾的”的情况。该规定，可以说在一定程度上解决了理论界对发生交通肇事后，假意抢救而故意遗弃被害人，由于抢救失时而造成被害人的重伤、死亡行为定性的争论。

从《解释》的规定看，“因逃逸致人死亡”，只是涉及行为人“逃逸”行为的直接后果，而并不涉及其主观罪过的形式和内容。然而，应如何理解“因逃逸致人死亡”的心理态度是“过失”还是包括“故意”？① 笔者认为，在前述学者的有关论述中，有将“因逃逸致人死亡”的心理态度只限定在“间接故意”或者“过失”的范围的观点，笔者认为这并不符合司法实践中的复杂情况，对“因逃逸致人死亡”的罪过，不应作简单的理解，应当既有故意也有过失。② 具体来说，“希望”或者“放任”死亡结果发生的心理态度都可能存在。但上述结论建立在下述两点的基础上：其一，在逃逸过程中没有发生新的事故致人死亡；其二，没有实施假意抢救而故意遗弃被害人的行为。

首先，这里的无论是“过于自信”或者“希望”“放任”死亡结果发生，并不是行为人在交通肇事行为之前或者在事故发生当时对结果的犯罪心理态度，而是事故发生后行为人“逃逸”行为时的心理态度，如果行为人没有上述两种情况存在，那么，这种“逃逸”而对被害人死亡结果发生的“过于自信”或者“希望”“放任”的心理态度并不具有被独立评价的意义。其次，司法实践中，行为人在突发的事故面前，恐惧、胆怯、不知所措或者惊慌失措的情况是常见的，无论出于何种动机而从现场逃离，对于被害人因得不到救助而死亡的可能性，行为人不是不可认识的。如果行为人根本没有发觉已经发生交通事故，即使是“应当预见因为疏忽大意而没有预见”，其脱离现场的行为也不符合“逃逸”。既如此，因何将因逃逸致人死亡”限制在只能由“间接故意”或“过失”（过于自信）的范围？其次，如果

① 胡康生、李福成主编：《中华人民共和国刑法释义》，法律出版社1997年版，第152页；陈明华主编：《刑法学》，中国政法大学出版社1999年版，第422页；张明楷：《刑法学》（下册），法律出版社1997年版，第586页。

② 对于“因逃逸致人死亡”的主观心理态度因为对于致人伤害是“明知”的，所以，不可能在“逃逸”情况下对死亡结果发生是“疏忽大意”的。

行为人既没有在逃逸过程中发生新的事故致人死亡，也没有实施假意抢救而故意遗弃被害人的行为，如前所述，在我国现行刑法中，除了特定的少数脱逃行为(如脱逃罪)外，尚没有对于逃跑行为单独论罪的规定。就交通肇事后的逃跑行为而言，主观上逃跑故意根本谈不到是一种犯罪的心理状态。如果因“过于自信”或者“希望”“放任”被害人死亡即要作为构成新的犯罪予以评价，是不是有以主观论罪之嫌呢？由此，无论将行为人“因逃逸致人死亡”的心理态度限制在“间接故意”或者“过失”心理状态，都是不够准确的。笔者认为，在立法对“因逃逸致人死亡”作为交通肇事罪的情节规定的情况下，这种心理态度无论属于故意还是过失，都不影响应属于交通肇事情节的意义。

因“逃逸”的客观情况也不一样，所以有必要对“因逃逸致人死亡”条件作如下分析：(1)行为人的逃逸行为必须发生在交通肇后，而且要求行为人主观上已经认识到发生交通事故撞伤了人。只有在此基础上，行为人脱离现场的行为才谈得上是逃逸，如果证据证明确实不知道撞了人而继续前行的不能认定为逃逸。(2)被害人的死亡与行为人的逃逸行为之间必须存在着刑法上的因果关系。即被害人的死亡必须是由于肇事者“为逃避法律追究”，不抢救被害人的逃逸行为造成的。如行为人交通肇事当场致被害人死亡后或发生死亡结果已不可逆转而逃逸的，因死亡与行为人的逃逸无因果关系，不属于“因逃逸致人死亡”；如因认识错误而认为已经死亡，但被害人确因行为人逃逸，挽救失时而死亡的，则不影响认定。(3)被害人死亡必须是由于逃逸行为造成的，其中并未介入其他行为，包括肇事者自己的行为和他人的行为，如果由于介入其他他人的行为，或者肇事者自己的行为，切断了重伤与发生死亡结果之间因果关系的发展，即使发生死亡结果，也不符合该规定。

至于是造成何人“死亡结果”，从学者的观点看，有认为是属于第二次造成重大交通事故而致人死亡，即是指造成其他人的死亡。笔者认为该种认识有些牵强。从《解释》第5条规定，“‘因逃逸致人死亡’，是指行为人在交通肇事后为逃避法律追究而逃跑，致使被害人因得不到救助而死亡”的规定看，显然这里的“因逃逸致人死亡”，非指“逃逸”行为再次发生“事故”而造成其他人死亡。

三、对《解释》有关规定的分析与评价

(1)《解释》第2条规定：“交通肇事具有下列情形之一的，处3年以下有期徒刑或者拘役”，其“情形”的第3项规定：“造成公共财产或者他人财产直接损失，负事故全部或者主要责任，无能力赔偿数额在30万元以上的。”

根据刑法关于交通肇事罪的规定，因第133条规定交通肇事“致人重伤、死亡或者使公私财产遭受重大损失的”即符合构成要件。换言之，“或者”表明即使只造成财产的重大损失，同样构成犯罪，而这里的财产损失，是指直接造成的财产损失。《解释》第2条第3

项也规定财产损失只限于“造成公共财产或者他人财产直接损失”。从我国目前理论解释看，也是如此，如“在计算财物的危害后果时，只能计算直接损失，即因交通事故而损失的交通工具或其他财物的价值，或其修复的折价费用，而不能将间接损失也计算在内”。①而“无能力赔偿”又是一种什么概念呢？当然是指客观上不具有赔偿能力。而无能力赔偿的数额虽然不可能大于所造成的直接损失的数额，但是，完全可以等同于所造成的直接损失的数额。如果数额比较大而行为人倾家荡产赔偿了部分但仍然有 30 万元以上的损失无能力再赔偿；如果行为人有万贯家财，即使因肇事所造成的直接损失再大也毫不在乎，那么，这无疑传递给公众“有钱就能买刑”的观念。彭真早在 5 届人大 2 次会议关于刑法第 7 个法律草案的说明中就指出：“对于违法犯罪的人……都应当依法制裁。在我们社会主义国家里，不允许言行不符，不允许有任何超越法律之外或者凌驾于法律之上的特权。”上述规定显然是与我们倡导的法治价值观、与刑法第 4 条“对任何人犯罪，在适用法律上一律平等。不允许任何人有超越法律的特权”的刑法面前人人平等原则相悖。因此，笔者认为，这一规定是不符合社会的法治精神，应当取消。

(2)《解释》第 5 条第 2 款规定：“交通肇事后，单位主管人员、机动车辆所有人、承包人或者乘车人指使肇事人逃逸，致使被害人因得不到救助而死亡的，以交通肇事罪的共犯论处。”

共犯，也即共同犯罪人，在刑法中有广狭之分，狭义的共犯是指教唆犯、从犯(帮助犯)；广义的还包括共同实行犯(正犯)。② 在我国现行刑法中，共同犯罪只限于共同故意犯罪，《刑法》第 25 条第 2 款规定：“二人以上共同过失犯罪，不以共同犯罪论处；应当负刑事责任的，按照他们所犯的罪分别处罚。”基于“共同过失犯罪是一个客观存在的社会现象，不承认它是不切合实际的，也是不明智的”。③ 所以，上述规定虽然明显地与现行刑法的规定不符，实属越权解释，但是它的积极意义是应当肯定的。如果因为刑法没有规定而否定共同过失犯罪现象不恰当的原因就在于，这种社会现象并不是以法律是否规定而决定其客观存在与否。正因为如此，笔者对共同过失犯罪持肯定看法。④

不过，问题在于上述规定的过失共犯的行为，是在交通肇事后“指使”肇事人逃逸，而非共同的交通肇事行为，所以，只能认为《解释》规定的是指狭义共犯中的教唆或者帮助行为。理论上虽然对是否存在过失共犯肯定与否定观点都有，而且过失共犯的范围也有争论，但是，如果持肯定的观点，那么，从过失成立须具备违反注意义务为核心而言，共同过失是否也应当如此考虑呢？正是从这一意义上说，过失共犯的行为是否可以包括教唆

---

① 马克昌、杨春洗、吕继贵主编：《刑法学全书》，上海科学技术文献出版社 1993 年版，第 652 页。

② 侯国云：《过失犯罪论》，人民出版社 1999 年第 2 版，第 194 页。

③ 林亚刚：《犯罪过失研究》，武汉大学出版社 2000 年版，第 135 页。

④ 林亚刚：《犯罪过失研究》，武汉大学出版社 2000 年版，第 136 页。

犯、帮助犯，是值得研究的。从以往我国刑法立法文献看，对于过失共犯曾经有过规定，但限于过失正犯的范围，如1928年《中华民国刑法》第47条曾规定："二人以上于过失犯有共同过失者，皆为过失正犯。"理论上对过失持肯定态度的，也多认为限于在正犯范围内成立过失共同犯罪，如"在过失犯，行为之意思非不可共同，且过失并非无意识，虽认识犯罪事实，而不容认其发生时亦有可能。因此，在认识之限度内，意思之共同，亦有可能，即可采认过失之共同正犯"。① 再如，日本学者福田平教授就认为，既然存在着所谓违反客观注意义务的危险的实行行为，而在对此具有共同的意思并对该事实能够认识的情况下，是能够肯定过失共同正犯的存在。②

结合《解释》的规定具体分析，实施"教唆"或者"帮助"的行为人，无论出于何种动机、目的，主观上是故意的，即明知在事故发生后，肇事者应当实施救护，但故意教唆或者帮助肇事者脱离现场；客观上实施了教唆或者帮助行为，并且，正是因为其教唆或者帮助行为，使肇事者逃逸而造成被害人因抢救失时而死亡。其教唆或者帮助行为与肇事者的逃逸，以及被害人的死亡结果发生，具有直接的因果关系。如从具有"共同罪过"的范围看，是"逃逸"的"共同故意"，而非"肇事"的共同过失；如从"共同行为"的范围看，是"逃逸"的"共同行为"，而非"肇事"的共同行为。即上述"共同犯罪"的犯罪限于"逃逸"的共同犯罪。这就产生一个问题，交通肇事后的"逃逸"行为，在我国刑法中并没有独立的罪名和法定刑，何以认为成立共犯？更何况《解释》规定的是"以交通肇事罪的共犯论处"，这就更使人不解。即使我们说交通肇事罪的共同犯罪现象是客观存在的，也只能认为行为人都负有防止违法结果发生的共同注意义务；行为人都具有违反共同注意义务的共同行为，导致违法结果的发生。行为的共同性就在于各个行为人都不仅自己没有履行注意义务，防止结果的发生，也没有履行使共同行为的其他人防止结果的发生的注意义务，主观的共同性就在于行为人对违反共同的注意义务具有共同过失。正是由于各行为人共同的作为或不作为，导致了违法结果的发生。换言之，交通肇事罪的"共同犯罪"应当发生于交通肇事行为实施的过程中，而不可能在交通事故已经发生之后，以主观上的"教唆、帮助故意"，客观上的"教唆、帮助行为"与交通事故已经发生之后的肇事者的"逃逸"行为，成立共同犯罪。理由如前所述很简单，在我国现行法中，并不具有对单纯"逃逸"行为明文规定的犯罪，更何况怎能够以事后的教唆或者帮助行为与前行为共同构成"交通肇事罪的共同犯罪"。

笔者认为，《解释》的这一规定，不仅从逻辑上说十分混乱，而且违背了刑法有关共同犯罪的基本理论，是不应当给以肯定的。

---

① 郭君勋：《案例刑法总论》，三民书局股份有限公司1988年版，第495页。

② ［日］西田典之：《过失的共犯》，载《法学教室》1992年第2期。

妨害传染病防治罪构成及刑事责任中的若干问题[1]

所谓妨害传染病防治罪，是指违反传染病防治法的规定，引起甲类传染病传播或者有传播严重危险的行为。

一、违反《传染病防治法》的责任与《刑法》第330条责任的衔接中存在的问题

《中华人民共和国传染病防治法》(以下简称《传染病防治法》)第35条规定："违反本法规定，有下列行为之一的，由县级以上政府卫生行政部门责令限期改正，可以处以罚款；有造成传染病流行危险的，由卫生行政部门报请同级政府采取强制措施：(一)供水单位供应的饮用水不符合国家规定的卫生标准的；(二)拒绝按照卫生防疫机构提出的卫生要求，对传染病病原体污染的污水、污物、粪便进行消毒处理的；(三)准许或者纵容传染病病人、病原携带者和疑似传染病病人从事国务院卫生行政部门规定禁止从事的易使该传染病扩散的工作的；(四)拒绝执行卫生防疫机构依照本法提出的其他预防、控制措施的。"第37条规定："有本法第三十五条所列行为之一，引起甲类传染病传播或者有传播严重危险的，比照刑法第一百七十八条[2]的规定追究刑事责任。"

从上述规定可以看出，现行《刑法》第330条的规定，就是该法的基本内容，并同样以具有"引起甲类传染病传播或者有传播严重危险的"的事实，是构成犯罪必要的选择性条件，即具备"引起甲类传染病传播"或者"引起甲类传染病传播严重危险"之一的，就可构成犯罪。然而，上述规定及刑法明确要求传播或者有传播严重危险的必须是"甲类传染病"。《刑法》第330条第3款规定："甲类传染病的范围，依照《中华人民共和国传染病防治法》和国务院有关规定确定。"1990年8月4日颁布并实施的《〈中华人民共和国传染病防治法〉规定管理的传染病诊断标准(试行)》(以下简称《诊断标准》)虽然规定了35种传染

① 本文原载于《中国刑法学年会文集》(2003年)。

② 即按照1979年刑法"违反国境卫生检疫规定罪"类推定罪。

病，但是，所规定的甲类传染病只有鼠疫、霍乱。因此，其他有“传播严重危险”的传染病即使发生传播的实害事实，也并不能构成犯罪。鉴于2003年年初我国大面积非典型肺炎疫情的暴发、流行，卫生部2003年4月8日将“传染性非典型肺炎”即严重急性呼吸道综合征(SARS)，列入法定管理传染病进行管理。最高人民法院、最高人民检察院也于2003年5月15日颁布了《关于办理妨害预防、控制突发传染病疫情等灾害的刑事案件具体应用法律若干问题的解释》(以下简称《解释》)。

上述各有效的规定，显然在确定责任时存在不明确之处，即《传染病防治法》是由全国人大颁布的法律，而卫生部的“决定”属于行政规范，无权修改和补充由全国人大制定的法律。而且，根据《传染病防治法》第3条第4款的规定：“国务院可以根据情况，增加或者减少甲类传染病病种，并予公布；国务院卫生行政部门可以根据情况，增加或者减少乙类、丙类传染病病种，并予公布。”如果据此项规定，卫生部的“决定”只能将传染性非典型肺炎归属于乙类传染病而不是甲类传染病。但从“决定”第3条规定要求对传染性非典型肺炎的控制措施，可按照《传染病防治法》第24条第1款对于甲类传染病控制措施执行看，卫生部的上述“决定”采取的控制措施是将传染性非典型肺炎归于甲类传染病的。卫生部1991年12月6日颁布的《中华人民共和国传染病防治法实施办法》(以下简称《实施办法》)第16条第4款规定：“国务院卫生行政部门可以根据情况增加或者减少菌(毒)种的种类。”所涉及的菌(毒)种的种类分为三级，包括甲类传染病的菌(毒)种的种类。这一规定是卫生部自己规定本部门可以根据情况增加或者减少菌(毒)种的种类，显然直接与全国人大颁布的《传染病防治法》相抵触，就更不恰当了。而且，针对这次传染性非典型肺炎疫情的大规模的暴发、流行，“两高”的《解释》从适用刑法予以惩治的实际情况说，显然是将传染性非典型肺炎视为“甲类传染病”，这样一来，对发生传染性非典型肺炎传播或者有传播严重危险的事实时，在应当适用的有效的规定之间将明显发生不协调之处。

构成本罪要求的“引起甲类传染病传播或者有传播严重危险”，依据何种事实和标准予以确认，目前并没有具体的规定，因此，只能根据具体的事实予以判断。构成本罪的结果性要件，只要具备“引起甲类传染病传播”或者“有传播严重危险”之一，即符合构成本罪的要求，前者属于实害结果，后者属于危险结果。所谓甲类传染病传播的实害结果，即是指发生甲类传染病群体性感染事件。群体性感染如果表现为甲类传染病的大规模暴发、流行，例如，发生类似2003年初在全国范围内的传染性非典型肺炎暴发、流行，判断实害结果的发生一般不发生困难。但是，在不符合大规模暴发、流行，而是小范围健康人群感染，例如，在三五人感染甲类传染病的情况下，是否可认为符合本罪的结果条件。由于在法条中对此结果的要求并不是明确的，所以很值得研究。笔者认为，甲类传染病传播的实害结果，应当是指不特定多数人的健康人群实际受到感染的事实，如果只是小范围的人群受到感染，采取措施就能够有效控制传播的，不宜视为已经发生实害结果。所谓有传播严重危险的，是指具有发生甲类传染病群体性感染的客观严重危险状态。如何判断是否具有这种群体性感染的客观严重危险状态，同样是值得研究的问题。客观危险状态是指客观事实表明具有发生实害结果的现实可能性。然而，对传播严重危险的判断，是依据行为时为标准还是以行为结束后的事实为标准，还有不同的认识。所谓行为时标准，即是主张危险应当以行为时所能够认识的具体事实为基础加以判断；所谓行为后标准，即主张危险应当以行为发生后的事实加以判断。① 也有学者主张应当兼顾这两者，综合予以判断。②

笔者认为，本罪严重危险的判断，应当是以本罪犯罪构成的要求来考虑的，从本罪构成特征上说，理论上共识为过失犯罪，过失犯罪要求实际的危害结果必须已经发生，虽说危险状态是危害结果的一种表现形式，但是，其毕竟只是一种实害结果的可能性而不是现实的结果。换言之，对危险性的判断应当在行为结束之后，当然，这里所谓的“行为结束”，应当是指在有关机构采取一定的预防、控制措施之后。因为就本罪而言，对于具有具体客观内容的危险性的认识，其危险内容以及危险程度也只能在采取预防、控制措施后予以判断。如果是行为实施之中，相关机构采取一定的预防、控制措施之前，尚不能认为行为不再发展就具有客观危险状态，并且还认为是严重的，这就与共识的对过失犯罪应当是在行为结束后才能认为成立犯罪的认定标准不符。因此，本罪严重危险状态的认定标准，以行为后标准为宜，这不仅符合刑法对过失犯罪的规定，而且符合我国刑法理论对过失犯罪解释的基本理论。

二、妨害传染病防治罪客观方面的问题及证据

《刑法》第330条规定：“违反传染病防治法的规定，有下列情形之一，引起甲类传染病传播或者有传播严重危险的，处三年以下有期徒刑或者拘役；后果特别严重的，处三年以上七年以下有期徒刑：(一)供水单位供应的饮用水不符合国家规定的卫生标准的；(二)拒绝按照卫生防疫机构提出的卫生要求，对传染病病原体污染的污水、污物、粪便进行消毒处理的；(三)准许或者纵容传染病病人、病原携带者和疑似传染病病人从事国务院卫生行政部门规定禁止从事的易使该传染病扩散的工作的；(四)拒绝执行卫生防疫机构依照传染病防治法提出的预防、控制措施的。”

根据上述规定，认定犯罪客观方面的基本事实和认定的证据有以下方面：

(1)供水单位供应的饮用水不符合国家规定的卫生标准。根据我国目前关于饮用水供给的规定，我国采取公共供水和自建设施供水两种，给水方式则城乡采用集中式给水(包括各单位自备的生活饮用水)和分散式给水两种基本方案。但是，无论是采取何种方案和给水方式，饮用水卫生标准都必须适用卫生部1985年8月5日批准的《生活饮用水卫生标

① 彭兰：《妨害传染病防治罪》，载《中国刑事法杂志》1998年第2期。

② 曾朝辉主编：《危害公共卫生犯罪疑难问题司法对策》，吉林人民出版社2001年版，第8页。

准》，因此，违反此项规定构成犯罪的事实证据要求：第一，要求生活饮用水水质超过所规定的限量标准。第二，饮用水中必须包含有能够引起甲类传染病的鼠疫、霍乱传染病传播或者有传播严重危险的致病菌(毒)种。第三，必须具有引起甲类传染病传播或者有传播严重危险。不具有上述事实的，只能认为属于一般违反行政法的规定。

(2)拒绝按照卫生防疫机构提出的卫生要求，对传染病病原体污染的污水、污物、粪便进行消毒处理的。所谓卫生防疫机构，根据《实施办法》的规定，是指卫生防疫站、结核病防治研究所(院)、寄生虫病防治研究所(站)、血吸虫病防治研究所(站)、皮肤病性病防治研究所(站)、地方病防治研究所(站)、鼠疫防治站(所)、乡镇预防保健站(所)及与上述机构专业相同的单位。与上述机构专业相同的单位，主要是指铁路、交通、民航、厂(场)矿的卫生防疫机构，解放军卫生主管部门等。这里所谓"消毒"，根据《消毒管理办法》的规定，是指用化学、物理、生物的方法杀灭或消除环境中的致病微生物，达到无害化。但作为本项规定的"消毒"并不是指一般意义的预防性消毒，而是指当发生被甲类传染病病原体污染的污水、污物、粪便的情况下，根据《消毒管理办法》的规定所采取针对性的消毒。

所谓拒绝，包括不做任何消毒、灭活的无害化处理，也包括形式上采取了消毒、灭活的无害化处理，但敷衍了事，不负责任，消毒、灭活的无害化处理达不到卫生防疫部门提出的根据相关法律、法规所规定的消毒、灭活的无害化处理的标准。① 违反此项规定的事实的证据要求：第一，必须有被甲类传染病病原体污染的污水、污物、粪便；第二，必须拒绝做消毒、灭活的无害化处理的事实；第三，必须具有能够引起鼠疫、霍乱传染病传播或者有传播严重危险。

(3)准许或者纵容传染病病人、病原携带者和疑似传染病病人从事国务院卫生行政部门规定禁止从事的易使该传染病扩散的工作。所谓传染病病人、疑似传染病病人，根据《实施办法》第73条的规定，是指根据国务院卫生行政部门发布的《诊断标准》，符合传染病病人和疑似传染病病人诊断标准的人。病原携带者是指感染病原体无临床症状但能排出病原体的人。根据有关规定，传染病病人、病原携带者和疑似传染病病人不能从事的工作，主要有饮水、饮食、整容、保育，以及其他易使传染病扩散工作。所谓准许与纵容，从词义的区别上看，准许是同意他人的请求，② 而纵容在于对错误不予以制止而任其发展。③ 从词义的区别上说，作为本项犯罪的所谓准许，是指在明确知道是传染病病人、病原携带者或者疑似传染病病人的情况下，招聘、雇用同意其从事国务院卫生行政部门规定的禁止从事的工作，也包括在发现其属于传染病病人、病原携带者或者疑似传染病病人

---

① 陈光明主编：《卫生法学》，上海医科大学出版社1992年版，第206页。

② 《现代汉语词典》，商务印书馆1979年版，第1511页。

③ 《现代汉语词典》，商务印书馆279年版，第1527页。

后，不应当从事该工作而不将其调离，同意其继续留任。本项犯罪的所谓纵容，是指已明确知道是传染病病人、病原携带者或者疑似传染病病人在从事易使该传染病扩散的工作，不采取措施，听任其从事不得从事的工作。认定本事实的基本证据要求：第一，必须有准许或者纵容的事实；第二，必须是甲类传染病病人、病原携带者或者疑似传染病病人；第三，上述人员从事的必须是国务院卫生行政部门规定的不能从事的工作；第四，必须有引起甲类传染病传播或者有传播严重危险。

(4)拒绝执行卫生防疫机构依照传染病防治法提出的预防、控制措施。作为本项的规定，应当说是具有概括性的。有学者认为，这一概括性的规定，包括前三项规定没有涉及的、拒绝执行卫生防疫机构依照《传染病防治法》提出的其他一切预防、控制措施的行为。并依照《实施办法》的有关规定，共提出八种具体的情况。① 笔者认为，认为这一规定具有概括性无疑是正确的，但论者的这种概括却值得商榷。因为，概括的范围过于绝对。从违反《实施办法》的具体规定而言，并非限于上述情况才能造成甲类传染病的传播或者有传播的危险。例如，违反《实施办法》第35条关于甲类传染病疫情报告制度规定："责任疫情报告人发现甲类传染病和乙类传染病中的艾滋病、肺炭疽的病人、病原携带者和疑似传染病病人时，城镇于六小时内，农村于十二小时内，以最快的通讯方式向发病地的卫生防疫机构报告，并同时报出传染病报告卡。"显然，责任疫情报告人违反该规定同样具有造成甲类传染病传播或者有传播严重危险，为什么不能包括在其中呢?

笔者认为，拒绝执行卫生防疫机构依照传染病防治法提出的预防、控制措施，应当理解为前三项规定之外的所有违反卫生防疫机构依法提出的对甲类传染病预防和控制措施的各种情况。该项事实的证据应当有：第一，必须有甲类传染病疫情发生；第二，地方卫生防疫机构根据具体疫情提出针对甲类传染病的具体预防、控制措施；第三，必须有拒绝按照卫生防疫机构提出的预防、控制措施实施预防、控制的事实；第四，必须有引起甲类传染病传播或者有传播严重危险。如果卫生行政机构只是对非甲类传染病提出的具体预防、控制措施而拒绝执行的，不能认为符合该项规定而构成犯罪。

---

① 具体是：(1)拒绝必要的隔离治疗(第18条)；(2)从事易使传染病扩散工作的人员，拒绝在取得健康合格证后上岗(第19条)；(3)招用流动人员200人以上的单位，不按照规定向卫生行政部门报告并拒绝采取预防的卫生措施(第20条)；(4)单位或个人非法经营、出售预防菌苗、疫苗等生物制品(第24条)；(5)使用禁止进口的血液和血液制品(第26条)；(6)生产、经营、使用不符合标准的消毒药剂和消毒器械、卫生用品、卫生材料、一次性医疗器材、隐形眼镜、人造器官等(第27条)；(7)未经畜牧兽医部门检疫，将传染病流行区的家畜家禽外运(第28条)；(8)自然疫源地或者可能是自然疫源地的地区兴建大型建设项目，未经当地卫生防疫机构进行卫生调查即进行施工(第30条)。曾朝辉主编：《危害公共卫生犯罪疑难问题司法对策》，吉林人民出版社2001年版，第6~7页。

三、妨害传染病防治罪的主体及存在的问题

根据《刑法》第330条的规定，通说认为本罪自然人主体为一般主体，单位也可构成本罪。由于本罪客观方面行为的多样态，所以，实践和理论上认为相对于各种不同犯罪行为样态的主体仍然是有一定区别的。具体而言，有以下方面：

(1)供水单位供应的饮用水不符合国家规定的卫生标准的主体。显然，该三项规定的主体，只能是供水单位以及对饮用水符合国家规定的卫生标准承担直接负责的主管人员和其他直接责任人员。所谓供水单位，根据《传染病防治法》及《城市供水条例》和《农村实施〈生活饮用水卫生标准〉准则》以及地方性法规等规定，是指在城乡采取集中式给水单位(包括城镇公共供水单位、自备水源供水单位和农村简易自来水供水单位)、二次供水单位和分散式给水的单位(如旅客列车、客船等)。所谓承担直接负责任的主管人员和其他直接责任人员的确定，必须是上述单位中对饮用水卫生标准达到国家标准负直接责任的人员，主要是对供水负直接责任的领导和直接从事供水工作的人员，一般设备操作及维修人员不能成为本罪的主体。有学者认为，本项规定的犯罪主体，还包括前述单位或者个人如果未经批准，擅自将自备水源与城镇集中式供水系统连接，也可以构成本罪。①

笔者认为，上述认识值得商榷。根据刑法的规定，本项犯罪的基本的主体是“供水单位”，所谓供水单位，可以有实质的和形式与实质相结合的两种意义上的理解。前述观点显然只是从实质上予以解释的，即只要在实际上是提供了饮用水，无论是否具有合法的供水资质和取得供水许可，都是“供水单位”。所谓形式与实质相结合的理解，是指根据《生活饮用水卫生监督管理办法》(以下简称《管理办法》)第7条规定，② 集中式供水单位必须取得卫生许可证；城市自来水供水企业和自建设施对外供水的企业还必须取得《城市供水企业资质证书》的形式要件，并提供饮用水的单位。国务院《城市供水条例》第19条规定：“城市自来水供水企业和自建设施对外供水的企业，必须经资质审查合格并经工商行政管理机关登记注册后，方可从事经营活动。资质审查办法由国务院城市建设行政主管部门规定。”《管理办法》第28条对未取得《城市供水企业资质证书》擅自供水的罚则是：“由建设行政主管部门责令限期改进，并可处以违法所得3倍以下的罚款，但最高不超过30000元，没有违法所得的可处以10000元以下罚款。”如果以只要供水的就视为“供水单位”，实际上也就否定了国家行政法规对供水单位要求具有一定资质和必须经过审批许可的意义。因此，作为供水单位首先应当具备这种形式要件。如果不具备这种资质和取得供水许可的

---

① 曾朝辉主编：《危害公共卫生犯罪疑难问题司法对策》，吉林人民出版社2001年版，第8~9页。

② 《生活饮用水卫生监督管理办法》第7条规定：“集中式供水单位必须取得县级以上地方人民政府卫生行政部门签发的卫生许可证。城市自来水供水企业和自建设施对外供水的企业还必须取得建设行政部门颁发的《城市供水企业资质证书》，方可供水。”

单位，即使擅自将自备水源与城镇集中式供水系统连接，也不符合上述规定所要求的供水单位的基本条件，不能成为本项犯罪的主体。这种行为只属于《实施办法》第 66 条第 1 款第 2 项规定的行政违法行为。因此，认定本项犯罪的主体的基本证据要求：①集中式供水单位必须取得县级以上地方人民政府卫生行政部门签发的卫生许可证。②城市自来水供水企业和自建设施对外供水的企业，必须取得县级以上地方人民政府卫生行政部门签发的卫生许可证和取得建设行政主管部门颁发的《城市供水企业资质证书》。③城市自来水供水企业和自建设施对外供水的企业，必须取得工商行政管理机关登记注册。

(2)拒绝按照卫生防疫机构提出的卫生要求，对传染病病原体污染的污水、污物、粪便进行消毒处理的主体。根据《传染病防治法》的规定，我国对传染病实行预防为主的方针。法律规定各级政府在制定社会经济发展规划时，必须包括传染病防治目标，并组织有关部门共同实施。但是本项犯罪主体的范围，在刑法中的规定是不够明确的。一种观点就认为本项犯罪的主体范围较广，包括各种单位及其有关人员，还包括个人和各级卫生防疫机构。① 在发生甲类传染病疫情的情况下，有关的单位以及个人，根据《传染病防治法》的规定，负有必须配合对被污染的污水、污物、粪便进行消毒处理的义务，拒绝履行的单位和个人，应当为本项犯罪的主体。所谓个人，是指与甲类传染病预治有直接关系，达到法定责任年龄、具有刑事责任能力的自然人。所谓的单位，包括各种依法接受当地政府卫生行政部门指定的卫生防疫机构的业务指导的单位(包括军事单位、铁路、交通、民航)以及其中的相关人员。作为本项犯罪的主体，①单位或者个人已被卫生防疫机构提出对甲类传染病病原体污染的污水、污物、粪便进行消毒处理；②主体必须有条件，或者能够配合采取消毒处理措施；③必须具有拒绝执行的事实。

目前对当地政府卫生行政部门指定的卫生防疫机构，是否可以构成本罪，理论上还有不同的认识。前述观点就认为，各级卫生防疫机构也可构成本罪，即可以成为本罪主体。但这是指卫生防疫机构自身是被甲类传染病传染之单位而拒绝进行消毒防治，还是指卫生防疫机构对发生甲类传染病的暴发、流行时拒绝执行各级政府卫生行政部门有关命令的不作为，是不清楚的。但显然根据《传染病防治法》罚则的规定，涉及卫生防疫机构及其行政不作为的处罚内容，并不包括拒绝消毒的内容。②

(3)准许或者纵容传染病病人、病原携带者和疑似传染病病人从事国务院卫生行政部门规定禁止从事的易使该传染病扩散的工作的主体。本项犯罪的主体，既包括自然人一般主体，也包括单位及其相关直接责任人员。从本项犯罪成立的条件而言，其主体范围应曾是提供了从事易使甲类传染病扩散的工作的单位及其个人。这些单位和个人，主要包括服务业、餐饮业、社会福利机构、单位后勤机构，各种类型的社会托管机构，食品的生产、

---

① 曾朝解主编：《危害公共卫生犯罪疑难问题司法对策》，吉林人民出版社 2001 年版，第 9 页。

② 《传染病防治法》第 66~71 条。

加工、销售、运输、储存单位及其相关人员和从事上述性质工作的个人等。本项犯罪的主体，①单位或者个人的社会职业必须具有与不特定人群接触的性质；②主体提供的必须是国务院卫生行政部门规定的传染病病人、病原携带者和疑似传染病病人禁止从事的易使该传染病扩散的工作岗位；③主体必须实施准许或者纵容上述人员继续留岗工作的事实。

(4)拒绝执行卫生防疫机构依照传染病防治法提出的预防、控制措施的主体。本项犯罪的主体，应当是所有的有条件执行而拒绝执行对甲类传染病预防、控制措施的单位和自然人的一般主体，包括甲类传染病病人、甲类病原携带者和甲类疑似传染病病人。作为本项犯罪的主体，①单位或者个人已被卫生防疫机构依照传染病防治法提出的预防、控制措施；②主体必须有条件或者能够配合采取预防、控制措施；③必须具有拒绝执行预防、控制措施的事实。

根据我国刑法的规定，本罪的自然人主体必须是年满16周岁、具有刑事责任能力的自然人；单位主体，既包括国有、集体所有的公司、企业、事业单位，也包括依法设立的合资经营、合作经营企业和具有法人资格的独资、私营等公司、企业、事业单位。

在本罪属于单位犯罪的情况下，有两个问题值得进一步研究，即我国理论上一般主张单位犯罪与自然人犯罪的主要区别之一是违法所得的归属，这一点在1999年6月25日《最高人民法院关于审理单位犯罪案件具体应用法律有关问题的解释》也予以确认。其第3条规定："盗用单位名义实施犯罪，违法所得由实施犯罪的个人私分的，依照刑法有关自然人犯罪的规定定罪处罚。"然而这一标准对本罪而言成为问题是，一是如何理解本罪的"违法所得"？二是如果不存在所谓"违法所得"，那么在区别单位犯罪与自然人犯罪上，应当掌握的标准是什么？

就本罪是否具有违法所得的问题，我认为妨害传染病防治罪属于非典型经济类的犯罪，除供水单位供应的饮用水不符合国家规定的卫生标准和可能存在违法所得的情况外，其他的行为一般不存在因为妨害传染病防治而获取非法经济利益的问题。例如，我们不能将单位拒绝对传染病病原体污染的污水、污物、粪便进行消毒处理以及拒绝执行卫生防疫机构提出的预防、控制措施所节省的费用，认定为"违法所得"；也不宜将单位准许或者纵容传染病病人、病原携带者和疑似传染病病人从事工作所获得效益，如病原携带者从事直接供、管水工作的收益，视为"违法所得"。因为上述情况下的"费用""收益"在实践中不仅没有办法准确地予以确认，而且有的情况下所获得的利益不是可以用经济价值予以评估和计算的。由此，笔者认为在本罪中违法所得的归属对于区别自然人犯罪与单位犯罪界限，没有实际上的价值和意义。

那么，这种情况下自然人犯罪与单位犯罪的界限如何理解，显然是值得思考的。笔者认为，解决这一问题的界限，只能借鉴目前理论上主张的"行为是否体现单位意志"来衡量。因为，在本罪无法以是否具有"非法所得"的情况下，考察行为的实施是否经由单位的领导批准或者允许，是唯一衡量应对行为承担刑事责任主体的标准。

四、妨害传染病防治罪的主观方面的问题

构成本罪的主观方面要件，也是目前理论界争议比较大的问题之一。主要观点包括以下几种：第一种观点认为，本罪罪过具有两方面的内容，是故意与过失的结合，即对于违反传染病防治法的行为是故意的，但对引起的甲类传染病传播或者有传播严重危险的结果是过失的。① 第二种观点认为，本罪的罪过只是故意的，即对于违反传染病防治法的行为和行为引起甲类传染病传播或者具有传播严重危险的结果都是故意的。② 第三种观点即目前通说认为，本罪的罪过为过失。③ 另有学者补充道：第三种观点与第一种观点内容是相同的，但在总的判断上不同。本罪的主观罪过是过失，因为我国刑法是以行为人对结果的心理态度作为区别故意与过失的区别标准，而不是以对行为的态度来区别的。④ 还有学者具体指出，本罪的第一种行为的罪过形式可以是疏忽大意或过于自信；后三种行为则是过于自信。如果行为人对甲类传染病传播或者有传播严重危险的结果是持放任态度的，则属于以危险方法危害公共安全罪。⑤

笔者认为，本罪的主观罪过形式应当是过失，这如同第三种观点所指出的。根据我国刑法的规定，作为区别故意与过失罪过的标准，刑法的确是以行为人对发生的结果持有的态度来区别的，但是，值得研究的是行为人对自己行为的心理态度，是否在本罪的罪过问题上没有丝毫的意义呢？在《刑法》第 330 条的规定中“违反传染病防治法的规定”，是成立本罪的前提条件。所谓“违反”显然并不仅仅是指客观行为的违反，行为人必然具有对违反传染病防治法规定的认识问题，这一认识是否可以考虑也可以不考虑？笔者认为结论是否定的。因为，在本罪的构成中，“违反传染病防治法的规定”，是成立犯罪必备的前提，也就是说，对本罪首先要求行为人对违反传染病防治法主观上有过错(可能是故意的，也可能是过失的)，这是第一个层次。其次，要求行为人对发生的甲类传染病传播或有传播严重危险的结果，即危害结果主观上必须具有过失的心理态度。这就是说依照法律规定在确认行为人对此结果的罪过时，应当首先考察行为人对违反传染病防治法抱有的过错心理态度，这是本罪犯罪构成的要求，当然，这里的过错并不是犯罪的过失或犯罪故意，而是一般违法的过错。笔者认为如不考虑第一个层次的过错心理态度就认为行为人对结果的发生应具有“应当预见而没有预见”或“已经预见而轻信能够避免”的犯罪过失心理态度，并不符合本罪构成的要求。而且，也无从正确解释本罪中“拒绝”“准许或者纵容”的确切含

---

① 刘远主编：《危害公共卫生罪》，中国人民公安大学出版社 1998 年版，第 37~38 页。

② 陈兴良主编：《刑法全书》，中国人民公安大学出版社 1997 年版，第 1080 页。

③ 高铭暄、马克昌主编：《刑法学》，北京大学出版社、高等教育出版社 2001 年版，第 576 页。

④ 曾朝辉主编：《危害公共卫生犯罪疑难问题司法对策》，吉林人民出版社 2001 年版，第 11 页。

⑤ 贾宇主编：《刑法学》，陕西人民出版社 2002 年版，第 611~612 页。

义，更何况，行为人的过错态度的性质和形式，对揭示行为人犯罪主观方面恶性程度，进而对正确适用刑罚同样是有意义的。

作为本罪主观方面过失的罪过形式，可以是疏忽大意的过失，也可以是过于自信的过失。在本罪的疏忽大意过失中，重点在考察行为人对于所发生的结果的预见可能性问题，因为，“应当预见”的个人预见能力的前提在于“预见可能性”的有无，即使行为人具有预见能力，如果受到客观条件的限制而没有预见的，也不能认为“应当预见”。过于自信过失，重点在考察行为人的避免可能性，因为，在已经有所预见情况下，本应立即采取一定的措施，或者执行卫生行政机构的预防、控制措施，如果行为人没有立即采取一定措施，或者执行预防、控制措施，的确有其难以克服的客观困难的，则不能认为具有避免的可能性。

五、余论

“两高”《解释》第 1 条第 2 款规定：“患有突发传染病或者疑似突发传染病而拒绝接受检疫、强制隔离或者治疗，过失造成传染病传播，情节严重，危害公共安全的，依照刑法第一百一十五条第二款的规定，按照过失以危险方法危害公共安全罪定罪处罚。”在这种情况下，其刑事责任根据刑法规定，可处 3 年以上 7 年以下有期徒刑；情节较轻的，处 3 年以下有期徒刑或者拘役。这里毋庸置疑，“两高”的《解释》是为今后处理发生类似 SARS 传染病疫情的暴发、流行等严重危害社会行为提供司法保障的初衷，但是，《解释》的这一内容与《刑法》第 330 条的规定显然发生了一定的冲突。根据上述规定，这种情况下构成过失以危险方法危害公共安全罪的主体，显然是可包括“患有甲类传染病和疑似患者”，因为，甲类传染病可以表现为“突发的”，患者或者疑似病人也可实施“拒绝接受检疫、强制隔离或者治疗”的行为而造成“传染病传播”，并且是“情节严重”的。如果将两罪的刑事责任加以比较，则区别更加明显。《刑法》第 330 条的法定刑是处 3 年以下有期徒刑或者拘役；后果特别严重的，处 3 年以上 7 年以下有期徒刑。两者相比，虽然最高刑与最低刑是相同的，但前者不仅在起刑上高于后者，而且，在决定刑事责任轻重的情节要求上也明显不同。那么，如何理解这种衔接对于区别两罪的刑事责任是重要的。

对此，笔者认为以下问题是值得研究的。

(1)妨害传染病防治罪在“引起甲类传染病传播或者有传播严重危险”构成犯罪的情况下，从危害性上说，本身就具有“危害公共安全”的性质，只是因为违反的《传染病防治法》性质上属于国家行政管理范畴，并首先应当由《传染病防治法》予以调整，才将其纳入“妨害社会管理秩序罪”的。作出这种立法处理的立法例，在我国刑法中不胜枚举。如生产、销售假药罪，生产、销售有毒、有害食品罪等，虽都具有危害公共安全的性质，但却纳入“破坏社会主义市场经济秩序罪”中。那么，“患有突发传染病或者疑似突发传染病而拒绝接受检疫、强制隔离或者治疗”的行为，在何种程度上较个人①符合《刑法》第330条第1款第4项“拒绝执行卫生防疫机构依照传染病防治法提出的预防、控制措施的”危害性更为严重，需要将其纳入“危害公共安全罪”中？事实上将第4项的内容予以具体化，完全可包括表现为个人的“拒绝接受检疫、强制隔离或者治疗”的行为。如果说“拒绝接受检疫、强制隔离或者治疗”危害性并不比“拒绝执行卫生防疫机构依照传染病防治法提出的预防、控制措施”更为严重而有明显的区别，为什么需要按照前者定罪处罚，无非是因为法定刑的规定在起刑上明显重于后者。如是，这一理由是否值得考虑呢？

(2)一方面，根据《解释》，前者是在“造成传染病传播，情节严重”的情况下构成犯罪，而后者是在“引起甲类传染病传播或者有传播严重危险的”情况下构成犯罪。后者的罪状中已经包含着前者“传染病传播”的内容。另一方面，根据《解释》构成犯罪的起刑即为3年，而《刑法》第330条规定本罪只有在“后果特别严重的”的情况下起刑才能是3年。我国司法实践对“后果特别严重的”的共识，所谓的“严重”理所当然包含着“情节严重”内容的。如此，实践中处理一具体的案件，在是适用《解释》定罪还是适用《刑法》第330条定罪问题上，是不是会发生无从选择的尴尬呢？

笔者认为，《刑法》第330条的规定，已经完全能够涵盖《解释》该款的内容。之所以仍然需要如此规定，毋庸置疑，“两高”对该款的解释，仍然是为了体现和贯彻“重刑”的思想。笔者认为，国民是有义务履行国家防治传染病的法律义务的，但对传染病的防治，首要的责任在于国家，因为传染病的发生与传播，科学已经证明了与生活和居住条件有着最直接的关系，国民有权利要求国家为其提供优良、安全的生活和居住条件，而提供优良、安全的生活和居住环境的主体，应当是国家。造成传染病传播，无论从哪一点而言，首先也是国家在防治等环节上的失误。因此，将刑法中已有明文规定的行为，以司法解释的方式，规定按照过失以危险方法危害公共安全罪定罪处罚，令国民承担如此之重的刑罚是不合理的。

---

① 这里的“个人”是指自然人，只是为表述更清晰而使用这一概念。

论恐怖主义犯罪的内涵[①]

恐怖主义、政治腐败、环境污染被人们称为是21世纪人类面临的三大威胁。自从美国“9·11”事件后，恐怖主义问题凸现，恐怖主义犯罪也因此得到国际社会前所未有的关注。但如何认识恐怖主义犯罪值得认真研究。

一、恐怖主义犯罪的概念

科学界定恐怖主义的概念是研究恐怖主义的理论前提。长期以来，为了合理确定恐怖主义的范围，为实践中打击恐怖主义活动提供明确的标准，不仅各国理论界的专家学者们重视对恐怖主义的定义进行研究，而且，世界上许多国家的官方法律文件也对恐怖主义的概念有明确界定。国际社会最早从犯罪的角度对恐怖主义进行界定的是国际联盟于1937年在瑞士的日内瓦通过了《防止和惩治恐怖主义公约》，该公约明确指出恐怖行为是指：“直接反对一个国家，而其目的和性质是在个别人士、个别团体或者公众中制造恐怖的犯罪行为。”嗣后，虽然世界各国从犯罪的角度界定恐怖主义的实践从未有过间断，但这种从法律角度认识恐怖主义的方法并未能得到国际社会的应有的关注。大多数学者都是从政治学的角度将恐怖主义看作是一种政治问题加以研究。根据西方学者 Alex P. Schmid 和的 Albert J. Jongman 的统计，仅在1981年之前，西方理论界对恐怖主义的定义具有代表性的主张就有109个之多。但在众多的研究成果中，仅有6%的学者在对恐怖主义概念进行定义时考虑了其犯罪性。② 其后，由于恐怖活动危害日益增大，人们逐渐认识到恐怖活动不仅是一种政治行为，更是一种具有严重社会害性的犯罪行为。因此，20世纪八九十年代以后，运用法律的手段打击恐怖活动的观念逐渐得到越来越多国家的重视，从法学(主要是从刑事法学)的角度对恐怖主义进行界定也便成为这一时期各国对恐怖主义进行认识的重要课题。以美国为例，1984年其司法部和国会就先后对恐怖行为的法律性质进行过界定。

---

① 本文原载于《江西公安专科学校学报》2004年第1期，系林亚刚教授与其博士研究生何荣功合著。

② 胡联合主编：《当代世界恐怖主义与对策》，东方出版社2001年版，第16~17页。

其司法部的定义是，恐怖主义是“旨在恫吓和强迫市民，或通过恫吓或强迫影响政府政策，或通过暗杀或绑架来影响政府活动的暴力犯罪行为”。同年，其国会通过的《犯罪控制法》对恐怖行为的界定也与上述定义基本一致。

再如法国，于1994年颁布的现行刑法中，也将恐怖主义活动作为一种犯罪行为予以明确规定。根据《法国刑法典》的规定：“依据本法典421-1条规定，下列犯罪，在其同以严重扰乱共同秩序为目的，采取恐吓手段或恐怖手段进行的个人或集体性攻击行为联系时，构成恐怖活动罪：(1)法国刑法典第2卷达到故意伤害人之身体、绑架与非法拘禁以及劫持航空器、船只或其他任何交通工具之犯罪；(2)法国刑法典所指的盗窃、勒索、破坏、损坏财产以及在计算机信息方面的犯罪；(3)在空气中、地面、地下或水里，其中包括在领海水域，施放足以危及人身、健康或自然环境的物质的行为。”①俄罗斯在1996年修订刑法时，也将恐怖主义犯罪的概念和范围在《俄罗斯联邦刑法典》中作有明确规定，所谓恐怖主义犯罪是指“实施爆炸、纵火或者其他具有造成他人伤亡、巨额财产损失危险或造成其他社会危害后果；危害公共安全，侵犯他人或影响政治机关通过决定以及为达此目的以实施上述行为相威胁的行为”。②

在国际社会，世界各国为了加强反恐的国际合作、协调各国对恐怖主义犯罪的立场，这一时期许多国际组织也致力于恐怖主义犯罪概念的界定。如欧盟于2001年9月19日通过的《反对恐怖主义法案》对恐怖主义犯罪的定义为：“是指个人或者组织故意针对一个或者多个国家，或者针对被侵犯国家的机构和人民进行旨在威胁、严重破坏甚至摧毁政治、经济和社会组织及其建筑物的行为。”③

与上述针对恐怖行为雨后春笋般的刑事立法相比，世界各国刑法理论上对恐怖主义犯罪概念进行阐释的观点也可谓林林总总、不胜枚举。如有西方学者指出：“恐怖主义犯罪是指恐怖主义分子实施的预谋制造绝望或恐惧的气氛，动摇公民对政府的信任，从而选择杀害、绑架、暗杀、强盗和爆炸，他们毫不关心法律和道德标准，却从这些标准中获得特别豁免，他们确信任何无辜者的死难都可以证明其事业的正当性。”④再如我国有学者认为：“恐怖活动是针对个人或团体系统使用爆炸、杀人、放火或者其他危险行为，或威胁使用上述手段制造恐怖气氛，扰乱公共秩序，威吓、要挟社会的行为。”⑤

以上分析可见，面临恐怖主义的威胁，世界各国和国际社会都在致力于对恐怖主义犯罪进行研究并试图予以规制。通过研究，丰富了人们对恐怖主义犯罪的认识，还对其中一些问题取得了共识，比如，大家都认为恐怖主义犯罪并非是由单一性质的行为构

① 罗结珍：《法国刑法典》，中国人民公安大学出版社1995年版，第142页。

② 黄道秀：《俄罗斯联邦刑法典释义》，中国政法大学出版社2000年版，第556页。

③ 黄道秀译：《俄罗斯联邦刑法典释义》，中国政法大学出版社2000年版，第556页。

④ 赵秉志主编：《国际区际刑法问题探索》，法律出版社2003年版，第161页。

⑤ 刘凌梅：《国际反恐怖犯罪和我国刑事立法》，载《法学评论》2001年第6期。

成，而是一系列具有共同特征的行为集合体。但是，正如学者们所公认的那样，基于意识形态的差异、国家利益的考虑以及民族、宗教和文化等因素的影响，世界各国对恐怖主义犯罪的认识仍然存在很大差异，直至今日仍然不存在一个国际社会普遍接受的有关恐怖主义犯罪的定义。① 如在联合国 1997 年和 1999 年分别通过的《制止恐怖主义爆炸的国际公约》和《制止向恐怖主义提供资助的国际公约》两个重要的反恐国际公约中，虽然规定了制止恐怖主义犯罪的具体措施，但却未能对恐怖主义犯罪的概念作出定义。而如前述，有的国家刑法虽然对恐怖主义犯罪概念作了界定，但不同国家的定义却相去甚远。如在法国刑法中，恐怖主义犯罪的范围不仅包括侵犯人身权利方面的犯罪、危害公共安全的犯罪，还包括财产方面的犯罪和环境犯罪；而美国法律则认为恐怖主义犯罪仅仅局限于暴力犯罪。② 我国上海社会科学院法学所刘华研究员在详细考察国际社会对恐怖主义犯罪概念认识的基础上，指出国际社会对于恐怖主义犯罪概念的界定主要在两个问题上未能达成共识：其一，关于恐怖主义犯罪的目的和动机问题，特别是成立恐怖主义犯罪是否要求具有政治目的？其二，关于犯罪主体问题，恐怖主义犯罪主体能否包括单个人和国家？③ 2001 年 9 月 28 日安理会根据《联合国宪章》第七章的精神通过第 1373 号决议，确定恐怖主义犯罪就是对和平的威胁、破坏或者侵略行为。2001 年 10 月 15 日至 26 日联合国第六委员会讨论了《关于国际恐怖主义的全面公约草案》，该公约草案第 2 条规定："1. 本公约所称的犯罪，是指任何人以任何手段非法和故意致使：(1)任何人死亡或重伤；(2)公共或私人财产，包括公用场所、国际或政府设施、公共运输系统、基础设施或环境严重受损，而此种损害造成或可能造成重大经济损失，而且根据行为的性质或背景，其目的是恐吓某一人群，或迫使某国政府或某一国际组织从事或不从事某种行为。"根据联合国安理会对于恐怖主义的定义，笔者认为，刘研究员对国际社会有关恐怖主义犯罪概念认识差异的归纳触及到了问题争论的实质，基本上是全面的。只是，从世界各国学者对恐怖主义犯罪的界定实际情况看，笔者认为，除了上述两点之外，各国学者和立法实践对恐怖主义犯罪的行为手段的认识也存在很大差异，并且，对行为手段的认定不仅关系到恐怖主义犯罪自身的成立范围大小，也同理论上合理划定恐怖主义犯罪同其他犯罪形态的界限紧密相关，对其不能忽视。所以，下文对恐怖主义犯罪内涵的理解主要从这三方面展开。

---

① 刘华：《当代恐怖主义犯罪研究》，载《中国法学会刑法学研究会 2002 年年会论文汇集》(下)，第 1073 页。

② 刘凌梅：《国际反恐怖犯罪和我国刑事立法》，载《法学评论》2001 年第 6 期。

③ 刘华：《当代恐怖主义犯罪研究》，载《中国法学会刑法学研究会 2002 年年会论文汇集》(下)，第 1073 页。

二、恐怖主义犯罪的内涵

（一）关于恐怖主义犯罪的目的

关于恐怖主义犯罪的目的，主要解决是否要求恐怖主义犯罪主体必须存在政治目的的问题。在国外，主要存在“强调政治目的说”“淡化政治目的说”“不限于政治目的说”的不同认识。① 在我国，学者们对成立恐怖主义犯罪是否以存在政治目的为必要也同样存在类似的争论，如我国国际法泰斗王铁崖先生就曾指出：“恐怖主义是具有国际政治目的的由私人或有组织的团体伤害他人生命或损害他人的暴力行为。”②相反，也有学者坚决反对将具有政治目的视为成立恐怖主义犯罪活动的必备要素，如有学者指出，恐怖犯罪的目的可以是多元的，并不局限于政治目的，论者甚至还根据恐怖主义犯罪的目的的不同，将恐怖主义犯罪具体分为社会目的型恐怖犯罪、经济目的型恐怖犯罪、组织目的型恐怖犯罪和个人目的型恐怖犯罪。③

笔者认为，恐怖主义犯罪是一个不断变化发展的政治、社会现象，所以，人们对恐怖主义犯罪内涵的认识必须坚持用历史的观点和发展的眼光。在过去相当长的一个时期，人们之所以对恐怖主义犯罪政治性予以特别强调，甚至将主观上是否存在政治目的和动机视为是否成立恐怖主义犯罪的必备条件，主要与当时的恐怖主义犯罪的现实和人们对恐怖主义犯罪的认识角度密切相关。

众所周知，20 世纪 60 年代末以来，恐怖主义在西方国家得以兴起，西方国家内部少数民族争取民族独立与分治的民族主义恐怖主义活动也得到空前的发展；巴勒斯坦一些激进分子为了争取民族生存与建国而反对以色列军事占领的恐怖主义活动的更到处蔓延。而他们实施恐怖活动的目的不管是企图推翻现政权，还是要求从母国中分离出来，或是打击侵略者以建立独立的本民族国家，④ 由于这些政治恐怖主义活动构成了当时恐怖主义活动的主流，学者们和立法者们在认识该社会现象时自然难以超越这一客观历史实际，所以，他们对恐怖主义的概念进行界定无不带有鲜明的政治色彩。

“世异则事异”，随着恐怖主义犯罪的发展，出于个人目的或追求社会目的而实施恐怖主义活动的情况也并不鲜见，在理论界学者们经常引用下面这一案例为这种观点佐证。在美国，反对美国堕胎政策的激进组织与人员就不时针对医院诊所进行爆炸活动，不同程度

---

① 刘华：《当代恐怖主义犯罪研究》，载《中国法学会刑法学研究会 2002 年年会论文汇集》（下），第 1075～1076 页。

② 《中国法学大词典——国际法卷》，中国检察出版社 1994 年版，第 342 页。

③ 章剑：《论犯罪学的恐怖犯罪概念》，载《辽宁警专学报》2002 年第 3 期。

④ 胡联合：《当代世界恐怖主义与对策》，东方出版社 2001 年版，第 21 页。

地危害了社会公共安全，借以威胁政府改变堕胎政策或改变人们的堕胎行为。① 其实，不仅仅在美国，出于对社会不满和个人目的实施恐怖主义犯罪的情况在世界各国都存在，正是缘于此，当今世界许多国家的刑法典、包括我国刑法在对“恐怖犯罪”进行界定时并未特别对其犯罪目的和动机作出特别要求。从新近有关国际组织签署的公约看，也反映了这种认识。如 2001 年 6 月 15 日，中、俄、哈、吉、塔在上海签署的《打击恐怖主义、分裂主义和极端主义的上海公约》中明确指出恐怖主义是指：(1)公约附件所列条约之一所认定并经其定义为犯罪的任何行为；(2)致使平民或武装冲突情况下未积极参与军事行动的任何其他人员死亡或对其造成重大人身伤害、对物质目标造成重大损失的任何其他行为，而此类行为因其性质或背景可以认定为恐吓居民、破坏公共安全或强制政权机关或国际组织以实施或不实施某种行为，并且是依各方国内法应追究刑事责任的任何行为。其中，也没有对恐怖主义犯罪的犯罪目的和动机作特别要求。至于纯粹出于经济目的时，可否有成立恐怖主义犯罪的可能性，我国有的学者主张：“如果某种暴力活动或破坏活动是纯粹为了经济利益，那么它也不构成恐怖主义，而只能是一般性的经济或暴力犯罪。”②笔者认为，恐怖主义犯罪主要是以犯罪的后果和犯罪行为的影响为标准对犯罪所作的一种分类，犯罪目的一般并不影响犯罪的性质，所以，即使出于经济目的，也不能够完全排除成立恐怖主义犯罪的可能性。

(二)关于恐怖主义犯罪的主体

关于恐怖主义犯罪主体的争论，主要集中在恐怖主义犯罪主体能否是单个人或国家。在过去，由于科学技术不发达，单个人即使实行犯罪，虽然也可能对社会造成严重的危害，但相对于犯罪集团而言，单个人的犯罪能量毕竟有限，大都难以给全社会造成恐惧气氛，使广大社会民众产生恐怖的心理。现在由于科学技术日新月异的发展，以往靠多个人或组织才能实现的犯罪，现在单个人往往也能够顺利实施。所以，现在，虽然还有不少国际公约和法律文件对恐怖主义犯罪主体的规定仍局限于准国家组织和秘密组织，但单个人能够成为恐怖主义犯罪主体的观念已逐渐得到国际社会的普遍认同。因此，目前对恐怖主义犯罪的主体的讨论的焦点主要集中在国家能否成为恐怖主义犯罪主体这一问题上。对此，国际社会、包括我国理论界存在截然相反的认识。

传统的观点认为国际犯罪是以个人的犯罪行为为基础的，国际犯罪的刑事责任是以“个人的刑事责任”为基本原则的。因此，国际犯罪的责任主体主要是实施国际犯罪行为的个人，包括以个人犯罪行为为基础的有组织犯罪中的犯罪组织。③ 而且，在现行国际社会

① 胡联合：《当代世界恐怖主义与对策》，东方出版社 2001 年版，第 21 页。
② 胡联合：《当代世界恐怖主义与对策》，东方出版社 2001 年版，第 21 页。
③ 赵秉志：《国际区际刑法问题探索》，法律出版社 2003 年版，第 49 页。

所签署的国际公约和其他国际法律文件中也尚未出现将国家视为犯罪主体的明文规定。

但自从联合国 1979 年起草的《关于国家责任的条文草案》中明确提出"国家刑事责任"的概念以来，主张国家可以成为犯罪主体的观点正在变得越来越有力。有的认为，当特定国家组织、教唆、帮助、甚至对另一个国家直接实施特定恐怖主义犯罪时，即可认为是一个国家犯罪，并应追究该国的国家刑事责任。现任国际刑法协会主席巴西奥尼在其负责起草的《国际刑法典草案》中，也将国际犯罪刑事责任分为个人刑事责任和国家刑事责任两种类型，并指出国家犯罪时应当承担国家刑事责任。

国际犯罪情况复杂，在战争罪的场合，我们就不宜一概否认国家不能成为其犯罪的主体。但对恐怖主义犯罪而言，国家是否可以成为恐怖主义犯罪的主体，在现实条件下可能比较复杂，对此不仅仅是理论上如何解释的问题，更重要的是国际刑事立法今后是否应当对此有所评价的问题。

根据国际法的基本原则和国家法律秩序的现状，我们认为目前还不宜承认国家可以成为恐怖主义犯罪的主体：首先，根据国际法的基本原则，国家与国家之间，无论大小、强弱，发达与不发达，都应当是平等的，一个国家没有权力对另一个主权国家行使刑罚权。而且，从目前国际法律制度和国际法律秩序中矛盾发生而引起的冲突现状看，当前也不宜立即承认国家也可以构成恐怖主义犯罪的主体。其一，当前国际法律制度还处于一个比较"软弱"的状态，即国际法律制度对国家的约束力还比较差，特别是对强国、大国的约束力差；而且，目前还没有条件建立一种统一的立法机构，也没有条件建立一种真正能够有效实施国际刑法的机构。① 其二，目前国际法律秩序仍然是比较混乱，大国的单边主义倾向十分突出，霸权主义、强权政治和恃强凌弱的情况时常发生。在当前的国际背景下，如果承认国家可以成为恐怖主义犯罪的主体，世界上某些大国就极可能打着反恐的旗号而肆意侵犯他国，国际社会将无法保障能够排除强权国家借此打击弱小国家。

所以，笔者认为，现实条件下，承认国家可以成为恐怖主义犯罪的主体的观点并不具有现实性和可行性。但是，由于恐怖主义是全球公害，为了国际社会的共同利益，从发展趋势看，在今后国际法律秩序和法律制度得到进一步完善时，将国家规定为恐怖主义的犯罪主体也不是没有可能性的。

(三) 关于恐怖主义犯罪的手段

传统的恐怖主义活动大都采取暴力手段实施。提及恐怖主义，人们也总是与杀人、爆炸、劫机等暴力犯罪活动相联系，恐怖主义犯罪中总是充满着浓郁的血腥味。而在刑事立法上，世界上许多国家的法律都将恐怖主义犯罪局限在暴力犯罪活动的场合，比如，前述美国的《犯罪控制法》。人们之所以对恐怖主义犯罪持这种认识，这与传统恐怖主义犯罪的

① 梁西：《国际法律秩序的呼唤——"9·11"事件后的理性反思》，载《法学评论》2002 年第 1 期。

客观实际分不开的。

现代国际社会，由于科学技术的高速发展，科学技术在给人类生活带来便利的同时，也给恐怖主义组织实施犯罪活动提供了各种各样的便利条件。恐怖主义分子在使用传统暴力手段的同时，也重视使用一些高科技手段进行犯罪，如利用计算机、网络技术、甚至包括生化武器和生物病毒等进行恐怖主义犯罪，有学者因此而将这种使用新手段实施的恐怖主义犯罪称为“网络恐怖主义犯罪”和“计算机恐怖主义犯罪”等。从这些手段的使用后果看，与传统的暴力恐怖主义犯罪相比，其对社会造成的恐怖影响总是有过之而无不及的。

因此，在现代社会，对恐怖主义犯罪行为手段的认识若仍然拘泥于单一的暴力手段，显然是不符合当今恐怖主义犯罪发展的客观实际，也不利于在实践中制定有效的反恐措施。我国系统研究恐怖主义的学者胡联合博士在对恐怖主义方式与手段的发展趋势进行论述时曾指出：(1)在今后相当长的时期内内，爆炸仍是恐怖主义活动的主要方式，恐怖分子使用的炸弹的技术含量大部分将越来越高，但自制的技术含量较低的土制炸弹等仍会长期使用；(2)绑架与劫持人质、劫机、暗杀、袭击仍将是恐怖主义的基本方式；(3)计算机恐怖主义活动将越来越突出，并将成为一种日益重要的恐怖主义方式；(4)恐怖分子将更可能诉诸生物、化学武器；(5)恐怖分子谋求掌握与利用核武器、核材料进行恐怖主义活动可能性将长期存在。① 我们认为，胡联合博士对我国恐怖主义犯罪行为手段的认识既尊重了现实，又不乏预见性，对于我国制定和有效打击恐怖主义犯罪具有重要的参考价值。

综上，通过对恐怖主义犯罪的内涵分析，我们认为恐怖主义犯罪的概念可简洁地作以下表述，即恐怖主义犯罪是指个人或一定组织出于政治、社会和其他目的，对非战斗人员实施的旨在引起社会民众恐怖心理、制造社会恐怖气氛的犯罪行为。

三、恐怖主义犯罪与政治犯罪的关系

由于受到社会环境的制约，我国刑法理论对政治犯的研究并不多，理论界对政治犯的概念至今尚无统一认识。根据我国台湾地区学者的研究，政治犯的概念存在广义、狭义和最狭义之分。依据广义的概念，政治犯是指凡与政治有关的犯罪，亦即是一切出于政治的动机而违法的犯罪行为，均可称为政治犯；持狭义政治犯罪概念的学者认为，所谓政治犯是指政治反对者或政治异己分子，出于政治性的行为动机，或为达到特定的政治目的，而违反刑法的犯罪行为；在最狭义的政治犯概念看来，政治犯是指行为人因其政治上的理想或信念而形成确信，认为必须以行为，使期信念成为事实，并因其实践政治确信的行为而

① 胡联合：《当代世界恐怖主义与对策》，东方出版社2001年版，第391~394页。

处罚刑罚的政治犯罪。①

政治犯的概念也是国际法的一个基本概念，由于国际条约大多未对政治犯的概念进行界定，在国际法理论和实践中对政治犯的认识也同样有差异。现在，多数学者赞同将政治犯在广义上加以使用。本文对政治犯与恐怖主义犯罪关系的理解也是建立在对政治犯广义概念理解基础上。

需要指出的是，恐怖主义犯罪和政治犯罪并是按照同一标准所划分的两个概念。如前述，恐怖主义犯罪重点关注的是犯罪结果是否足以给社会造成恐怖气氛，使社会民众产生恐怖心理，而政治犯罪则以强调犯罪行为是否处于政治性目的和动机，由于划分标准并不同一，两者必然存在竞合现象。当行为人具有政治目的或动机实施了恐怖主义犯罪时，行为人的行为自当又构成政治犯。由于政治犯不引渡是国际条约明确规定的一条引渡原则，所以，当恐怖主义犯罪具有政治性时，就有可能因为政治犯不引渡原则的限制而得不到有效的惩治。所以，近年来，西方有不少学者，如伊闻思、埃普斯等提出排除政治犯不引渡这一规则，认为该规则已完成了历史使命，现在反而不必要地影响了国际关系。② 国际法第 61 届会议关于引渡问题的决议也反映了这种看法，如决议第 2 条第 1 款规定："如果引渡条约未明文包括拒绝引渡政治犯的权利，国家得援引这项辩护理由以支持他的拒绝引渡。"而第 5 条又规定："尽管有第 2 条第 1 款的规定，如果有理由作出结论，认为要求国将适当地遵从实体的或程序的法律规则的一切要求，对被告起诉，则不应该行使由于对政治迫害给予庇护而拒绝引渡的权利。"③

尽管对恐怖主义犯罪排除政治犯不引渡规则在客观上有利用打击国际犯罪，但正如学者们公认的那样，政治犯不引渡和庇护制度的建立，其目的是保护基本人权，防止对持不同政见者进行政治迫害和不公正审判，④ 特别是在当今世界各国普遍重视保护人权的背景下，一概主张取消政治犯不引渡的观点是不现实的。所以，如何解决恐怖主义犯罪和政治犯的关系，便成为能否有效打击恐怖主义犯罪的关键问题之一。面对这种难以取舍的局面，现代世界各国都采取变通的做法，一方面仍然坚持政治犯不引渡这一规则，另一方面规定国际犯罪不得视为政治犯，各国不得给予犯有国际罪行的人以受庇护的权利。这样一来，只要通过国际条约确定恐怖主义属于国际罪行，就应当通过引渡对其行使刑罚权。这既合理地解决了法律制度之间的冲突，又有助于有效惩治恐怖主义犯罪。

我国不仅有学者明确主张对恐怖主义犯罪采取"普遍管辖"原则而实行"政治犯不引渡

① 林山田、林东茂：《犯罪学》，台湾三民书局 1997 年版，第 374～375 页。
② 林欣：《论引渡与庇护制度的新动向》，载《中国社会科学》1985 年第 6 期。
③ 赵秉志：《国际区际刑法问题探索》，法律出版社 2003 年版，第 335 页。
④ 张智辉：《国际刑法通论（增补本）》，中国政法大学出版社 1999 年版，第 341 页。

规则的排除”,① 而且，我国目前也是这样处理恐怖主义犯罪与政治犯之间关系的。即我国在坚持承认政治犯不引渡规则的同时，也主张恐怖主义犯罪可以引渡。如中、俄、哈、吉、塔在上海签署的《打击恐怖主义、分裂主义和极端主义的上海公约》，该公约第 2 条规定：“各方将恐怖主义视为可相互引渡的犯罪行为。”所以，尽管恐怖主义犯罪也可能具有政治性，在理论上也有成为政治犯的可能，但由于国际条约将恐怖主义犯罪视为一种国际犯罪，从而将其排除于政治犯之外，政治犯概念的内涵和外延也将因法律的特别规定而进一步缩小，我们也有理由将危害人类社会和平发展的恐怖主义犯罪排除在政治犯概念之外。

① 王秀梅、杜澎、赫兴旺：《国际合作惩治恐怖主义犯罪的普遍管辖》，载《法学评论》2003 年第 3 期。

竞技体育中伤害行为的刑法评价①

一、竞技行为中伤害问题的国外法透视

关于竞技行为中的伤害问题，大多数国家都不把其作为犯罪行为进行处理，但由于各国法律文化的不同，对于竞技行为在刑法体系中的地位存在不同的处理。比较起来，主要有如下几种做法：

(一)正当业务行为说

在日本，刑法学界一般把竞技行为作为正当业务行为来把握。大谷实教授认为，竞技中的伤害行为应该属于《日本刑法》第35条规定的正当业务行为，从而不可罚。他主张，大力士摔跤、拳击手的格斗等，只要是在正当业务范围内实施的，即便符合暴行罪或伤害罪的构成要件，也被作为业务行为而排除违法性。但同时他也认为，作为体育活动而进行的摔跤、拳击等活动，虽然不能说是业务，但只要社会一般观念认为是正当的，就应当说合法，这些相当于后述的一般正当行为。② 对此，大塚仁教授也基本上持这种看法。③

竞技行为中的伤害问题作为正当行为阻却其行为的违法性，在日本刑法理论和司法实践中成为通说应该是没有问题的。值得注意的是，日本学界对于竞技行为分为两种情况：一是专门的职业竞技者如相扑者、拳击手所进行的专业性活动；二是非专门的职业竞技者所进行的体育性质的活动。与上述竞技体育活动相对应的是，竞技行为中的伤害问题也就分成两种情况并进行了不同的处理。对于职业竞技者所实施的伤害行为直接根据《日本刑法》第35条的规定认定为正当行为，不可罚；而对于非职业竞技者在体育活动中所造成的伤害问题，则认为其不是业务行为，但从社会观念上把其作为正当行为进行理解和把握。值得注意的是，日本学界对于《日本刑法》第35条的理解并不限于法律设定的法令行为和

① 本文原载于《政治与法律》2005年第2期，系林亚刚教授与其博士研究生赵慧合著。

② [日]大谷实：《刑法总论》，黎宏译，法律出版社2003年版，第192~193页。

③ [日]大谷实：《刑法总论》，黎宏译，法律出版社2003年版，第350页。

正当业务行为，而是把一些刑法理论上认为的超法规的违法性阻却事由也纳入其中。正如日本刑法学家大塚仁教授所说："必须认为，第35条并非仅限于法令行为和正当业务行为，实质上广泛地把一般正当行为视为违法性阻却事由乃是其包含的旨趣。"①因此，尽管刑法理论上对于竞技行为作了两种不同的划分，但在具体事实的处理上，都是以刑法第35条的规定为依据，正所谓殊途同归。但在具体的行为认定上还是存在一定的差异，即对于职业性的竞技伤害行为，要根据业务行为进行理解；而对于非职业性竞技伤害问题，则根据一般社会观念来进行把握。② 这种处理模式与我国刑法对于竞技伤害问题的解决方式是一致的。在我国刑法理论上，关于竞技体育中的伤害行为一般都放在正当业务行为中进行研究，认为该行为由于属于正当业务行为，从而排除该行为的违法性或者阻却行为的犯罪性。我国权威的刑法学教材《刑法学》就把竞技行为作为正当业务行为从而否定该类行为的社会危害性。③ 对于这种安排，刑法学界基本上是赞同的，并进行了具体论述。有学者认为：在竞技体育中，一些项目的危险性很高，自古以来有不计其数的运动员在其中致伤致残，有的甚至丧失了生命。由于体育竞技属于正当业务行为，运动员只要遵守了有关竞赛规则，非故意致人伤残，排除犯罪性，不负刑事责任。④

（二）被害人同意说

德国学者格尔茨提倡把阻却构成要件符合性的承诺称为合意，把阻却违法性的承诺称为同意，并认为这种区别在刑法解释上也有实益，两者在承诺能力、承诺行为的方式、关于承诺的错误的意义、可罚性未遂的存在与否等，都具有不同的适用条件和效果。而事实上，承诺的性质具有多元性，在不同的构成要件中，其解释也具有差异。有的承诺不仅阻却行为的违法性，也阻却行为的构成要件符合性，如同意盗窃和同意他人侵入住宅的行为；有的承诺不阻却违法，但具有使刑罚减轻的功能，如同意杀人罪中的承诺；有的承诺对于违法性没有影响，如强制猥亵和强奸罪中，没有刑事责任能力者作出的承诺等。因此，承诺或同意到底应该是阻却构成要件还是应该阻却违法性，必须根据各个犯罪的性质来确定。如果由于被害人的承诺，可以认为犯罪性本身得以消失时，承诺就具有阻却构成要件的性质；如果即使存在承诺，犯罪性也不消失，只是在承诺之下实施的行为，根据一般的社会观念，可以认为是合法的时候，承诺就阻却违法性。德国刑法学家李斯特教授从一个基本的前提出发来论述竞技伤害问题。他认为，成文法不可能对所有符合构成要件的

---

① ［日］大谷实：《刑法总论》，黎宏译，法律出版社2003年版，第321页。

② 事实上，日本学者也认识到把其他正当行为作为正当业务行为处理也存在一定的问题，因此，在日本的改正刑法草案就注意将两者进行了区分，该刑法草案第13条规定："依据法令的行为、基于正当业务实施的行为以及其他法律上容许的行为，不处罚。"

③ 高铭暄、马克昌主编：《刑法学》，北京大学出版社、高等教育出版社2000年版，第129页。

④ 马克昌主编：《犯罪通论》，武汉大学出版社1999年版，第821页。

行为规定为合法化事由。以被认为是实现国家所认可的目的之适当方法攻击他人受法律保护之利益是合法的，不会被认为是犯罪。借助于这一原则，在所有成文法未规定合法化事由之处，均可为具体的个别情况找到合法化事由。因此，从国家许可的某一行业一般规则得出结论认为，与正常经营有关的危害不是违法的。如果得到承认的体育规则受到尊重，则体育活动中的受伤就不是违法的。① 但是，现在德国刑法理论和实务界大多把竞技伤害问题放在被害人同意中进行处理。如德国刑法学者耶赛克和魏根特在被害人同意领域论述了竞技伤害问题。他们认为，在规则范畴内因为过失而发生的运动伤(例如，足球场内的冲突)，甚至轻微的犯规，因同意而合法化，但故意地或者严重过失地违反规则导致伤害，或因在比赛休息时，球员发怒，将球踢到观众身上导致后者受伤，不能被合法化。②

考察两位学者对于竞技伤害问题的不同解答，必须结合刑法理论的变迁进行。在李斯特所在的时代，超法规的违法性阻却性事由的兴起，由于其对刑法未加以规定的合法化确实具有补充作用，加之符合超法规事由的行为本身为国家所许可，或者在一般社会观念上被认为是合适的，因此，李斯特教授从一般的法秩序明示或默示的前提出发，以实质性违法性为核心进行考察，从而得出竞技伤害行为合法化的结论。应该说，这种推论本身没有问题。但在 20 世纪 30 年代，由于期待可能性观念被认为是具有自由主义、个人主义色彩，而屡屡受到一些学者的批判，尤其是德国的思想、政治、经济等方面的社会生活受到纳粹势力的全面影响后，针对期待可能性的理论批判比过去更为激烈。在第二次世界大战后，虽然以期待可能性为中心的规范责任论的地位没有摒弃，刑事立法中仍然还存在包含期待可能性内容的规定，但在理论和实践中，对以期待可能性为超法规免责事由的观念，一般采取否定态度。③ 在这样背景下，耶赛克和魏根特教授舍弃超法规违法性阻却性事由来解释竞技伤害问题应该是符合德国刑法发展趋势的。事实上，德国刑法界对期待可能性的否定并不是一概排斥那些本来符合合法行为的性质，而是在刑法中加以规定，使原来的超法规的违法性阻却事由尽量在刑法中有所反映而成为法律上的阻却事由。对于竞技伤害问题，可以援引《德国刑法典》第 228 条④的规定来阻却其违法性，实际上就很好地解决了该冲突。

(三)正当风险说

正当风险说认为，某一行为虽然具有侵害法益的可能性，但该行为又有利于整体的社

---

① ［德］弗兰茨·李斯特：《德国刑法教科书》，徐久生译，法律出版社 2000 年版，第 242~246 页。

② ［德］汉斯·海因里希·耶赛克、托马斯·魏根特：《德国刑法教科书》，徐久生译，中国法制出版社 2001 年版，第 710 页。

③ 童德华：《刑法中的期待可能性论》，中国政法大学出版社 2004 年版，第 106 页。

④ 《德国刑法典》第 228 条规定："被害人同意之伤害行为不处罚，但以行为不违背良好之风俗为限。"这样的规定也可见原联邦德国刑法第 226 条 a 中。

会利益，为社会所期待时，就应该将行使具有危险可能的行为作为合法化事由加以承认。但值得注意的是，容许该具有危险的行为并不能得出否定对特定法益的保护。由于被保护的法益与行为人所拥有的利益是一致的，原则上均是值得保护的，即使发生侵害法益的结果，行为人的行为从总体上看仍然属于应当被合法化的范畴。但是，由于最终状况不明确，合法化的要件通常要求行为人必须对行为实施时的状况尽了谨慎的注意义务。《俄罗斯联邦刑法典》第41条对正当风险作了详细的规定："为了达到对社会有益的目的而在正当风险的情况下对受刑法保护的利益造成损害的，不是犯罪；如果不冒行为(不作为)的风险上述目的便不能达到，而冒风险的人已采取足够的措施防止对受刑法保护的利益造成损害，则风险是正当风险；如果风险显然伴随着对众多人生命的威胁，造成生态浩劫或社会灾难的威胁，则风险不是正当风险。"对此刑法规定，俄罗斯理论和实务界都持积极肯定的态度。①

俄罗斯刑法界认为，正当风险可以分为生产风险、经济风险、商业风险、科学技术风险和组织管理风险。在一般的情况下，正当风险往往发生在职业领域，但在日常生活中也会有某些不太多的正当风险，因此，不应该把正当风险仅仅界定在职业风险中，所有公民，无论他是在何种极端条件下冒险(在进行职业活动时还是克服日常生活和闲暇中出现的困难)，均享有冒险权。之所以要对正当风险行为免责，其原因就在于，正当风险行为对社会有益，而且不能以其他手段得以实现该利益，在行为人尽了谨慎的注意义务时应该使行为的风险行为合法化。俄罗斯刑法对一些其他独联体国家的刑法立法产生了相应的影响，白俄罗斯、哈萨克斯坦、吉尔吉斯坦、乌兹别克斯坦等国都在刑法中规定了正当风险。如《乌兹别克斯坦刑法》第40条规定："在正当职业风险或经济风险的情况下，即使所希望的有益于社会的结果没有达到，并且损害了所追求的社会有益目的，对此所造成的损害也不追究刑事责任。"

不仅在东欧国家存在通过社会许可的正当风险来解决竞技伤害问题，在其他国家也有相应的刑事立法和刑法理论主张。《法国刑法》第122-4条规定："实施法律或法规规定或容许的行为的人，不负刑事责任。"这实际上就是从社会容忍的风险角度出发来免除行为人带有风险行为的刑事责任的立法例。在意大利也是如此，如帕多瓦尼教授认为：体育活动是一种法律容许的活动，各种有关组织和促进这种活动的法律规章就是明证。对体育活动中造成轻伤的行为，如果没有超出民法典第5条规定的范围，可以适用刑法典第50条的规定：例如，拳手在比赛中所受的打击和轻伤都可以用他事前的同意来解释(他走上拳台就意味着他默示的承诺)。② 上述国家都是把竞技伤害行为作为社会所许可的风险来阻却

① 俄罗斯联邦总检察院：《俄罗斯联邦刑法典释义》(上)，黄道秀译，中国政法大学出版社2000年版，第106页。

② [意]杜里奥·帕多瓦尼：《意大利刑法学原理》，陈忠林译，法律出版社1998年版，第159页。

其违法性的，都认为竞技行为具有一定的危害，但竞技活动本身有利于社会利益，因此，在竞技体育中发生的伤害问题可以视为追求社会利益过程中所必须付出的代价或者风险，从而获得社会所许可，取得合法性的地位，只不过各个国家在具体的处理上还存在一定的差异。俄罗斯等东欧国家和法国都是从国家许可的角度来论述竞技伤害行为的合法性，但在意大利刑法界则坚持了双重标准，一方面认为体育活动是国家所许可的行为，同时又从被害人同意的角度出发来论述其合法性，从而使竞技伤害行为的合法性根据显得更充分。这一点似乎为东欧国家和法国等国的刑法所不及。

二、竞技伤害行为合法化根据之提倡

事实上，上述国家对于竞技伤害行为的合法化根据虽然存在一定的差异，但仔细比较起来，其实三者内部存在密切的联系，这种联系正是我们用以合理解决竞技伤害问题的合法化的逻辑前提。正当业务说从正当的业务角度出发来肯定竞技伤害行为的合法性，主张只要业务正当，而且其行为在业务的范围内，就阻却行为的违法性。应该说，这种立论具有一定的合理性。但根据刑法理论的通说，所谓业务，必须是作为社会生活中的事务或者工作而反复继续实施的，或者是基于反复继续实施的意图而进行的事务或工作。如果从上述业务的基本前提出发，职业性的体育活动应该属于业务是没有疑问的，因此在职业体育活动中所发生的伤害问题通过正当业务理论来解决其合法性也是没有任何问题的。但是，在非职业性体育活动中，由于其活动不具有持续性和固定性，根据业务的理解就不能解释为刑法上的业务，那么在该活动中所造成伤害的合法性，也就不能依据刑法中的正当业务活动来解决，这才是问题的关键所在。如果非要把非职业性体育活动作为正当业务，那么就损害了业务内涵的稳定性，动摇了刑法理论的根基。实际上日本学者发现了两种体育活动的不同性质并尝试对其合法性问题进行区分，但囿于刑法只规定了正当业务行为，为了避免超法规事由对罪刑法定主义的冲击，日本刑法界还是在矛盾的心态下把两者都揉进了正当业务行为的范畴，这应该是在刑事立法不完善的情况下，为弥补刑法不足的一种不得已的做法。日本在改正刑法草案增设法律所许可的行为不可罚的规定，应该看作是对目前刑法理论缺陷的一种补救，具有合理性。但是，修改后刑法草案并没有得到通过。另外，根据正当业务说，在判断是不是正当业务行为时，必须以现存的、有关该业务行为的行为基准为标准进行判断，在违反该准则的时候，就具有违法性。① 也就是在正当业务范围内即使发生了具有社会危害的行为，从法整体的精神来看，这种社会危害为社会一般观念所许可，从而阻却其行为的违法性。只有在超出了社会一般观念许可的场合，也就是违反了正当业务规则时，该行为才不是正当业务行为，从而具有违法性。这样一来，就沟通了正

① ［日］大谷实：《刑法总论》，黎宏译，法律出版社 2003 年版，第 193 页。

当业务与社会所许可的危险之间的内在联系。所谓正当业务说，实际上就是在社会许可的危险的基础上来主张行为的合法性，只有社会许可的业务才是正当业务；只有在社会容许的危险范围内的业务行为，也才具有合法性。

被害人同意说从被害人的角度出发来寻求竞技伤害行为的合法性，其视角是独特的。在现实生活中，参加竞技行为的行为人都会对竞技行为中的风险，包括伤害等具有明确的认识，不管行为人是明示还是默示，行为人自愿参加的事实本身就表明了行为人对于自身一定利益的处分，只要这种处分是行为人能够处分的利益，并且该处分行为本身符合一定的条件，行为人就应该对于自身在竞技行为中所遭受到的伤害行为承认了其合法性。但值得追问的是，为什么行为人享有处分自身利益的权利？对这个问题的回答实际上又回到社会所许可的危险上来。也就是说，在一定的社会里，国家之所以赋予公民在一定范围可以自由处分自己的利益包括身体健康，其实质就在于国家认为这种处分本身处于社会所许可的危险范围内，赋予公民一定的自由处分权并不危害社会秩序的维护和损害一定的社会利益。因此，我们在考察行为人的承诺行为的社会合法性时，不仅要考虑承诺的事实，而且要考虑得到承诺的动机、目的、伤害身体的手段、方法、损伤的部位、程度等情况来进行考量。即使有被害人的同意，如果行为超出了社会一般观念所许可的范围和程度，该行为也不能因为被害人的同意而合法化。这也是《德国刑法典》第 228 条一方面主张被害人同意的伤害不处罚，同时又要求行为不违背良好的社会风俗的内在理由。同时被害人同意说与正当业务说在一定范围内具有重合性，所有的竞技活动的参与者对于竞技中的伤害行为都存在同意的条件，但在正当业务行为中，竞技行为中的伤害行为之所以阻却违法性，不仅因为有被害人的同意，同时也是该伤害在正当业务范围内从而取得合法化的效果。

正当风险说实际上就是社会所容许的危险的变本，其主张在社会所许可的范围内免除一定行为的违法性。被容许的危险理论是在新康德学派的规范论和新黑格尔学派的归责思想的影响下，由目的理性主义提出的一种理论主张。其代表人物骆克信教授（ROXIN）认为，李斯特和贝林格所建立的古典刑法体系将构成要件建立在因果概念的基础上，并依等价理论来判断构成要件的合致性，这样就不适当地导致了构成要件的过分扩张，因此，有必要在刑法体系的其他阶层，对刑法责任作必要的限制。在此思想的引导下，骆克信教授通过创立客观归责理论试图解决古典刑法体系的矛盾。其理论的核心在：只有当（1）行为人的行为对于行为客体制造了不被容许的危险；（2）这个风险在具体的结果中实现了；（3）这种结果存在于构成要件的效果范围内时，由这个行为所引起的结果，才可以算作行为人的成果，而被归责给行为人。① 在骆克信教授建立的客观归责理论中，被容许的危险是一个基石性概念，只有行为人的行为制造了或实现了不被容许的风险，行为人的行为才可能受刑法规范的评价。所谓被容许的危险，根据骆克信教授的观点，就是指立法者基于

---

① ［德］罗克辛：《客观归责论》，许玉秀译，载《政大法学评论》第 50 期。

重大的社会利益或基于对特定安全措施的重视，容许具有危险倾向的行为时，其因此而造成结果，不可认为已实现构成要件。① 追溯被容许的危险的源头，可以认为，被容许的危险理论的提出主要是由于社会生活复杂化和技术化即所谓的精致化，社会中存在大量具有危险性而又为现代生活不可或缺的事业，如铁路、汽车、航空器等各类交通工具以及工厂、矿场、电力、原子能等。如果因为其具有危险性而予以禁止，社会生活将陷于瘫痪。因此，在利益衡量比较后，尽管这些事业带有侵害法益的危险性，在危险与社会效益的相对关系上，还具有社会相当性，故在一定范围内肯定、允许其存在，只把超出社会相当性的侵害法益的行为视为违法，以便把刑事制裁的行使限制在恰当的范围内。事实上，被容许的危险理论并不是现代社会精致化或科技化的必然产物，自从人类社会产生的那天起，被容许的危险理论就相随而生，只不过在现代高科技条件下被刑法理论得以更好的应用而已。立法者在将形形色色的具体行为纳入刑法视野时，依据什么标准对该行为进行评价呢？根据我国刑法通说，是看某一行为是否具有严重的社会危害性，也即该行为是否为社会所不允许。如果某一行为虽然具有社会危害性，但并没有达到严重的程度，通过其他手段如民法、行政法可以合理解决的时候，根据刑法的补充性和谦抑性，该种行为就没有必要予以犯罪化。这就是犯罪行为与一般违法行为的界限所在。如果某一行为虽然具有一定的危害性，但根本就不需要任何法律措施包括民法、行政法手段予以调节的话，这种行为就是法律上不被禁止的放任行为，其行为在法律规范的评价上就是合法的。这也就是一般违法行为与放任行为的界限所在。因此，被容许的危险的理论不仅是一般违法行为与犯罪行为区分的标尺，也是一般违法行为与合法放任行为之间的边界。

在这样的理论前提下，笔者认为，构建合理的竞技行为合法化的根据不能是单一的，而是多元的和有层次的。具体而言，笔者主张“一体两翼”理论，也就是说，以被容许的危险理论为核心，以正当业务行为和被害人同意理论为两翼共同合理地构建竞技伤害行为的合法化根据。具体分析如下：由于正当业务行为和被害人同意理论都能对竞技伤害行为的某一方面予以合理的说明，保留其继续发挥竞技伤害行为的阻却违法性根据是合理的。但由于两者都不能完全对竞技行为予以全面的把握，因此，片面地肯定一方或排斥一方都不利于说明竞技伤害行为的合法化。同时，由于不管是正当业务说还是被害人同意说，其使竞技伤害行为合法化的根据归根结底运用了被容许的危险理论，被容许的危险理论应当是正当业务说和被害人同意说理论的背景或者说是源泉。但由于被容许的危险理论作为正当业务行为和被害人同意行为的背景，比较粗糙，而通过正当业务行为和被害人同意行为理论的具体解释，更有利于清晰说明竞技伤害行为的合法化问题。因此，强调“一体两翼”理论的相互作用，更有利于对竞技伤害行为的合法化根据予以精致的解读。

---

① ［德］罗克辛：《客观归责论》，许玉秀译，载《政大法学评论》第50期。

三、解决路径

通过上述对竞技伤害行为的合法化分析可以看出，并不是所有的竞技中的伤害行为都是合法的，只有在社会所容许的危险范围内的竞技伤害行为才阻却其违法性，超过了社会所容许的危险范围的竞技伤害行为就不具有合法性。因此，从上述的前提出发，竞技中的伤害行为可以分为两类：一是在社会容许的危险范围内的竞技伤害行为，该行为由于在社会容许的危险内，通过正当业务行为或被害人同意可以阻却该行为的违法性；二是超过了社会容许危险范围内的竞技伤害行为，由于该行为不具有社会相当性，不被社会所容许，因此，实施该行为的人要承担相应的刑事责任。它可包括两种情况：一是行为人出于恶意，故意(这里的故意仅限于直接故意)违背比赛规则损害他人的行为，由于行为人具有伤害的故意，又实施了伤害他人身体的行为，应该构成故意伤害罪；二是行为人出于严重过失或间接故意而严重损害他人身体健康的行为，应当以故意伤害罪或过失致人重伤罪论处，但这种情况应当排除在竞技规则允许的范围内。例如，在拳击比赛中，规则允许击打对方的头的正面部、胸等部位，但不允许击打对方的小腹、后脑等部位，如果因为击打正面部、胸等部位而造成伤害或者死亡，则不能构成犯罪。再例如，在足球比赛中，规则允许进行铲球，但又有许多限制，如只允许对持球的对方进行的铲球破坏或者获得对球的控制权；不允许对无球队员和对持球者实施背后的铲断等等限制。如果恶意利用规则而对对方的身体进行侵害，应当属于前述第一种情况；如果在规则允许的范围内进行的铲球，则同样不能构成犯罪。所以，这里所谓的“出于严重过失或间接故意”，仍然是指出于严重的过失或间接故意的心态，放纵自己的行为，违反竞赛规则造成伤害或者死亡的情况。但构成犯罪也应当从轻或减轻处罚。其理由在于：该行为毕竟是在体育活动中发生，行为人本身没有违反竞技规则的恶意，因此对该行为应当与前述的恶意侵害行为加以区分，对该行为人予以适当的从宽处理是符合客观事实的，也有利于刑罚功能的发挥。

析侵犯著作权行为与侵犯著作权罪的衔接[①]

一、《著作权法》与《刑法》规定的内容

《著作权法》第47条规定了八种侵权行为：(1)未经著作权人许可，复制、发行、表演、放映、广播、汇编、通过信息网络向公众传播其作品的；《著作权法》另有规定的除外。(2)出版他人享有专有出版权的图书的。(3)未经表演者许可，复制、发行录有其表演的录音、录像制品，或者通过信息网络向公众传播其表演的；《著作权法》另有规定的除外。(4)未经录音录像制作者许可，复制、发行、通过信息网络向公众传播其制作的录音录像制品的；《著作权法》另有规定的除外。(5)未经许可，播放或者复制广播、电视的；《著作权法》另有规定的除外。(6)未经著作权人或者与著作权有关的权利人许可，故意避开或者破坏权利人为其作品、录音录像制品等采取的保护著作权或者与著作权有关的权利的技术措施的；法律、行政法规另有规定的除外。(7)未经著作权人或者与著作权有关的权利人许可，故意删除或者改变作品、录音录像制品等的权利管理电子信息的；法律、行政法规另有规定的除外。(8)制作出版假冒他人署名的作品的。但是《著作权法》没有具体规定哪一种行为可以构成侵犯著作权罪，而只是规定了“构成犯罪的，依法追究刑事责任”。

而《刑法》第217条规定的侵犯著作权罪，明文规定的犯罪行为只有四种具体的行为表现：(1)未经著作权人许可，复制发行其文字作品、音乐、电影、电视、录像作品、计算机软件及其他作品的；(2)出版他人享有专有出版权的图书的；(3)未经录音录像制作者许可，复制发行其制作的录音录像的；(4)制作、出售假冒他人署名的美术作品的。那么，在具体适用刑法时，如何与《著作权法》的规定相衔接，显然是存在的问题。

《著作权法》虽然规定的是行政处罚的范围，但由于“构成犯罪的，依法追究刑事责任”的规定，就存在着扩大构成侵犯著作权罪的范围的问题。根据《著作权法》第47条第2项即出版他人享有专有出版权的图书之规定与《刑法》第217条完全相同，其余各项均与

① 本文原载于《法学评论》2006年第6期。

《刑法》的规定有所区别。同时所规定的第 3 项、第 5 项、第 6 项、第 7 项在刑法中没有规定。那么，在具体适用《著作权法》时，是应认为所有的侵权行为都存在构成犯罪的问题，还是仍然只按照刑法规定的四种行为认定？

二、《著作权法》规定的侵犯著作权行为的具体理解

由于上述存在着行政法与刑法规定的内容不能完全相衔接的问题，笔者认为，在民事侵权行为的范围内，如果认为其规定的侵权行为都可以构成犯罪，显然是不恰当的。从《著作权法》所规定的具体内容看，除了与刑法规定完全相同的以外，其他的侵权行为在其基本的侵权行为的表现上，与刑法的规定在内容上基本上是既有衔接也有区别的，有的可以转化为刑法规定的侵犯著作权的犯罪行为，但有的则不宜认为可以转化。

首先，来看《刑法》第 217 条第 1 项和第 3 项规定的犯罪行为——"未经著作权人许可，复制发行其文字作品、音乐、电影、电视、录像作品、计算机软件及其他作品的"；"未经录音录像制作者许可，复制发行其制作的录音录像的"，构成这一犯罪行为，需同时符合两个条件：(1)未经著作权人许可是其前提条件。任何未经著作权人许可，复制发行其作品的，都是侵权行为。(2)有复制发行他人作品的事实。而《著作权法》规定的是"未经著作权人许可，复制、发行……""未经表演者许可，复制、发行……""未经录音录像制作者许可，复制、发行……"其基本的成立条件是一样的。而且，上述第 1 项规定的对象中，所包括的"文字作品、音乐、电影、电视、录像作品、计算机软件及其他作品"，已涵盖了《著作权法》规定的"表演者"之"表演的录音录像制品"及"录音录像制作者"的"录音录像制品"的内容。

其次，《刑法》第 217 条第 4 项规定的是，"制作、出售假冒他人署名的美术作品的"，而《著作权法》规定的是"制作、出售假冒他人署名的作品的"，区别只在于《刑法》规定的是"美术"作品，《著作权法》规定的仅是"作品"。而《著作权法》在上述规定中与刑法规定是不完全相同的，其第 1 项增加了"表演、放映、广播、汇编、通过信息网络"的五种行为方式和第 4 项规定的"通过信息网络向公众传播其制作的录音录像制品的"行为方式。

针对上述规定的不同，有观点认为，相对于《著作权法》所规定的内容来看，《刑法》规定的四种侵犯著作权罪的行为显得僵化而滞后。而且，"这种立法不协调直接导致了理论上的困惑和司法实践中的难以操作。就司法实践而言：如果只依照《刑法》的规定认定侵犯著作权的犯罪行为，那么《著作权法》的规定就大部分失去了意义。就刑法理论而言：如果不认定《著作权法》规定的犯罪行为，将极大地缩小对侵犯著作权罪的犯罪行为的打击范围。这与中国加入 WTO 后强化对知识产权保护的主旋律难以符合"。①

① 邸瑛琪：《试析侵犯著作权罪的法律冲突》，载《河南社会科学》2002 年第 3 期。

笔者认为，上述观点有其合理的成分，但是，如果在现行刑法规定下，遵循“罪刑法定”原则，是不宜将《著作权法》所规定的侵权行为都视为可犯罪化的。其犯罪化的范围，应当就刑法规定的内容予以确定。

第一，作为侵犯著作权罪的主观要件，必须是故意，且以营利为目的。而《著作权法》第6项“未经著作权人或者与著作权有关的权利人许可，故意避开或者破坏权利人为其作品、录音录像制品等采取的保护著作权或者与著作权有关的权利的技术措施的”和第7项“未经著作权人或者与著作权有关的权利人许可，故意删除或者改变作品、录音录像制品等的权利管理电子信息的”行为，如果从侵权行为的内容看，该种行为虽然是故意的，但只能认为是其他侵犯行为的手段行为而已。因为上述侵权行为的重心在于删改作品的“技术措施”和“权利信息”。这种侵权行为还难以与刑法规定的侵犯著作权之犯罪行为直接衔接。换言之，这种侵权行为情节再严重，也无法与现行刑法规定的侵犯著作权的犯罪行为相提并论。

理论上有种观点认为，由于“我国对侵犯商标权、专利权的犯罪在主观方面的法律规定是只要是故意即可，而侵犯著作权的犯罪在主观方面除了是出于故意之外，还必须是以营利为目的。著作权不同于商标权、专利权这些工业产权，它更多的是文化产品，注入了更多的思想、精神方面的内容；有时侵犯他人著作权并非为自己营利，而是别有用心，或者就是为了降低他人作品的声誉。对基于其他复杂动机或目的而侵犯著作权，情节严重的行为，也应当规定为犯罪”。① 笔者认为这样理解是不恰当的。立法已经明确规定了侵犯著作权罪的主观要件必须是“以营利为目的”，这已经再清楚不过地指出了本罪的故意内容，也表明了立法已经将非以营利为目的的侵权行为排除在犯罪之外。如果将“别有用心，或者就是为了降低他人作品的声誉”作为故意内容的侵权行为，也要当成犯罪予以打击，则是严重违反罪刑法定原则的。这里有必要指出的是，通过侵权行为是为自己营利还是为他人营利，并不影响对出于“营利目的”而实施之侵权行为的认定，将出于“并非为自己营利”从“营利目的”中排除出去，显然是错误的。

第二，从《著作权法》的规定看，由于作品的概念是统一的，并进行了逻辑上的排列和分类，所以，对作品的内涵和外延界定相对规定比较清楚。之所以说“相对规定比较清楚”，是因为《著作权法》第3条第9项规定了“法律、行政法规规定的其他作品”。这在实务中也是需要根据案件的具体情况加以分析才能确定是不是《著作权法》所保护的“作品”的。《刑法》则相对抽象，特别是在第1项的规定中，使用了传统的“其他作品”的规定方法，虽然学界始终存在着对这种概括性规定的批评意见，但本罪“其他作品”的范围，在解释方法上讲，应当是将第2项至第4项规定的对象排除的，但是否包括《著作权法》第3条所列的其他受保护的作品，学界虽也有不同的争论。但笔者认为应包括《著作权法》第3条

① 王文华：《侵犯著作权罪新问题探讨》，载《人民司法》2004年第8期。

所列举的所有作品。因为刑法并未明文规定将这些作品排斥在刑法保护之外，无疑也应当是刑法所保护的对象。如此，是可以弥补其本身规定过于抽象的不足与缺陷的。如是，则刑法在保护对象的范围上，应当是与《著作权法》调整、保护的对象相互衔接的。

有学者认为，“《刑法》对于犯罪对象的排列存在着逻辑错误……逻辑上的排列是指将同一层面的概念进行排列，排列的概念应该同一。而《刑法》对犯罪对象的排列则违背了这一原则。《刑法》第 217 条第 1 项将作为文字作品的种概念与作为属概念的音乐、电影、电视、录像作品排列在一起显然是不当的，容易产生理解上的歧义”。① 笔者认为，这一批评是站不住脚的。因为第 217 条所规定的对象，并不存在所谓对象的“种概念”与“属概念”的关系。第 1 项规定“未经著作权人许可，复制发行其文字作品、音乐、电影、电视、录像作品、计算机软件及其他作品的”，从文字表述看“文字作品”就是以文字表述的方法揭示其思想内容的“作品”。“文字作品”对“音乐、电影、电视、录像作品、计算机软件”并不具有能够统领它们的作用和功能。在这里“文字作品”根本不具有是“种概念”而“音乐、电影、电视、录像作品、计算机软件”是属概念的问题。

在笔者看来，第 1 项“文字作品”在概念的外延上的确有不够周延的问题，例如，第 2 项的“出版他人享有专有出版权的图书的”，其中，“图书”可以说是“文字作品”内容的一部分，似应当包括在“文字作品”中，将“图书”单列并不能突出对其的保护。更何况，就“图书”的外延而言，充斥网络的“电子图书”其载体并不同于传统“图书”的纸质载体。2004 年 1 月 2 日最高人民法院《关于修改〈最高人民法院关于审理涉及计算机网络著作权纠纷案件适用法律若干问题的解释〉的决定》第 3 条则是将此基本上定性为“作品”：“已在报刊上刊登或者网络上传播的作品，除著作权人声明或者报社、期刊社、网络服务提供者受著作权人委托声明不得转载、摘编的以外……”显然，在此将网络作品定性为“作品”还是“图书”就存在困难。而如果再按照《著作权法》第 3 条来解释，② 则将又是一个无法准确确定的对象。可以看出，在我国“令出多门”的现象在某种程度上可以说是已经严重影响到了执法的正确性和准确性，最终还将影响到执法的公正性。

第三，对于“表演、放映、广播、汇编、通过信息网络”的行为方式是否能够因“违法所得数额较大或者有其他严重情节”而构成犯罪。从刑法的规定看？侵犯著作权的犯罪行为包括“复制发行”“出版”“制作、出售”，从概念的规范性而言，我认为刑法规定的犯罪行为不能涵盖《著作权法》规定的这几种行为方式。我们知道，在刑法理论上对法律看似没

① 邸瑛琪：《试析侵犯著作权罪的法律冲突》，载《河南社会科学》2002 年第 3 期。

② 《著作权法》第 3 条规定：“本法所称的作品，包括以下列形式创作的文学、艺术和自然科学、社会科学、工程技术等作品：（一）文字作品；（二）口述作品；（三）音乐、戏剧、曲艺、舞蹈、杂技艺术作品；（四）美术、建筑作品；（五）摄影作品；（六）电影作品和以类似摄制电影的方法创作的作品；（七）工程设计图、产品设计图、地图、示意图等图形作品和模型作品；（八）计算机软件；（九）法律、行政法规规定的其他作品。”

有明文规定的行为，有“举重以明轻”之出罪解释和“举轻以明重”的入罪解释方法。前者，是以列举比较严重的行为不入罪而明理比较轻的行为更不能入罪；后者相反，是以列举较轻的行为刑法规定为犯罪，以明理较此相比重的行为更应当入罪。这两种解释的方法，如在遵循罪刑法定原则的前提下，都是符合这一原则的要求的，或者说以现行刑法的基本精神为出发点，依据现行刑法的规定所进行的解释是符合罪刑法定这一原则要求的解释方法论。例如，刑法规定有非法制造、买卖、运输、邮寄、储存枪支、弹药、爆炸物罪，就不能因为刑法没有规定非法制造大炮的犯罪而对制造大炮的行为不予以治罪；刑法对抢劫罪规定了“冒充军警人员抢劫的”从重处罚情节，那么，对真正的军警人员抢劫的，就不能因为刑法没有明文规定而不应当从重处罚。道理很简单，既然刑法对相对轻的行为都规定为犯罪并予以处罚，就更不用说相比较危害性重的行为应当入罪了。基于罪刑法定原则，这样的解释应当是允许的，也是合理的解释。

如是，前述《著作权法》规定的“表演、放映、广播、汇编、通过信息网络”，在刑法中是没有明文规定的，如需要入罪，则需要“举轻以明重”，即必须能够说明“表演、放映、广播、汇编、通过信息网络”是重于现行刑法规定的危害行为的。然而，仅仅就上述行为的表现方式而言，在我看来，还得不出“表演、放映、广播、汇编、通过信息网络”的危害性就是等同于或者重于“复制发行”“出版”“制作、出售”行为的危害性。因此，从罪刑法定原则的要求出发，在现行刑法没有修订的情况下，对上述行为不宜作为犯罪论处。

结论是，对于《著作权法》规定的侵权行为，不宜都予以犯罪化，而应当具体分析。

论妨害公司、企业管理秩序、侵犯公司、企业利益犯罪的若干共性问题[①]

一、公司、企业及事业单位的界定

在刑法分则中，关于公司、企业的规定，主要有以下几种情况：

一是仅单独规定公司或“公司、企业”，但对其所有制性质没有任何限制。如第159条虚假出资、抽逃出资罪，只能是“公司发起人、股东违反公司法的规定未交付货币、实物或者未转移财产权，虚假出资，或者在公司成立后又抽逃其出资，数额巨大、后果严重或者有其他严重情节的”，构成犯罪；第162条妨害清算罪，则规定的是“公司、企业进行清算时，隐匿财产，对资产负债表或者财产清单作虚伪记载或者在未清偿债务前分配公司、企业财产，严重损害债权人或者其他人利益的”，构成犯罪。就上述情况下规定的公司、企业，显然与其所有制性质无关，即只要符合我国公司法、企业法调整的对象，就符合构成犯罪的形式要件。

二是对所有制性质有限制，即规定只能是国有公司、企业、事业单位的情况。如第165条非法经营同类营业罪，仅“国有公司、企业的董事、经理利用职务便利，自己经营或者为他人经营与其所任职公司、企业同类的营业，获取非法利益数额巨大的”，构成犯罪，而非国有性质的其他所有制的公司、企业的董事、经理，不存在构成犯罪的问题；第166条为亲友非法牟利罪，规定“国有公司、企业、事业单位的工作人员，利用职务便利，有下列情形之一，使国家利益遭受重大损失的”，构成犯罪，因此，非国有性质的其他所有制的公司、企业、事业单位的工作人员，也不存在构成犯罪的问题。

因此，正确界定刑法规定的公司、企业、事业单位的范围和性质，是认定犯罪的前提条件。

---

① 本文原载于《法学评论》2007年第6期。

(一)公司、企业的概念和范围

这在我国目前尚有一定的争论，但大多数的学者认为，公司是企业的下属概念，公司是现代企业的成熟形式，即企业包括公司，公司是具有独立法人资格的营利性经济组织。根据1998年8月28日国家统计局、国家工商行政管理局《〈关于划分企业登记注册类型的规定〉的通知》(以下简称《注册类型的规定》)第2条的规定，以对企业登记注册的类型为依据，将企业登记注册类型分为以下几种：(1)内资企业，包括国有企业、集体企业、股份合作企业、联营企业、有限责任公司、股份有限公司、私营企业、其他企业；(2)港、澳、台商投资企业，包括合资经营企业(港或澳、台资)、合作经营企业(港或澳、台资)、港、澳、台商独资经营企业、港、澳、台商投资股份有限公司；(3)外商投资企业，包括中外合资经营企业、中外合作经营企业、外资企业、外商投资股份有限公司。从这一意义上可以说，凡从事规模经营性的组织，都可以称为企业，但从不同的角度来认识这种组织可以有不同的结论：①以企业的所有制性质为标准，可以将企业分为国有企业、集体企业、私有企业、混合所有制企业和外商投资企业。②以企业的法律地位为标准，可以将企业分为法人企业和非法人企业。③以企业的组织形式为标准，可以将企业分为个人独资企业、合伙企业和公司企业。所以，从企业与公司的关系看，从经济角度去理解这种经营性组织，可以得出“企业”的概念，反映出这个组织稳定从事经营活动计较投入产出，希望从投入中得到最大的利润，实行经营核算的本质。所以，企业的概念着重反映某一经济组织体具有经营的性质，因而较具有经济性；从法律角度去认识这种经营性组织，可以得出“公司”“合伙企业”“个人独资企业”等概念，所以，公司的概念，着重反映某一经济组织的民事法律地位及其成员和资本的联合性，较具有法律性。从上述规定以及理论解释上可以说，称为公司的主要是指国有独资公司、有限责任公司以及股份有限公司这些组织形式的营利性经济组织。

根据我国法律的规定，企业包括具有法人资格的企业和不具有法人资格的企业，但作为企业成熟形式的公司，则必须是具有法人资格的企业。根据有关法律的规定，公司必须是法人，但企业不要求必须是法人。从公司、企业与法人的关系来看，公司概念反映的是公司内部的组织关系，企业的概念反映组织体具有的经营性质，而法人概念则是外在的，它是从形式上、从外部赋予公司、企业或其他组织以独立的名义。理论上一般认为，从可构成犯罪的意义上说，这里的公司、企业必须是从事经营性活动，具有法人资格的经营性的组织；1999年6月18日最高人民法院《关于审理单位犯罪案件具体应用法律有关问题的解释》第1条规定：“刑法第30条规定的‘公司、企业、事业单位’，既包括国有、集体所有的公司、企业、事业单位，也包括依法设立的合资经营、合作经营企业和具有法人资格的独资、私营等公司、企业、事业单位。”同时，根据1998年10月25日国务院《事业单位登记管理暂行条例》①第 3 条第 2 款规定："事业单位应当具备法人条件。"因此，从可构成犯罪的意义上说，事业单位也应当是具有法人资格的。但是，事业单位根据规定，其自身不是经营性的组织，但可以依法举办具有法人资格的营利性经营组织，因此，我们认为，这种经济性质的二级单位，也可以成为单位犯罪的主体。

公司按出资形式分为股份有限公司、有限责任公司。股份有限公司是指依法由一定人数的股东发起设立，全部资本划分为等额资本，股东仅以其所认购的股份为限，对公司债务承担清偿责任的公司组织形式。有限责任公司是指由一定人数的股东组成，每个股东仅以其出资额为限对公司负责，公司以其全部资产对其债务承担责任的公司组织形式。

(二)国有公司的范围

国有公司应当如何界定？无论是股份有限公司还是有限责任公司，按其公司资本构成结构的特点和资本的性质均可分为三类：一是全部资本均为国有资本的公司；二是有部分为国有资本的公司；三是全部资本均为非国有资本的公司。其中第一类公司为国有公司，第三类为非国有公司，这都是没有争议的，有争议的是第二类公司，特别是国有资本参股的，是否可以认定为国有公司，或者参股在公司中所占比例达到多少，可以视为国有公司，在理论和实践中都有非常大的争议。而这一点直接涉及其中的从业人员实施的行为应当如何定性的问题。② 1994 年 11 月 3 日国家国有资产管理局、国家经济体制改革委员会联合发布《股份有限公司国有股权管理暂行办法》，其第 2 条规定："组建股份公司，视投资主体和产权管理主体的不同情况，分别构成'国家股'和'国有法人股'。国家股是指有权代表国家投资的机构或部门向股份公司出资形成或依法定程序取得的股份。在股份公司股权登记上记名为该机构或部门持有的股份。国有法人股是指具有法人资格的国有企业、事业及其他单位以其依法占用的法人资产向独立于自己的股份公司出资形成或依法定程序取得的股份。在股份公司股权登记上记名为该国有企业或事业及其他单位持有的股份。"第 2 款规定："国家股和国有法人股统称为国有股权。"第 11 条规定："国有企业进行股份制改组，要按《在股份制试点工作中贯彻国家产业政策若干问题的暂行规定》，保证国家股或国有法人股(该国有法人单位应为国有独资企业或国有独资公司)的控股地位。""国有股权控股分为绝对控股和相对控股。绝对控股是指国有股权持股比例占 50%以上(不含 50%)；相对控股是指国有股权持股比例高于 30%低于 50%，但因股权分散，国家对股份公司具有控制性影响。"

1997 年 3 月 24 日国家国有资产管理局、国家体改委又联合下文：《股份有限公司国有

① 根据 2004 年 6 月 27 日《国务院关于修改〈事业单位登记管理暂行条例〉的决定》修订。

② 《公司法》第 60 条第 2 款规定，国家可以单独出资或者由国务院或者地方人民政府委托本级人民政府国有资产监督管理机构履行出资人职责的有限责任公司。

股股东行使股权行为规范意见》，其第 5 条规定：“公司的国有股比例分为绝对控股、相对控股和不控股。国家绝对控股的公司，国有股比例下限定为 50%(不含 50%)；国家相对控股的公司，国有股比例下限定为 30%(不含 30%)，国有股股东须是第一大股东。”

应当说，上述两个规范性文件均没有说明何种情况下的股份有限公司属于国有公司，但却表达了即使在国有股属于相对控股的情况下，为国有股的保值增值，从政策上决定了“国有股股东须是第一大股东”，并“国家对股份公司具有控制性影响”的基本要求。

据此，理论上有的学者认为国家控股的公司就是国有公司，有的认为国家股份占到30%以上，即国家达到相对控股的，就应视其为国有公司，还有则认为，国家只有达到了绝对控股，即国家股份占到 51%以上，才可将其视为国有公司。①

那么，应当如何把握国有公司的范围？《中华人民共和国公司法》(2005 年修订)第 65 条第 2 款规定：“本法所称国有独资公司？是指国家单独出资、由国务院或者地方人民政府委托本级人民政府国有资产监督管理机构履行出资人职责的有限责任公司。”这里《公司法》虽然规定的是“国有独资公司”而不是“国有公司”，然而第 45 条“……两个以上的国有企业或者其他两个以上的国有投资主体投资设立的有限责任公司，其董事会成员中应当有公司职工代表……”的规定表明，在我国现行的公司制度中，并没有法定的“国有公司”的概念。因此，可以认为，刑法及刑法理论上所使用的“国有公司”的概念根据现行《公司法》的规定是并不存在的，所称的“国有公司”，实际上是指“国有独资公司”，也就是国有独资的有限责任公司。至于股份有限公司多数人认为不宜认定为有国有公司。原因在于股份有限公司的情况比较复杂。由于股份有限公司发起设立的资金，采取发起人认购所有股份和向社会公开募集，因此，属于多元化投资，股东及股权分散，即使在一个时期内国有股占控股地位，但是，由于股权变化比较频繁，特别是上市公司，因此，非常难以界定股份有限公司的国有性质。其次，从一定的意义上说，股权并不等于所有权，国有股在公司中不能直接代表对公司的财产所有权，因此，即使是国家控股的股份有限公司也不宜作为国有公司看待。至于上述关于国家股或国有法人股在股份有限公司股份比例的规定，我们认为是国有股的保值增值的要求，而不是对股份有限公司如何认定“国有”性质的标准。再次，从股份有限公司债务的承担而言，《公司法》第 3 条规定，“……股份有限公司的股东以其认购的股份为限对公司承担责任”，如果因为股份有限公司中有国有股权而认为是国有公司，则在其他股东对公司承担责任时不能负担时，完全应该由国有股来承担责任，这显然并不符合国有股的保值增值的要求的基本精神。由此，笔者认为，股份有限公司无论国有股权占多大比例，都不宜认定其为“国有公司”。

(三)国有企业

根据前述《注册类型的规定》第 2 条之规定，企业的概念中是包括公司在内的。但是，

---

① 黄明儒、朱本欣：《非法经营同类营业罪疑难问题略论》，载《律师世界》2005 年第 5 期。

《注册类型的规定》第3条规定："国有企业是指企业全部资产归国家所有，并按《中华人民共和国企业法人登记管理条例》规定登记注册的非公司制的经济组织。不包括有限责任公司中的国有独资公司。"第7条第2款规定："有限责任公司包括国有独资公司以及其他有限责任公司。"第7条第3款规定："国有独资公司是指国家授权的投资机构或者国家授权的部门单独投资设立的有限责任公司。"第7条第4款规定："其他有限责任公司是指国有独资公司以外的其他有限责任公司。"同时，对股份有限公司没有作类似"国有独资股份有限公司和其他股份有限公司"的进一步划分。

根据上述规定，国有企业应当是指企业全部资产归国家所有的非公司制形式的经济组织。按照这一规定，这里所规定的企业的概念则是狭义的，即不包括公司。根据狭义的理解，国有企业的范围也显然不包括国有公司在内，这一点显然比前述观点所认为企业的概念大。可以认为，在登记注册时所有制类型的划分中，国有企业中是不包括国有公司的，即只有全部资产归国家所有的非公司制的经济组织，是国有企业。

(四)事业单位

1998年10月25日国务院《事业单位登记管理暂行条例》①第2条第1款规定："本条例所称事业单位，是指国家为了社会公益目的，由国家机关举办或者其他组织利用国有资产举办的，从事教育、科技、文化、卫生等活动的社会服务组织。"第2款规定："事业单位依法举办的营利性经营组织，必须实行独立核算，依照国家有关公司、企业等经营组织的法律、法规登记管理。"从上述规定可以看出，事业单位的发起人可以不是国家机关，但是其成立，必须是利用国有资产。从这一意义上说，事业单位应当都是国有单位。同时，根据第2款的规定，在事业单位依法举办营利性经营组织时，必须依照国家有关公司、企业等经营组织的法律、法规登记管理。这就说明，由事业单位成立的公司、企业，如果是独立法人，则应受公司法、企业法的调整，所以不再是事业单位自身，而应当以前述的公司、企业对待；但是，如果其举办营利性经营组织，不是独立法人，而是该事业单位的二级单位，不由公司法、企业法调整的，则仍然应当将其作为事业单位对待。

二、公司、企业犯罪认定条件的理解

1999年6月25日《关于审理单位犯罪案件具体应用法律有关问题的解释》(以下简称《解释》)，主要涉及的是关于单位犯罪的主体及单位犯罪的认定问题，当然，对于认定公司、企业犯罪也是适用的。《解释》第2条和第3条，是具体指导实践中对如何区别单位犯罪与自然人犯罪界限的意见。其第2条规定："个人为进行违法犯罪活动而设立的公司、

---

① 根据2004年6月27日《国务院关于修改〈事业单位登记管理暂行条例〉的决定》修订。

企业、事业单位实施犯罪的，或者公司、企业、事业单位设立后，以实施犯罪为主要活动的，不以单位犯罪论处。”第3条规定：“盗用单位名义实施犯罪，违法所得由实施犯罪的个人私分的，依照刑法有关自然人犯罪的规定定罪处罚。”

根据上述解释的基本精神可以看出，其否定“以单位名义”为单位犯罪成立的形式要件，而采用以行为实质予以认定的原则。笔者认为，这一认定原则的确立是非常有意义的。单位犯罪的认定，是否要求“以单位名义”实施，在我国理论上一直存在不同的看法。主张以“单位名义”为条件的观点，被称为“单位名义说”，并因此与“批准说(决策说)”“利益说”“职务说”等有所区别。如有观点认为：“所谓单位犯罪是指公司、企业、事业单位、机关、团体为本单位谋取非法利益，经单位集体研究决定或者由负责人员决定实施的危害社会的，法律明文规定应受刑罚处罚的行为。”①“法人代表或代理人经过法人决策机构的授意或批准，以法人(或单位)的名义实施了侵害我国刑法所保护的社会主义社会关系的行为。”②这里笔者不讨论概念中所涉及的其他问题，单以主张“以单位名义”为条件而言，在我看来其主要的法律根据是在现行刑法中，对某些单位犯罪明确规定了这一条件，如认为《刑法》第396条私分国有资产罪规定“国家机关、国有公司、企业、事业单位、人民团体，违反国家规定，以单位名义将国有资产集体私分给个人……”的，就是典型的要求“以单位名义”为条件的单位犯罪。③ 笔者认为，以“单位名义”实施某种行为，只能是形式上意义上而非本质性的特征，即使在实践中的确有以单位名义实施的单位犯罪，但是否以单位名义实施危害行为，对于认定是否构成单位犯罪不起决定性作用。《解释》的规定，可以说在司法层面上解决了这一问题的争议。根据《解释》第2条的精神，应当认为是以现实的犯罪行为实质上代表了单位，受单位意志的支配，为认定单位犯罪的必要条件，即使对外不以单位名义，符合实质性条件的，也必须以单位犯罪论处。更何况有的情况下单位甚至假冒其他单位的名义，如果要求单位犯罪须对外以单位名义实施，现实中将有相当部分的案件无法认定是否构成单位犯罪。单位犯罪作为一种客观的社会现象，与其他事物一样有着多种属性，但只有单位犯罪的本质属性——犯罪是否体现单位意志，才能决定是否属于单位犯罪。

如果进一步对上述规定进行思考，则可看出，《解释》对单位犯罪予以实质性认定的基本要求。即《解释》从另一个方面肯定了目前理论界对单位犯罪实质性特征之一的“为单位谋求利益”,④ 是单位犯罪本质特征之一。当然在《解释》中是采取了正面规定的方式：“个人为进行违法犯罪活动而设立……或者……设立后，以实施犯罪为主要活动的，不以单位

① 杜跃东：《浅析单位犯罪的构成条件及处罚原则》，载《政法论丛》2001年第2期。

② 高西江主编：《刑法的修订与适用》，中国方正出版社1997年版，第150页。

③ 此罪是否属于“单位犯罪”在理论上还有争议。

④ 参见高铭暄主编：《刑法专论》，高等教育出版社2002年版，第236页。这里，利益的性质问题，也是目前理论上有争议的问题之一，但不在笔者探讨的问题之中。

犯罪论处。”“盗用单位名义实施犯罪，违法所得由实施犯罪的个人私分的，依照刑法有关自然人犯罪的规定定罪处罚。”

如是，根据对单位犯罪认定上实质性要件的要求，“违法所得由实施犯罪的个人私分的”，当然属于个人犯罪是无疑的，但是“违法所得”的归属实际上是否成为判断单位犯罪与自然人犯罪的主要界限，即犯罪的违法所得归属于单位的，属于单位犯罪；违法所得归属于自然人的，为自然人犯罪。这一结论的正确性和合理性如何，就我国刑法学界对此的认识，很少有学者主张以“违法所得”的归属来区别，而是将其作为是否单位犯罪的参考因素之一。理论上的主流观点，在于要求“为单位谋取利益”。① 一般而言，为单位谋求利益的条件要求，远低于要求具有“违法所得”的现实。理由很简单，要求有“违法所得”的归属的判断，必须是犯罪已经完成，是一种客观的条件，而要求“为单位谋求利益”，是主观条件，只要能够正确判断是为单位谋求利益，则无论单位的行为是否完成，并不影响单位犯罪的成立。

从我国现行立法的规定看，要求以“违法所得”的归属作为判断的标准，在一些单位犯罪中的确是具有可操作性的，但是，实践中不仅有上述所言尚未完成的单位犯罪应当予以认定和处罚，而且，根据立法的规定，一些规定为单位犯罪的，并不能以“违法所得”的归属来确定属于单位犯罪还是自然人犯罪。例如，《刑法》第 169 条之一规定：② 上市公司的董事、监事、高级管理人员违背对公司的忠实义务利用职务便利操纵上市公司从事下列行为之一，致使上市公司利益遭受重大损失的，处……；致使上市公司利益遭受特别重大损失的，处……：“（一）无偿向其他单位或者个人提供资金、商品、服务或者其他资产的；（二）以明显不公平的条件，提供或者接受资金、商品、服务或者其他资产的；（三）向明显不具有清偿能力的单位或者个人提供资金、商品、服务或者其他资产的；（四）为明显不具有清偿能力的单位或者个人提供担保，或者无正当理由为其他单位或者个人提供担保的；（五）无正当理由放弃债权、承担债务的；（六）采用其他方式损害上市公司利益的。”第 2 款规定：“上市公司的控股股东或者实际控制人，指使上市公司董事、监事、高级管理人员实施前款行为的，依照前款的规定处罚。”第 3 款规定：“犯前款罪的上市公司的控股股东或者实际控制人是单位的，对单位判处罚金，并对其直接负责的主管人员和其他直接责任人员，依照第 1 款的规定处罚。”

该罪属于典型经济类的犯罪，但是很显然处罚上述行为看不出哪种行为是因为单位谋取“违法所得”而认定为犯罪的，因为上述行为是在损害上市公司的利益，而非为上市公司谋取“违法所得”。而且在条款中所规定的只是要求实施损害上市公司的利益的犯罪主体是

① 参见赵秉志主编：《犯罪总论问题探索》，法律出版社 2003 年版，第 178 页。

② 《中华人民共和国刑法修正案（六）》第 9 条规定，在《刑法》第 169 条后增加一条，作为第 169 条之一。

“上市公司的控股股东或者实际控制人是单位的”，就是单位犯罪。实际上，在我国刑法中，有上述类似的情况的并不是个别的条款，刑法第330条规定的“妨害传染病防治罪”也存在相同的问题。由此，笔者认为在这样的单位犯罪中，违法所得的归属作为区别自然人犯罪与单位犯罪界限，没有实际上的价值和意义。

但是，如果根据“为单位谋取利益”作为区别单位犯罪与自然人犯罪的界限，似也存在问题。因为很显然，在第169条之一的规定中，也看不到是在为犯罪的公司、企业“谋取利益”，相反地是在损害公司的利益。因此，如果根据“为单位谋取利益”的条件，则无法认定为成立犯罪。那么，这种情况下自然人犯罪与单位犯罪的界限如何理解，显然值得思考。我认为，解决这一问题的关键，只能是以“行为是否体现单位意志”来衡量。即在无法确定是否具有“非法所得”的情况下，在不可能考察有“为单位谋取利益”条件时，行为的实施是否经由单位的领导批准或者允许，行为是否体现单位意志，是唯一衡量单位犯罪与自然人犯罪界限的标准。而为“为单位谋取利益”和为单位谋取“违法所得”，只能是辅助性的认定条件。

三、公司、企业自然人犯罪主体的界定

对公司、企业自然人犯罪主体的规定，立法中大体有以下三个层次：①

一是可以称为第一层次的犯罪主体，即直接实施具体犯罪行为的自然人，这在立法中规定的情况相对复杂，有申请公司登记人(如虚报注册资本罪)，公司发起人、股东(如虚假出资、抽逃出资罪)，公司、企业的工作人员(如公司、企业人员受贿罪)，国有公司、企业的董事、经理(如非法经营同类营业罪)，国有公司、企业、事业单位直接负责的主管人员(如签订、履行合同失职被骗罪)等等。但总体上说，自然人犯罪主体是公司、企业、事业单位的工作人员，只有个别的自然人犯罪主体是一般主体，对公司、企业人员行贿罪即属此类。

二是第二层次的犯罪主体，即对犯罪行为负领导责任的人员，即“直接负责的主管人员和其他直接责任人员”。

三是第三层次的犯罪主体，即单位主体。

这里需要研究的是第一层次主体与第二层次主体的关系及范围。

首先从立法规定上可以看出，第二层次的主体承担刑事责任，主要有两种情况：

一是在单位构成犯罪前提的基础上，直接负责的主管人员和其他直接责任人员对单位犯罪以及自己的行为承担刑事责任；二是虽然对单位的行为不予追究，但直接负责的主管人员和其他直接责任人员必须承担刑事责任。即“双罚制”与“转嫁制”中只处罚自然人的

① 这里“层次”并非在递进的层次意义上说的，而是基于立法条款的层次意义上说的。

“单罚制”。值得注意的是，对行为负有领导责任的自然人，即直接负责的主管人员和其他直接责任人员，作为单位的成员，是在单位意志的支配下，为单位利益而实施违法行为的。从这一意义上说，如果单位的行为不构成犯罪，那么，主管人员和其他直接责任人员并不具有独立的犯罪主体资格，不能单独构成犯罪。

其次，第一层次的犯罪主体，从立法的规定看，应当是属于犯罪行为的直接实施者。如隐匿、故意销毁会计凭证、会计账簿、财务会计报告罪规定的，“隐匿或者故意销毁依法应当保存的会计凭证、会计账簿、财务会计报告”的行为，是直接实施隐匿或者销毁会计凭证、会计账簿、财务会计报告的行为人，而对此承担刑事责任的人，除了直接的实施者外，在单位构成犯罪的情况下，必须对隐匿或者故意销毁的行为承担直接负责的主管人员和其他直接责任人员同时追究刑事责任。然而，理论上一般认为，第二层次的自然人中，直接负责的主管人员，通常是指犯罪行为的幕后策划者、指挥者，而其他直接责任人员，通常包括犯罪行为的直接实施者。正如有学者指出的：“直接负责的主管人员和直接责任人员之所以要承担单位的刑事责任，是因为单位的犯罪行为是由他们决策实施或者直接实施的，他们应当对自己的行为负责……”①但这样一来，在双罚制的情况下，其他直接责任人员，与第一层次的主体在事实上就会有一部分发生重合。那么，在单位构成犯罪的情况下，如何把握“其他直接责任人员”的范围，是防止打击面过宽，以及立法规定在对第一层次的犯罪主体法定刑规定重于第二层次主体时，正确确定其刑事责任程度时所必须注意的。从立法规定上看，通常在成立单位犯罪的情况下采取“双罚制”，对直接负责的主管人员和其他直接责任人员适用刑罚主要是两种情况：一是处罚第一层次的自然人，例如，第162条之一的“隐匿、故意销毁会计凭证、会计账簿、财务会计报告罪”，第2款规定“单位犯前款罪的，对单位判处罚金，并对其直接负责的主管人员和其他直接责任人员，依照前款的规定处罚”。这里的“依照前款的规定处罚”，就是按照第1款自然人犯隐匿、故意销毁会计凭证、会计账簿、财务会计报告罪的规定处罚。二是处低于第一层次自然人的刑罚。例如，第160条“欺诈发行股票、债券罪”，其第2款规定：“单位犯前款罪的，对单位判处罚金，并对其直接负责的主管人员和其他直接责任人员，处5年以下有期徒刑或者拘役。”这里就没有规定对第二层次的主体必须“并处或者单处非法募集资金金额1%以上5%以下罚金”的规定，显然在刑罚的处罚力度上轻于第一层次的主体。

那么，在具体行为人属于直接实施者的情况下，应当如何选择具体的行为人，是第一层次的主体还是确定其为第二层次的主体，关系到对具体行为人的处罚轻重问题。笔者认为，首先，应当确定其在具体行为中承担的“职责”为何，例如，在欺诈发行股票、债券时，直接制作“编造重大虚假内容”，则应当认定为第一层次主体。因为刑法分则的规定在

① 中国人民大学刑事法律科学研究中心组织编写：《现代刑事法治问题探索》(第一卷)，法律出版社2004年版，第555页。

涉及单位犯罪的情况下，第1款的规定是该种犯罪的实行行为，而实行行为是犯罪成立的最基本要素，因此，当直接实施属于实行行为的行为人只是个别人，应当确定其为第一层次的主体，一般应当将其从第二层次的主体中剔除，只需要确定并追究对单位犯罪“直接负责的主管人员”的责任。这样可以避免将其作为第二层次主体而缺乏对基本犯罪行为事实应当承担责任的认定。

其次，如前例在欺诈发行股票、债券时，行为人虽然参与了部分实行行为的实施，但仍然可评价为对实行行为进行具体的指挥，例如具体授意应当如何“编造重大虚假内容”，其责任的主体部分就可评价为“现场的指挥者”，该种情况下，根据罪责刑相统一原则，应当认定为第二层次的主体。

四、公司、企业主管人员、直接责任人员的刑事责任

2000年9月30日《最高人民法院关于审理单位犯罪案件对其直接负责的主管人员和其他直接责任人员是否区分主犯、从犯问题的批复》(以下简称《批复》)规定：“在审理单位故意犯罪案件时，对其直接负责的主管人员和其他直接责任人员，可不区分主犯、从犯，按照其在单位犯罪中所起的作用判处刑罚。”

上述《批复》确定了单位犯罪中自然人刑事责任的基本原则，即“按照在单位犯罪中所起的作用”处罚。按照上述规定的原则，可以说最高人民法院的《批复》否定了单位故意犯罪中主管人员、直接责任人员在为单位谋求利益而构成犯罪，相互之间具有的共同犯罪的性质，因此，才需要分别处罚。

然而，即使是按照在单位犯罪中所起的作用分别处罚，也是需要参照同案处罚的对象，这是实践中不可避免的做法。单位犯罪具有不同于一般共同犯罪的之处是可以肯定的，但是，这种不同并不是实质性的，而只是犯罪形式上的不同。单位犯罪中的主管人员、直接责任人员，是共同为单位谋求利益，体现单位意志的犯罪活动中相互配合而起到作用的，这种相互配合的关系，从犯罪理论上说，就是一种共犯关系。在现实的案件中，主管人员往往是幕后的策划者、指挥者，直接责任人员通常就是直接的实行者。实行者所实施的行为，既体现的是主管人员的意志，同时也是单位的意志，这与共同犯罪中实行者贯彻主犯的意志，从而体现出共同犯罪的意志并没有本质上的差别。更何况，现实中的单位犯罪中的主管人员、直接责任人员有时并不只是一对一的对应关系。多个主管人员、多个直接责任人员的情况是普遍存在的，如此，多个主管人员之间、多个直接责任人员之间，以及多个主管人员与多个直接责任人员之间是何种关系，如何确定和区别他们虽相互，但不同的刑事责任，如果仍然无须区别主、从犯，是不可能真正做到罪责刑相适应的。因此，笔者认为《批复》规定对单位犯罪中犯罪的自然人不必区分主、从犯的规定，从刑法理论上说是没有充分的理论依据的。

在处罚法人犯罪的国家，立法通常是将法人犯罪中的数个自然人之间的关系仍然规定为共犯关系，如 1994 年 3 月 1 日生效的《法国刑法典》第 121-2 条第 3 款规定："法人负刑事责任不排除作为同一犯罪行为之正犯或共犯的自然人的刑事责任。"该规定，不仅确定了法人犯罪中自然人的"正犯"和"共犯"地位，而且，表明了其如同自然人共同犯罪予以处罚刑事责任原则。在大陆法系的日本，甚至在连组织体的过失犯罪中，理论上也广泛地承认其中自然人之间的共犯关系。① 这些立法和理论是值得我们借鉴的，

当然，上述《批复》要求根据"在单位犯罪中的作用"决定刑罚的原则，毋庸置疑是根据我国刑法中关于共同犯罪人区分主、从犯的标准而确立的。这又应当如何理解，笔者认为，不可否认的是，考虑到"直接责任人员"通常作为犯罪行为的直接实行者，听命于"主管人员"，在执行主管人员的违法命令时，存在有不得已的情形，特别是在我国目前就业状况不容乐观的今天，在单位决定实施犯罪的情况下，期望单位中的成员都甘冒被解雇的风险不去实施违法犯罪的可能性是很小的，《批复》作出"按照在单位犯罪中所起的作用"处罚的规定，能够在一定程度上实现对"直接责任人员"处以较轻的处罚的可能性，这也并不是没有丝毫的道理可言。但是，正是基于这样考虑，单位犯罪中不区分主、从犯，则缺乏对"直接责任人员"确定责任时应当可作为"参照物"的主犯，我认为，就此而言，对直接责任人员实现从轻处理是没有法律依据的。

① 参见[日]西原春夫主编：《共犯理论和有组织犯罪》(21 世纪第二次日中刑事法学术讨论会论文集)，成文堂 2003 年版，第 64~65 页。

刑法修正案(七)“组织、领导传销罪”的解读[①]

一、我国对非法传销活动的司法规制及立法规制

2009年2月28日，第11届全国人民代表大会常务委员会第7次会议通过了97刑法实施后的第七个刑法修正案，共计15个条文，内容涉及贪污贿赂犯罪、破坏社会主义市场经济秩序犯罪、侵犯公民权利犯罪等方面，对原有刑法条文罪状和法定刑的具体修改有9处，同时，在刑法原有的4个条文中增加5款，并增加了4个完整条文。其中，组织、领导传销活动罪，就是其中4个完整条文中的一个。

非法传销和变相传销活动，是我国改革开放后市场经济活动尚未完全纳入法律调控时期出现的一种经济失范现象。由于我国在改革开放初期，市场经济宏观调控的主要精力放在国家市场经济的建立以及企业改制等大的方向上，而对经营活动的模式规范不够，并且，改革开放初期，随着海外先进技术的引进，鱼龙混杂的经营理念与经营模式也随之涌入内地，而我国在这一时期并没有重视对市场经营理念的规范和引导，市场经济失范现象也随之逐渐增多，非法传销和变相传销活动也是在这一时期迎合了急于脱贫致富人的心理，逐渐发展成为具有严重社会危害性的社会现象。然而，随着传销和变相传销活动越演越烈，其社会危害性也逐渐在社会、经济生活中凸显——非法传销和变相传销活动往往伴随着偷税漏税、制假售假、走私贩私、非法集资、非法买卖外汇等大量违法行为，不仅违反国家禁止传销和变相传销的规定，还违反了税收、消费者保护、市场秩序管理、金融、外汇管理等多个法律规定；不仅严重扰乱社会正常的经济秩序，还严重危害到社会稳定，对商业诚信体系和社会伦理道德体系也造成了巨大破坏。由于传销活动的本质在于“骗”字，致使给参与者造成经济损失的同时，给其家庭也造成巨大伤害；同时，传销给绝大多数参加者造成血本无归，使得参与传销的一些人员流落异地，生活悲惨，甚至跳楼轻生，还有一部分人员参与偷盗、抢劫、械斗、强奸、卖淫、聚众闹事等违法行为，引发刑事犯罪案件，给人民生命财产安全和社会稳定造成严重侵害；此外，由于受传销活动手段决

---

① 本文原载于《政法论丛》2009年第12期。

定，其发展对象多为亲属、朋友、同学、同乡、战友，其不择手段的欺诈方法，导致人们之间信任度严重下降，引发亲友反目，父子相向，甚至家破人亡，对社会道德、诚信体系造成巨大破坏。这正如国务院在《关于禁止传销经营活动的通知》中指出的："传销经营不符合我国现阶段国情，已造成严重危害。传销作为一种经营方式，由于其具有组织上的封闭性、交易上的隐蔽性、传销人员的分散性等特点，加之目前我国市场发育程度低，管理手段比较落后，群众消费心理尚不成熟，不法分子利用传销进行邪教、帮会和迷信、流氓等活动，严重背离精神文明建设的要求，影响我国社会稳定；利用传销吸收党政机关干部、现役军人、全日制在校学生等参与经商，严重破坏正常的工作和教学秩序；利用传销进行价格欺诈、骗取钱财，推销假冒伪劣产品、走私产品，牟取暴利，偷逃税收，严重损害消费者的利益，干扰正常的经济秩序。因此，对传销经营活动必须坚决予以禁止。"

虽然国务院发布了禁止传销的通知后，行政上的取缔相对容易，但对危害严重的传销和变相传销行为的入罪，仍然在一段时期内处于法无明文的境地，各地司法机关在处理严重危害社会秩序及稳定的传销行为时，只能各行其是，根据行为的特点，分别按照非法经营罪、诈骗罪、偷税罪、生产、销售伪劣产品等罪名追究刑事责任。针对这种状况，2001年4月18日，最高人民法院就对传销及变相传销行为的规制有了明确的司法解释，即在《关于情节严重的传销或者变相传销行为如何定性问题的批复》中，要求对于1998年4月18日国务院《关于禁止传销经营活动的通知》发布以后，仍然从事传销或者变相传销活动，扰乱市场秩序，情节严重的，应当依照《刑法》第225条第(4)项的规定，以非法经营罪定罪处罚。但是，最高人民检察院于2003年3月21日出台的《关于1998年4月18日以前的传销或者变相传销行为如何处理的答复》规定：对1998年4月18日国务院发布《关于禁止传销经营活动的通知》以前的传销或者变相传销行为，不宜以非法经营罪追究刑事责任。行为人在传销或者变相传销活动中实施销售假冒伪劣产品、诈骗、非法集资、虚报注册资本、偷税等行为，构成犯罪的，应当依照刑法的相关规定追究刑事责任。

以上两个截然相左的司法意见，无疑对实务中处理非法传销和变相传销的行为，人为造成了困难局面，2003年3月21日后各地检察机关要遵照最高人民检察院的要求，对非法传销和变相传销活动以相应的犯罪批捕、侦查、起诉，也就是说在案件的基本证据方面是根据最高人民检察院所规定的这类案件的犯罪事实，当然，不用说各地的公安经济侦查部门也会按照检察机关的要求去侦查这类案件的事实。但是各地的人民法院却必须按照最高人民法院的司法意见，按照非法经营罪定罪处罚，很少发生不遵守最高人民法院司法意见而支持起诉意见的情形。这样的司法处理效果，不仅没有真正起到遏制非法传销和变相传销活动的作用，而且，也对社会传递了司法无能的错误信息，造成国民对司法公信力的怀疑。

为规范执法活动的力度以及公平、公正，2009年2月28日第11届全国人民代表大会常务委员会第7次会议通过了1997年刑法实施后的第七个刑法修正案，其第4条规定：

在刑法第224条后增加一条，作为第224条之一：“组织、领导以推销商品、提供服务等经营活动为名，要求参加者以缴纳费用或者购买商品、服务等方式获得加入资格，并按照一定顺序组成层级，直接或者间接以发展人员的数量作为计酬或者返利依据，引诱、胁迫参加者继续发展他人参加，骗取财物，扰乱经济社会秩序的传销活动的，处5年以下有期徒刑或者拘役，并处罚金；情节严重的，处5年以上有期徒刑，并处罚金。”根据该条规定，可以认为，《刑法修正案(七)》第4条(以下简称《修正案(七)》第4条)增设了“组织、领导传销罪”这一新的罪名。无疑，这一新罪名的确立对规范和统一司法操作有着重要的意义。

二、组织、领导传销活动罪的解读

在《修正案(七)》颁布之前，理论界就有学者不同程度地对非法传销和变相传销行为的入罪问题进行了研究和讨论。不过对非法传销和变相传销行为的入罪问题上，有较大的分歧意见。例如，有的学者将入罪的范围设计为非法传销或者变相传销行为，这当然是包括参与传销的普通传销者；① 还有的学者则将入罪的范围扩大到包括组织、领导和积极参加非法传销组织的行为。② 当然，这些不同的认识，是在修正案颁布之前对非法传销和变相传销行为入罪的分析，虽然与现在的立法在入罪范围上有所不同，但初期研究的意义也是值得肯定的。在《修正案(七)》第4条中，违法活动的范围不仅限于“传销”而取消了“变相传销”，而且，入罪的范围缩小到只处罚对传销的“组织、领导”行为，而对“参加者”无论是主动积极参加还是受诱骗、胁迫参加传销的行为都不视为犯罪。从陷入传销泥潭而不能自拔也是非法传销活动的受害者的角度看，如将参加传销的行为入罪是很不合适的。

根据《修正案(七)》第4条的规定，组织、领导传销活动罪，是指以推销商品、提供服务等经营活动为名，要求参加者以缴纳费用或者购买商品、服务等方式获得加入资格，并按照一定顺序组成层级，直接或者间接以发展人员的数量作为计酬或者返利依据，引诱、胁迫参加者继续发展他人参加，骗取财物，扰乱经济社会秩序的传销活动的行为。

从上述定义看，本罪入罪的主体范围仅限于对非法传销活动进行组织、领导的人员，即对非法传销活动进行组织、领导的主要人员，相应的，其入罪行为也只限于“以拉人头”“收取入门费”等为获利手段的对非法传销的组织、领导行为。那么，任何解读本罪的主体范围和理解组织、领导传销行为，则成为定罪的关键问题。

本罪的自然人主体应为一般主体，这是没有争议的，然而，正如《关于禁止传销经营活动的通知》所指出的，传销“其具有组织上的封闭性、交易上的隐蔽性、传销人员的分散

① 马志萍：《非法传销入罪化分析》，载《法制日报》2008年11月23日。

② 陆诗忠：《论非法传销行为的司法定性和立法完善》，载《河北法学》2006年第6期。

性等特点”，《修正案(七)》第4条也指出，传销是“按照一定顺序组成层级”的，例如，传销活动最常见的“五级三阶制”①，就是将参加传销的人员分为“五级”奖金制和“三阶”会员的不同等级。那么，在这种“五级三阶制”中，有无可以认为是组织者、领导者的人员？如果有，那么获得何种级别奖金和那个阶段的会员，可以认为是传销的组织者、领导者？所以，界定哪些人员属于组织者、领导者，从实践中看有相当的难度。

在笔者看来，由于本罪处罚的是传销的组织者和领导者，也就是策划传销者、发起传销者、组建传销网络者以及在传销网络中处于核心人物的人员。“所谓‘传销活动的组织者、领导者’是指策划、发起、设立、指挥传销组织，或者对传销组织的活动进行策划、决策、指挥、协调，在传销组织的层级结构中居于最核心的地位、对传销组织的正常运转起关键作用的极少数人员。他们既可能直接出面设立和领导传销组织的活动，也可能在幕后策划、指使。”②由此可见，在传销中没有起到策划、发起、组建传销网络和在传销网络建立后参加传销活动的人员，无论其是积极参加者还是一般参与传销的人员，即使是参加后达到很一定级别的、拿到很高级别的酬金者，也不宜一律认定为传销的组织者和领导者。因为，当传销的“经营规则”非由其而定，而只是遵照“规则”行事者，不宜认定为组织者、领导者，否则，难以在司法中控制打击面。因为作为参加者，在参加传销后，特别是感到上当、被骗后，会“疯狂”发展下线以尽量减小自己的损失，同样会实施“组织、领导”下线的行为，如果认定这样的行为，也是“组织、领导行为”，就如同有人所说的：“只要拉一个人入伙，就可能面临牢狱之刑，这对传销有很强的威慑力。”③笔者认为，这种认识并不正确。

根据《修正案(七)》第4条的规定，传销是以发展“人员”和吸纳“资金”两个缺一不可的链条维系的，其个人的酬金则完全由这两个链条的“业绩”决定。不可否认，在这种“金字塔”式的传销网络中，能够达到一定高级别并能获得很高酬金的人，对传销网络的最终建立(人员)以及为传销组织核心人员的非法获得暴利(资金)做出的“贡献”是非常大的，也正是这种人员的“工作业绩”和努力，才使更多的人陷于传销的泥潭而不能自拔。但是，如果对发展下线的行为，都认定为组织、领导行为，恐怕并非是立法本意。因此，笔者认为，只有策划传销者、发起传销者、组建传销网络者以及对组织、领导传销者传销并在传销网络中处于核心人物的人员才能是本罪的主体。当然，这并不排除传销网络建立后的参

① “五级”是奖金制度的五个级别：即E级会员、D级推广员、C级培训员、B级代理员、A级代理商。“三阶”即加入者晋升的阶段。例如，从E级会员升为C级培训员为一个阶段，当参加者发展的人数达到一定指标时就晋升到B级代理员。如从C级培训员升为B级代理员，则为第二个阶段，当参加者发展的人数达到一定指标时，就晋升为A级代理商。

② 黄太云：《〈刑法修正案(七)〉内容解读》，载《人民法院报》2009年4月8日，第6版。

③ 杨笑：《武汉警方首用“组织领导传销罪”刑拘9传销人员》，载搜狐新闻网，2009年4月21日，http：//news.sohu.com/20090421/n263524831.shtml。

加者，因为"业绩"和"贡献"进入传销领导核心层的人，仍然可以是本罪的主体。

此外，单位是否可以成为本罪的主体？理论上也是有不同看法的。有学者认为，根据1999年7月3日起施行的最高人民法院《关于审理单位犯罪案件具体应用法律有关问题的解释》第2条"个人为进行违法犯罪活动而设立的公司、企业、事业单位实施犯罪的，或者公司、企业、事业单位设立后，以实施犯罪为主要活动的，不以单位犯罪论处"的规定，单位不能成为组织、领导传销活动罪的主体，对于组织者和主要参与者要以自然人犯罪定罪处罚。① 也有认为包括单位，即"经济组织或个人组织和领导大量传销人员，进行《禁止传销条例》认定的传销行活动，就是刑法上需要追究刑事责任的组织、领导传销罪"。②

笔者以为，根据《修正案(七)》第4条的规定，本罪的主体不包括单位。原因在于，虽然《刑法》总则第30条原则性规定了"公司、企业、事业单位、机关、团体实施的危害社会的行为，法律规定为单位犯罪的，应当负刑事责任"。但是，从刑法分则条款对单位犯罪的规定看，都是以专门的条款表明"单位犯前款罪的"，以此表明该罪单位可以构成，而没有此类规定的，则表明单位不能构成该种犯罪，即使是实践中有的单位可以实施也能够实施，也不能以单位犯罪论处。考察《修正案(七)》第4条对组织、领导传销罪的规定，没有设置这样的特别条款，而且，就《修正案(七)》的规定内容来看，同样是新设的罪名的第7条的出售或者非法提供公民个人信息罪，就在第3款明文规定，"单位犯前两款罪的，对单位判处罚金，并对其直接负责的主管人员和其他直接责任人员，依照各该款的规定处罚"。显然，对本罪没有规定单位可以构成，并非立法者的疏漏所致。

笔者认为，之所以立法对本罪主体规定不包括单位，或许是立法者考虑到现阶段我国仍存在大量的直销企业，而直销企业也有违规直销，如存在搞类似于金字塔式的多层次加价销售的现象，但毕竟这在性质上不同于传销，而且也容易规制和引导、规范其经营行为。所以，没有必要将刑法的打击面扩大到单位。

正如人大法工委黄太云副主任指出对组织、领导传销罪主体范围界定一样，对本罪的客观行为，也必须从组织、领导传销活动上理解。那么，本罪的组织、领导行为应如何界定？从本罪的要求说，所谓"组织"，是指为首提出、发起传销组织或者纠集参与者，从而形成具体传销的行为。"领导"，则是指对传销组织的领导以及对传销活动具体实施策划、指挥的行为。"组织"和"领导"如在具体的传销活动开始前，是比较好认定的，但实务中往往是传销活动已经造成相当严重的社会危害时，才可能成为司法机关关注、打击的对象。那么，作为本罪的实行行为从《修正案(七)》第4条的规定看，是"以推销商品、提供服务等经营活动为名，要求参加者以缴纳费用或者购买商品、服务等方式获得加入资格，

① 詹庆：《"传销罪"罪名法定化之研究——兼评〈刑法修正案(七)〉草案中"组织领导传销罪"》，载《政治与法律》2009年第2期。

② 参见欧阳文章：《刑法修正案增设"组织、领导传销罪"的解读》，载全球品牌网，2008年11月26日，http://www.globrand.com/2008/93566.shtml。

并按照一定顺序组成层级，直接或者间接以发展人员的数量作为计酬或者返利依据，引诱、胁迫参加者继续发展他人参加，骗取财物，扰乱经济社会秩序的传销活动的”行为。也就是说，这既是本罪对组织、领导传销行为的界定，同时也是本罪的实行行为。其对象表明是被组织、领导者。详言之，对传销组织的组织、领导行为，尚不属于本罪的实行行为，因此，相对于对传销者的组织、领导而言，对传销组织的组织、领导行为应为预备行为。所以，本罪的“组织”“领导”行为，虽然可以包括对传销组织的组织和领导，也可以是在传销组织成立后，安排、协调传销组织内部人员、机构以及对参与传销人员的安排等，但实行行为仅指对被组织、领导的传销者的组织、领导传销的行为。而这种行为，通常是在传销组织内部已经建立起一定的核心人员后，才能开展的具体传销活动，即其成员开展的具体“业务”活动。

在我国刑法中，将组织行为，或者组织、领导行为设置为犯罪构成客观行为要件的，分则有诸多条款，例如，刑法规定的组织、领导、参加恐怖组织罪、组织、领导、参加黑社会性质组织罪等。而且，《刑法》第 26 条规定：“组织、领导犯罪集团进行犯罪活动的或者在共同犯罪中起主要作用的，是主犯。”那么，根据《刑法》第 26 条第 2 款“三人以上为共同实施犯罪而组成的较为固定的犯罪组织，是犯罪集团”的规定，传销组织处于可以认为是“犯罪集团”的范围之内，所以，在组建传销组织中实施组织、领导行为的，将组织者、领导者认定为“组织、领导犯罪集团进行犯罪活动”的主犯，也是符合法律规定的。但是，根据立法规定，本罪处罚的就是组织、领导传销者进行的传销的行为，那么，在可以认定传销组织属于犯罪集团的情况下，还有无必要将其中的“首要分子”认定为主犯？换言之，在本罪的处理中，还有无主犯、从犯之分？

笔者认为，如果对传销组织可以定义为“犯罪集团”的，那么，遵照刑法共同犯罪的规定，应当对集团中的行为人进行必要的甄别，区别对待是符合刑法的基本精神的。因此，在组建传销组织中实施组织、领导行为的首要分子，应当认定为主犯。需要研究的是只对传销进行组织、领导行为的行为人，应以从犯认定还是主犯认定？根据立法规定，参与传销活动的人并不视为犯罪，由于传销本身不是犯罪，只是违法活动，那么，只对传销活动进行的组织、领导的行为，尚不能定义为对犯罪集团犯罪活动的组织、领导。在我国刑法中，只处罚组织或者领导行为而不处罚被组织者的规定并非只是本罪，如组织卖淫罪、组织淫秽表演罪、非法组织卖血罪等。组织、领导传销罪也是相同的，既然不能认定为“组织、领导犯罪集团进行犯罪活动”的主犯，那么，是否可以认定为在“在共同犯罪中起主要作用的”主犯？笔者认为，结论是可以肯定的，因为在现实中的非法传销活动通常是以一定名称的企业、公司之名出现，以所“生产”“加工”和或者代理某种“品牌”的产品吸引、诱使参与者加入传销行列的，并且在推销传销的过程中也是以一个“团队”的形式开展活动，单独的个人通常达不到这样的组织的效果。所以，虽然在客观上行为人实施只是对传销活动的组织、领导但针对其传销组织的犯罪活动而言，显然可以认定为起到主要作用。

笔者认为，本罪中的从犯，只是在这种共同犯罪中对传销的组织、领导的行为“起次要或者辅助作用的”行为。

三、组织、领导传销罪的司法认定

(一)传销与直销的区别

如前所述，我国现阶段的经营模式中还存在直销企业和公司，如目前有代表性的安利、雅芳公司。由于直销也存在发展会员和层层加价出售的现象，所以易于传销混淆。黄太云副主任认为：拉人头传销与直销活动中的多层次计酬之间，“虽然二者都采用多层次计酬的方式，但有很大不同：一是从是否缴纳入门费上看，后者的销售人员在获取从业资格时没有被要求缴纳高额入门费，而前者不交纳高额入门费或者购买与高额入门费等价的‘道具商品’，是根本得不到入门资格的。二是从经营对象上看，后者是以销售产品为导向，商品定价基本合理，且有退货保障。而前者根本没有产品销售，或只以价格与价值严重背离的‘道具商品’为幌子，且不许退货，主要以发展‘下线’人数为主要目的。三是从人员的收入来源上，后者主要根据从业人员的销售业绩和奖金，而前者主要取决于发展的‘下线’人数多少和新入会成员的高额入门费。四是从组织存在和维系的条件看，后者的直销公司的生存与发展取决于产品销售业绩和利润，而前者的传销组织则直接取决于是否有新会员以一定倍率不断加入。”①应当说，所指出的区别核心就在于是否“拉人头”作为计酬标准和收取高额的“入门费”。

(二)组织、领导传销罪的形态

从《修正案(七)》第4条的规定看，本罪属于行为犯，作为行为犯原则上说，只要实施了组织、领导传销的行为，就可以认定为犯罪的既遂。也就是说，实施该行为，无论具体的传销活动开始与否，也无论非法获利有多少以及发展了多少会员和产生怎么样的社会影响，都应该作为犯罪既遂来评价。然而，现实中司法考察能够作为犯罪处罚的组织、领导传销的行为，无疑都是已经非法获利巨大或者因参加的人数众多，已经造成严重社会影响案件的行为。这就提出一个非常难于解决的问题，即如何考察与一般违法性的界限。因为，根据我国刑法的规定，分则规定的具体犯罪，原则上都有一个罪与一般违法行为的界限。那么，本罪与非罪的界限应如何认识？

我国学者针对这样的立法规定，通常是以实施行为的情节是否严重作为考量的依据，即如果“情节显著轻微、危害不大的”，则依据《刑法》第13条但书的规定，不认为是犯

① 黄太云：《〈刑法修正案(七)〉内容解读》，载《人民法院报》2009年4月8日，第6版。

罪，可以依据行政法规予以取缔。然而问题是，对组织、领导传销罪，是否也可以依据同样的认识，以“情节”作为考量的依据？注意到《修正案(七)》第4条的规定，在罪状构成要件的描述上，基本构成并没有强调“情节”的要件，而是在处罚中规定了“情节严重的，处5年以上有期徒刑，并处罚金。”黄太云副主任在“情节严重”的说明中认为：“主要应从行为人组织、领导传销活动涉案的财物金额，诱骗、发展参与传销人员数量，给他人造成财产损失的数额或者造成其他后果的情况，传销活动影响社会秩序的程度等方面考虑。”① 那么，是否可以认为，组织、领导传销活动涉案金额不大、发展人数不多、造成财产损失数额不大或者造成其他后果不是很严重以及影响社会秩序程度比较轻的，就是适用基本刑的标准？虽然可以说，即使是基本构成中没有以“情节”作为要件规定，但任何犯罪都有可以考虑的“情节”，但如果要求考量“情节”在相对内容上已经不属于“情节严重”，仍然不能定位于“情节轻微、危害不大”上，则考量罪与非罪问题的内容更加难以把握。例如，对行为犯基于我国立法的规定，理论上也可以认为有未遂的问题，就组织、领导传销罪而言，组织、领导行为没有实施完毕的，或者虽然行为实施完毕，但没有人加入等，则可以评价为预备或者未遂，那么，是作为预备或者未遂处罚，还是以“情节轻微、危害不大”来考量？如果认定为属于预备或者未遂，原则上即使从轻、减轻，甚至免除处罚，也是应当处罚，否则有放纵之嫌。但是，这种情况难道不比“涉案金额不大、发展人数不多、造成财产损失数额不大或者造成其他后果不是很严重以及影响社会秩序程度比较轻的”的情节还要轻、危害还要小吗？

显然，在这里违法性评价的问题上，并不仅仅涉及的是组织、领导传销罪的问题，而是基于我国刑法类似模式的所有立法都存在的普遍性问题。由于我们现有的犯罪构成理论在违法性的评价上没有阶层性，换言之，在构成模式中一体化符合犯罪构成的违法性就是刑事违法性的评价体系，在这样的立法中难以承担起区别罪与非罪的重任。

---

① 黄太云：《〈刑法修正案(七)〉内容解读》，载《人民法院报》2009年4月8日，第6版。

论非法组织卖血罪的几个争议问题[①]

一、关于非法组织卖血罪的概念

关于本罪的概念，理论上并无大的争议，但也有学者对本罪概念表述为“擅自组织他人出卖血液”[②]，也即将“非法组织”置换为“擅自组织”。笔者认为“擅自组织”一语，难以担负起对行为“非法组织”的严重违法性质的界定[③]。目前在我国保障医疗用血和血液生物制品血液的来源方面有三种形式：个体供血，即公民向采供血机构提供自身血液而获取一定补偿的制度；义务献血，即通过政府献血领导小组向机关、企事业单位分配献血指标，下达献血任务，由被下达献血指标的单位组织一定的人员在指定的献血站献血，献血后由本单位给予献血者一定营养补助费的献血制度；无偿献血，公民向血站自愿、无报酬地提供自身血液的制度。无偿献血是体现社会文明进步的一项制度，其是保障医疗用血和血液生物制品需求最安全、最有效的途径。根据《中华人民共和国献血法》(以下简称《献血法》)的规定，只有国家机关、军队、社会团体、企事业单位、居民委员会、村民委员会，才能动员和组织本单位或者本居住区的适龄公民参加献血。而且，在国家卫生主管部门批准的献血站、采浆站(采集成分血提供给生物制品公司制成血液生物制品)的献血者、献浆者也必须是经批准的在一定区域内的献血者和献浆者。献血、献浆不仅有每次献血、献浆数量的规定，也有时间间隔的要求。虽然在献血、献浆后，献血站、采浆站或者被分配献血指标的单位会给予其一定的补助，但这与卖血是两个不同的概念。但是目前由于受多种因素的影响，我国并没有形成无偿献血的良好社会氛围和环境，医疗用血和血液生物制品的血浆，仍然主要来源于个体供血和义务献血。而且在义务献血的具体操作中，大多是依靠行政指令要求基层单位落实献血指标。因而在个体供血和义务献血形式下，因为有利可图，出于种种原因，一批以“献血”为名实为卖血的大军应时而生。

---

① 本文原载于《辽宁大学学报(哲学社会科学版)》2010年第4期。

② 王作富主编：《刑法分则实务研究》(下)，中国方正出版社2007年版，第1527页。

③ 《献血法》于1997年12月29日通过，自1998年10月1日起施行，也即实行《献血法》后，任何形式对血液的买卖都是违法的。

目前主要有两种非法组织卖血的情况，一是单位为完成献血指标，出钱将献血指标的达成交由无关人员组织他人假冒本单位人员献血；二是由被称为“血霸”“血头”的人组织社会上以卖血为生的人员卖血。如果说“擅自组织”可以包括前种情况的非法组织卖血，但无法涵盖后一种情况下的非法组织卖血。

现实中只有经过批准的上述单位组织人员的献血、献浆是合法行为，既然不存在经过批准的“单位组织献血”的行为涉及非法问题，所以，只要未经批准的人(包括单位)实施组织“献血”即属于非法组织的情况，“擅自组织”无法承担可能应以犯罪来评价的行为的违法性的严重程度。因此，所谓非法组织卖血罪，是指行为人违反国家卫生行政部门采、供血和血液管理办法的有关规定，非法组织他人以献血为名出卖血液的行为。

二、非法组织卖血罪要件的解读

非法组织卖血罪在客观方面表现为违反国家卫生行政部门采血、供血和血液管理办法的有关规定，非法组织他人以献血为名出卖血液的行为。因而其行为不仅侵害国家对血液管理制度，同时非法的组织行为也构成对公共卫生的妨害，为复杂客体。其组织行为对象的“他人”是自愿卖血者，至于被组织的他人在数量上是否应该有下限，从罪名的设置上应该说是不特定多数人。只有卖血者是出于自愿卖血的，才能够成立本罪的行为对象。如是被强迫组织不自愿的卖血者，则可能构成本条“强迫卖血罪”。

在客观方面的非法组织他人以献血为名出卖血液的行为，是本罪违法性特征的集中体现，即行为人将他人的血液视为“商品”，从而组织他人加以出卖；也即行为人不具有血液采集、供应许可资格，也没有受有关血液采集部门的指派或委托，而进行组织他人以“献血”为名实为出卖血液的行为违反国家卫生行政部门的规定。“非法”即是指违反国家卫生行政部门的相关规定。《献血法》第2条明确规定：“国家实行无偿献血制度。”这是第一次以法律的形式规定无偿献血制度，表明对卖血行为及组织卖血行为都坚决予以取缔。

这里所谓的“出卖血液”，是指长期以献血的方式获取一定经济补偿作为生活主要来源或者偶尔以此作为补贴生活所需的行为。

行为人必须实施非法组织他人出卖血液的行为。具体说来，所谓组织，是指行为人实施了指挥、策划、领导并安排他人或者控制他人进行出卖血液的活动。这种行为一般表现采取引诱、招募、纠集、串联、欺骗、动员、拉拢等手段，实践中甚至出现过利用互联网联络的手段非法组织卖血的非法活动。① 在实践中，组织者通常被称为“血头”，掌控一方“市场”、有一定实力的也被称为“血霸”，长久被组织卖血者一般被称为“血奴”。“血头”

① 《上海“血吸虫”网上招募卖血被控犯非法组织卖血罪》，http：//www. qingdaonews. com/content/2004—01/06/content_2535667. htm9。

“血霸”一般会为长期被组织者或者受其控制的“血奴”提供一定的诸如住宿的条件或者提供一定的营养品、药品，而“血奴”则将“献血”所得的一部分补助费用以各种方法返给“血霸”“血头”作为交换，或者“血霸”“血头”直接倒卖血液而牟利。至于“血霸”“血头”与“血奴”之间的关系是否固定，在所不问。

现实中，非法组织卖血大体有两种形式，一是被下达献血指标的有关单位，因种种原因不能达成献血指标。在这种行政指标的压力下，为了完成献血指标任务，在本单位献血人数有限或者有关人员不愿意献血的情况下，会采取种种方法出钱，由无关人员组织其他单位或者社会上的人员，假冒指定献血单位的人员献血。这就给“血霸”“血头”提供可乘之机，由这些人非法组织他人卖血；二是组织者本人多为社会上无职业的闲散人员，或者就是当地的“血霸”“血头”，以提供住宿、营养品等等，引诱、劝说他人加入卖血行列。而且，在后一种情况下，也可能存在其他的表现方法，例如，“血霸”“血头”自设血液、血浆采集点，非法组织他人采集血液、血浆后倒卖给血站或者血液生物制品生产单位牟利。从现实中看，后一种情况下组织的多是社会上无正当职业或者因某种原因背井离乡之人，身体健康状况很难保障，所“献”血液更容易对医疗卫生安全构成严重的隐患。现实中，这两种形式的非法组织卖血通常也可能交织在一起。例如，组织者既可能组织社会上的卖血人员以个体形式“献血”，对获得献血站、献浆站的一定补助抽头获利，也可能组织一定人员假冒献血指标单位的人员献血，从献血指标单位给予献血人员的补偿中抽头获利。因此，行为人具体以何种具体方式非法组织卖血，不影响本罪的认定。

值得研究的是，被下达献血指标单位负责献血工作的人员将不能完成的献血指标，交由组织者实施组织他人卖血的，或者献血站、采浆站以及血液生物制品生产单位的人员参与“血霸”“血头”组织卖血活动的，是否可能成立共同犯罪的主体？笔者的看法是需要具体分析的。作为本罪，打击是非法的组织他人卖血的活动，被组织者具体是何种人员，献血、献浆前是否经过健康检查，检查是否合格以及检查中是否作假，都不是认定本罪是否成立必须考察的内容。本罪亦为行为犯，无论其非法组织出卖的血液是否导致公共卫生严重后果的发生，都不影响认定，如果查证与其非法组织出卖的血液有因果关系的，也只是量刑的情节。

现实中，组织者的非法获利的方式，可能直接从献血指标单位处，也可能从出卖血液者处抽取，或者转手倒卖后获利等等。那么，非法牟利的事实，在本罪中是否为必需的要件？现实中，恐怕没有哪一起非法组织卖血的案件组织者不是以非法牟利为目的的，但是，作为法律规定，非法组织卖血罪是否以牟利为目的，法条却未作规定，从这一点而言，“血霸”“血头”非法组织卖血活动获利的方式方法以及是否获利，都不是认定是否构成犯罪的必要条件，有无获利只应为量刑情节来考虑。

三、非法组织卖血罪认定中的争议问题

(一)有关罪与非罪的界限

争议的主要是与一般非法组织卖血行为的界限的标准应该如何考虑。理论上共识非法组织卖血罪系行为犯，所以原则上，只要实施组织卖血的行为，即可认定为犯罪。但是，《献血法》第18条规定："有下列行为之一的，由县级以上地方人民政府卫生行政部门予以取缔，没收违法所得，可以并处10万元以下的罚款；构成犯罪的，依法追究刑事责任：(一)非法采集血液的；(二)血站、医疗机构出售无偿献血的血液的；(三)非法组织他人出卖血液的。"针对作为行政法规的《献血法》规定对非法组织卖血行为视情节轻重论以行政违法或者刑事犯罪，但刑法条款又没有规定以情节作为罪与非罪标准的现象，理论上有不同的看法。有学者认为，这种冲突是立法不协调的一种表现，但这里应以刑法规定来判断①。另有学者则认为，《献血法》的规定与刑法的规定并不矛盾，因为是否构成犯罪还应受《刑法》第13条但书的制约。②

这两种观点的对立，实际上涉及的是《刑法》第13条"但书"还能不能作为区别罪与非罪的一个具体标准来看待。显然，第一种观点的学者是持否定看法的，他认为，非法组织卖血罪作为行为犯只要实施非法组织卖血行为就可以构成既遂，就不再属于情节显著轻微。同时论者将这一看法放大到这样一种认识层次上："在我国的刑法理论界，很多人在论述具体犯罪的认定时，都要拿出刑法第13条'但书'作为'放之各罪都正确'的法宝。我们认为刑法第13条的'但书'只是在犯罪的概念中对社会危害性这一犯罪的基本特征在程度方面的限制，不应把它直接适用于刑法分则条文中具体犯罪的认定。固然，每种违法行为都有情节轻重之别，但能否就此认为刑法分则中的犯罪都是情节犯？显然不都是。因为有些分则条文规定的行为本身就是严重的情节，就排斥了'情节显著轻微'的存在，如危险犯、行为犯即属此类，刑法没有就此类犯罪附加'情节严重'的限定。"③

上述观点涉及对《刑法》第13条但书意义、功能的不同理解，但对此的理解，不是本文所要讨论的主体问题。这里笔者也无意讨论刑法分则条款在适用上，总则条款对它的制约性能够达到什么程度，就总则条款与分则条款关系的一般意义上的解读，总则条款的指导性意义也是不允许否定的。这里只想就论者对情节与情节犯这些基本认识进行简单的讨论。既然论者肯定了每种违法行为都有情节轻重之别，但又认为行为犯(包括危险犯)的情

① 黄京平主编：《危害公共卫生犯罪比较研究》，法律出版社2004年版，第146~147页。
② 刘远主编：《危害公共卫生罪》，中国人民公安大学出版社1998年版，第122页。
③ 黄京平主编：《危害公共卫生犯罪比较研究》，法律出版社2004年版，第147页。

况排斥了考虑“情节”的问题，道理何在？实际上，违法行为有情节轻重之别与刑法规定的犯罪是否属于情节犯根本就不是同一个问题。情节犯在我国刑法中有其特定的含义，就是指以情节作为构成要件的犯罪，但并非情节犯才需要考虑有无“情节显著轻微”的情节而非情节犯不需要考察情节轻重的问题。将犯罪行为的情节与情节犯画等号，本身就是错误的。《刑法》第 238 条的非法拘禁罪规定：“非法拘禁他人或者以其他方法非法剥夺他人人身自由的，处……”应该是典型的行为犯，也同样没有“情节严重”的规定，能认为只要非法拘禁他人或者以其他方法非法剥夺他人人身自由的，就一定要作为犯罪处罚吗？前述论者怕也得不出肯定的结论。如果要不以犯罪论处，不考察情节又考察什么？不依照《刑法》第 13 条但书的规定又依照何种条款可以认为不构成犯罪？将行为犯、危险犯归结为刑法没有附加情节的要求，就无须考察情节，无论从法理还是实践看都是站不住脚的。

笔者认为，《刑法》第 13 条但书的规定，能够作为本罪与作为一般非法组织卖血行为的界限的标准；而且，情节是否显著轻微危害不大，应重点考察行为人实施组织行为的手段、行为实施的时间长短、被组织者的人数、获利数额以及被组织者是否因长期卖血严重损害身体健康等。此外，因非法组织卖血是否造成恶劣的社会影响，也是必须考察的内容。

（二）非法组织卖血罪与强迫卖血罪的界限

强迫卖血罪是指暴力、威胁方法非法组织他人出卖血液的行为。本罪与强迫卖血罪是规定在同一条文同一款中，两罪在某些方面的要件是相同的：两罪在客体上都直接侵犯了国家对献血工作的管理制度和医疗卫生安全；主体都是自然人一般主体，要求必须是年满 16 周岁的人才能构成；客观上都要求必须是非法组织卖血的行为；主观上都是出于故意，即明知自己行为的违法性质而仍然实施。区别在于：(1)行为对象不同。本罪的对象是自愿卖血者；而强迫卖血罪的对象不是自愿出卖自己血液的人。(2)客体不完全相同。本罪不侵犯卖血者的人身权利；而强迫卖血罪则侵犯了卖血者的人身自由、健康权。(3)客观方面不完全相同。本罪表现为非暴力手段的组织行为，而后者表现为以暴力、威胁方法进行非法组织的行为。区别两罪的最关键不在于是否实施组织行为，而在于行为人是否以暴力、威胁方法(强迫)非法组织他人出卖血液。

现实中，如果既实施了组织他人卖血的行为，也对发现不再听从其组织者实施暴力、威胁方法强迫其出卖血液行为的，是两种犯罪行为的竞合。由于《刑法》第 333 条后半段专门规定了“强迫卖血罪”，因此，作为本罪的非法组织卖血行为，应该排除以暴力、威胁方法非法组织卖血活动的。但显然强迫卖血罪则要求必须以暴力、威胁手段实现非法组织卖血的情况。因此，如果具体案件中行为人即使以前实施的是非暴力的手段非法组织他人卖血，但此后以暴力、威胁手段作为组织手段的，应该直接按照强迫卖血罪论处，不再构成本罪。

(三)非法组织卖血罪的犯罪形态

本罪是行为犯，不以物质性结果的发生为既遂的根据。但非法组织卖血罪是由一系列环节的组织卖血活动而组成的，应该以哪一环节行为的完成作为本罪既遂的根据？理论上是有不同认识的。有学者主张，应该以被组织卖血者的全部环节都完成作为组织行为的完成，即从有了指标到被组织者“献血”的全部环节完成。如只是引领、运送到地点或者没有活动到指标，或者在没有抽头所得等环节时因意志以外原因而不能继续下一环节时，就是犯罪的未遂①。笔者基本上赞同这一标准，但需要指出的是，非法组织卖血罪虽然组织者是以牟利为目的，但并不以牟利目的为构成要件，“血霸”“血头”何时获得收益，是在被组织者“献血”后还是“献血”前，都不应该成为认定的根据。所以，“血霸”“血头”是否实施了抽头以及所得的事实，不能成为认定既遂、未遂的根据。只要组织者无须为能够卖血再进行下一环节活动时，则表明组织卖血的行为环节已经完成，就应该认定为犯罪既遂，“血霸”“血头”是否抽头所得，以及被组织者是否已经进入“献血”环节，在所不问。

如前所述，非法组织卖血的组织行为，通常都是有一系列的具体活动环节所组成的，在各个必要的环节中，必须有其他掌握一定权力人员的参与才能够进入下一个必要的环节。例如，提供献血指标的单位工作人员，体检部门以及献血站、采浆站的工作人员明知其非法组织卖血活动而对其“网开一面”。有的学者认为只要上述涉案人员与组织者相勾结，为其提供便利，并从中渔利的，就应该认定为非法组织卖血罪的共犯，并且在已经构成受贿罪的情况下，应为牵连犯，一般按照受贿罪论处。② 笔者认为，如果某一案件的上述人员只针对某一特定的“血霸”或者“血头”提供“网开一面”这样的便利条件而渔利，或者作为共犯认定，或者在构成受贿的情况下做上述处理是正确的。但是，如果从现实的角度看，恐怕一律作为共犯认定并以牵连犯看待是不可行的。在多数案件中提供便利者对行为人非法组织卖血活动是明知的，但其所提供的便利并不是针对某个特定的“血霸”“血头”，而是对不特定的“血霸”“血头”，是“网开多面”。那么，像这样的案件，不可能对提供便利者在每一个案件中都作为共犯认定一次吧。根据共同犯罪的基本理论，能够作为共犯认定的，无疑必须针对某个具体的、特定的共同犯罪和特定的共同犯罪人，就以帮助犯来看，所帮助的必须是某个具体的、特定的共同犯罪的特定的实行犯。但在非法组织卖血的案件中多数并不存在这样的情况。如果一律认定为共犯和牵连犯，不仅可能违反“一事不二理”的原则，而且，究竟应该与哪一个“血霸”或者“血头”构成共犯关系？为何不能与其他“血霸”或者“血头”构成共犯关系，与不能认定为共犯关系的还是不是牵连犯，这种情况下应如何处理？恐怕也将成为实践中难于解决的理论问题。

---

① 黄京平主编：《危害公共卫生犯罪比较研究》，法律出版社 2004 年版，第 148 页。

② 黄京平主编：《危害公共卫生犯罪比较研究》，法律出版社 2004 年版，第 148 页。

笔者认为，其提供便利者只有针对某一特定“血霸”或者“血头”的构成共犯关系。除此之外的提供便利者，如果是在“血霸”或者“血头”给予一定的贿赂(无论是事前或者事后给予或者由组织者从自己的份额中予以返还)的情况下而提供便利条件的，对这些工作人员应该以受贿罪或者非国家工作人员受贿罪论罪处罚。至于对非法组织卖血的行为人的行贿行为，是否作为数罪认定并做并罚处理，应以刑法规定的行贿罪为标准。

此外，对组织者如为卖血者假冒他人身份体检、“献血”能够顺利进行而伪造身份证件的行为，是牵连犯，应以其目的行为的非法组织卖血罪论处，伪造身份证件作为量刑的情节考虑。

还需要研究的是，如果提供便利者从卖血者补偿中的抽头是直接扣除时，应该如何看待？例如，掌握单位献血指标的人员、或者血液生物制品生产单位的人员在给予“献血补偿费”中，已经事前将自己索要的部分扣除，“血霸”“血头”所得到无须再返还给相关人员时，对相关人员的行为应如何认定？我以为，这种情况下，对相关人员仍需按照受贿罪或者非国家工作人员受贿罪论处。因为无论是“血霸”“血头”以何种方式将这种费用返给相关人员，属于贿赂的性质是不会改变的。

四、非法组织卖血处罚中的争议问题

根据《刑法》第 333 条第 1 款的规定，犯本罪的，处 5 年以下有期徒刑，并处罚金；第 2 款规定，有前款行为，对他人造成伤害的，依照本法第 234 条的规定定罪处罚，即按照《刑法》第 234 条故意伤害罪定罪处罚。

有必要研究的是，这里的“按照故意伤害罪定罪处罚”仅指强迫卖血罪还是包括非法组织卖血罪？一种观点认为，只针对强迫卖血罪而不包括非法组织卖血罪。理由是：共识是对卖血者身体的伤害是卖血造成的，而非组织行为造成，相反，强迫卖血因行为人实施暴力、胁迫这样的手段行为，因而会给被强迫者直接造成身体伤害。并认为这是立法技术上的失误，非法组织卖血罪与强迫卖血罪是性质不同的两种犯罪，立法者却把他们放在同一条文的同一款中，若将这两种犯罪分作两款，这一规定恐怕就不会再引起上述理论争议①。的确，实施强迫组织卖血的行为，造成他人身体伤害按照故意伤害罪定罪处罚是比较合适的，而在非法组织卖血中，卖血者是自愿出卖自己的血液，而过度“献血”会对人身健康造成伤害，作为卖血者也可能是知道的，在卖血者自愿出卖自己血液，造成自己身体的伤害的情况下，对组织者还能否依照故意伤害罪定罪处罚，的确值得研究。

笔者以为，认为是立法技术造成对这一问题争论的理由并不充分。对非法组织卖血的行为造成卖血者身体健康的伤害的，也需要按照故意伤害罪定罪处罚。原因就在于行为人

① 黄京平主编：《危害公共卫生犯罪比较研究》，法律出版社 2004 年版，第 150 页。

所实施的组织行为的手段，虽然不是暴力性的，但通常都具有一定的欺骗性，而且由于有相当一部分被组织者以出卖血液为生，他(她)们为能在短期内多次出卖血液，不顾《献血法》关于健康检查以及两次献血必须间隔6个月以上的规定，不惜采用冒名顶替等方式多次卖血，从而影响到被组织的卖血者的身体健康。卖血者之所以能够如此疯狂地卖血，与组织者的欺骗、怂恿不无关系，而这样做的结果对于卖血者的身体健康伤害，作为组织者也是明知的，有什么理由认为组织卖血者不应该对此承担责任？这里有必要指出的是，强迫卖血罪使用暴力手段强迫他人卖血造成伤害的，既包括由暴力手段直接造成的，也包括因强迫过度卖血而造成的伤害，前者实际上可以认为是普通故意伤害罪的一种情况，而后者也恰恰符合同属因卖血而造成伤害的情况。没有理由认为在组织手段上一个采取暴力一个是非暴力，就出卖血液造成身体伤害的后果而言有什么本质上的区别。我国刑法规定的故意伤害罪，也没有限定于只能是违背被害人意志才能构成，同意伤害就能够完全排除犯罪性。因此，认为该款的规定只适用于强迫卖血罪而不适用于非法组织卖血罪的观点值得商榷。

还需要研究的问题是，这里所谓“对他人造成伤害的”，是指何种伤害？理论上目前也有不同的认识。有从本罪起刑是5年高于故意伤害罪起刑是3年而认为，这里的伤害应该是指重伤，如果只是轻伤仍然按照本罪论处。① 也有从刑法罪刑法定原则和实务上可操作性出发认为，只要造成伤害无论轻伤还是重伤，一律按照故意伤害罪定罪处罚，否则将形成一部分转化故意伤害罪，一部分仍然构成非法组织卖血罪，既有悖罪刑法定原则，也不便司法操作。②

笔者比较赞同前一种观点，但是即使是按照第一种观点，存在的问题也没有得到真正的解决。的确，从本罪自身的起刑就是5年，而转化为故意伤害罪的起刑只有3年看，罪刑是不均衡的。这不仅是因为本罪的行为同时也严重危害到公共卫生安全，社会危害性较普通伤害罪严重，而且，为牟私利而置他人生命、健康于不顾，也较单纯地故意伤害罪主观恶性上更为恶劣。但是显而易见的是，只要不遵守《献血法》的规定而过度“献血”，对人身的伤害是确定无疑的。《献血法》规定的一次献血数量上的限制以及时间间隔的要求，不仅仅是法律为保障所供血液质量而设立的，更重要的是法律对献血个体身体健康保障的科学底线。换言之，只要违背这一规定的献血，对献血者而言造成伤害是确定无疑的。由于血液是有机体生命系统中重要的结构层次，含有各种生命体生存必需的营养成分，过度“献血”而致使血液成分的改变，自然会导致人体各器官的生理和病理变化。虽然可以在一段休养后通过身体的自我调节，血液会恢复对人体提供必需的营养成分的功能，但是，人

① 高铭暄主编：《新编中国刑法学》，中国人民大学出版社1998年版，第889页。

② 赵秉志主编：《危害公共安全罪疑难问题司法对策》，吉林人民出版社2001年版，第100页。

体各器官因前期的病理变化造成伤害结果是不可否认的，具有的只是伤害结果是可逆还是不可逆以及在轻重程度上有差别而已。如果按照第二种观点对转化故意伤害罪的认识这样去理解“伤害”结果，笔者认为并不违反对故意伤害罪伤害结果的解释，否则，论者根本就没有理由提出无论轻伤、重伤都转化故意伤害罪，刑法也无理由规定“对他人造成伤害的”按照故意伤害罪定罪处罚。但是，果真这样解释了“对他人造成伤害的”的伤害结果，要按照故意伤害罪定罪处罚，那实际上刑法就没有规定本罪的必要，因为几乎所有并非一次的被非法组织卖血的，对组织者都可以作为故意伤害罪定罪处罚。正是从这一点考虑，笔者以为，这种意义上对人体健康的伤害，完全可以包括在本罪之中，更何况起刑 5 年也重于故意伤害罪轻伤结果的起刑。仍然以本罪论处也更能够符合其社会危害性和人身危险性较普通故意伤害罪严重应该“从重”处理的立法精神。

这里存在问题的恰恰是《刑法》第 234 条规定在故意伤害造成重伤的情况下，起刑仍然是 3 年，与轻伤结果起刑的标准相同，只是“3 年以上”与“3 年以下”的区别而已。详言之，即使是按照第一种观点，在造成重伤结果的转化为按照故意伤害罪定罪处罚，也没有从根本上解决存在的罪刑不均衡的问题。也就是说，在非法组织卖血中如果造成他人重伤结果，按照故意伤害罪定罪处罚时，如确定为适用 3 年有期徒刑，仍然是低于按照非法组织卖血罪起刑就是 5 年的规定，也同样造成了罪刑不均衡的现象和结果。在这里我倒是同意这是立法本身造成的罪刑不均衡现象的观点，只不过这种立法上的问题，是通过立法来解决还是需要通过司法解释来加以纠正，也是值得进一步研究的问题。

“对他人造成伤害的”还需要研究的，是这里的“他人”是仅指供血者还是包括用血者，理论上也有不同的看法，有的认为仅指供血者，① 另一种观点则认为，既包括供血者也包括用血者。② 笔者以为，如果仅从解释的意义上说，不能说这里的“他人”不能包括用血者，如同对《刑法》第 133 条交通肇事罪“因逃逸致人死亡的”，在理论解释上就有是仅指第一次肇事的受害者还是包括在肇事后逃跑又第二次肇事“因逃逸致人死亡”的争论一样。但是，从现实适用法律规定的角度看，我赞同对于受血者的身体造成的伤害，不是组织者的行为直接引起，中间还介入采血者和医疗人员的行为，因此不应认定构成故意伤害罪的观点。③ 值得注意的还有，由于是有过多违法因素介入才能最终导致用血者的伤害结果，如果从原因上说，也无法排除供血者所供血液存在的重大问题是造成用血者伤害结果的原因之一吧。虽然《血液管理办法》第 31 条规定：“……发出的血液必须标有供血者姓名、血型、品种、采血日期、有效期……”但是现实中出卖血液者未必使用的是自己真实姓名，

---

① 肖扬主编：《中国新刑法学》，中国人民公安大学出版社 1997 年版，第 475 页。

② 赵秉志主编：《新刑法全书》，中国人民公安大学出版社 1997 年版，第 1119 页。

③ 黄京平主编：《危害公共卫生犯罪比较研究》，法律出版社 2004 年版，第 150 页。

即使是真实的姓名，如要追究责任，作为本罪的受害者岂不是要作为故意伤害罪的行为人承担刑事责任？更何况在这类案件中，许多情况下因果关系是难于查清楚的，而就故意伤害罪的认定而言，如果不能最终确定行为与发生的结果之间存在刑法意义上的因果关系，则就失去了认定构成故意伤害罪的客观基础。因此，从这一意义上说，我以为这里的“他人”，是指供血者而不包括用血者。

组织他人偷越国(边)境罪若干问题的探讨[①]

偷渡犯罪，是被国际社会公认为是继走私军火、毒品、色情行业、赌博之后的第五大国际性犯罪。[②] 其中，偷渡犯罪的组织者，在犯罪学上被称为“蛇头”，是各国刑法打击的重点。为打击偷渡犯罪，我国 1979 年《刑法》第 176 条和 177 条分别规定了偷越国(边)境和组织、运送他人偷越国(边)境罪两个罪名，但是，1979 年刑法对这两罪的处罚力度都比较小，而且，两罪规定已经非常不适应我国在改革开放后偷渡犯罪活动新的变化。为适应新形势下打击偷渡犯罪的需要，1997 年修订后的《刑法》提高了对这两种犯罪的处罚力度，而且，增加了若干新的罪名。但从有针对性重点打击的犯罪看，仍然是组织他人偷越国(边)境罪。

根据《刑法》第 318 条的规定，组织他人偷越国(边)境罪，是指违反出入国(边)境管理法，非法组织他人偷越国(边)境的行为。

一、本罪的客观特征的争议及分析

对于本罪的对象，有学者认为是行为对象，并认为“是国(边)境，包括国境和边境”。[③] 在我国传统刑法理论中，原本并无“行为对象”这一概念，以后有了将两者等同互用的说法，近年来也有学者将行为对象的概念取代“犯罪对象”的观点，[④] 也有明确提出区别两者的观点。持后一种观点的学者指出，犯罪对象虽然在某些情况下与行为对象有重合现象，但是行为对象并不是所有犯罪都要求的共同的客观要素，有的犯罪没有行为对象，[⑤] 例如，偷越国(边)境罪。由于犯罪对象与行为对象功能不同，不可相互取代。[⑥] 笔者赞同这种看法。即使按照主张以“行为对象”取代“犯罪对象”的张明楷教授的观点来看，

---

① 本文原载于《法学评论》2010 年第 4 期。

② 徐岱：《偷渡犯罪问题新透视》，载《社会科学战线》2006 年第 1 期。

③ 王作富主编：《刑法分则实务研究》(下)，中国方正出版社 2007 年版，第 1438 页。

④ 张明楷：《刑法学》(第二版)，法律出版社 2003 年版，第 159~162 页。

⑤ 张明楷：《刑法学》(第二版)，法律出版社 2003 年版，第 161 页。

⑥ 李洁：《论犯罪对象与行为对象》，载《吉林大学社会科学学报》1998 年第 3 期。

行为对象也是指行为所作用的法益的主体(人)或者物质表现(物)。① 将本罪的行为对象界定为国(边)境，则意味着组织他人偷越国(边)境的行为，是对国(边)境施以影响，这在法理上则难以讲通。在笔者看来，组织行为所能够影响的对象，只能是被组织偷越国(边)境的偷渡者。

组织他人偷越国(边)境罪的客观方面，表现为违反国(边)境管理法规，非法组织他人偷越国(边)境的行为。所谓违反出入国(边)境的有关规定，是指违反《中华人民共和国公民出境入境管理法》《中华人民共和国公民出境入境管理法实施细则》《中华人民共和国外国人入境出境管理法》以及《中华人民共和国外国人入境出境管理法实施细则》的有关出入境必须办理相关手续及持合法有效证件，通过指定的口岸或者边境检查站进出国(边)境的规定，非法进出国(边)境。所谓"国境"是指在我国领土范围内与邻国所划定的疆界线，可以是通过条约作书面规定的，或者以界标作实地规定的。所谓"边境"是指我国国境以内，与尚不能行使关境管辖权的地区在行政区划上位于边界线两侧一定宽度的区域。现阶段即是指我国内地与香港、澳门、台湾地区交界的区域；也包括与邻国尚未划定疆界，由双方实际控制的边境线区域(包括缓冲区)。

何谓组织他人偷越国(边)境的行为？2002 年 2 月 6 日起施行的《最高人民法院关于审理组织、运送他人偷越国(边)境等刑事案件适用法律若干问题的解释》第 1 条规定："领导、策划、指挥他人偷越国(边)境或者在首要分子指挥下，实施拉拢、引诱、介绍他人偷越国(边)境等行为的，属于刑法第 318 条规定的"组织他人偷越国(边)境。根据上述规定，本罪的组织行为包括两种情况：一是实施领导、策划、指挥他人偷越国(边)境的行为，包括单独的个人实施的以及在一般共同犯罪或者犯罪集团中实施上述行为的；二是在犯罪集团首要分子指挥下，实施拉拢、引诱、介绍他人偷越国(边)境等行为的。所谓组织他人偷越国(边)境的"等行为"，是指在形式上相同于拉拢、引诱、介绍，实质上起到"组织"作用的行为。例如欺骗、教唆、煽动、动员等行为。具体的偷越国(边)境形式，法律没有特殊限制，如可以是在设置海关、边防检查站的口岸采取劳务输出、商务考察、经贸往来以及其他多种方式组织他人偷渡，也可以是在没有设置海关、边防检查站的地点，秘密越过国(边)境线。具体组织以何种方式偷越国(边)境，不影响认定。这里有必要说明的是，在上述第一种情况下的"组织"行为，不能理解为仅限于偷渡集团犯罪中首要分子实施的"组织"行为。即使现实中的组织他人偷越国(边)境的案件，多发于集团犯罪中，也不能将这种"组织"行为排除在一般共同犯罪和单独犯罪之外，否则，对非犯罪集团组织他人偷越国(边)境的行为将不能按本罪处理，是不恰当的。

① 张明楷：《刑法学》(第二版)，法律出版社 2003 年版，第 159 页。

二、本罪认定中的争议问题

(一)本罪完成与未完成形态的理解

本罪为行为犯，应以组织者组织行为的完成为既遂的标准，至于被组织的偷渡者是否已经偷渡成功，不影响对既遂的认定。至于何种情况下可以认为组织行为的完成，笔者以为，应以被组织的偷渡者接受偷渡的“组织”为标准。如是，则可以根据“组织”的具体行为考察。

从前述《解释》的规定来看，如果“领导、策划、指挥他人偷越国(边)境的行为”，包括单独的个人实施的以及在一般共同犯罪或者犯罪集团中实施上述行为的情况，则本罪的组织行为分为四种不同情况：(1)犯罪集团首要分子的组织行为(包括对犯罪集团成员的组织行为和对具体偷渡犯罪活动的组织)；(2)听命于犯罪集团首要分子的安排、布置所从事的“组织”行为，即实施拉拢、引诱、介绍他人偷越国(边)境等行为；(3)一般共同犯罪中对偷渡者的领导、策划、指挥偷越国(边)境的行为；(4)单独犯对偷渡者的领导、策划、指挥偷越国(边)境的行为。一般地说，上述“组织”行为只要针对具体的偷渡者实施，且偷渡者接受了这样的“组织”安排，就应当视为“组织”行为已经完全符合构成要件的要求。但需要特别研究的是处于同一集团犯罪事实中首要分子的组织行为。

在上述四种情况中，第(1)种和第(2)种情况可以说是在同一集团犯罪的不同层次犯罪中，那么，集团首要分子对其集团成员的“领导、策划、指挥”行为是否本罪所规定的“组织”行为，以及能否以该种组织行为的完成视为犯罪既遂？笔者以为，如果在集团成立过程中的“组织”或者虽然已经完成了集团的组建，但“组织”行为中尚未涉及具体的偷渡者的，则不宜认为是犯罪既遂，如在犯罪集团成立后已经实施过组织偷渡的事实，则首要分子应对“领导、策划、指挥”其集团成员的这种“组织”行为承担既遂责任。

(二)本罪罪数形态的争议

(1)本罪与偷越国(边)境罪、运送他人偷越国(边)境罪的关系。根据《刑法》第322条的规定，偷越国(边)境的行为犯罪行为，在组织他人偷越国(边)境罪中，被组织的偷渡者，也就是《刑法》第322条规定的偷越国边境者，那么，这两种犯罪之间是何种关系？

从客观上看，组织偷渡者与偷渡者之间是一种对行关系，那么，是否成立对行犯？所谓对行犯，理论上也称为对行性共同犯罪，是指以基于双方对向实施的行为为必要条件的犯罪，是必要共同犯罪中的一种类型，在这种犯罪中当缺少任何一方的行为时，该种犯罪就不能成立。其基本特征是：①触犯的罪名可能不同(如行贿罪与受贿罪)，也可能相同(如重婚罪)；②各自独立实施行为，双方的行为，均应属于实行行为，至于双方行为性质是否一致，不影响各自犯罪成立；③各自的行为均以对方的对向性行为为存在的依据，缺少对方的行为，他方行为不存在；④一方如不构成犯罪不影响对方犯罪的成立，但不成立共同犯罪。

笔者认为，本罪与偷越国(边)境罪并非绝对(典型)的对行犯关系，有必要具体分析。如果在单独个人组织他人偷越国(边)境时，由于组织者与被组织者双方处于对应地位上，将其视为对行犯并没有错误。而在一般共同犯罪中，或者犯罪集团中实施的组织行为，则与偷越国边境者不具有对行犯那种“无此既无彼”对应关系，换言之，虽然组织偷越国边境的行为对象是偷渡者，但是，组织者并非对应特定的偷渡者，而是对应于所有的偷渡者，而且偷越国(边)境罪并非要求以被组织者组织偷越国(边)境而成立，组织者为组建犯罪集团从事的组织行为，仍然构成本罪(预备而已)，也就是说，本罪也并非以必须组织了偷渡者实施了偷渡行为为成立的前提条件。在这一点上，显然是与对行犯不同的，例如，没有行贿者，则必然不存在受贿者；没有相婚者，则必然没有重婚者。在这类案件中，即使符合对行犯的情况，偷越国(边)境者是由组织偷越者组织偷渡的，也作为单独的罪案对待，不宜以共同犯罪论处。理由是，在现行刑法中，是否属于共同犯罪不是从重处罚的事由，即便是共同犯罪，也不因此而加重行为人的刑事责任；其次，无论是否属于共同犯罪性质的偷渡案件，由于组织者与偷渡者们存在着非特定对应关系的事实，因此，认定那些与偷渡者形成共同犯罪关系，必然面临新的需要解决问题，更何况在甲案中组织偷越国(边)境的事实，在乙案中只能视为“组织”的次数而不能再作为定罪的依据，否则会造成并罚的结果，是不公正的。

至于组织他人偷越国(边)境的行为人自身也偷越国(边)境的，应当如何处理？第一种观点认为，组织他人偷越国(边)境与偷越国(边)境交织在一起的，两者之间便形成牵连关系，应依一重罪即组织他人偷越国(边)境罪论处，而不实行数罪并罚。① 第二种观点认为，这是两种不同的犯罪行为，同时成立犯罪的，应当实行数罪并罚。② 第三种观点认为，这种情况不能排除数罪并罚的可能，或者说应当数罪并罚。但如果这种情况下两种行为是相互伴随的情形，则可考虑按照吸收犯的高度行为吸收低度行为的原则，以高度行为即组织他人偷越国(边)境罪定罪。③ 也有学者对第三种观点作了进一步解释：如果行为人组织他人与自己一起偷越国(边)境的，同时触犯组织他人偷越国(边)境罪与偷越国(边)

① 郭立新、杨迎泽主编：《刑法分则适用疑难问题解》，中国检察出版社 2000 年版，第 313 页；刘方主编：《刑罚适用例说》，中国检察出版社 2000 年版，第 347 页；陈兴良主编：《刑法疑难案例评释》，中国人民公安大学出版社 1998 年版，第 476 页。

② 龚培华、肖中华主编：《刑法疑难争议问题与司法对策》，中国检察出版社 2002 年版，第 554 页。

③ 龚培华、肖中华主编：《刑法疑难争议问题与司法对策》，中国检察出版社 2002 年版，第 543~544 页。

境罪，应当实行并罚。如果在组织他人偷越国(边)境的过程中，亲自出马，带领偷渡者偷越国(边)境的，则其偷越国(边)境行为是组织他人偷越国(边)境行为的自然发展与延伸，应按“高度行为吸收低度行为”的吸收犯处理原则，以组织他人偷越国(边)境罪论处。① 第四种观点认为，上述情况可以分为以下情况：一是行为人在组织他人偷越国(边)境的行为实施完毕之后，自身也加入了偷越国(边)境者的行列，行为人本身的偷越国(边)境的行为与组织他人偷越国(边)境的行为是截然分开的两个行为；二是行为人企图实施偷越国(边)境的行为，但由于感到力单势薄难以成功，便组织他人与其一起实施偷越国(边)境的行为；三是行为人不仅实施了组织他人偷越国(边)境的行为，而且亲自出马护送偷越国(边)境者，和偷越国(边)境者一起偷越国(边)境。论者认为，对第一种情况适用并罚；第二种情况是牵连犯；第三种情况是吸收犯。②

首先，需要明确地是，上述情况下无论划分的情况有多少种，是在同一个机会中实施不同性质的行为，触犯不同性质的数罪名是不争的事实。换言之，本质上是数罪，但是行为所涉及的罪名并非两个而是三个，组织他人偷越国边境行为和自己“偷越国边境行为”也同时触犯运送他人偷越国(边)境罪。然而，问题在于对这种情况是以并罚合理还是以牵连犯或者吸收犯对待合理？

所谓牵连犯，是指出于犯一罪的目的，其方法行为或结果行为触犯其他罪名的犯罪形态。即行为人仅意图犯某一罪，实施的方法行为或实施的结果行为，另外触犯了其他不同罪名。其方法行为与目的行为，或原因行为与结果行为之间具有牵连关系，这就是牵连犯。所谓吸收犯，是指数个不同的犯罪行为，依据日常一般观念或法条内容，其中一个行为当然为他行为所吸收，只成立吸收行为的一个犯罪。③ 吸收犯吸收关系在理论上认为可由两种情况下产生：一是因为密切联系相关的数个犯罪行为一般属于实施某种犯罪的同一过程中，即前行为可能是后行为发展的所经阶段；或者后行为可能是前行为发展的当然结果。④ 数个犯罪行为符合相互之间具有依附与被依附关系的犯罪构成。⑤ 二是吸收关系的产生于一般观念和法律条文的内容,⑥ 即包括法条内容上的吸收关系，根据法律规定，一罪的犯罪构成为他罪所当然包括，或者不特定的若干犯罪可以包含于某个犯罪中。⑦

在数行为触犯不同罪名的情况下，牵连犯与吸收犯是很难区别的，就上述命题的情况看是否有吸收关系？运送他人偷越国(边)境罪是第 321 条规定的一个独立的罪名，如果从

① 田宏杰：《组织他人偷越国(边)境罪法律适用疑难问题研究》，载《法律适用》2003 年第 7 期。
② 袁慧敏：《组织他人偷越国(边)境罪相关疑难问题研究》，载《政法学刊》2006 年第 2 期。
③ 马克昌主编：《犯罪通论》，武汉大学出版社 1999 年版，第 664 页。
④ 高铭暄主编：《中国刑法学》，中国人民大学出版社 1989 年版，第 223~224 页。
⑤ 高铭暄主编：《刑法学原理》(第 2 卷)，中国人民大学出版社 1993 年版，第 632~633 页。
⑥ 顾肖荣主编：《刑法中的一罪与数罪问题》，台湾学林出版社 1986 年版，第 26~27 页。
⑦ 马克昌主编：《犯罪通论》，武汉大学出版社 1999 年版，第 667 页。

罪的立法精神上看，“组织行为”不能当然包括“运送行为”在其中，否则，第 321 条的规定是多余的。但是“运送行为”虽非必然，但理所当然可以具有“偷越国(边)境的行为”。换言之，偷越国(边)境罪与运送他人偷越国(边)境罪可以形成吸收关系，但与组织他人偷越国边境罪之间不存在因一般观念上或者法条的规定而产生的吸收关系是可以确定的。那么，是否可以认为组织他人偷越国边境中自己带领被组织者偷越国(边)境的，组织行为是偷越国(边)境、运送他人偷越国(边)境行为“发展的所经阶段”，或者偷越国(边)境、运送他人偷越国(边)境行为是组织行为“发展的当然结果”？如果从立法本身将上述行为均分解为独立犯罪而言，实施组织他人偷越国边境的，并不必然导致运送他人偷越国(边)境罪、偷越国(边)境罪的结果行为，但是，实施运送他人偷越国(边)境行为的，则组织他人偷越国(边)境、偷越国(边)境行为则可以是其“发展的所经阶段”和“发展的当然结果”，形成吸收关系。

在前述观点中，排斥形成牵连犯的可能性是值得商榷的。牵连犯强调数行为目的的同一性，所以现实中，完全可以存在自己为偷越国边境的目的，其方法行为触犯组织他人偷越国(边)境罪，结果行为触犯运送他人偷越国(边)境罪，或者出于运送他人偷越国(边)境的目的，方法行为触犯组织他人偷越国(边)境罪，结果行为触犯偷越国(边)境罪这种复杂牵连关系的牵连犯，或者出于组织他人偷越国边境的目的，结果行为触犯出于运送他人偷越国(边)境罪、偷越国(边)境罪的牵连关系。

就上述分析可以看出，既有本罪行为，又触犯其他罪名的情况；既可以是有牵连关系，也可能存在吸收关系。由于牵连犯强调数行为是出于“犯一罪的目的”，则无论是出于“自己要偷越国(边)境目的”行为还是“组织他人偷越国边境目的”行为，或者“运送他人偷越国(边)境目的”行为，对触犯的其他罪名的，均可以解释为牵连犯。而吸收犯并不强调目的的同一性，从上述分析也可以看出，具有吸收关系的，只发生在运送他人偷越国(边)境罪的情况下，但是这种情况显然与前述“组织他人偷越国(边)境的行为人自身也偷越国(边)境的”命题是不相符合的。所以，就该命题的情况而言，笔者以为，理解只要是符合“犯一罪的目的”的情况，理解为牵连犯更具有合理性，均可以组织他人偷越国边境罪论处。当然，如果不是利用在同一个机会里实施了两个以上的行为，数罪并罚是比较合理的。此外，对于出于组织他人偷越国(边)境的“组织目的”的行为虽然可以与作为结果的运送他人偷越国(边)境行为形成牵连关系，我认为，由于“组织行为”不能当然包括“运送行为”在其中，予以并罚也不是不可以考虑的。正如盗窃枪支是为实施杀人的目的行为而构成的牵连犯，不需要“从一重处断”而应并罚一样，因为故意杀人非得以盗窃枪支为手段行为；盗窃枪支也并非只能为故意杀人而实施，两者在构成要件之间不存在法律需要“重复评价”的内容，当然是可以予以并罚的。

(2)本罪与第 319 条骗取出境证件罪的关系。有学者认为可以包括两种不同情况：一是行为人为他人组织偷越国(边)境而骗取出境证件，但自己并非组织者。这在认定上必然面临两种选择：①只构成骗取出境证件罪；②在构成骗取出境证件罪的同时还构成组织他人偷越国(边)境罪的共犯。二是行为人骗取出境证件用于自己组织他人偷越国(边)境，行为人是组织者。对于前者，论者认为，从立法本意上考察，刑法之所以将本来属于帮助行为的骗取出境证件的行为规定为独立的罪名，是基于打击犯罪的需要将该共犯行为加以实行行为化了。所以，行为人为他人组织偷越国(边)境而骗取出境证件的行为，应该仅构成骗取出境证件罪，不能再认定为组织他人偷越国(边)境罪的共犯。对于后者，骗取出境证件的行为与组织他人偷越国(边)境行为之间存在手段行为和目的行为的牵连关系，符合刑法中牵连犯的特征，应当从一重罪处断而不是数罪并罚。① 还有学者表达了相同的观点。② 在笔者看来，对于第一种情况认为只构成骗取出境证件罪还值得商榷。因为在集团犯罪和一般共同犯罪中，如果因为分工的不同，有的只实施骗取出境证件行为而为组织他人偷越国边境做准备的，不认为是共同犯罪是没有道理的。还是具体问题具体分析对待合理。

三、本罪罚责的争议及理解

根据《刑法》第318条规定，犯组织他人偷越国(边)境罪的，处2年以上7年以下有期徒刑，并处罚金；有下列情形之一的，处7年以上有期徒刑或者无期徒刑，并处罚金或者没收财产：(1)组织他人偷越国(边)境集团的首要分子；(2)多次组织他人偷越国(边)境或者组织他人偷越国(边)境人数众多的；(3)造成被组织人重伤、死亡的；(4)剥夺或者限制被组织人人身自由的；(5)以暴力、威胁方法抗拒检查的；(6)违法所得数额巨大的；(7)有其他特别严重情节的。犯前款罪，对被组织人有杀害、伤害、强奸、拐卖等犯罪行为，或者对检查人员有杀害、伤害等犯罪行为的，依照数罪并罚的规定处罚。本罪第2项“多次组织”，一般应认为至少三次以上组织他人偷越国(边)境；所谓的“人数众多”，根据前述《解释》，一般是指组织他人偷越国(边)境人数在10人以上。对于第3项“造成被组织人重伤、死亡的”，结合本条第2款规定法定数罪并罚的情形而言，“造成被组织人重伤、死亡的”应当限于在组织他人偷越国(边)境过程中因过失而造成偷渡者重伤、死亡的情形。

对第4、5项“剥夺或者限制被组织人人身自由的”“以暴力、威胁方法抗拒检查”的规定，有“应当并罚说”③的不同认识。从本质上说，这仍然可以解释为牵连犯，即“剥夺或

---

① 王明辉、杜娟：《偷越国(边)境案件的法律适用问题探究》，载《黑龙江省政法管理干部学院学报》2007年第2期。

② 曹坚：《偷越国(边)境犯罪的司法适用疑难问题》，载《四川警官高等专科学校学报》2005年第6期。

③ 田宏杰：《组织他人偷越国(边)境罪法律适用疑难问题研究》，载《法律适用》2003年第7期。

者限制被组织人人身自由的”“以暴力、威胁方法抗拒检查”可以是组织他人偷越国(边)境罪的手段行为，而且本罪构成要件的内容中是不包括这样的客观要素的，在认定本罪时不存在对该种事实的重复评价，的确可以是并罚的数罪，但是，这并不意味着立法没有理由，或者说将此作为从重处罚的情节就是错误的。这如同《刑法》第198条保险诈骗罪第2款规定“有前款第四项、第五项所列行为，同时构成其他犯罪的，依照数罪并罚的规定处罚”一样，虽然出于诈骗保险金的目的故意杀害、故意伤害被保险人造成死亡、伤残，是典型牵连犯却按照数罪并罚处理，不能认为是错误的是同样的道理，不仅应当认为这是立法的选择，而且，如果时牵连犯，不并罚而作为“从一重处断”时的情节，也不能认为立法在做出这种选择说不过去吧?

对前述“暴力、威胁”应该做何种解读是比较合适的?在我国刑法的规定中，暴力、威胁(胁迫)不乏为某种犯罪的方法、手段行为。笔者认为刑法中的“暴力”可以为广义、狭义、最狭义三种，而且在不同的犯罪中，法律对暴力的内涵及外延的要求不同。① 那么，本罪的暴力、威胁应该以何种内涵及外延理解是合适的?结合第318条第2款，犯本罪，对被组织人有杀害、伤害……或者对检查人员有杀害、伤害等犯罪行为的，依照数罪并罚处罚的规定看，这里的暴力、威胁应该以广义的角度来理解。即暴力本身就可以包含着以威胁实施暴力的内容，而且不以达到直接抑制被害人的反抗的程度为判断的标准。其对象，可以是人，也可是针对物；可以是针对被害人本人，也可以是针对在场的其他人；暴力的内涵，可包括从一般的殴打、轻微伤害到最严重的故意杀人、故意伤害。虽然这类犯罪的暴力可以包括所有非法实行的有形物理力，但在认定犯罪性质上仍然需要根据刑法的不同规定处理，如果行为人实行的是超出该种犯罪所能包含的暴力，如同犯本罪中实施了杀人、重伤害的，则就需要依法并罚，不再单独构成本罪。

---

① 林亚刚:《暴力犯罪的内涵与外延》，载《现代法学》2001年第6期。

运输毒品罪的若干问题研究[①]

一、运输毒品行为的法律属性

在我国刑事立法的涉毒犯罪中，运输毒品罪是作为选择性罪名并列规定在与走私、贩卖、制造毒品罪的同一个条文中，因此，有关运输毒品罪的法律属性一直成为有争议的问题。无论对该罪持肯定还是否定的观点，对运输毒品的行为，从表象上说，均认为无非涉及的是以下几种情况：一是运输者本身就是走私、贩卖、制造毒品者；二是明知是走私、贩卖、制造毒品者而帮助其运输；三是运输者是不明知是毒品的而成为被走私、贩卖、制造毒品者利用的工具。[②] 对于第一种情况下的运输行为，无疑是要按照走私、贩卖、制造毒品罪定罪处罚的，第二种的帮助行为则可以成立走私、贩卖、制造毒品罪的共同犯罪人，而将他人作为工具运输毒品的行为，对走私、贩卖、制造毒品者而言，又可以在理论上解释为"间接正犯"，同样可以认定构成走私、贩卖、制造毒品罪。[③] 这样一来，运输行为无疑只成为走私、贩卖、制造毒品罪前提、中间、后续环节上的行为，其法律属性从属于走私、贩卖、制造毒品罪而无自己独立的法律属性可言。

事实上，就上述三种运输毒品的行为而言，第一、三种行为的法律属性的确是没有

---

① 本文原载于《法学评论》2011 年第 3 期。

② 赵秉志、肖中华：《论运输毒品罪与非法持有毒品罪的立法旨趣与隐患》，载《法学》2000 年第 2 期。

③ 也有人将运输毒品行为分为六种类型：一是犯罪行为人本身就是走私、贩卖、制造毒品的人，将其走私制造的毒品予以运输以图贩卖的行为；二是走私、贩卖、制造毒品的行为人或者帮助他人走私、贩卖、制造毒品的行为人，利用不明真相的他人或者不具有刑事责任能力人运输毒品的行为；三是运输毒品的行为人和走私、制造、贩卖毒品的行为人之间形成共同犯罪，共谋实施走私、制造、贩卖毒品的行为。只是由于分工的不同，由行为人实施运输毒品的行为，而其他人实施走私、制造、贩卖毒品的行为；四是运输毒品的行为人没有和走私、制造、贩卖、运输毒品的行为人之间形成共同走私、制造、贩卖、运输毒品的共谋，仅仅只是被准备实施走私、制造、贩卖毒品的行为人用一定运费利诱，实施的单纯运输毒品的行为；五是被走私、制造、贩卖、运输毒品的犯罪人所胁迫而实施了运输毒品的行为；六是行为人本身是吸毒者而去运输毒品的行为。参见肖洪：《运输毒品罪概念及不同行为类型的分析》，载《西南政法大学学报》2006 年第 3 期。但上述分析并没有超出赵秉志、肖中华文内分析的这三种情况。

很大争议的，争议出在对第二种情况下的运输行为，直接涉及学者们对运输毒品罪存废之争。首先，如果将该种情况下的运输行为只视为帮助行为来看是不尽合理的，在我国刑法中视为从犯的帮助行为，是由总则规定的非实行行为，将运输毒品的行为视为帮助行为，虽然在性质上说没有错误，但还是应视为帮助性质的实行行为，至于这种行为是否应单独立罪，则是另一个层面上的问题。就该种情况下的运输毒品行为而言，至少存在着是因为分工而实施运输毒品行为的情况吧？而这种因分工而实施的(帮助)运输毒品的行为，属于走私、贩卖、制造毒品的实行行为，没有理由视其为帮助行为。至于运输毒品罪的罪名是否应当继续保留，当然取决于实务的要求，而并非仅仅从法理的解读就可以决定它的存废。如是，从这一角度看，毒品最终都是要流入“毒品的消费市场”，而无论采取何种方式、方法使之最终进入“毒品消费市场”，都可以定义为是因“运输毒品的行为”而使然，① 但是显然在司法实务中存在既非毒品的制造者，又非走私、贩卖毒品者，单纯为获取一定的报酬而为走私、贩卖、制造毒品者运输毒品的行为，② 这种行为，虽然行为人对所运输的毒品有认识并且为获取一定佣金而故意实施的，但在多次为不同的走私、贩卖、制造毒品者运输的情况下，无法与特定的走私、贩卖、制造毒品者构成共同犯罪。而且，在现实的实务中，毒品案件的特殊性还表现在案件通常捕获的往往是毒品的运输者，查不到“上家”也无“下家”，也因证据问题无法确定运输者就是走私、贩卖、制造毒品者本人，该种情况下，如果没有运输毒品罪的罪名，将如何处理？

有学者主张废止运输毒品罪，是因为对第二种情形下的运输毒品行为，可以按照走私、贩卖、制造毒品从犯从宽处罚。③ 这也不失为一种限制运输毒品罪减少死刑适用之举，但是，《刑法》第 27 条第 2 款“对于从犯，应当从轻、减轻处罚或者免除处罚”的规定，在罚则的运用上，是相对于同案件的主犯而言“应当从轻、减轻处罚或者免除处罚”的，在主犯没有到案的情况下，如何适用？或者，在证据无法确定运输者就是走私、贩卖、制造毒品者本人的情况下，都视为“从犯”从宽处理合适吗？从这些角度上说，运输毒品的行为单独立罪是否仍然有一定的价值？主张废止运输毒品罪的理由还有认为因运输毒品的行为危害性低于走私、贩卖、制造毒品行为，为赚取一定的运费而受雇从事运输毒品的犯罪人，多为贫困边民、在劳务市场急于寻找工作的农民工、下岗工人、无业人员等。所获取的仅仅是蝇头小利，与躲在其背后操纵的毒枭相比，他们在整个毒品犯罪的锁链中所起的作用相对轻微，主观恶性明显较小，从某种意义上说，他们不仅是犯罪者，也是贫

① 涉及进出国(边)境的运输毒品，法律属性上是“走私”。

② 当然不排除也存在不要任何“报酬”为走私、贩卖、制造毒品者运输的情况。

③ 肖洪：《运输毒品罪概念及不同行为类型的分析》，载《西南政法大学学报》2006 年第 3 期。

穷、无知、愚昧的受害者。① 实际上，毒品对社会的危害，不说现代化传媒广泛的各种宣传以及对具体案件的报道吧，恐怕稍微了解点我国近代历史的中国人都知道，这本是一个不需要接受专门教育就可以懂得的道理，何以对明知是毒品而为一点佣金就运输毒品的人做出"也是贫穷、无知、愚昧的受害者"的判断？客观地说，如果没有运输毒品的中间环节，毒品可能就无法顺利进入"毒品消费市场"，明知是毒品为赚取一点佣金而使毒品流入社会毒害青少年一代，甚至于甘冒生命危险体内隐藏运输毒品，怎能认为运输毒品的危害性就一定小于走私、贩卖、制造毒品的行为？

当前我国仍然处在市场经济建设的初期，造成大量的无业、失业人员以及流入城市的寻找工作的农民工，在城市中也大量存在处于低收入的人群，这是当前我国社会客观存在的现象。如果说一些人迫于生计铤而走险运输毒品，政府及社会是有责任的，这即便是有可宥之处，也并不是运输毒品行为社会危害性理所当然就小于走私、贩卖、制造毒品行为的理由。

基于上述认识，笔者以为运输毒品罪仍然有其存在的价值，将本罪的适用范围，控制在明知是毒品而运输且无证据证实运输者本人是走私、贩卖、制造毒品者或者窝藏、转移、隐瞒毒品者的范围内为宜。

二、运输毒品罪的主观要件

在通说观点上，一般只表述是"故意"②或者"明知是毒品"③而实施运输的，即作了一般性归纳就戛然而止了，由此产生对运输毒品罪主观要件的不同认识。争议之一即是对"明知"是否要求对毒品"品质"④的认识才能认为是故意。有学者认为，这应当成为明知的内容，原因在于毒品的品质是可以直接影响到罪与非罪界限的因素，例如，行为人主观上认为其运输的为 10 克海洛因，而在查获后经鉴定为 10 克咖啡因，或者行为人主观上认为其运输 10 克咖啡因，后经鉴定为 10 克海洛因，这都将直接影响到对行为人的定罪及量刑。⑤ 上述所言既涉及对故意以"法定符合说"还是"具体符合说"为标准的理论争议，也涉及发生"认识错误"时的处理原则。就以认识错误的处理原则而言，其基就是按照行为人自

---

① 肖洪：《运输毒品罪概念及不同行为类型的分析》，载《西南政法大学学报》2006 年第 3 期。这一认识在一定程度上得到 2008 年最高人民法院《全国部分法院审理毒品犯罪案件工作座谈会纪要》的认可，但认识的角度并不完全一致，即《纪要》的内容在涉及此问题时，限于被雇佣者是"贫民、边民或者无业人员"。

② 高铭暄、马克昌主编：《刑法学》，北京大学出版社、高等教育出版社 2005 年版，第 653 页。

③ 马克昌主编：《刑法学》，高等教育出版社 2007 年版，第 550 页。

④ 按照有学者的论述"品质"，包括对毒品的名称、化学成分、效用等的认识。

⑤ 高巍：《略论运输毒品罪的几个问题》，载《云南大学学报法学版》2009 年第 5 期。

己的认识作为判断故意是否成立，以及成立何种罪过的基本依据，而不按照客观事实“是”与“否”作为依据。当将人误为可以猎杀的动物而故意杀之，不成立故意杀人罪。然而，当“所识与所实”的法律属性相同时，这种认识错误就不阻却故意的成立，① 如将乙误为甲而故意杀之，仍然成立故意杀人罪。根据我国刑法的规定，“毒品”既是一个法定的概念，同时也是作为客观性的规范要件，是需要根据客观事实作出司法鉴定才能得出结论的要件。而目前我国司法解释所列出的毒品名目已经达到十多种之多，而且，随着社会发展，可以预见到其种类会不断增加，要求运输毒品罪的故意成立认识达到“具体符合”的程度，不仅增加举证难度，而且有悖于严厉打击毒品犯罪初衷。

不过，值得研究的是毒品的数量，这是处刑轻重的主要依据，固然当所运输的毒品数量巨大，足以判处死刑立即执行时，行为人对数量的认识错误，已经没有实质意义，但是，在关乎罪与非罪、罪重罪轻，以及判处死刑是否需要立即执行的问题时，是依据“所识”还是“所实”则显得更为重要。在最高人民法院复核改判的唐有珍运输毒品案中，被告人唐有珍为赚取 1000 元，帮助毒贩杜小军携带 420 克海洛因从昆明坐火车前往上海，在列车上被抓获。上海铁路运输中级人民法院认为：“被告人唐有珍明知是毒品，仍非法使用交通工具运往异地，其行为已构成运输毒品罪，且运输毒品海洛因数量达 420 克，应依法严惩”，故以运输毒品罪判决唐有珍死刑，剥夺政治权利终身，没收财产人民币 2 万元。唐有珍以量刑过重为由提出上诉，上海市高级人民法院裁定驳回上诉，维持原判，并依法将此案报送最高人民法院核准。最高人民法院复核认为，“对唐有珍应当判处死刑，但是根据本案具体情节，对其判处死刑不是必须立即执行”，改判唐有珍死刑，缓期 2 年执行。其改判的理由之一就是唐有珍“虽明知自己携带的是毒品，而不明知毒品的确切数量，事实上唐有珍所运输的毒品数量完全由他人，而非唐有珍所决定。因此本案毒品数量虽高达 420 克，但并不能反映唐有珍主观恶性大”。② 基于这样的理由改判，是否昭示运输毒品案中，行为人对毒品数量的认识，在罪过认定上完全处于可有可无？换言之，今后行为人对毒品数量不明知的辩解，则完全可以成为抗辩罪轻的理由。

作为主观归责依据，运输毒品罪是否需要特定的“目的”，是其主观要件的争议之二。有观点认为：“从立法意图看，即使行为人主观上对‘运输的物品是毒品’之事实明知，也未必构成运输毒品罪……因为运输毒品罪归责的主观根据，不仅包括行为人对毒品的存在有所认识，此罪构成要件事实的认识内容中还包括更为丰富的内涵——毒品的去向或用途。”③具体化这样的观点的还有“最终目的”“营利目的”“流通目的”的各种认识。“最终目的”主张，当毒品位移是行为人追求的唯一目的时，是运输毒品，当此为间接目的，就应

① 也可以表述为“同一构成要件内的认识错误不影响刑事责任”。

② 最高人民法院刑一庭主编：《刑事审判参考》，法律出版社 1999 年版，第 2 辑。

③ 赵秉志、肖中华：《论运输毒品罪与非法持有毒品罪的立法旨趣与隐患》，载《法学》2000 年第 2 期。

以行为人终为窝藏、转移、贩卖或者自己吸食等为最终目的来定性;① “营利目的说”则认为,运输毒品罪就是以营利为目的或出于其他原因……为他人运送毒品的行为;② “流通目的说”则主张:“这里的流通指在不知道毒品用途的情况下,使毒品在不同的控制者之间发生了直接流通……行为人以流通毒品为目的,认识到是毒品但不明知毒品的用途,采用各种方式流通毒品,并不根据自己的意志使毒品流通于不同的控制者。”③也就是无论毒品是否发生位移,只要为在不同控制者之间发生流通,则为运输毒品。该学者特别强调了自己新观点的意义:“运输人只知道运输的是毒品而不知道为什么运输毒品,此特征使运输毒品罪与以运输为手段参与到其他毒品犯罪中的共犯行为相区别。”认识到是毒品但没有认识到毒品的用途,作为认定标准的意义还在于:“可以解决实践中发生的对运输毒品行为认定过宽从而造成刑罚过重的弊端。实践中常发生行为人为了一点经济利益,在不知毒品用途的情况下,为毒品所有人跨地域运送毒品并最终把毒品交给原所有人,对这种情况司法机关往往定性为运输毒品罪从而使众多运送者面临死刑的危险。”④

首先,对于学者们对所谓运输毒品者在认识因素上明知是毒品,但却要求“不知为什么运输毒品、不知毒品去向或者用途”的解释,感到非常诧异,除了有法律规定的合法运输毒品外(如为销毁而运输、为制药而运输、为案件移送运输等),有涉毒犯罪案件的行为人不知为什么运输毒品?不知毒品去向、用途的实例吗?毒品非法的位移或者流动只有一个去向——进入毒品消费市场;用途只有一个——被吸毒人消费。这并不是需要高深的理论或者经过培训才能认识清楚的吧?事实上,有无运输毒品的犯罪人以此作为无罪或者罪轻的抗辩理由?学者们以这样的理由视为构成甚至可以减轻运输毒品犯罪人罪责的做法,是否有点过于人为化而显得苍白?实际上,运输者是否明知要将毒品交给何人,以及毒品的接受者是自己吸食、贩卖或者接手再运输等等,这些均不是决定运输者本人主观罪过是否明知的因素,也不是“不知为什么运输毒品、不知毒品去向或者用途”的诠释。

其次,犯罪目的,是行为人主观上所希望达到的主观结果,将运输毒品者的主观目的限制在某种特定目的之上,是否恰当?按照上述的所谓各种“目的”的要求解读运输毒品罪,笔者认为也是不妥当的。在行为人明知所运输的物品是毒品的情况下,却无证据支持证明哪个目的,包括证实运输毒品是行为人的“最终目的”时,要不要认定为犯罪?在行为人明知所运输的物品是毒品,不为获得“钱财”而帮忙运输毒品的,定不定罪?在行为人明知运输的物品是毒品,为自己、他人或者亲属的吸食而运输很大数量毒品时,又定不定罪?又或者毒品犯罪集团内部成员交接毒品,而不改变毒品的实际持有者,定不定罪?笔

① 张旭:《关于运输毒品罪认定的法律思考》,载《中国刑事法杂志》2001年第5期。
② 周利民:《论运输毒品》,载《湖南经济管理干部学院学报》2000年第4期。
③ 高艳东:《运输毒品罪疑难问题研究》,载《广西政法管理干部学院学报》2004年第6期。
④ 高艳东:《运输毒品罪疑难问题研究》,载《广西政法管理干部学院学报》2004年第6期。

者以为，这是主张各种目的说不能自圆其说的障碍。

在笔者看来，运输毒品罪在通说中只表述为“明知是毒品”的认识因素，并非意味着不要求意志因素，只是这种意志因素不宜限定为何种具体目的之上，实际上前述的各种目的，如赚取佣金、窝藏、转移或者自己吸食，甚至包括制造、走私、贩卖的目的，在运输毒品的行为中都很难排除，也因为难以证据固定证明是哪种具体目的，所以运输毒品，特别是利用交通工具运输毒品，数量达到较大程度时，必须以运输毒品罪论处，也即无论行为人基于实现何种非法意图，实际上如果没有第三者的行为的介入或者运输者自己实施此外的另一种行为，例如，运输者将毒品交付另一个人或者又实施贩卖行为等，是很难实现并以证据加以固定的。所以，应该说目的的行为在本罪中可以没有相应的客观行为，否则，就应构成其他相应的毒品犯罪，而非本罪，明知是毒品而实施运输行为，就可以构成本罪，基于某种非法意图而运输的目的在本罪中，应属于超过的主观要素的内容，既不必须以是否为赚取佣金而考量，也不受必须查清具体为何种目的才能定罪。

三、运输毒品罪与非法持有毒品罪的界限

非法持有毒品罪，在理论解释中有存在着概念循环之嫌，即非法持有毒品罪，是指非法持有数量较大毒品的行为。这种循环解释的概念，并没有揭示出非法持有毒品行为的内涵和外延，有学者认为，这种流于表面化的表述，否定了立法原意，限制了刑法保护机能的释放和安全价值的弘扬。①

事实上，作为非法持有毒品罪认定的行为，应该是无证据证实所持有的毒品来源合法，且不能证明系因制造、走私、贩卖、运输毒品以及因窝藏、转移、隐瞒毒品而控制毒品的情况下，才能构成非法持有毒品罪。在这一点上，应该说运输毒品罪与非法持有毒品罪在认定的要素上是有相似之处，都有在难以查清证据的情况下不得已选择此罪名适用的困境。然而，在 2000 年最高人民法院《全国法院审理毒品犯罪案件工作座谈会纪要》明确要求“对查获了毒品……有证据证明行为人实施了走私、贩卖、运输、制造等其他具体犯罪行为的，则应依其行为定罪量刑，不能认定为非法持有毒品罪”基本要求，在执行中又如何呢？在司法实务中，也有将两罪不做严格区别的情况。最高人民法院 2000 年 4 月 20 日《关于审理毒品案件定罪量刑标准有关问题的解释》第 1 条的规定，两罪在起刑毒品数量标准的要求是一样的，但根据《刑法》第 347 条和第 348 条的规定，运输毒品起刑就是 15 年，标准高，而非法持有毒品起刑标准低，是 7 年，所以实务中也有对控制毒品数量大的，按照运输毒品罪论处，数量小的，按照非法持有毒品罪论处的做法。之所以会出现这

① 李希慧主编：《刑法解释论》，中国人民公安大学出版社 1995 年版，第 85 页。

种情况，除了因为两罪在认定上的确存在界限不清楚的因素外，也有出于运输毒品罪起刑标准高，如果对刚达到起刑标准的判15年有期徒刑显得过于严苛的考虑。

不过这种现象并非仅仅出现在与运输毒品罪区别及认定上。由于非法持有同时也是走私、贩卖、制造毒品的前置行为或后续行为，又可以是运输、窝藏、转移毒品的实行行为的内容，因此，这些犯罪在与非法持有毒品罪的区别上，同样存在界限不宜划清的问题。尽管在教科书或者一般性的理论解释上，对上述犯罪在构成要件上有所区分，但这种表面化的界限区别，并不能提供具有可操作性区别罪间界限的标准，对实务来说起不到任何指导作用。正是从这一点而言，虽然非法持有毒品罪被誉为毒品犯罪的兜底罪名，但是事实上，它的意义更多地在于减轻了司法机关的证明责任，但却使更多的毒品犯罪罪名处于闲置的状态。

虽然运输毒品罪与非法持有毒品罪的构成要件要素的认定存在着有一致性的要求，但这毕竟是两个独立的罪名，在各自的构成要件上是有区别的。有学者认为持有是指“实际占有、携有、藏有、保存或者其他方式的拥有。”①这只是阐释了持有的基本方式，作为本罪而言持有的内涵——经查无法认定为与走私、贩卖、运输和制造毒品或窝藏、转移、隐瞒毒品等犯罪行为有直接的关联性，却并不在其中。笔者认为，运输注重的是“动态”下的位移关系，而持有强调的是在“静态”下的控制、支配关系。虽然说运输也是对毒品控制和支配，但在毒品位移中的控制和支配是运输的应有之意，本身并无独立评价的意义，而非法持有毒品，则以必须具有控制、支配关系为认定的要素。所以，在笔者看来，具有位移的持有是运输毒品，而无位移的持有是非法持有毒品。当然，这样的解释也同样是难以服众的，同样会有类似“从家里携带一定数量的毒品外出，在小区门口被抓获，是运输还是非法持有”的疑问吧？不过，这已经不是解释论的问题，而是证据的问题了。换言之，是证据本身反映的是否运输的问题，如果证据证实的是运输，为何会因为距离问题产生是否“非法持有”的疑问？如果因为运输毒品罪起刑重而质疑，那就更不是解释的问题而是立法是否有必要修正的问题了。

或许，有学者会认为少量的毒品位移的持有作为“运输”看待，会加重行为人的刑事责任，虽然两罪在起刑的毒品数量的要求上一样，但起刑标准不同，运输毒品罪的起刑标准较非法持有毒品罪上升了二格。但是，反过来看，同样在“减负”作用下对窝藏、转移、隐瞒毒品行为作为非法持有毒品罪论处的，实务中也不是不存在的，而后者的起刑标准是3年，则是比非法持有毒品罪的起刑标准低了二格的。由此可以看出，学者们多数人只关注运输毒品罪的存废有些偏颇，实际上更应多质疑的是非法持有毒品罪。

---

① 高铭暄、赵秉志主编：《新编中国刑法学》，中国人民大学出版社1998年版，第915页。

四、运输毒品罪的既遂与未遂标准

犯罪既未遂的标准，有众所周知的有“目的说”“结果说”“构成要件齐备说”的争论，客观地说，刑法中有不少犯罪的设置是以法定结果发生为既遂标志的，例如，在犯罪样态中划分出的结果犯，就是以法定结果的发生为既遂标志的。至于“目的说”，笔者认为，在我国主要是基于《刑法》第23条犯罪未遂规定的“未得逞”文义的反义词“得逞”是主观感受之意而来的，① 即使对刑法中个罪的“法定目的犯”诠释中，也未见学者主张以“目的”实现为既遂的观点。“目的说”的观点在诠释中往往以“希望的物质性结果”或者“希望的法定结果”来限制“目的”的内容，② 以避免将行为人个人“目的”实现与否来认定是否“得逞”有过于宽泛之嫌的缺陷。这样做的结果，“目的说”实际上成为诠释“结果说”的另一个注脚而已，本身的价值已经体现不出来了。此外，“目的说”在论证过程中也有存在偷换概念之嫌，最为明显的是将行为人个体的主观感受——是否如愿，作为判断的“得逞与否”依据，完全忘记了原设定的“目的”内容范围的限制。③

笔者仍然认为，在承认可以对犯罪样态做出“行为犯”“结果犯”“危险犯”等分类的前提下，“构成要件齐备说”是一个比较合理解决既未遂标准的理论。在共识运输毒品罪为(狭义)行为犯的前提下，学界目前对运输毒品罪在主张有既未遂的观点中，主要有三种不同认识，一是主张以“起运说”为代表，即以行为人起运毒品即视为犯罪既遂；二是以“到达目的地说”为代表，即以毒品运输到达所指定的地点为既遂的标准；三是主张以狭义行为犯的“过程”以及“合理位移”为认定标准。所谓“合理位移”则要根据个案中运输工具的特点、运输距离的远近、运输毒品数量的多少来加以认定。此外，还有主张以“人”“物”是否分离分别具体采“起运说”或者“到达目的地说”，“人”与“物”分离运输的采“到达目的地说”，反之，采“起运说”为既遂标准。

按照“起运说”的认识，虽然看上去是在论证有既未遂的问题，但实质上是将该罪视为举动犯，在基本前提上已经否定了运输毒品罪有未遂的问题，所以该说本质上是一种否定的认识。至于“到达目的地说”，在司法实务中难于用证据固定“何地”是“目的地”而缺乏可操作性。至于“合理位移说”虽然是意图在依据一定的“合理”因素来补充运输行为实行程度，但是，所谓的“合理”因素，事实上是不合理的。很明确地是，在认定是否构成运输毒品罪时，是否利用交通工具、毒品的品种、数量，采取何种方式、方法运输、距离等，

① 侯国云：《对传统犯罪既遂定义的异议》，载《法律科学》1997年第3期。
② 张明楷：《犯罪论原理》，武汉大学出版社1991年版，第487页。
③ 侯国云：《对传统犯罪既遂定义的异议》，载《法律科学》1997年第3期。

都不是认定的依据。那么，能否将上述因素视为“合理位移”判断是否“合理”的依据？例如，能否因毒品的数量少而认为未遂？能否因运输毒品的工具不够“现代化”而认为未遂，等等。这种门槛的限制，实际上等于取消了标准，显然是“不合理”的。

运输本意上是指以恰当方法实现人或者物在空间上的流动的一种活动，在司法实务中，如何认识这种活动是否“运输”，不可能有一个统一的标准，在现在只能是由司法人员自由心证来解决的问题。应该说在共识运输毒品罪为行为犯的前提下，运输毒品行为实行的程度，只能依赖于司法人员依据个案的具体证据所反映的事实，作出符合社会常理的判断，并逐渐根据司法实践的经验，得出如同对强奸罪中针对妇女采取“插入说”，对幼女采取“接触说”作为既遂标准一样的标准来。

五、附带的问题

此外，顺带想说明的是，在不少学者的观点中，都表明毒品的运输者对毒品是没有“所有权”的,① 因此，其行为的社会危害性、主观恶性要小于走私、贩卖、制造毒品者的行为，甚至有将此提升为运输毒品罪的“关键特征——运输人对毒品无所有权且不按照自己意志处分毒品”。② 这使人感到很是诧异，毒品作为“本身恶”的典型代表，能与普通的物权的所有权挂钩而相提并论吗？按照这种荒谬的“毒品有所有权的理论”，如果甲为自己吸食花钱购买的毒品，委托乙代为保管，乙则将代为保管的毒品贩卖，在甲索回时，乙拒不退还毒品，也不交出贩卖所得赃款，甲难道可向人民法院起诉乙犯侵占罪？人民法院会支持甲的所有权主张，判决乙返还毒品原物或者将贩毒的赃款返还给甲？

在没有合法依据持有、控制，即便毒品是制造者制造出来、生产出来的，或者花钱购买而属于原始取得的情况下，也无权利向任何人主张所谓的“所有权”，因为法律已经明确地规定为没有合法依据的对毒品的种植、制造、生产、使用、存储、运输等行为均是“非法”，而对这一“非法”性质的认定，根本无须进入司法程序就可以确认的。仅从我国 2007 年 12 月 9 日通过的《中华人民共和国禁毒法》对麻醉药品、精神药品实行的管制就可见一斑：第 21 条规定：“国家对麻醉药品和精神药品实行管制，对麻醉药品和精神药品的实验研究、生产、经营、使用、储存、运输实行许可和查验制度。”“国家对易制毒化学品的生产、经营、购买、运输实行许可制度。”“禁止非法生产、买卖、运输、储存、提供、持有、使用麻醉药品、精神药品和易制毒化学品。”试问，在非法生产、买卖、运输、储存、提

① 周利民：《如何区分运输毒品罪》，载《公安大学学报》2001 年第 2 期；高艳东：《运输毒品罪疑难问题研究》，载《广西政法管理干部学院学报》2004 年第 6 期。

② 高艳东：《运输毒品罪疑难问题研究》，载《广西政法管理干部学院学报》2004 年第 6 期。

供、持有、使用毒品时，如果发生“经济纠纷”，非法生产、买卖、运输、储存、提供、持有、使用毒品者向何人主张“所有权”？

这里只想说明一个观点，理论研究的创新，要有法律及理论的依据，不可人云亦云，更不可以讹传讹。

组织出卖人体器官罪的解析及司法适用研讨①

人体器官移植，是当代医学发展所开辟和创造的一项全新干预医疗技术。② 正因为人自身的器官不具有再生的特点，一方面，病患需求等待移植手术者众多，有些病患及家属愿意为此付出高价，但是医疗单位、机构又严重缺乏可供移植的器官；另一方面，因贫困而自愿出卖器官的"供体"又大量存在。不法者正是看到供需之间的矛盾有着巨大的"利润"，非法组织他人出卖自己的器官，从中谋取非法经济利益。在国家相关法律、法规尚不健全的一段时间内，地下非法组织出卖人体器官的活动猖獗，以致造成近年来大批韩国、日本、印度、马来西亚、沙特、埃及、美国、加拿大等外国人入境只为求得在中国移植器官。③ 我国境内"便易"的器官移植，加之在巨大利润的刺激下，形成了器官移植的地下黑色产业、利益链条。这不仅严重影响了我国的国际形象，而且造成我国众多患者无法正常接受器官移植手术的窘状。实际上，自世界卫生组织通过《人体细胞、组织和器官移植指导原则》（以下简称《指导原则》）以来，我国器官移植商业化后的犯罪问题，学者们早有关注者。④ 也有学者提出了我国立法应对器官移植犯罪涉及的具体范围，应规定非法买卖人体器官；走私人体器官；非法采摘人体器官，偷取他人身体器官、骗取他人身体器官、强制采摘他人身体器官等；单位非法供应人体器官；非法组织出卖人体器官；强迫出卖人体器官；采摘器官造成重大事故；非法实施器官移植手术；非法组织医生实施器官移植手术等。⑤ 只是这样的研究内容并没有引起立法机关的充分重视。

2007 年 5 月 1 日起施行的《人体器官移植条例》（以下简称《移植条例》）第 3 条规定：任何组织或者个人不得以任何形式买卖人体器官，不得从事与买卖人体器官有关的活动。但只是行政性禁止规定是远远不够的。为打击非法器官移植活动，2011 年 5 月 1 日实施的

---

① 本文原载于《中国刑法学年会文集》（2011 年）。

② 根据《人体器官移植条例》第 2 条规定，从事人体细胞和角膜、骨髓等人体组织移植，不适用本条例。

③ 《外国人赴华移植器官调查》，载《凤凰周刊》（网络版）2010 年第 27 期。

④ 郭自力：《论器官移植的法律问题》，载《中外法学》1998 年第 5 期；刘明祥：《器官移植涉及的刑法问题》，载《中国法学》2006 年第 6 期。

⑤ 刘长秋：《论器官移植犯罪的概念、构成及其立法应对》，载《北京人民警察学院学报》2005 年第 2 期。

《刑法修正案(八)》在《刑法》第24条后增加一条，作为第234条之一，规定了“组织出卖人体器官罪”。

一、组织出卖人体器官罪的解读

根据上述条款的规定，组织出卖人体器官罪，是指违反国家有关规定，组织他人出卖人体器官的行为。

(一)客观行为表现

目前，人体器官的非法买卖活动主要表现为以下情况：一是对自愿出卖自己器官者进行的组织，出卖其人体器官；二是对自愿提供自己人体器官捐献者，在自愿捐献者不知情的情况下出卖捐献者人体器官；三是参与他人组织的出卖人体器官活动，倒卖人体器官；四是以其他违法犯罪手段获取他人人体器官而出卖，如采取强迫、引诱、欺骗手段摘取他人器官，故意伤害他人，甚至实施故意杀人，盗取尸体器官出卖。根据《刑法修正案(八)》的规定，第四种情形如属于直接摘取者，应以本条第2、3款的规定定罪处罚，不构成本罪应是没有争议的。

本罪的对象范围是值得研讨的首要问题。显然，前述第一、二种情形下的对象，应为年满18岁，具有完全民事行为能力，自愿出卖和捐献自己人体器官的人。被组织的“供体”(包括自愿出卖器官的人)，必须出于自愿，知道自己是捐献(出卖)了器官，能够认识到被摘取器官对自己身体造成何种影响。如果以强制性手段控制、迫使他人“捐献”，或者以欺骗手段摘取而获得人体器官，以及以各种方式、方法实际摘取不满18周岁活体的人体器官的，应依照本条第2款规定的故意伤害罪或者故意杀人罪定罪处罚。那么，游说他人去世后捐献自己的人体器官，但实际上在获得后出卖其人体器官的；以及参与他人组织的出卖人体器官活动，从事倒卖人体器官，包括实际上买卖的是故意伤害，甚至实施故意杀人而获得的人体器官，是否为组织出卖他人人体器官的行为。这涉及第三、四种情形的被害人，是否可以成为组织出卖他人人体器官罪的对象？目前学者们的讨论似乎只认为本罪对象范围只涉及前述第一、二种情况下的被害人，“这种出卖行为应当是基于受害人本人的同意，即受害人能够意识到其行为是出卖器官，并且能够认识到出卖器官对身体造成的影响。倘若受害人没有上述意思，则组织者侵犯了受害人的意思自由，违背了受害人捐献器官的自主选择意志，此种情况下组织者的行为已经超出了‘组织’的范畴，已经对受害人的身体健康权造成威胁，应当按照故意伤害罪处理”。①

① 李建国、张建兵：《组织他人出卖人体器官罪的理解和适用》，载《中国检察官(司法实务)》2011年第4期。

笔者认为，从对非法买卖人体器官予以严厉打击的立法精神看，上述第三、四种情形视具体情况亦应认定构成本罪，参与其他人组织出卖人体器官活动的也相同。首先，本罪予以入罪的是“出卖人体器官”的行为，“组织”只是行为人的手段行为，对于人体器官的来源，法律并未限制；其次，上述行为在本质上均为“出卖人体器官”的行为。例如，作为中介人参与从事买卖人体器官活动的，可以在不明知他人如何获取人体器官的情况下，参与到上述四种“出卖人体器官”活动的任何一种或数种之中，即使是他人通过欺骗、强迫，或者故意杀人、故意伤害、盗取尸体器官的犯罪行为而获取的人体器官，甚至摘取的是不满 18 周岁未成年人(活体)的人体器官，只要在事前没有通谋，不明知其获取方式、对象的情况下，收购再卖出的，仍然符合“出卖人体器官”的行为。再如，被游说去世后自愿捐献自己器官的人，其捐献虽为自愿，但并未有出卖自己器官的意愿，在其去世后，将其器官出卖，当然也符合“出卖人体器官”行为的本质。《移植条例》第 3 条“任何组织或者个人不得以任何形式买卖人体器官，不得从事与买卖人体器官有关的活动”，也正是说明了完全包括此种情况。

本罪的客观行为，从立法规定看，是“组织”出卖人体器官的行为。何谓“组织”，在《刑法修正案(八)》通过后，对本罪的“组织”行为如何理解，也存在不同的认识。有人认为，《刑法修正案(八)》对“组织”的规定，将遭遇执法困境：首先，如果将“组织”限定在“招募”“管理”他人出卖人体器官，并以此作为立案和取证标准，对偶犯就很难依照这项罪名进行立案查处；其次，对“组织”的理解是否意味着要多人、多次犯罪方可依据此条立案，如果发现单起单人的行为是否又会按非法经营罪、非法拘禁罪等罪名来定罪。① 也有人认为，“组织”一词包含领导、指挥、策划、招募、安排、控制、管理等多种含义的行为，行为人实施其中之一是组织，实施多种行为也是组织，所以组织可以包含单一行为，也可包含多种行为。偶犯也可依本条来定罪。本条的罪名是以是否有组织行为为标准，而不是以行为是否多次发生、组织多人还是一人、多次还是偶犯为标准。②

对我国立法中组织行为的内涵与外延，理论上通常没有大的分歧，即是指“领导、策划、指挥”的行为，但就其法律属性，则是视其由总则规定还是由分则规定来解读。就总则规定而言，通说认为其属于非实行行为，即集团犯罪中作为主犯的首要分子的组织行为以及聚众犯罪中首要分子的组织行为(如果分则规定只处罚首要分子而对参与者不以首要分子组织之犯罪处罚，或者以其他犯罪处罚，或者不处罚的，则该聚众犯罪非必要共同犯罪)。就由总则规定意义上的“组织”行为而言，无论是否属于必要共同犯罪，无疑是指对

---

① 《依法破解人体器官移植难题组织他人卖器官入刑》，http：//www.chinadaily.com.cn/dfpd/hubei/2011-05-04/content_2503817.html。

② 《新罪名难堵器官捐献制度漏洞》，http：//zjfzb.zjol.com.cn/html/2011-05/12/content_5_1.htm [2011-06-05]。

"多人"①(至少3人以上)犯罪活动的领导、指挥、策划，否则，也不能认为行为人是"首要分子"。分则规定的"组织"行为，则认为属于定型化的实行行为。由分则的规定看，大体上有明确规定"组织"行为以及本质上属于"组织"行为的两种情况。前者如"组织、领导、参加恐怖组织罪""组织、领导、参加黑社会性质组织罪""组织卖淫罪"等，后者如"聚众扰乱社会秩序罪""聚众斗殴罪""非法集会、游行、示威罪"等，然而，无论是总则规定的还是分则规定的，是否属于具体的"组织"行为，则通常以具体的手段是否具有"组织"的属性认定。在最高司法机关的有关解释中，对组织行为的解释，无疑也是持相同的解释思路而界定的。例如，1992年12月11日"两高"《关于执行〈全国人民代表大会常务委员会关于严禁卖淫嫖娼的决定〉的若干问题的解答》(以下简称《若干问题的解答》)第2条规定，组织他人卖淫罪，是指以招募、雇佣、强迫、引诱、容留等手段，控制多人从事卖淫的行为。2002年1月30日《最高人民法院关于审理组织、运送他人偷越国(边)境等刑事案件适用法律若干问题的解释》第1条规定："领导、策划、指挥他人偷越国(边)境或者在首要分子指挥下，实施拉拢、引诱、介绍他人偷越国(边)境等行为的，属于刑法第三百一十八条规定的'组织他人偷越国(边)境'。"在上述解释中，显然是根据具体犯罪的特性，依据"行为"是否具有聚拢"人"的属性认定"组织"行为的。所以，问题不在于对非实行行为的组织行为的理解，而在于对属于"实行行为"的"组织"行为是否以组织"多人"为认定的必要。

本罪组织出卖人体器官罪的"组织"行为，同样属于从聚拢"他人"是为出卖其身体器官性质上说的，游说、招募、引诱、容留、介绍他人(包括在网络上发布开展此类"组织"信息)，以及对被聚拢出卖人体器官的他人实行体能锻炼，进行食宿管理、安排，对反悔者非法拘禁，对供体的安排体检，联系移植的医疗机构等，无一不可以说是"组织"行为的内容。《移植条例》第10条明确规定："活体器官的接受人限于活体器官捐献人的配偶、直系血亲或者三代以内旁系血亲，或者有证据证明与活体器官捐献人存在因帮扶等形成亲情关系的人员。"为使出卖人体器官顺利进行，为供体伪造居民身份证件、户籍证明、亲情关系证明等犯罪活动，又何尝不是组织出卖人体器官的"组织"行为？因而，关于认定"组织"行为的立案和取证标准困难等问题，笔者认为是不存在的，原因在于不能过于狭隘地解读本罪的"组织"行为。至于现实中，组织出卖他人器官的违法犯罪活动中，大量存在非法拘禁、伪造居民身份证件、户籍证明等犯罪活动，应以牵连犯的原则对待。从《移植条例》对(活体)移植本身即具有诸多限制性条件看，伪造居民身份证件、户籍证明等是本罪组织行为实施中包括的当然内容，因此，可以按照牵连犯的原则从一重处断，不实行并罚。但非法拘禁的行为，非属"组织"行为的当然内容，即非法拘禁罪的构成要件，与组织出卖人体器官罪的构成要件不具有必然的重合关系，即使符合牵连犯的条件，也并不妨碍

① 最高司法机关对"多人""多次"的解释，均是以"三"这一数目为标准，请参阅相关解释的规定。

可以并罚处理。

在笔者看来，问题恰恰在于依据以往最高司法机关对“组织”行为的解释精神。如前述《若干问题的解答》是以“控制多人”从事卖淫的行为为界定实施“组织”行为的标准之一来看，的确存在对实施出卖人体器官的“偶犯”应否以本罪论处的问题。例如，在得知他人因生活所迫有出卖器官意愿的，为其联系受体或者联系医院收取费用的行为，是否需要入罪？从“组织”作为动词的词义而言，是指有目的地使分散的人或者事务具有一定的系统性和整体性的行为。① 由此而言，对于只从事或者参与从事一次人体器官买卖活动的人，在不符合构成故意杀人罪、故意伤害罪或者侮辱尸体罪的前提下，是不符合本罪要求“组织出卖人体器官”行为要件的。高铭暄教授也认为：“所谓‘组织’是指发起、策划、拉拢、安排他人（不止一人）出卖人体器官的行为。”②《移植条例》的“法律责任”第26条规定：“违反本条例规定，买卖人体器官或者从事与买卖人体器官有关活动的，由设区的市级以上地方人民政府卫生主管部门依照职责分工没收违法所得，并处交易额8倍以上10倍以下的罚款……国家工作人员参与买卖人体器官或者从事与买卖人体器官有关活动的，由有关国家机关依据职权依法给予撤职、开除的处分。”笔者认为，这样的行政处罚对偶尔实施一次出卖人体器官者的惩治力度是可以的。

关于“出卖”一词的含义，也有不同的理解。有的学者在研讨中是将“出卖”与“贩卖”并列为不同的行为；③ 也有的认为出卖应解读为“贩卖”；④ 还有的认为“出卖”仅指“卖出”而不包括“买入”，从而主张对“买人”人体器官的行为也应入罪。⑤ 从汉语词义上说，出卖就是指“卖”，⑥ 在词义上是与“买”相对的，而“贩卖”词义上是指先行买入再行卖出以赚敢其中利润之意。⑦ 在遵循汉语规范词义的前提下，“出卖”的确也只是“卖出”之意，即是指将人体器官作价卖出。但就本罪的立法而言，绝无自己将其本人的人体器官作价出卖也应入罪之意。

在我国刑法上涉及“买卖”行为而入罪的，除立法特指处罚“卖出”的行为外，⑧ 解释论

---

① 参见《现代汉语词典》，商务印书馆1979年版，第1532页。

② 高铭暄、陈璐：《〈中华人民共和国刑法修正案（八）〉解读与思考》，中国人民大学出版社2011年版，第106页。

③ 刘长秋：《论器官移植犯罪的概念、构成及其立法应对》，载《北京人民警察学院学报》2005年第2期。

④ 莫洪宪、杨文博：《组织贩卖人体器官罪的司法认定》，载《法制日报》2011年3月2日，第12版。

⑤ 李建国、张建兵：《组织他人出卖人体器官票的理解和适用》，载《中国检察官（司法实务）》2011年第4期。

⑥ 参见《现代汉语词典》，商务印书馆1979年版，第154页。

⑦ 参见《现代汉语词典》，商务印书馆1979年版，第300页。

⑧ 如生产、销售伪劣商品的犯罪。

上涉及国家禁止实施的"买卖"行为，无论实施"买入"还是"卖出"行为在所不问，均以"买卖"论。换言之，即为卖出而买入的，亦可视为"出卖"。例如，贩卖毒品罪，拐卖妇女、儿童罪，非法买卖枪支、弹药、爆炸物罪，非法买卖储存危险物质罪等所涉及的买卖行为。只要为"卖"而"买"亦是"买卖"行为，笔者认为本罪的立法原意也应在此。由此而论，将"出卖"与"贩卖"并列为不同的行为，以及认为"出卖"不包括"买入"的行为，都值得商榷。从排除器官供体的"卖出"和器官受体的"买入"不构成犯罪的意义上说，① "贩卖"人体器官者，当然是有先买入的行为才能实施出卖人体器官的行为，不过从入罪的意义上说，本罪是行为犯，处罚的是组织"出卖"人体器官行为。至于人体器官是由出卖者本人摘取还是由他人摘取，人体器官的来源，以及是否有先行买入的行为等，均不影响构成犯罪。

（二）犯罪主体的范围

本罪是否包括单位主体，也是在《刑法修正案（八）》通过后有争议的问题。《移植条例》第 25 条规定："违反本条例规定，有下列情形之一，构成犯罪的，依法追究刑事责任：（一）未经公民本人同意摘取其活体器官的；（二）公民生前表示不同意捐献其人体器官而摘取其尸体器官的；（三）摘取未满 18 周岁公民的活体器官的。"《刑法修正案（八）》规定的罪名及刑事责任与此范围基本一致。但是，2009 年 12 月 28 日卫生部《关于规范活体器官移植的若干规定》第 10 条规定："医疗机构及其医务人员有下列情形之一的，由所在地省级卫生行政部门依照《中华人民共和国执业医师法》《医疗机构管理条例》《人体器官移植条例》的规定，对医疗机构及相关责任人予以处罚；涉嫌犯罪的，移交司法机关查处……"② 该规定并没有排除单位也可以构成本罪。

在《刑法修正案（八）》的条款中，由于没有规定"单位"可以构成本罪，所以，学者多数认为本罪主体只能是自然人。但有人认为不妥，主张本罪的主体应该包括单位，理由是"组织他人出卖人体器官"的犯罪主体初现单位化趋势。少数器官移植的有关单位能利用工作性质之便，以其部门职能属性为天然掩护，暗中从事人体器官的非法买卖。相对于自然人组织者，人体器官的提供者更有可能与这些拥有"官方"身份的单位"合作"。同时，"组织他人出卖人体器官"犯罪的科技手段将向单位化蔓延，这种类似职业化的犯罪开始呈现出单位化倾向。因为活体器官的接受人限于活体器官捐献人的配偶、直系血亲或者三代以内旁系血亲，或者有证据证明与活体器官捐献人存在因帮扶形成亲情关系的人员。医疗机构所设人体器官移植技术临床应用与伦理委员会应对人体器官的配型和接受人的适应证是

① 目前我国尚未就出卖自己的身体器官以及不合法接受器官移植作禁止性规定。这里所出现的器官出卖与接受移植，目前连违法都谈不上。

② 其中，可能涉及犯罪的，主要是：摘取未满 18 周岁公民活体器官用于移植的；……买卖活体器官或者从事与买卖活体器官有关活动的。

否符合伦理原则和人体器官移植技术管理规范进行认定。组织者需要打通这种关系，在利益的驱动下，这种单位很容易演变成为非法买卖人体器官的组织者。事实证明，在一些经济发达但社会治安较为混乱的地区，此类案件已偶有发生。① 最后，单位构成“组织他人出卖人体器官”共犯的可能性增加。非法出卖人体器官的组织者极易与具有相应资质的医疗机构合作，让医疗机构为其顺利组织出卖人体器官提供多种便利。这种情形下，如果医疗机构及其他组织事先明知，则与非法买卖人体器官的组织者形成事实上的共犯，应以“组织他人出卖人体器官”共犯论处。②

客观地说，目前的情况下，仍不可想象个体诊所能够实施人体器官移植活动。这不仅因为人体器官移植目前仍属尖端的医疗技术，而且开展此类干预性治疗活动仍需要普通人难以想象的系统的其他医疗技术(如移植后的保障、保健)的支撑。就器官移植而言，目前只可能在医疗单位或机构内进行是不言而喻的。现实中，也不乏医疗单位或机构为“效绩”“效益”在不严格遵守器官移植规范要求的情况下，存在变相非法买卖人体器官实施器官移植。从事人体器官移植的医疗机构实施人体器官移植手术，除向接受人收取摘取和植入人体器官的手术费，保存和运送人体器官的费用，摘取、植入人体器官所发生的药费、检验费、医用耗材费外，不得收取或者变相收取所移植人体器官的费用。但是，条例的规定只是原则性规定，并没有具体费用的明确标准可供参考。这当然与医疗费用自身就难以预计和器官移植的复杂性有关。移植医疗单位或机构完全可以在移植费用所规定范围内“合理”地在各种环节上增加费用，使移植成本增高而增加医疗单位、机构的收入。然而其违法的成本，根据《移植条例》第27条第5款规定，只承担“依照价格管理的法律、行政法规的规定予以处罚”的代价。即使移植医疗机构参与买卖人体器官或者从事与买卖人体器官有关的活动，依据第26条的规定，对负有责任的主管人员和其他直接责任人员只是依法给予行政处分，单位也只承担被原登记部门撤销该医疗机构人体器官移植诊疗科目登记，以及3年内不得再申请人体器官移植诊疗科目登记的行政处罚。这样的行政处罚针对医疗单位或机构而言，显然是非常轻微的。从这一点而言，要求本罪应有单位主体的主张，不可谓没有道理。然而，本罪之所以没有规定单位主体显然不是立法者对《移植条例》所规定情况没有认识到。那原因何在呢?

《移植条例》的规定，既有警示医疗单位、机构的意义，也表明的确无法排除医疗单位、机构可能涉足参与买卖人体器官或者从事与买卖人体器官有关的活动。当然，医疗单位、机构中的个别医护人员参与买卖人体器官或者从事与买卖人体器官有关活动的，犯罪主体显然是个人，而非单位。就本罪而言，单位要构成本罪，关键要件是基于“单位意志”

① 作者并没有实际指出以往单位涉案的实例。

② 张宇：《“组织他人出卖人体器官”应规定单位犯罪》，http://www.scxsls.com/article_49098.htm，2011年6月5日；李建国、张建兵：《组织他人出卖人体器官罪的理解和适用》，载《中国检察官(司法实务)》2011年第4期。

的利益驱动。如论者认为是“少数器官移植的有关单位能利用工作性质之便……从事人体器官的非法买卖”,① 即不是指医疗“单位”本身，而是其中的“有关单位”。那么这应是何种属性的“单位”？应认识到我国现有的器官移植机构，均是在具有一定规模的医疗单位、机构中的一个非独立单位。这里的“非独立”，不仅是因为目前我国还没有独立的只开展器官移植的医疗机构，也因为实施器官移植的，如果没有其他非器官移植的系列医疗技术、措施参与，包括移植后的保障、保健措施等的参与，是不可能的。如果医疗单位、机构的确参与买卖人体器官或者从事与买卖人体器官有关活动，哪一级的领导意志可视为“单位意志”？移植机构、中心领导可以吗？还是器官移植技术临床应用与伦理委员会？将这种事实上没有独立申请资质,② 在法律属性上缺乏主体性质的机构、中心等，规定为“犯罪主体”尚缺乏理论支撑；即使移植机构参与了其中的活动，其主要的动因是“效绩”“效益”，不可想象为追求“效绩”“效益”去实施故意杀人、故意伤害罪。然而其中哪些费用是“买卖人体器官”的不法收益？哪些属于允许补偿给“供体”的合法收入的损失以及对其器官摘取后的医疗支出？哪些是获取、保存及保障器官安全、质量、效用和用于移植器官所必需的合法费用？司法介入调查能够查证到“证据确实充分”吗？而且，无论哪一级医疗单位、机构，也无论其所有制性质如何，即使是“营利性医疗机构”，其活动也必须遵循“救死扶伤，防病治病，为公民的健康服务为宗旨”。③ 如果将刑罚的“板子”同时打在以“救死扶伤”为宗旨的其他医疗活动中，未必是恰当的刑事立法。

即使需要遵循“任何人不得通过损害他人而获得利益；任何人不得因自身的不法获得利益”④之原则，移植机构在参与买卖人体器官或者从事与买卖人体器官有关活动后，虽然获得利益者包括医疗机构在内，但也不可能将已经移植的器官再从另一个获得“利益”者身体中摘除。在“发挥‘物’⑤的最大效用”原则下，保障受体的后续治疗等保障、保健医疗活动，也不可能视为在“巩固犯罪成果”。既然如此，如何能通过判处刑罚达到实现消除犯罪后果及影响的效果？笔者认为，本罪主体目前规定为自然人是合适的。

---

① 张宇：《“组织他人出卖人体器官”应规定单位犯罪》，http://www.sexsls.com/article_49098.htm，2011年6月5日。

② 《人体器官移植条例》第11条规定：“医疗机构从事人体器官移植，应当依照《医疗机构管理条例》的规定，向所在地省、自治区、直辖市人民政府卫生主管部门申请办理人体器官移植诊疗科目登记……”

③ 1994年2月26日国务院《医疗机构管理条例》第3条的规定。即使不否认医疗活动中存在违规违法现象，如被普遍诟病的“药品、医疗高收费”“药品、医疗器械回扣”“以药养医”等，包括医疗腐败问题，但仍然不可否认医疗单位的基本活动宗旨。

④ 转引自张明楷：《刑法格言的展开》，法律出版社2003年版，第88页。

⑤ 本人采信活体分离的器官的法律性质，构成法律上的“物”的观点。史尚宽：《民法总论》，中国政法大学出版社2000年版，第250页。

二、组织出卖人体器官罪的犯罪界限

(一)本罪与故意杀人罪、故意伤害罪的界限

根据《刑法修正案(八)》第2款的规定，未经本人同意摘取其器官，或者摘取不满18周岁的人的器官，或者强迫、欺骗他人捐献器官的，依照《刑法》第234条、第232条的规定定罪处罚。依据《移植条例》规定，人体器官捐献应当遵循自愿、无偿的原则。捐献其人体器官应当有书面形式的捐献意愿，对已经表示捐献其人体器官的意愿，也有权予以撤销，即公民享有捐献或者不捐献其人体器官的权利。

所谓的“摘取”，是指违反国家规定，非医学治疗需要的摘取人体器官，不包括出于医学治疗需要摘取、切除器官的情形。“未经本人同意摘取其器官，是指在没有得到被摘取器官的本人的同意，摘取其器官的行为。即使曾经同意过又撤销同意的，亦为“未经本人同意摘取其器官”，包括在其本人不明真相的情况下被摘取器官，采取强制手段摘取其器官。“摘取未满18周岁的人的器官”，是指摘取未满18周岁的未成年人的器官。未成年人是社会中的弱势群体，不具有完全民事行为能力，对事物的判断能力还不成熟，因此不论未成年人本人是否同意，即使其本人同意，所谓“同意”在法律上亦视为无效。只要是非医学救治的需要而摘取不满18周岁的人的器官即构成犯罪。“强迫、欺骗他人捐献器官”，是指采取强迫、欺骗的手段，使他人“捐献”器官的行为。采取强迫手段，当然符合“未经本人同意摘取其器官”，而采取欺骗手段的，程序上看似是在“取得同意”的情况下摘取其器官的，但正因为是采取欺骗手段，本质上违背了被摘取器官者的真实意思表示，如欺骗无责任能力的精神病患者。因此，上述三种情况均是违背器官被摘取者意愿的行为。原则上，只要实施上述行为，必然损害他人的身体健康，当然构成故意伤害罪。如果器官的重要性达到无此则危及生命的，则应以故意杀人罪论处。这是“由于任何人都无权处分自己的生命，即便是出于高尚动机，同意他人结束自己的生命，法律也是不允许的，因此，如果摘取器官明显会给移植器官供者带来生命危险，则其捐献器官的承诺无效，医生也不得为移植而冒险摘取其器官，否则，就有可能对所造成的严重后果承担刑事责任”。①

本罪与故意杀人罪、故意伤害罪的区别从司法层面上说，本罪以违反国家禁止买卖人体器官为构成犯罪的必要条件，至于对活体的“捐献体”身体健康造成的损害虽是必然，但属于“同意伤害”，阻却伤害的违法性。所以认定的依据不在于造成的伤害，而是出卖其人体器官；而后两罪，虽然同意被伤害及同意被杀均存在不免责的情况，但认定犯罪的依据在于行为的非法性以及伤害或者死亡的结果。而且，本罪主观上无刑法认可的伤害故意，

① 刘明祥：《器官移植涉及的刑法问题》，载《中国法学》2006年第6期。

而是出卖人体器官的内容；而后两罪主观上是伤害或者杀人的故意内容。当然，有必要指出的是，在此类案件中由器官移植特殊性所决定，如何认定故意杀人罪的问题，也直接涉及我国实务中对“死亡”标准仍然采信“心跳、呼吸停止说”是否恰当的问题。

（二）本罪与侮辱尸体罪的界限

《刑法修正案（八）》第37条第3款规定，违背本人生前意愿摘取其尸体器官，或者本人生前未表示同意，违反国家规定，违背其近亲属意愿摘取其尸体器官的，依照《刑法》第302条的规定定罪处罚。上述行为，都表现为对死者尸体的完整性造成了破坏，其行为不仅是对死者的人格尊严的亵渎，也给死者近亲属带来极大的痛苦和伤害。所谓“违背本人生前遗愿摘取其器官”，是指已故公民虽在生前已经明确表示去世后不愿意捐献人体器官，但仍然违背其生前遗愿摘取其器官的行为。所谓“违反国家规定，违背其近亲属意愿摘取其尸体器官的”，是指违反了《移植条例》的规定，对没有在生前留下捐献器官意愿的去世者，在没有其近亲属以书面形式共同表示同意摘取其器官的情况下，摘取其器官的行为。

本罪与侮辱尸体罪于司法层面上的区别在于，本罪以不违背人体器官的捐献者去世后摘取其器官的意愿为条件；后者以实施违背死者或者其亲属意愿，摘取死者的器官为条件。而且，本罪以实施出卖人体器官为入罪的条件，人体器官的来源及来源的方法等，在所不问；而后者则是以实施摘取死者人体器官的行为为入罪的条件。

论《刑法修正案(八)》对生产、销售有毒、有害食品罪的修订[①]

"民以食为天"[②]道出了饮食与国民生命、健康的重要关系。作为其中重要一环的食品安全是关乎民生乃至社会都定的重大问题，自我国市场经济建立以来，国家的经济宏观调控初期的主要精力放在市场经济的建立以及企业的改制等大的方向上，对市场准入放得很开，而且对各种经营活动的模式、标准规范不够，甚至有的领域内的监管就是空白。正因为国家长时期没有重视对市场经营理念的规范和引导，市场经济失范现象也随之逐渐增多，以至于发展到各个行业都或多或少存在制假贩假的问题。在食品中掺入非食品原料、添加有毒、有害物质，多年来成为凸显的社会问题。虽然1997年修订刑法规定了生产、销售有毒、有害食品罪，对保证食品安全、保障人民群众身体健康发挥了积极作用，我国食品安全的总体状况得到改善。但是，食品安全事故时有发生，国民对食品普遍缺乏安全感。三鹿奶粉案、双汇"瘦肉精"案、上海的"染色馒头"、京津冀"地沟油"案、北京"美容猪蹄"案、台湾的"塑化剂"、广东佛山"工业盐酱油"案等，层出不穷的食品安全事故，不仅造成了一定的社会恐慌，还造成不良的国际影响。2009年2月28日第11届全国人大常委会第7次会议通过了《中华人民共和国食品安全法》。刑法为与食品安全法的有关规定相衔接，《刑法修正案(八)》对原《刑法》第144条生产、销售有毒、有害食品罪处罚标准进行了较大幅度的修订并对法定刑的配置作出重大调整。

一、修订内容的理解

对于本罪的基本罪状，《刑法修正案(八)》与1997年《刑法》第144条没有区别，仍然规定是"在生产、销售的食品中掺入有毒、有害的非食品原料的，或者销售明知掺有有毒、有害的非食品原料的食品的"行为，即主观方面必须具有犯罪的故意，即故意在食品中掺入有毒、有害非食品原科或者明知是有毒、有害食品而销售；客观上实施了在生产、销售

① 本文原载于《中国刑法学年会文集》(2012年)。

② 《汉书·郦食其传》。

的食品中将入有毒、有害的非食品原料或者明知是掺有有毒、有害的非食品原料的食品而销售的行为，就符合本罪的基本构成要件。至于生产，销售后有无具体危害后来的发生并不影响本罪的成立。所谓“有毒、有害的非食品原料”，是指对人体具有生理毒性，食用后会引起不良反应，损害机体健康的不能食用的原料。

修订的内容，主要是三个方面：一是取消了单处罚金刑和拘役刑；二是将第二档刑处刑情节“造成严重食物中毒事故或者其他严重食源性疾患，对人体健康造成严重危害”，修改为“对人体健康造成严重危害或者有其他严重情节”，并将第三档刑处刑情节“致人死亡或者对人体健康造成特别严重危害”，修改为“致人死亡或者有其他特别严重情节”；三是将具体罚金数额，即并处销售金额50%以上2倍以下罚金的规定，修订为不再具体规定罚金数额。

可以说，这次修订虽然并不是针对认定上的问题，只是为应对犯罪的复杂情况，根据打击犯罪的需要，加强惩处的力度，以及为解决在适用罚金刑中，有的犯罪的销售金额难以认定的问题进行的修改。对本罪废除单处罚金刑和拘役刑，在构成犯罪时统一适用有期徒刑以上刑罚，不仅体现了国家严厉打击食品安全犯罪的决心，增加了犯罪者的犯罪成本，而且一定程度上会提升刑罚威慑力。对原刑法要求“造成严重食物中毒事故或者其他严重食源性疾患，对人体健康造成严重危害”，修改为“对人体健康造成严重危害或者有其他严重情节”；“致人死亡或者对人体健康造成特别严重危害”，修改为“致人死亡或者有其他特别严重情节”，则明显放宽了适用重罚的门槛。原刑法要求必须有足以造成严重食物中毒事故或者其他严重食源性疾病的危险存在。但是，这一前置性的程序，是要由法律所规定的省级以上卫生行政部门确定的机构予以鉴定，确认在食品中含有导致食物中毒事故或其他严重食源性疾病的有害物质的情况。这不仅增加了司法成本，而且鉴定结论并不能替代司法认定的结论，它只是司法机关认定危险状态是否存在的依据。实践中，有的鉴定甚至无法作为证据使用，如有的“地沟油”“工业盐酱油”的鉴定，竟然是“合格”的。即便鉴定作为依据，也易导致处罚的严重滞后，收不到刑罚应有的威慑力。所以，取消这一前置程序，无疑是有重要意义的。

有人认为，“本罪是一个危险犯，而且属于抽象的危险犯。有毒、有害的判断标准是可能造成严重的食物中毒或者其他严重的食源性疾病”。①

笔者认为，这一认识不正确，《刑法修正案(八)》对本罪处罚的规定中，恰恰是取消了原条款中“造成严重食物中毒事故或者其他严重食源性疾病”的条件，再认为抽象危险犯是没有立法依据的。本罪系行为犯，只要在生产、销售的食品中掺入有毒、有害的非食品原料的，或者销售明知掺有有毒、有害的非食品原料的食品的行为，即构成犯罪。

---

① 曲直：《对食品安全犯罪的刑法规制——〈刑法修正案(八)〉中的食品安全立法》，载《人民论坛》2011年第23期。

“对人体健康造成严重危害”是本罪情节加重的规定，即要求生产、销售有毒、有害食品的行为与上述后果之间具有直接的因果关系。“两高”2001 年 4 月 10 日《关于办理生产、销售伪劣商品刑事案件具体应用法律若干问题的解释》(以下简称《解释》)第 5 条规定：“生产、销售的有毒、有害食品被食用后，造成轻伤、重伤或者其他严重后果的，应认定为刑法第一百四十四条规定的‘对人体健康造成严重危害’。”从实务适用的意义上看，《解释》中要求必须是“食用后”造成轻伤以上后果的，即符合要求。但是由食用有毒、有害食品直接导致“严重危害”或“致人死亡”之间的因果关系往往不易确定。因为即使是在生产、销售的食品中掺入有毒、有害的非食品原料，或者销售明知掺有有毒、有害的非食品原料的食品，到最终由消费者食用，中间仍然可能有多个环节。实务中对较小规模的制售有毒、有害食品案件，因果关系的认定难度不大，但对于涉及产、购、销等多个环节，造成人员伤害、死亡等严重后果的，特别对销售者而言，由于进货渠道多个，在没有共同犯意的情况下，很难证明严重伤害或者死亡的结果是哪个具体行为人在哪个环节中造成的，这在因果关系的认定上就存在很大困难。有人主张对不属于共同犯罪的这种案件，可以采用“推算法认定相当因果关系”，即“以行为人生产、销售的有毒、有害食品的数量、销售数额等数字为基础，根据有毒、有害食品数量与危害结果间的正向对应关系，以合理的方式推算出行为人生产、销售的食品造成的危害结果，从而确定危害行为属于‘对人体健康造成严重危害’还是‘致人死亡或者对人体健康造成特别严重危害’的量刑幅度，此时因果关系是一种具有相当性的因果关系”。① 并举例：多人在没有犯意联络下各自生产有毒、有害食品，均将食品卖给同一家销售商，销售商将食品分批推向市场卖给消费者，造成 1000 人患病(包括轻伤、重伤、死亡)。销售商应当对所有的被害人承担刑事责任，但因无法确定损害结果是由哪个生产者造成，则可根据相关机构的鉴定或卫生行政部门出具的证明：“食用 10 克该种食品可致人患病，食用 500 克该食品可致人死亡”，如果生产该食品 100 克，就应对 10 人的危害结果承担责任，生产该食品 500 克，就应对 1 人的死亡结果承担责任。②

笔者认为，以这样的推论来确定因果关系是极其不严肃的，须知有毒、有害的非食品添加剂并非能够立即致人死亡的毒药。制售有毒、有害食品的行为与结果之间具有间隔性、结果发生具有一定的延时性的特点。这里且不说卫生行政部门能否出具这样事关适用最重刑“死刑”的证明，如果依据这样的推论认定因果关系，必然会产生食用后是否罹难患病，也存在个体差异如何排除个体差异、医疗机构有无过错问题等疑问。而且，在众多生产者使用不同但相类似的有毒、有害添加剂的情况下，卫生行政部门如何能鉴定出哪个有

① 李莹：《〈刑法修正案(八)〉中生产、销售有毒、有害食品罪法理解析》，载《铁道警官高等专科学校学报》2011 年第 3 期。

② 李莹：《〈刑法修正案(八)〉中生产、销售有毒、有害食品罪法理解析》，载《铁道警官高等专科学校学报》2011 年第 3 期。

毒、有害添加剂是致死、致伤的原因？被害人食用后罹难患病的有哪些是因个体差异而导致？在笔者看来，只要发生此种严重结果，只要证明是因食用所生产、销售的食品中掺入有毒、有害的非食品原料，就应当承担相应的刑事责任。其中个体的差异，医疗机构有无过错等，均非排除因果关系的条件。

此外，在加重刑罚档中，除了要求"对人体健康造成严重危害"外，"或者有其他严重情节的"可在5年以上10年以下量刑。这里的其他严重情节，在前述《解释》中并没有具体规定。笔者认为，"其他严重情节"可以考虑：(1)主观恶性大。如系本罪的累犯、集团犯罪的首要分子；(2)性质恶劣。如生产、销售与人民群众生活密切相关的食品；(3)社会影响恶劣。如造成社会恐慌、严重影响国家形象等；(4)非食品添加剂的毒害性、有害性致伤残、死亡可能性大；(5)生产、销售有毒、有害食品数量巨大，次数多以及非法获利数额巨大；(6)毁灭、伪造、隐匿制售有毒、有害食品的重要证据；(7)具有其他属于牵连、竞合的犯罪的情况。

"致人死亡或者有其他特别严重情节"，是转化适用第141条生产、销售假药罪"处10年以上有期徒刑、无期徒刑或者死刑，并处罚金或者没收财产"的条件。"致人死亡"，是指生产、销售的有毒、有害食品被食用后，造成他人死亡，"其他特别严重情节"，则可以考虑同时具有三种以上"其他严重情节"的，致使多人严重残疾以及具有生产、销售特别大量有毒、有害食品的，笔者认为符合"其他特别严重情节"的情形。

二、本罪的牵连与竞合

易与本罪发生牵连关系的，主要是《刑法》第213条假冒注册商标罪、第214条销售假冒注册商标的商品罪。由于假冒注册商标罪、销售假冒注册商标的商品罪的法定刑均低于本罪最低起刑的5年，因此，以假冒注册商标为手段行为制售有毒、有害食品，以及明知销售的掺有有毒、有害的非食品原料的食品是假冒他人注册商标的，均应以本罪从重处罚。

易与本罪发生竞合关系的，主要是本罪与《刑法》第140条生产、销售伪劣产品罪、第143条生产、销售不符合安全标准的食品罪、第225条非法经营罪。

《刑法》第149条规定："生产、销售本节第一百四十一条至第一百四十八条所列产品，构成各该条规定的犯罪，同时又构成本节第一百四十条规定之罪的，依照处罚较重的规定定罪处罚。"即刑法采用"重法优于轻法的原则"选择法条适用。这主要是指行为人有交叉地先后实施了生产、销售有毒、有害食品以及生产、销售不符合安全标准的食品；有交叉地先后实施销售明知掺有有毒、有害的非食品原料的食品以及生产、销售不符合安全标准的食品等。

从《刑法》第149条规定而言，生产、销售有毒、有害食品罪相对于第140条规定，是特别法条，构成本罪同时又构成第140条规定的犯罪时，最低条件是指满足了“销售金额20万元以上不满50万元”，才与本罪起刑相当。但是，本罪采用无限额罚金刑，则重于第140条规定的犯罪；但当满足“销售金额50万元以上不满200万元”以上情节时，即使具有“对人体健康造成严重危害或者有其他严重情节”，则第140条规定的法定刑重于本罪，应适用第140条处罚。

有毒、有害食品性质上虽然也属于不符合食品安全标准的食品。这一点上似有竞合现象，但本罪与第143条生产、销售不符合安全标准的食品罪同属于特别法条，二者只是与第140条有普通法条与特别法条的关系。因此，原则上不存在本罪与第143条规定有竞合，选择法条适用的关系。

与第225条非法经营罪的关系。由于食品不可能具有属于专营、专卖以及限制买卖的物品等符合非法经营物品的属性，因此，从可能性上与本罪竞合的关系来看，只有生产、销售有毒、有害食品行为同时符合“其他严重扰乱市场秩序”要求的非法经营行为。这种情况，在笔者看来，主要涉及的是无照、无牌、无资质等经营行为，即形式上即属违法。如果从两罪的性质上看，非法经营罪的涵盖面要广于本罪，应属于普通法条，本罪为特别法条，虽然非法经营罪的起刑与本罪相当，基于特别法条优于普通法原则的要求，应适用本罪处罚。

对本罪法条竞合的研究，有学者认为，危害食品安全犯罪法规竞合中，存在该类犯罪与刑法第414条放纵制售伪劣商品犯罪行为罪等罪的“主体型法规竞合”，① 很难设想有毒、有害食品的生产者、销售者同时是具有对生产、销售伪劣商品犯罪行为负有追究责任的国家机关工作人员的身份。

三、余论

在不少学者看来，认为本罪具有危害公共安全的性质，并认为将本罪规定在分用第三章不合适，应将其归于“危害公共安全罪”一章中。② 其中有的还较详尽介绍了一些发达国家的立法规定。③ 不可否认，生产、销售有毒有害食品的确有危害不特定及多数人生命、健康的性质，但将这里的“毒”与“害”与基于化学作用，能够即刻致有机体死亡或者伤害的砒霜、鼠化钾、剧毒农药等有毒的物质相提并论，以及从犯罪行为以及主观罪过内容，将本罪与投放危险物质罪、以其他危险方法危害公共安全罪等类比的做法，均是不够严谨的。规制本罪的立法意图，在于保护与人们的日常生活密切相关的食品安全，规范制售食

---

① 杨凯：《危害食品安全犯罪法规竞合初探》，载《甘肃政法学院学报》2009年第6期。

② 田禾：《论中国刑事法中的食品安全犯罪及其制裁》，载《江海学刊》2009年第6期。

③ 刘伟：《风险社会语境下我国危害食品安全犯罪刑事立法的转型》，载《中国刑事法杂志》2011年第11期；许桂敏：《罪与罚的嬗变：生产、销售有毒、有害食品罪》，载《法学杂志》2011年第12期。

品行为；而危害公共安全罪设置的立法意图，均在于规制“犯罪行为一经实施，不论行为人主观上是否愿意，都能够在一定条件下造成众多人员的伤亡或公私财产的广泛重大的损失，或者形成对公众生命财产安全的严重威胁”①的行为。正因为制售有毒、有害食品行为与结果之间具有间隔性、结果发生具有一定的延时性的特点，所以，将本罪类比危害公共安全罪，并不恰当。

也有学者主张对制售有毒、有害食品罪(包括生产、销售不符合安全标准的食品罪)设置过失犯的条款，并认为我国刑法没有规定此类过失犯罪，是立法上的疏漏,② 主张刑法中应设置过失食品安全罪。③ 笔者认为，结合我国当前整体上的经济现状而言，增设此类犯罪的过失犯罪是有必要的。例如，大量的初级农副产品是可以直接食用的。虽然其培育生长过程主要是自然过程，人工干预也不可能在其中添加有毒、有害物质。但是，为减少病虫害、增加产量等，过度投放农药乃至使用禁止使用的农药，致使农药残留严重超标，或者无法消除产品中有毒、有害物质；人工干预供人食用动物自然生长过程，在饲料、饮水中添加各种国家明令禁用的药品以及有毒害性的化工产品；水产品在受到严重污染时，仍然推向市场予以销售；等等。这些现象都折射出目前食品安全监管体系中仍然有重大缺失环节。有学者认为，在我国，绝大多数食品安全事件是由于不法食品生产经营者为谋取暴利而人为造成的，故意犯罪占据了较大的比重，但我国又是一个农业人口占比重较大的国家，科学文化水平有限，要求生产者、加工者、销售者具备相当和度的认知水平，即要求对添加物的毒害性是明知的，并不切合我国的实际。即使他们明知不得添加，也对添加物的毒害性缺乏认知。至少从理论上认定行为人具备刑法分则所要求的犯罪故意，还是比较困难的。而当今的食品安全事故，很多都是由生产者、经营者的过失行为引起的。④ 虽然《刑法修正案(八)》增加了“食品监管渎职罪”，但是，这只是国家机关工作人员滥用职权或者玩忽职守的行为，且必须在发生重大食品安全事故或者造成其他严重后果的情况下，才涉及刑事追诉和刑事责任问题，而立法目前的确忽略了初级农副产品培育、加工过程中，因过失而发生的严重食品安全事故的责任问题。

---

① 高铭暄、马克昌主编：《刑法学》(第五版)，北京大学出版社、高等教育出版社 2011 年版，第 338 页。

② 龙在飞、梁宏辉：《风险社会视角下食品安全犯罪的立法缺憾与完善》，载《经济特区》2012 年第 1 期。

③ 毛乃纯；《论食品安全犯罪中的过失问题——以公害犯罪理论为根基》，载《中国人民公安大学学报》2010 年第 4 期；俞小海：《食品安全犯罪立法修正之评及其再完善——以〈刑法正案(八)〉为样本》，载《北京人民警察学院学报》2012 年第 1 期：房清快：《食品安全刑法保护的缺陷与完善》，载《河南财经政法大学学报》2012 年第 2 期。

④ 毛乃纯：《论食品安全犯罪中的过失问题——以公害犯罪理论为根基》，载《中国人民公安大学学报》2010 年第 4 期。

抢劫罪暴力的再考察[①]

——以司法适用为视角

抢劫罪是以强制手段排除被害人反抗而非法占有他人财物为主要特征的侵财犯罪。其中，以暴力为手段实施抢劫犯罪的，在司法实务中占有绝大多数。而当前理论上对抢劫罪的暴力还存在诸多不同认识。其中有的认识，即使在定性上不会发生错误，但却直接影响到适用刑罚的轻重，存在使犯罪分子受到过重过苛的司法认定与惩处，出现不公正的法律制裁现象。因此，有进一步讨论的必要。

一、抢劫罪暴力的标准及程度考察

对于“暴力”下限，有主张必须是“足以危及其身体健康或者生命安全，致使被害人不能抗拒，任其当即抢走财物，或者被迫立即交出财物”。② 第二种观点认为，抢劫罪的暴力不要求达到危及人身健康、生命或使被害人不能抗拒的程度。“暴力行为只要足以抑制对方的反抗即可，不要求事实上抑制了对方的反抗，更不要求具有危害人身安全的性质。”③即标准只要求具有足以抑制反抗的暴力，同时不要求具有达到危害人身安全的程度。第三种观点虽然认为第二种标准的下限是恰当的，但认为存在着在实践中如何认定其暴力“足以抑制对方的反抗”的问题。因为暴力针对不同的对象抑制反抗的作用是不相同的，所以，“只要行为人对他人实施暴力的目的，是使被害人不能或不敢反抗，以便夺取其财物，不论事实上是否能遏制或者排除被害人反抗的勇气和能力，就可以构成抢劫罪”。④

前两种标准可以说是客观标准，但第一种观点的标准的要求，包含着未及此程度的，不构成抢劫罪，这并不适合于我国的实践。第二种标准目前是多数学者的主张。至于第三种观点是行为人标准与客观标准结合。笔者赞同过“不论事实上是否能遏制或者排除被害人反抗的(一)暴力的下限标准以及程度勇气和能力，就可以构成抢劫罪”的主张，但是并

① 本文原载于《中国刑事法杂志》2013 年第 1 期。

② 林准主编：《中国刑法教程》(修订本)，人民法院出版社 1994 年版，第 435 页。

③ 张明楷主编：《刑法学》(第四版)，法律出版社 2011 年版，第 850 页。

④ 王作富：《抢劫罪研究》，载姜伟主编：《刑事司法指南》2001 年第 1 辑，第 13 页。

没有具体分析。[①] 应该说，该观点虽然赞同暴力下限的标准，但由于认识的前提是主张：由于暴力针对的对象不同，抑制反抗作用无法用统一标准来确定。那么，是否会导致认识“足以”最终是因人而异来确定？这样一来，“对他人实施暴力的目的，是使被害人不能或者不敢反抗”，则成为其观点的核心内容。如果再联系“不论事实上是否能遏制或者排除被害人反抗的勇气和能力，就可以构成抢劫罪”的结论，可能最终使得行为人主观上使用暴力的目的性成为唯一的“暴力”标准。但如果仅从行为人实施暴力目的性考察是否属于“暴力”，则无疑扩大了抢劫罪暴力方法的范围。这里，笔者赞同“不论事实上是否能遏制或者排除被害人反抗的勇气和能力，就可以构成抢劫罪”的结论，但不赞同观点的前提：“足以”可因人而异。

那么，抢劫罪法规范意义上的“暴力”是从客观上考察，还是应从行为人角度考察？抑或单纯从被害人角度考察？笔者认为，作为“是”与“否”的标准，是客观的；而作为认定是否构成犯罪要求“足以抑制对方的反抗”的，则是客观标准加被害人的标准。

作为共识，不同犯罪中暴力的内涵和外延的区别，只能就具体犯罪构成所设置的目的来考察。首先，是否“暴力”有一个客观的、规范的标准。因为暴力有其自身外在的特征，既无须从行为人角度认识，也无须考察被害人的感受。其次，从不同罪立法设置暴力作为要件要素的目的。以抢劫罪为例，之所以是对财产权、人身权的保护，是因为行为人是要通过对人身的压制迫使被害人不能、不敢反抗。因而，通过对人身的侵犯要压制反抗，是立法设置抢劫暴力要达到构成犯罪的最低标准。[②] 抢劫罪的暴力要求具有足以抑制、致使被害人不能、不敢反抗，虽然是“暴力”客观上的要求，但是能否压制了反抗则是主观的，需要从被害人角度考察。如是，被害人“非不愿反抗，实为不能、不敢反抗”(不可否认“暴力”自身也具有胁迫性质)的心理状态，在标准中如何把握？“足以”要求从客观实际出发，从暴力的样态、实施的时间、场所，被害人的现实状况(年龄、性别)等等因素综合判断的。只要在客观上具有合情合理剥夺被害人反抗能力的，哪怕是比较轻微、不能致人重伤、死亡的暴力，也是“暴力”，也是“足以”。也就是说，“足以”中已经包含着“非不愿反抗，实为不能、不敢反抗”这种被害人心理特征，这就是客观标准加被害人的标准。当被害人面对“足以”的暴力进行了反抗时，不能认为“这不是暴力”，因这是由客观上是否是“暴力”的外在特征所决定的。不能认为一刀是“暴力”，一拳就不是“暴力”。所以，纯粹的被害人标准不能成为判断“是”还是“不是”的标准。

如果从构成抢劫罪的意义上看，是否还需要考察被害人对暴力的感受是否“足以抑制了反抗”？从立法设置抢劫罪而言，客观标准只是提供了符合构成抢劫罪“暴力”的最低限

① 林亚刚：《暴力犯罪的内涵与外延》，载《现代法学》2001年第6期。

② 笔者认为，设置任何法律的标准都是最低限度的要求，而不是相反，因此，如果连这样最低的程度都达不到，那就从根本上否定了是抢劫罪的“暴力”方法。标准也决无如果反抗就不是暴力之意。

度标准，但绝无已经致使被害人不能、不敢反抗的，构成抢劫罪，被害人不反抗就不构成抢劫罪之意。这就是“不论事实上是否能遏制或者排除被害人反抗的勇气和能力，就可以构成抢劫罪”之意。因此，作为构成犯罪判断的是否因暴力足以抑制对方的反抗，非由被害人“敢于还是不敢于反抗”所决定。故此，认为是否“暴力”，是可因人而异考察“足以”的认识，就值得商榷。

笔者赞同对抢劫罪暴力下限采第二种客观标准是比较恰当的。因为行为人实施暴力的意图在于排除和抑制被害人的反抗能力和勇气，而并不在于一定要对被害人身体健康或生命安全造成损害。因此，当暴力以此为目的，并针对财物的所有人、持有人或者管理人的人身实施，就应当认为是本罪的暴力手段。其认定的标准并不在于是否能够对人身造成伤害或危及生命，而在于是否能够抑制被害人保护财物的实际可能。只要暴力在客观上具有剥夺被害人保护自己财物的实际可能的，就应当认为属于本罪的暴力。

(二)暴力上限的标准以及程度

对“暴力”上限的认识，主要涉及的是抢劫罪的暴力，是否包括直接故意杀人。对此的争论，主要源于对犯抢劫罪“致人死亡”①的理解。2001 年 5 月 22 日最高法院《关于抢劫过程中故意杀人案件如何定罪问题的批复》中指出：“行为人为劫取财物而预谋故意杀人，或者在劫取财物过程中，为制服被害人反抗而故意杀人的，以抢劫罪定罪处罚。行为人实施抢劫后，为灭口而故意杀人的，以抢劫罪和故意杀人罪定罪，实行数罪并罚。”即使该司法文件在出台后，争论仍然在继续，并有针对该司法文件批评之声。主要有以下几种不同认识，

第一种观点认为，抢劫罪的暴力限于故意伤害和间接故意杀人，不包括直接故意杀人。如果直接故意杀人抢劫的，应实行数罪并罚。即事先预谋杀人抢劫，又照此实施的，或者实施抢劫中遭到抵抗，而决意杀人的，应分别定故意杀人罪和抢劫罪，实行并罚。②

第二种观点认为，抢劫的暴力不包括直接故意杀人，如果直接故意杀人抢劫的，应按照故意杀人罪定罪处罚。依主张的理由不同，有三种认识。其一认为，如在抢劫前或者抢劫过程中，直接故意杀人的，是超出了抢劫的暴力范围属于另一种犯意、另一行为，又独立构成故意杀人罪，按照重罪吸收轻罪、重行为吸收轻行为的原则和比较两罪适用刑罚轻重顺序，应定故意杀人罪。③

其二认为，该种情况应以故意杀人罪论处，④ 不构成抢劫罪(当然是反对并罚的)。理

---

① 1997 年《刑法》第 363 条第 1 款第 5 项与 1979 年《刑法》第 150 条第 2 款规定的内容相同。

② 转引自王作富主编：《刑法分则研究(中)》，中国人民大学出版社 2007 年版，第 1063 页。

③ 苏惠渔主编：《刑法学》，中国政法大学出版社 1997 年版，第 649 页。

④ 这里的故意杀人罪，是指当场杀人当场取财的情况，不包括图财杀人，即用杀人为手段，在以后的某个时期再取得被害人的财产(动产或者不动产)，后者应构成故意杀人罪，与抢劫罪无关。

由有两点：(1)杀人抢劫案件，从当场杀人与当场占有财物的不可分割的联系上看，实际上是一个行为同时触犯故意杀人罪和抢劫罪两个罪名，符合想象竞合犯特征，从有利于打击严重犯罪出发，应当从一重处断。(2)《刑法》第263条的规定与原《刑法》第150条的规定，存在着重大区别。在刑法修订以前，对于杀人抢劫的案件按照《刑法》第150条第2款的规定定罪处罚，不违反罪刑相适应的原则。因无论其杀人是既遂或未遂，都可以判处10年以上有期徒刑直至死刑。现行《刑法》第263条规定的“致人死亡”是指已经造成他人死亡，如坚持只能是间接故意杀人的观点，对于抢劫而杀人未遂，不具备抢劫罪8种情节的，则在3年以上10年以下有期徒刑内量刑。如以故意杀人罪论处(图财杀人)，即使是未遂，也可以在“死刑、无期徒刑或者10年以上有期徒刑”的档次内量刑，可以避免出现轻纵故意杀人的弊端。但劫财而故意杀人，未致人死亡的，根据行为人对死亡的态度是希望或是放任分别定罪。即希望致人死亡而未得逞的，应当按故意杀人罪(未遂)定罪处罚；放任死亡发生而未致人死亡的，只能按抢劫罪定罪处罚。这是因间接故意犯罪是不存在未遂，放任他人死亡而事实上未造成死亡的，故意杀人罪不能成立，行为人目的是抢劫财物，当然只能以抢劫罪论处。①

其三认为，立足于解释论的立场，司法解释的规定无可厚非。但站在控制抢劫罪死刑的立场上，则有待商榷。认为抢劫致人死亡不包括故意致人死亡，抢劫故意致人死亡的，应以故意杀人罪从重处罚。主要理由：(1)就犯罪客体而言，故意杀人罪所保护的法益显然要高于抢劫罪。在抢劫故意致人死亡的情况下，对生命权的侵害应上升为主要客体，故意杀人行为应成为评价的重心，对他人财产所有权的侵犯则是量刑时需要考虑的因素。(2)从罪数上看，行为人为劫取财物而预谋故意杀人，或者在劫取财物过程中，为制服被害人反抗而故意杀人的，是一行为触犯数罪名的想象竞合犯。根据想象竞合犯的处断原则，以其中的重罪故意杀人罪从重处罚。(3)对于抢劫故意致人死亡之情形以故意杀人罪定罪处罚，可以为废止抢劫罪的死刑提供立法技术准备。即可将刑法中众多故意致命性普通暴力犯罪以转致的立法方式，转以故意杀人罪论处，则可以将故意致命性普通暴力犯罪都转化为非致命性暴力犯罪，从而使未来废止除故意杀人罪外所有普通暴力犯罪的死刑成为可能。结论是：抢劫致人死亡应限于在抢劫过程中过失致人死亡之情形。②

第三种观点认为，抢劫的暴力包括直接故意杀人，理由主要是：(1)结果加重犯不排除对加重结果有故意的情况；(2)暴力行为决定了在逻辑上包容由此导致的任何结果；(3)该种情况无论以吸收犯、牵连犯、结合犯亦或并罚，均不可避免可能将抢劫罪构成要件的暴力行为进行重复评价的问题。③ 也有学者指出：(1)该款规定并无明文将“致人死

---

① 王作富主编：《刑法分则研究(中)》(第三版)，中国人民大学出版社2007年版，第1065~1066页。

② 阴建峰、王玉涛：《论抢劫罪死刑的立法控制》，载《河北法学》2008年第2期。

③ 周振想、林维：《抢劫罪特别类型研究》，载《人民检察》1999年第1期。

亡”限定为过失；认为该款只能是过失与间接故意的观点，不符合犯罪构成原理，既然过失致人死亡属于抢劫致人死亡；故意致人死亡，当然也属于抢劫致人死亡；(2)当场杀人取财行为虽然同时触犯故意杀人罪，以抢劫罪论处因其主刑与故意杀人罪主刑相同，且附加刑高于故意杀人罪，可以做到罪刑相适应；(3)将此以抢劫罪论处，可避免定罪的混乱，当场杀人取财认定为抢劫罪，与故意致人重伤当场取财认定为抢劫罪也是协调一致的。①

不能不认为第二种观点“其三”的意见具有非常好的意义，如果今后立法如此修订，则会大幅度减少刑法中的死刑条款，更好地控制和减少死刑的适用。但是，这里所要研究的问题首先是抢劫罪的暴力在规范的意义上是否应包括直接故意杀人。

笔者认为，如果从规范意义上要排除抢劫罪的暴力包括直接故意杀人，是不符合我国的司法实务的，原因在于实务上出于直接故意杀人取财的案件比比皆是，犯罪人并不因为我们解释上有什么分歧意见而不能如此实施抢劫犯罪。此外，也如同第三种观点中所指出的，此类案件并罚处理是不符合犯罪构成理论。其次，才是针对此类案件按照故意杀人罪论处还是仍然按照抢劫罪论处更适宜的问题。

此类案件从属性上说，是符合想象竞合犯条件，既然如此，原则上说以哪一个罪论处都不存在原则错误，而是如何看待哪一个“罪”为重的理念性问题。如认为前述司法文件在选择以抢劫罪定罪处罚上有什么错误，是不恰当的。想象竞合犯的从一重处断，是就法定刑的比较而言。作为一种观点，“从一重处断”有主张以可能判处的刑罚哪个“重”为标准的“从一重处断”，即根据犯罪中犯罪情节和危害程度较重的一罪论处，以可能的宣告刑的轻重为标准。② 当然，由于“从一重处断”的原义是按照法定刑还是宣告刑为标准，还有争论。基于我国刑法法定刑的特点，在法定刑同重时，以法定刑为标准的判断方法失去了意义，以可能的宣告刑作为判断方法选择轻重，也不能说就是错误的，但由于这种方法影响审判人员选择的人为因素可能非常多，是否会背离“从一重处断”原则的本意，还是值得进一步研究。

从法定刑上看，故意杀人罪法定刑的排列是“从重至轻”顺序，抢劫罪则相反。故意杀人罪因首先考虑“死刑”而显得重，但是，能否因为故意杀人罪的首选刑罚是死刑就可以说故意杀人罪就一定重于抢劫罪，还值得商榷。按照比较原则，如两罪的法定最高刑同重时(笔者认为这种比较与法定刑排列顺序无关)，则只能比较附加刑，而故意杀人罪是没有规定附加刑，抢劫罪在这一点上又无可争议要重于故意杀人罪。

如果从可能的宣告刑看，又如何呢？按照抢劫罪论处，无论致人死亡是直接故意还是间接故意，都是符合结果加重的“致人死亡”；主张故意杀人罪的意见，在致人死亡的情况

① 张明楷：《刑法学》(第四版)，法律出版社 2011 年版，第 863 页。

② 高铭暄主编：《刑法学原理》(第 2 卷)，中国人民大学出版社 1993 年版，第 534 页；吴振兴：《罪数形态论》，中国检察出版社 1996 年版，第 73 页；马克昌主编：《犯罪通论》，武汉大学出版社 1999 年版，第 680 页。

下，则无论出于直接故意还是间接故意，都可以定故意杀人罪。由此，两种意见在可能适用的刑罚上是一致的，都可以在直至死刑的幅度内量刑。但在被害人没有死亡的情况下，主张定故意杀人罪的就要求必须考察行为人是出于直接故意还是间接故意，且只有直接故意可以定故意杀人罪(还是未遂)，依照刑法规定“可以比照既遂犯从轻或者减轻处罚”，尽管是“可以”也“可以不”，但“可以”了，并不违法;① 而出于间接故意的只能以抢劫罪定罪(致人重伤)，② 且只能适用加重处罚的规定。并且从适用加重处罚而言，即使适用死刑，也是幅度内的。这样一来，分别定性适用的刑罚一个是直接故意杀人(未遂)的反倒可以“从轻或者减轻”，一个出于间接故意的则必须适用加重的刑罚，罪刑是不均衡的。可以看出，在出于直接故意杀人抢劫而被害人未死亡情况下，按照故意杀人罪未遂处罚，显然不可能实现在处罚上的“从一重处断”。

由此可以看出，无论从法定刑还是可能宣告刑的比较，以抢劫罪论处，才最终可能实现“从一重处断”。

二、暴力对象的考察

暴力如果针对财物的所有人、持有人或者管理人实施，无疑是抢劫罪。但涉及本罪的暴力的对象，还有两个问题值得探讨。

一是本罪的暴力是否可针对“物”实施？有两种认识。一种持肯定观点，认为抢劫罪的暴力主要是针对人身实施，但是，《刑法》第289条的规定，聚众“打砸抢”，毁坏或者抢走公私财物的，除判令退赔外，对首要分子，依照本法第263条的规定定罪处罚，据此规定，抢劫罪的暴力，就包括了对“物”的暴力。③ 还有学者认为，如果行为人采用暴力手段破门而入，当着被害人的面对室内的财物进行毁坏，然后公然夺取部分财物逃走，但始终没有对被害人实行殴打、伤害或者发出明确的暴力威胁，也构成抢劫罪。在这种情况下，虽然暴力没有施加于人身，但其猖狂的举动已经对被害人的精神产生了巨大的强制作用，使后者感到如果制止其砸抢行动，必将遭到伤害而不敢制止，这与一般公然抢夺他人财物的行为，是有所不同的。④ 第二种持否定认识，认为抢劫罪暴力针对的对象只能是人，而不包括针对“物”。理由是，这里的暴力是用于排除或者压制被害人的反抗，而针对物，不能直接排除或压制被害人的反抗，针对物的暴力，只能视为胁迫。并认为《刑法》第289条

---

① 笔者认为，在我国目前控制死刑适用的情况下，该观点认为即使故意杀人未遂也可能判处“死刑”的认识，是没有多少实践根据的。王作富主编:《刑法分则研究(中)》(第三版)，中国人民大学出版社2007年版，第1065页。

② 王作富主编:《刑法分则研究(中)》(第三版)，中国人民大学出版社2007年版，第1065页。

③ 高铭暄主编:《新编中国刑法学》，中国人民大学出版社1998年版，第763页。

④ 王作富主编:《刑法分则研究(中)》，中国人民大学出版社2007年版，第1060页。

将毁坏财物与抢劫这两种在主客观要件方面存在重大区别的行为等量齐观，有损于立法的严肃性、有悖于刑法的正当性。①

《刑法》第289条是法律拟制规定，应该是没有争议的。如以此对“物”的暴力，视为第263条抢劫罪规范意义上的“暴力”，值得商榷。认定构成抢劫罪的肯定说结论正确。但是，这是因暴力而构成抢劫罪还是因胁迫构成的？“采用暴力手段破门而入”，当然是暴力，是对“门”这一“物”的暴力；打砸室内物品的行为，无疑也是暴力。但就其论证抢劫罪规范意义上的暴力包括对“物”实施而言，没有丝毫的说服力。因论者也认为这种情况下“猖狂的举动已经对被害人的精神产生了巨大的强制作用”，这已经说明是“胁迫”。认定构成抢劫罪的立法依据，与其说是《刑法》第263条，还不如说是依据第289条更为恰当。所以，问题不在于暴力对“物”能否实施，而在于立法规定“暴力方法”应当从哪一个角度去理解符合立法本意。从行为人的角度，这当然是通过“暴力方法”取财的，但从财物所有人、持有人或者管理人失去对财物的持有、控制的角度，是不是理解为是被迫交出或不敢阻止其抢走财物更恰当？行为人对“物”的暴力，无疑是要通过这种方法所形成的压力，迫使财物所有人、持有人或者管理人屈服。这与使用暴力方法直接施加于财物的所有人、持有人或者管理人人身获取财物是不相同的。由此，笔者认为第二种否定观点是比较恰当的理解。

二是本罪的暴力，是否只限于对财物的所有人、持有人或管理人实施？对此也有不同的认识。第一种观点认为，暴力的对象不限于财物的所有人、持有人或者管理人，可以施加于在场的与财物所有人、持有人或者管理人有某种密切关系的人。② 第二种观点认为，抢劫罪的暴力是为排除或压制被害人的反抗，以便当场获取财物而实施，对在场的其他人实施暴力，并不能起到直接排除或者压制被害人反抗的强制效果，所以这里的暴力实质上起到的是胁迫作用。但暴力的对象不因此而限定在对财物能行使处分的人，还应该包括在场的其他妨碍其劫取财物的人。③ 第三种观点认为，如果暴力针对在场的其他人，迫使财物被害人本人当场交付财物的，这实际上属于通过针对第三人实施暴力胁迫被害人本人的情形，属于对被害人胁迫的一种表现。④

上述观点中，均认可暴力是可以针对在场的其他人实施的，区别在于第一种观点认为仍然是使用暴力方法劫取财物的抢劫，而第二种观点则有点似是而非，前半段似从构成要

① 梁晟源、李登杰：《论抢劫罪之方法行为与目的行为》，载《中国人民公安大学学报》(社会科学版)2008年第4期。

② 叶高峰：《暴力犯罪论》，河南人民出版社1994年版，第306页；赵秉志：《侵犯财产罪》，中国人民公安大学出版社2003年版，第52页。

③ 梁晟源、李登杰：《论抢劫罪之方法行为与目的行为》，载《中国人民公安大学学报》(社会科学版)2008年第4期。

④ 赵秉志主编：《中国刑法典型案例研究》(第4卷)，北京大学出版社2008年版，第275页；持相同观点的，王作富：《认定抢劫罪的若干问题》，载姜伟主编：《刑事司法指南》2001年第1辑，第11页。

件规范意义上看，而结论则是从实际上能否实施暴力而言。只有第三种观点表明这在规范意义上是胁迫方法劫取财物的抢劫。实质上，能否对在场的其他人实施暴力的问题，如同前一问题一样，不在于能否实施，而在于应该从哪一个角度去解读更符合立法本意。从行为人的角度，无疑这是在实施暴力方法而劫取财物的，但从被害人的角度，是因对在场的“其他人”被施以暴力形成的压力，迫使被害人屈服，本质上是为迫使其交出或不敢阻止其抢走财物的胁迫方法。所以，我们主张对当场“其他人”实施暴力，属于胁迫方法的观点。

三、抢劫罪与抢夺罪暴力的考察

抢夺罪客观方面表现为实施公然夺取公私财物的行为。公然夺取财物，一般情况下其有形之力是作用于财物之上，而不是针对人身以强制排除他人防护财物的可能性。那么，这种有形力是否绝对于人身不能有丝毫的关联？对实践中有的案件行为人采取轻微暴力并作用于人身的，应该如何定性？例如，在他人有防备时，用力掰开他人握物的手而夺取的，或者突然用手击打他人握物之手，使之受惊吓而物品脱手，财物坠地后抢夺的等。笔者认为，抢夺的重要特点之一在于创造时机或者利用时机。“用力掰开他人握物的手而夺取的”，暴力的目的不在于创造时机条件，而在于强制排除被害人防护财物的可能性，应该是抢劫的性质；“突然用手击打他人握物之手”，虽然也是有形之力，但采用暴力的意图在于创造机会，因此，性质仍然是抢夺。故而，这种轻微作用于人身的暴力，如果表明是以创造夺取时机的，不宜认为构成抢劫罪，仍然是公然夺取的抢夺。所以，抢夺罪并不完全排斥作用于人身的轻微暴力。不过，张明楷教授认为，“只有当行为人所夺取的财物是被害人紧密占有物，并且对财物使用了非和平之手段，可以评价为对物暴力的抢夺行为。”①而且，“只有当对物的暴力行为可能导致被害人伤亡时，才宜认定为抢夺罪，并非公开夺取财物的行为，均能构成抢夺罪。”②在这一指导思想下的“可能导致被害人伤亡”则是要求构成抢夺罪对物“暴力”的最低标准。那就意味着不及此程度的暴力就不构成抢夺罪。

大多数情况下，采取强拉硬拽的方式夺取财物，在被害人没有防备时，很容易造成被害人一定的伤害，如倒地被硬物撞伤、鼻环、耳环被强扯，鼻翼、耳郭被扯破，严重的拖拉硬夺也会发生致人重伤、死亡等。但是，如果要求都具有该种情况才能构成抢夺罪是不合适的。“对物的暴力行为可能导致被害人伤亡时，才宜认定为抢夺罪”值得商榷。因抢夺罪并不排斥对“物”的暴力，那么在致人伤亡的情况下，由于张明楷教授还认为抢劫罪的暴

① 张明楷：《盗窃与抢夺的界限》，载《法学家》2006年第2期。

② 张明楷：《刑法学》(第四版)，法律出版社2011年版，第865页。张明楷教授并要求参见其对盗窃罪对“物的占有”内容来理解其意思，但书中只有“占有”的解释，并无为何“作用于物的暴力有导致伤亡可能性”才能视为构成抢夺罪的内容。

力"更不要求具有危害人身安全的性质"。① 则主张抢夺对"物"的暴力标准还高于抢劫罪，这时与抢劫罪不易区分。张明楷教授对抢夺罪之所以设置如此之高的门槛，意图在于说明抢夺罪与盗窃罪的区别。但是，这一新的界定是否是合适？张明楷教授自己也认为："一种学说是否妥当，关键在于它的结论是否妥当，理由是否充分，以及该学说与刑法的基本观点是否协调。"②

以此为出发点，有学者指出的，这一新界限使得盗窃罪成为"侵财罪的兜底罪"。而且，"夺取财物的行为在客观上并没有造成人员伤亡的实际结果时，要想判断此种夺取财物行为有没有造成人员伤亡之可能性，这在实践中几乎是不太可能操作的。用没有发生的事情在客观上发生的可能性去区别两个罪，这实际上是用客观上不存在的事实区别盗窃与抢夺。这恐怕有违新界分说一贯主张的用客观要素界定行为类型的学术立场，因为用客观要素界定行为类型的目的是使行为类型更容易辨认，用一种可能性去界定盗窃与抢夺的行为类型只会使行为类型更难于辨认"。③ 论者还认为，此说在对通说进行了大量批判后提出的新的划分标准，实际上将盗窃与抢夺的关系弄得更加扑朔迷离，实践中一旦按此标准进行操作，盗窃和抢夺几乎没有办法区分。新界分说批判通说过分依赖主观要素区分盗窃与抢夺，仅仅因为对主观要素不容易查得清楚，两罪界限可能因此变得模糊。但却依赖一种可能性来区分盗窃与抢夺，这种可能性不仅可能使两罪界限模糊，甚至可能使两罪的界限消亡。④

那么，实务界针对抢夺中对"物"的暴力在区别抢劫罪与抢夺罪中是持何种态度？2005年《"两抢"意见》第 11 条"驾驶机动车、非机动车夺取他人财物行为的定性"认为：对于驾驶机动车、非机动车(以下简称"驾驶车辆")夺取他人财物的，一般以抢夺罪从重处罚。但具有下列情形之一，应当以抢劫罪定罪处罚：(1)驾驶车辆，逼挤、撞击或强行逼倒他人以排除他人反抗，乘机夺取财物的；(2)驾驶车辆强抢财物时，因被害人不放手而采取强拉硬拽方法劫取财物的；(3)行为人明知其驾驶车辆强行夺取他人财物的手段会造成他人伤亡的后果，仍然强行夺取并放任造成财物持有人轻伤以上后果的。

由上述精神可知，即使针对"物"的暴力在这种特别案件中如果达到一定的强度，也要转化为抢劫罪。故而，从实践要求看，张明楷教授的抢夺罪使用暴力的认定标准也是值得商榷的。

既然抢夺罪在行为的实施上，除上述意见中属于"驾驶车辆"抢夺一定情况下可以构成

① 张明楷：《刑法学》(第四版)，法律出版社 2011 年版，第 850 页。

② 张明楷：《论身份犯的间接正犯——以保险诈骗罪为中心》，载《法学评论》2012 年第 6 期。

③ 董玉庭：《盗窃与抢夺的新界分说质疑——兼与张明楷教授商榷》，载《人民检察》2010 年第 15 期。

④ 董玉庭：《盗窃与抢夺的新界分说质疑——兼与张明楷教授商榷》，载《人民检察》2010 年第 15 期。

抢劫罪，以及携带凶器抢夺构成抢劫罪外，对普通抢夺案件中因强拉硬拽夺取财物致人伤亡的案件如何定性？有主张如果抢夺数额巨大又造成被害人重伤或死亡，应作为“情节特别严重”的抢夺罪定罪处罚；对于抢夺数额较小或者刚刚达到“较大”而又造成被害人重伤或者死亡的，可以作为“情节特别恶劣”的过失重伤罪或过失杀人罪（过失致人死亡罪）定罪处罚。① 还有认为应两罪并罚的意见。② 第三种观点认为，如果抢夺财物中因用力过猛，而无意中造成被害人轻伤的，应按抢夺罪从重处罚；若造成被害人重伤甚至死亡的，这是抢夺与过失重伤（过失杀人——过失致人死亡）的牵连；如果抢夺侵犯的财物数额尚不构成犯罪的，按照过失重伤罪或过失杀人（过失致人死亡罪）罪从重处罚；如果抢夺行为本身也构成犯罪的，则应从一重罪定罪从重处罚，考虑到抢夺罪加重构成的刑罚更重，而且犯罪的基本性质是抢夺，故应按照抢夺罪“情节特别严重”的规定处罚。③ 最高法院 2002 年 7 月 16 日《关于审理抢夺刑事案件具体应用法律若干问题的解释》（以下简称 2002 年《抢夺解释》）第 5 条规定：“实施抢夺公私财物行为，构成抢夺罪，同时造成被害人重伤、死亡等后果，构成过失致人重伤罪、过失致人死亡罪等犯罪的，依照处罚较重的规定处罚。”

该规定的内容，基本上采纳的是第三种观点。两罪并罚的意见显然是不合适的。因为只有一个夺取财物的行为且同时造成的重伤、死亡结果，定两罪，则抢夺行为既是抢夺罪构成要件的行为，又是过失致人重伤罪、过失致人死亡罪的要件，不符合数罪的条件。

但对该项规定“依照处罚较重的规定处罚”的法理，前述系牵连关系的观点④值得商榷。从解释的精神来看，均认为在该种情况下致人重伤、死亡的主观罪过形式是过失而不是故意。由此，如果认为所造成的人身伤亡结果与抢夺财物的行为之间有牵连关系，这是抢夺行为与结果的牵连，而非抢夺行为与另一个受刑法评价的结果行为的牵连，所以非牵连犯的牵连关系；如果认为有牵连关系就是牵连犯，那么，理论上的错误如同认为应数罪并罚的错误一样。还因为，牵连犯必须是数个独立成罪的犯罪行为，夺取财物的行为只是认定抢夺罪的行为，要成立牵连犯只有在抢夺中由其他行为造成重伤、死亡结果这种情况下有可能性，而且该行为还必须是具有犯罪故意的行为，也不能由主观上出于过失的行为与抢夺行为形成牵连关系。但这种情况，已经不符合 2002 年《抢夺解释》所述的抢夺行为“同时造成被害人重伤、死亡等后果”的情况了。由此，将这种情况视为牵连关系，无论从哪个方面而言都是不当的，该情况应视为一行为触犯数罪名的想象竞合关系，是想象竞合犯。

---

① 欧阳涛等主编：《经济犯罪的定罪与量刑》，广西人民出版社 1988 年版，第 273～274 页。

② 王作富主编：《刑法各论》（修订本），中国人民大学出版社 1985 年版，第 218 页。

③ 金凯：《侵犯财产罪新论》，知识出版社 1988 年版，第 320～321 页。以上三种观点均转引自王作富主编：《刑法分则研究（中）》，中国人民大学出版社 2007 年版，第 1131 页。

④ 肖中华、闵凯：《论抢夺罪认定中的四个争议疑难问题》，载《贵州大学学报》（社会科学版）2006 年第 2 期；赵秉志：《侵犯财产罪》，中国人民公安大学出版社 2003 年版，第 236 页。

论抢劫罪司法认定中的几个疑难问题[①]

一、抢劫罪概念的厘定

抢劫罪是以强制手段排除被害人反抗而非法占有他人财物为主要特征的侵财犯罪。这是司法及理论上的共识，然而，在如何表述抢劫罪上，不同的表述反映是对构成抢劫罪条件的不同解读。

在司法上，2005年6月8日最高法院《关于审理抢劫、抢夺刑事案件适用法律若干问题的意见》(以下简称为《“两抢”意见》)第8条在“关于抢劫罪与相似犯罪的界限”中指出：“抢劫罪表现为行为人劫取财物一般应在同一时间、同一地点，具有‘当场性’”。即当场对人身实施强制行为，当场获取财物。在理论上，通说认为构成抢劫罪在客观方面应符合两个“当场”条件的要求，代表性的表述如：“抢劫罪，是指以非法占有为目的，以暴力、胁迫或者其他方法，当场强行劫取公私财物的行为。”②“抢劫罪是指以非法占有为目的，用对财物的所有人、保管人或其他在场人当场实施暴力、以当场实施暴力相胁迫或者采用其他当场侵犯人身的方法，迫使被害人交出财物或者当场夺走其财物的行为。”③

但对此也有不同的解读。张明楷教授认为，如果行为人当场实施了足以压制对方反抗的暴力，令对方事后交付财物的，也应认定为抢劫罪。理由是抢劫罪与敲诈勒索罪的区别，既不在于是否当场实施了暴力，也不在于当场取得了财物；敲诈勒索也可能实施轻微的暴力，也可能当场取得财物。所以，抢劫不一定要当场获取财物，只要当场实施暴力或者当场以暴力相威胁，并足以抑制对方的反抗即可，暴力、胁迫或者其他强制方法应该当场实施，但取得财物不必具有当场性。④

---

① 本文原载于《法学评论》2013年第3期。

② 马克昌主编：《刑法》，高等教育出版社2007年版，第462页；高铭暄、马克昌主编：《刑法学》，高等教育出版社2011年版，第497页。

③ 赵秉志主编：《侵犯财产罪》，中国人民公安大学出版社2003年版，第45页。

④ 张明楷：《抢劫罪的疑难问题》，载顾军主编：《侵财犯罪的理论与司法实践》，法律出版社2008年版，第18页。

也有学者认为，“对于由复合行为构成的抢劫罪而言，既不应要求人身强制的行为‘当场’实施，也不应要求行为人‘当场’取得财物。”①理由是“当场”的确定，需要一个参照系为前提，而抢劫罪中“时间”“地点”并不是构成要件，所以强制行为不存在这样一个参照系。因而要求抢劫的强制行为具有“当场性”就令人无法理解。“只要行为人获得财物时被害人处于被抑制了反抗的状态，强制行为与获得财物之间的因果关系就可以得到确认，而被害人是否处于被抑制了反抗的状态，与财物是否当场获得并没有必然的联系。易言之，行为人当场获得财物并不意味着强制行为与获得财物之间的因果关系就必然存在，而行为人非当场获得财物也并不意味着强制行为与获得财物之间的因果关系就必然不存在。”②

张明楷教授观点立论出发点在于：肯定了强制性手段压制被害人反抗“当场性”核心要件的意义，也就是说实施了足以压制被害人反抗的暴力、胁迫或者其他人身强制方法。但如果不能当场获得财物，从犯罪构成的意义上说，当然是抢劫罪的犯罪未遂，再令被害人择时交付财物而获取的，被害人当然也是基于被胁迫而交付，则抢劫的行为自然与敲诈勒索罪相关联，抢劫的行为又触犯敲诈勒索罪的条款，是想象竞合犯的形态，③ 以抢劫罪论处也并不违反定罪处罚的原则。可见，这一定罪的思路，并不是对通说及司法上要求两个“当场”的否定。从通说观点诠释的内容来看，对典型抢劫罪构成要件的研究和解读，当然是以抢劫罪的既遂为标准的，尚未见到对基本犯罪构成要件(包括抢劫罪)的研究以“未完成形态”为模式吧？换言之，抢劫罪的既遂形态，必然是要求两个“当场”条件同时具备。当场实施强制行为，而未当场获取财物的，并不意味着不构成抢劫罪，只是未遂而已，这也是通说观点诠释的内容之一。④ 从张明楷教授观点引申来看，当场没有获得财物而令被害人择时交付，但被害人没有交付的，是否也是构成抢劫罪？结论当然是肯定的，只不过是抢劫罪的未遂而已。从这一点而言，张明楷教授的主张与通说观点实质上没有区别。

至于既否定抢劫罪强制行为的当场性，也否定获取财物的当场性的观点，则耐人寻味。按照论者的观点，是主张抢劫罪可由单一行为构成的。而抢劫罪的规定中，“时间”“地点”条件不是构成要件，所以，就没有了参照系。根据论者的解读：“‘当场’一词的基本含义是‘就在那个地方和那个时候’，即在一个具体、特定的时间和空间。而要确定一个具体、特定的时空范围，必须找到一个参照系并以此为标准来认定，然而强制行为的实施存在这样一个参照系吗？一个完整的抢劫罪包括犯罪的预谋(确定抢劫的时间、地点、对象等)、强制行为的实施以及取财行为的实行这三个主要的阶段。因此只有行为人预想的

---

① 张永红：《抢劫罪行为结构检讨》，载《中国刑事法杂志》2008年第6期。论者同时持抢劫罪属于“单一结构行为”的观点。

② 张永红：《抢劫罪行为结构检讨》，载《中国刑事法杂志》2008年第6期。

③ 张明楷：《刑法学》(第四版)，法律出版社2011年版，第753页第12注释及第852页。

④ 陈兴良主编：《罪名指南》(上)，中国政法大学出版社2000年版，第788页；高铭暄、马克昌主编：《刑法学》(第五版)，北京大学出版社、高等教育出版社2012年版，第502页。

犯罪时间、地点以及取财行为的时间、地点才有可能成为强制行为时空范围的参照系。”①

的确，时间、地点不是抢劫罪的构成要件，但是，论者是否有意混淆了“构成要件”与案件的“时间、地点”两者的意义？哪一个案件的发生是没有时间、地点的？抢劫罪强制行为的实施没有“时间”“地点”吗？按照论者的要求，只有“行为人预想的犯罪时间、地点以及取财行为的时间、地点才有可能成为强制行为时空范围的参照系。”如果行为人预想室内施暴取财，现实是室外施暴室内取财的；预想在一棵树的东面施暴取财，实际上在西面得到财物；预想在斑马线的左边施暴取财，结果右边获得财物等，按照论者的如是论证，因为都与其主张由行为人预想的时间、地点作为参照系的不同，这样的案件都应属于不是“当场施暴”“当场取财”的范例。如果真有这样的疑问，恐怕迄今为止法院所判的抢劫案件都是在无法确定是否“当场”实施人身强制行为，是否“当场”获取财物的情况下的判决，这些判决的公正性当然值得怀疑。至于论者看似逻辑推理的演绎结论，则更值得研究。

抢劫案件中“只要获得财物被害人处于被抑制反抗状态，则强制行为与获得财物之间的因果关系就可以确定”②的认识，没有理由认为这不是论者对典型抢劫罪既遂的解读。至于“‘当场’获得财物，不意味着强制行为与获得财物之间因果关系必然存在”的逻辑推理，论者推理结论的前提是“被害人是否处于被抑制反抗状态”是不能确定的。如是，那与构成抢劫罪有何干系？这理所当然是不符合抢劫罪以针对人身实施强制行为，压制反抗而取财的本质特征；“不是‘当场’获得财物，也并不意味着强制行为与获得财物之间的因果关系必然不存在”的推导结论，显然与张明楷教授想表明的观点以及结论的初衷一致，这里就没有再次赘述理由的必要。总之，这种看似很有逻辑的推理结论，只不过是在玩文字游戏，没有理论上的任何创新，乏善可陈。

二、抢劫罪暴力的若干争论及认识

(一)抢劫罪暴力的对象

一是本罪的暴力是否可针对“物”实施？有两种认识。一种持肯定观点，认为抢劫罪的暴力主要是针对人身实施。但是，《刑法》第289条的规定，聚众“打砸抢”，毁坏或者抢走公私财物的，除判令退赔外，对首要分子，依照本法第263条的规定定罪处罚。据此规定，抢劫罪的暴力，就包括了对“物”的暴力。③ 还有学者认为，如果行为人采用暴力手段破门而入，当着被害人的面对室内的财物进行毁坏，然后公然夺取部分财物逃走，但始终

① 张永红：《抢劫罪行为结构检讨》，载《中国刑事法杂志》2008年第6期。
② 张永红：《抢劫罪行为结构检讨》，载《中国刑事法杂志》2008年第6期。
③ 高铭暄主编：《新编中国刑法学》，中国人民大学出版社1998年版，第763页。

没有对被害人实行殴打、伤害或者发出明确的暴力威胁，也构成抢劫罪。在这种情况下，虽然暴力没有施加于人身，但其猖狂的举动已经对被害人的精神产生了巨大的强制作用，使后者感到如果制止其砸抢行动，必将遭到伤害而不敢制止，这与一般公然抢夺他人财物的行为，是有所不同的。① 第二种持否定认识，认为抢劫罪暴力针对的对象只能是人，而不包括针对“物”。理由是，这里的暴力是用于排除或者压制被害人的反抗，而针对物，不能直接排除或压制被害人的反抗，针对物的暴力，只能视为胁迫。并认为《刑法》第 289 条将毁坏财物与抢劫这两种在主客观要件方面存在重大区别的行为等量齐观，有损于立法的严肃性、有悖于刑法的正当性。②

《刑法》第 289 条是法律拟制规定，应该是没有争议的。因此，对“物”的暴力，视为第 263 条抢劫罪规范意义上的“暴力”值得商榷。认为构成抢劫罪结论虽然正确，但是，这是因暴力而构成抢劫罪还是因胁迫构成的？“采用暴力手段破门而入”，当然是暴力，是对“门”这一“物”的暴力；打砸室内物品的行为，无疑也是暴力。但以《刑法》第 289 条法律拟制规定作为论证抢劫罪规范意义上的暴力包括对“物”实施而言，没有丝毫的说服力。因论者也认为这种情况下“猖狂的举动已经对被害人的精神产生了巨大的强制作用”，既然如此则已经说明是“胁迫”。认定构成抢劫罪的立法依据，与其说是《刑法》第 263 条，还不如说在“聚众打砸抢”情况下依据第 289 条更为恰当。所以，问题不在于暴力对“物”能否实施，而在于立法规定“暴力方法”应当从哪一个角度去理解符合立法本意。从行为人的角度，这当然是通过“暴力方法”取财的，但从财物所有人、持有人或者管理人失去对财物的持有、控制的角度，是不是理解为被迫交出或不敢阻止其抢走财物更恰当？行为人对“物”的暴力，无疑是要通过这种方法所形成的压力，迫使财物所有人、持有人或者管理人屈服。这与使用暴力方法直接施加于财物的所有人、持有人或者管理人人身获取财物是不相同的。由此，笔者认为第二种否定观点是比较恰当的理解。

二是本罪的暴力，是否只限于对财物的所有人、持有人或管理人实施？对此也有不同的认识。第一种观点认为，暴力的对象不限于财物的所有人、持有人或者管理人，可以施加于在场的与财物所有人、持有人或者管理人有某种密切关系的人。③ 还有如：“暴力的对方不限于财物的直接持有者，对有权处分财物的人以及其他妨碍劫取财物的人使用暴力的，也不影响抢劫罪的成立。”④第二种观点认为，抢劫罪的暴力是为排除或压制被害人的反抗，以便当场获取财物而实施，对在场的其他人实施暴力，并不能起到直接排除或者压

① 王作富主编：《刑法分则研究(中)》，中国人民大学出版社 2007 年版，第 1054 页。

② 梁晟源、李登杰：《论抢劫罪之方法行为与目的行为》，载《中国人民公安大学学报》(社会科学版)2008 年第 4 期。

③ 叶高峰主编：《暴力犯罪论》，河南人民出版社 1994 年版，第 306 页；赵秉志：《侵犯财产罪》，中国人民公安大学出版社 2003 年版，第 52 页。

④ 张明楷：《刑法学》(第四版)，法律出版社 2011 年版，第 752~753 页。

制被害人反抗的强制效果，所以这里的暴力实质上起到的是胁迫作用。但暴力的对象不因此而限定在对财物能行使处分的人，还应该包括在场的其他妨碍其劫取财物的人。① 第三种观点认为，如果暴力针对在场的其他人，迫使财物被害人本人当场交付财物的，这实际上属于通过针对第三人实施暴力胁迫被害人本人的情形，属于对被害人胁迫的一种表现。②

上述观点中，均认可暴力是可以针对在场的其他人实施的。区别在于第一种观点认为仍然是使用暴力方法劫取财物的抢劫，而第二种观点则有点似是而非，前半段似从构成要件规范意义上看，而结论则是从实际上能否实施暴力而言。只有第三种观点表明这在规范意义上是胁迫方法劫取财物的抢劫。实质上，能否对在场的其他人实施暴力的问题，如同前一问题一样，不在于能否实施，而在于应该从哪一个角度去解读更符合立法本意。从行为人的角度，无疑这是在实施暴力方法而劫取财物的。但从被害人的角度，是因对在场的“其他人”被施以暴力形成的压力，迫使被害人屈服，本质上是为迫使其交出或不敢阻止其抢走财物的胁迫方法。所以，笔者主张对当场“其他人”实施暴力，属于胁迫方法的认识。

(二)抢劫中故意杀人的认识与理解

2001 年 5 月 22 日最高法院《关于抢劫过程中故意杀人案件如何定罪问题的批复》中指出：“行为人为劫取财物而预谋故意杀人，或者在劫取财物过程中，为制服被害人反抗而故意杀人的，以抢劫罪定罪处罚。行为人实施抢劫后，为灭口而故意杀人的，以抢劫罪和故意杀人罪定罪，实行数罪并罚。”该司法文件在出台后，争论仍然在继续，并有针对该司法文件批评之声。主要有以下几种不同认识。

第一种观点认为，抢劫罪的暴力限于故意伤害和间接故意杀人，不包括直接故意杀人。如果直接故意杀人抢劫的，应实行数罪并罚。即事先预谋杀人抢劫，又照此实施的，或者在实施抢劫中遭到抵抗，而决意杀人的，应分别定故意杀人罪和抢劫罪，实行并罚。主要理由是：(1)在抢劫过程中，行为人为排除阻力而直接故意杀人，说明其另有目的，超出了抢劫暴力的范围，独立地构成了故意杀人罪。(2)各种罪都有其独立的犯罪构成要件，行为有几种独立的犯罪构成，就应定几种罪，实行并罚。对于先抢劫财物后杀人的，都认为应定两罪，对于先杀人后抢劫财物的，反而不能定故意杀人罪，只能定比故意杀人罪轻的抢劫罪，在理论上和实践上都难以服人。③

第二种观点认为，抢劫的暴力不包括直接故意杀人，如果直接故意杀人抢劫的，应按

---

① 梁晟源、李登杰：《论抢劫罪之方法行为与目的行为》，载《中国人民公安大学学报》(社会科学版)2008 年第 4 期。

② 赵秉志主编：《中国刑法典型案例研究》(第 4 卷)，北京大学出版社 2008 年版，第 275 页；持相同观点的，王作富：《认定抢劫罪的若干问题》，载姜伟主编：《刑事司法指南》2001 年第 1 辑，第 11 页。

③ 王作富主编：《刑法分则研究(中)》，中国人民大学出版社 2007 年版，第 1054 页。

照故意杀人罪定罪处罚。依主张的理由不同，有三种认识。

其一认为，如在抢劫前或者抢劫过程中，直接故意杀人的，是超出了抢劫的暴力范围属于另一种犯意、另一行为，又独立构成故意杀人罪，按照重罪吸收轻罪、重行为吸收轻行为的原则和比较两罪适用刑罚轻重顺序，应定故意杀人罪。①

其二认为，该种情况应以故意杀人罪论处，② 不构成抢劫罪(当然是反对并罚的)。有两点：(1)杀人抢劫案件，从当场杀人与当场占有财物的不可分割的联系上看，实际上是一个行为同时触犯故意杀人罪和抢劫罪两个罪名，符合想象竞合犯特征，从有利于打击严重犯罪出发，应当从一重处断。(2)《刑法》第263条的规定与原《刑法》第150条的规定，存在着重大区别。以前对于杀人抢劫的案件按照《刑法》第150条第2款的规定定罪处罚，不违反罪刑相适应的原则。因无论其杀人是既遂或未遂，都可以判处10年以上有期徒刑直至死刑。现行《刑法》第263条规定的“致人死亡”是指已经造成他人死亡，如坚持只能是间接故意杀人的观点，对于抢劫而杀人未遂，不具备抢劫罪8种情节的，则在3年以上10年以下有期徒刑内量刑。如以故意杀人罪论处(图财杀人)，即使是未遂，也可以在“死刑、无期徒刑或者10年以上有期徒刑”的档次内量刑，可以避免出现轻纵故意杀人的弊端。但劫财而故意杀人，未致人死亡的，根据行为人对死亡的态度是希望或是放任分别定罪。即希望致人死亡而未得逞的，应当按故意杀人罪(未遂)定罪处罚；放任死亡。发生而未致人死亡的，只能按抢劫罪定罪处罚。这是因间接故意犯罪是不存在未遂，放任他人死亡而事实上未造成死亡的，故意杀人罪不能成立，行为人目的是抢劫财物，当然只能以抢劫罪论处。③

其三认为，立足于解释论的立场，认为司法解释的规定无可厚非。但站在控制抢劫罪死刑的立场上，则有待商榷。认为抢劫致人死亡不包括故意致人死亡，抢劫故意致人死亡的，应以故意杀人罪从重处罚。主要理由：(1)就犯罪客体而言，故意杀人罪所保护的法益显然要高于抢劫罪。在抢劫故意致人死亡的情况下，对生命权的侵害应上升为主要客体，故意杀人行为应成为评价的重心，对他人财产所有权的侵犯则是量刑时需要考虑的因素。(2)从罪数上看，行为人为劫取财物而预谋故意杀人，或者在劫取财物过程中，为制服被害人反抗而故意杀人的，是一行为触犯数罪名的想象竞合犯。根据想象竞合犯的处断原则，以其中的重罪故意杀人罪从重处罚。(3)对于抢劫故意致人死亡之情形以故意杀人罪定罪处罚，可以为废止抢劫罪的死刑提供立法技术准备。即可将刑法中众多故意致命性普通暴力犯罪以转致的立法方式，转以故意杀人罪论处，则可以将故意致命性普通暴力犯罪都转化为非致命性暴力犯罪，从而使未来废止除故意杀人罪外所有普通暴力犯罪的死刑

① 苏惠渔主编：《刑法学》，中国政法大学出版社1997年版，第649页。

② 这里的故意杀人罪，是指当场杀人当场取财的情况，不包括图财杀人，即用杀人为手段，在以后的某个时期再取得被害人的财产(动产或者不动产)，后者应构成故意杀人罪，与抢劫罪无关。

③ 王作富主编：《刑法分则研究(中)》，中国人民大学出版社2007年第三版，第1065~1066页。

成为可能。结论是：抢劫致人死亡应限于在抢劫过程中过失致人死亡之情形。①

第三种观点认为，抢劫的暴力包括直接故意杀人，理由主要是：(1)结果加重犯不排除对加重结果有故意的情况；(2)暴力行为决定了在逻辑上包容由此导致的任何结果；(3)该种情况无论以吸收犯、牵连犯、结合犯抑或并罚，均不可避免可能将抢劫罪构成要件的暴力行为进行重复评价的问题。② 也有认为，抢劫罪的暴力包括故意杀人而且不应适用并罚处罚。因为将使用暴力而故意造成被害人死亡另定故意杀人罪与抢劫罪并罚，则意味着故意杀人行为既作为故意杀人罪的根据，又是抢劫罪的根据，违反一行为不得重复评价原则；刑法并未规定抢劫的致人死亡，不能包括故意杀人的情况，将此包括在抢劫罪结果加重犯的范围内，与刑法规定不违背；“致人死亡”只表明抢劫行为与死亡结果的因果关系，不能说明行为人对死亡结果只能出于过失。③ 也有学者指出：(1)该款规定并无明文将“致人死亡”限定为过失；认为该款只能是过失与间接故意的观点，不符合犯罪构成原理，既然过失致人死亡属于抢劫致人死亡；故意致人死亡，当然也属于抢劫致人死亡；(2)当场杀人取财行为虽然同时触犯故意杀人罪，以抢劫罪论处因其主刑与故意杀人罪主刑相同，且附加刑高于故意杀人罪，可以做到罪刑相适应；(3)将此以抢劫罪论处，可避免定罪的混乱，当场杀人取财认定为抢劫罪，与故意致人重伤当场取财认定为抢劫罪也是协调一致的。④

不能不认为第二种观点“其三”的意见具有非常好的意义，如果今后立法如此修订，则会大幅度减少刑法中的死刑条款，更好地控制和减少死刑的适用。但是，这里所要研究的问题首先是抢劫罪的暴力在规范的意义上是否应包括直接故意杀人。

笔者认为，如果从规范意义上要排除抢劫罪的暴力可以包括直接故意杀人，是不符合我国的司法实务的。原因在于实务上出于直接故意杀人取财的案件比比皆是，犯罪人并不因为我们解释上有什么分歧意见而不能如此实施抢劫犯罪。此外，也如同第三种观点中所指出的，此类案件并罚处理是不符合犯罪构成理论。其次，才是针对此类案件按照故意杀人罪论处还是仍然按照抢劫罪论处更适宜的问题。

此类案件从属性上说，是符合想象竞合犯条件，既然如此，以哪一个罪论处都不存在原则错误，而是如何看待哪一个“罪”为重的理念性问题。如认为前述司法文件在选择以抢劫罪定罪处罚上有什么错误，是不恰当的。想象竞合犯的从一重处断，是就法定刑的比较

① 阴建峰、王玉涛：《论抢劫罪死刑的立法控制》，载《河北法学》2008年第2期。

② 周振想、林维：《抢劫罪特别类型研究》，载《人民检察》1999年第1期。

③ 赵秉志主编：《中国刑法典型案例研究》(第4卷)，北京大学出版社2008年版，第249页。但该理由中同时综合了王作富教授主编的《刑法分则研究(中)》第三版的内容，但该书的观点认为对故意杀人抢劫的案件，以故意杀人罪认定是合适的。参见前王作富主编：《刑法分则研究(中)》，中国人民大学出版社2007年版，第1064~1065页。

④ 张明楷：《刑法学》(第四版)，法律出版社2011年版，第863页。

而言。作为一种观点，“从一重处断”有主张以可能判处的刑罚哪个“重”为标准的“从一重处断”，即根据犯罪中犯罪情节和危害程度较重的一罪论处，以可能的宣告刑的轻重为标准。① 当然，由于“从一重处断”的原义是按照法定刑还是宣告刑为标准，还有争论。基于我国刑法法定刑的特点，在法定刑同重时，以法定刑为标准的判断方法失去了意义，以可能的宣告刑作为判断方法选择轻重，也不能说就是错误的，但由于这种方法影响审判人员选择的人为因素可能非常多，是否会背离“从一重处断”原则的本意，还是值得进一步研究。

从法定刑上看，故意杀人罪法定刑的排列是“从重至轻”顺序；抢劫罪则相反，故意杀人罪因首先考虑“死刑”而显得重。但是，能否因为故意杀人罪的首选刑罚是死刑就可以说故意杀人罪就一定重于抢劫罪，还值得商榷。按照比较原则，如两罪的法定最高刑同重时(笔者认为这种比较与法定刑排列顺序无关)，则只能比较附加刑，而故意杀人罪是没有规定附加刑，抢劫罪在这一点上又无可争议要重于故意杀人罪。

如果从可能的宣告刑看，又如何呢？按照抢劫罪论处，无论致人死亡是直接故意还是间接故意，都是符合结果加重的“致人死亡”；主张故意杀人罪的意见，在致人死亡的情况下，则无论出于直接故意还是间接故意，都可以定故意杀人罪，由此，两种意见在可能适用的刑罚上是一致的，都可以在直至死刑的幅度内量刑。但在被害人没有死亡的情况下，主张定故意杀人罪的就要求必须考察行为人是出于直接故意还是间接故意，且只有直接故意可以定故意杀人罪(还是未遂)，② 依照刑法规定“可以比照既遂犯从轻或者减轻处罚”，尽管是“可以”也“可以不”，但“可以”了，并不违法；③ 而出于间接故意的只能以抢劫罪定罪(致人重伤)，④ 且依法只能适用加重处罚的规定。并且从适用加重处罚而言，即使适用死刑，也是幅度内的。这样一来，分别定性适用的刑罚一个是直接故意杀人(未遂)的反倒可以“从轻或者减轻”，一个出于间接故意的则必须适用加重的刑罚，罪刑是不均衡的。可以看出，在出于直接故意杀人抢劫而被害人未死亡情况下，按照故意杀人罪未遂处罚，显然不可能实现在处罚上的“从一重处断”。

由此可以看出，无论从法定刑还是可能宣告刑的比较，以抢劫罪论处，才最终可能实现“从一重处断”。

① 高铭暄主编:《刑法学原理》(第 2 卷)，中国人民大学出版社 1993 年版，第 534 页；吴振兴:《罪数形态论》，中国检察出版社 1996 年版，第 73 页；马克昌主编:《犯罪通论》，武汉大学出版社 1999 年版，第 680 页。

② 参见王作富主编:《刑法分则研究(中)》，中国人民大学出版社 2007 年版，第 1065 页。

③ 笔者认为，在我国目前控制死刑适用的情况下，该观点认为即使故意杀人未遂也可能判处“死刑”的认识，是没有多少实践根据的。

④ 参见王作富主编:《刑法分则研究(中)》，中国人民大学出版社 2007 年版，第 1065 页。

三、限制刑事责任年龄人是否可成为转化抢劫罪主体

该问题在1979年《刑法》施行后就引起争议，缘起原《刑法》第14条第2款："已满14岁不满16岁的人，犯杀人、重伤、抢劫、放火、惯窃罪或者其他严重破坏社会秩序罪，应当负刑事责任"规定中"惯窃罪"是否独立罪名，是否泛指一切盗窃行为，以及"其他严重破坏社会秩序罪"是否包括一般盗窃罪等问题，也直接涉及原《刑法》第153条转化抢劫罪该年龄阶段的人能否构成。现行刑法虽然取消了"其他严重破坏社会秩序罪"的兜底规定，但也因在第17条第2款的列举中没有"盗窃罪""诈骗罪""抢夺罪"的规定，所以，限制刑事责任年龄人能否因实施一般的盗窃、诈骗、抢夺行为而转化构成抢劫罪一直是棘手的司法问题。

在1988年两高联合出台的《关于如何适用刑法第153条的批复》中，没有对该年龄阶段人是否可以成为转化抢劫罪主体做出明确的限制。1992年最高人民法院《关于已满14岁不满16岁的人犯走私贩卖运输制造毒品罪应当如何适用法律问题的批复》中，曾将原《刑法》第116条走私罪中走私毒品的行为以及第171条规定"制造、贩卖、运输毒品罪"，解释为该年龄阶段人应负刑事责任。在这一意义上，"罪"则解释成为"行为"，但并未直接涉及该年龄阶段人的转化抢劫问题。在2005年6月8日最高法《"两抢"意见》第5条"关于转化抢劫的认定"中，仍然没有对此问题直接涉及。从这一点可以说，直至2006年1月23日之前，最高法院一直没有明确将该年龄阶段的未成年人排除在转化型抢劫罪的主体之外。然而，问题在2006年1月23日起施行最高法院的《关于审理未成年人刑事案件具体应用法律若干问题的解释》(以下简称《未成年人解释》)后变得复杂起来。该解释第10条第1款规定："已满14周岁不满16周岁的人盗窃、诈骗、抢夺他人财物，为窝藏赃物、抗拒抓捕或者毁灭罪证，当场使用暴力，故意伤害致人重伤或者死亡，或者故意杀人的，应当分别以故意伤害罪或者故意杀人罪定罪处罚。"也就是说，在该年龄阶段的未成年人可成为故意伤害罪、故意杀人罪的主体而不能成为转化抢劫罪的主体。这实质上否定了2003年4月18日最高检察院认为该年龄阶段的人可以成为转化抢劫罪主体的意见。① 针对该款规定，学界有赞同之声也有否定之音。

否定最高院《未成年人解释》的观点认为，应从实质上对该年龄阶段的人是否对盗窃、诈骗和抢夺行为具备认识和辨认能力进行考察，而结论则是肯定的。主要理由是：该年龄阶段人对《刑法》第269条前段规定的行为——盗窃、诈骗、抢夺罪，具有辨识控制能力。

① 2003年4月18日最高检察院《关于相对刑事责任年龄的人承担刑事责任范围有关问题的答复》(以下简称《有关答复》)第2条规定："相对刑事责任年龄的人实施了《刑法》第269条规定的行为的，应当依照《刑法》第263的规定，以抢劫罪追究刑事责任。但对情节显著轻微，危害不大的，可根据《刑法》第13条的规定，不予追究刑事责任。"

该年龄阶段人的社会价值观与规范认知虽然尚不完全，但对明显违背社会价值与法律秩序的违法犯罪行为的性质是具有辨别认知能力的。虽然该年龄阶段人不能成为盗窃、诈骗、抢夺罪的主体，但并不意味着必然不能认识到这些行为的性质。如果这样认识，那么就混淆了行为人对法律规范认识(形式的违法性)与事实违法性认识(实质的违法性)。此外，该年龄阶段人对《刑法》第269条后段规定的行为——使用暴力或者以暴力相威胁的，更具辨识控制能力。当他们实施盗窃、诈骗和抢夺行为后，又出于特定目的使用暴力或者以暴力相威胁的，他们完全能够认识到其行为不再是单纯的财产犯罪行为，而是升高至他人生命与身体的危险性的暴力犯罪行为，其所侵犯的法益，对于财产犯性质的自然犯而言，认识到其中人身犯罪的行为性质及其危害程度也是容易的。① 类似从实质意义的理由上予以肯定的，还有如张明楷教授。②

赞同最高院《未成年人解释》观点则认为，对该年龄阶段的人适用转化型抢劫罪，有违罪刑法定原则。理由主要是：法工委《答复意见》规定的精神在于《刑法》第17条第2款规定的是8种罪行(行为)，因此，对于已满14周岁不满16周岁的人，刑法只能对其所实施的此8种行为进行评价。如认为该年龄阶段的人可以构成转化型抢劫罪，则说明刑法评价了该年龄阶段人的“盗窃、诈骗、抢夺”行为，这显然违反《刑法》第17条第2款的规定。其次，针对否定观点关于“既然刑法第269条并非单纯处罚盗窃、诈骗、抢夺犯罪行为的条文，该条是基于转化型抢劫与普通抢劫在罪质上的一致性所作的法律拟制规定，那么在思考该年龄阶段的人能否成为转化型抢劫罪主体问题时，就必须破除刑事立法对盗窃、诈骗和抢夺罪主体年龄规定的局限，从实质上对其是否对盗窃、诈骗和抢夺行为具备认识和辨认能力进行考察”的看法，③ 赞同观点认为，对于转化型抢劫罪，刑法是对“盗窃、诈骗、抢夺”行为与事后的“暴力”进行的整体评价。但是，对该年龄阶段的人而言，刑法对其所实施的“盗窃、诈骗、抢夺”行为予以评价则不适宜。因为在转化型抢劫中，行为人先前实施的盗窃、诈骗、抢夺行为本身是相对独立的，因为在实施盗窃、诈骗、抢夺行为时并没有使用暴力，如果没有被害人的积极行为的介入，相对负刑事责任年龄人就不会使用暴力。如对该年龄阶段的未成年人适用转化型抢劫，仍然是对其“盗窃、诈骗、抢夺”行为进行了评价，而这同样是违反《刑法》第17条第2款。④

笔者认为，无论持何种观点，都不宜得出哪种观点是违反罪刑法定原则的结论，因为

① 刘艳红：《转化型抢劫罪主体条件的实质解释——以相对刑事责任年龄人的刑事责任为视角》，载《法商研究》2008年第1期。

② 张明楷：《刑法学》(第四版)，法律出版社2011年版，第855页。

③ 刘艳红：《转化型抢劫罪主体条件的实质解释——以相对刑事责任年龄人的刑事责任为视角》，载《法商研究》2008年第1期。

④ 李希慧、徐光华：《论转化型抢劫罪的主体——以已满14周岁不满16周岁的人为视角》，载《法学杂志》2009年第6期。

都是基于对现行刑法规定的理解进行的解释。但是，分歧看法并非仅从解读法条内容就能够得到圆满结论的。如果出于我国对未成年人挽救、教育、保护的立场，是持不同观点都能接受的出发点，则认识问题的途径即使不同，结论也应该是相近的。

从法理层面上说，的确如同否定观点所言，该年龄阶段的人并非不能辨识不能实施“盗窃、诈骗、抢夺”行为，以及实施其后的“暴力或者以暴力相威胁”的行为，否则，在一系列的司法解释及司法文件中，就不会有最高检认可该年龄阶段人是转化抢劫罪主体、最高法只认可是故意伤害罪、故意杀人罪主体那样的规定。但是，实质意义上具有辨识、控制行为以及辨识违法性(形式违法性)的能力，是否等同于实质意义上具有刑事责任能力，要承担刑事责任，是有疑问的。作为实质解释论的典型论据之一，是用“类比”的方法，即假如该年龄阶段的人实施典型抢劫罪要入罪，而同样该人如果盗窃、诈骗、抢夺财物，后为窝藏赃物、抗拒抓捕或毁灭罪证而当场施暴或以暴力相威胁，如果不入罪则体现不出刑法的公正性，因实施者是智力发育水平、识别和控制自己行为的能力完全一致的同一人，这种行为与前述抢劫罪的社会危害并无差别。① 笔者认为，《刑法》第 17 条第 2 款规定的内容，就是“身份论”典型规定。按照实质解释论者们的观点，差一小时年满 14 周岁的人故意杀人的，与一小时后故意杀人的，行为人对自己行为辨识、控制能力和对违法性的认识，不好得出有实质性区别的结论吧？按照“实质解释论”是否也应该承担故意杀人的刑事责任？一个小时之前的故意杀人与一个小时之后的故意杀人，就危害性程度上说，没有区别，就事实本身而言，如何得不出“不满 14 周岁就敢杀人”“主观恶性更大”的结论？不过，事实上辨识、控制能力“有”与“没有”，并没有区别，都不影响不能定罪的结论。因为他(她)根本没有实施应当受刑法评价的行为。正是从这一层意义上说，从实质上对该年龄阶段的人是否对盗窃、诈骗和抢夺行为具备认识和辨认能力进行考察，作为应承担刑事责任立论的出发点，在于“惩处”而不是“保护”，笔者认为论据是不妥当的，没有说服力。因为刑法对未成年人刑事责任范围规定确定的出发点，并不是基于该年龄阶段的人是否具有实质意义上的辨识、控制能力，只是为了达到既有限制的惩处，又保护和教育的目的。

笔者认为，问题如果回归司法，主要涉及两个层面的问题：一个层面是对这种客观存在的司法现象，刑事立法为何视而不见；另一个层面，既然是该年龄阶段的人是完全可以实施的行为，那么，是否需要以转化抢劫罪论处。该问题如同《刑法》第 17 条第 2 款刑事责任范围规定中，没有规定“绑架罪”的先天缺陷所造成的司法、理论困惑一样，问题首先是立法不足造成的，现在推给司法来解决。而由司法解释规范司法行为，是全国人大授予

① 周本再、刘洪志：《对转化型抢劫罪问题的两个思考》，载《检察实践》2002 年第 2 期。

最高司法机关的权力,① 且根据全国人大《决议》“最高人民法院和最高人民检察院的解释如果有原则性的分歧，报请全国人民代表大会常务委员会解释或决定”。但对两高存在原则性分歧的这一解释，全国人大并未做出任何解决分歧的“解释或决定”。所以，问题仍然回到第二个层面：是否需要对此以转化抢劫罪定罪处罚。毋庸置疑，《刑法》第 17 条第 2 款的立法精神在于限制未成年人刑事责任范围的，这是保护未成人的刑事政策的立法体现，但因立法本身不足所造成的困惑，推给司法解决的现状，就是必须将《刑法》第 17 条第 2 款规定的“罪”作为“罪行”(行为)解释,② 以化解“无法可依”困境。③ 有人认为，依据这样解释，将限制刑事责任年龄人纳入转化抢劫罪的主体是合适的，因为“实际上，这样解释也并非违反罪刑法定原则。对于刑法条文中的‘罪’，并非仅指刑法学意义上的犯罪，而且通常情况下可以指犯罪学意义上的犯罪，即这种‘罪’仅反映其客观上所造成的社会危害性，而并不说明其符合刑法中的犯罪构成而成立犯罪。”④当然，如这样的理解果真是学界、实务中普遍能够接受的，那实际上就没有解释第 17 条第 2 款的必要，因那就是文义当然的内容；刑法也更无必要规定第 17 条第 2 款，因它的作用只是为了在刑法中显示有体现未成年人刑事政策的立法的摆设而已。

从理论层面上，有学者评述，《未成年人解释》第 10 条第 1 款规定，是以致人重伤或死亡的实际后果定罪的规定，违背了法工委《答复》以及高检院《有关问题答复》第 2 条以及《未成年人解释》第 5 条一贯坚持“罪行说”，返回到“罪名说”的立场。并认为“这样做的后果也非常严重：通过违反《刑法》第 269 条的规定而发挥刑法的谦抑作用，无异于超越罪刑法定原则而随意出入人罪，这是对成文法典的修改，而不是对成文法典的解释；是司法权侵犯立法权的表现，是违反刑事立法的无效解释。”⑤

如前所述，这里笔者不去评价理论上将该年龄阶段的人解释为转化抢劫罪主体是否符合罪刑法定的问题，因为从根本上说，不涉及该问题；我们也无意去评价有权解释机关将《刑法》第 17 条第 2 款规定的“罪”解释为“罪行”(行为)或者“罪名”是符合还是违反罪刑

---

① 1981 年 6 月 10 日第五届全国人大会常务委员会第 19 次会议通过《关于加强法律解释工作的决议》，规定解释的主体为最高人民法院及最高人民检察院。

② 2002 年 7 月 24 日全国人大法工委：《关于已满 14 周岁不满 16 周岁的人承担刑事责任范围问题的答复意见》；2006 年 1 月 23 日最高人民法院《关于审理未成年人刑事案件具体应用法律若干问题的解释》均持此态度。

③ 当然，解释的初衷是为了解决该年龄阶段的人“绑架杀人案件”如何定罪的问题，然而，随之而来的问题，也如同笔者指出过的，可能是当初解释时没有考虑的，事实说明即使是这样解释也没有能真正解决立法上存在的不足，问题将会更多。参见林亚刚：《论我国未成年人犯罪刑事立法的若干规定》，载《吉林大学社会科学学报》2005 年第 3 期。

④ 赵秉志主编：《刑法学各论研究述评》，北京师范大学出版社 2009 年版，第 353 页。

⑤ 刘艳红：《转化型抢劫罪主体条件的实质解释——以相对刑事责任年龄人的刑事责任为视角》，载《法商研究》2008 年第 1 期。

法定原则，因为有权解释是具有法律效力的；也无意讨论最高院解释是否回归“罪名说”以及这种解释是否属于“回归解释”，以及解释是否是“超越罪刑法定原则而随意出入人罪，是对成文法典的修改”，因为超出笔者的能力。笔者认为，问题并不在于哪种解释是符合罪刑法定的，仅仅涉及从司法层面上对法条内容如何理解是妥当的。从《两未法》①以及《刑法》第 17 条第 2 款规定的意义上说，笔者持赞同《未成年人解释》的观点。

根据《刑法》第 17 条第 2 款“已满 14 周岁不满 16 周岁的人，犯故意杀人、故意伤害致人重伤或者死亡……”的规定，《未成年人解释》将这里的“罪”解释为“罪行”(行为)，清楚地表明第 17 条第 2 款限制刑事责任年龄人在任何情况下对故意致人轻伤(包括轻伤)以下的行为是不承担刑事责任的，这是第 17 条第 2 款条文的当然文义。如果将该年龄阶段的人视为转化抢劫罪的主体，则实质上当然是评价了该年龄阶段人故意致人轻伤(包括轻伤)以下的行为，因为第 269 条对“当场使用暴力”没有后果的要求，理论解释上也共识与典型抢劫罪暴力程度的要求相同；也因为第 269 条同时还规定“以暴力相威胁”也构成转化抢劫罪，是否还会有“当场使用暴力”入罪，为何“当场以暴力相威胁”不入罪是不公正的问题吧？如果“以暴力相威胁”行为也入转化抢劫罪，其合理性更值得商榷。因为毕竟转化抢劫罪是法律拟制的抢劫罪，不仅与典型抢劫罪在危害程度上是有区别的，也与“以暴力”行为转化的抢劫罪有区别，将两者的危害相提并论本身就是不严谨的对比。所以，是从严解释符合对未成年人保护的原则，还是扩大解释有利于体现？结论不言自明。根据《未成年人解释》，只有在造成致人重伤、死亡情况下，以故意伤害罪或者故意杀人罪处理，这一解释是完全符合《刑法》第 17 条第 2 款的立法规定的。因而解释应将保护置于重心，还是要将公平列入前一位阶，这是见仁见智的问题，与违背还是符合罪刑法定无关。笔者持保护为重心的认识。在这一点上，《未成年人解释》也与《两未法》精神上是一致的。

不过，仍然有学者担心：《未成年人解释》对该年龄的人实施《刑法》第 269 条规定的暴力致人轻伤以下后果，或仅以暴力威胁没有直接做出明确解释，从而留下了仍可适用高检院《有关问题答复》转化抢劫罪主体责任年龄的解释空间。② 这并非杞人忧天，有人就明确说：将《未成年人解释》第 10 条第 1 款的规定理解为是“限制未成年人转化型抢劫罪”的规定，如据此认为该年龄阶段人除非在为窝藏赃物、抗拒抓捕或者毁灭罪证而当场致人重伤或者死亡，其他一律无罪，是曲解了前述解释的表现。因该解释并没有明确当场使用暴力致人“轻伤”以下后果的行为该如何处理。但这只是没有明确规定而已，并不意味着未成年人就当然获得了向抢劫罪转化的“豁免权”。并认为在《未成年人解释》没有明确规定，《“两抢”意见》持肯定立场的情况下，对该年龄阶段的未成年人为抗拒抓捕等而当场使用

① 《中华人民共和国预防未成年人犯罪法》1999 年 11 月 1 日起施行；《中华人民共和国未成年人保护法》1992 年 1 月 1 日起施行，2006 年 12 月 29 日修订。

② 马柳颖：《转化型抢劫罪主体刑事责任年龄的合理界定》，载《学术界》2009 年第 2 期。

暴力致人轻伤以下后果的行为，自然也可以按照转化型抢劫罪处理。① 也有人更直言不讳地说：如果坚持该年龄阶段的未成年人不能成为准抢劫罪主体，将在理论上和司法实践上产生一系列难以解决的问题。② 然而，仅就转化抢劫罪而言，即使按照有权机关将“罪”解释为“罪行”（行为），也已经明明白白地表明了《刑法》第 17 条第 2 款不得评价该年龄阶段的人除实施暴力“致人重伤或者死亡”之外的行为，这是条文文义的内容。换言之，该年龄阶段的人，在没有造成“致人重伤、死亡”的情况下，也就意味着没有实施应受刑法评价的行为。这里已没有必要再以“举重以明轻”作为论点展开讨论，也没有必要重提“惩处”还是“保护”的话题，即使为解决“司法难题”也不应得出这种明显违背立法精神的结论。

四、抢劫致人重伤、死亡的法律适用

这是《刑法》第 263 条第 5 项抢劫罪结果加重犯的规定，要求其强制行为与加重结果之间必须有因果关系，且不限于只是由暴力行为而造成，亦不排除“胁迫方法”“其他方法”同样可能致人重伤、死亡，只要是在抢劫过程中所实施的行为导致重伤、死亡的均可，例如在实施胁迫强制行为时被害人为躲避失足坠楼致死的、使用麻醉剂过量致人死亡的等；主观上对重伤、死亡结果可以出于过失、间接故意或者直接故意，均不影响适用；必须实际发生致人重伤、死亡结果，如果意图造成此结果，实际上没有发生的，不具有适用此项的条件，其主观上的恶性，应作为量刑情节考虑。抢劫致人重伤、死亡的，包括转化抢劫罪。

张明楷教授认为，为实现从一重适用刑罚，在故意致人死亡的抢劫中又当场获取财物的结果加重犯，需要按照抢劫罪定罪处罚。③ 但是，相反的是，又认为在抢劫致人重伤、死亡但未取得财物的情况下，属于结果加重犯的既遂，但基本犯仍然未遂④（也就是抢劫是未遂），同时认为，由于我国刑法的法定刑较重，所以可以适用总则犯罪未遂的规定处罚。一方面是，即使认定为抢劫罪的，也因为“可以”不从轻、减轻处罚；另一方面，因故意致人死亡的抢劫与故意杀人罪形成想象竞合关系，如果认定为故意杀人罪则不能适用未遂犯的规定。⑤ 但是，笔者认为这似乎又不是张明楷教授一贯的主张。在自己的教科书中他又认为：“乙为抢劫财物而杀死 X，但未能取得财物。就抢劫罪而言，是结果加重犯的

① 杨晓明：《未满 16 周岁的未成年人盗窃时当场使用暴力致人轻伤应如何处理》，载《人民检察》2007 年第 5 期。

② 张锋：《论准抢劫罪之构成要件》，载《襄樊职业技术学院学报》2005 年第 3 期。

③ 张明楷：《刑法学》（第四版），法律出版社 2011 年版，第 863 页。

④ 当然，这里有必要提及张教授对抢劫罪的基本犯的既遂标准，是持理论上的“取得说（控制说）”为标准，与《“两抢”意见》不完全相同。

⑤ 张明楷：《刑法学》（第四版），法律出版社 2011 年版，第 860 页。

既遂，基本犯的未遂，但是，由于该行为同时触犯了故意杀人罪，根据想象竞合犯的处理原则，仅认定为故意杀人罪即可。”①

张明楷教授为何在同一本书中出现结论如此不一致的学术观点，使人不解。而且，笔者认为这些论述多少有些矛盾，一方面是认定为抢劫罪，可以适用总则犯罪未遂的规定处罚，但根据具体情况，也“可以”不从轻、减轻处罚。另一方面因故意致人死亡的抢劫与故意杀人罪形成想象竞合关系，仅认定为故意杀人罪(应为既遂)既可。那么，究竟应定为抢劫罪还是故意杀人罪？究竟还要不要适用刑法总则犯罪未遂的规定？

而且，就以按照抢劫未遂处理而言，仍然存在值得商榷的问题。张明楷教授认为即使定抢劫未遂也“可以”不从轻、减轻处罚，似表明在对故意致人死亡但未当场获取财物的抢劫未遂不从轻、减轻处罚时，可以实现罪责刑相称的从一重处断；但又认为如果定故意杀人罪不能适用未遂犯的规定(当然是因人已经死亡)，似又在强调只有按照抢劫未遂来处理，需要从轻、减轻处罚，才能够实现故意杀人致人死亡的抢劫在未获得财物情况下罪责刑相称。“可以”虽然包含着“可以不”，但毕竟是“可以”的，即使适用了“从轻、减轻”处罚，也不违法。所以，张明楷教授所述的核心问题仍然是为了适用犯罪未遂的规定而认为应定抢劫未遂吧。既然是想象竞合犯，本来在定性问题上，选择定抢劫罪或者故意杀人罪都不存在什么原则错误，但由于定性的选择是直接关系到轻重刑罚的适用选择，那么，选择了抢劫的未遂定性，不考虑故意杀人已经既遂的原因何在？在张明楷教授一贯观点中，又坚持抢劫罪结果加重的法定刑重，② 那么，按照想象竞合犯的从一重处断的原则，本也应该选择适用该项处断，为何对抢劫故意杀人致人死亡未当场获取财物就需要违背“从一重处断”原则，一定要适用了未遂的规定，才能实现罪责刑的相称，使人费解。

另外，根据张明楷教授的观点，故意致人死亡的抢劫同时触犯故意杀人罪，为想象竞合犯。想象竞合犯按照我国的理论解释，共识是实质上的一罪，从故意犯罪的角度说，就是只有一个故意犯罪行为。张教授曾在有关论述中指出：“一个故意犯罪行为不可能出现几种形态”，③ 那为何在这种情况下就同时可以并存未遂和既遂形态？即便共识抢劫罪为复行为犯，恐怕也不能够解释为在规范意义上是由两个独立的罪构成的。抢劫案件中的(数个)行为理论上可以区分出未遂、既遂的形态，如按照共识的处罚规则，也只应以既遂论而效力及于未遂。那么，在故意杀人致人死亡的抢劫中，为何仅仅就因为没有当场获取财物，就可以不再考虑这一原理，就需要按照抢劫的未遂论而效力及于故意杀人的既遂？也是使人费解之处。

笔者认为，在结果加重犯(包括抢劫罪的结果加重犯)有无未遂问题上，国内学术界众

---

① 张明楷：《刑法学》(第四版)，法律出版社 2011 年版，第 324 页。

② 张明楷：《刑法学》(第四版)，法律出版社 2011 年版，第 863 页。

③ 张明楷：《刑法学》(第四版)，法律出版社 2011 年版，第 310 页。

说纷纭，这是正常现象。这里没有必要进一步讨论“犯罪既遂和未遂的区分，只适用于基本构成的犯罪，而不能适用于加重构成的犯罪”①的观点，但同一论者还是理清思路前后一致为好。在笔者看来，这种情况应属于非纯正的想象竞合犯，即行为人的一行为(构成行为)所触犯的数罪名不是两个各自独立的犯罪构成，是复行为犯中的一个行为要素所触犯的罪名与复行为犯的罪名之间形成想象竞合关系。如同抢劫罪是一种复行为犯，其中的手段行为要素触及故意杀人罪罪名。为抢劫而杀人却未取得财物，当被害人已被杀死，构成故意杀人既遂；而未取得财物又是抢劫未遂。这就发生了停止形态的竞合中既遂与未遂的竞合(非纯正的想象竞合)。然后需要依照想象竞合犯的处罚原则去处罚。当然，作为一个争议问题，就此仍有必要进一步研讨。

① 陈兴良主编：《罪名指南》(上)，中国政法大学出版社2000年版，第788页。

论徇私枉法罪主观要件及共犯[①]

徇私枉法罪，是指司法工作人员徇私枉法、徇情枉法，对明知是无罪的人而使他受追诉、对明知是有罪的人而故意包庇不使他受追诉，或者在刑事审判活动中故意违背事实和法律作枉法裁判的行为。

一、“徇私、徇情”的理解

对于本罪的主观要件，通说根据对本罪罪状的立法规定认为是出于故意。多数学者在对其主观要件的表述上，也往往是一笔带过，少数学者则明确指出主观上的“徇私”“徇情”是动机。[②] 只有个别学者基于对“渎职罪”主体所从事的国家事务中的公务一般都具有裁量性，要求具有较高法律、政策水平、技能性的特点出发，而认为在刑法渎职罪中有相当一部分是要求处于徇私的动机，以此可以排除因法律、政策水平不高、技能不高而造成差错的情形入罪。而对基于徇私内心起因(动机)违背职责时，便可以渎职罪论处，[③] 并指出本罪主观上是以徇私、徇情为动机，只要排除了因法律水平不高、事实掌握不全面而过失造成错判，便可以认定为“徇私枉法、徇情枉法”。[④] 同时指出，如果将其作为主观“目的”，便会不当缩小处罚范围。[⑤]

犯罪动机在犯罪构成中的作用，学界是有不同认识的。通说认为，犯罪动机一般不是构成要件的要素，因为无论出于何种动机，都不影响犯罪的成立，但是，在具体犯罪中以“情节严重”“情节恶劣”为构成要件时，犯罪动机是考察是否“情节严重”“情节恶劣”的重要因素，只有在此意义上，犯罪动机才具有作为与其他因素共同考虑的“构成要件要素”的意义。[⑥] 不同的观点则将犯罪动机分为“构成要件的犯罪动机”和(法定)“量刑情节的犯罪

① 本文原载于《上海对外经贸大学学报》2014 年第 1 期。

② 黎宏：《刑法学》，法律出版社 2012 年版，第 982 页。

③ 张明楷：《刑法学》(第四版)，法律出版社 2011 年版，第 1089 页。

④ 张明楷：《刑法学》(第四版)，法律出版社 2011 年版，第 1102~1103 页。

⑤ 张明楷：《刑法学》(第四版)，法律出版社 2011 年版，第 1089 页。

⑥ 高铭暄、马克昌主编：《刑法学》(第五版)，高等教育出版社 2011 年版，第 122 页。

动机”。作为“构成要件的犯罪动机”，如第399条徇私枉法罪规定的“徇私枉法、徇情枉法”，“徇私”“徇情”就是实施该种犯罪的法定犯罪动机，如果主观上不是出于“徇私枉法、徇情枉法”，就不能作为本罪处理。①

从广义上讲，犯罪动机也是一种目的，是犯罪目的背后的“目的”，因为它也是行为人实施犯罪行为追求的一种目标(需求)，只是这种目标要通过犯罪目的达成来实现。例如，实施故意杀人行为是为了剥夺他人生命，剥夺他人生命又是为了图财。在此，可以说犯罪目的是剥夺他人生命，犯罪动机是图财。但追问下去，在缘何产生“图财”的心理活动时，还可以说因对方的“富有”刺激了他，对方的“富有”又成为刺激行为人产生“图财目的”的动机。如此“图财”的犯罪动机可以说是“剥夺他人生命犯罪目的”的“目的”。可以看出，在广义上，“犯罪目的”与“犯罪动机”的区分只具有相对性。由此，可以问：对于本罪“动机”的把握，是在广义上还是狭义上？

从解释上说，“徇私”“徇情”确有“动机”之义，是行为人之所以追求“枉法”裁判目的的动机。但是，从另一个角度追问，缘何而“徇私、徇情”时，因何种具体的“私”“情”事项，则可以解释为刺激行为人实施枉法行为的内心冲动，“徇私枉法”“徇情枉法”在此则又可以解释为“犯罪目的”。例如，因被告人与司法人员有“床笫之欢”之“私情”，“床笫之欢”可以成为刺激其罔顾法律规定，决意为“徇情”而枉法裁判的动机，“徇情枉法”是其“目的”。笔者认为，考察犯罪动机，是指具体的动机，而非某一个具体的概念，而《刑法》第399条规定的“徇私”“徇情”就只是一个概念。“徇私”“徇情”也可以是因“世交”而“徇私”“徇情”，也可以是因“世仇”而“徇私”“徇情”，在这一意义上，只有因何而“徇私”“徇情”，才是其动机。作为徇私枉法罪而言，显然在认定主观要件时，不查清楚因何“私”、何“情”而枉法裁判，那基本的案件事实是不清楚的。事实上因何“私”、何“情”而枉法裁判，也符合对动机的界定：是刺激行为人实施犯罪行为以达到犯罪目的的一种内心的需要或欲望，或者说是推动、促使行为人实施犯罪行为的内心起因，是维持犯罪行为，引导犯罪行为向一定犯罪目的达成的心理原因。

至于如将“徇私”“徇情”视为目的的情况下，是否会不当缩小渎职犯罪的处罚范围，我认为，在查清造成枉法裁判具体徇私、徇情心理原因的情况下，恰恰不是缩小处罚范围的问题，而是准确认定是否构成犯罪的需要。如果在“排除了因法律水平不高、事实掌握不全面而过失造成错判”之外，都可以认定构成犯罪，是否有过于扩大处罚范围，才是值得思考的。司法人员也是社会中的一员，也有七情六欲，也有七朋八友，没有远亲也有近邻，没有至亲也有乡亲、同学等等。这样说来，在“排除了因法律水平不高、事实掌握不全面而过失造成错判”之外，都可以说是有“私”有“情”的关系，如果要是都可以界定为“徇私”“徇情”显然是不当的结论。换言之，只有查明真实的“私”与“情”的动机，才是定

① 黎宏：《刑法学》，法律出版社2012年版，第221页。

罪的需要，即使说这种情况会缩小处罚范围，也是应该如此。

二、徇私枉法罪的共犯

两个以上司法人员共同实施徇私枉法罪的，成立共同犯罪是没有异议的。在共同犯罪中主导徇私枉法裁判者是主犯，而且在通常情况下，主导者是处于职务活动的领导者地位，例如，法庭的审判长与法庭书记员的关系，书记员处于绝对被领导的地位。在这种具有绝对领导与被领导关系中，确定被领导者构成共犯，需要慎重，如果在案件中被领导者并无自身的“私”“情”，的确是基于因与领导者个人之间(当然包括因工作关系)的“私”“情”而参与实施犯罪的，即使客观上没有具体的“被胁迫”情节，也应作为胁从犯认定，在被胁迫的情况下，应以不具有期待可能性，不认为构成犯罪为宜。

在具有无身份者参与实施时，具体是指案件当事人、被告人或者辩护人、诉讼代理律师、证人参与实施情况下，是一律按照徇私枉法罪的共犯认定，还是分别认定处理，是值得研究的。

众所周知，无身份者能否成为纯正身份犯的共同正犯，由于在我国立法上也是没有明确规定的，所以该问题在理论上一直存在争议：

(1)肯定说。认为无身份者可以与有身份者构成纯正身份犯的共同正犯。我国台湾学界持肯定意见的，如韩忠谟教授指出：无身份之人与有身份之人共同实施因身份而成立犯罪者，例如普通人与公务员分受贿赂之类，按犯罪以一定身份为成立要件者，无身份之人在理论上原不得成立该项犯罪行为，然事实上无身份之人与有身份之人共同实施因身份而成立之犯罪亦属常见，又不得不与其他正犯同其处罚，故刑法上对于无身份之共同正犯，殊有特设规定之必要，有学者称此规定为拟制的规定。① 大陆学界也有学者明确指出无身份者可以与有身份者构成真正身份犯罪的共同实行犯。认为非国家工作人员能够成为某些国家工作人员犯罪的实行犯，是由于某些国家工作人员犯罪行为的可代替性和可转让性决定的。②

(2)否定说。该说精辟的解说，如苏联著名刑法学者特拉伊宁认为，非公职人员参与实施渎职应负刑事责任的问题是不容置疑的，但是，必须注意渎职罪中的共犯毕竟有些不容忽视的特点。问题的实质在于，非公职人员可以是渎职罪的组织犯、教唆犯、或帮助犯，但是渎职罪的执行犯却只能是公职人员，之所以有这个特点是因为在实际中只有公职人员才是公务职能的执行者，由他们发布命令、签署文件等，自然是渎职罪的唯一执行

① 韩忠谟：《刑法原理》，台湾雨利美术印刷有限公司 1981 年版，第 297 页。

② 谢望原：《国家工作人员犯罪认定中疑点难点问题研究》，中国方正出版社 2000 年版，第 47 页。

犯。由此得出结论，在渎职罪的共犯中，非公职人员只能作为组织犯、教唆犯或帮助犯负责。①

“对于共同犯罪而言，并非要求全体共犯者都为特殊主体。所以非特殊主体也能构成教唆犯、帮助犯，组织犯，但不能构成实行犯（因为实行行为得由特定身份的人来实施）。按照我国的分类，可以构成从犯、胁从犯、教唆犯甚至主犯。当然，可以构成并不意味着都能构成，特别是在特殊主体教唆非特殊主体实施由特殊主体构成的犯罪时，有的能构成共犯，有的则不能，例如教唆外国人实施我国刑法中的背叛祖国罪或唆使妇女去强奸妇女，这就不可能构成共犯。”②理由就在于，“无上述身份的人不能成为该罪的实行犯。因为没有特定的身份，就不可能完成该罪的实行行为……无特定身份的人尽管不可能成为这些犯罪的实行犯，但可以成为这些犯罪的教唆犯或者帮助犯。”③还认为，具有特定身份的人与没有特定身份的人，之所以不能构成法律要求犯罪主体具有特定身份的犯罪的共同实行犯，就在于没有特定身份的人，不可能实施法律要求犯罪主体具有特定身份的犯罪的实行行为。因为身份是犯罪主体的构成要素之一，身份决定着犯罪主体的性质。身份尤其是法定身份总是和犯罪主体的权利与义务联系在一起的。法律在赋予其一定身份的同时，必然加诸一定的权利、义务，而且身份对犯罪行为的性质具有决定意义。④ 还有的学者认为：“特定犯罪的实行行为应当与该特定犯罪的行为主体要求是一致的。不能从表面上看，非身份者好像可以实施作为纯正身份犯中的部分实行行为，实际上该实行行为只有特定的有身份者实施才属于该特定犯罪的实行行为，超出此范围就不再是特定犯罪意义上的实行行为。纯正身份犯的本质乃在于，行为人根据其身份而承担了一定的义务，身份的连带性不能超越纯正身份犯的本质。不能将自然意义上行为的共同等同于法律意义上的实行行为的共同。而对共同犯罪中实行行为的评价应当是规范意义、法律意义的，而不能是自然意义上的。”⑤

（3）折中说。认为从理论上看，否定说是有一定道理。因为真正身份犯，只是具备该身份的人才能实施，但在立法上，有的立法例明文规定“共同实施”；在实际上，某些真正身份犯，无身份者并非不可能实施部分实行行为，在这种情况下，完全否认无身份者与有身份者构成共同实行犯的可能性，似与法律规定和实际情况不合。因而，无身份者与有身份者能否构成真正身份犯的共同实行犯，应当根据具体情况，区别对待。凡无身份者能够参与真正身份犯的部分实行行为的，可以与有身份者构成共同实行犯；凡无身份者根本不

① ［苏］特拉伊宁：《关于犯罪构成的一般学说》，薛秉忠等译，中国人民大学出版社 1957 年版，第 244 页。

② 苏惠渔：《犯罪与刑罚理论专题研究》，法律出版社 2000 年版，第 257 页。

③ 陈兴良：《刑法适用总论（上卷）》，法律出版社 1999 年版，第 512 页。

④ 陈兴良：《共同犯罪论》，中国社会科学出版社 1992 年版，第 356~357 页。

⑤ 阴建峰、周加海：《共同犯罪适用中疑难问题研究》，吉林人民出版社 2001 年版，第 48~49 页。

能参与真正身份犯的实行行为的，即不能与有身份者构成共同实行犯。① 也有学者指出，对无特定身份者可否与有特定身份者构成共同实行犯的问题，一概否认或肯定的主张都值得商榷，应当区分特殊主体犯罪的实行行为，从其性质上看，不可能由其他无身份者与有特定身份者实施实行行为，而只能由具备特定身份者实施，在此种犯罪构成的情况下，无特定身份者就不可能与有特定身份者构成共同实行犯。另一些要求特殊主体的犯罪的实行行为，从性质上看可以由无身份者与有身份者构成共同实行犯。②

应当看到，我国最高司法机关对此的态度，一直以来是不甚明确的，有关司法解释多属于明确为共同犯罪性质，但不明确共犯具体法律属性的态度。例如，2003 年 4 月 16 日最高人民检察院《关于非司法工作人员是否可以构成徇私枉法罪共犯问题的答复》中指出：非司法工作人员与司法工作人员勾结，共同实施徇私枉法行为，构成犯罪的，应当以徇私枉法罪的共犯追究刑事责任。2007 年 7 月 9 日最高人民法院、最高人民检察院《关于办理受贿刑事案件适用法律若干问题的意见》的规定亦是如此。但实际上，并非仅限于有关渎职犯罪共同犯罪的情况，对其他普通犯罪共同犯罪的司法解释，也是持有相同的态度。明确共犯中法律属性的司法解释相对较少，如 1984 年 4 月 26 日最高人民法院、最高人民检察院、公安部《关于当前办理强奸案件中具体应用法律的若干问题的解释》中指出："妇女教唆或帮助男子实施强奸犯罪的，是共同犯罪，应当按照她在强奸犯罪活动中所起的作用，分别定为教唆犯或从犯，依照刑法有关条款论处。"则是明确排除可以成为共同实行犯。

此外，还有附条件以共犯认定的规定。如 2002 年 7 月 8 日最高人民法院、最高人民检察院、海关总署《办理走私刑事案件适用法律若干问题的意见》第 16 条"关于放纵走私罪的认定问题"规定："依照刑法第 411 条的规定，负有特定监管义务的海关工作人员徇私舞弊，利用职权，放任、纵容走私犯罪行为，情节严重的，构成放纵走私罪。放纵走私行为，一般是消极的不作为。如果海关工作人员与走私分子通谋，在放纵走私过程中以积极的行为配合走私分子逃避海关监管或者在放纵走私之后分得赃款的，应以共同走私犯罪追究刑事责任。""海关工作人员收受贿赂又放纵走私的，应以受贿罪和放纵走私罪数罪并罚。"

在笔者看来，对自然犯的特定身份的犯罪(例如强奸罪)，要否定无身份者一概不能成立身份犯的共同正犯，理论依据并不充分。能否实施某种行为是一回事，而能否完成犯罪行为是另一回事，不能因为不能完成犯罪行为而否认能够实施，这应当是没有疑问的结论。当然，即便能够实施，是否应当在法律上评价为该种犯罪的实行行为，又是另一层次的问题，但不能因此而一概否认非身份者可以实施真正身份犯的"实行行为"。例如，间接

① 马克昌主编：《犯罪通论》，武汉大学出版社 1999 年版，第 582~583 页。

② 赵秉志：《犯罪主体论》，中国人民大学出版社 1989 年版，第 297 页。

正犯的概念就是解答这一现象的理论。但同时，也并不否认确实刑法规定的有的真正身份犯的实行行为，非特定身份的主体事实上是不可能实施其实行行为的。例如，作为亲身犯的遗弃罪，不具有同一家庭成员的身份，不具有扶养、抚养、赡养义务就不可能成立遗弃罪的共同实行犯，但这并非是对所有的真正身份的犯罪规定的构成共同犯罪的规律。①

但就法律身份的身份犯而言，的确可以这样认为，非法律身份的人确实存在不可能实施法律意义上的，所要求犯罪主体具有特定身份的犯罪的实行行为，如职务行为。那么作为徇私枉法罪共犯认定中，无身份者参与行为，应如何处理？如果从上述结论而言，作为共犯的，结论似乎只能是一个：不能以共同正犯承担刑事责任。从本罪的职务犯罪特点而言，不能作为共同正犯的结论是比较合适的。就作为共犯的刑事责任而言，只能以教唆犯、从犯、胁从犯来认定并承担责任。但是，笔者认为，无身份者不能排除在徇私枉法罪的共同犯罪中，也可以因起到主要作用而承担主犯的刑事责任。

三、徇私枉法罪共犯的处理

针对徇私枉法罪共同犯罪的情况，有如下分析：

（一）内外勾结徇私枉法案件的处理

对于国家机关工作人员与非国家机关工作人员相互勾结构成共同犯罪应如何定性，学界存在众所周知的不同的看法。主要有：主犯决定说。当无身份者与有身份者共同实施犯罪的时候，应该按照共同犯罪中主犯犯罪行为的基本特征来确定各共同犯罪人的罪名，即确定共同犯罪的性质。如果主犯是无身份者，应按非身份犯定罪；如果主犯是有身份者，则按身份犯定罪。② 分别定罪说。目前只有少数学者坚持该说，有学者认为，在无身份者与有身份者共同实施犯罪的情况下，应对无身份者和有身份者分别定罪。其中，对无身份者以非身份犯论，对有身份者以纯正身份犯论。③ 特殊身份说。该说认为，无身份者与有身份者共同实施犯罪时，应依有身份者所实施的犯罪构成要件的行为来定罪，即使无身份者是主犯，有身份者是从犯，案件实际情况并不影响这一定罪原则。④ 区别对待说。认为，一般情况下应以实行犯的犯罪性质来定罪，但也可能出现分别定罪的情况。其标准在于无身份者是否利用了有身份者的职务便利。如果无身份者利用了有身份者的职务便利，

① 林亚刚：《身份与共同犯罪关系散论》，载《法学家》2003年第3期。

② 叶高峰：《共同犯罪理论及其运用》，河南人民出版社1990年版，第280~281页。

③ 李光灿、马克昌、罗平：《论共同犯罪》，中国政法大学出版社1987年版，第148、153~154页。

④ 马克昌主编：《犯罪通论》，武汉大学出版社1999年版，第583页。

对二者均应定有身份者的犯罪；反之，则分别定罪。①

基于徇私枉法罪的司法权只能由司法工作人员行使的特点，在与非身份者相勾结实施徇私枉法裁判共同犯罪的定性问题，笔者认为，司法人员在共同犯罪中，是利用职务行为才能实现枉法裁判。没有司法人员的身份和职务，就没有可能利用职务上的便利，就不可能实施或完成该犯罪。因此，司法人员的行为无论具体行为表现如何，都应以在共同犯罪中起到主要作用看待，哪怕只是授意书记员按照要求制作了虚假的庭审笔录中一小部分内容，虽然只是对虚假证据的采信，但只要导致枉法裁判结果发生，也应该视为起到主要作用。全案其他无身份者的参与行为，都只是围绕着如何帮助司法人员利用职务上的便利，实现枉法裁判结果，即使是伪造关键证据，无此证据可能导致完全不同结论时，也是在协助的作用下参与，应该视为是其次要作用。可以从犯、教唆犯、胁从犯承担刑事责任。但是，这不排除无身份者也可在徇私枉法的共同犯罪中起到主要作用，属于与司法人员共同对枉法裁判结果发生发挥重要作用，成立共同的主犯。例如，协助徇私枉法裁判结果发生法律效力，出面与审批领导沟通，则应该视为对枉法裁判结果做出的“贡献大”，应该成立主犯。

（二）徇私枉法罪的相伴共同犯罪时的处理

徇私枉法罪，其亵渎职权行为的内容，有庇护，也有陷害，因此徇私枉法罪可能与他人的犯罪行为具有共生性。例如：A 系检察官，但作为隐性股东投资 B 所开办的公司，在缺乏资金时，经商议以借款为名骗取 C 的资金，非法占有。在 C 举报 B 诈骗移送起诉后，A 作为案件承办人员，坚持以“经济纠纷”不予起诉，包庇 B 不受刑事追诉。这种情况下，对 A 应当认定徇私枉法罪还是以与 B 所犯之罪的共犯论处?

应该说，在实施徇私枉法行为具有相伴共同犯罪时，司法人员实施了两个行为。在一般情况下，徇私枉法行为并不是与他人共同犯罪必然的结果行为(因不具有确定性)，也不具有基于“同一目的”性，难以牵连犯的理论解释。我认为，该种情况比较符合前述“附条件以共犯论处”的情况。这种情况下，如果司法人员在其共同犯罪中有非法利益所得，在性质上是与“在放纵走私之后分得赃款的”一样的，应以所实施的共同犯罪追究刑事责任。相反，则完全可以考虑实行数罪并罚。但是，在符合第 399 条第 4 款规定，司法工作人员收受贿赂，同时又构成第 385 条受贿罪的情况下，虽然符合牵连犯的条件，当然也符合实质数罪的处罚条件，但是依照规定，只能以处罚较重的规定定罪处罚。

① 赵秉志：《犯罪主体论》，中国人民大学出版社 1989 年版，第 303 页。

“利益”输送贪污、受贿等职务犯罪的讨论[①]

一、输送“利益”的界定

2012年第十七届中央纪委第七次全会提出严肃查办“国有企业和金融机构中内幕交易、关联交易、利益输送的案件”。学界以及实务上对此类案件一般并没有明确定义，通常是将输送“利益”的案件，视为国家公职人员为牟取不正当利益的一种途径、手段或者是一种表现形式，[②] 理论研究和司法实务中则直接与贪污罪、贿赂罪、私分国有资产罪、徇私舞弊罪等职务犯罪相关联。利益输送(或曰输送利益)，并非刑法上的概念，而是哈佛大学经济学教授 Johnson，La Aorta，Lopde Shames 和 Shleifer(JLLS)在2000年提出的一个概念，原意是指通过地下通道转移资产的行为，企业控制者从企业转移资产和利润到自己手中的各种合法和非法行为，这种行为通常是对中小服东利益的侵犯。如果从该概念提出的司法现象看，应该存在使用合法或非法手段转移资产、利润到自己手中，当然，无论手段的合法与否，对其他股东利益的侵犯是应有之义，这只可能在手段不合法时，引发民事纠纷，而在刑事案件中，这种利益输送，即便手段合法，也存在构成犯罪的可能性。

如果从利益输送与受贿罪的关联性而言，当然是指利用自己手中的权力促成利益的转移，而从意图规避权力运用规则或逃避责任看，接受输送利益的对象，并非都是自己，而是与己相关共同利益的人员或企业、公司。如果从“利益”是否为公权力所享有或支配看，也只有后者，即与国家工作人员职务行为存在密切关系的利益与犯罪有关联性，如果从“利益”自身的属性看，有“公利益”输送，也有利用职务之便的“私利益”输送，但目前只有“物质利益”符合现行刑法以及司法解释的规定。

从利益输送案件的特点看，主要有：(1)输送行为隐蔽、智能。即从行为实施上看，输送行为往往要人为地增加若干环节，形式上合法掩盖非法目的，会充分利用市场化程序

---

① 本文原载于《中国刑法学年会文集》(2015年)。

② 章瑞民：《利益输送及审计对策研究》，载中华人民共和国审计署网，http：//www.audit.gov.cn/n1992130./m1992150/n1992576/3493652.html，访问时间：2015年5月3日。

运作和法律规定不完善以及监管漏洞。(2)权力大小与输送的利益往往成正比例关系，权力越大，输送的利益越大，利用输送利益的机会越多。(3)输送手段以及名目繁多，甚至有以"维稳"的名义进行利益输送。

二、利益输送涉及贪、贿等职务犯罪的主要类型①

第一，将利益直接输送给本人或其近亲属。这当然是最为直接的利益输送，由于其"直接"，往往会采取合规、合法的形式，不同于传统的"骗取"、"侵占"或者单纯被动的收受财物。例如，故意"违约"直接将公共财产赔付给自己实际所控制的企业、公司；再如，利用审批权，指令不经过招投标程序，将工程由近亲属企业、公司承接，或者虽然经过招投标程序，但暗中安排只能是指定的由近亲属企业、公司承接。

第二，将利益直接输送给共同利益的特定关系人。② 这种情况主要是利用审批、许可、监管、管理、采购等权力，将公共资源，制定条件或指定由特定关系人获得，前者主要是制定符合共同利益特定关系人资质的条件，为特定关系人取得竞争上的优势，为其牟取利益；后者主要是通过授意等方式交由下属人员完成。例如，国家公职人员在得知集体用地即将被建设征用信息后，抢先让关系人购买土地，暗中指示下属工作人员让评估机构在评估中故意抬高评估价格。在现实中，也不排除将私人财产通过公权力干预，明目张胆地将利益输送给特定关系人。例如，公职人员以堂而皇之地"维稳"理由干涉司法解除被依法扣押、查封的私人财产。③

第三，为请托人谋取利益，请托人向公职人员的近亲属或共同利益的特定关系人输送利益。在该种方式下，利益的输送者并非国家公职人员，而转由请托人完成，达到与公职人员直接输送利益的效果，且不易被发觉。例如，让共同利益的特定关系人担任董事、赠送干股、委托理财、挂名领薪等，不一而足。

第四，公职人员之间互为对方输送利益或者向对方近亲属或共同利益特定关系人输送利益，或者采取更为隐蔽的方式，为各自的请托人谋取利益，请托人向公职人员的近亲属或共同利益的特定关系人输送利益，或者交叉向各自公职人员近亲属或特定关系人输送利益。在后一种情况下，由于涉及范围广泛，请托人在扮演"洗钱"的角色，可能与正常经济往来混杂在一起，查处难度往往很大。

---

① 不排除输送利益还可能触犯诸如私分国有资产罪、滥用职权罪、玩忽职守罪等其他职务犯罪的可能性，对此应该具体分析。

② 为与近亲属区别，这里的共同利益关系人，是指公职人员的情妇(夫)，以及《刑法修正案(七)》"利用影响力受贿罪"所规定的"关系密切的人"。

③ 当然，在被依法查封、扣押中的私人财产，仍然是公共财产。

三、输送利益的司法认定

在现行刑法规定下，贪污、贿赂所要求的是具体财物，其他职务犯罪在认定上也以财产损失为主要内容，即便有的犯罪要求有“恶劣影响”的条件，也通常需要辅以“物理性”的损害。非财产性利益（损害）因不易以“金钱”价格衡量，不能统一评价决定刑事责任幅度，造成对单纯非财产性利益获得（或损害）不能入罪的困境。在利益输送类型的案件中，也当然存在诸如接受性交易安排、解决招工、招生指标、安排就业、户口迁移、职务晋升、出境旅游等非财产性利益的现象。但是笔者认为，即便国家公职人员“收获”的利益本身有属于非财产性利益的情况，也并非不触犯贪污、贿赂罪等犯罪，因为其输送的利益，不是非财产性利益。当然，也存在有互为输送财产性利益，但不构成犯罪的情况。

利用职务上的便利直接为自己或近亲属输送财产性利益，以及将利益直接输送给共同利益的特定关系人的情况，采用合法形式的特点比较多，这种类型的利益输送，可能触犯贪污罪、受贿罪或私分国有资产罪等罪名。例如，某甲系水务局副局长，主管人事、后勤业务。其子乙多次要求甲给自己的朋友丙介绍点工程做。某日，甲在会议上得知某河段防水墙工程立项，即将招投标。甲将此情况告诉乙，并告知乙要找懂工程的人一起做。乙找到丙商议共同承接该项目，由丙具体管理施工。丙找到丁（有建筑工程技术员资质），丁找到某公司经商谈，支付一定费用后借用某公司资质，以围标方式参与竞标并中标。工程造价共1500万元，因丁不懂水利工程施工规范，致使前期工程报废。乙、丙最终决定将工程转交由所借用资质的公司承担，但水务局不得不因为前期工程报废而追加投资200万元。工程结算后乙个人以前期有投入名义向施工公司索取100万元。在该案中甲虽为主管人事、后勤的副局长，水利建设工程并非其职责范围内，但是，在得到防水墙工程立项的信息上，显然是与参加会议的职务行为有直接关系，其子乙与丙在承接工程后，前期工程报废造成工程延期，追加投资200万元损失，而且乙最终还从工程中获利。甲的利益输送，造成国家财产损失，而且，其子乙不仅没有实际参与工程建设，却利用其影响力向施工公司索取100万元。对甲应该以滥用职权罪和利用影响力受贿罪的共犯追究刑事责任。

为请托人谋取利益，请托人向公职人员的近亲属或共同利益的特定关系人输送利益的案件，不应困扰于公职人员接受请托人非财产性利益服务如何认定的问题。例如，甲某系某建筑公司经理，在得知该市某路段准备进行改造后，通过他人介绍结识该市道路改造办公室主任乙某，乙某数次接受甲的宴请和异性性服务，在明知甲某不符合竞标条件的情况下，将甲某安排与改造项目实际负责人丙某见面，请丙某安排甲某参与竞标并最终使甲某中标承接部分项目。甲某知道该市还有众多道路改造项目，为能够保持与乙某的长期关系，劝说乙某由乙某的妻子、女儿以及其战友和甲某共同成立“投资有限公司”。甲某出面组织1500万元分配（为逃避可能的查处）给各人按比例持股投入该公司（由甲某一次性支付所借款利息)，由乙某战友出任董事长，甲某只作为普通股东。之后，甲某以自己另外公司资金周转之名，以付高息的方式从该公司借出 900 万元，至案发时，甲某除归还本金外，已经向该公司支付高息 350 余万元。对于该案而言，投资有限公司的实际出资人是甲某，乙某的妻子、女儿以及其战友在公司中并没有实际出资，虽然只是挂名股东，也并非替乙某代持股份，接受的是“干股”。如此，虽不符合最高人民法院、最高人民检察院 2007 年 7 月 8 日发布的《关于办理受贿刑事案件适用法律若干问题的意见》(以下简称《意见》)第 2 条“关于收受干股问题”以受贿罪论处的规定，但符合第 7 条“关于由特定关系人收受贿赂问题”第 1 款所规定的：“国家工作人员利用职务上的便利为请托人谋取利益，授意请托人以本意见所列形式，将有关财物给予特定关系人的，以受贿论处。”至于受贿数额，收受“干股”构成受贿罪的规定，应按照《意见》第 2 条规定的：“……进行了股权转让登记，或者相关证据证明股份发生了实际转让的，受贿数额按转让行为时股份价值计算，所分红利按受贿孳息处理。股份未实际转让，以股份分红名义获取利益的，实际获利数额应当认定为受贿数额。”

至于公职人员之间互为对方输送利益或者向对方近亲属或共同利益特定关系人输送利益，或者为各自的请托人谋取利益，请托人向公职人员的近亲属或共同利益的特定关系人输送利益，或者交叉向各自公职人员近亲属或特定关系人输送利益的案件，如果符合《意见》第 7 条第 2 款规定的：“特定关系人与国家工作人员通谋，共同实施前款行为的,① 对特定关系人以受贿罪的共犯论处。特定关系人以外的其他人与国家工作人员通谋，由国家工作人员利用职务上的便利为请托人谋取利益，收受请托人财物后双方共同占有的，以受贿罪的共犯论处”。

但是笔者认为，并非在形式上符合利益输送特点的，就一定涉及职务犯罪。个人认为，最关键的一点在于，公职人员是否利用职务上的便利支配自己职务范围内的事项，也即其“原点”的利益输送是否为其“公务”。例如，下列案件：

张某，系某省国土资源厅(以下简称省国土厅)耕地保护处处长，主要业务是负责全省土地规划；李某系某市国土资源局副主任科员，借调省国土资源厅工作，主要业务是在土地整理中心负责全省土地整理；邢某从某市国土资源局办理病休后，决定成立一家从事土地咨询业务方面的公司。

邢某找到张某和李某，3 人商议各自出资 4 万元，合伙成立以土地利用规划编制代理、土地预审代理、土地整理规划设计及国土规划、土地利用的技术咨询公司，由邢某担任公

① 根据《意见》第 7 条第 1 款规定：“国家工作人员利用职务上的便利为请托人谋取利益，授意请托人以本意见所列形式，将有关财物给予特定关系人的，以受贿论处。”而《意见》所列形式，是指“以交易形式收受贿赂”“收受干股”“以开办公司等合作投资名义收受贿赂”“以委托请托人投资证券、期货或者其他委托理财的名义收受贿赂”“以赌博形式收受贿赂”“特定关系人‘挂名’领取薪酬”“由特定关系人收受贿赂”等形式。

司法人，公司由邢某具体负责日常经营管理，张某和李某不参与公司的经营和公司的年终股东分红，也不负担公司的日常经营费用、员工工资等成本支出。张某和李某仅凭各自对公司介绍的土地咨询、代理业务获取业务提成。2005年五六月份，张某将某国家工程介绍给邢某，邢某与该公司签订了30万元的预审代理合同。按约定，邢某给张某5万元的提成。2006年1月，3人商定从当年开始按业务总额的20%提取业务费。自2006年二三月份开始，张某先后给公司介绍业务共3笔，分别与规划用地单位签订"建设用地预审和规划调整代理协议"、"经济、社会发展与土地利用战略分析代理协议"和"农用地需求与基本农田保护代理协议"。在上述合同履行完后，邢某共给予张某16万元的业务提成费(含当时出资的4万元)。李某则介绍给公司两笔"土地整理立项"代理业务，邢某给李某9万元的业务提成费(含当时出资的4万元)。

该案从现象上看，似乎符合利益输送的特点，因为获得规划用地申请单位的信息的确与张某和李某的职务有直接关系，但是，申请单位用地供政府部门审查的初期资料的准备，非政府审查土地整理中心机构的职务、业务范围，由哪一个业务咨询单位代申请单位准备所需资料，在法律上并无限制，也非由政府土地管理部门指定的咨询单位办理，所以，该前期资料准备并非"公务"活动。在该案中，张某和李某的主要职务活动是对申请用地单位提交的材料进行审核，对不符合的申请不予批准，对不规范的申请资料要求补充、完善。其职务活动中均没有介绍申请资料准备的单位这一项，因此，将有关申请用地单位，介绍给其他任何公司完成其相关申请资料准备，与其职务活动无关，介绍给自己出资的公司也并非是利用职务上的便利。本案张某和李某的确没有参与公司管理和运营活动，但是，均在公司成立时各出资4万元，这就不符合《意见》第3条第2款的规定："国家工作人员利用职务上的便利为请托人谋取利益，以合作开办公司或者其他合作投资的名义获取'利润'，没有实际出资和参与管理、经营的，以受贿论处。"的规定。

《刑法修正案(九)》对暴恐犯罪修订的司法适用①

恐怖主义犯罪活动并非只是现代社会的一种现象，它与人类权力制度建立的历史一样古老。事实上，在国家中央权力掌控社会的生活之时，就已面临着恐怖主义的挑战。发生在美国的“9·11”事件，成为世界恐怖主义犯罪历史上的一个转折点，该事件也从根本上动摇了传统意义上的国家安全定义。随着国际社会反恐形势的日益严峻，针对我国暴恐犯罪呈现的境外指挥、网上勾联、境内行动的趋势的新特点，我国制定了《反恐怖主义法》以及《刑法修正案(九)》，就恐怖主义犯罪的刑事立法做了重大修订，可以很好地提升依法打击暴恐犯罪的司法能力和效果。

“恐怖活动”以及“恐怖主义”在国际社会尚无统一界定的概念,② 但这不妨碍一国根据本国的具体情况认定何种犯罪为“恐怖主义犯罪”，就是指为达到某种政治目的(如反对国家政权、引起战争或国际纠纷、分裂国家)，通过有组织的团体或小组，为引起社会、民众的恐惧，专门从事杀人、伤害、投放危险物质、绑架等有组织的犯罪活动。恐怖主义犯罪活动，通常以不特定受害人为目标，但即便是以特定对象为侵害的目标，其意仍然在于报复社会、分裂国家，对政府施压，制造社会恐慌和混乱、动荡，是危害社会安定的严重犯罪行为。

在刑法的具体规定中，可以看出《刑法修正案(九)》为打击暴恐犯所进行的修订和补充，均以《刑法》第 120 条为基本规定，以分列条款补充基本条款。但是从补充的条款内容看，并非是对基本条款内容的直接补充，而是形成了围绕依法打击组织、领导、参加恐怖组织罪的系列罪名链条。因此第 120 条与补充条款并非法条竞合关系。现逐条予以分析，但首先需要对第 120 条规定做如下分析：

第一，组织、领导、参加恐怖组织罪的具体行为对象是参加恐怖组织的具体个人和所

① 本文原载于《全国刑法学术年会文集》(2016 年度)。

② 国外有学者认为，恐怖活动是为了制造恐怖，以暴力相威胁，实施特别暴力行动或暴力运动；也有的认为蓄意实施这种犯罪的目的是制造惊慌失措、混乱和有组织犯罪集团的恐怖，破坏社会秩序，使打击活动的社会力量陷于瘫痪，加剧社会灾难和痛苦，是恐怖活动。转引自莫洪宪：《国际社会反恐怖活动组织犯罪及我国刑事立法》，载《法学评论》1999 年第 4 期。

建立的具体恐怖组织，恐怖组织的法律属性是我国刑法规定的犯罪集团。“组织”，是指为首发起、召集多人，或者实施招募、雇佣、拉拢、鼓动多人成立恐怖组织的行为。组织者对于组织起恐怖组织是要实施恐怖活动是非常明确的，但参加者最初是否以实施恐怖活动为目的而参加，并不影响组织者行为是“组织”恐怖组织的性质。“领导”，是指恐怖组织领导者对恐怖组织的成立以及恐怖组织成立后的恐怖活动实施策划、指挥、布置和协调等行为。现实中“组织”和“领导”行为可能并不存在严格的区别。

第二，对于“积极参加的”“其他参加的”刑法是分别界定的。“参加”只可能是作为，不可能是不作为，所以“积极”并不是指行为的态样，而是指行为人“参加”的态度。而“其他”的规定，如果相对于“积极”的理解，是“非积极”参加的态度而言。但无论“积极参加的”还是“其他参加的”，行为人都必须以明知参加的是恐怖活动为必要条件。是否履行一定的“参加”手续、仪式等，不影响认定。参加者不排除因被胁迫、裹挟而参加恐怖组织，但即便如此，在参加后积极参与恐怖活动的筹划、积极参与恐怖活动实施的，因其主观态度发生了变化，参与的程度也与“其他参加的”不同，应当以“积极参加的”定性。所以，“积极参加的”与“其他参加的”区别不仅在于参加的主动性，而且参加后对于恐怖组织的认同程度以及参与活动的程度也是两种不同行为的区别。但刑法只是对“参加”有规定而对参加的具体活动，除“犯前款罪并实施杀人、爆炸、绑架等犯罪的”，构成数罪应实行并罚的之外，并没有特别的限制。

第三，只要具有组织、领导和参加恐怖组织的行为，即为既遂。无论所组织、领导的恐怖组织是否实际从事恐怖犯罪活动，也无论参加后是否参与具体的恐怖活动。在策划组织恐怖组织过程中被查获而未得逞，可成立未遂。对参加恐怖组织的，有观点认为误认为是恐怖组织而参加，实际上不是的，为参加恐怖组织的未遂。①

一、帮助恐怖活动罪

帮助恐怖活动罪，是恐怖犯罪活动的外围犯罪。就其应该评价为犯罪的行为而言，是为恐怖组织建立而资助，是对个人还是恐怖组织，或是对具体恐怖犯罪活动的资助，以及恐怖组织对人员培训的资助，均不影响认定。该罪是指以金钱或物资资助恐怖活动组织或者实施恐怖活动的个人的行为。资助，即是指以金钱或物资帮助恐怖活动组织或者实施恐怖活动的个人的行为。“资助”就是给予财物帮助，② 在法律属性上就是帮助行为，因此资助也应只限于物质帮助，包括筹集活动资金、提供活动经费、物资或者活动场所等其他物

① 参见王作富主编：《刑法分则实务问题研究》(上)，中国方正出版社2010年版，第123页。

② 参见中国社会科学院语言研究所词典编辑室编：《现代汉语词典》，商务印书馆1979年版，第1514页。

质便利。无偿资助自不待言，但是否包括有偿提供物质资助？笔者认为即便是有偿提供的帮助也不影响认定。

本罪非作为其他恐怖活动犯罪的共犯认定，而是将其视为独立的正犯予以处罚，即“帮助行为正犯化”。在法律属性上仍然是帮助性质的行为，但不能作为共犯对待，而是实行行为，实施者是正犯。作为具有兜底性的对未直接以金钱、物质资助，但为恐怖活动组织、实施恐怖活动或者恐怖活动培训招募、运送人员的，也以本罪论处。但该行为在法律属性上更多的是预备性质的帮助，同样因具有严重的危害而使之正犯化，不能再以恐怖活动犯罪的帮助的预备犯认定。其行为在恐怖活动犯罪之前还是之后，为恐怖活动培训招募、运送人员是否成功，均不影响认定。

资助是否以主动实施为必要？积极地无偿提供资助，说明其主观上对恐怖活动的支持、赞同，应该构成本罪。如果是非主动、非积极的资助，就不排除被胁迫而提供资助，如果存在不具有期待可能性的情形，如果不做任何区别一概视为犯罪，并不妥当。但即便是被胁迫而提供资助，由于刑法规定为正犯的行为，无适用“胁从犯”处罚的可能性，因此对不具有期待可能性的，只能在责任上适当从宽。

二、准备实施恐怖活动罪

准备实施恐怖活动罪，是指为实施恐怖活动犯罪进行犯罪预备的行为。实施者均为正犯。预备实施恐怖活动的行为，当然可以是为自己进行准备的，也可以是为恐怖犯罪其他个人，包括恐怖犯罪组织的恐怖活动犯罪进行准备的，这都不影响认定，也无论是否促成恐怖活动犯罪的实际实施，均构成犯罪既遂。具体包括：(1)为实施恐怖活动准备凶器、危险物品或者其他工具的；(2)组织恐怖活动培训或者积极参加恐怖活动培训的；(3)为实施恐怖活动与境外恐怖活动组织或者人员联络的；(4)为实施恐怖活动进行策划或者其他准备的。这的确是比较典型的将犯罪预备行为实行行为化的犯罪。首先，除了“为实施恐怖活动准备凶器、危险物品或者其他工具的”，“与境外恐怖活动组织或者人员联络的”是典型的性质和表现就是“预备行为”的之外，其他的某些行为，就是组织、领导、参加恐怖组织罪中主犯“组织”“领导”行为的当然内容，如“组织恐怖活动培训”“为实施恐怖活动进行策划”。同理，“积极参加恐怖活动培训的”在性质和表现上也是“积极参加恐怖组织”的行为。那么，将原本就属于组织、领导者的“组织”“领导“参加”行为，从组织、领导、参加恐怖组织罪剥落出来构成本罪，明显轻于组织、领导、参加恐怖组织罪。如果从罪刑法定的要求而言，规范解释“组织、领导、参加恐怖组织罪”的行为，就不能再包括可以构成本罪的行为。其次，既然已经将该类行为实行行为化，作为正犯看待，那为准备实施恐怖活动的准备行为，还有无作为预备犯处罚的必要？这当然也是预备犯，原则上看应当处罚，但是除明显危害比较严重行为所为的预备，有作为预备犯处罚的必要(如“为实施恐怖活动准备凶器、危险物品或者其他工具的”预备行为)外，有的行为的预备，有无处罚的必要，都值得考虑。例如，单独个人想通过网络与境外恐怖组织勾连的，只是在网络链接状态就被查获的，与其作为犯罪预备处罚，不如给予教育更有效。当然，受恐怖组织或领导者指派从事联络的，另当别论。

三、宣扬恐怖主义、极端主义、煽动实施恐怖活动罪

针对恐怖主义犯罪形成，以宣扬宗教极端主义、思想为先导的特点，依法实施“文化反恐”是反恐战略的重要组成部分。恐怖犯罪活动是恐怖分子的有意识和意志的行为，之所以走上恐怖犯罪的道路，当然与其接触、接受极端主义、恐怖主义思想有关，因为并没有天生的恐怖分子。故而，依法打击宣扬、传播恐怖主义、极端主义、煽动实施恐怖活动的行为，使之避免受其影响而成为潜在的恐怖分子，也是刑法的任务。本罪与增补的“强制穿戴宣扬恐怖主义、极端主义服饰、标志罪”，“非法持有宣扬恐怖主义、极端主义物品罪”相同，均是依法“文化反恐”的组成部分。

本罪是指以制作、散发宣扬恐怖主义、极端主义的图书、音频视频资料或者其他物品，或者通过讲授、发布信息等方式宣扬恐怖主义、极端主义的，或者煽动实施恐怖活动的行为。恐怖主义，是指以宣扬进行恐怖活动，破坏社会稳定为宗旨的“理论、学说”；极端主义，应称其为“宗教极端主义”，但宗教极端主义并非宗教，而是异化的对原宗教的亵渎和歪曲的产物，是以视其他宗教为“异教”予以绝对排斥，宣扬、煽动进行所谓的保卫宗教正统战争的宗教极端思想的产物。在我国，宗教极端主义的核心是民族分裂主义。以宣扬、煽动民族分裂为宗旨的极端主义、恐怖主义是宣扬、煽动进行恐怖活动的“孪生子”，恐怖主义与极端主义二者具有密切联系但非承继关系，恐怖主义犯罪则是恐怖主义与极端主义活动的方式。

本罪规定的行为，是制作宣扬恐怖主义、极端主义的图书、音频视频资料或者其他物品；散发宣扬恐怖主义、极端主义的图书、音频视频资料或者其他物品的行为，或通过讲授、发布信息等方式宣扬恐怖主义、极端主义的，或者煽动实施恐怖活动的行为。这些行为在本质上是为实施恐怖活动犯罪进行的物质、思想准备，行为在法律属性上是预备或教唆行为，但实施上述行为，不再视为恐怖活动犯罪的预备犯或教唆犯，是属于预备、教唆性质的正犯行为。只要实施上述行为，即认定为既遂。同理，为实施本罪行为而进行的犯罪预备行为、帮助行为，原则上应该以预备犯或帮助犯(从犯)论处。

四、利用极端主义破坏法律实施罪

利用极端主义破坏法律实施罪，是指利用极端主义煽动、胁迫群众破坏国家法律确立

的婚姻、司法、教育、社会管理等制度实施的行为。对象为不特定多数人，也即“群众”。利用极端主义实施煽动、胁迫，在法律属性上仍然是教唆行为。但实施上述行为，不再视为恐怖活动犯罪的教唆犯，是属于教唆性质的正犯行为，只要实施即为既遂。煽动，即是以宣传、鼓动、奖励等方法，挑起听众参与其宣扬、蛊惑的情绪之中；胁迫，则是对不愿、不想参与者实施精神强制，迫使其参与其中。煽动、胁迫使群众参与的具体内容，即是以宗教极端主义为宗旨，破坏国家法律确立的婚姻、司法、教育、社会管理等制度实施。“法律确定的制度”应是概括的规定，不仅仅是列举的国家法律确立的“婚姻、司法、教育、社会管理”制度，应包括法律确定的所有对国体、政体、社会、经济、国民等管理的制度。至于是否实际造成煽动的结果，胁迫是否达成预期的效果，以及是否在某一区域内造成法律确定的管理活动被破坏，在所不问。这里被裹胁之众，受其影响接受并参与恐怖犯罪活动者，可以构成参加恐怖组织、准备实施恐怖活动等罪或其共犯。一般被裹胁之人，不应追究刑事责任。

五、强制穿戴宣扬恐怖主义、极端主义服饰、标志罪

强制穿戴宣扬恐怖主义、极端主义服饰、标志罪是指以暴力、胁迫等方式强制他人在公共场所穿着、佩戴宣扬恐怖主义、极端主义服饰、标志的行为。“他人”为己身之外的任何自然人，无种族、性别、国籍、宗教信仰等要求。“穿戴”应以外在衣着、服饰为特征，应表露在外部。强制他人改变体表特征的，不应视为“穿戴”，如强制他人在身体表面皮肤上留下恐怖主义、民族极端主义刺青的，强迫他人留须的，可构成侮辱罪等，不应以本罪论处。以暴力、胁迫等方式强制他人在公共质所穿着、佩戴宣扬恐怖主义、极端主义服饰、标志的，以“公共场所”为地点要素。“公共场所”是指“车站、码头、民用航空站、商场、公园、影剧院、展览会、运动场或者其他公共场所。”①

暴力是指以实施杀害、伤害、殴打等手段，强制他人服从；胁迫，虽指以要实拖杀害、伤害、殴打的暴力为内容，造成他人精神恐惧，强制他人服从。强制的内容，即是迫使他人在公共场所穿着，佩戴宣扬恐怖主义，极端主义的服饰，标志。“宣扬恐怖主义、极端主义服饰、标志”，应根据行为人所宣扬代表的具体恐怖主义、民族极端主义确定。

六、非法持有宣扬恐怖主义、极端主义物品罪

非法持有宣扬恐怖主义、极端主义物品罪，是指明知是宣扬恐怖主义、极端主义的图

---

① 2013年7月22日施行的最高人民法院、最高人民检察院《关于办理寻衅滋事刑事案件适用法律若干问题的解释》。

书、音频视频资料或者其他物品而非法持有，情节严重的行为。应明知是宣扬恐怖主义、极端主义的图书、音频视频资料或者其他物品而持有。“图书、音频视频资料”好理解，与一般的“图书、音频视频资料”只在内容上有区别。“其他物品”应该是指宣扬恐怖主义、极端主义服饰、标志、图案、旗帜等表明恐怖主义、极端主义思想的物品。“非法”亦是指无法律根据而持有。有法律根据的持有，如收缴、销毁而暂时存放、保管等，阻却违法性。所非法持有的物品、资料来源对认定本罪有一定的影响，即应以其物品来源不明(无法查证)为前提。如果查证为恐怖组织宣讲、煽动活动而印刷、制造的，应以准备实施恐怖活动罪，宣扬恐怖主义、极端主义、煽动实施恐怖活动罪论处。不排除以其他违法行为或其他非违法行为获得并持有的情况(如盗窃、捡拾到)。但入罪应以“明知”为条件，基于无知、好奇心理而持有的，不应以犯罪论处。非法持有是随身携带还是藏匿在他处，在所不问。本罪以非法持有“情节严重”为入罪条件，这主要是指非法持有数量多、品种多、持有时间长，造成恐怖主义、极端主义思想传播等。

第120条之一至之五犯罪，是对恐怖活动犯罪实施加工的帮助、预备、教唆性质的正犯行为，应以第120条之一至之五所规定的刑罚处罚，但第120条之二还规定：“有前款行为，同时构成其他犯罪的，依照处罚较重的规定定罪处罚。”也即犯准备实施恐怖活动罪，同时构成其他犯罪的，依照处罚较重的规定定罪处罚。从理论上说，这是指其为恐怖活动犯罪实施的预备行为同时触犯其他罪名，也构成犯罪，多数情况下属于想象竞合犯。但可能存在两种不同情况：一是其准备实施恐怖活动行为，同时也属于第120条之三至之六所规定的犯罪。在该种情况下，除之五、之六规定的法定刑低于准备实施恐怖活动罪外，还存在适用之三、之四罪名处罚的可能性。二是如自己配制爆炸物品，抢劫枪支、弹药、爆炸物、危险物质等。由于该罪的法定刑较低，根据从一重罪处断的要求，需要按照非法制造爆炸物罪，抢劫枪支、弹药、爆炸物、危险物质罪等定罪处罚，这在一定程度上存在认定和处罚上忽视其恐怖活动犯罪的性质的可能性，如何避免这种现象，还值得研究。

信用证诈骗罪的司法适用①

信用证②诈骗罪，是指使用伪造、变造的信用证或者附随的单据、文件，或使用作废的信用证，骗取的信用证或以其他方法进行信用证诈骗活动的行为。本罪的基本构成条件，根据理论上的通说，即保护的法益是国家对信用证管理的秩序以及他人的所有权；主体为自然人一般主体以及单位；主观上只能是直接故意，并以非法占有财物为目的。但本文认为，信用证诈骗罪，在主观上应具有以对使用的工具明知为条件。本文仅就信用证诈骗罪在司法适用上的若干问题进行讨论。

一、本罪适用的范围

我国信用证分为国际贸易与国内贸易信用证③两种功能不同的类型。从事国际贸易信用证结算，应该遵守国际贸易信用证结算的惯例，④ 而国内贸易使用信用运结算的，当然是遵循《国内信用证结算办法》。广义上的信用证诈骗罪研究是包括国内贸易中的信用证诈骗在内，狭义上的就只关注国际贸易中的信用证诈骗，后者为学界的主要研究方向。⑤ 从我国刑法有关信用证犯罪的规定来看，国内贸易结算的信用证是包括在内的，如金融票证

---

① 本文原载于《中国刑法学年会文集》(2017 年)。

② 信用证是国内，特别是国际贸易中最主要、最常用的支付方式。通常是不可撤销、不可转让的跟单信用证。信用证是一种银行信用担保文件，不依附于买卖合同，信用证是凭单付款，与基础贸易是相分真不以货物为准，开证银行对申请开证只单纯进行书面形式上的审单认证。这在国内贸易与国际贸易中都是相同的，开证银行对支付负有首要付款的责任，只要单证相符，开证行就应无条件付款。

③ 中国人民银行、中国银行业监督管理委员会于 1999 年 7 月 16 日颁布《国内信用证结算办法》，并于 2016 年 4 月 27 日修订，2016 年 10 月 8 日起实施。修订主旨明确为：“为更好地适应国内贸易发展需要，促进国内信用证业务健康发展，规范业务操作及防范风险，保护当事人合法权益。”其第 3 条规定：“本办法适用适用于银行为国内企事业单位之间货物和服务贸易提供的信用证服务。”

④ 国际商会：《跟单信用证统一惯例》。

⑤ 赵长青主编：《经济刑法学》，法律出版社 1999 年版，第 319 页以下；王作富主编：《刑法分则实务研究》(上)(第 5 版)，中国方正出版社 2013 年版，第 523 页以下；陈兴良主编：《罪名指南》(上册)中国政法大学出版社 2000 年版，第 460 页以下；黎宏：《刑法学各论》(第 2 版)，法律出版社 2016 年版，第 161 页。

罪，伪造、变造金融票证罪，违规出具金融票证罪所规定的“信用证”。从本罪规定而言，行为人无论其伪造、变造、骗取，使用作废信用证，都是为了实施诈骗，信用证只是其实施诈骗的“道具”而已。利用信用证的支付功能，使用伪造、变造、作废、骗取的信用证直接用于(第一手)诈骗了信用证项下的财物，无论受骗的是其他客户还是银行，构成本罪并无异议。但将伪造、变造、作废的信用证用于抵押、质押、担保，借以骗取其他银行、金融机构贷款或诈取其他经济合同、协议项下的财物的，是否构成信用证诈骗罪？有观点认为不能排除构成本罪的意见。因行为人抵押、质押的是假的信用证，无论是银行、其他金融机构或其他人，即便有担保方可以追偿，也不可能就抵押、质押的假的信用证主张权利，同样危害到信用证管理秩序。①

但是，如将利用假信用证作为抵押、质押、担保从而骗取财物的行为限为本罪，则是纯粹以行为人所使用的形式“工具”论罪的结论，未必妥当。笔者认为，并非以信用证作为诈骗工具的，就一律构成信用证诈骗罪。以信用证为工具且诈骗的系信用证项下财物，才能构成信用证诈骗罪，如果“使用”信用证，骗取的只是与使用信用证有关联但非信用证项下财物，应构成相关类型诈骗罪。例如，以伪造的信用证在他人处抵押借款，骗取的是借款，应构成合同诈骗罪，而非信用证诈骗罪。

二、信用证诈骗罪行为类型、主体范围的理解

(一)具体行为类型适用上的理解

(1)使用伪造、变造的信用证或者附随的单据、文件。② 伪造、变造行为是针对单证内容而言，至于单证形式的真实性则在所不问。伪造信用证，是指行为人编造、冒用开证银行的名义，采取描绘、复制、印刷等方法仿照真的信用证而制造的虚假的信用证。变造信用证，是指在真实信用证的基础上，采用涂改、剪贴、挖补等方法改变原信用证主要条款和内容制造内容虚假、不实信用证。伪造、变造的单据、文件，是指伪造、变造开立信用证时约定的受益人必须提交方能取得贷款的整套单据，如装船提单、出口证、产地证、重量、质量证书、检验报告、货物清单、商业发票、装货单、仓储文件、收据等。实践中最常见的是伪造、变造提单，即利用空头提单、倒签提单、预借提单、记载货物与实际货物不符的提单行骗。倒签提单，是指卖方装运货物的实际日期已经落后于信用证规定的日期，但卖方却要求承运人将装运日期记载为信用证规定的日期；预借提单，是指卖方在货物装上船之前要求承运人签发提单。倒签提单、预借提单是否构成信用证诈骗罪，应具体

① 马克昌主编：《百罪通论》(上卷)，北京大学出版社2014年版，第31页。

② 请参见“伪造、变造金融票证罪”有关信用证附随单据、文件的内容。

考察，如卖方或受益人①仅仅是为了结汇或结算方便，货物的延迟装运使得买方的利益造成一定损失，或卖方或受益人有违约但拿到提单结汇、结算后又依约交付了货物，则应按合同纠纷处理；如卖方或受益人根本没有装运货物或者以根本不符合约定的劣货、假货充数，则是信用证诈骗行为。至于构成本罪是否必须由行为人伪造、变造信用证以及附随文件等，有意见认为无论是使用自己还是他人伪造、变造的，均不影响定罪。② 对境内使用伪造、变造的信用证或者附随的单据、文件实施诈骗，较好查处，但对国际贸易中境外使用伪造、变造的信用证或者附随的单据、文件，在境内实施诈骗的，往往难以查处，主要是提高识别伪造、变造的信用证或者附随的单据、文件予以防范的问题。对实务中有专门成立为(进出口)客户服务的公司，如果存在由该公司在准备所需资料时作假的情况，即便是由该公司代办使用伪造、变造的相关单证文件，只要事实上受益者是明知的，就应视为其使用伪造、变造的信用证或者附随的单据、文件实施诈骗。

(2)使用作废的信用证。作废信用证，是指银行不予承兑失去效用的信用证，如已过到期日或交单日的信用证，已经修改、撤销或注销的信用证等。使用伪造、变造或作废的信用证以及伪造、变造的附随单据、文件；又或者二者中有一类属伪造、变造或作废的，均属于“使用”的诈骗行为。

(3)骗取信用证。即采取虚构事实、隐瞒真相骗领信用证并使用(于诈骗)，如编造虚假的不存在的交易事实，欺骗银行为其开立信用证，或者根本无货或没有约定的货物，或者隐瞒企业经营不佳状况，或者以投资为名诱使他人向银行开立以其本人为受益人的信用证。如果行为人仅实施了骗取信用证行为，但未实际取得信用证，或者虽骗取了信用证，但未及使用(与诈骗)，以及虽然已经使用但未能获得信用证项下的款项、货物的，对此如何处理有不同认识。张明楷教授认为，单纯只是骗取信用证的，既非本罪既遂也非未遂，而是本罪的预备。因为骗取信用证分为从银行骗取和从他人处骗取两种情形，骗取他人信用证的，仅为本罪预备(或中止)即可，而从银行骗取，由于银行工作人员③是受骗而为行为人开立内容虚假的信用证，行为人成立伪造金融票证罪(间接正犯)既遂(伪造金融票证罪与信用证诈骗罪的预备、中止形成想象竞合)。④

客观上说，骗取他人的(真实)信用证(以供自己诈骗使用)，应在本罪还是合同诈骗罪、诈骗罪，或其他类型诈骗罪范围内讨论，还值得研究。笔者认为，本罪并无“冒用他人信用证”应入罪的规定，现实中获得(包括骗取)他人真实信用证主要有两种情形：一是

① 对外贸易中受益人是信用证上指定的有权使用信用证的人，即出口商，并不要求一定是供货方(卖方)。

② 王作富主编：《刑法分则实务研究》(上)(第5版)，中国方正出版社2013年版，第525页。

③ 银行工作人员可能会触犯违规出具金融票证罪；如系国家银行工作人员，可能触犯滥用职权罪、玩忽职守罪。

④ 张明楷：《刑法学》(下)(第5版)，法律出版社2016年版，第802页。

行为人需要向银行或他人融资，于是借用他人信用证之后抵押、质押、留置在银行或他人处作为融资凭证；二是行为人无资质申请开立信用证和享有信用证利益，又要从事国际贸易，于是有偿请有资质者代开信用证。这两种情形下,① 持证人实施包括信用证诈骗在内的诈骗犯罪活动，是完全可能的，但这两种情形均不必然导致开证银行的损失。

首先，法律并不禁止借用他人信用证用作抵押、质押、留置。抵押、质押、留置是由双方(或多方)借贷合同调整。信用证无论抵押还是质押在在借方或银行之处，实际上与信用证本身并无关系(信用证与一般抵押、质押物并无区别)。如骗取他人信用证后用于抵押、质押、留置所骗取非信用证项下财物(如抵押后向银行所借之款)是与信用证无关的财物，即便造成他人财产损失开证银行也无须赔偿。其诈骗是按照合同诈骗罪(或其他类型诈骗里)或诈骗罪处罚，应以事实上的“经济关系”来决定，双方有“借款”或其他合同的，应构成合同诈骗罪(或其他类型诈骗罪)；没有的，应构成诈骗罪。通过抵押权、质押权而获得他人信用证的人，将信用证再使用于包括信用证诈骗的其他金融犯罪活动的，当然不影响诈骗犯罪的成立，但事实上不再是此处讨论的“骗取信用证”，因为信用证的取得并非“骗取”，否则就应该依法否定质押权、抵押权、留置权。即便在此种情形下，开证银行仍然享有向出借信用证申请开证人的追偿权(定性问题容后一并再述)。

其次，国际贸易中利用代开信用证进行进出口贸易，现实中也非常普遍，如代开之证被持证者用于实施包括信用证诈骗在内的诈骗犯罪活动，当然也不影响其构成诈骗罪，但被骗者并非银行而是代开信用证者。如诈骗取得非信用证项下财物，当然不是信用证诈骗罪，即便是将信用证用于实施信用证诈骗活动，开证银行支付信用证项下款项的，银行也是向申领信用证人追偿，并不会因此必然遭受损失,② 这两种情形下实际的受害人是代开证者。具体而言，同意将信用证借给他人用于抵押借款，如开证人自己去银行办理抵押，将款项借出的，则只是与借款者发生借款关系，与银行无关，遭受财产损失也与银行无涉；如开证人将信用证交给借款人自己去办理抵押借款，借款人不归还的，则开证人自己承担损失，银行自会收回信用证项下财物；如开证人同时是抵押借款人的担保人，或另有担保人的，借款人不归还的，银行不仅自会收回信用证项下的财物，而且会向担保人追偿。所以，银行不是受害者。当然上述情况均不排除“他人”可能实施信用证诈骗行为，但银行不受损失；开证行则通过开证人的保证金，其他担保追偿信用证项下资金，同样不会

① 该议题对境内银行开证“骗取”语境下讨论，骗取外商(进口商)信用证用，包括在“骗取信用证”的概念中——这是骗取境外信用证，在境内使用也可能构成本罪，本文视其为另一个议题。因境内供货方不需要为境外进口商在境外开证提供抵押、担保。这只是出于适用我国《刑法》认定犯罪的考虑。

② 能享受开证者在银行都存有保证金(信用证有额度)。所以，只要是真实信用证，开证银行不会遭受期失。国内信用证申领除保证金外，还可根据申请人资信情况要求其提供抵押、质押、保证等合法有效的担保。参见《国内信用证结算办法》第13条。

遭受损失。因此，开证银行与实际上使用信用证进行诈骗的人并无关联。① 此时，对诈骗者按照合同诈骗罪(或其他类型诈骗罪)或诈骗罪处罚，同样应根据行为人与受骗的代开者之间存在何种“经济关系”来决定，双方有“借资质代开”合同的，应构成合同诈骗罪，没有的，应构成诈骗罪。② 因此，笔者不能赞同骗取他人信用证尚未使用就一定是本罪(预备或中止)的结论。

总之合理的结论是：利用他人(出借或代开的——骗取的)信用证，诈骗非信用证项下款物，不能认定为信用证诈骗罪。如抵押信用证骗取银行贷款，骗取利用信用证所签订的经济合同、协议项下的财物的；对行为人利用出借、代开的信用证实施信用证诈骗的，也非一定构成信用证诈骗罪。应具体分析受害人是谁，因事实上银行具有追偿权保障[有开立信用证资质者必须在银行存有保证金(另外的专有账户，而且是不能动用)，即便是信用证诈骗开证行必须支付信用证款项时，因开证银行没有错误，有保证金、担保可以追偿，所以支付的款项最终必须由申请开证者承担。因此，开证银行并不是实际受害人，真正的受害者是信用证出借者、代开者。由申请开证者承担。因此，开证银行并不是实际受害人，真正的受害者是信用证出借者、代开者。](或出借、代开具有合同保障具有追偿权前接下)，被诈骗的最终受害人是信用证出借者或代开证者，而不是开证银行。信用证保证金，担保被追偿的损失，并非信用证项下财物的损失，是因“出借、代开信用证合同”造成的与该信用证无直接关联的财产损失，更符合合同诈骗罪“以其他方法骗取当事人财物的”情形，[这是以出借、代开信用证双方(或多方)签订经济合同为前提，否则应构成诈骗罪。]以合同诈骗罪追究其责任，更符合事实(如果无保证金无担保，[例如，以供货为由骗取他人(如进口商)信用证，提供的担保系用信用证下(虚假)货物为担保物，骗取银行“打包贷款”，属于信用证项下财物，应构成信用证诈骗罪。这就属于“无保证金”无担保情形之一。“打包放款是借款人收到进口商所在地银行开来的信用证后，以信用证正本作抵押向银行申请的款，用于该信用证项下出口商品的进货、备料、生产和装运。”《中国工商银行信用证项下出口打包故放款暂行办法》第 1 条。]则应以信用证诈骗罪追究责任——此种情形后述说明)。(4)以其他方法进行信用证诈骗活动。指上述手段以外的其他使用信用证进行诈骗活动。实践中主要是指利用“软条款”信用证进行诈骗活动的情况。“软条

① 单证一致开证行付款，是信用证结算基本规则。《国内信用证结算办法》第 7 条第 1 款也规定：“信用证与作为其依据的贸易合同相互独立，即使信用证含有对此类合同的任何援引，银行也与该合同无关。且不受其约束。”因此，在使用真实信用证实施诈骗其项下财物的情况时，开证行与贸易的真伪并不发生关系，也与诈骗者不发生关系。

② 除要求代开的费用外，一般也会要求交付开证的备用金，如果收取备用金而不开信用证的，应构成合同诈骗罪，而非本罪。

款”信用证，也称为“陷阱”信用证，是一种变相的可撤销的信用证。① 通常是开证人或者开证行在开立信用证时，故意制造一些隐蔽性的条款，赋予开证行或开证人具有随时解除付款责任主动权。例如，设置收货收据必须开证人签发或核实后信用证方始生效的条款；或者规定船舶公司、船名、装船日期、起运港、目的港、验货人、品质证书、商检方式等需待开证人或开证行通知或同意；设置更改信用证和撤销信用证为通知银行而非实际贷款银行，等等。涉及“软条款”信用证的情形行为人主观上必须具有将来利用该信用证进行诈骗的目的，有此目的但仅开证而没有使用，只是本罪的预备。

（二）信用证诈骗罪的主体范围

本罪主体为自然人一般主体和单位。依据现行法律，在我国境内、境内外都可以进行信用证贸易。但就境外贸易而言，能与境外签订贸易合同并能够向银行申请开立信用证和享有信用证利益的人，必须是具有进出口经营权的公司、企业或其他事业单位。但这并不意味着只有单位才能实施本罪，现实中自然人实施信用证诈骗反而居多。如以受益人或者第二受益人的身份预借、倒签提单或者单证，或者发送假货劣货、低于合同价值的货物或者根本不发货，欺骗开证行、通知行、申请人，以取得信用证项下的款项；或申请开证人与受益人相勾结，由买方开立无购销关系的“空”信用证（虚假交易），凭此骗取银行打包贷款，此类信用证诈骗单位②和自然人③当然都可以实施。在实践中，银行可能是受害者，也可能是犯罪单位。银行与自然人或单位共同实施信用证诈骗的，应以共同犯罪处罚。例如，开证申请人与开证行相勾结，设置信用证“软条款”，欺骗通知行和受益人，使其相信开证申请人的合法身份和交易的真实性，用伪造的、作废的信用证或以假合同骗取信用证项下的货物或质保金，受益人的货物或者履约金、预付金。从主体要求而言，信用证交易当事人以外的人实施伪造单据、盗窃等诈骗行为不构成信用证诈骗罪。例如，卖方的货物代理人倒签提单以逃避卖方责任，货物由承运公司收货签发提单后将货物盗卖，或将船开至公海海域后自沉（一般是在大宗巨额交易——当然不限于只是在外贸领域才有此种情形），船货失踪现象（俗称“鬼船”），应是合同诈骗罪。

---

① “陷阱”信用证事实上必须有开证银行的配合，但是，“陷阱”信用证并不等同于可撤销信用证。可撤销信用证是指，开证行无须事先征得受益人同意就有权修改其条款或者撤销的信用证。《跟单信用证统一惯例》（UCP580）第 8 条（B）项规定，即便是可撤销信用证，只要受益人已经按信用证规定交单，指定银行已经凭单证相符做出付款、承兑或议付，信用正就不可再行撤销或修改。

② 这里所设立的单位是否具有资质与境外签订贸易合同并能够向银行申请开立信用证和享有信用权益，并不影响认定。

③ 根据 1999 年 6 月 18 日最高人民法院《关于审理单位犯罪案件具体应用法律有关问题的解释》规定，在本罪中属于下列情况的，当然应以自然人犯罪论处：（1）个人为进行信用证诈骗活动而设立的公司、企业、事业单位实施信用证诈骗犯罪的，或者上述单位设立后，以实施信用证诈骗犯罪为主要活动的；（2）盗用单位名义实施信用证诈骗犯罪，违法所得由实施犯罪的个人私分的。

三、"使用"行为在信用证诈骗罪的意义

本罪以具有使用行为为必要，即行为人将信用证用于诈骗的，才是完整的信用证诈骗行为。但本罪属于行为犯①还是结果犯②有争议。如果从立法对本罪的入罪并未设定类似诈骗罪的"数额较大"等条件来看，将本罪理解为行为犯并未违反解释的规则，但联系到财产权也是本罪保护的法益，不以对财产侵害结果为既遂为标准，并不符合信用证诈骗罪仍然是侵犯财产的本质。2001 年 1 月 21 日《全国法院审理金融犯罪案件工作座谈会纪要》指出：金融诈骗的数额不仅是定罪的重要标准，也是量刑的主要依据。在没有新的司法解释之前，可参照 1996 年最高人民法院《关于审理诈骗案件具体应用法律的若干问题的解释》的规定执行。即个人进行信用证诈骗数额在 10 万元以上的，属于"数额巨大"；个人进行信用证诈骗数额在 50 万元以上的，属于"数额特别巨大"。单位进行信用证诈骗数额在 50 万元以上的，属于"数额巨大"；单位进行信用证诈骗数额在 250 万元以上的，属于"数额特别巨大"。该解释虽然已经废止，但表明最高司法机关对金融诈骗犯罪应以"数额"为定罪量刑标准的基本态度。再者，信用证只是本罪的行为道具，如果行为人使用了道具即论以既遂，法理上难以解释。只是目前针对信用证诈骗罪并未有新的司法解释确定数额标准，从当前经济发展状况以及信用证诈骗罪一般是涉及大宗贸易，特别从国际贸易的实际情况出发，信用证项下的款物数额都比较大，意图骗取或者实际骗取的财产数额也都比较大，所以入罪的数额标准不应低于之前的规定。至于数额以信用证所记载的数额还是以实际诈骗得逞的数额计算结果，也有不同认识。笔者认为，信用证记载数额与实际得逞诈骗数额这两个标准并不矛盾，由信用证结算方式决定，因含有尾款支付的信用证以及分期付款的信用证的存在，以信用证记载的数额为标准，记载数额与实际诈骗得逞数额一致，当然没有问题，当记载数额与实际诈骗得逞数额不一致，以记载数额认定，则不一定是恰当的。

因本罪系"信用证诈骗罪"，无论是伪造、变造还是作废以及骗取的信用证。如没有"使用"(于诈骗)这一行为，难以与伪造、变造金融票证罪、骗取金融票证罪区别开。所以，对于只是从银行骗取而未及使用(于诈骗)的，应赞同不宜成立本罪既遂。如何处罚上述情形则涉及本罪与伪造、变造金融票证罪、骗取金融票证罪之间关系的理解，理论上有

① 苏惠渔主编：《刑法学》，中国政法大学出版社 1997 年版，第 535 页；孙际中：《新刑法与金融犯罪》，西苑出版社 1998 年版，第 277 页；李恩慈：《论信用证诈骗罪的构成及其效力范围》，载《现代法学》2000 年第 2 期；黎宏：《刑法学各论》(第 2 版)，法律出版社 2016 年版，第 161 页。

② 舒望明主编：《中国金融刑法学》，中国公安大学出版社 1997 年版，第 258 页；马克昌主编：《百罪通论》(上卷)，北京大学出版社 2014 年版，第 334 页。

想象竞合与法条竞合的不同认识。① 因为伪造、变造信用证或者附随的单据、文件，或者以欺骗手段取得信用证，都是信用证诈骗罪所规定的行为方式，只要以上述手段取得银行信用证实施信用证诈骗的，必然同时触犯伪造、变造金融票证罪、骗取金融票证罪。因此，赞同法条竞合的观点，本罪属于特别法条。依据特别法优于普通法原则，本罪与伪造、变造金融票证罪的起刑相同，按照本罪预备或中止处罚，更符合行为性质，规范评价上更为全面；对骗取信用证未及使用于诈骗的，则不仅因为本罪是特别法条，也因本罪起刑重于骗取金融票证罪(重法优于轻法)，按照本罪预备或中止论处可以做到罪责刑统一。当然值得一提的是，伪造、变造信用证或者附随的单据、文件，有可能触犯伪造、变造国家机关、证件、印章罪或者伪造公司、企业、事业单位、人民团体印章罪，为牵连犯的，可以从一重罪处罚，也不应排除并罚可能性。

有观点认为，行为人编造谎言欺骗外商开信用证，而后用信用证在银行作抵押，申请"打包贷款"，得款后潜逃的既构成信用证诈骗罪，也构成贷款诈骗罪，系法条竞合，从一重论处就应以信用证诈骗罪定罪处罚。② 笔者认为，该观点说理有不圆满之处。由于境内行为人并非境外的申请开证人，在境内银行也并无保证金，必须有相应的担保，银行才可能放贷。如果担保责任是由其他人承担，显然，此时行为人所骗取的并非信用证项下的财物，而是与信用证有关联的贷款合同项下的财物，并不触犯信用证诈骗罪条款，是骗取贷款罪与贷款诈骗罪的想象竞合犯，应按照贷款诈骗罪追究责任。如果是以信用证项下虚构的货物作为担保，则符合骗取信用证项下出口打包款，③ 系形式上的骗取贷款实质上的信用证诈骗，应按照信用证诈骗罪追究责任。

① 张明楷：《刑法学》(下)(第5版)，法律出版社2016年版，第802页；陈兴良主编：《罪名指南》(上册)，中国政法大学出版社2000年版，第463页。

② 陈兴良主编：《罪名指南》(上册)，中国政法大学出版社2000年版，第463页。

③ 《中国工商银行信用证项下出口打包放款暂行办法》第1条。

组织、领导、参加黑社会性质组织罪的若干问题思考①

为保障人民安居乐业、社会安定有序、国家长治久安，进一步巩固党的执政基础，2018 年 1 月 24 日党中央、国务院发出《关于开展扫黑除恶专项斗争的通知》，在全国开展扫黑除恶专项斗争。因一段时期我国很多地区乡镇党的基层组织纪律涣散、政府执政能力被严重削弱，使得当地黑恶势力得到滋生的土壤和空间。基于我国历史上黑恶势力的发生规律及国外黑社会组织犯罪的特点，结合我国国情，立法对我国此类所有犯罪并未定性为黑社会组织犯罪，而是将其中的部分犯罪定位于“黑社会性质组织”犯罪。然而，当前的形势，除了“黑社会性质组织”外，尚有以暴力威胁或者其他手段，有组织地进行违法犯罪活动，称霸一方，为非作恶，欺压伤害群众，严重破坏经济和社会生活秩序的带有黑社会色彩犯罪的犯罪集团和犯罪团伙。因此，包括“黑社会性质组织”在内，具有黑社会性质的组织、带有黑社会色彩的犯罪集团和犯罪团伙被统称为“黑恶势力”。此类黑恶势力犯罪的暴力性特征比较明显，主观恶性大、反社会心理强，集多种犯罪于一身，具有较大的社会危害性。但对此类犯罪，在司法实务中则分别区分为“涉黑”“涉恶”犯罪。显然，“黑恶势力”犯罪并非刑法上的概念，而更多的是政治、政策和社会学领域的概念。

在社会实践中，“黑恶势力”均具有靠非法敛财起家，在具备一定的经济实力后，以商养黑、以商养恶的特点。② 但在司法层面，“黑社会性质组织”犯罪是独立的罪名，而其他“涉恶”案件则需要根据刑法规定的相应犯罪处理。也因为“黑社会性质组织”有严格的认定标准，不可将“恶势力”犯罪随意拔高到“黑社会性质组织”犯罪。故只有在准确认定“黑社会性质组织犯罪”的基础上才能防止任意扩大该罪名的适用范围。“黑社会性质组织犯

---

① 本文原载于《中国刑法学年会文集》(2018 年)。

② 在我国司法实务中，除“黑社会性质组织”这种“有组织犯罪”的法律概念之外，也有“(黑)恶势力”的概念，且这一概念在国家系列司法文件中也经常使用。但“(黑)恶势力”同样符合有组织犯罪的具体的基本特征，也同样具备黑社会性质组织犯罪的“组织特征”“行为特征”“危害特征”，但是犯罪集团、犯罪团伙尚不具备较为典型的黑社会性质组织的所有特征，即其组织形式是尚未形成黑社会性质的违法犯罪组织，也即具有黑社会色彩的犯罪集团、犯罪团伙，本文以下称后者为“恶势力”，以区别“黑社会性质组织”。

罪”为“有组织犯罪”的类型，即以必要的共同犯罪为构成形式。黑社会性质组织所实施的违法犯罪行为，可能涉及社会生活的各个方面。通过其违法犯罪活动建构与社会主流形态不相容的生存状态，破坏由现行法律和社会道德所建立起来的正常的社会运行状态。即便黑社会性质组织建立后尚未实施具体的违法犯罪活动，也已构成对现实正常社会秩序的巨大威胁，因此本罪保护法益的社会秩序是广义的。

一、黑社会性质组织罪名的适用

组织、领导、参加黑社会性质组织罪，是指组织、领导，参加黑社会性质组的行为。理论上，多数学说认为本要是选择性罪名，选择主要表现在首要分子与参加者行为的区别上，对首要分子，可以统一适用组织、领导黑社会性质组织罪，参加者适用参加黑社会性质组织罪。但也有观点认为，主张“组织”和“领导”行为也应予以区别。组织行为是黑社会性质组织建立之前的行为；领导行为是此之后的行为。因在建立之前谈不上“领导”，只有建立后可以统一为“组织、领导行为”。① 笔者认为，很难说自招募第一个成员开始，指令其进行的下一步招募其他成员的活动不是“领导”行为而只能理解为“组织”行为，更何况，在其组织形态尚未建立起来之前对其成员犯罪活动的指挥、安排，也不好说不是“领导”行为，所以，实务中实无必要对二者做如此“精准”的区分。

二、对黑社会性质组织特征、行为的理解

界定“黑社会性质组织”，我国有司法解释②以及立法解释③，《刑法》第 294 条第 5 款规定了“黑社会性质组织”的基本法律特征：

(1)形成较稳定的犯罪组织，人数较多，有明确的组织者、领导者，骨干成员基本固定。这是黑社会性质组织的“组织特征”。组织者、领导者是其首要分子，并以“黑社会文化”所建立的纪律来维系组织成员，特别是维系骨干成员的相对稳定。

(2)有组织地通过违法犯罪活动或者其他手段获取经济利益，具有一定的经济实力，以支持该组织的活动。这是黑社会性质组织的“经济特征”。以获取的非法经济收益来支持组织活动，包括对违法犯罪活动的支持以及对其成员经济、生活的支持。

(3)以暴力、威胁或者其他手段，有组织地多次进行违法犯罪活动，为非作恶，欺压、

① 王作富主编：《刑法分则实务研究》(中)，中国方正出版社 2013 年版，第 1140~1141 页。

② 2000 年 12 月 10 日实施的最高人民法院《关于审理黑社会性质组织犯罪的案件具体应用法律若干问题的解释》(以下简称《黑社会性质组织解释》)。

③ 2002 年 4 月 28 日通过的全国人大常委会《关于〈人民共和国刑法〉第二百九十四条第一款的解释》。

残害群众。这是黑社会性质组织的“行为特征”。以有组织的犯罪活动，通过作恶扩大其势力范围。通过暴力或以暴力相威胁始终是黑社会性质组织实施违法犯罪活动的基本手段，并随时可能付诸实施；同时，也包括实施非暴力性的违法犯罪活动，介入纠纷、非法追讨债务等，以所谓的“谈判”“协商”“调解”，以及滋扰、纠缠、哄闹、聚众造势等手段。即便暴力、威胁色彩并不明显，但实际上是以组织的势力、影响和犯罪能力为依托，以暴力、威胁的现实可能性为基础，足以使他人产生恐惧、恐慌，进而形成心理强制或者足以影响、限制人身自由，危及人身财产安全或者影响正常的生产、工作、生活。

（4）通过实施违法犯罪活动，或者利用国家工作人员的包庇或者纵容，称霸一方，在一定区域或者行业内，形成非法控制或者重大影响，严重破坏经济、社会生活秩序。这是黑社会性质组织的“非法控制、危害特征”。或通过犯罪活动，或通过“黑保护伞”实行对区域、行业的非法控制，作恶一方。这里的“行业”是指正常的经济活动领域内的“行业”而不是非法的经济活动。如果是通过有组织的违法犯罪活动对某种或某几种违法犯罪活动领域实现非法控制，如赌博、贩毒、卖淫等，应该是指黑社会性质组织的“经济特征”，而非“非法控制、危害特征”。

“组织、领导”即通过策划、指挥、招募、收买、拉拢等各种方式方法，建立黑社会性质组织以及对黑社会性质组织成员的违法犯罪活动进行策划、安排、指挥等行为。发起、创建黑社会性质组织，或者对黑社会性质组织进行合并、分立、重组的行为；实际对整个组织的发展、运行、活动进行决策、指挥、协调、管理的行为，都是组织、领导黑社会性质组织的行为。组织者、领导者既包括通过一定的形式产生的有明确职务、称谓的组织者、领导者，也包括在黑社会性质组织中被公认的事实上的组织者、领导者。对组织者、领导者而言，是明知其所组织、领导的组织属于违法犯罪组织（自己是否认可，并不影响认定）。“参加”包括“积极参加”与“参加”两种行为表现。“积极参加”是指参加黑社会性质组织的态度“积极”，即明知该组织的特性（从一般人的角度来看），仍然以积极态度加入，或在加入前并不“积极”，加入后表现为积极参与违法犯罪活动的行为。如参与较严重的黑社会性质组织的犯罪活动且作用突出，以及在其组织中起重要作用的人员，如主管黑社会性质组织的财务、人员管理等事项的人员。“参加”相对于“积极参加”而言，是指对加入黑社会性质组织的态度并不“积极”（仍然是知道该组织特性），在加入后对实施违法犯罪活动也未表现出“踊跃”“主动”的心理特点。显然，对参加者而言，是明知该组织的违法犯罪特性而加入（自己是否认可加入的是黑社会性质组织，出于何种动机加入，均不影响认定）。根据黑社会性质组织的特点（在黑社会文化的影响下），组织成员的身份、角色以及行为特征都会有一定的变化。因此，评价其身份、角色和行为特征，应根据该组织生存以及所实施的违法犯罪活动来进行，即组织、领导以及参加行为的评价，应以完整的违法犯罪活动为依据，而非以组织成立时个人的具体行为作为唯一的评价基础。参加时可能并不“积极”，但参加后“踊跃”“主动”实施违法犯罪活动的，不再是“参加”而是“积极参加”，相反的情况也存在；即便是“参加”或“积极参加”者，也可能最终成为“组织、领导”者。有上述行为之一的即可构成本罪(既遂)，有两种以上行为(身份、角色变化)的，不予并罚。

根据《刑法》第294条规定，犯本罪又有其他犯罪行为的，依照数罪并罚的规定处罚。① “又有其他犯罪行为”，是指黑社会组织及其成员实施诸如强迫交易、故意伤害、非法拘禁、敲诈勒索、故意毁坏财物、聚众斗殴、寻衅滋事等违法行为同时还可能伴随实施开设赌场、组织卖淫、强迫卖淫、贩卖毒品、运输毒品、制造毒品、抢劫、抢夺、聚众扰乱社会秩序、聚众扰乱公共场所秩序和交通秩序以发动群众“打砸抢”等犯罪。对于黑社会性质组织的组织者、领导者，应当按照其所组织、领导的黑社会性质组织所犯的全部罪行处罚；对于黑社会性质组织的参加者，应当按照其所参与的犯罪处罚。对于参加黑社会性质组织，没有实施其他违法犯重活动的，或者受蒙蔽、胁迫参加黑社会性质组织，情节轻微的，可以不作为犯事处理。②

三、组织、领导、参加黑社会性质组织罪与入境发展黑社会组织罪③的关联

境外的黑社会组织人员到我国境内发展组织成员的，构成入境发展黑社会组织罪。本罪主体为特殊主体，即境外黑社会组织成员。境外黑社会，以我国司法机构认定的属于黑社会组织为限。入境发展其组织成员，“发展”即指以各种手段吸收在我国境内的境内外人员为其组织成员的行为，或者对已经发展的境内组织成员进行内部调整的行为。④ 该罪为行为犯，只要实施“入境发展”行为，无论是否亲自进入境内，即便在境外通过电信、网络等手段实施，⑤ 以及发展是否成功，均不影响对既遂的认定。这里的“境外”包括外国以及我国台湾、香港、澳门地区。就该罪罪状而言，处罚的是境外的黑社会组织的人员，对境内参加的人员并没有单独入罪的规定，因此该罪并非“对向犯”。我国现行刑法并没有规定“黑社会组织”，规定的是“黑社会性质组织”，可以认为，当前“黑社会性质组织”是处于

---

① 该罚则适用于“入境发展黑社会组织罪”“包庇、纵容黑社会性质组织罪”。无特别必要不再作是体分析。

② 《黑社会性质组织解释》第3条。

③ 《刑法》第294条第2款。

④ 《黑社会性质组织解释》第2条规定：“刑法第二百九十四条第二款规定的‘发展组织成员’，是指将境内、外人员吸收为该黑社会组织成员的行为。对黑社会组织成员进行内部调整等行为，可视为‘发展组织成员’。港、澳、台黑社会组织到内地发展组织成员的，适用刑法第二百九十四条第二款的规定定罪处同。”

⑤ 该种情形以能够行使“管辖权”为前提。

“黑社会组织”中间(过渡)阶段的犯罪组织。① 当然，这并不排除境外黑社会组织发展境内的黑社会性质组织成员为其组织成员的情况。因此，对境内参加境外黑社会组织的人员，应如何处罚，是值得研究的。从二者的关联性而言，对不具有中国国籍的境外人员，在判处刑罚的同时应根据《刑法》第35条规定，可以独立适用或者附加适用驱逐出境。

四、组织、领导、参加黑社会性质组织罪与包庇、纵容黑社会性质组织罪②的关联

国家机关工作人员包庇黑社会性质组织，或者纵容黑社会性质组织进行违法犯罪活动的，构成包庇、纵容黑社会性质组织罪。本罪主体为特殊主体，为国家机关工作人员。③本罪为选择性罪名，可以根据具体行为适用，同时具有两种行为的，统一适用该罪名，不实行并罚。“包庇”是指国家机关工作人员为使黑社会性质组织及其成员逃避查禁，而通风报信，隐匿、毁灭、伪造证据，阻止他人作证、检举揭发，指使他人作伪证，帮助逃匿，或者阻挠其他国家机关工作人员依法查禁等行为。“纵容”，是指国家机关工作人员不依法履行职责，放纵黑社会性质组织进行违法犯罪活动的行为。④ 该罪与组织、领导、参加黑社会性质组织罪的关联性主要体现在国家机关工作人员充当“黑社会性质组织”的保护伞(权力寻租)，而并非直接从事组织、领导、参加黑社会性质组织的行为。

《黑社会性质组织解释》第4条规定：“国家机关工作人员组织、领导、参加黑社会性质组织的，从重处罚。”这是法定从重处罚的情形。但对现实中国家机关工作人员既是黑社会性质组织成员，又利用其身份、职务便利实施“包庇”“纵容”行为，应该如何适用法律?《刑法》第294条第4款规定：“犯前三款罪又有其他犯罪行为的，依照数罪并罚的规定处罚。”这涉及对“又有其他犯罪行为”的理解。有观点认为，国家机关工作人员可以成为组织、领导黑社会性质组织罪的主体，也能再犯包庇、纵容黑社会性质组织罪，即“又有其

---

① 在黑社会性质组织的“非法控制、危害特征”上，(虽然有)但还并没有形成较为典型的都具有“黑保护伞”现象，以及较为典型的在政府、政党中的代理人现象。因此，这是其被称为“黑社会性质组织”而不是“黑社会组织”的原因。从我国对“黑社会性质组织”犯罪打击的严厉态度而言，也不会放任“黑社会性质组织”发展成为“黑社会组织”。

② 《刑法》第294条第3款。

③ 国家机关工作人员，是指在国家机关中从事公务的人员，包括在各级国家权力机关、行政机关、司法机关和军事机关中从事公务的人员。依照法律、法规规定行使国家行政管理职权的组织中从事公务的人员，或者在受国家机关委托代表国家行使职权的组织中从事公务的人员，或者虽未列入国家机关人员编制但在国家机关中从事公务的人员，在代表国家机关行使职权时，视为国家机关工作人员。在乡(镇)以上中国共产党机关、人民政协机关中从事公务的人员，视为国家机关工作人员。

④ 《黑社会性质组织解释》第5条。

他犯罪行为”包括又犯包庇、纵容黑社会性质组织罪。处理意见有一罪说①、牵连犯说②、并罚说③。如果从法律用语的逻辑关系而言，“犯前三款罪又有其他犯罪行为”，只能是除了前三款犯罪之外的其他罪(如贩卖毒品罪、赌博罪等)，适用并罚处理，不能包括犯组织、领导黑社会性质组织罪，再犯包庇、纵容黑社会性质组织罪的情况。如国家机关工作人员已经是黑社会性质组织成员，甚至是组织、领导者，实施“包庇”“纵容”是其之所以能够成为其组织成员不可或缺的“优势”，实施“包庇”“纵容”是其成为组织成员“当然”的行为。即便刑法对此有独立罪名，但同一主体再实施的“当然”行为，没有独立评价的必要，以想象竞合犯原则处理，能够实现罪刑相当。因此，应赞同一罪说。

因该罪的主体是“国家机关工作人员”，因此，不具有该身份，但利用在国家机关工作，具有一定“便利”的条件，实施“包庇”“纵容”行为的，如得知近期对黑社会性质组织进行调查的活动安排而通风报信的等，应以组织、领导、参黑社会性质组织罪的共犯(帮助犯)追究刑事责任。犯该罪又有其他犯罪行为的应依照数罪并罚的规定处罚。

五、黑社会性质组织与犯罪集团的关联

黑社会性质组织是犯罪集团的表现形式之一。在组织性特点上二者并无区别，都具有较为严格的“纪律”以及首要分子和骨干成员基本固定的特点。区别主要在于所实施违法犯罪活动的手段(拉拢、收买国家工作人员建构“保护伞”)以及涉及的区域等存在差别。犯罪集团主要实施特定的一种或几种犯罪，而黑社会性质组织所实施的违法犯罪可能会涉及有利可图的方方面面，这也是能够评价为“为非作恶，欺压、残害群众”“在一定区域或者行业内，形成非法控制或者重大影响”的根据。例如，把持基层政权、操纵破坏基层换届选举、垄断农村资源、侵吞集体资产；利用家族、宗族势力横行乡里、称霸一方、欺压残害百姓；在征地、租地、拆迁、工程项目建设等过程中煽动闹事；在建筑工程、交通运输、矿产资源、渔业捕捞等行业、领域，强揽工程、恶意竞标、非法占地、滥开滥采；在商贸集市、批发市场、车站码头、旅游景区等场所欺行霸市、强买强卖、收保护费的市霸、行霸；操纵、经营“黄赌毒”等违法犯罪活动；非法高利放贷、暴力讨债；插手民间纠纷，充当“地下执法队”；组织或雇用网络“水军”在网上实施威胁、恐吓、侮辱、诽谤、滋扰等违法犯罪活动。对实施特定一种或几种犯罪的犯罪集团不应认定为黑社会性质组织。

---

① 张明楷：《刑法学》(下)，法律出版社1997年版，第816页。

② 张穹主编：《修订刑法条文实用教程》，中国检察出版社1997年版，第383页。

③ 马克昌主编：《百罪通论》(下卷)，北京大学出版社2014年版，第964~965页。

六、黑社会性质组织与恐怖组织的关联

“恐怖组织”，是指三人以上为长期共同实施杀人、爆炸、投毒、绑架等恐怖活动犯罪而成立的犯罪组织。其是以造成社会、民众的恐慌，社会的不安定，对政府施加压力的犯罪组织，多具有政治性目的。而且不排除与境外的恐怖组织有联系，或者完全仿效境外的恐怖组织从事犯罪活动。黑社会性质组织，是指以追求经济利益或者局部个人政治利益而有组织地进行违法犯罪活动，称霸一方，在一定区域或者行业内，形成非法控制或者重大影响，严重破坏经济、社会生活秩序的犯罪集团，是以实施普通犯罪活动而形成的犯罪集团。后者虽然也具有为长期实施犯罪活动而形成的特点，但并不以造成社会的恐慌为实施犯罪的目的，也不具有政治性犯罪目的。由于刑法对恐怖组织的犯罪活动的范围只有概括性的规定，对于其所实施的恐怖活动犯罪，非恐怖组织的犯罪集团也可能实施，且并不因为不是恐怖组织实施就不能造成社会恐慌，但不应以造成社会、民众的恐慌、社会的不安定而区别。因而，也不排除黑社会性质组织或其他涉恶犯罪集团的违法犯罪活动有仿效境外黑社会活动、集团犯罪活动，或者与境外黑社会活动有联系的可能性，但其犯罪活动不具有政治性要求。所以，区别的关键在于有无恐怖犯罪活动的政治性目的。

七、黑社会性质组织与“恶势力”的关联

对于具有黑社会色彩的犯罪集团、犯罪团伙，前者属于一般犯罪集团的范畴，而后者属于一般共同犯罪的类型。但在法的评价上，从“恶势力”的角度看，二者均具有“涉黑”的性质，是以亚文化的黑社会文化为集团或团伙推崇的圭臬，形成也多具有“帮派性”的特点。在法的意义上，具有“涉黑”特点的犯罪团伙，组织性以及经济性特征并不明显，且在行为特征上不如“有组织犯罪”的犯罪类型指向确定的行为特征，团伙成员之间有临时纠合的，也有存在紧密结合的，或团伙与团伙之间成员互相交错、借用，多以血缘、地缘、宗教信仰等为彼此连接的纽带。而具有黑社会色彩的犯罪集团，除可能具有“帮派性”特点外，其所网罗的成员“成分”可能更为复杂，血缘、地缘成分通常会退居次要因素，一旦形成犯罪集团，成员则不易脱离，组织性特征突出。但其寻求“红顶”以及“保护伞”的特点并不突出，也时有以“合法”经济体为招牌逃避打击的现象。

具有黑社会色彩的犯罪集团、犯罪团伙所实施的犯罪，通常也具备与黑社会性质组织犯罪相同的暴力、威胁、滋扰等手段，进行敲诈勒索、欺行霸市、聚众斗殴、寻衅滋事、抢劫、故意伤害、故意杀人等违法犯罪活动，严重破坏经济和一方社会生活秩序。从具有黑社会色彩的犯罪集团、犯罪团伙的发展看，具有黑社会色彩的犯罪团伙是(黑)恶势力的重要组成部分，视为有组织的黑社会性质组织犯罪发展的初始形态；而具有黑社会色彩的

犯罪集团是黑社会性质组织形成有组织犯罪的初级形态，是形成黑社会性质组织犯罪的基础。不能依法铲除滋养黑社会性质组织的土壤，不能依法消除形成黑社会性质组织犯罪的基础，二者发展的结果必然是黑社会性质组织犯罪。但从现行刑法规定而言，对于具有黑社会色彩的犯罪集团、犯罪团伙，应分别以(普通)集团犯罪、一般共同犯罪所触犯的罪名追究刑事责任，不应将其人为拔高为黑社会性质组织。

八、黑社会性质组织与单位犯罪的关联

单位很少有通过有组织的形式实施某种或某几种违法犯罪活动。就在该范围内实现非法控制的情况(如通过赌博、贩毒等犯罪活动)，主要是通过形式上的合法经济活动而从事实质上的违法犯罪活动获取经济利益，如利用有进出口贸易的资质而从事走私活动。因此，二者在法律属性上并无任何关联，但在形式上却有关联。黑社会性质组织通常通过“街头暴力冲突”建立起自己的“江湖地位”和“江湖名声”，插手利润高、回报高的特定区域、特定行业，在完成资本的“原始积累”后，组建正规的商业公司、企业。① 其后的违法犯罪活动都可以表现为“单位犯罪”而继续实施对特定区域、特定行业的非法控制，扩大影响。即以成立的黑社会经济实体，冠以“单位”名义为掩护的黑社会性质组织却是其生存的一般方式，以“形式上的合法”掩盖其“实质性的非法”。以商养黑，以黑护商。在该种情形下是“黑性质组织犯罪”，还是“单位犯罪”在形式上可以完全相同，很难区别。因此，应该考察其资本的“原始积累”的性质以及在组建所谓的“公司”“企业”后，是否对“特定行业、区域”的经济活动形成控制的态势。可以说，从“组织形式”和是否“具有一定的经济实力”上并不能区分二者，只有从其资本的“原始积累”为起点，考察是否“在一定区域或者行业内，形成非法控制或者重大影响，严重破坏经济、社会生活秩序”才是核心。对应该认定为黑社会性质组织的犯罪活动，不应降格认定为单位犯罪。也正因为如此，应严格区别在黑社会性质的织所开办的经济实体中，并未实施黑社会性质违法犯罪活动的一般人员，没有加入黑社会性质组织的意愿，受雇到黑社会性质组织开办的公司、企业、社团工作，未参与黑社会性质组织违法犯罪活动的，不应认定为“参加黑社会性质组织”。但这里的“未实施黑社会性质违法犯罪活动”，是指没有实施应评价为“黑社会性质组织违法犯罪活动”，并非指未参与任何违法犯罪行为。例如，受聘的财会人员为该“单位”伪造账目、遵照指示为其“单位领导”成员划拨资金；其所开办的公司、企业中的一般业务人员、服务人员为其黑社会性质组织成员提供“服务”的，不应作为黑社会性质组织成员对待。如果其违法犯罪行为构成犯罪的，可以按照相关犯罪论处，但不应以“参加黑社会性质组织罪”处罚。

① 黑社会性质组织一般所插足的领域和行业，除“黄、赌、毒”违法犯罪活动之外，主要包括“入门门槛较低”的娱乐(游戏厅、歌舞厅)、洗浴、高利贷领域，以及劳动密集型的民生产业、建筑、矿产、能源、运输和房地产等新兴行业。插足这些领域和行业，都需要披上合法的外衣。

高空抛物、坠物刑事责任的讨论①

保护群众“头顶上的安全”，是近年来随着城市化快速发展，对贯彻司法为民、促进社会和谐稳定的新要求。城市化快速建设对经济活动、群众生活均带来很大的变化，建筑施工、居民的日常生活、行为方式等仍在适应“城市化、高层化”。因对高空坠物危害缺乏清醒认识而导致的施工不规范，以及居民道德素质并未因居住条件变化而改变的陋习，使得高空抛物、坠物事件明显增多。在很长一段时间，司法实务主要运用治安管理法以及侵权责任法②的相关条款，处理相关纠纷，但司法效果并不理想。在致死伤严重的情况下，虽然刑法有“以危险方法危害公共安全罪”“故意杀人罪”“过失致人死亡罪”“故意伤害罪”“过失致人重伤罪”等条款，但实务中针对此类案件依据刑法处理的寥寥。③ 2019 年 10 月 21 日最高人民法院发布了《关于依法妥善审理高空抛物、坠物案件的意见》(法发〔2019〕25 号)(以下简称《高空抛物、坠物案件的意见》)④针对高空坠物的多个主体的刑事、民事责任提出了较为明确的处置意见。将于 2021 年 1 月 1 日实施的《中华人民共和国民法典》(以下简称《民法典》)第七编第十章“建筑物和物件损害责任”专门就建筑物、构筑物或者其他设施及其搁置物、悬挂物发生脱落、坠落、抛掷物品造成损害的侵权责任，作出明确规定。显然，最高人民法院的指导意见中有关民事责任的实体部分，已经在《民法典》中有了充分体现，而且，《民法典》对高空坠物的主体以及类型规定更为详尽。本文根据高空抛物、坠物的特点，探讨其中的刑事责任问题。

一、高空的概念与高空抛物、坠物的事件类型

(1)高空的概念。在现行法律中，对“高空”并无明确的界定，实务中，一般是以

① 本文原载于《中国刑法学年会文集》(2020 年)。

② 《侵权责任法》第 87 条规定，该法将于 2021 年 1 月 1 日失效。

③ 据最高人民法院统计，2016 年至 2018 年，全国法院审结的高空抛物坠物的民事案件有 1200 多件，这 1200 多件中有近三成因为高空抛物坠物导致了人身损害；受理的刑事案件有 31 件，31 件里有一半多造成了被害人的死亡。http：//www. chinanews. com/sh/2019/10-21/8984664. shtml，最后访问时间：2020 年 6 月 28 日。

④ 立法机关已将高空抛物行为正式纳入《刑法修正案(十一)(草案)》中征求意见。

GB3608-93《高处作业分级》①规定的2米以上(含2米)为“高空”。但是，这里是对高处作业“高空”的规定，能否被视为“高空坠物”的高空?《民法典》第1240条规定了从事“高空”活动造成损害的责任，但并没有针对“高空”作解释。因此，上述《高处作业分级》2米界定“高空”能否适用于刑事案件责任确的标准，是值得进一步讨论的。从当前一些高空坠物民事案件审理的情况看，在无法确定具体侵权人时，通常是将一层住户排除，2层以上住户均依据“无过错责任”应当承担赔偿责任。② 以住宅楼2层以上为标准，虽然并未明确是执行《高处作业分级》2米的“高空”标准，但2层以上当然是高于2米为基准的最低线，所以，一定意义上也是在遵循2米的“高空”标准，同时也兼顾了一般的生活常识可见以2米的基准作为确定民事责任高空的标准，是可行的，但能否成为刑事实体法“高空”的标准?《刑法》第244条之一“雇佣童工从事危重劳动罪”规定：“违反劳动管理法规，雇用未满十六周岁的未成年人从事超强度体力劳动的，或者从事高空、井下作业的，或者在爆炸性、易燃性、放射性、毒害性等危险环境下从事劳动，情节严重的……”构成要件中的“高空”也是构成要素，如何确定标准?笔者认为，对高空应遵循相同的标准，以免造成在刑民交叉案件审理中责任标准的不统一，刑事案件中高空抛物、坠物关于高空的基准，不应另设标准。

(2)高空抛物、坠物事件类型。从直接导致事件发生的原因上可以分为两类:③ 一类是非人为因素导致的坠物，这主要是因自然因素，如大风、地震、暴雨等自然因素使得(或有缺陷的)建筑构配件滑落、坠落，或因建筑构配件年久失修、破损、脱落，或导致的户外搁置物、悬置物、建筑构配件等坠落。另一类则是人为因素导致坠物，人为因素又可分为两种情形：(1)由于个人日常行为习惯使然，行动马虎、不小心等因过失、过错、无意识等因素，使得搁置物、悬挂物物体脱落、碰落、滑落而导致物体坠落；(2)由于个人的恶意攻击、报复性攻击、道德素质较为低下的习惯性“图省事”抛掷垃圾或取乐性质的行为导致物体从高空坠落。以上的高空坠物、抛物，无论是自然因素还是人为因素，除不可抗力、意外事件之外，原则上均有可能成为被追究责任的主体。包括具体实施高空抛物的行为人、负有监管责任的未成年人亲属、承建的建筑企业、设计单位、承建企业、物业管

① 《高处作业分级》规定：凡在坠落高度基准面2米以上(含2米)有可能坠落的高处进行作业，都称为高处作业所以，高空作业是指人在一定位置为基准的高处进行的作业。

② 2014年9月16日重庆渝北区一小区内，一名2岁多女孩被高层抛下的一个酸奶瓶砸中致昏迷，颅骨骨折治疗花费8万余元，但未找到肇事者。被害家属认为出事地点旁楼2~33层1~5号住户均有高空抛物的条件，遂起诉155户邻居。受理此案法院认为，因该建筑物结构具有特殊性，并非只有原告起诉的业主有实施加害行为的可能性，遂将该楼2~33层448户全部业主列为被告人。参见https://ww.docin.com/p1981874034.html，最后访问时间：2020年6月28日。

③ 分类如果依据不同标准，可以划分为多种类型。例如，以导致的原因为标准；以责任人为标准；以责任类型为标准；以过错类型为标准，等等。本文以导致的原因进行划分，主要是考虑到导致的原因对责任确定的意义更为直接。

理单位等，但责任未必都涉及刑事责任。如果主体涉及刑事责任，那么当然具有民刑交叉的问题了。

二、高空抛物、坠物的刑事责任标准

《高空抛物、坠物案件的意见》指出要“积极推动将高空抛物、坠物行为的预防与惩治纳入诉源治理机制建设”。笔者认为，诉源，是要从治理高空抛物、坠物的根源上依法建立起遏制、消除高空抛物、坠物事件发生的预防机制。例如，在社区开展广泛、有效的法制宣传教育活动，有条件的设置专职管理人员、建立楼宇建筑设计增设防止高空抛物、坠物的设计要求、监理机构严格执行标准等，也需要依法惩治高空抛物、坠物行为，追究相关责任人员的行政、民事以及刑事责任。

《高空抛物、坠物案件的意见》将高空坠物构成犯罪的情形分为两类，一类为故意犯罪，《高空抛物、坠物案件的意见》称其为“高空抛物”；另一类为过失犯罪，称其为“高空坠物”。这两类犯罪行为的责任，均存在通过刑事附带民事或单独提起民事诉讼需要承担民事赔偿责任的问题。无论因何种原因造成的高空抛物、坠物，具有社会危害性是毋庸置疑的，“高空抛物、坠物行为损害人民群众人身、财产安全，极易造成人身伤亡和财产损失，引发社会矛盾纠纷”。① 但显然，具有社会危害性并非就应当追究刑事责任，承担刑事责任的根据在于行为的危害程度。《高空抛物、坠物案件的意见》对故意的高空抛物行为，明确指出“对于高空抛物行为，应当根据行为人的动机、抛物场所、抛掷物的情况以及造成的后果等因素，全面考量行为的社会危害程度，准确判断行为性质，正确适用罪名，准确裁量刑罚”，包括“足以危害公共安全”“致人重伤、死亡或者使公私财产遭受重大损失”，以及“为伤害、杀害特定人员”；对因过失的高空坠物行为，只有在“致人死亡、重伤”或在生产、作业中“发生重大伤亡事故或者造成其他严重后果的”，才考虑入罪。可见，《高空抛物、坠物案件的意见》追究刑事责任的标准，重点仍然是行为的危害程度，并没有因高空抛物、坠物案件具有一定的特殊性而降低。因此，在司法实务中应当按照普通刑事案件的立案标准严格执行，不应降低。

当然，在具体适用相关罪名时，如何把握入罪标准，是应该具体讨论的。由于个案的高空抛物、坠物案件所涉及的罪名，使适用的罪名可能具有不同于一般的理解，也是应当考虑的。例如，高空抛物、坠物如果危害到公共安全，入罪的罪名只能是“以危险方法危

① 《高空抛物、坠物案件的意见》。

害公共安全罪”。此罪名从适用的实践看,① 一般也是在发生一定后果后，才具体讨论行为是否属于“其他危险方法”。对高空抛物如果以“以危险方法危害公共安全罪”定罪处罚，就必须考虑到该罪名在适用上有其特殊性：(1)本罪的法益为公共安全，因该种犯罪是多方面对公共安全法益构成威胁，因此，除非威胁到重大公共安全法益，否则在多数情况下，尚未造成一定的后果时，适用第114条定罪处罚的可能性不大。② 就故意高空抛物而言，如果不是屡教不改，不具有恶劣的动机，尚未造成严重后果，以及其他应当给予较重否定评价的事实，或者行为情节本身就不属于具有危害性的事实,③ 不应因为是故意的高空抛物，就必须以第114条定罪处罚。当发生一定的实害结果具体认定具有危害公共安全的性质，这种情形下适用《刑法》第115条第1款定罪处罚才是妥当的。(2)刑法理论上对“以危险方法危害公共安全罪”的主体没有展开充分的讨论,④ 有观点认为本罪的主体年满14周岁就可以。⑤ 的确，从《刑法》第114条、第115条的规定有主体范围不明确，这就必须考虑对“其他危险方法”规定以及对《刑法》第1条第2款的解读。张明楷教授认为，“其他危险方法”是第114条、第115条的“兜底”规定，而不是对分则危害公共安全罪的“兜底”规定，根据“同类解释”规则，“其他危险方法”必须与第14条、第115条所列举危险方法相当。⑥《刑法》第17条第2款关于限定刑事责任年龄未成年人的刑事责任范围列举的8种罪，包括“放火、爆炸、投放危险物质”，没有“以危险方法危害公共安全罪”。如果联系全国人大法工委2002年7月24日《关于已满14周岁不满16周岁的人承担刑事责任范围问题的答复意见》，要求把握的是8种“行为”，而并不是触犯了这8个“罪名”，那么，限定责任年龄人只要实施危险性相当的其他危害公共安全的危险方法的行为，也应该按照“以危险方法危害公共安全罪”论处。然而，从现实看，高空抛物案件不乏未成年人实施，如将限定刑事责任能力人故意高空抛物，尚未造成严重后果，也考虑入罪，显然过于严苛。因此，限定刑事责任能力人实施的高空抛物行为“危害公共安全，尚未造成严重后果的”构成本罪，应属于特别情况，不应是“常态”的条件。

---

① 查阅有关人民法院裁判文书网，如对以驾车冲撞人群危害公共安全的行为，均是以造成死亡、伤害结果时，入罪判刑的。

② 对《刑法》第14条“以危险方法危害公共安全罪”尚未造成严重后果也应该入罪的规定，多数说认为这是“抽象危险犯”的条款。

③ 例如，情侣在激烈争吵要分手时，将对方的物品从窗户中抛下，就其故意高空抛物行为而言，是具有危险性的，但吵架的情节不能认为也是具有社会危害性的危害事实。所以，情节显著轻微的侵害法益的行为，是指在具体的侵害事实中不具有应给予较重否定评价，或者情节本身就不具有社会危害性的事实，此时，应当属于《刑法》第13条“但书”规定的“情节显著轻微危害不大”。

④ 鲍遂献、雷东生主编：《危害公共安全罪》，中国人民公安大学出版社2003年版，第67页。

⑤ 王作富主编：《刑法分则实务问题研究》(上)，中国方正出版社2013年版，第64页。

⑥ 张明楷：《刑法学》(下)，法律出版社2016年版，第695页。

所以，涉及高空抛物、坠物刑事案件的立案应遵循当前适用的标准，但在是否追究刑事责任时，应该充分考虑到此类案件适用的罪名可能具有一定的特殊性。《高空抛物、坠物案件的意见》也明确指出：对高空抛物犯罪，具有下列情形之一的，应当从重处罚，一般不得适用缓刑：(1)多次实施的；(2)经劝阻仍继续实施的；(3)受过刑事处罚或者行政处罚后又实施的；(4)在人员密集场所实施的；(5)其他情节严重的情形。对高空坠物只有在致人伤亡、发生重大伤亡事故或者造成其他严重后果的情形下，才追究刑事责任。上述意见，也表明了对此类案件刑事责任的追究需严格把握的基本态度。

三、特定情形下责任确定的讨论

《高空抛物、坠物案件的意见》，对高空抛物、坠物刑事案件可能适用的罪名，包括“以危险方法危害公共安全罪”“故意杀人罪”“故意伤害罪”“过失致人死亡罪”“过失致人重伤罪”“重大责任事故罪”。其过失罪名涵盖了日常生活与生产。作业领域，但并未提及“过失以危险方法危害公共安全罪”的罪名。如果是考虑高空坠物涉及限定刑事责任年龄人，而他们对过失行为不承担刑事责任，不作出规定是符合刑法规定的，但是这也直接排除了已满 18 周岁的成年人构成犯罪的可能性，笔者认为并不妥当。

故意的高空抛物，以相关的故意犯罪追究刑事责任一般没有特别讨论的必要，包括未成年人的监护人如果唆使未成年人针对特定对象实施伤害、杀害行为，则构成故意伤害、故意杀人的间接正犯或者与未成年人构成共同犯罪。但有以下情况需要特别讨论：

(1)从高空坠物原因上看，过失犯罪责任的确定。如前所述，直接导致高空坠物的原因，有自然因素与人为因素两类。自然因素导致的高空抛物，表面上的确是在自然力的作用下才发生的，有些也的确属于不可抗力或意外事件。例如，建筑构件的老化、已经超过安全使用年限，在自然力作用下发生滑落、坠落，或因(私人住宅)建筑构配件年久失修、破损发生滑落、脱落、坠落等。在不具有过失罪的前提下，造成人员伤亡的，理应承担民事责任。但是，在自然力作用下发生的事件，并不全是不可抗力或意外事件。例如，某公司承建沿海某市一住宅小区(属于小高层)楼盘建设，在屋顶修建中施工方擅自更改屋面设计施工方案，没有铺设部分楼顶水泥砂浆卧瓦层钢筋网(防止瓦片滑坠)且未采取其他技术措施，也并未通知建设方、承建方以及监理部门。在此后的十年里，一楼出租的商铺有过多种用途，最后被承租者改为饭店并使用了较大功率的内外抽排烟设备(外墙亦有悬挂)。2017 年夏季强台风袭击沿海地区，没有铺设防滑网的楼盘，恰好处在迎风面上，在台风尚未完全过境时，屋顶水泥砂浆卧瓦层整体滑坠砸中在饭店外搭棚中就餐的食客，造成两人死亡的严重结果。显然瓦片整体滑坠与台风过境有一定的关联，但施工方没有按照设计方案施工，没有铺设水泥砂浆卧瓦层钢筋网是造成瓦层整体滑落事故的直接原因，饭店使用的大功率抽排烟设备引起的震动，可能对瓦片松动有一定的影响，但不是瓦片滑坠的原因。该案以《刑法》第137条工程重大安全事故罪①追究了施工方直接责任人员的刑事责任。这是较为典型的在客观上自然原因与人为原因共同作用下导致高空坠物的事件，但实际上事故的直接原因是人为造成的工程安全隐患，最终起到决定性的作用，施工方不执行确定的施工方案与事故的发生具有直接的因果关系。所以，过失犯罪责任的追究，并非仅以行为人的行为直接导致严重结果发生为必要条件。

(2)未成年人的监护人怂恿或任由未成年人高空抛物造成人员伤亡的，应否承担刑事责任?② 监护人怂恿或任由未成年人高空抛物的法律事实，是因行为主体多元而形成，这里显然有民事与刑事责任交叉的问题。这两种法律责任具有交互性和整体性，共同构成一个完整案件的法律责任。刑事责任居于主导地位的原因，一是认为刑事责任的确定同时成为民事赔偿责任大小的评判依据。③ 民事责任依《民法典》的规定，是清晰的，④ 如果从刑事法的视野看，成年人怂恿或任由未成年人的高空抛物持有放任的心态，造成一定危害结果应评价为犯罪行为。成年人的刑事责任，从属⑤于未成年人高空抛物事件的发展，其责任(包括刑事和民事责任)产生于应该阻止事态发生而没有履行阻止的义务，也不因成年人自身行为并非直接导致结果就能够免除(刑事和民事)责任。成年人虽然没有直接参与侵权

---

① ①《高空抛物、坠物案件的意见》中只是指出因生产、作业造成的高空坠物可以构成重大责任事故罪，没有涉及其他有关违反生产、作业安全管理规定构成犯罪的其他罪名。就该案而言，如果以《刑法》第134条第1款重大责任事故罪追究刑事责任也不会造成适用上的困难，但可以肯定不够正确。工程重大安全事故亦属于重大责任事故，该罪也是从重大责任事故罪中分离出来的，因此两个法条具有竞合关系，构成本罪可能同时触犯重大责任事故罪(涉及国有公司、企业管理人员的，可能同时能犯玩忽职守罪、滥用职权罪)。但是，事故虽然都存在造成人身伤亡的可能性，但事故本身有一定差异。工程重大安全事故罪中的事故，属于建筑工程本身的质量安全事故，即工程质量隐患造成的事故；而重大责任事故罪的事故，主要是员工伤亡事故以及设施、设备事故等，与建筑工程本身的质量安全没有直接关系。正因如此，在工程建设过程中违反安全生产、作业的规章制度规定的注意义务，发生重大事故，造成人身伤亡、重大财产损失的，则为重大责任事故罪；违反国家规定降低工程质量，同时也违反安全生产、作业的规章制度规定的注意义务，发生重大事故的，应构成工程重大安全事故罪。因此，笔者认为《高空抛物、坠物案件的意见》中的重大责任事故罪，只是提示性规定，并非将与生产、作业有关的高空坠物案件一律按照重大责任事故罪追究刑事责任。

② 这里的"怂恿或任由"是指客观上的一种表象，并非严格意义上的法律术语。

③ 例如，未成年人尚未达到承担刑事责任年龄，或者成年人与限定刑事责任年龄的未成年人构成共同犯罪，但其监护人或者应代为承担民事赔偿责任或者应共同承担民事赔偿责任。

④ 《民法典》第1168条规定："二人以上共同实施侵权行为，造成他人损害的，应当承担连带责任。"第1169条第1款规定："教唆、帮助他人实施侵权行为的，应当与行为人承担连带责任。"第2款规定："教唆、帮助无民事行为能力人、限制民事行为能力人实施侵权行为的，应当承担侵权责任；该无民事行为能力人、限制民事行为能力人的监护人未尽到监护职责的，应当承担相应的责任。"

⑤ 责任的从属，并不是指共犯责任的从属性(责任)。即便责任从属于事件发展或他人的违法行为，也不意味着只承担(狭义)共犯的责任。所以，这里是指责任产生的根据(形式)，而非责任的属性。

(犯罪)活动，高空抛物事件的发展(是否造成严重后果)也不在自己掌控之下，从客观表象上看，事件发展客观上的因果流程是不受行为人控制的，① 但本应履行纠正未成年人实施有可能造成严重后果的侵权行为，没有履行甚至违背监管义务②阻止事件向危险方向发展，最终造成严重结果。因此，成年人的从属责任③取决于事态的发展，而不取决于其本身是否直接实施侵权行为，以及是否与危害结果之间具有直观的因果关系。作为其责任根据的因果关系，是法律拟制的不作为的因果关系，其对危害结果的原因力，就在于应该阻止而没有阻止事物向危险方向发展，以致引起危害结果的发生。④ 其能够免除刑事责任的唯一条件，只能是及时介入履行义务的行为，阻断与未成年人的特定危险事态的互动关系。当然，即便在该种情况下，刑事责任的阻却，也并不影响其承担民事赔偿责任。

---

① 客观的因果流程不受从属责任人控制，通常是因从属责任人对他人的行为不具有支配力，或因某种独立的原因介入，或者就是事件的自然流动过程，最终引发危害结果。

② 成年人怂恿、任由未成年人实施侵权行为，是没有履行保护未成年人身心健康的义务，则应受道德的谴责。

③ 林亚刚：《刑法学教义》(总论)，北京大学出版社 2017 年版，第 317 页以下。

④ 高铭暄、马克昌主编：《刑法学》(第五版)，北京大学出版社、高等教育出版社 2000 年版，第 85 页。